農家に学び、地域とともに

農文協出版史で綴る
農家力・地域力

農文協【編】

農文協

〈まえがき〉

1940（昭和15）年に設立された農文協（社団法人　農山漁村文化協会）は、2010年3月25日をもって70周年を迎え、これを機会に「出版史」をとりまとめることにした。「出版史」といっても「通史」的ではなく、テーマ（活動の分野）ごとに、その時期時期に話題になり、大きな影響力をもった作品を中心に記述し、農家や地域の取組みに学びながら進めてきた農文協の出版活動の歩みを、個々の作品をして語らしめるという方法をとることにした。

本書の編集にあたっては、農文協内に「70年出版史編集委員会」をつくり、各テーマ・作品に関わってきた編集者が原稿を執筆し、「普及から」ではその作品にまつわる普及（営業）の意気込みや苦労を普及職員が執筆、さらに単行本になった農家を中心に「農家列伝」のコーナーを設け、終章では農文協の各地方支部での取組みを紹介した。

昭和15年、戦時下に発足した農文協が敗戦の混乱のなかで事実上崩壊したとき、残されたわずか4人の職員が自力をもって再建し、ここから、農文協の自主自立の文化運動がスタートした。そんな農文協の大きな転機になったのが、1949（昭和24）年春から開始された、農家への『農村文化』(現在の『現代農業』)の直接普及方式である。農家に直接普及しながら農家の悩みや欲求をつかみ、雑誌や書籍の編集に反映させていく。

農文協の基幹雑誌『現代農業』は、農村に暮らす農家自身がみんなでつくっている雑誌だと考えている。日々、自然や作物・家畜とのつきあいのなかで技術を磨き、むらの中で暮らしている農家の工夫や知恵に学んで、毎月の『現代農業』ができあがる。編集部の役割とは、それをきちんと感じ取り、受け止め、よりよい形で表現するという点にあるのだと認識している。バイクで一軒一軒の農家におじゃましている農文協の普及職員の活動も、農家から聞いたり見たりしたことを他の農家に伝え、編集に反映させ、「農家がつくる雑誌」づくりを担っている。この編集—普及—農家の循環的な関係こそ農文協の生命線であり、これを土台にして、他の雑誌や単行本、全集、絵本、『農業総覧・農業技術大系』、映像作品、電子出版など、多様な作品が生まれた。

本書では、農文協が農業の近代化路線批判・農家の自給の見直しを進めた1970年代以降、2010年までの作品に焦点をあてることにした(それ以前については近藤康男『農文協五十年史』などを参照されたい)。減反政策が始まり、野菜産地では土の悪化、連作障害が深刻になり、農薬中毒による農家の健康破壊など、経営面でも身体面でも農業近代化の矛盾がだれの目にも明らかになるなかで、『現代農業』は1970(昭和45)年2月号より主張欄を設け、近代化批判を開始する。「近代化路線にまどわされるな」(2月号)、「新しい自給生活を創り出そう」(4月号)がその端緒であった。

この農業近代化批判のなかで拠りどころになったのは、農家が農家であるかぎりもっている「自給」の側面であった。堆肥など身近にある資源活用から自給菜園、豆腐、味噌、ドブロクなど暮らしの面まで、「自給」の大切さを農家が教えてくれた。この自給の見直しはその後、地域資源を生かす「農家の技術」を多彩に生み出し、「50万円自給運動」など女性たちの暮らしと農家経営を守る取組みは直売所、地産地消の大きな流れを生み出し、そのなかで農文協の出版活動も展開していった。

本書では、紙幅の関係からとり上げる作品を絞り込んでまとめたが、編集を終えたいま、本書が描いた出版の歩みは、農家、地域の歩みそのものであると、改めて感じている。大震災・原発災害からの復興の原動力も、めまぐるしい変化のなかで守り、築いてきた農家力、地域力なのだと思う。

農文協は、農家をはじめとする無数の方々に支えられて、出版の歩みを続けることができた。心よりお礼を申し上げるとともに、今後とも、農家に学び、地域とともに、歩み続けていこうと、気持を新たにしている。

２０１１（平成23）年８月

社団法人　農山漁村文化協会（農文協）

〈もくじ〉

2章 施肥改善運動から地域資源の活用へ――38

5章 特産振興から新風土産業興し、山づくりへ――107

◉地域とともに

◉ともに育つ

◉農型社会にむけて

◉江戸から、世界から

◉電子を活かす

◉地域に根ざして

◉農文協発行図書年表

２０００(平成12)年1月～２０１０(平成22)年12月

◉索引

土台を築く

序章　下からの近代化から「自給」の見直しへ
——戦後〜1970年代前半（昭和20年〜50年）の出版活動

（撮影：橋本紘二）

序章

「下からの近代化」から「自給」の見直しへ

―戦後～1970年代前半（昭和20年～50年）の出版活動

本書では、農文協が農業近代化への批判を開始し、農家の「自給」に注目するようになった1970年代後半以降の出版活動に焦点をあてることにしたが、この「序章」では、それ以前の歩みを早足に、トピックス的にとりまとめた。

1　農文協の設立と『現代農業』の歩み

大正時代（1912～1926年）の後半、地主対小作の争議が全国的に広がり、社会の大問題として帝国議会でもしばしばとり上げられた。この社会問題を議論する場として国会議員、農政記者、学者たちが大日本農政学会を組織し、機関誌『農政研究』を発行した。これが現在の雑誌『現代農業』の始まりである。

1940（昭和15）年、「地方の声を中央に、中央の政策を地方に」と願う古瀬伝蔵、「治安維持法」に反対したリベラルな政治家・有馬頼寧、「教育は学校のみに閉じ込むべきものではなく、社会に延長すべきものである」をモットーに農村行脚三〇年、「全村学校」、「農村自治」を説いてやまなかった山崎延吉らによって社団法人農山漁村文化協会（農文協）が設立された。翌1941年には、『農政研究』を改題して『農村文化』とした。

こうして、戦時下に発足した農文協が敗戦の混乱のなかで事実上崩壊したとき、残された職員が自力をもって再建し、ここから、農文協の自主自立の文化運動がスタートした。そんな農文協の大きな転機になったのが、1949（昭和24）年春から開始された、農家への『農村文化』（現在の『現代農業』）の直接普及方式であった。この方式によって農家の求めるものは、いわゆる文化評論ではなく、生産に関する「農業技術と経営」であることが明らかになり、『農村文化』誌は大きく変わった。化学肥料が広く普及するなかで、浪江虔（当時農文協理事）による肥料の使い方についての連載講座第一回が1950年新年号から始まり、これをもとにした単行本『誰にもわかる肥料の知識』（浪江虔著、1950年）は、10万部という当時としては記録的売行きを示した。その後、編集部は「現場主義」を強め、農家への直接取材記事を増やしていった。

そして1960（昭和35）年11月号で、『農村文化』は『現代農業』へと改題された。

2

むらのみんなが豊かに暮らせる道を求めて
―戦後～1950年代（昭和20年～30年代前半）

■『農村文化』（旧『現代農業』）より

1947（昭和22）年から3年をかけて農地改革が行なわれ、農家はみんな自作農になった。戦地からの引揚者と、団塊世代が生まれる戦後のベビーブームで、むらは賑やかで子どもたちの歓声がこだました。戦後の食糧難のなかで行なわれた米などの強権供出と重税で、むらは貧

『現代農業』の前身、『農政研究』（1922〈大正11〉年創刊当時）

『農村文化』1949、50（昭和24、25）年の2冊。この頃から農家への直接普及が始まった

『農村文化』から『現代農業』へ改題した1960（昭和35）年11月号と、翌1月号の表紙。ページ数は100ページだった

しかったが活気にあふれていた。やがて、工業の復興によって供給されるようになった化学肥料や農薬、農業資材も活用しながら、農家は、現金収入を求めて、水田プラス副業的農業＝経営の多角化を進め、有畜化を進めた。家畜を飼う農家は増え続け、1955（昭和30）年前後にピークを迎えた。食糧不足を克服する増産が大きな成果をおさめる一方、1954（昭和29）年にはMSA小麦輸入が開始され、パン食の普及など「食の近代化（西欧化）」とあわせて、食糧輸入大国への道も準備された。当時の『農村文化』には、以下のような記事が掲載されている。

●新しいふるさとをつくる引揚者たち
〈那須開拓〉1949（昭和24）年
●女手一つでバタリー養鶏
〈新村三枝子〉1950（昭和25）年
●村の経営改善
〈茨城県玉川村の改造計画〉1953（昭和28）年
●共同して水道をつくった村
〈群馬県額部村〉1953（昭和28）年
●水田酪農に成功した村
〈愛媛県富田村〉1953（昭和28）年
●新しい演劇をつくる村の青年たち
〈岩手県湯田村〉1954（昭和29）年
●和牛の肥育ですすめる新しい村づくり
〈群馬県糸之瀬村〉1954（昭和29）年
●試作田活動をすすめる青年団
〈静岡県原田村〉1954（昭和29）年
●村の実態調査をキソとした新しい村づくり
〈長野県大田村連合青年団の活動記録〉1955（昭和30）年
●三割普及から七割普及へ
〈一改良普及員の活動〉1956（昭和31）年
●八百屋を経営するオート三輪車部落
〈鎌倉市〉1958（昭和33）年
●農繁期こそもうけるチャンスだ
〈小島重定〉1959（昭和34）年
●暮らしを明るくする若妻グループ
〈富山県礪波《となみ》市〉1960（昭和35）年

このなかから、二つほど紹介しよう。

〈村の実態調査をキソとした新しい村づくり—長野県大田村連合青年団の活動記録〉

1955（昭和30）年11月号の記事である。

戦後の農業とむらを支えてきた昭和ヒトケタ世代の農家の多くは、若いころ村の青年団員として活動した。戦後の民主化のなかで村々に青年団が生まれ、読者会や演劇などの「文化活動」が盛んに行なわれ、やがて青年団の関心は自分たちの経営や村の農業をどうするかに向かっていった。この記事は、山に囲まれた「貧しい」水田単作地帯だった大田村の青年団の活動記録である。

当初は学者などの講演会を開いたが、これだけでは村の未来が見えてこない。生活改善でカマドを改善しても私たちの生活が楽にならないという女性の訴えもあった。どう働いても楽にならない生活をどうしたら豊かにできるか、自分たちで村の調査を進めていこうとなったのである。

実態調査の報告会で、ある青年がこう話した。

「おれの行った家は四反そこそこなので、親父さんは村の横貫道路の人夫に出ているんだが、収入は何が一番ですって聞くと、ちょっと待ってくれといって、家計簿まで持ってきて調べてくれた。家計簿だってボロ紙をつづり合わせたもので、ガサガサのなれない手つきで計算してくれたが、三〇羽の鶏の産む卵が一番だということになった時、おれ、なんといっていいかわからなかった。」

そんな調査から青年団の課題が明らかになっていった。

「水田耕作面積が五反以下の家が村の農家戸数の半分を占めている。この人たちがどう生活しているか、どうしたら生活が自由になれるのかを考えることが、村の進む方向を見つけ出すのにも、また青年団活動をより活発にするためにも、一番必要なものになってきた」のである。

「小さな農家」が生きる手だてとして注目したのは家畜を飼うことであった。

「土地のないものが家畜を飼うことによって、採草地や飼料畑が実際に必要になってきて、山の採草地化、開墾等をやろうとする相当の力になるのではないか。」

こうした青年たちの実態調査を柱とする活動は、先輩たちにも受け入れられ、村人を結ぶ力になっていった。

〈暮らしを明るくする若妻グループ―富山県礪波市〉

1960（昭和35）年、農業改良普及員の高島忠行さんが執筆した記事である。この当時、青年団とともに若妻グループがたくさん生まれた。この記事に登場する「新進クラブ」は会員12名で、うち5名は農業経験のない若嫁さんたちだ。自作自演の素人演芸や人形劇などの活動をしていたのだが、「昔から村に伝わる付け届けの風習改善」

暮しを明るくする若妻グループ
富山県礪波市
新進クラブの活動
高島忠行

「暮らしを明るくする若妻グループ 富山県礪波市 新進クラブの活動」
（『現代農業』1960年1月号）

を話題にしたところ、姑さんたちに誤解され、反発もあって活動が停滞した。「私たちの活動は、生産関係からかけ離れたことが多かった」と話し合った若妻たちは、夫たちに協力を求めながら、働きやすい作業衣づくりや野菜づくりの勉強を始めた。若妻たちが豚の管理飼育料をもらうという話をまとめ、にわかに養豚熱も高まった。

「今まで豚が飼われていても人の豚のように思えて、夫の留守などには断食させたこともあったのだが、売り上げの二割が天下晴れて大っぴらに自分で勝手に使える金が入るというわけで一生懸命です。早く大きくさせるために、エサのことやら手入れのことや、豚のよい悪いの見分け方など、一生懸命勉強するようになってきました。」

この豚の飼育には、こんな会員の思いがあった。

「コメづくりだけではますます、経営の大きさから収入の多い農家と少ない農家の差が開いてきます。このことから小さい経営の人が引っ込み思案になってしまっては、困ったことになるのではないでしょうか。」

青年たちと同じように、若妻たちも、むらのみんなが豊かに生きる道を模索し続けたのである。

■単行本『誰にもわかる肥料の知識』と『現代農業』の現場主義

〈科学をわかりやすく〉

農家への雑誌直接普及方式によって、農家の生産を基本にして文化運動を進めるという、農文協の基礎が形づくられていく過程で、運動的にも経営的にも大きな役割を果たした単行本が先に紹介した『誰にもわかる肥料の知識』（1950〈昭和25〉年9月）である。『農村文化』の連載講座「肥料の上手な使い方」をもとに専門家の校閲を経てつくられたもので、そのスライド版が、肥料シリーズの第一作『硫安はふか肥で　空へ肥まく五助さん』（農文協編、1950年）である。

『誰にもわかる肥料の知識』の第一章は「逃げるチッソを逃がさぬ知識」であり、第七章は「新しい肥料には新しい知識をもって」といって尿素は小便の結晶ではないことから説明をしている。第一章の書き出しは次のようだ。

「いまここまで歩いてくる道に、コエタメが二つありました。どちらもコンクリのりっぱなものです。ところが残念なことに日よけの立木もなければ、フタさえないのです。おそらく、今日お集りの研究会の皆さんではなくて、〝百姓はバカでもできる〟と思いこんでいる人たちのコエタメと思いますが、いかにももったいない次第です。

もしかりに、村うちの誰かが、底に穴のあいた硫安のカマスを車につんで、サラサラこぼしながらひいていくとしましょう。それを見たらあなた方は必ず注意してやる

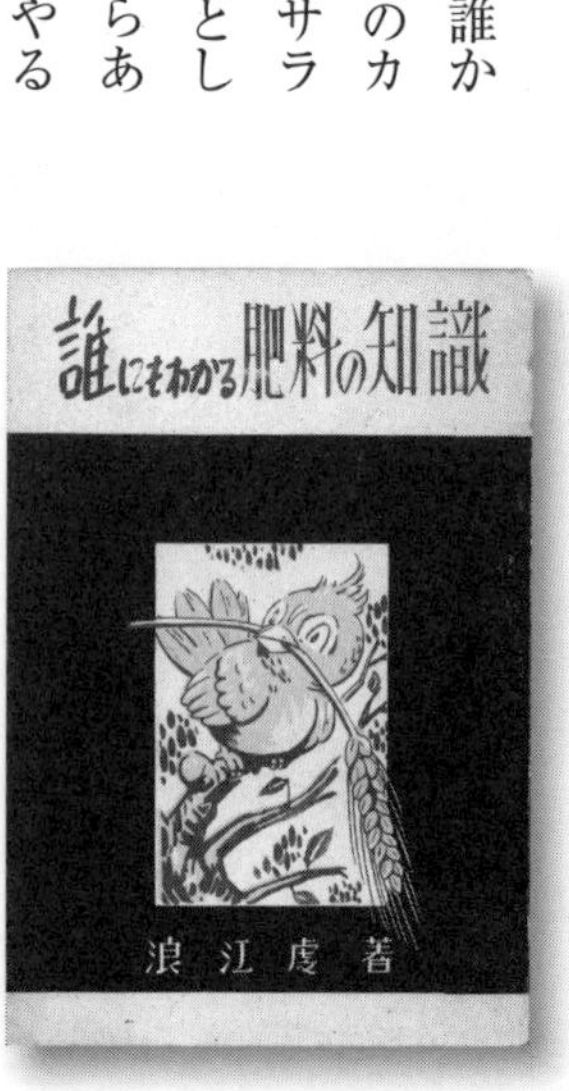

浪江虔『誰にもわかる肥料の知識』（1950年）。
10万部を超えるベストセラーになった

スライド『硫安はふか肥で　空へ肥まく五助さん』（農文協編、1950年）より

にちがいない。それは農民である以上、見て見ぬふりのできない事がらだと思います。

ところが日なたにフタなしのコエタメがあっても、この方は見のがされている。いったいあんな風にしておかれた下肥がどんなに成分を失うものか、今関博士が西ガ原の試験場で実験された実例をご紹介しましょう。」

このように浪江は、科学的な知識を、徹底的にわかりやすく表現することに全力投球した。ここには、戦前、農村での図書館運動に尽力してきた浪江の、農家が本を読まないのは農家が悪いのではなく、本が悪いのだ、という強い思いがあった。この「科学をわかりやすく」という形象化は大きな成果をもたらし、農業書の出版社としての農文協の土台をつくる力になった。

〈徹底した「現場主義」へ〉

しかし、農文協の本づくりは、そこで留まることはなかった。「科学をわかりやすく」には、「上からの」、「啓蒙的な」発想がつきまとうからである。このあたりの事情を、昭和33年に『農村文化』の編集長になった堀越久甫が、次のように述懐している。

これまでの『農村文化』は浪江さんの考え方に立って編集している。それは、文章、表現を「やさしく、わかりやすい」ものにするというものだが、それはよい。変える必要はない。この方針はますます押し進めるべきである。だが、そこに問題があった。そういう「やさしくする」というのは手段だが、その前に一種の貴族主義があった。それはこうだ。本を読むのは農業者だが、この人達は大体無知である。そして本を書く人達は学者や文化人で高度の知識をもっている。そして、無知な大衆に「教えてつかわす」ために文章を書くのだが、その表現が難しいからうまく伝わらない。それがまずいのだ。だから、表現を変えろ、ということになる。私は、この考えかたは半分間違っていると考えた。

なるほど、本の読者である農業者は、学者や文化人ほどの知識はない。だが、彼らも一生懸命やっているのだ。そしてその経験のなかには珠玉のような尊いものがあるにちがいない。それを無視して、いわば、「教えてつかわす」

ような態度をとるのはよくない。そういうことが、なんとなく雑誌の誌面にあらわれ、それが読者に嫌われてきて発行部数(売れゆき)の低下になったのではないか。

私はそう考えた。そして、現場主義とでもいうべき方法をとろうと考えた。編集者が現場にいくのだ。農業をしている田畑の現場に立って農家の話を聞くのだ。そして、そのなかにいいものがあったらそれを記事にして広げる。

こうして『現代農業』では、編集者による農家への直接取材記事を増やし、農家が多く登場する雑誌へ向かった。単行本でも、「農家の発想で」農学の成果を生かす作品が生まれた。そこからやがて、農家の技術そのものを形象化するという、「農民的技術体系」段階へと進んでいった。

3 「農業近代化」推進のなかで
―1960年代(昭和30年代後半～40年代前半)

■農家の経営を守る二つの運動

1961(昭和36)年に「農業基本法」が施行され、「農業近代化」が強力に推進された。

農業基本法の「選択的拡大」は「過剰」のイナ作をやめて、有利な畜産・果樹を拡大せよであった。これに対し、農村を回っている農文協職員は、農協の倉庫に米がなくなっていることをかぎつけ、『現代農業』誌上で「米が足りない」と一石を投じたのが1964(昭和39)年4月号である。

こうしてイナ作と農家の経営を守る運動として展開したことが二つある。一つは、茨城県の玉川農協の実践したプラス・アルファ方式の紹介・推進であり、もう一つは、山形県の精農家・片倉権次郎さんの、確実な増収を約束するイナ作の徹底的な追求と普及である。

プラス・アルファ方式とは、イナ作を守りながらそれぞれ自家の条件に合う作目をプラスして、規模が小さくても家計に必要な程度の収益増加を図るというものである。茨城県の玉川農協では、このプラス・アルファ経営を金融、資材購入、販売面で全面的にバックアップし、イネ+養豚、イネ+レンコンなどによって農家は現金収入を確保し、「下からの近代化」といわれるほどの大きな成果をあげた。『現代農業』では、プラス・アルファ方式による複合経営の実践を掲載し、単行本では玉川農協・組合長の山口一門氏による『玉川農協の実践』(1964年)が発行された。

■「農民的技術体系」―片倉イナ作の反響

山形県の精農家・片倉権次郎さんのイナ作方式を『現代農業』がとり上げたのは1964(昭和39)年7月号からで、その後も1968(昭和43)年まで「片倉イナ作」を連続的に掲載した。この増収運動とともに、『現代農業』の読者は増え続け、毎月10万部の発行を実現した。『誰でもできる五石どり』（片倉権次郎著、1964年）など4点の単行本にもなって40万部という売行きを示した。

「片倉イナ作」は、元肥を少なくして追肥で追い込む登熟重点の栽培法だが、片倉さんは、イネの一生を三つの時期に分けてとらえている。

①つまらないイネの姿…田植えから出穂40日までの時期で、出穂40日の茎数が目標の6〜7割あれば十分。元肥をひかえ、さみしく育てることが肝腎。

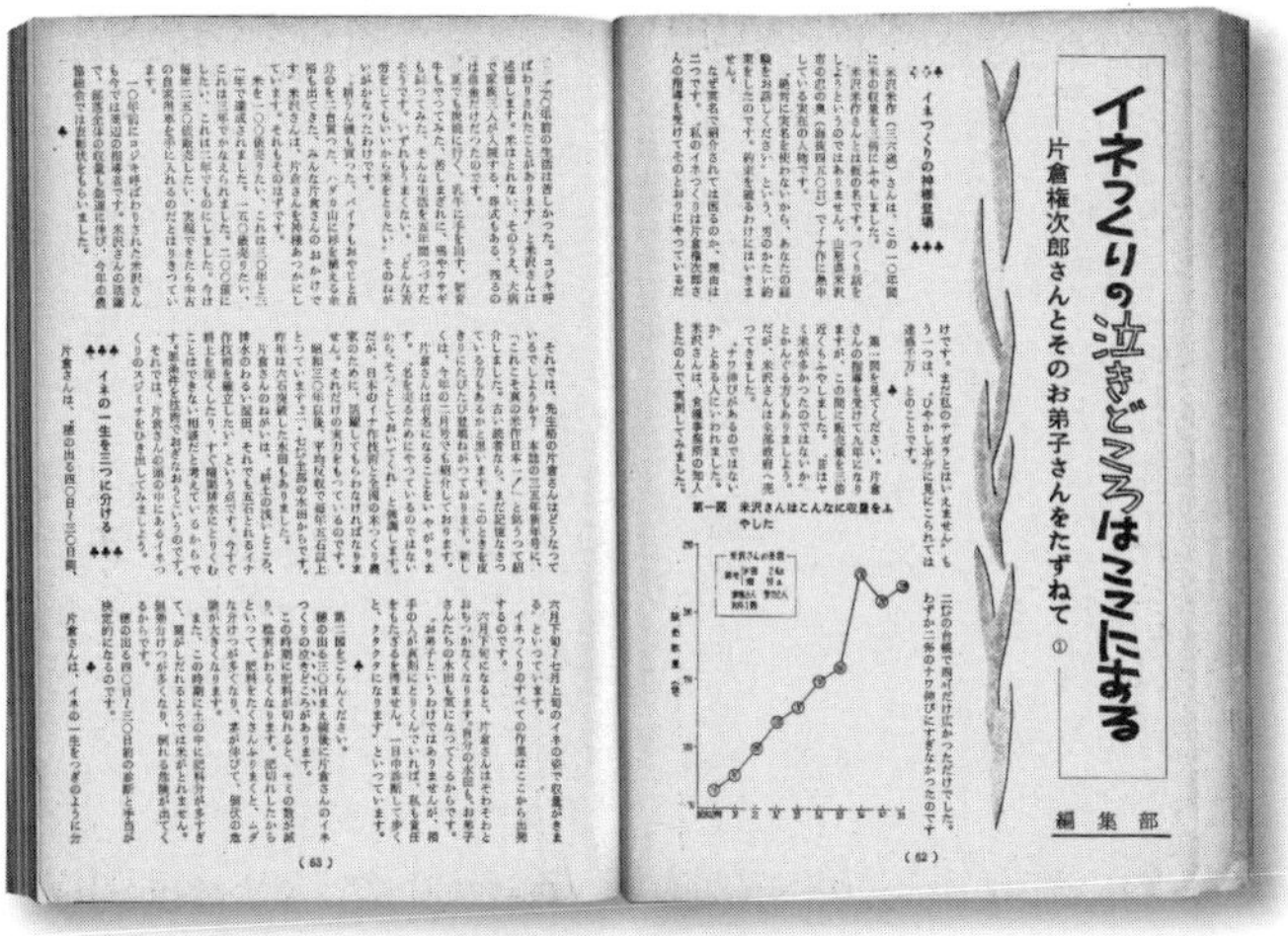
イネつくりの泣きどころはここにある
片倉権次郎さんとそのお弟子さんをたずねて ①
編集部

山形の精農家・片倉権次郎さんが『現代農業』に初めてとり上げられた記事（1964年7月号）

②泣きどころの時期…出穂30日前のころで、肥切れしても困るし、効きすぎて余計な分けつを出してもダメ。葉の色を見ながらほんの少し肥料をまく。

③安心して肥料をまける時期…出穂20日前から刈取り10日前の時期。肥料を切らさないようにもっていくとともに、根の活力を維持するための水管理に努める。

このように、イネの一生を明快にイメージしながら、ポイントとなる時期（出穂30日前）をすえて技術を仕組んでいく片倉さん。そんな片倉さんのイネの見方と栽培管理を「農民的技術体系」として描くことで、技術の仕組みがだれにでもわかり、その結果、自分なりに応用できる安定的増収技術として伝わっていった。片倉さんの田んぼには多くの視察者が訪れ、この全国的な増収運動は、当時、現実味を帯びていたカリフォルニア米の輸入を阻止する力にもなった。

このように精農家を発掘し、これを「農民的技術体系」として表現する手法は、農文協のお家芸というべきもので、「片倉イナ作」のほか、金子茂著『酪農本格派の技術と経営』（1964年）、鈴木茂著『実際家の酪農技術』（1970年）、小島重定著『トマト・キュウリのハウス栽培』（1966年）など、多くの農家技術本が発行された。

科学をわかりやすく→農家の発想で→農民的技術体系という、農業技術書で展開された形象化の三段階論は、農家の立場で技術の普遍化をめざしたもので、「下からの近代化」によって規模の大小を問わず農家の経営を守り、その伝統はいまも受け継がれている。

一方、精農家の技術だけでなく、農家の要望に応えて多彩な農業書が発行されている。1966（昭和41）年から発行された「特産シリーズ」もその一つ。『エノキダケ』、『コイ』、『ショウガ』、『ミツバ』、『ニラ』、『ヤマゴボウ』、『ドジョウ』、『ニンニク』、『イグサ』などなど、その数60点。大量生産・大量流通のなかで軽視されがちな作物にも光を当て、農家の現金収入の確保と特産振興に大きな貢献をしている。

■活動を支えた二つの連携

こうした戦後の農文協の活動の特質として二つの連携がある。

一つは、「普及と編集の連携」である。『現代農業』の普及のために日々、農家・農村を歩く普及者が、農家の課題や工夫、そして技術にすぐれた農家を発掘し、『現代農業』の編集部に伝える。編集部はその情報をもとに独自に取材し、農家の工夫をわかりやすく表現し、誌面を通じて他の農家に伝える。この蓄積を生かしながら単行本の編集部が、「農民的技術体系」として本にまとめる。これらを農家に届けながら普及は新たな取組みや農家を発見していく。普及と編集の連動のもと、「農家に学ぶ」活動を粘り強く継続することが、農文協の「文化財による運動」の前進を可能にしている。

そして、もう一つは、「文化財連携・媒体連携」である。再建農文協の運動と経営の土台をつくった単行本『誰にもわかる肥料の知識』は、先に述べたように、雑誌の連載から生まれたもので、その成果はスライド作品『硫安はふか肥で　空へ肥まく五助さん』に生かされ、こうした雑誌―単行本―映像作品の連携のなかで大きな影響力を発揮したのである。片倉イナ作も雑誌の連載による追究と、これを体系的にまとめた単行本と、村うちでみんなで見て学習・議論を進めるうえで力を発揮するスライド（映像）作品の連携によって大きな増収運動になった。本書の1章以降に登場する施肥改善運動や減農薬運動、井原豊さんの「損するシリーズ」、合鴨農法などなど、雑誌―単行本―映像の媒体連携によって農文協は大きな運動の流れを形成してきたのである。

■現場指導者にむけた『農業総覧』の発行

この時期、加除式の農業百科事典である『農業総覧』の発行（1962〈昭和37〉年）も始まった。『現代農業』の農家への直接普及に対し、こちらは農協や自治体など指導機関への直接普及の確立をめざした作品である。農薬や肥料や農機具、家畜や作物の新品種が急速に登場したこの時期に、これらを扱う農協や農業改良普及所などの農業指導者を対象として編集された。

「刊行のことば」は、次のように述べている。

「農業ははげしく動いている。農業用の機械・器具、農薬その他の資材、品種、農業経営の諸条件なども、変化のはやさを加えるばかりである。もちろんこれはたんなる流行ではない。変るべくして変りつつあるのである。

農業に接触をもつすべての機関、すべての人は、たえず変化する農業関係諸事情を、いつも確実につかんでいなければならない。この至難の業を、いともたやすい仕事に転化するために、この『農業総覧』は刊行される。この総覧は定期的に加除されることによって、最新の情報の総合的な提供者としての実を保ちつづける。まさに各方面の要望にこたえうる画期的な出版である。」

農文協の加除式出版（年一回追録）の最初のシリーズである『農業総覧』は好評で、6500セットが普及された。そして、『農業総覧』の利用者と普及者との関わりから次の企画が生まれた。追録のために農協や役場などを巡回するなかで、九州のミカン地帯などから病虫害のカラー版がほしいという要望があり、『農業総覧・原色病害虫診断防除編』（全4巻、通称「新総覧」）に結実していった。この「新総覧」は単なる図鑑ではなく、防除の現場で実際に役立つよう、病害虫の発生生態、初期症状の写真を重視した。1968（昭和43）年に全4巻が完結、これも大変好評で、普及部数は最初の『農業総覧』以上となり1万部を突破した。この成功のうえに立って、1969（昭和44）年から、やはり加除式の『農業技術大系』の企画、編集が開始された。

4

暮らしから農業を見直す「自給のとりもどし」へ
──1970年代（昭和45～54年）

■農業近代化批判と「自給」の見直し

1970（昭和45）年にイナ作の減反政策が始まり、一方、野菜産地では土の悪化、連作障害が深刻になり、農薬中毒による農家の健康破壊など、経営面でも身体面でも農業近代化の矛盾がだれの目にも明らかになっていった。これに対し、『現代農業』は、主張欄を設けて近代化批判を開始する。

この農業近代化批判のなかで拠りどころになったのは、農家が農家であるかぎりもっている「自給」の側面であった。堆肥などの農業資材から、ドブロクなど暮らしの面まで、『現代農業』では自給のとりもどしを訴えた。そのころの記事を一つ、紹介しよう。

〈複合経営を築く　親子三代・生活と経営の年輪（宮城県・二階堂彦寿）〉

この記事は、連載で追究した「自給型複合経営」の農家事例の一つである（1973〈昭和48〉年）。

「今、農村には農業近代化の波と都市化の波とが押し寄せている。この二つは、根っこは同じで大資本がもうけ、農家をほろぼすものだ。一度自給がくずれると、あとは急速に農家の経済はくずれてしまう、都市化の波に押し流されてしまう」という父・保次郎さんの考え方を受け継いだ若き彦寿さんが、その思いを以下のように綴っている。

「わたしはつくづく思うのだが、毎日の食べるものがうまいと家のなかもうまくいく。大家族であればなおさらである。祖母や母や妻の女衆にありったけのウデをふるってもらう。味噌もしょう油も漬物も、よその人に自慢できるうまい味をつくる。母がこっそりドブロクをつくって味噌に入れる。わが家独自の『香味』を出している。ありがたいことに、農家は金をかけなくてもうまいものが食べられる。自給できるからだ。」

連載「複合経営を築く」の1回目、宮城県・二階堂彦寿さんが書いた「親子三代・生活と経営の年輪」(『現代農業』1973年1月号)

経営は、イネ＋鶏＋野菜＋豚＋果樹の複合経営、そして中心柱はイネである。

「収入面でもそうだが、それ以上にわが家にとって水田は親子三代の精神的な支柱でもある。水田には、祖父母や父母たちの願いがこめられているからだ。」

行商や日雇いをしながら小作の水田を増やしてきたおじいさん、お父さんが戦地にいっている間、田を守りぬいたお母さん…そんな苦労のうえに今がある。「『農業は一代にしてならず』というのが、私の現在の実感である」と彦寿さんは述べている。

先祖から受けついだ田畑をおれの時代に荒らすわけにはいかない…そんな「変わらない」農家の心情が、家族経営を維持し、むらを伝承してきたのである。

近代化批判は、その後、これを支えている農薬、肥料、品種、機械などの「資材」の見直しへと進んでいく。当時、有吉佐和子の『複合汚染』が大ベストセラーになり、農薬を多用する農家を加害者とみる風潮が広がったが、『現代農業』は、農薬の最大の被害者は消費者ではなく農家なのだ、という立場に立ち、農薬のムダのない使い方や、農薬依存から脱却する方法を農家に学び、提案していった。

こうして1977年に「肥料」の特集号が始まり、その後「農薬・防除」、「品種」が加わり、この特集号は今日まで続いている。

■「自給とりもどし」時代の単行本3点

〈守田志郎著『農業は農業である』〉

この近代化批判・自給の見直しの時代の代表的な単行本に、守田志郎氏（当時名城大学教授）が書いた『農業は農業である』（1971〈昭和46〉年）がある。それ以後、『現代農業』を通じて、農家の「自給」とこれを支える「むら」の大切さを直接農家に語りかける、守田氏の精力的な仕事がはじまる。

『農業は農業である』を発行直後に読んだ東北の農家、斉藤巌さんは、のちにその感想をつぎのように述べている。

「農業することにおける基本的な考えをガラリと変える本に出会った。私はこの本との出会いによってようやく開眼させられた。その本は『農業は農業である』という変わった名前の本で（略）、この本を読むうちに、あらゆる面で村は遅れており、農家はバカで、村は封建的であるという従来の考えがまったくひっくり返ってしまった。当時としても頭の中では農村・農業は素晴らしいと考え仲間に話したりもしていたが、体のどこかにそれとはまったく逆のものが残っていた。それが、腹の底から体ごと変えられる思いだった。（略）そして昭和四十七年十二月の懇談会で守田先生の話を直接聞くことによってこれはさらに深められ、農民であることへの自信、農業することへの励み、そしてまた、農業することへの厳しい自覚となって今日まで続く。」

守田氏は文章を通じてだけでなく、自ら農村に出かけ農家に泊まり農家と話した。右の文にある「懇談会」とは、このことを指している。

守田志郎氏（1924〜1977）は、従来の「近代社会では伝統的共同体は破壊されるとの学説」（いわゆる大塚久雄学説）を実証的に否定して、現代の日本農業において「共同体」の役割が大きいことを主張した人である。「近代社会では伝統的共同体は破壊される」ということは、逆からいえば「共同体が破壊されなければ近代社会はない」ということであって、こうした見方は学問の世界でも、実践の世界でも、極めて強く働いていて、これを前提としなければ学問も運動も成り立たないと誰もが思ったのが、戦

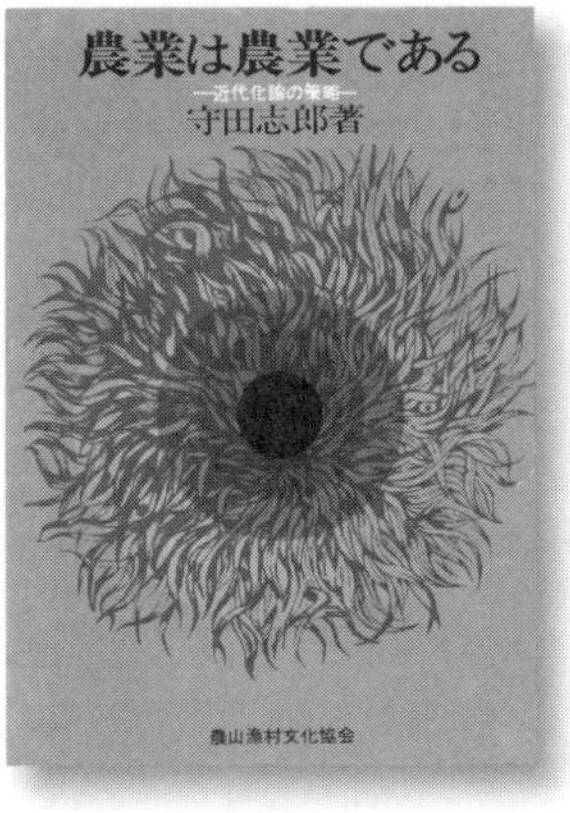

守田志郎
『農業は農業である』
（1971年）

後民主主義というものだった。その「学説」を、守田さんは「実証的に否定した」というわけである。

「部落というものが『にっぽん社会』の風船のひもが求めている錘〈おもり〉となりうる唯一の本源的な存在のようにさえ思えてくるのである。部落の外に出たあまり者達が、足りない知恵で部落をなんとかしようとする気配がしばしばみられる。（略）その知恵の足りなさが悲しいのだ（略）」（『日本の村　小さい部落』より）

〈前田俊彦編『ドブロクをつくろう』〉

農家の自給を考えるとき、酒づくりは、ぜひとりもどしたい暮らしの知恵の一つである。『現代農業』1975（昭和50）年3月号の主張「ドブロクつくりがなぜわるい！」では、「太古から農民が守り育ててきた酒をうばいとり、わずかに自分で飲むためにつくる酒をも製造を禁止する（酒税法）とは何たる悪法」かと、訴えた。

その6年後には、単行本『ドブロクをつくろう』（1981年）を出版し大きな反響を得た。編者の前田俊彦氏はこの出版と相前後して、国を相手どり、自家醸造を禁止する酒税法は憲法違反と主張して訴訟を起こした。そして1989年、最高裁から「自家醸造を禁じることは、税収確保の見地より行政の裁量内にある」として、ドブロクの自家醸造に有罪の判決を受けている。

朝日新聞は広告掲載を断り、ある新聞は「農林省の外郭団体である公益法人が、ドブロクをつくろうと呼びかけているのは、農林省の監督不行き届きではないか」と社会面で報道し、世間の注目を集めた。

試飲会を開いた前田さんは酒税法違反で起訴されたものの、農文協に対して国は、直接的な干渉はしなかった。結局、『ドブロクをつくろう』は地味な内容ながら10万部を超えるロングセラーになった。その後もひるむことなく、農文協では自家醸造酒の記事や書籍を次々と出版している。

〈農文協文化部『日本民族の自立と食生活』〉

この時期、農文協の文化部では、農業・農村の原点を求めて調査活動を行ない、その結果を『農村文化運動』にまとめ、単行本として出版した。その一冊『日本民族の自立と食生活』（1976〈昭和51〉年）について、『週刊朝日』（同年7月16日号）に以下のような書評が掲載された。

*

この本は日本の食糧問題について、はっきりした考え方と目標を与えた画期的な労作である。おそらく従来の食糧政策や農政に追従してきた人には耳のいたくなるような話ばかりで、全面賛成というわけにはいくまいが、意見をことにするにしても、これほど明確に主張が打ち出さ

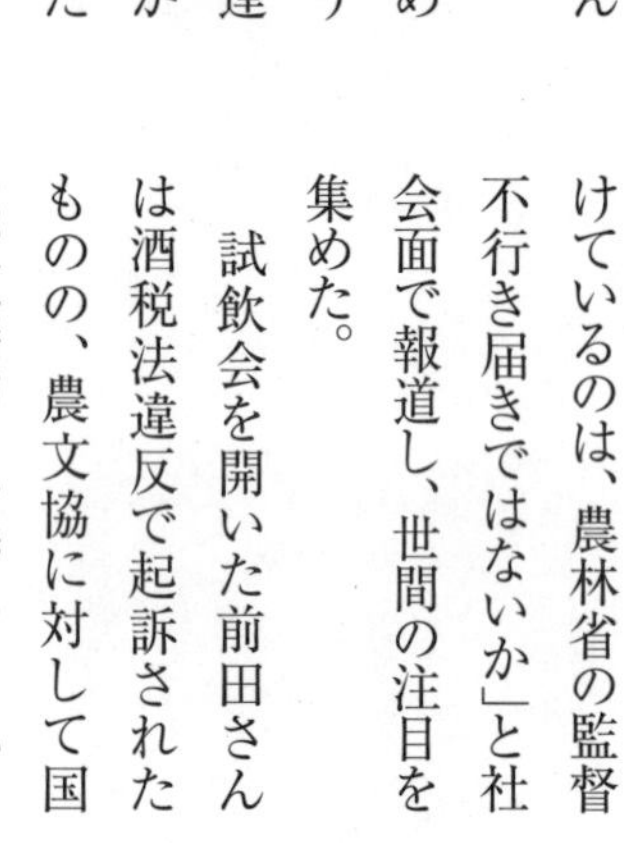

前田俊彦編
『ドブロクをつくろう』
（1981年）

れていると、異見の方もおのずから明確にならざるを得ないであろう。

　危機的な現状を示す、いくつかの言葉を引用してみよう。「高度成長は農業の破壊の上に成立した」「日本は世界最低の自給率である。これほど低い自給率は、有史以来、退廃に満ちたローマ帝国末期と現代日本しかない」「音もなく確実に進行している日本の飢餓」「〝消費者は王様〟の間違い」「添加物で有毒だからその毒をとり除けばよいという単純な発想は、しばしば原因と結果を混同している」「日本の風土や農業生産から遊離した『高度な』食生活が、食糧自給率を極度に低下させ、潜在的飢餓をここまで進行させてきた」「自給は物的な問題ではない」「売ってはあわないが〝必要だからつくる〟という農家。その自給の思想にもとづいて農家の（従来の）生活は組み立てられていた」「食糧は商品ではない、資本主義社会の中で、人間が労働力として商品化されつつも、人間が商品ではない（あってはならない）のと同様である」「農業生産が工業生産と違って自然の摂理に規定されて営まれる生物生産であるために、資本の論理は貫徹できない」「資本が介入するのは、食糧の生産ではなく、生産されたものの流通の段階である。ここで商品化するわけである。その商品化が食品の人工化をよび、食物を有毒化し、食生活としては貧困化を招いている」「あれば便利、なければなくてもよい、という工業製品（ふつうの商品）と食糧は一緒にできない」「もう一度二〇年前の農業と生活のしくみに戻る必要がある。なぜなら昭和三十年以来の高度成長の過程は、農家にとっても都市の住民にとっても、その本質では退歩の歴史でしかないからである」。

　アンダーラインをつけて読んだところを、まだまだ引用したいところだが、部分的引用は誤解を生むことにもなるので、この程度に止めよう。本書はアフォリズムの連続ではないのである。「食物とは何か」「農業とは何か」という二つの主題が、きわめて明晰な論理につらぬかれ、説得されている。

　なお同じ基調で書かれた『一億半病人を救う道』という本が、同じ出版社から岩尾裕之、沼田勇、田村真八郎の共著で刊行されているが、これは本書の各論としてさらに読まるべきであろう。数日前、評者は渋谷の某書店で主婦らしい人が、この本を数冊買い求めてゆくのを見かけ、たのもしく思った。おそらく主婦のグループで輪読する

農文協編
『日本民族の自立と食生活』
（1976年）

ためであろう。出版社の提灯持ちをするわけではないが、もう一つ言わしてもらうならば農山漁村文化協会発行の月刊誌『現代農業』は農業関係者のみならず、食糧問題に関心を持つ人にもっと広く読まるべき雑誌である。明確な主張に貫かれたそのような記事が満載されている。〈易〉

＊

以上、戦後復興期から近代化批判・自給の見直しの時期までの歩みを、『現代農業』の記事やいくつかの作品をとおしてみてきた。この自給の見直しはその後、地域資源を生かす「農家の技術」を多様に生み出し、さらに「50万円自給運動」など女性たちの暮らしと農家経営を守る取組みは、直売所の大きな広がりにつながっていった。そんな農家・地域の取組みに学びながら、農文協の出版活動は、次章以降で紹介するように多彩に展開していった。（豊島至）

農家とともに

（撮影：橋本紘二）

1章

イナ作増収から生きもの田んぼ、地域をつくる田んぼへ

昭和30年代後半から40年代初頭に盛り上がった「片倉イナ作」は、北と南、田んぼの地力のあるなしを超えて、多くの農家の気持ちをとらえていった。それまでの、出穂期を境にした「生育前半と後半」というとらえ方を、「栄養生長＝幼穂形成期まで」、「幼穂形成〜出穂」、「登熟期間」の三つに分けてとらえ、元肥を減らし、穂肥、実肥と追肥していく追肥重点のイナ作であった。当時の作物生産研究の最先端であった群落光合成の科学的知見を、出穂40日前、出穂30日前といった具体的なイネ姿でとらえ直し、そのイネ姿に対応したきめ細かな追肥技術およびその他の管理技術が、毎号『現代農業』誌上を飾った。それまで地力が低い田んぼと見られていたところでもみごとに五石どり（反当750キロどり）を達成し、規模の大小を問わず、農家の大きな自信となっていったことは間違いない。

　そうした農家のイナ作多収の熱気に冷や水を浴びせたのが、1970（昭和45）年から始まった減反政策であり、昭和30年代後半に開発された田植機の登場であった。

1　田植機イナ作の混乱とイナ作改善運動

■田植機・密植批判、しかし農家は動かず

田植機のテスト機が開発されたのが1962（昭和37）年のことだ。昭和40年代中頃には、箱育苗—田植機—バインダー（自脱コンバイン）という、田植機移植機械化体系ができあがっていった。

　田植機の登場で農家がもっとも驚いたのは、それまでの本葉5枚以上に育った成苗を捨てて、幅30センチ×長さ60センチ、深さわずか3センチの小さな育苗箱で育てられる、本葉が3枚もない小さな苗（稚苗）を植えるということではなかっただろうか。片倉イナ作を中心とした米増収（食料増産）の流れのなかで、農家はみな「苗半作」、「苗七分作」をイナ作の基本と考え、健苗つくりに力を注いできた。タネモミは坪当たり二〜三合（300〜450グラ

ム)の薄まきである。なかには坪一合まきとして、下位の第一節から出る一号分げつからしっかり活かそうとする人たちまでいた。しかし、田植機を利用するには、面積にして18分の1坪にすぎない小さな育苗箱に、タネモミを一合五勺(約220グラム)以上まきなさいという指導である。5~6枚の葉をつけ、分げつも見える立派な成苗に比べると、密植された苗はわずか3枚の葉しか出すことができず、茎も細い。もちろん分げつは見えない。当時、農文協では、科学的な見方による増収技術を獲得し、それまで丹精込めた成苗(6葉以上)を手で植えていた農家が、機械に合わせてわずか葉っぱ3枚という小さな苗(稚苗)を植える田植機イナ作を受け入れはしないだろうという思いが強かった。

しかし、そんな農文協の思いとは別の次元で、田植機は燎原の火のごとく広がっていった。『現代農業』の取材で伺った農家でも、お母さんたちからは「結いのお昼ご飯の準備などが大変でね~」、「田植機になってほんとうにらくになったわよ~」といった声があがった。1970(昭和45)年から始まった減反政策が、米増収に対する農家の意欲をそいだこともあったろう。同時に、むらの結いのちからも弱まっていった時期でもあった。

この間、農文協内部でもイナ作技術の方向性について、議論が交わされる。『現代農業』誌では、1972(昭和47)年3月号に「思いきった粗植で大増収　坪36株で11俵確実」という6ページにおよぶ記事を掲載する。小さな苗(稚苗)を密に植える田植機イナ作に対する挑戦であった。株間一尺×うね間一尺(尺角)植え、手植えであっても坪36株であれば、田植えにかかる時間は当時の田植機と遜色ないこと、のびのびと茎太く育ったイネは、裏作野菜の肥料が残っていても、家畜糞尿をたっぷり施しても、倒れることなく多収を実現できる。そんな活き活きとした千葉県の農家グループの取組みである。この記事をきっかけに、『現代農業』では手植え疎植イナ作を追い続けるが、しかしもはや田植機への流れが変わることはなかった。

この田植機イナ作を支えた理論が、松島省三氏が唱えた「V字理論イナ作」(以下「V字イナ作」)である。V字理論イナ作とは、出穂33日前を中心とする前後にチッソを

思いきった粗植で大増収
—坪36株で11俵確実—
編集部

『現代農業』に初めて登場した疎植イナ作の記事(1972年3月号)

効かせると登熟歩合を低下させることを明らかにしたもので、イネの生育を、この出穂前33日の前後12日間を中期とし、それ以降を後期、それ以前を前期として三つに分け、前期と後期に十分なチッソを施し、中期にはチッソの肥効を制限するとした考え方である(『V字理論イナ作の実際』1969年)。チッソを中断する時期は、ちょうどイネが下位節間を生長させる時期でもあり、倒伏を防ぐことにもつながっていた。その技術的要点は、密植すること、早期に茎数を確保すること、その後チッソを中断し、中干しとあわせてイネを黄色くして茎内にデンプンを蓄積し、登熟歩合を高める、というものであった。このような松島氏の考え方は、密植を可能にした田植機イナ作を支える理論として、農家だけでなく、田植機イナ作の官側からの指導技術として定着していった。1977(昭和52)年に出版した松島氏の『改訂新版　稲作診断と増収技術』は、2万3千部以上の売行きとなった。

田植機の普及は、1975(昭和50)年ころには全国水稲作付け面積の約80%にまで高まっている。広がりとともに、「苗半作」、「苗七分作」が基本だと考えてきた篤農家の間では、小さな育苗箱であってもよい苗でなければ本当の多収はできないと、田植機での育苗の工夫、そして植え方の工夫が進んでいった。そうしたなかから生まれたのが、滋賀県の篤農家・小西豊氏の『田植機イナ作の増収技術』(1972年)であり、『小西式コシヒカリの多収栽培』(1978年)であった。前者では、予備緑化、緑化、硬化といった稚苗育苗の技術を詳述し実売1万6千部、後者は綿密な管理技術を駆使した反収800キロどり技術を公開し3万2千部に達した。

その後も、篤農家たちによる育苗技術の改良は進む。育苗箱への播種量でみると、当初は1箱250グラムまきが当たり前だったものが150グラム、さらには100グラムと少なくなっていき、3葉だった当初の完成苗は、4葉、5葉へと、手植え時代の苗に近づけたい農家の思いが技術化していった。それと同時に、一部では、当初の坪72株植えから植込み株数を減らすことができる田植機に改造するといった動きも見られ、本葉5・5葉のポット苗や疎植田植機も開発されていった。しかし、大勢は、稚苗による密植、早期茎数確保、チッソ中断と中干しによる抑制

田植機イナ作の普及を支えた本。松島省三『改訂新版 稲作診断と増収技術』(1977年)、小西豊『小西式コシヒカリの多収栽培』(1978年)、星川清親『解剖図説　イネの生長』(1975年)

技術、いわゆる「V字イナ作」技術が占め、『現代農業』で提起した疎植イナ作は、ごく一部にとどまっていた。

この間、イネの実態にせまる星川清親氏の『解剖図説　イネの生長』（1975年）を発行する。この労作はイネの形態を学ぶバイブルとして、専門書としては異例の1万8千部を超えて現在も売れ続けている。

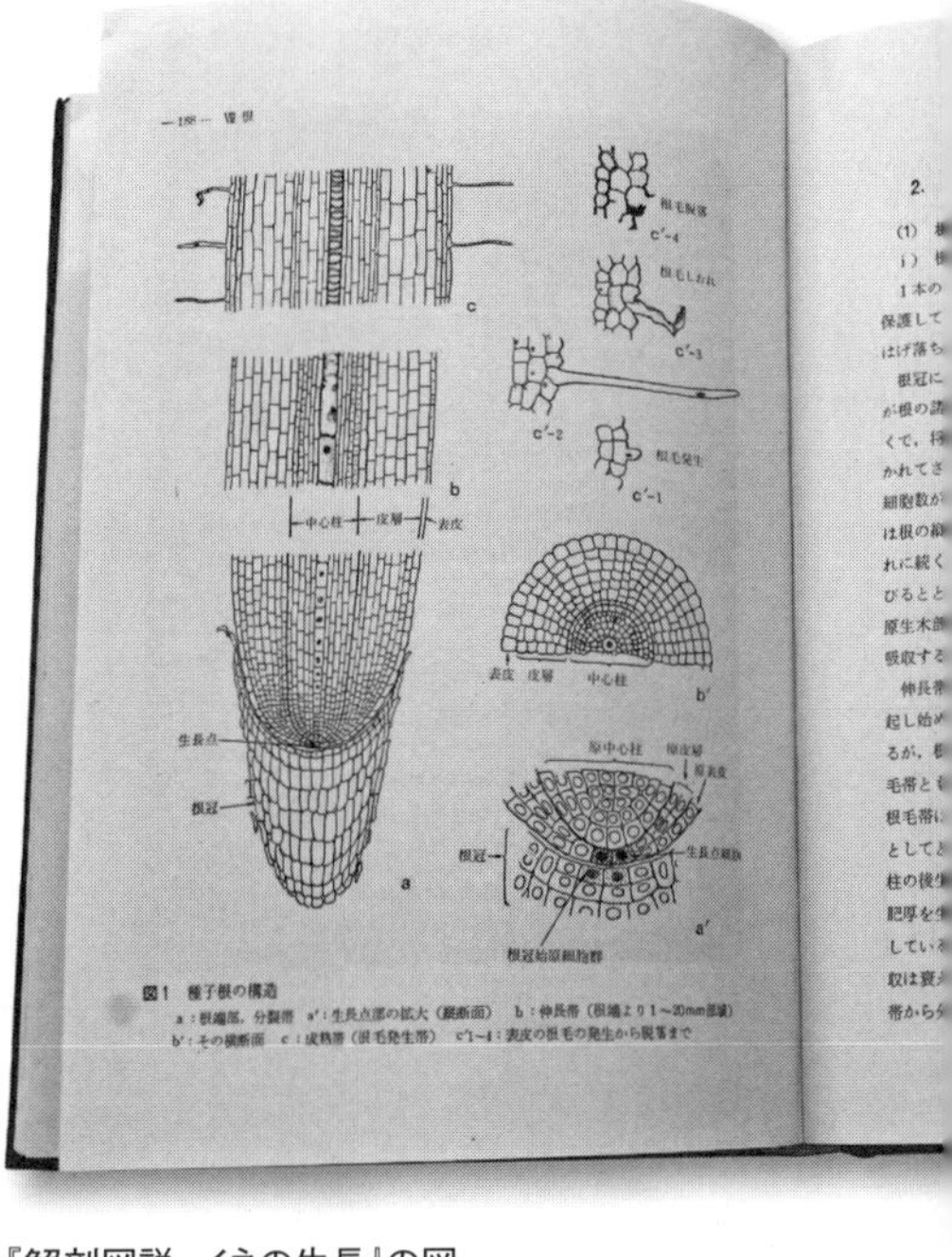
『解剖図説　イネの生長』の図

■不作・韓国米輸入

田植機が導入されていった昭和40年代は天候に恵まれた時代だった。慣れない田植機イナ作にもかかわらず、収量が下がることはなかった。それは、籾数不足で収量が停滞していた地域で、田植機が密植を可能にしたことによって穂数の不足が解消されて籾数が確保でき、収量増が実現できたからである。結果、1970（昭和45）年には期末在庫量720万トンを抱えることになったことを理由に、その年から「減反政策」が開始された。米の栽培面積を減らした農家に、国が補助金を出すという、これまでにはなかった手法で進められたその政策は、イネつくりにかけてきた農家の熱気をクールダウンさせていった。しかし、昭和50年代に入って、あれほど安定していた天候に異変が起こり始めた。

1976（昭和51）年の冷害、そして、昭和55年から4年連続の冷害が襲う。昭和55年は全国の水稲作況指数87（青森県47、岩手県60、鹿児島県を除いてすべて100以下）の大冷害に見舞われた。そして翌56年から58年まで連続して全国作況指数96の「やや不良」が続いた。

この間、政府は一貫して米の過剰をアピールし続けたが、『現代農業』では、編集部だけでなく、各支部の職員の力も総動員した独自の米倉庫の調査から、「このままでは米が足りない！」と訴え続けていた。のちに明らかになった1983（昭和58）年の期末米在庫は90万トン、翌59年の在庫量はゼロであった。ひた隠しにしていた政府も米不足を隠しきれず、1984（昭和59）年5月、電撃的に「韓国米輸入」を発表した。『現代農業』では、1984年8月号で誌面の全面組換えを行ない、90ページにおよぶ緊急特集「主食の危機―何が起こっているか」を組み、韓国米輸入にいたった実態と、安定した食料生産および安定して供給していく仕組みつくりを訴えている。

［緊急特集　主食の危機―何が起こっているか］
- 第一部　コメの緊急輸入はこのように仕組まれた
- 第二部　深刻な実態究明　ここまで追い込まれた米不足
- 第三部　不足分のコメは確保できる　緊急対策・来年の課題
- 第四部　農文協は提案する

突然の韓国米輸入に対して組んだ『現代農業』の緊急特集「主食の危機」（1984年8月号）

緊急特集「主食の危機」
第一部の扉

　同号のイナ作のコーナーでは、「コメ不足だ！　最後の一粒まで実らせる夏場作戦」というアピールで、追肥と登熟をめぐる記事を組んでいる。

　一方で、イネの冷害に対して、冷害の仕組みと技術対策について、田中稔氏の『稲の冷害』、安定多収のイネを支える根とその仕組みについて、川田信一郎氏の『写真図説　イネの根』（いずれも1982年）を上梓している。

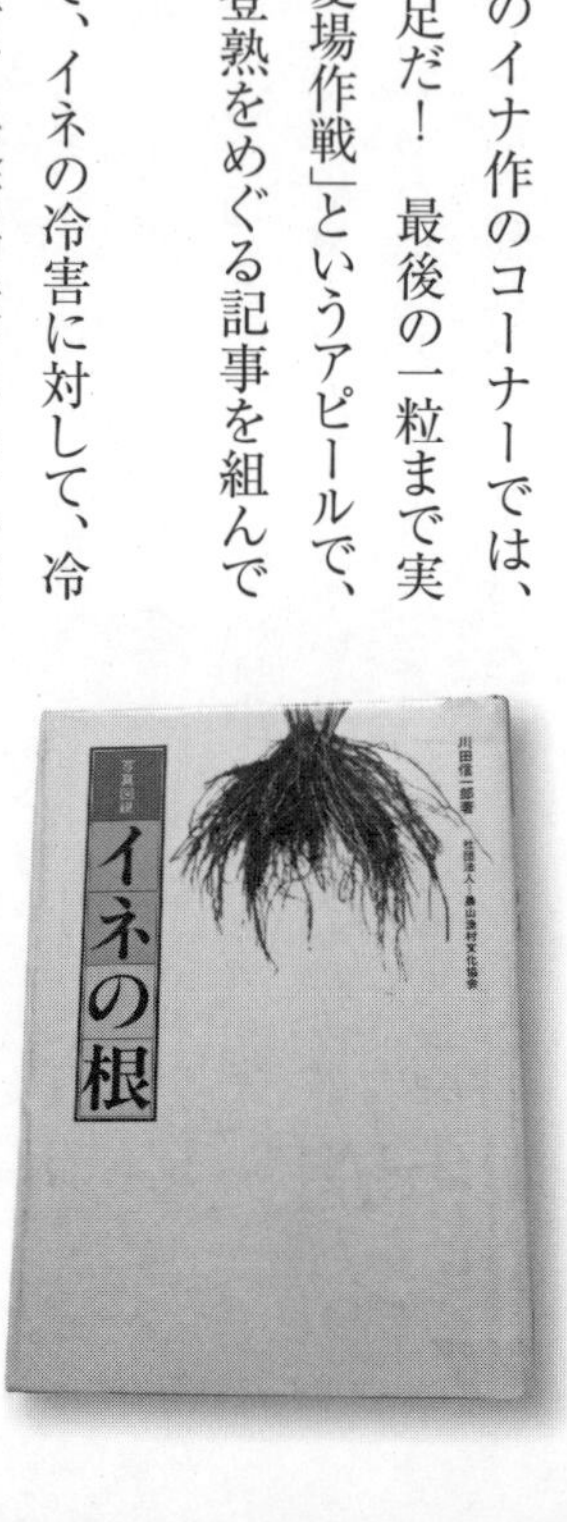

川田信一郎
『写真図説　イネの根』
（1982年）

■映像・定点観察によるイネの実態把握

箱育苗―田植機―コンバイン収穫という機械化イナ作、そして肥料や農薬の面でも開発が進み、手で苗を植え、手で刈るといった時代には必然であった「イネを見る」という行為は貧弱になっていった。田植機イナ作を論じてはいるが、田んぼに植わっているイネがどう育っているのかが見えなくなっていた。そこに風穴を開けたのが、南と北の田んぼに長期間張りついて、スライドでイネの生育を追い続けた作品『安定イネつくりシリーズ』（農文協編、1983年）であった。

　手植えの時代には一株に何本植えられているのかは、誰もがわかっていた。しかし田植機時代になってからは、自分のイネが一株に何本植わっているのかを自分の目で確か

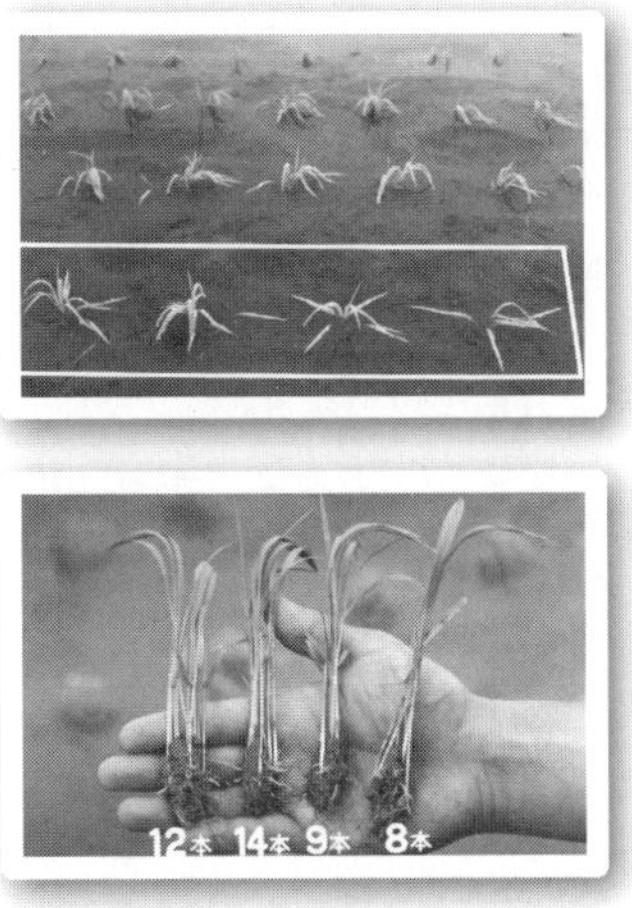

1株茎数当てクイズ。田植えしたばかりの田んぼは頼りなげに見えるが（上）、実際に白枠内の苗を数えると、左から、12本、14本、9本、8本が植えられていた（下）。スライド「安定イネつくりシリーズ　ストーリー編」（農文協編、1983年）より

めている人はほとんどなくなっていた。この作品は、見る人に問いかける。「あなたのイネは何本植わっていると思いますか？」。その問いに対する当事者からの答えは、軒並み大きくかけ離れていた。かつて手植えしていた時代の見た目と、育苗箱で育てた苗の見た目とでは大違い。遠くから見てイネが植わっているように見えるには、最低でも株７本以上は必要だったからである。スタートからして、思いと実態がかけ離れていたのである。また、穂が出る前にたくさんの茎が立っていたのに、なぜ穂の数は減ったのか？　この作品は、分げつした茎が、過密な環境の中で消えていく過程を追った。茎が減ったとしか感じていなかったイネが、葉をよじらせながら茶色に変色し枯れていく実態を映し出した。太植え・密植のイネが、細茎・小穂となって、ムダの多い生育をしていることを。

「思いと実態のズレ」を真正面からとりあげたこの作品では、農家が語る言葉を大切にし、その意識や思い入れを理解しようとした。こうして、田んぼのイネを、農家の人たちが自らの問題として見つめなおすきっかけをつくりだした。教材としての啓蒙的表現ではなく、「共感的表現」にはじめて取り組んだこの作品は、農協、農家の間で評判となり、全５巻シリーズの作品は、２０００セットを超えるという販売記録をつくり、母ちゃんたちも参加した集落単位の上映会が各地で行なわれた。

スライド「安定イネつくり」のロケに突入する前に、農文協内部では安定したイネつくりはどうあればよいのかといった議論が頻繁に行なわれていた。そんななかから農文協編でまとめ上げたのが『あなたにもできるコメの増収』（１９８３年）、『写真集　あなたにもできるイネの診断』（１９８４年）である。豊富な図と写真を用いてわかりやすく表現されたこれらの本は、スライド「安定イネつくり」の解説書ともなり、前者は現在７万８千部、後者は４万４千部を数え、今も売れ続けている。

（西森信博）

上／農文協編『あなたにもできるコメの増収』（1983年）
下／農文協編『写真集　あなたにもできるイネの診断』（1984年）

文化活動から

農家の学習会と『安定イネ』スライド上映の波紋

スライド『安定イネつくりシリーズ』は、ストーリー編全5巻が1983年12月に、資料編全5巻が1984年1月に発行された。

当時の文化活動の一つの柱は年に一回開催される農家グループ交流会で、九州では七県全県で開催されていた。この農家グループ交流会に参加しているグループをベースに、学習会を組織する方針が出され、学習会のためのテキストを文化部が作成した。新書版のこのテキストは「新教養書」と呼ばれ、「農産物輸入」、「農協」、「牛乳」などをテーマに、計6点がつくられた。

この「新教養書」については、第三次一〇ヵ年計画書で「教養書」とは別の企画として、「複雑多岐な社会情勢、乱れ飛ぶ情報、社会の中で大衆は右往左往するのみである。とくに農村地帯では体制側とマスコミからだけで、真実の情報は流れてこない。こういうときにわれわれは座視するわけにはゆかない。いまこそ新しい啓蒙書、真実を伝える新しい型の出版物が必要である」と述べられている。

学習会は、月に一回くらいの頻度で開催したグループもある。九州支部の事務所で夕方まで仕事をし、それから学習会場に駆けつけて夜遅くまで話し合いをして、農家の家に泊めてもらい、朝には事務所に戻るということもあった。新教養書の学習が終わったあとは、学習会のテキストとして『現代農業』の記事などを使ったりした。農家には、経営に直結する栽培技術などの学習への欲求も強かったからである。

『安定イネつくりシリーズ』の上映会を行なったのも、この農家グループでの学習会だった。宮崎県清武町のグループでの上映会後、改めて訪れたときに聞いた、ある農家の話が印象に残っている。

そこでは夜、農家の家で『安定イネつくりシリーズ』のスライドを上映し、グループ員の数名が参加して話し合いをした。このグループのなかに、黒砂糖・酢農法など新しいことに積極的に取り組む若い農家がいた。

この彼が、『安定イネつくりシリーズ』のスライドで、田植えをした苗の一株の本数が多すぎると指摘されているのを見て、苗の植付け本数を減らすことを思い立った。そこで、まだまだ元気に農業をやっている親に相談したところ、相手にしてくれない。

イナ作は、一株の苗の植付け本数を多くして密植するものというのが常識だった時代だ。しかし、彼はあきらめなかった。どうしたかというと、一度親の言うとおりに田植えをしたのち、夜田んぼに入り、一株ずつ苗をむしって歩いて、一株の本数を減らしたというのである。

その後、彼と彼の親との間にどのようなことが起こったかまでは聞いていないが、やがてグループの別の農家がハウスキュウリの疎植栽培に取り組むなど、グループのなかで栽培技術の見直しが始まった。

このように、農家が主体的に技術を見直すきっかけをつくったのが『安定イネつくりシリーズ』だったと考えている。

（千葉孝志）

2 増収技術の展開

田植機の導入により一時期混迷を深めたイナ作技術も、昭和50年代に入ると、田植機を使いこなしながら独自の田植機イナ作技術を生み出す人たちが登場してきた。

育苗でみれば、かつての手植え時代の苗にできるだけ近づけようと、それまでの育苗箱にばら播きする方式から、正確に条播きする播種機が開発されたり、育苗箱にポット穴があり、その中にタネを播種していく成苗ポット苗、その苗の力を引き出す疎植田植機も登場した。かつての、早植え・密植して早期に茎数確保し、その後、肥効を極限までコントロールしようとする「V字イナ作」に対して、疎植・晩植えとともに、V字イナ作では肥効制御する時期に逆に肥効を上げる「への字イナ作」（井原豊氏、列伝参照）、水田という特徴を最大限に活かし、深水によって生育をコントロールする「深水栽培」など、田植機イナ作は農家の工夫と実践によって、きわめて個性的に展開していった。

兵庫県の井原氏は独自のイナ作思想と技術を『痛快イネつくり』（1985年）、『痛快コシヒカリつくり』（1989年）、『写真集　井原豊のへの字型イネつくり』（1991年）と相次いで上梓し、それぞれ5万1千部、4万1千部、写真集としては異例の2万部と販売部数は伸び、彼の「への字イナ作」は全国に波及した。一方、福島県の薄井勝利氏は、深水疎植による太い茎の豪快なイネを育て、その技術を『良食味・多収の豪快イネつくり』（1991年）、『健全豪快イネつくり』（1999年）にまとめた。密植によるV字イナ作のチマチマとした姿に対して、豪快なイネ姿による多収技術を提唱した本書は、それぞれ1万8千部、8600部と売れ続けている。

全国に広がった「V字イナ作」の考え方に対して、研究者の側からも、新しい提案がなされた。『現代農業』で連載した和田学氏の「暖地イネ五石取りへの道」（1981年11月号から4回連載）、そして、橋川潮氏は、イネの草型

農家による痛快・豪快なイネつくりの本。井原豊『痛快イネつくり』（1985年）、同『痛快コシヒカリつくり』（1989年）、薄井勝利『良食味・多収の豪快イネつくり』（1991年）、同『健全豪快イネつくり』（1999年）

がかつてとは変わった（上位葉が短く、立ち型に変化した）今、多収は一穂の粒数と登熟歩合向上にあると主張し、生育前半を抑制ぎみに育て、V字イナ作では肥効制限する時期に追肥によって肥効をあげ、多収を実現することを訴えた（『イナ作の基本技術』、1985年）。研究者が書いたガッチリとした技術書だが、1万8千部以上の売行きを示し、多くの農家が求めていた新しいイネつくりのバックボーンとなった。

この時期、わが国のイナ作を担う主体は、戦後の米増収を支えてきた世代から大きく変わってきていた。一つは、母ちゃんたちが、勤めに出ている父ちゃんからの「任されイネつくり」から、まさにイネつくりの主役になってきていたこと。もう一つは、農業機械が進歩することによって、かつてはリタイヤしていた高齢者が活き活きと農業に打ち込める環境ができてきたことである。田んぼには、母ちゃんたちが積極的にイナ作に取り組む姿があり、高齢者・兼業農家が農業機械を上手に使いながら、楽しく増収に挑戦する姿があった。そうした人たちが安定した収量を実現できるようにと願って、農文協ではわかりやすい実用的な本を出していった。

単行本『イネの機械便利帳』（矢田貞美著、1988年）、『イネの作業便利帳』（高島忠行著、1989年）は、農家の心情にひびく表現と具体的技術で、それぞれ7万6千部、4万6千部と、超ロングランを続けている。また、年齢をタイトルに冠した農業実用書『図解 60歳からの水田作業便利帳』（高松求著、1993年）をはじめとする「60歳からの～便利帳」シリーズや、お母さんたちにねらいを絞った『あなたにもできる安心イネつくり』（山口正篤著、1993年）など「あなたにもできる～」シリーズが発行されて、いずれも好調な売行きを示している。

（西森信博）

橋川潮
『イナ作の基本技術』
（1985年）

高松求
『図解 60歳からの水田作業便利帳』
（1993年）

「農業に明日はない。しかし明後日（あさって）がある」、「への字イナ作」など、『現代農業』誌上に数々の名言・新語を残して、1994（平成6）年1月3日、享年67歳で逝った兵庫県の兼業農家である。

『現代農業』に初めて登場したのは、1980（昭和55）年9月号「平均年齢48歳の〝4Hクラブ〟」。当時、井原さん51歳、「減反だ、米とるな」の政策に対して、こう喝破した。

「私ら中年のレジスタンス。米をたくさん穫るのは非国民だ、なんて言うのはパン食商工業民族であって、われわれと同じ民族ではない」

地域の兼業農家10人で始まった4Hクラブの仲間とのイネつくりの様子は、井原さんの筆によって、連載「オールド4Hクラブ奮戦記」（1981〈昭和56〉年新年号から）に結実していった。

農家列伝

井原 豊

農家の心を捉えたレジスタンス

ノーパンスケスケ稲、毛糸のパンツ稲、ゴリラのガッツポーズ稲……と、仲間との話合いのなかから次々に新語が生まれ、イネ姿のイメージ転換を訴え続けた。

全国に「への字イナ作」で知られるイネつくりは、慣行イナ作である「V字イナ作」に対して生み出された言葉。密植して生育中期に肥効を抑制する「V字イナ作」に対して、疎植にして生育中期に肥効を高めるのが「への字イナ作」。元肥ゼロないし極力減らし、出穂50～40日前にどかんと追肥一発。

この人を食ったネーミングも仲間の勉強会のやりとりから生まれた言葉であった。もっとおおらかにイネを育てよう、イネの力を信じようとアピールした「への字イナ作」は、南のイネ、北のイネの垣根を越えて全国に広まっていった。

以後、井原さんは毎号のように健筆をふるい、イナ作だけでなく、単肥を使った独特の野菜つくり、麦つくり、また警察・自動車学校勤務時代の経験を活かして車のことまで執筆する幅の広さ。それらをもとにした8冊の単行本と、ビデオ2作品は、今もなお多くの農家の心をとらえて放さない。

（西森信博）

井原さんの作品

- 『ここまで知らなきゃ農家は損する』（1985〈昭和60〉年）
- 『ここまで知らなきゃ損する痛快イネつくり』（1985年）
- 『ここまで知らなきゃ損する野菜のビックリ教室』（1986年）
- 『ここまで知らなきゃクルマで損する』（1986年）
- 『ここまで知らなきゃ損する痛快ムギつくり』（1986年）
- 『ここまで知らなきゃ損する痛快コシヒカリつくり』（1989年）
- 『写真集　井原豊のへの字型イネつくり』（1991年）
- 『図解　家庭菜園ビックリ教室』（1994年）
- 『井原さんの良質米つくり』（VHS・DVD全2巻・1991年）
- 『井原さんの産直野菜つくり』（VHS・DVD全2巻・1995年）

『現代農業』1981年新年号、井原さんの連載第1回目
（2回目から連載タイトルを変更）

3 平成の大凶作から一俵増収・米産直へ

大正時代の米騒動になぞらえた「平成の米騒動」を引き起こしたのが、1993(平成5)年の大冷害による米不足である。この年、梅雨前線は長期間日本上空に居座り、全国的に長雨と日照不足に見舞われた。東北地方では7月に入っても丹前と炬燵をしまうことができず、おかしい、なにか対策はないのか、という電話が編集部にもかかってきた。典型的な障害型不稔が発生し、その深刻な状況がしだいに明らかとなっていった。全国の水稲作況指数74、北海道では40、青森県28、岩手県30、宮城県37と、全国で作況指数が100を上回った県は一県もなかった。この年の政府米在庫量は23万トン、それまで備蓄米の量をぎりぎりにまでしぼっていた政府は、翌1994年、外国産米の緊急輸入を決める。それでも一時期、米屋さんから米が消えるという混乱を招いた。このときのわが国による米の緊急輸入は、世界の米市場の混乱も招いた。この年は、GATTウルグアイ・ラウンドでの農業合意により、わが国がMA(ミニマムアクセス)米の輸入を受け入れることを決めた年でもあった。

大凶作の年の秋、米騒動が報道されるなか、農家は村を離れている親戚に、また都会に暮らす友人たちにと、その年に穫れたわずかな自家用米のうちから、損得抜きで米を送った。このときの経験は、米の流通に劇的な変化を導き出した。翌1994年12月、農家に米の自由販売を認める「食糧法」が公布された。農家による米の産直、直売が大きく広がっていった。また、米をつくる農家の胸に、「米はしっかりつくらなければ」と、再び米増収の情熱が蘇ったことは間違いない。

『現代農業』では「一俵増収・米産直」のスローガンを掲げて、1993年11月号から連続してイナ作技術および産直の特集を組み、それを持って農文協の職員が農家を一軒一軒回りながら、しっかりお米をつくりましょうと訴えていった。

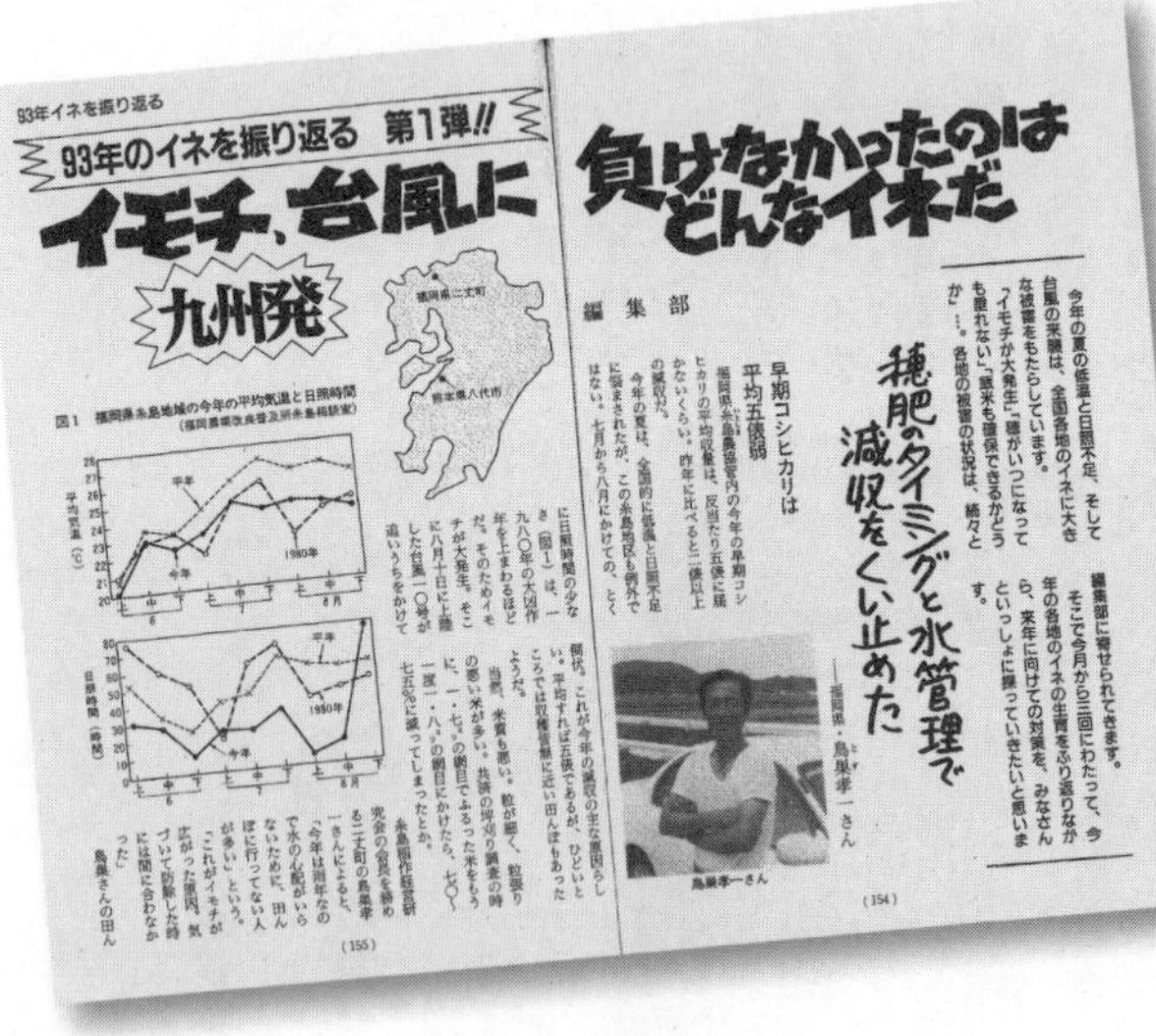
93年イネを振り返る
93年のイネを振り返る 第1弾!!
イモチ、台風に
負けなかったのは
どんなイネだ
九州発
編集部
穂肥のタイミングと水管理で減収をくい止めた

「平成の大凶作」の年の『現代農業』の記事「93年のイネを振り返る 第1弾!!」(1993年11月号)。ここから「1俵増収」にむけた技術追求が始まった

普及から

平成大冷害
そのとき村は、普及は…

１９９３（平成５）年大冷害。翌１９９４年３月中旬に農文協入会のために上京。入会式の後、その日のうちに新人養成講習地である群馬県倉渕村（現高崎市）クラインガルテンに移動した。宿舎に着いてすぐに係の方から利用上の注意等の説明を受けたが、最初は、食事についてのお詫びとお願いだった。

「お米について、今年は必要量を確保できていません。そのため『ご飯』は週に２日程度しかご提供できないと思います。その他についてはパンやタイ米になります。ご理解とご協力を…」

冗談かと思ったが、それから１ヵ月間その通りだった。待ち遠しいのは国産米のご飯の日。その時のおかわり競争は激しかった。

このような環境の中、学習する内容は、その年の『現代農業』の大テーマである「一俵増収」。じつに気持ちの入った養成講習となった。

４月中旬、最初の普及実習地である茨城県水戸市へ移動。その後、５月末まで茨城県全域を分担して普及する。私の担当地は野菜・果樹が主力の地域だったが、田んぼも一町歩ほどある農家が多かった。品種は「キヌヒカリ」もしくは「コシヒカリ」。平年作で反収八～九俵。前年（93年）の作柄は、とれなくても反一俵減で、全体的にはそれほど悪くなかったとのこと。

『現代農業』誌面では前年の例から冷害対策として「深水管理」と「リン酸追肥」をとりあげた記事が多かった。私もそれを中心に『現代農業』を普及するが、「そこまで手間かけなくてもとれるしなあ」と、農家はあまり乗ってきてくれない。そこで同僚が始めたのが「現物」による普及。スカンポと呼ばれる雑草（茎の太さが約１センチくらい）を手に持ち、「これくらい丈夫なイネをつくってもらおうと思って、（『現代農業』を紹介しに）来ました！」と挨拶。「おおっ、それくらい丈夫なイネになれば、もっととれるなあ」とようやく笑顔になってくれた。

イネの話題で盛り上がる要因がもう一つあった。前年夏頃より「米を売ってくれ」とやってくる業者の車を多く見かけるようになったとのこと。冷害・米不足騒動は、農家の中に「お米が売れる」という意識を再び芽生えさせるきっかけにもなったようだ。

６月、新潟県新津市（現新潟市）へ移動。ここでも野菜・果樹＋イネという地域に入った。茨城と違う点は一戸あたりのイナ作面積が大きいこと。品種はやはり「コシヒカリ」。ここでも前年の収量は平年作の反一俵減ほど。イナ作中心の集落では日中はだれもいない。だが、早朝と夕方は田んぼの風景が一変する。朝飯前と晩酌前に、水見回りのため、大勢の人が田んぼに出てくる。「やっぱり新潟のお父さんたちにもう一俵多くとってもらわないと困りますよね」というとニコッとしてくれる。実際３ヵ月前に私自身が困ったのだから、こちらにも迫力があったのだろう。「もう一俵多くとる」ということに、しっかりと頷いてくれた。

売り方も含めて、農家がイネとのつき合い方を見直し始めた一年だったと思う。（小倉伊知郎）

主張
イナ作施肥改善で一俵増収を
中期重点・リン酸施肥が「米輸入」を阻止する
1表増収をアピールした『現代農業』1994年6月号の主張

同時に、JAの米販売、個人やグループの米産直などの実践例を打ち出していった。この年、『現代農業』の読者数は一万部以上増部した。農家のイナ作にかける熱気が数字となって現われたのである。

また、単行本では、篤農家鈴木恒雄氏のイネの見方と診断技術をまとめた『ここが肝心イナ作診断』(1994年)、さらに緊急出版として、冷害の被害を最小限に食い止めた農家の技術を単行本『冷害に勝つイネつくり』(農文協編、1994年)にまとめ、安定増収のための農家技術を後押ししていった。

一方で米の産直は、農家の食味へのこだわりも強めていく。○○産コシヒカリといった地域の宿命論だけでなく、なぜおいしいと感じるのだろうか、さまざまな研究が進んだ。そうしたなかから生まれたのが『おいしいコメはどこがちがうか』(農文協編、1992年)であり、マグネシウムとの関連を明らかにした『おいしいお米の栽培指針』(堀野俊郎著、1998年)である。前者は1万5千部、後者は1万2千部と、多収にかける願いと良食味を同時に実現するイナ作技術が、広く農家に受け入れられていった。

(西森信博)

鈴木恒雄『ここが肝心イナ作診断』(1994年)と
堀野俊郎『おいしいお米の栽培指針』(1998年)

4 アイガモ稲作、米ヌカ除草、菜の花イナ作…生きもの田んぼへの転換

米産直の広がりは、間接的であれ、それまで国の統制下におかれていた時代のイネつくりを変えていった。自分たちで直接に米を売るということは、食料としての米だけでなく、農家の生産・暮らしの様子をメッセージとともに届けることでもあったからである。また、米つくりそのもののおもしろさや、イネつくりの自由な取組みも広げることとなっていった。

イナ作管理技術で一番大変な作業が草取りである。除草剤を使えばいいのだが、産直で届けるお米だから、できることなら使いたくない。除草剤に頼らない技術はないものだろうかと、全国でさまざまな農家の工夫が始まっていった。

田んぼにアイガモを放飼し、田んぼの水をアイガモに引っかき回してもらって濁らせることで、雑草に芽を出させない、あるいは雑草をアイガモの餌にしてしまう技術。それだけではなかった。ウンカなどの害虫防除にも役立っていることがわかってきた。古野隆雄氏が自らの取組みをまとめた『合鴨ばんざい』（１９９２年）、『無限に拡がるアイガモ水稲同時作』（１９９７年）は１万部以上売れ、その技術は全国各地に広がっていった。『合鴨ドリーム』（２０１１年）は、乾田直播、電柵張りっぱなし、肥料など、究極の農法をまとめた最新作だ。今や合鴨農法は東南アジアでも取り組まれている。

アイガモのほかに、コイやフナを水田に放して泳ぎ回ることで水を濁らせ、雑草の芽を出させないという技術も生まれてきた。

大きな反響を呼んだ米ヌカ除草も、農家の偶然の発見であった。ボカシ肥料づくりが間に合わず、やむなく振った米ヌカが分解してガスが発生し、土がトロトロになっただけでなく、雑草がまったく生えなかったという宮城県の

アイガモ農法を展開した古野隆雄さんの3部作。『合鴨ばんざい』(1992年)、『無限に拡がるアイガモ水稲同時作』(1997年)、『合鴨ドリーム』(2011年)

「米ヌカ農法」が初登場した『現代農業』1997年3月号の記事

農家・佐々木義明氏の記事が『現代農業』での米ヌカ除草の始まりであった（『現代農業』1997年3月号）。

その後、トロトロ層が雑草の発生を抑える、いや、分解するときに出る有機酸が雑草を抑える、いやいや、分解による還元状態が抑えているのだと、農家の経験の積み重ねから米ヌカ除草の技術は深まっていった。

そのほかにも、同じ有機物なら、もっと楽しく冬の間に菜の花を栽培して春に花を楽しみ、それをすき込んだらどうだと試す人（岡山県・赤木歳通氏）も現われてきた（『現代農業』2001年11月号）。この実践は、その後『DVD赤木さんの菜の花緑肥稲作』として発行された（農文協編、2010年）。

こうした農薬や化学肥料に頼らないイナ作技術は、いつの間にか田んぼの生きものを豊かにしていった。その豊かさがまた、米の産直にとって大きな意味をもち、地域の住民にも田んぼとそこでのイネつくりの豊かさを認識させることになっていく。

まさに1987年に宇根豊氏が、北九州での農家との取組みをもとにまとめた『減農薬のイネつくり』で提案したことが、全国各地域の運動として展開し始めたのであった。宇根氏の『減農薬のイネつくり』は多くの人たちに読み継がれ、現在2万6千部を超える売行きを示している。

また、田んぼの豊かな虫たちを的確な写真でとらえた『減農薬のための田の虫図鑑』（1989年）は、地域の教育の場にも広がり、すでに3万5千部が出ている。

そのほかにも、自然農法の実践農家の取組みをまとめた『実際家の自然農法イネつくり』（（財）自然農法国際研究開発センター編、1991年）、『除草剤を使わないイネつくり』（民間稲作研究所編、1999年）、『あなたにもできる　無農薬・有機のイネつくり』（稲葉光國著、2007年）など、農家の実践が、磨き上げていった技術本を農文協は発行し続けている。

（西森信博）

減農薬イナ作運動の本。宇根豊『減農薬のイネつくり』（1987年）と宇根豊・日鷹一雄・赤松富仁『減農薬のための田の虫図鑑』（1989年）

5 イナ作作業への注目

農業の魅力が単なる農産物生産といった枠組みを超えて認識されるようになってきたことで、若い人たちの農業を見る目が変わってきた。『増刊現代農業』で追跡し続けているように、自然に接する仕事をしたいという農業未経験の若者たちが現われ、加えて団塊世代の定年による帰農者が大量に生まれる時代となった。20年ほど前、あと10年頑張れば息子たちが帰ってくると信じて農業を続けてきた世代も、もう80歳代だ。その世代交代の時期が今である。田舎を出て定年を迎えた団塊世代は、田舎に帰れば田んぼはある、機械もある。しかし単純に機械を動かすことはできても、イネを育てるための管理技術がない。そんな状況のなか、農文協が注目したのがイナ作作業の技であった。

『現代農業』2007年5月号の特集「田植え名人になる！」は、当時、書店での売上げ部数が過去最高を記録した。この特集は、農業機械の動かし方、作業の合理的なやり方などを、福島県の農家（佐藤次幸氏―サトちゃん、列伝参照）の実際の作業を、初心者である耕作くんと比べながら、カラー写真を駆使しててていねいに紹介した特集であった。この号は、新しく農業を始めた若者たちや、定年帰農で田舎に帰って農業を始めた人たちが、イナ作の一つ一つの作業の親切なやり方を教えてくれる人をいかに求めていたかを私たちに教えてくれた。佐藤氏の技術は、ビデオ『イナ作作業名人になる！』（2008年）として発売され、上下巻あわせて3000本以上が売れ、さらには単行本『サトちゃんのイネつくり　作業名人になる』（佐藤次幸著、2009年）としても結実し、新規就農者たちだけでなく、多くの人たちに歓迎され好調に売れ続けている。

サトちゃんのビデオ『イナ作作業名人になる!』（農文協編、2008年）と
単行本『サトちゃんのイネつくり作業名人になる』（佐藤次幸、2009年）

農家列伝

佐藤次幸

サトちゃんの「自給の思想」

〝佐藤次幸さん〟というより〝サトちゃん〟と呼んだほうが、パッとイメージが浮かぶ読者が多いはず。そもそもは雪下ろし不要ハウスの記事で『現代農業』にデビューしたが、2006年の連載「サトちゃんと耕作くんの稲作作業『運命の分かれ道』」以降は、ちょっと辛口な兄貴分的キャラクター「サトちゃん」として定着。

あるときはサラダセットをオススメする野菜農家として、またあるときは薪ボイラーで快適に暮らす人として、事あるごとに『現代農業』に登場した。編集部内では一時「困ったときのサトちゃん」といわれたほど、農業技術はもちろん、暮らし全体がことごとく雑誌の企画になった稀有な人である。

生まれ育ったのは会津盆地の北部、北塩原村。父親は公務員、母親がわずかに田畑を耕す程度の五反百姓だったが、農業高校卒業後、一人で農作業をこなす母親を助けたい一心で就農。どうすれば農業で稼げるか、効率的に作業できるかを「夜も眠れないくらい考えた」。稲作はもちろん、農業全般にわたる豊富な知識、燃料代半減の耕し方などあらゆることを合理的に節約する考え方は、そんな背景から生まれた。

ただしサトちゃんの合理性は、決して「ムダなものを切り捨てる」ことではない。むしろ子とり和牛の飼育、ドブロクづくりなど、稲作経営には関係のないこと、買えばすむような一見「ムダ」なものを、驚くほど大切にする。暮らし全般において「自分でできることは自分でやる」、すなわち「自給」することこそ合理的と考えているからだ。

たとえば子とり和牛は、エサやりに手間はかかる。でもタダのアゼ草を食べて堆肥をつくってくれるし、子牛は毎年数十万円の儲けになる。それにペットとしてみればすごくかわいい。だからお金を出して堆肥を買ってくるなんて、馬鹿らしくてできない。一事が万事そんな調子。手間すらも、経験と考えれば財産になるのだ。

あまりにも話題が豊富なため、取材はドブロク片手に毎回深夜に及んだ。その語り口調を活かした記事をつくりたいと思って生まれたのが「サトちゃん」、これに対してUターン・代替わり農家の代表として設定した架空のキャラクターが「耕作くん」だった。ところが2006年5月号の特集「耕耘・代かき名人になる！」では、実写版「耕作くん」として熊谷市の斎藤貴一さんにご協力いただけたことで、サトちゃんと耕作くんのやりとりを実際の作業場面として表現することができた。

自身の就農当時の苦労を思い出し、本気で耕作くんにアドバイスしてくださったサトちゃん。その情熱と根本にある自給の思想が、全国の「耕作くん」、それを見守るベテラン農家の共感を呼んだと思っている。

（依田賢吾）

イナ作作業については、今から18年前に、富山県の長島文次氏による農業機械の上手な使いこなしをビデオ『イネの機械作業コツのコツシリーズ（1集、2集）』（1991年）にまとめている。耕耘時の「追い爪の先打ち」といった作業用語を流行らせたのはこの時代である。そのビデオをもとに、『現代農業』1992年5月号で長島氏らのイナ作機械作業技術を特集している。考えてみれば、ちょうど今、佐藤次幸氏らをはじめとする長島氏の次の世代が、新しい農業機械を使いこなしながら楽しくラクに作業をこなす工夫をどんどん広げている。

（西森信博）

6　農家の田んぼフル活用

減反政策が始まったのが1970年、すでに40年が経過した。わが国の4割近くの田んぼにイネは植えられておらず、荒れてしまった田んぼも多い。しかし一方で、田んぼが食用としてのイネを植えるものとされてきた縛りから解放されて、田畑輪換が定着する可能性を拓くことにもなった。ダイズやソバ、果樹、野菜など、イネ以外の作物が作付けされたり、さらには、消えてしまった地域の水生植物を取り戻す場として利用されることになったり、放棄された棚田に家畜を放す棚田放牧が広がったりと、田んぼという場は多様な機能を発揮し始めてもいる。

農文協では、水田転作の基礎的な情報として『転作全書（全4巻）』（農文協編、2001年）を発行して指導者や農家リーダーを応援するとともに、転作作物として大きな比重を占めるダイズなどの転作作物の多収栽培を実現するための技術書『ダイズ　安定多収の革新技術』（有原丈二著、2000年）や、ビデオ『本作ダイズの技術と経営』（全2巻、2007年）を発行している。そのほかにも、転作田での作物生産だけでなく、田んぼをビオトープとして変身させ、地域の自然の豊かさを暮らしのなかで感じるための『田んぼビオトープ入門』（養父志乃夫著、2005

農文協編『転作全書（全4巻）』（2001年）

年)や、雑草管理が大変な田んぼの畦を美しく彩りながら雑草管理するための技術をまとめた単行本『グラウンドカバープランツ』(有田博之・藤井義晴編著、1998年)、田んぼをとり巻く環境も含めて、地域を元気にするためのビデオ『「農地・水・環境保全向上対策」支援シリーズ共同活動編(全6巻)』(2006年)も、集落営農に取り組む地域の人たちに活用されている。

2002年、政府は「米政策改革大綱」を決定し、2010年までの8年間で「米づくりのあるべき姿」をつくりあげるとして、一年の準備期間を設定したのち2004年から政策をスタートさせた。そして2009年、政府は減反政策の仕上げの切り札として「水田フル活用」を打ち出した。その目的は「持続的な農業生産を維持し、万が一のことがあっても国民の生存に必要不可欠な食を提供することができるよう、自給力の維持・向上を図る」とされる。具体的には、ダイズ・ムギ・飼料作物に加えて、米粉と飼料米生産への支援である。

有原丈二『ダイズ 安定多収の革新技術』(2000年)と
ビデオ『本作ダイズの技術と経営(全2巻)』(農文協、2007年)

米粉の加工や利用は、伝統的な農家の技。その詳細は『聞き書 日本の食生活全集』(全50巻)に詳しい。今回の政策は、米粉利用の枠組みをさらに広げて、これまでほとんど利用されてこなかった分野にまで拡大していこうとする。『現代農業』では、2001年12月号で、イナ作農家が米粉にしてケーキやクッキーに加工する取組みを紹介し、2003年1月号では「いよいよ 地元のお米で米粉パン」という特集を組み、米粉利用を応援している。

当初は特殊な製粉(超微細米粉)での米粉パンが主流だったが、現在では、家庭用の製粉機で製粉した米粉でもパンが焼ける技術が開発され、農家のお母さんたちの手でさまざまな加工品が生み出されるようになり、直売所に花を添えている。『福盛式シトギ 米粉パンの教科書』(福盛幸一著、2009年)、『もっとひろがる国産米粉クッキング』(坂本廣子・坂本佳奈著、2008年)、『白神こだま酵母のお米パン』(大塚せつ子著、2008年)など、米粉利用は多彩に広がっている。

飼料米についても今、大きく動き始めようとしており、各地でその取組みが始まっている。イネの多収穫技術が再び求められる時代となった。その研究成果および先端的な取組みは、毎年最新の情報をお届けする『年版農業技術　作物2008』（農文協編、2008年）、および『最新農業技術　作物　VOL.1』（農文協編、2009年）に収められている。

米粉や飼料イネおよび飼料米といった側面だけでなく、水田という場でイネと家畜と結びつけることで、水田の可能性はさらに大きくなる小規模放牧と飼料イネ（米）活用、放牧した家畜の糞尿で地力を増強し他作物を安定増収する工夫、田んぼで家畜と触れあうことができる新たな地域づくりも各地で始まっている。

（西森信博）

「いよいよ 地元のお米で米粉パン」
（『現代農業』2003年1月号の記事）

2章 施肥改善運動から地域資源の活用へ

1 昭和50年代「施肥改善運動」の大きなうねり

『現代農業』では、2月号「品種」、6月号「防除(減農薬)」、10月号「土壌・施肥」の、年3回の資材特集号を組んでいる。これら資材特集号が始まったのは、農文協が農業の近代化批判・自給の見直しを掲げて活動を開始してから3年後の、1977(昭和52)年のことである。1970年代後半、農業の近代化の矛盾が土壌の悪化や病害虫の多発となって現われ、「土が病み、作物が病み、人間も病む」という様相が深まるなかで、肥料や農薬への過度の依存からどう脱却するかが、大きな課題になってきたからである。資材特集号は今日まで続いているが、この30年間に農家はもちまえの自給力を発揮して、身近な資源、地域資源の活用や、輪作・混作など作付けの工夫を重ね、農文協もまた、農家に学び、現場課題と試験研究機関を結びながら、施肥・土つくり、防除関連の文化財を精力的に編集し、普及してきた。

■「効かない珪カルの秘密」に大反響

1970代後半、『現代農業』では、堆肥や自給肥料のとりもどし、そして、「土つくり運動」に乗って農家に次々売り込まれる各種資材の吟味などの記事に力を入れたが、なかでも「効かない珪カル」の記事は全国規模で大きな反響を呼んだ。

1978(昭和53)年4月号からの連載記事「効かない〝珪カル〟の秘密」のイントロは次のようだ。

「〝珪カルで丈夫に育つうまい米〟 いまを盛りの土づくり運動のなかで、珪カルは、熔燐とならんで、土壌改良資材の花形である。

ところで、もし、あなたが毎年田んぼへ施している珪カルが効果のまことに低いものであり、一口に珪カルといっても、効くもの効かぬものいろいろあると知ったらどう思うか。

これは〝もしも〟の仮説ではない。現実にあった話である。」

「珪カル」とは、製鉄や精錬の過程の残りかす（鉱さい）を原料にした、日本独特の肥料で、使われる鉱さいも多種類あり、精錬法が変化しても成分が違ってくる。

この連載は、編集部がつかんだ農林省（当時）の肥効試験データをもとに、効果の疑わしい銘柄を具体的にあげながら追究したもので、珪カルを扱う現場では大変な騒ぎになり、欠陥商品の取扱い拒否を決める農協が現われたりもした。

4月号から6回の連載で追究した「効かない珪カル」の根本問題は、効かない商品でも国の肥料取締法の公定規格上では合格で、製造・販売しても違反ではないことだった。記事を読んだ農家の再点検を求める声の高まりのなかで、農水省は欠陥珪カルの存在を認め、同年10月25日付けで、珪カルの公定規格を改めた。

新潟県の一農家の田んぼでの疑問から始まった欠陥珪カルの追究は、全国に広がり、国の法律を変える成果をもたらした。使う肥料が効いているのかいないのか、農家が主体的に判断する機運も広がった。

農業資材追究シリーズ④
効かない〝珪カル〟の秘密（その1）
編集部

〝珪カルで丈夫に育つうまい米〟
いまを盛りの土づくり運動のなかで、珪カルは、ようりんとならんで、土壌改良資材の花形である。
ところで、もし、あなたが毎年田んぼへ施している珪カルが効果のまことに低いものであり、一口に珪カルといっても、効くもの効かぬもののいろいろあると知ったらどう思うか。
これは〝もしも〟の仮説ではない。現実にあった話である。

消された〝欠陥珪カル〟

はじめに、N県の経済連の英断と敏速な処置に敬意を表したい。N経済連こそ農家の利益を守るために日夜努力を惜しまぬ農協精神のカガミである。他県の経済連、単協も、ただちに取扱い銘柄の内容点検に立ち上がるべきであろう。
N経済連が取扱っていたNN社の珪カルは、50肥料年度でN県全体で四万トンの珪カル流通量のうち、約半分の一万九四

（62）

〇〇トンをにぎって、トップの位置にあった（販路は農協系統のみ）。それが51肥料年度（昭和五十一年七月〜五十二年六月）には五〇〇三トンに激減、さらに52肥料年度には、農協扱いからすっかり姿を消すことになった。取引を停止したのである。
その理由は簡単明瞭だ。他社の珪カル

疑問は農家から出た

ことのおこりは、かなり前にさかのぼる。「どうもこの珪カル、効かないので

となりあわせの田んぼで、NN社の珪カルとNK社の珪カルが別々にまかれ、その両者を比較する形になった。おかしなことに、NN社珪カルの施用田は、効果がはっきりせず、やらないところとちがわない。これはなぜなのか。
効かないのではないかという声をM農業改良普及所がとりあげたのはまことに

『現代農業』1978年4月号「効かない〝珪カル〟の秘密」

■高度化成批判、単肥や低度化成の見直しへ

そしてまもなく、『現代農業』では、「高度化成批判」を開始する（高度化成とは、チッソ・リン酸・カリの成分合計が30％以上の複合肥料のこと）。

1980（昭和55）年3月号の野菜コーナーでは「肥料ムダなく品質向上」シリーズを開始。その一回目は「高度化成に重大な欠陥あり！」であった。この記事の冒頭では、石灰＋熔燐＋高度化成という、当時一般化していた施肥体系から、硫安、過石（過燐酸石灰）などの単肥中心の施肥に変えたらトマトやキャベツの生育が見違えるほどよくなった、という農家の実践を紹介し、そこから施肥改善の方向を探っている。

その施肥改善のヒントになった論文がある。『現代農業』1979（昭和54）年10月号「肥料ガイドブック」に掲載された、高野泰吉氏（名城大学教授）の「いまの肥料は半分に減らせる」である。この論文で高野氏は、チッソ、リン酸、カリの三要素主義に対し、

陰イオン―硝酸（チッソ）、リン酸、硫酸（イオウ）

陽イオン―カリ、カルシウム（石灰）、マグネシウム（苦土）

の六要素のバランスが重要で、さらに陰イオンではチッソが過剰施肥されている一方でイオウ分が軽視されていることを指摘、このバランスを回復するためには硫安、過石などのイオウ分を含む単肥を見直す必要がある、と提案している。

それ以前から、肥料代の節約にむけて単肥利用や単肥配合を提案していたのだが、単肥の「イオウ不足解消効果」も加わり、単肥や低度化成（石膏・硫酸カルシウムを含む）を見直す動きが急速に進んだ。

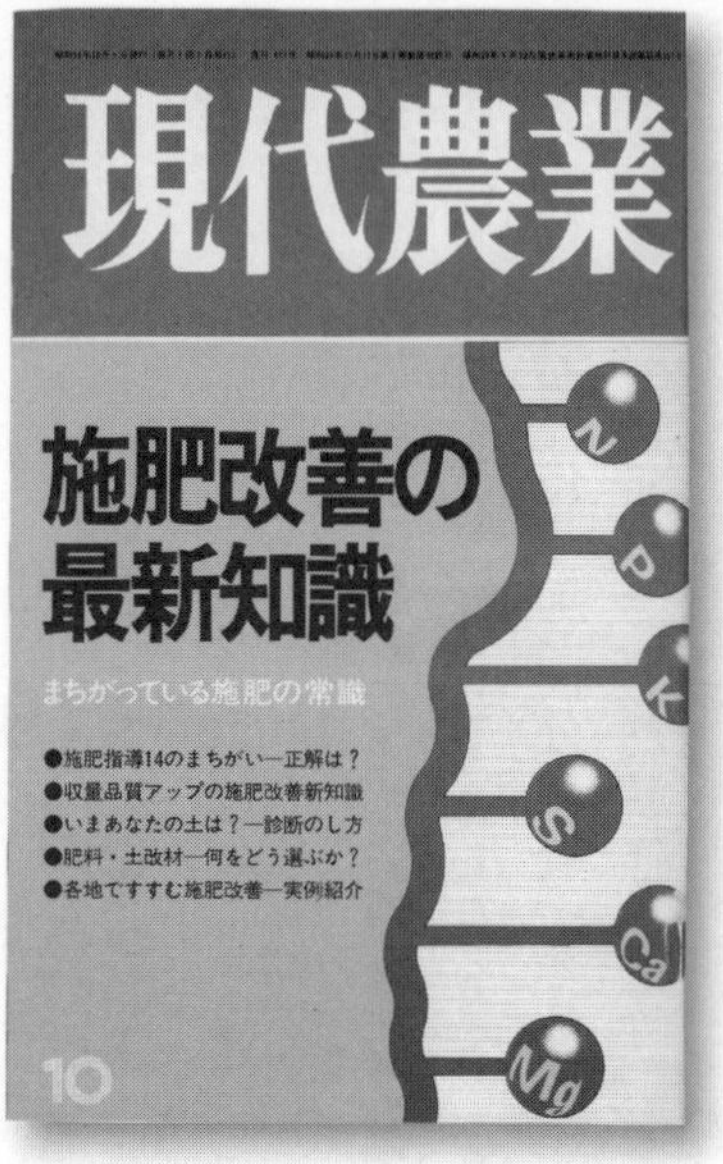

『現代農業』1981年10月号
「施肥改善の最新知識」

■過剰施肥の改善、土の機能低下の回復へ

そんな農家の実践に学びながら、施肥改善のありようを総合的に提案したのが1981（昭和56）年10月号「土・肥料特集」・「施肥改善の最新知識」である。

この号の第三部「過剰施肥時代に問う！ 新しい施肥理論と土壌診断」では、根―土壌溶液―土の関係を基本にすえ、過剰施肥による土の機能低下の実態を整理している。根が土壌溶液から養分を吸収すると、それを補うように土が保持していた養分が土壌溶液中に溶け出す。この、土壌溶液を場とする根と土の養分のやりとりがとどこおりなく行なわれれば、作物は健全に育つ。施肥も土壌改良も、本来はこのやりとりをスムーズにし、強めることであったが、その土をよくするはずの施肥が土を悪くしている。カリや石灰などが過剰にある状態では土の養分保持力が低下し、施肥されたチッソは土壌溶液にあふれて根が傷み、根の活力を低下させ、一方ではリン酸や石灰などが化合物となり、効かない形でたまっていく。収量が伸び悩む一方、品質が悪い、日持ちが悪い、障害が出る……当時広く見られた現象を、土が本来もっている働きをすえてときほぐす内容で、施肥改善の基本的な見方を整理した記事として、農家や現場指導者に大きな影響を与えた。

施肥改善運動は、単なるムダ減らしではなく、肥料面に限定されてはいるものの、土の総体（関係性）を認識し、土の機能を回復する取組みであった。

■農文協地方支部による現地レポートの掲載

施肥改善運動は大きな広がりをみせ、地域の拠点として確立をめざした農文協の支部でも、多様な普及活動が展開された。それをもとにして、この1981（昭和56）年10月号では、全国8支部の普及者が取材・執筆した現地レポート「動きだした施肥改善・全国有名産地より」を掲載している。「欠陥珪カル」問題や単肥の再評価などの具体的、実践的な提案は、農家の研究心を揺さぶり、そんな農家に依拠しながら、以下のように記事がつくられた。

- ●北海道・富良野タマネギ―肥料減らして腐れ解消、収量アップ
- ●青森・上北ナガイモ―腐れ（褐色腐敗病）をださない施肥とは
- ●埼玉・北埼ハウスキュウリ―後期収量低下を〝過石〟でもり返す
- ●栃木・ハウストマト―自根で七段一四トンどり、土壌病害なし
- ●長野・菅平高原野菜―病気多発の肥満畑を健康にするには
- ●静岡・三方原ジャガイモ―ソウカ病を出さずに多収するには
- ●岡山・蒜山ダイコン―単肥の少肥でイオウ病寄せつけず
- ●熊本・植木スイカ―低度化成、単肥でうまいスイカを

北海道・富良野タマネギの記事のサブタイトルは「リン酸多肥で老けた畑の改善法」。記事の冒頭にはこう書かれている。

「年々低下する収量、激発する乾腐病。タマネギではメシが食えなくなるのではないか…そんな不安をつのらせていた学田タマネギ生産組合のリーダー、野村昌己さんは、昭和五十四年から大幅な大幅肥料減らしにふみ切った。その結果、肥料代節約分と収量向上分で、なんと八〇〇万円の収入増。老けた畑ではまず減肥を」

このように、各地の施肥改善の事例に学びながら、農文協の支部として、初めての本格的な記事づくりが行なわれ、そんな地域話題も活かしながら、元気な普及が展開され、『現代農業』の定期部数も大きく伸びた。

一方では特定産地にむけた手づくりチラシなどを支部独自に作成し、『現代農業』の普及に活用された。九州支

支部による取材記事「北海道・富良野タマネギ―肥料減らして腐れ解消・収量アップ」（『現代農業』1981年10月号）

部が手づくりした「現代農業通信　第21号」（1982〈昭和57〉年3月7日）では「ひろがる施肥改善運動！」として、島原地区の馬場さん、荒木さんのジャガイモでの施肥改善の取組みを紹介し、こんな文章を「むすび」にしている。

「馬場さんはそこから、自分の使う資材（機械、肥料、土壌改良剤）の見直しと、まわりの人たちとのつながりの発見へと広がってゆき、荒木さんは、今までのグループでの『もうける』ことだけを追いかけてきたことから一歩前進しようとしています。

こういうことが、農協とのつきあい方や、農政との向きあい方、業者との対等なやりとりへとも反映していくものと考えます。」

（豊島至）

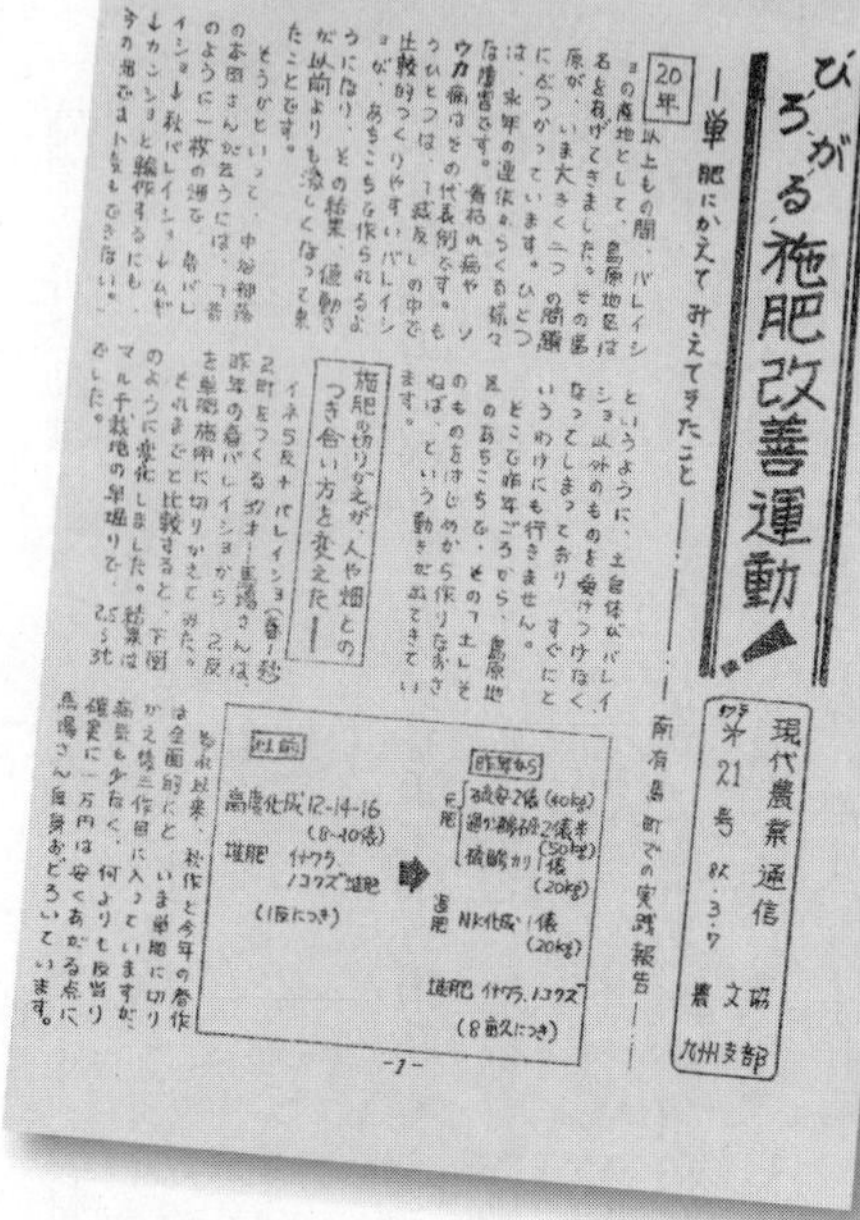

九州支部の手づくりチラシ
「現代農業通信」（1982年3月7日）

2　施肥改善運動から『土壌施肥編』へ、映像作品へ

■野菜の「健全生育」をつかむ

施肥改善の取組みは、土の働きや肥料が効くしくみを実感も含めてとらえるよい機会にもなったが、そのなかで課題になったのは生育の見方である。「施肥改善で健全生育」などというが、それでは「健全生育」とは何か。農家の会話を支える共通する見方を提案してみたい。そんな内部の議論をもとに、伊達昇氏（東京都農試）などの協力を得て生まれたのが、単行本『野菜つくりと施肥』である。版型を大判にし、イラストを多く入れ、農文協のこれまでの農業技術書とはちがう「大衆本」の第一号として、10万部という好調な売行きを示した。

本書では、施肥からいったん離れ、生育の経歴性と初期生育の意味から、施肥を考えることにした。まず、ある時期の生育を、伸長葉、活動葉、老化葉の三つに分けて考えた。

- 伸長葉…生長点近くの小さな葉から生長途中の葉まで
- 活動葉…生長が止まり光合成を活発に行なって伸長葉の生長や根の活動を支える大黒柱の葉。
- 老化葉…光合成は低下するが、ミネラルを含めその蓄積を活動葉や伸長葉に送りながら役割を終える葉。

農家経営の《事実》と《思い》に触れる普及へ

普及・編集間の情報循環の前進

1974(昭和49)年、支部組織確立三ヵ年計画が立案され、それにもとづく支部づくりのための本格的な普及が始まった。読者開拓が遅れている大規模経営の北海道と反対に、零細規模で商業的農業の展開がはやくから行なわれている東海近畿地区でどんな普及を開発するのかが最大の課題であった。そして、苦闘の末、開拓普及に成功し1979(昭和54)年、全国七ブロックの最後に東海近畿支部を設立することができた。

当時、すでに商業的農業の先進地である東海近畿地区や長野県の野辺山など70年代前半までに野菜指定産地化された地域では、専作化と資材多投のために土が病み、野菜も病み、農家も病むといった三重苦が農家を襲っていた。普及がその実態をつかみ、それを『現代農業』の編集に反映させるといった情報の循環がそれまでは十分ではなかった。

その普及・編集間の情報循環を大きく前進させたのが、1974年から始まった見本なし・全戸普及方式の開発とその実践交流、文化運動としての普及改変をすすめる支部研修大会であった(1974年から1980年までに5回、以後は支部ごとに月例研修として実施)。

大会では、各地域農業の実態に即して開発された新しい普及方式が次々に報告され検討された。中山間地域の母ちゃん・爺ちゃん普及では「生活視点からの原型普及」がまとめられ、減反に意欲を殺がれた地域や専作型産地地域では「三視点法」や「省資材(資材からの解放)普及」など農家を励ます普及方法が報告され検討された。北海道でも「自給型普及」や酪農の二本立てエサ給与法など「本命技術話題による普及」が試みられた。

地方組織建設に向かう意欲は、その地域ごとに異なる普及方式の開発に媒介され、いままで歯が立たなかった農家と交流できる喜びに転化する。そして商行為としての直販という形をとりながら、農家一人ひとりのかけがえのないライフヒストリーを聞き、生産と生活が一体となった農家経営の《事実》と《思い》に触れる普及に高まっていく。

農業の近代化とは何か、その近代化がもたらす歪みをどこから見たらよいのかを考える「文化運動としての普及」に変わったのである。昭和初期の自給的農業をその土地での暮らしの原型として捉え、そこに生きてきた農家の立場から近代化の歪みをみる考え方ができるようになっていくのである。

肥料袋で「現物普及」

その象徴が施肥改善運動であった。「施肥改善」「土づくり」をテーマとした『現代農業』普及は、1978(昭和53)年「効かない〝珪カル〟の秘密」の連載から始まった。

その秋、私は北海道空知管内の再開拓普及で岩見沢市にいた。ここは1974(昭和49)年の開拓普及で普及率は7割を超えていた旧村も多かった。しかし、そのほとんどが一、二年で中止して旧読になっていた地区で、さらに、イネの籾摺り作業が始まっていて会話する時間も取れない状態であった。

そんなとき威力を発揮したのが、珪カルの肥料袋。現読者からもらった袋をみせて「お父さんのところもこの肥料撒いたんですか。実はこの肥料はここに書かれているように…」といってメーカー名の入った一覧表のページを見せるのである。無駄な肥料は使わない、資材に手間も金もかけないことを勧める普及である。

そして、1979(昭和54)年、年3回の資材特集(当初は5月農薬、10月肥料、1月品種)が開始された。数年前から取り組まれていた全戸普及に、資材特集は大変役だった。大きい農家も小さい農家も、どんな作物を栽培する農家でも、土づくりと施肥への関心は高かった。増収効果があるか、安くする工夫をしているか、手間を少なくする工夫など、三つの視点で見直すことをすすめる普及になっていった。

この年は、前半は長野県で後半は静岡県で延べ5ヵ月間にわたる特H班(六班で総勢30から35名、宿舎自炊方式の特別普及班)が組まれた。北陸支部の経営基盤強化と東海近畿支部の確立がねらいであった。

「産地課題パンフ普及」

その東海近畿地区の普及で課題になったのは、お茶農家の読者化である。地区にもよるが総農家の大半を占めるお茶農家を避けては読者数を伸ばすことはできない。しかし、当時の『現代農業』にはお茶の記事は少なかったし、的確に農家の欲求に応える水準になかった。そのお茶農家に防除や施肥改善の話題をぶつけて、最初は、普及のなかで農家から学んだことをまとめて「お茶パンフ」をつくり、次の地区の開拓普及や回収活動のなかで購読中止を防ぐのに活用した。

その蓄積のなかで1981(昭和56)年新年号より「多肥栽培からの脱出をさぐる」シリーズを連載開始。粗大有機物の投入、テコグワ深耕によって深層まで熟畑化して少肥を実現する角度から農家と指導者を発掘し、施肥改善によって力強い充実した「みる芽」をつくり、茶樹を若返らせ経済寿命を延ばす産地課題に応えることにもなったのである。

(伊藤富士男)

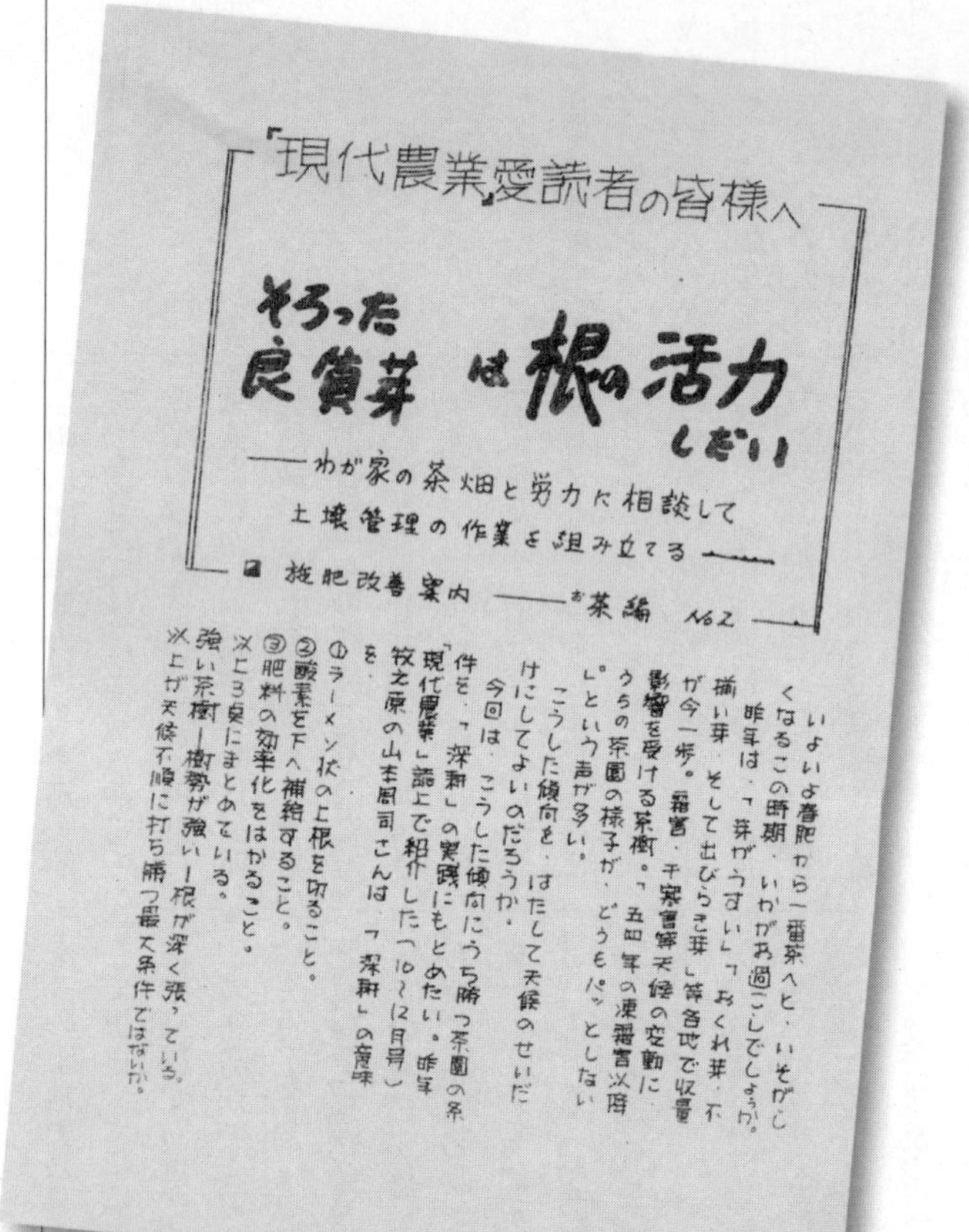
「現代農業」愛読者の皆様へ

そろった良質芽は根の活力しだい

――わが家の茶畑と労力に相談して土壌管理の作業を組み立てる――

■ 施肥改善案内 ――お茶編 No.2――

いよいよ春肥から一番茶へと、いそがしくなるこの時期、いかがお過ごしでしょうか。

昨年は、「芽がうすい」「おくれ芽、不揃い芽、そして出びらき芽」等各地で収量が今一歩。霜害、干ばつ等天候の変動に影響を受ける茶樹。「五四年の凍霜害以降うちの茶園の様子が、どうもパッとしない」という声が多い。

こうした傾向を、はたして天候のせいだけにしてよいのだろうか。

今回は、こうした傾向にうち勝つ茶園の条件を、「深耕」の実践にもとめたい。昨年「現代農業」誌上で紹介した(10〜12月号)牧之原の山本周司さんは、「深耕」の意味を、

①ラーメン状の上根を切ること。
②酸素を下へ補給すること。
③肥料の効率化をはかること。
※上3点にまとめている。
強い茶樹―樹勢が強い―根が深く張っている。
※上が天候不順に打ち勝つ最大条件ではないか。

東海近畿支部(当時)が茶の施肥改善にむけて作成した「お茶パンフ」のトップページ(1980年)

よい活動葉がよい伸長葉を育て、その伸長葉がよい活動葉になって伸長葉を育てる。その関係をさかのぼっていくと初期生育にゆきつく。発芽時や定植時に、根優先で厚く充実した葉が生まれるか、根張りが悪いまま地上部優先で活力の弱い葉ができるか、それが生育の健全度を左右し、ここに施肥が関係してくる。根優先の生育には、肥料的にはチッソは少なく、リン酸がよく効く状態をつくることがポイントになる。

一方、生物性からみた根と土のやりとりの世界も見えてきた。根圏微生物への注目である。根の表面近くは根からの分泌物や脱落部など有機物が豊富で、独自な根圏微生物相がつくられる。根粒菌やＶＡ菌根菌などにみられる共生的な関係から、土壌病害にみられる寄生的な関係まで、根圏微生物のありようが生育を左右し、施肥や有機物利用がこれを左右する。

■作物の生育と土壌を結ぶ、技術大系『土壌施肥編』

こうして、生育（生育の体質）へ、土の生物性へと、視点の広がりを伴いながら向かったのが、農業技術大系『土壌施肥編』の企画・編集である。作物別の『農業技術大系』は基礎編―基本技術編―事例編の三部構成になっているが、さて、土壌肥料分野ではどうしたらよいのか、なかなかの難問であった。学問分野は土壌学、肥料学、作物栄養学、土壌微生物学と分かれているが、これらをつなぎ現場課題に応える動的な構成にしたいと考えた。第一線の研究者数名による一泊二日の会議などでアドバイスをいただきながらできたのが全8巻の巻構成である。作物（第2巻）と土壌（第3巻）をつなぐものとして第1巻の根圏環境（土壌溶液・土壌微生物の世界）をすえて基礎編とし、以下、土壌診断・生育診断、土壌病害対策を含む土壌管理、施肥技術などの基本技術を扱い、肥料・資材情報を独自の巻にし、実際家事例でしめる、という構成である。

『土壌施肥編』の巻構成

〈土と微生物、作物栄養の基礎（3巻構成）〉
第1巻　土壌の働きと根圏環境
第2巻　作物の栄養と生育
第3巻　土壌の性質と活用
〈診断と施肥・土壌管理の基本（3巻構成）〉
第4巻　土壌診断・生育診断
第5巻　土壌管理・土壌病害
第6巻　施肥の原理と施肥技術
〈肥料・資材情報（1巻）〉
第7巻　各種肥料・資材の特性と利用
〈農家事例から環境保全の地域事例まで（1巻）〉
第8巻　実際家の施肥と土つくり

『土壌施肥編』全巻。現在は追録により5、6、7巻が分冊されている

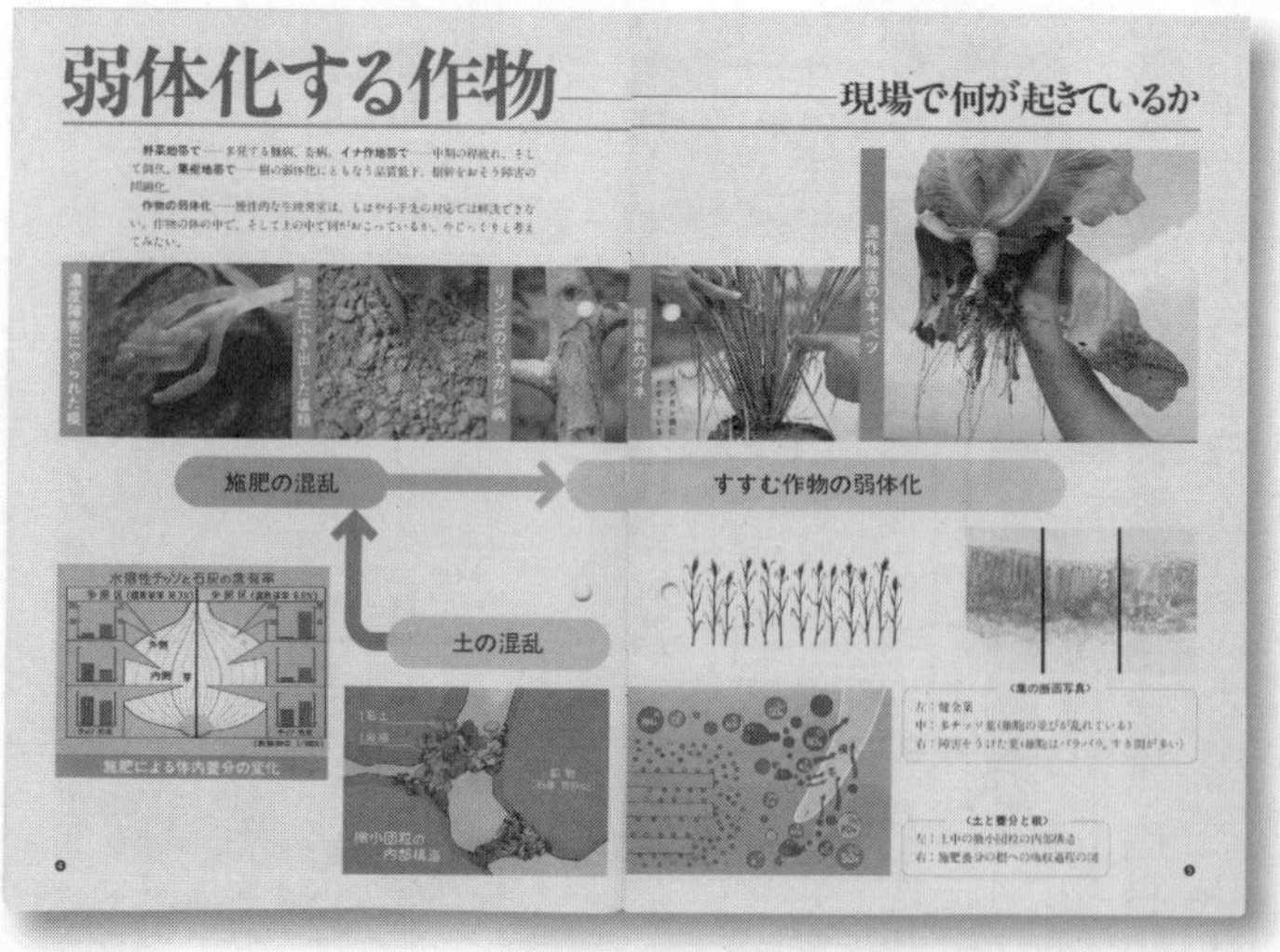

『土壌施肥編』最初のパンフより

写真は、『土壌施肥編』の最初のパンフ（内容見本）の一部である。根こぶ病にやられたキャベツや濃度障害の根などの写真を話題にしながら、普及者は現場の悩みや課題をつかみ、精力的に普及していった。指導機関だけに留めず、農家への普及にも果敢に取り組み、8万円という高価な本（加除式）にもかかわらず、累計普及数は1万5000セットにまで及んだ。

■私は『土肥編』をこう読んだ

ここで、農家の『土壌施肥編』の利用の仕方の例を紹介しよう。「『土壌施肥編』で身につく基礎が収益を生む。暗記するぐらいまで読め」と研修生にすすめる熊本県阿蘇市・斉藤信幸さんの話である（『現代農業』2006年10月号より抜粋）。

斉藤さんが、雨よけの夏秋トマト栽培を始めたのが18年前、そして、農業技術大系『土壌施肥編』（全8巻、以下『土肥編』）に出会ったのが14年前。以来、斉藤さんは『土肥編』を繰り返し読み込んだ。「全体通して4回は読んだ。多い箇所は20回以上になるかもしれない」という。

「トマトを始めて何年もしないうちに、濃度障害のためか樹の伸びが悪くなり、果実の尻腐れに悩まされた。ロング肥料に変えたり、葉面散布をしたりして、なんとか平均並みの収量がとれるのだが、それ以上伸びる気がしない。これを突き破るには、肥料や土のことを本格的に勉強するしかない、と、覚悟を決めたのです。」

いろいろ探しているうちに『土肥編』を知り、購入。どうせなら、第1巻から第8巻まで全部読んで、土や肥料の全体像をつかみたいと考えた。「基礎を身につけるには、読書しかない」という斉藤さん。斉藤さんは、身につけた「基礎」と、栽培しながら発見したことを重ねながら、自分なりの土や施肥の「理論」を組み立ててきた。

『土肥編』は、農家が土と肥料の基礎を身につけるうえで、最高の本だと思います。肥料のやり方のノウハウ本や土壌学の基礎知識の単行本は教科書としてはいいが、栽培現場で起きる現象を自分で判断しなければならないプロ農家にはあまり役にはたたない。その意味では、試験研究のデータは貴重だが、といって試験研究の報告書では、農家は読み切れないし、内容もごく限られている。

その点、『土肥編』の記述は、各テーマについて、それぞれの著者が、現場の課題に応えようと、研究成果を集約し、全体での位置づけも示しながら、大事なデータも入れてまとめている。編集のしかたが大変すばらしい。

だから、pHとかECとか塩基バランスとかいった基本用語も、その意味や、どんな条件でどう動くかがわかる。チッソやリン酸などが土や作物体内でどんな役割や動きをしているか、他の成分や光合成との関係も含めて理解できる。肥料にしても、副成分や土に施されたときの土壌溶液への溶け方、pHなど土への影響までふれ、同じ肥料でも、pHなど土の条件によって使いわけたほうがいいことがわかる……農家の経営はきびしさを増している。ムダな金はかけられない。必要のない肥料や、値段ほどの価値がない肥料で農家はずいぶん損をしている。『土肥編』を読み込めば、経営をよくするための判断力がつくはずです。」

斉藤さんは、3年前から新規就農の研修生を受け入れ、すでに4人が自立。うち3人は斉藤さんの近くで営農している。いずれも成績はトップクラス。その一人は昨年、反収で阿蘇地域一番の成績を記録した。「新規就農者は資金もないし、土地もない。反当たりの収量、収益をどれだけあげられるかが、新規就農者が地域に定着できるかどうかを左右する」と斉藤さん。だから、研修生には、「『土肥編』を暗記するぐらいに読め」と、きつく「指導」している。

■農家学習用スライド『施肥改善シリーズ』

この『土壌施肥編』に先行して、スライド『施肥改善シリーズ』(全5巻)が発行された。

制作にあたっては、神奈川農業総合研究所の土壌肥料科の研究者の協力を得て、塩基(カリ・石灰・苦土)のバランスや塩基飽和度、チッソ量によって生育がどうちがうか、肥料試験を行ない、その結果を写真で示しながら、土壌溶液やイオン、pH、EC、塩基バランス、塩基飽和度など、土壌の化学性に関する基礎知識を実証的にわかりやすく解説した。

過剰施肥から抜け出す学習用スライドとして普及担当者も奮闘し、普及数は1500セットに及んだ。三要素の過不足ぐらいしか問題にしなかった教科書や啓蒙書に対し、複雑な概念を総合的にわかりやすく解説した内容は、農家の土や施肥の新しい常識をつくるうえで、大きな力になった。

■『土壌施肥編』から生まれた作品
「自然と科学技術シリーズ」

この『土壌施肥編』から生まれた書籍シリーズに「自然と科学技術シリーズ」がある。いずれも著者の『土壌施肥編』への執筆が企画の始まりとなった。『現代農業』を中心とする各種の雑誌と『農業技術大系』は、農文協にとって書籍の企画の宝庫になっている。このシリーズ名を農業書・農学の書らしくない「自然と科学技術シリーズ」としたのは、科学がますます分析科学として細分化するなかで、このシリーズの著作が、科学が本来備えていなければならない総合性を保持しており、科学や技術のありようを考える作品としてもアピールしたいという熱い思いを抱いたからである。スタート当初には、以下のような作品を発行した。

▽『根の活力と根圏微生物』
小林達治著、1986(昭和61)年
▽『作物の生理活性　自立生育のしくみ』
菅洋著、1986(昭和61)年
▽『ケイ酸植物と石灰植物　作物の個性をさぐる』
高橋英一著、1987(昭和62)年
▽『作物と土をつなぐ共生微生物　菌根の生態学』
小川眞著、1987(昭和62)年
▽『作物にとって雨とは何か「濡れ」の生態学』
木村和義著、1987(昭和62)年

第1号の『根の活力と根圏微生物』では、根圏微生物がもたらすアミノ酸や核酸、ビタミンなどの有機成分による品質向上効果を追究しており、微生物の働きに新たな光をあてた本として評判になり、専門的な内容にもかかわらず実売2万部を実現した。本書で重視している「光合成細菌」や、『作物と土をつなぐ共生微生物』のメインである「菌根菌」も注目を集め、これらを増やす有機物や炭の利用が注目されることになった。

(豊島至)

3　民間農法、民間資材への注目を経て、農家が肥料をつくる時代へ

■民間農法・民間資材に学ぶもの

施肥改善運動から『土壌施肥編』へと続くこの時代は一方では、土壌病害・生理障害の多発、品質低下のなかで、微生物資材や粘土鉱物資材などの民間資材が隆盛を極める時代でもあった。農文協ではこれらの資材に対し、高いばかりで効果は怪しく農家を惑わすものだと批判的にみる傾向が強く、実際、インチキ資材と思われるものも少なくなかった。

しかし、農家に定着し評価をえている資材や農法には学ぶべきものがあると気づきはじめ、『現代農業』1985(昭和60)年10月号では、全国の民間農法の推進者と実践農家の取材記事を特集したうえで「民間農法が教える　今

ライフヒストリー普及が拓いた『土肥編』普及

不完全燃焼の、熊本野菜・果樹農家普及

私が入会した1993(平成5)年、農村普及では、月刊『現代農業』をベースに、全集、絵本、ビデオなど、農家の関心に合わせて提案する方法が模索されていた。なかでも重点とされていたのが『土壌施肥編(土肥編)』など『農業技術大系』の普及であった。

93年7月、熊本市の旅館に新人と班長が集まり、『土肥編』普及の実習が2週間行なわれた。野菜・果樹産地、熊本にどう切り込むか。「産地とがっぷり四つに組む普及」といわれ、宿舎では毎晩、実践報告をもとに産地の分析、農家の関心、拡材の使い方などについて議論が重ねられた。

当時、農家把握の方法として「ライフヒストリー普及」が開発されていた。「個人」、「家族」の歴史に「産地」の歴史を重ね合わせながら対話交流し、農家の関心に迫っていく手法である。「なぜそんなことを聞くのか」という顔をしていた農家も自分の歴史を語るうちに熱が入り、それまでの苦労や将来への思いを話してくれるようになる。

もちろん話を聞いているだけでは契約はとれない。農家の関心に合わせて『土肥編』を「あなたに役立つ本」として提案するための普及トークと、それを展開するための拡材が必要だった。当時の拡材は充実しており、次のような「三種の神器」があった。

- 1、カラーパンフ
  (土肥編紹介パンフ)
- 2、追録の手引(年一回発行)
- 3、『土肥編』利用の手引
  (索引巻二種)

まず1で『土肥編』のコンセプトと各巻の内容を伝える。そして2で毎年の追録によって10年たっても古くならないことをアピールし、3で関心のある項目からすぐ読みたいページが引けることを伝え、購入を勧めた。

ここまでは拡材のおかげで話すことができたが、難しかったのは「あなたにとっていかに役立つ本であるか」を具体的な記事と関連づけて伝える普及トークだった。しかも価格は10万円。農家の心を動かす提案ができず、結局実習中は契約が一つもとれなかった。

寒さの夏に燃えた津軽リンゴ農家普及

この実習後、私の班は青森県津軽へ普及地を移した。前々年の1991(平成3)年、台風19号の直撃により大量のリンゴが落下し、農家は未曾有の被害に見舞われた。それから2年。農家も経営を立て直し、いよいよこれからという矢先だった。

ところがこの年の夏は寒かった。東北青森とはいえ、その寒さは尋常ではなかった。真夏だというのに股引をはき、上着は6枚重ね着しなければならないほどだった。8月なかば時点ですでに「コメは大凶作」ということははっきりしていた。「なんとしても今年のリンゴで失敗するわけにいかない」。そんな覚悟が農家のなかにあったと思う。折しもニュージーランド産リンゴの輸入自由化も始まり、危機感に追い討ちをかけていた。

そんな状況のなか、入村初日から班員全員が感じ取ったのは「津軽のリンゴ生産技術は世界一」という農家の誇りだった。技術のなかでも顕著なのは剪定。津軽には大系事例の石岡金代美さん(果樹編)や斎藤清味さん(土

肥編）など名人といわれる農家を頂点とし、その弟子、孫弟子とピラミッド型の剪定グループを組織して互いの技を競い合っている雰囲気があった。

さらに彼らの関心は剪定だけにとどまらなかった。名人に会ってみると「これからは売ることも考えたリンゴつくりだ」、「上だけでなく、これからは下も大事（剪定だけでなく土つくりを）」と口を揃える。津軽というブランドに安住せずに、もっと勉強しなければ、という農家の思いが、班会議のなかで明らかになっていった。

彼らに『土肥編』をどのようにして勧めるか。野菜農家が相手ならば連作障害をどう克服するか、といった話題で普及することもできただろう。だが、リンゴではそうはいかない。

そこで使ったのが、カラーパンフのキャッチフレーズ「高品質時代を生きる土と生理と環境制御の大百科」であった。つまり、『土肥編』はただの土つくりの本ではなく、品質をよくするために樹や葉の生理に踏み込んで読める本だと紹介した。よく使ったのはパンフ中のカラー写真で、「グルコース（糖）は葉からよく吸収され、地上部全体から根までよく移動する」というもの。対比として「根からも吸収されるが移動は少ない」という写真を使い、葉面散布の根拠を示しながら、「冷夏の今年こそこうした基本的生理に基づいた施肥、葉面散布がヒントになる」と訴えた。

熊本で学んだ「ライフヒストリー」は産地を面的に把握するうえで大いに役立った。当時の班長（酒井晃さん）を中心に毎晩ライフヒストリーを報告しあい、班内で共有した。そうすることで歴史という縦軸に加え、剪定仲間や勉強会など産地内の横軸も見えてきて、地域への定着度が一段と高まった。

毎日リンゴ畑を歩き、農家に会ったら「津軽のリンゴ農家は世界一。災害や輸入に負けずがんばってほしい。こんな年だから津軽を回るんです」というメッセージをひたすら愚直に伝えた。ベテランも若手も、津軽の農家は熱く応えてくれた。思い込みもあったかもしれないが、やはり農家は燃えていた。普及者にもその火が飛び移り、互いに火をつけあうような瞬間もあり、刺激的だった。

宿舎に帰ってからも農家と交流した。当時変わり者といわれ大変な苦労をしながらも無農薬・無肥料栽培を確立しつつあった木村秋則さんと班員とで夕食をともにしたこともあった。週末飲みに行けば、スナックの姉ちゃんはみなリンゴ農家の娘。寝ても覚めてもリンゴ漬けの日々が約2ヵ月続いた。おかげで毎日のように班員が『土肥編』や『果樹編』の契約をとるようになり、1日で複数セットをとるケースも出て、大いに盛り上がった。

（武田典之）

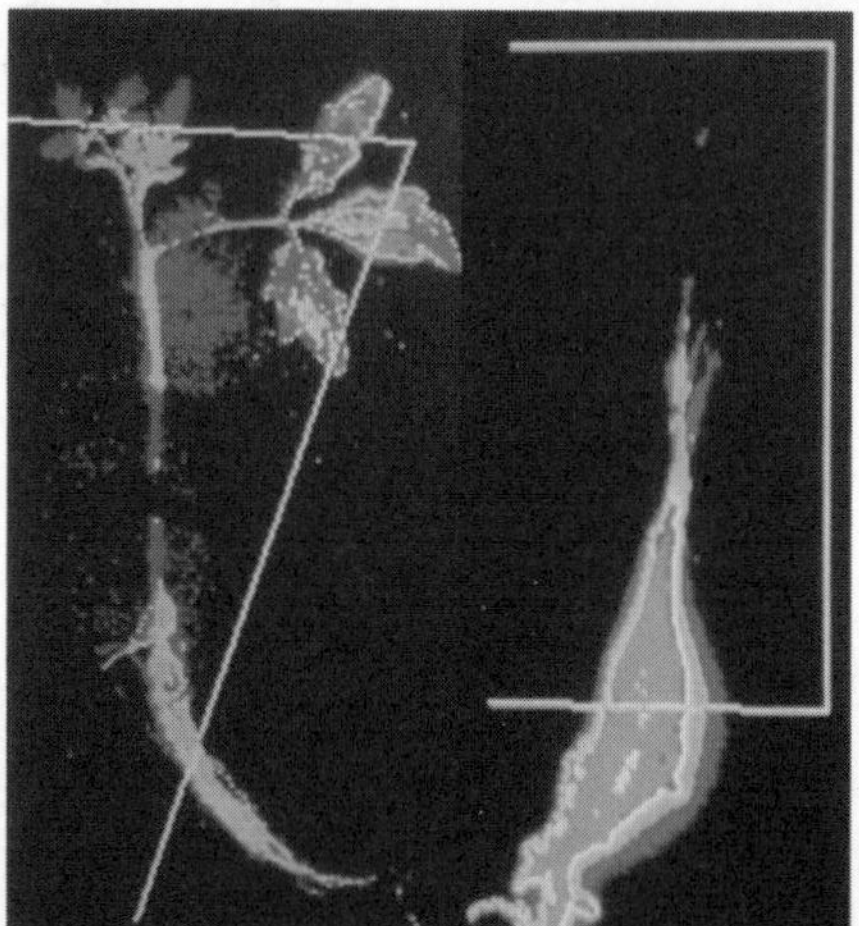

『土肥編』カラーパンフに掲載したグルコースの吸収の写真。葉からの吸収（左）と根からの吸収（右）を示す

の施肥、土つくりの盲点」という編集部による座談会記事を掲載している。施肥改善運動では土の化学性が中心話題になり「わかりやすい」が、それだけでは農家の土への関わりや工夫が見えにくく、おもしろみがないという編集者の思いが、微生物資材など、未知なる世界へと向かわせたようでもある。この座談会では、化学肥料のような「一対応一」的でない、総合的な効果にふれたうえで、以下のような議論をしている。

「微生物資材を土に施すのは、土の中の微生物活動を活発化させるスターターのような役割とも考えられる。」

「効果があるとなれば、より楽ができる微生物資材をという要望も出てくる。堆肥として完成したものが出てきたり、微生物資材をパックした葉面散布液が売られたりする。これをどう考えるか。農家の対応に二つの方向があるようだ。より手早く使えるものを求めるタイプと、その人独自の条件を生かす形で使いこなして、やがては微生物資材依存度を弱めていくタイプと。」

「内城農法のある農家は、内城菌を使ったら、やがては使わなくてもすむ畑の状態になっていくことを最終目標にする、といっていた。」

外部から特定の微生物資材を持ち込むのではなく、地域自然の一員として微生物相が豊かになり、活動する状態をつくることが基本だ、という見方であり、これは後に「土着菌」の利用へとつながっていく。

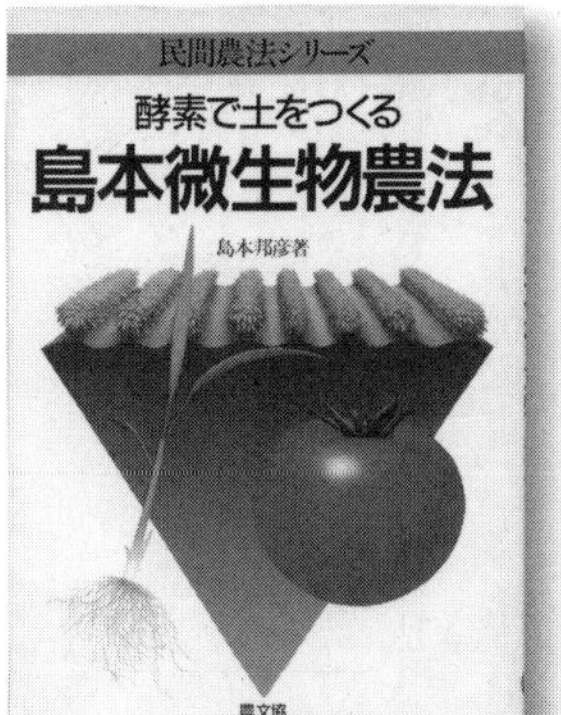

「民間農法シリーズ」の1冊。島本邦彦『島本微生物農法』（1987年）

一方、単行本では「民間農法シリーズ」が1987（昭和62）年から発行された。『酵素で土をつくる　島本微生物農法』、『有効微生物をふやす　オーレス農法』などの微生物利用農法のほか、『原産地を再現する　緑健農法』、『土の若返りをはかる　粘土農法』などを発行。それぞれの農法がもつ、独自な土や生育・栽培をめぐるとらえ方を浮きぼりにし、新たな着想を得るヒントにしたいと編集に取り組み、巻末には『土壌施肥編』の執筆者などによるコメントを入れた。「民間農法」を怪しげなものとみる研究者が多いなかで、それぞれの農法がもつ意味や可能性について考察いただいたのも、このシリーズの一つの特徴だ。「民間農法シリーズ」は現在まで、改訂版を含め28点に及んでいる。

■広がる「ボカシ肥」の工夫

民間農法への注目をへて、農家による手づくり肥料への関心が高まり、そのなかで注目したのが「ボカシ肥」である。『現代農業』でボカシ肥が頻繁に登場するのは１９８５（昭和60）年ころからで、この蓄積を活用した単行本『ボカシ肥のつくり方・使い方』（１９８９〈平成元〉年）は10万部を超えるベストセラーになった。

ボカシ肥とは、油カス、魚カスなどの有機質肥料を発酵させてつくる肥料。その限りでは有機発酵肥料だが、山土や粘土、ゼオライトなどを混ぜ、根のまわりに施用するなどの工夫がみられる。有機物を分解させることで初期のチッソを効きやすくし、土を混ぜることでアンモニアなどの肥料分を保持し肥効が長持ちする。微生物がつくるアミノ酸やビタミンなども豊富。これを根の回りに施すことで、根圏の通気性をよくするとともに、根圏微生物相を豊かにし土壌病害を抑える効果も期待できる。ボカシ肥は、土の化学性、物理性、生物性をよくする総合的な肥料である。

ボカシ肥は、身近な資材を活用し、それぞれの農家が工夫する自家製肥料で、その工夫はどんどん広がっていき、さらに、米ヌカと土着菌の利用が加わって、ボカシ肥の世界は一層豊かになっていった。

■土着菌への注目

「土着菌・土着微生物」がにわかに注目される契機になったのは、『現代農業』１９９３年（平成５年）１月号の特集「茨城玉川農協が韓国のすごい技術を見た、聞いた　超低コスト、省力、もうけ増の農法」である。記事の導入部は次のようだ。

「一家の主婦が一日三時間手をかけるだけで、月収五〇万円の手取りになる養豚が韓国にある！

こんな話を聞いた茨城玉川農協の人たちはびっくりしてしまった。『本当にそんなことができるのか？』、『自分の目で確かめよう』。

いま韓国では、『自然農業』と呼ばれる有機農業運動が普及し始め、村に元気がよみがえっているという。手間がかからずもうかる農業―その実際を養豚・養鶏・野菜・果樹で見学し、その技術を援助している南順天農協と姉妹提携を結ぶために、玉川農協の役職員一三人は、十月二十日、韓国へ向かった…」

玉川農協の視察に『現代農業』の編集者も同行。その様子は、興奮とともに編集部に報告された。この、韓国自然農法の軸になっているのが「土着菌利用」である。

土着菌は、山林や竹林、田んぼなどからいくらでも採取できる。たとえば林の落ち葉や笹をどかすと真っ白な菌糸のかたまり（これを「ハンペン」と呼ぶことにした）が採取できる。腐葉土の中へ硬めのご飯を入れた杉の弁当箱を置き、5～6日間すると周囲の菌を集めることができる。これを種菌として利用する。土着菌は、採取する場所によって、あるいは季節によって、培養した時の発酵のしかたや、仕上がったボカシ肥がちがい、その活用には観察眼と技術がいるが、それがまた土着菌のおもしろさでもある。事実、土着菌を活かしている農家では、市販の微生物資材にはないパワーを感じたり、青草やわき芽などを黒砂糖漬けにして土着菌を培養するのに漬物感覚の楽しさを感じたりしている。もちろん土着菌はお金もかからない。畜産では、家畜の発酵飼料に使って糞尿の臭いをなくしたり、糞出しを減らしたりできる。

『現代農業』では連続的に土着菌利用の記事を掲載した。「『現代農業』で土着菌を知ったときの興奮は今も忘れられません。それまでは、微生物資材は買わなければならないものと思いこんでいたので、目からウロコ…の思いでした。やっぱり、余所から持ってくるより地元の菌です。実際に、驚くような効果が次々に表われています」など、読者から大きな反響が寄せられた。

一方、単行本では、韓国自然農法のリーダーである趙漢珪氏の『土着微生物を活かす―韓国自然農業の考え方と実際』(1994年)、薄上秀男氏の『発酵肥料のつくり方・使い方』(1995年)、茨城県の農家・松沼憲治氏の『発酵利用の減農薬・有機栽培―土着菌ボカシ・土中発酵・モミガラクン炭・モミ酢・各種活性剤』(2004年)、など土着菌をめぐる多様な本がつくられ、『土着菌でボカシ肥づくり』(1997年)という映像(ビデオ)作品もできた。このビデオ作品は、『現代農業』の読者を中心に農家への普及・視聴活用が広がり、「見てわかる」農業技術ビデオの農家個人普及へのルートを固める契機となった。ここでも、雑誌―書籍―映像の媒体連携が大きな力を発揮した。

松沼憲治
『発酵利用の減農薬・有機栽培』
(2004年)

■産直で米ヌカが田んぼで循環、除草にも活かす

このボカシ肥や土着菌利用にとって大きな味方になったのが米ヌカである。農家の米ヌカ利用が盛んになった背景に米の売り方の変化があった。戦前も、戦後の食管法時代も農家は玄米で米を納め、わずかに残した自家保有米数俵分からとれる米ヌカしか利用できなかった。それが、産直など自由に米が売れるようになって、自家精米、産地精米が増え、米ヌカもまた自由に利用することができる時代になったのである。

米ヌカは、水を加えるだけでも発酵してボカシができる。米ヌカボカシをつくるとき、竹林などから採取した土着菌を入れれば、その地域の有用微生物が豊富な「米ヌカ土着菌ボカシ」ができ、これを種菌にすれば、さまざまな地域資源を良質のボカシ肥にすることができる。油カスや魚カスだけでなく、オカラや茶ガラなどの食品廃棄物、カキガラ、海藻、自然塩などの海のミネラル…。農家がつくるボカシ肥は、素材もつくり方の工夫もどんどん広がっていく。

そして、この米ヌカの新しい利用法として注目を集めたのが、田んぼでの「米ヌカ除草」である。

この「米ヌカ除草」が『現代農業』で初めて登場するのは1997年3月号、宮城県石巻市の佐々木義明さんが執筆した「偶然に発見　米ヌカ農法」である。佐々木さんはこう書いている。

「米ヌカ農法を始めたのは、思わぬ失敗がきっかけでした。一一年ほど前、それまで毎年つくっていたボカシ肥料をその年は忙しくて作れず、しかたなく米ヌカだけを代わりにすき込むことにしたのです。ところが田んぼに行ってみると、水口からもう水が入ってきてしまっているではありませんか。どうするか迷った末、田植えが終わって一週間後に、反当一五〇kgを追肥のようにしてふってみたのです。

除草剤は使わないでつくりたいと思っていましたから、その後しばらくたってから、除草機を押しに行きました。ところが、田んぼを見てビックリ。水が真っ黒になっているのです。しかも除草機を押そうとすると、刺さってしまって押せない。土がトロトロになっていました。

しかたないので手で取ろうと田んぼの中を歩いてみると、なんと草がありません。きっと、誰かが間違って私の田んぼに除草剤をふったに違いないと、そのときは思いました。でも、その後まわりの人にきいても、誰も除草剤なんかふっていなかったのです。

不思議なこともあるものだなと友人たちと話しながら秋を迎えました。コンバインで刈ってみると収量は8俵半ありました。」

それ以来、編集部では「米ヌカ除草」を継続的にとりあげ、除草剤を使いたくない農家とともに、イネに害がなく、除草効果が確実にあがり、散布が楽な方法を追究していった。その成果を活かして単行本『米ヌカを使いこなす』と、映像作品『水田の米ヌカ除草法』を2000年（平成12年）に発行、単行本は4万部近い売行きを示した。

（豊島至）

農文協編
『米ヌカを使いこなす』
（2000年）

農家列伝

松沼憲治

松沼憲治さん（茨城県古河市）の息子の忠夫さんは、土着菌の塊、「ハンペン」の名付け親だ。竹林や広葉樹の落ち葉をかき分けると、乾ききっても湿りすぎてもおらず、直射日光が当たらないところに見つかる厚さ数ミリ、大きさ数センチから数十センチになる白い菌の塊だ。土の精のようないい香りがして、おでんに入れるハンペンのような白さ、柔らかさをもっているので忠夫さんが「ハンペンのようなものだよ」と表現して全国に広まった。

　このハンペンの正体を聞こうと、松沼さんに竹林からとったハンペンのサンプルをいただいて国の試験場へ送ったら「この分析は勘弁してください。何年かかって、何億円かかってもわからないでしょう」とのことだった。

　松沼さんの家では大昔からハンペンを含む落ち葉は経営で使う肥料的資材の中核を成すものだった。家族総出で山の落ち葉を集め、ハンペンもろとも、踏込み温床や育苗床土づくりに使ってきた。「土つくりは土からとったものを殖やすのが一番だ」という親から引き継いだ農家哲学があり、また、その効果を全身で感じていたからでもある。

全国に広まった「ハンペン」

　竹林からとったハンペンを五つかみ、40℃くらいにさましたご飯を五つかみ、鍋の中でかき混ぜて一晩置き、菌をご飯に食い込ませる。翌日、これを15キロほどの米ヌカと合わせる。水は米ヌカの重さの3分の1で水分55％。コモをかけて3日ほど置くと、40℃くらいに温度が上がってくるから、また米ヌカと水を加えて切り返し、コモをかけておく。こうして、ハンペンの菌を増やして、最後にうすく広げて乾燥させてできるのが、強力な土着菌の塊、白くて綿毛のような感触の種菌だ。

　松沼さんの経営はハウスキュウリ、水田、露地野菜が中心である。肥料として、松沼さんは地域にたくさんある有機質資材を利用する。それはウインドウレス養鶏から出る大量の鶏糞や卵の殻、そしてモミガラ、米ヌカである。キュウリは香り高く、気品と素直な甘さを備えている。スーパーの一角で折ると香りが店内全部に漂うほどだ。

　そのキュウリ（抑制と促成）の肥料の主原料は大量のモミガラ、鶏糞、モミガラ燻炭、カキ殻、過石か熔燐、モミ酢などである。過石と熔燐は購入だが、あとはすべて地域から無料でまたは安く調達できるもの。「堆肥や肥料など大量に必要な資材は、自分でつくる」という哲学で50年を貫いてきた。

　『現代農業』では2009（平成21）年1月号で「堆肥栽培元年」を宣言したが、松沼さんはそれを50年前に開始した。先の土着菌の米ヌカ培養種菌が、堆肥やボカシ肥づくりに活躍するのはもちろんである。

　そして今、お隣り中国の江蘇省鎮江市から乞われて、キュウリづくりと肥料づくりを指導している。講演会に集まる100人の農家は、松沼さんの語りかけに、「これならできる、これなら所得が上がり、家族を喜ばせられる」と、指導の回を追うごとに信頼と真剣さを増している。（斉藤春夫）

4

不耕起・半不耕起の魅力と「土ごと発酵」方式

■前作の根がつくる根穴構造

米ヌカ除草では、米ヌカを表層に混ぜるぐらいに耕す半不耕起や不耕起が原則になる。土づくり・耕耘という と、土を深く耕して有機物を多く施用すること、というのが長い間の常識になってきた。1960年頃、愛媛県の自然農法家・福岡正信氏が「クローバー草生米麦不耕起栽培」を提唱しているが、不耕起を見直す動きが本格化するのは20年前頃である。不耕起にすると前作の根がつくる根穴構造によって排水がよくなるため、重粘土で排水が悪い秋田県大潟村の農家が不耕起田植機を開発し、話題になった。その頃から『現代農業』でも田んぼの不耕起栽培がとりあげられ、1993年には単行本『新しい不耕起イネつくり』(岩澤信夫著)を発行し話題を呼んだ。

一方、畑でも不耕起を見直す動きがあり、兵庫県の農家・井原豊さんは、8万部のロングセラー本『野菜のビックリ教室』(1986〈昭和61〉年)で、すでにこう指摘していた。

「無耕起栽培はやってみると案外好成績があがる。耕起しなければ空気が土に入らないだろうと思いがちだが、無耕起は案外通気がよいのである。それは、前作の根の腐り跡がパイプの役目を果たし、雨水の通路となったり、空気のパイプとなったりするからである。雨水の通ったあと空気が追いかけるのである。ところが、耕起するとこのパイプをぶっつぶす。ていねいに細かく耕すほどパイプがなくなる。」

1999(平成11)年には、愛知県の農家・水口文夫さんの『家庭菜園の不耕起栽培』を発行。このなかで、「堆肥は微生物によって分解され、団粒構造を促し、根の環境を快適にする効果がある。また、微生物は酸素が多く、茎葉や根の残渣が多い表層にほとんどが生息している。地中深く堆肥を施しても、それは土層の物理的な改善にはなっても有用微生物を繁殖させる効果は少ない。堆肥や有機物は、肥料と同じく株元や表層に施すことによって、少ない量でも有用微生物のエサとして効果が発揮される。有用微生物がよく繁殖すれば、有害な土壌病原菌から根を守ってくれる」と述べている。有機物は表面・表層に施用し、不耕起・半不耕起にするというやり方だ。

こうして編集部がたどりついた方式が「土ごと発酵」であり「有機物マルチ」である。

■従来の常識を破った「土ごと発酵」

『現代農業』2001年10月号の土・肥料特集号では、「簡単なのにスゴイ! 広がる土ごと発酵」を大特集し、

2004年4月号では「有機物でマルチ」の巻頭特集を組んだ。

この〝土ごと発酵〟方式は、従来の土づくりとは、ずいぶんちがう。

第一に、作物の茎葉や残渣、雑草などを有効に活用できる。田んぼのイナワラ、畑の作物残渣や雑草などを、発酵の材料としてそのまま使える。その場でできる直接的なリサイクルだから、運ぶ手間がいらない。

簡単なのにスゴイ!
広がる　土ごと発酵

『現代農業』
2001年10月号特集
「簡単なのにスゴイ!　広がる土ごと発酵」

第二に、冬の空いた田畑や通路を有効に使える。冬から春の空いた期間を発酵の期間として利用できるし、通路に米ヌカをふれば、そこが強力な発酵の場になる。雪も味方になる。北海道の中西さんは、手間の都合もあって30センチほど積もった雪の上から米ヌカをふっているが、その後の積雪によって米ヌカが守られ変質せず、春先のいち早い発酵のスタートに都合がよいという。

堆肥・雑草・モミガラ・米ヌカ……いろいろ生かせる
有機物でマルチ

『現代農業』
2004年4月号巻頭特集
「有機物でマルチ」

降雪前に米ヌカを散布している、岐阜県高山市のブドウ農家・藤井守さんは、酒の「寒仕込み」を思い浮かべながら「雪の下は発酵にとっていい環境にあると思う」と述べている。どちらも雪の保温力を活かしたやり方だ。

そして第三に、有機物の価値をそこなわない効率的な方法だという点である。土の表層で発酵させるから発酵はゆっくり進むことになるが、これが有機物の消耗を少なくする。高温発酵させる堆肥はそれだけエネルギーを発生・消耗するが、〝土ごと発酵〟は低温発酵なので、多少時間はかかるが有機物の消耗は少なくなり、そのぶん施用量も少なくてすむ。水田では、そこでとれるイナワラと米ヌカだけで地力を維持することは可能だ。

そして〝土ごと発酵〟は、ミネラルが豊富な土を活かした方法である。堆肥の素材に比べて田畑の土壌のほうがミネラル（元素）の種類も量も多く、微生物はこれを食べて（溶解・吸収して）繁殖する。土は微生物の生活の場であると同時にエサでもあるのだ。土がエサになり土そのものが発酵する。有機物と土をエサにして繁殖する微生物は各種の有機成分をつくりだし、やがてエサが不足してくると自ら分解して、体内に蓄積したアミノ酸、脂肪酸、糖分、ミネラル、ビタミンなどを大量に放出する。こうして土壌は急速に肥沃化し、畑では土の団粒化が進み、水田では団粒が水分を吸収してトロトロ層ができる。

生物相も豊かになる。水田では豊富な微生物相を土台にイトミミズが増え、水生昆虫が増え、ドジョウが増え、鳥もやってくる。畑でもミミズが増える。

■「海のミネラル力」を田畑に

土ごと発酵は、土のミネラルを活かす方法だが、編集部では、「海のミネラル」にも注目し、２００２（平成14）年８月号では「海のミネラル力を田畑に」、翌２００３年８月号では「追究！　海のミネラル力」を巻頭で特集している。

海水には、地球上に存在する元素のほとんど（一説によると約90種類）が含まれる。ナトリウム・マグネシウム・カルシウムなどは海水に比較的多いミネラルだが、そのほかのごく微量にしか存在しない成分も含めて、海のミネラルには土壌や作物を活性化する働きがあるようだ。海水、海洋深層水、自然塩、にがり、さらに海藻、貝殻、海のゴミまで、最近、海水や海水由来のミネラル（鉱物元素）を農業利用する取組みが広まっていった。ボカシ肥をつくるときに海水や自然塩を加えると発酵が進んだり、作物にこれらを葉面散布すると病気に強くなったりするのも、海水由来のさまざまなミネラルが、酵素の働きを通じて微生物や作物を活性化するからだと考えられる。

■化学肥料の高騰をきっかけに「堆肥栽培元年」

『現代農業』２００９（平成21）年１月号では「堆肥栽培元年」の巻頭特集を組んだ。堆肥栽培のきっかけは、２００８年、化学肥料が高騰したことにある。「もう、こんな高い肥料買ってまで農業できない！」と思った農家がこぞって、地元になにか肥料として使える資源がないかを探し回った。畜産農家が処理に困っている牛糞・豚糞・鶏糞などの家畜糞を筆頭に、高速道路の土手の刈り草、食品工場から出る野菜・果物の皮や芯などの廃棄物、ライスセンターから出るモミガラ、近隣の町の人の捨てる生ゴミ…、本気で探してみるといろいろなものがありそうだ。「堆肥栽培」とは、こういう身近な地域の有機物資源を本気で肥料として位置づけるやり方だ。

『現代農業』
2009年1月号巻頭特集
「堆肥栽培元年」

身近にある有機物の肥料分に注目し、その効き方を計算に入れて不足する分を化学肥料で補いバランスをとる。それが堆肥栽培の工夫のしどころ、腕のみせどころである。

そして、堆肥の使い方は、完熟した堆肥を土に入れるという常識にはこだわらない。生の、あるいは未熟な有機物をマルチしたり土ごと発酵させたり、光合成細菌などの微生物を使ってうまく発酵させたりと、多様な使い方がある。農家にとっての堆肥栽培は、高い肥料の節約にとどまらない、工夫のしがいがある技術なのである。

以上、施肥改善運動から堆肥栽培までをたどってきたが、『現代農業』10月号の「土・肥料特集号」が30年以上も続いてきたのは、地域の資源を活用する農家の工夫が、とどまることを知らないからである。（豊島至）

5 先人の知恵・古典に学ぶ

この章の終わりに、「土・肥料」に関わる古典として三つの作品を紹介したい。日本の古典である『日本農書全集』と、西欧の古典である『合理的農業の原理』と、中国・アジアの伝統的な農法を描いた『東アジア四千年の永続農業』である。

■日本の風土に根ざした有機農業のバイブル『日本農書全集』

江戸期の開発と成熟の時代に、全国各地にきそって出現した「農書」と呼ばれる文書群がある。そこには、平和な時代にのびのびと生き、多くの知恵を生み出した農民のエネルギーがみごとに記され、私たち日本人の誇りとすべき第一級の歴史資料である。

『日本農書全集』全72巻（第Ⅰ期35巻、第Ⅱ期37巻）に収録された三百余の文書は、もちろん当時の農業のありようを知る基本文献であり、学問のうえでは農業史や経済史にかかせないものであるが、それだけではなく、たとえば現代の有機農業、環境保全型農業、持続可能な開発などへのヒントにあふれている。

山形県村山市のスイカつくりに熱心な農家、門脇栄悦さんは江戸農書の世界にすっかり魅せられた人である。農家で読むのはもちろんだが、軽トラックにも持ち込んで、農作業の合間に読むのも気持ちがよいという。スイカのことが書かれた農書は、（索引によれば）39点もあるが、門脇さんの興味は、それだけではない。自然農薬の工夫や、土の見方などの一つ一つが参考になる。「そうなんだ」という共感と「そうなのか」という納得の連続で、読んでも読んでもあきることがないとのことである。

たとえば植物抽出液。『冨貴宝蔵記』（第30巻に収録）にはこう書かれている。

「正月三が日に降る雪は麦と稲にたいそうよろしい。この三日のうちに雪が降らなくても、川の水を汲んでためておき、その中へ仙人草、石菖、苦参、馬酔木、たばこ、よもぎ、おりと草、大黄などをこまめに入れて雨水が入らないよういつも心がけ、害虫がつきはじめたところへかけるとよい。この抽出液（原文は「出し水」）を幼苗のころからしばしばかけて、いろいろな虫や不正の気を除くようにする」。『冨貴宝蔵記』は高知県室戸岬の根付きの、徳島県に接したごく普通の村（現東洋町）で発見された1730年代の農書である。

『現代農業』の読者にはおなじみの「土着菌」についても、菌ということばこそ使ってはいないが、1680年代前半の三河・遠江（愛知・静岡）で成立したとされる農書『百姓伝記』（第16、17巻）に、次のような記述がある。

「しのぶ土（腐葉土のこと）といって、どのような木もえり好みなしによく生えつく土がある。この土はほかの土と合わせて使うこともできる。川の瀬に流れ積もった砂一坪分、深山の谷に長年木が腐って土になっているところがあるからその土を一坪分、古い藪に白いかびのついたところがあるからその土を一坪分、そして田にあるいなご土（上質の壌土）を一坪分、これらを混ぜ合せて青こけを付けておき、この土に若枝を挿せばどんな草木も必ず小さい根が出る」（16巻134頁）。

この「古い藪の白いかび」こそ、今いう土着菌にちがいない。これを使って挿木をすることが17世紀の三河地方で行なわれていたのである。

『日本農書全集』については、314ページも参照されたい。

■有機農業の原理をテーアに学ぶ

西洋の農書『合理的農業の原理』

アルブレヒト・テーア（あるいはテーヤとも表記されている、1752〜1828年）は、今から約200年前（日本の江戸時代後期）に、世界で初めて農学を独立した科学として確立し、「近代農学の始祖」として世界的に評価されている、ドイツの農学者であり農業教育者だ。さらにテーアは、自ら農場を経営した農業者でもあった。

今、このテーアの理論と農法が、ヨーロッパでは「有機農業のバイブル」として再評価され、また、有機農業の国として世界的に有名になったキューバの農業技術は、テーアに学んで実現されたという。

200年前というと、ヨーロッパでも化学肥料のない時代である。

テーアは、「土壌の腐植（フムスという）、すなわち有機物が植物の養分である」という「有機栄養説」を提唱する。そして、土壌中の腐植の量、すなわち地力によって収量が左右される。腐植を増やし地力を高めるには、堆きゅう肥の施用が基本であるとして、飼料作物（マメ科作物や根菜類）を輪作にとり入れ、家畜の頭数を増やすことで、飛躍的に地力と収量を高めることができることを示した。

この農法は、イギリスで始まった「ノーフォーク農法」に学んで、テーアが自らの農場で実験・研究し、その原理を明らかにしたものであり、「輪栽式農法」とも呼ばれている。この農法が「持続可能な農法」として、再評価されているのである。

「輪栽式（ノーフォーク式）農法」の輪作では、中世の封建時代の「三圃式農法」にみられた休閑にかわって、根菜類（飼料カブ）と赤クローバ（一年生牧草）という地力培養型の作物が入ってくる。イネ科作物―マメ科作物―根菜類を組み合わせた輪作体系である。これによって、冬のエサが確保できて家畜の飼育頭数が増え、堆きゅう肥も十分に確保できたのである。この輪栽式農法の確立によっ

有機農業の古典として再評価されるテーア
『合理的農業の原理』（2007〜2008年）

て地力が高まり、コムギ収量が、1ヘクタール当たり1トンから1・7トンにまで増えたという。

だが、やがて有機物の過剰が問題になってくる。ここで注目したいのは、テーアが、地力が必要以上に高まることをよしとはせず、対策をきちんと打ち出していることである。飼料作物を他の商品作物に転換して、家畜の頭数を減らし、過剰になる堆きゅう肥の生産を調整する。つまり、商品作物の導入によって、経営をふくらませながら、地力のバランスをとるのである。

テーアは「有機物を入れて地力を高めればいい」と単純に考えてはいなかった。土地、土地によって、さらに作物によっても必要な地力は違ってくるから、当然、投入する有機物の量も変えなければならない。自分の農場での実験、さらには多くの農場の実態をつぶさに観察・調査するなかで、テーアは地力を中心に、土―作物―家畜のバランスのとれた組合わせの原理を確立したのである。

▽A・テーア（相川哲夫訳）
『合理的農業の原理』全3巻、2007～8年

■アメリカの土壌学者が見た『東アジア四千年の永続農業』

本書は、1911（明治44）年にアメリカで、そして終戦間近の1944年に翻訳本（杉本俊朗訳）が日本で出版された。この古めかしい原本を読んで、「これは後世に残さなければ」と編集者は直感した。

著者はキング（F・H・King）というアメリカの土壌学者（執筆時、米国農務省土壌管理部長）。アメリカで機械化、化学化など工業的農業が幅をきかし始めた1909年2月から7月にかけて、キング氏は中国、朝鮮、日本を視察し、そこで目にした「永続的な農業」に驚嘆し視察記を残したのである。

「…四千年にも渡ってかくのごとき稠密な人口の維持のために土壌に十分な生産をなさしめることがいかにして可能であるかを知りたいと思った」キング氏にとって、視察旅行は「啓発され、仰天させられた」日々であった（序文）。以下、序文の一節。

「中国、朝鮮及び日本において、その広大な山岳及び丘陵地方は、容易に近づき得ない区域を除けばすべてが、燃料や木材、堆肥及び堆肥用の草類を供給する役目を負わされてきた。そして、家庭で使われるほとんどすべての燃料や薪の灰が、結局のところ肥料として田畑に用いられる。」

「中国では驚くほど多量の河泥が、時には一エーカー（約

自由に開閉できる柄杓で河泥を小船に積み込む。この河泥は混合肥料の材料になる。F.H.キング『東アジア四千年の永続農業』より

四反）に七〇トン、いなそれ以上もの割合で田畑に施用される。…人畜を問わずあらゆる種類の糞尿は慎重に貯えられ、われわれのやり方よりはるかに効果的な方法で田畑に用いられる。日本の農務局によれば、この国の下肥の総量は、一九〇八年には二三九五万二九五トンに上っている。すなわち、一エーカー（約四反）につき約一・七五トンである。」

川と灌漑による水の巧みな利用、下肥、山の草木、河川の底土など地域資源の徹底利用、そして輪作や混植、ていねいな栽培管理など、本書では東アジアの農民が長年かけて築いてきた農法と技術が農民像とともにリアルに描かれている。

キング氏は、ハエをほとんど見ないという良好な衛生状態にも注目している。「一切の廃物を無駄にせず、それを有用な場所に投ずるという不断の注意は、（ハエの）繁殖の場所を破壊するに非常に役立つに違いなく、そして、これらの諸国民はかれらの慣行の有効なることに細心の注意を払ってきたのであろう。」（第九章「廃物の利用」より）

そしてキング氏は母国の農業のありようを問う。

「西洋並びに合衆国東部への飼料及び鉱物性肥料の貨物の大移動は、開始以来百年足らずであり…またそれは無限に続けられるというわけにはいかない。目下のところ、これらの輸入により、われわれの近代的装置による汚物処理やその他の誤れる処理による植物栄養素の浪費は黙認されている」（序文）とし、栄養素を徒に海に流している状況を批判している。

▽F・H・キング（杉本俊朗訳）『図説　中国文化百華』『東アジア四千年の永続農業』上・下巻、２００９年

このキング氏の警告から一世紀たった今、世界的に伝統的な「循環」のしくみを見直す動きが広がっている。アメリカでキング氏の本が復刊され、ドイツなどでは前述の『合理的農業の原理』が有機農業の古典として見直されている。

ただし、西洋の「合理的農業」と「東アジア四千年の永続農業」には大きな違いがある。家畜が少ない東アジアでは、山や川から供給される養分を有効に活かし、身近な資源や廃棄物を徹底活用する巧みな循環的集約農業が発達した。これに水田が合わさり、欧米よりはるかに多くの人口を養ってきたのである。

テーアの「腐植（フムス）論」に異議を唱え「無機栄養説」によって化学肥料の利用に道をひらいたとされるリービッヒも、アジアや日本の伝統農法に注目していた。リービッヒは輸入肥料の多投に向かう当時の西欧農業を痛烈に批判し、人糞尿の活用など循環によって「土壌から収穫物中に持ち出された養分を完全に償還している」日本の農業こそ模範とすべきと述べている。

（豊島至）

3章 減農薬から豊かな生命空間づくりへ

1 福岡から始まった減農薬運動

■農家こそ農薬の最大の被害者

農文協が農業の近代化路線への批判を開始した頃、有吉佐和子の長編小説『複合汚染』が話題を呼んだ。1974(昭和49)年から1975年にかけて朝日新聞に連載。連載中から大きな反響を呼び、連載終了後に発行された単行本はベストセラーとなった。しかし、農薬や化学肥料などの害をリアルに、実感的に伝える「警世の書」の衝撃は、一方では、作者の意図を超えて、農薬を使う農家を「加害者」とみる風潮を強めた。

これに対し、農文協は、消費者の害ばかりを問題にするが、農家こそ農薬の最大の被害者だという立場から、農家が自ら農薬から解放されていく道を構想していく。『現代農業』では、農家の農薬中毒の実態と対策、「希釈倍率一〇〇倍と二〇〇〇倍ではなにがちがうか」など農薬をムダなく使うための基礎知識などを掲載。そして、農薬・防除をめぐる取組みを大きく前進させたのは、福岡県の農業改良普及員・宇根豊氏らが進めた、イネの減農薬運動の取組みであった。

『現代農業』1986(昭和61)年1月号から始まった連載「減農薬で楽しみ稲つくり」の一回目で、宇根さんは次のように書いている。

「一人の百姓に出会ってから、私は深く反省した。『宇根さん、オレは毎年防除暦の半分の回数しか農薬はふりよらんが、別に被害もないがなあ』 ショックであった。ところが、こういう百姓も少なくはないのである。つまり経験で、『防除暦はどうも散布回数が多すぎる。無難につくってあるのではないか』と気づいている百姓もいるのだ。実はこの百姓の経験や勘を、百姓も普及員も営農指導員も大切にしなければならなかったのに、ほとんど無視してきたのだ。」

■減農薬のための農具「虫見板」

病害虫の発生のしかたは、田んぼにより、年により大きく違うのに、防除のほうは「百姓の経験や勘」が軽視され、画一的に行なわれている。そんな農家と病害虫の関わりを変える武器となったのが「虫見板」である。

もともと、福岡県の農家が考案したもので、イネの株元に虫見板を添えて、葉を軽く揺すり、そこに落ちてきた虫をのぞき込む。ウンカなどの「害虫」、それを食べる「天敵」、そして悪さをしない「ただの虫」など、どんな虫がいるのかがわかる。そして害虫の発生状況から、田一枚ごとの「防除適期」が推測でき、むやみに防除することもなくなる。こうして多くの農家が農薬の散布回数を減らすことに成功、イネの減農薬運動の大きな武器（農具）として全国で活用されてきた。宇根さんの著書『減農薬のイネつくり』（１９８７年）も3万部に迫る好調な売行きを示した。

農文協の九州支部では宇根さんたちとともに、虫見板の普及に取り組んだ（次ページ参照）。一方、地元・福岡市農協も、この減農薬運動を全面的にバックアップした。防除暦の農薬散布回数を減らし、虫見板を各戸に配布してその勉強会を農業改良普及所とともに組織し、そして減農薬米を生協ルートで売る道をひらいた。

減農薬によって、農家の手取りは反当７０００円増え、農協管内の農家全体に換算すると1億４０００万円にもなる。農協の農薬販売手数料額は１４００万減るが、その差1億２６００万、地域としてはもうかったことになる。もし、減農薬がなかったら、その1億２６００万円は地域から外へ出ていってしまう。農家の農協への信頼も高まり、市農協の普通作（イナ作）研究会の会員数は急増、野菜の共販率も高まった。減農薬運動は、農薬散布は苦手だが田まわりは好きなお年寄りのイネつくりを励まし、農家と地元消費者が結びつく契機にもなった。

■『田の虫図鑑』の夢

宇根さんたちの減農薬運動は、「害虫・天敵・ただの虫」など田んぼの生きものたちの世界を農家が再発見していく営みでもあり、その蓄積のなかから生まれた本が『減農薬のための田の虫図鑑』（宇根豊・日鷹一雅・赤松富仁著、１９８９年）である。本書について、宇根さんは次のように述べている。

『田の虫図鑑』では、虫が生まれて死ぬまでが写真で語られている。もちろん不十分な部分もある。でも急がねばならなかった。虫見板が全国に6万枚以上も普及した現在、さらによく、さらに深く虫見板を使いこなすためにどうしても減農薬の『図鑑』が必要になった。

田の中の全体をつかまねば、いい手入れ

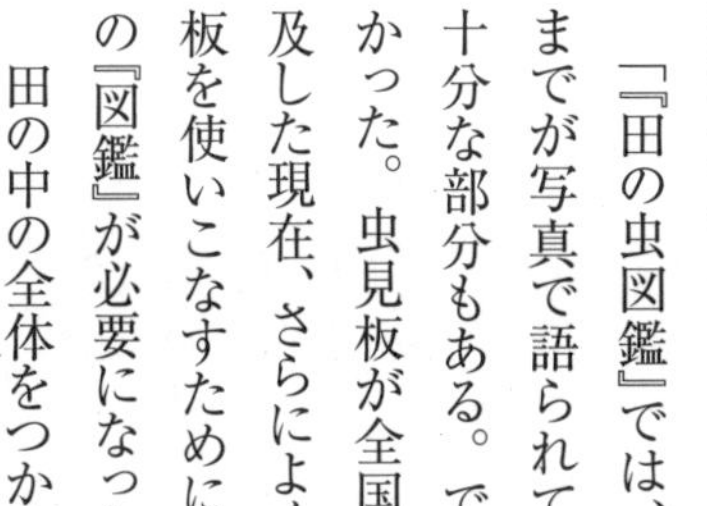

減農薬イネつくりの農具「虫見板」

普及から

減農薬イナ作に欠かせない農具「虫見板」

九州から端を発し、全国へ波及した減農薬イナ作運動の道を切り拓いたのは、当時、福岡県の農業改良普及員だった宇根豊さんだ。

1978（昭和53）年、福岡県筑紫野市の農家、八尋幸隆さんから「普及員は農薬をふらせ過ぎる」と指摘された宇根さんは、八尋さんの田んぼで試して、「農薬は減らせる」ことに確信を持った。そして翌79年、筑紫野市の若手農家に呼びかけ、筑紫減農薬稲作研究会を結成。

研究会結成の当初から、宇根さんはデータを取ることにこだわった。「このくらいのイネのできで、このくらいの害虫がいたが、農薬をふらなくても大丈夫だった」と実証しないと減農薬を広めるのは難しいと思ったからだ。そのため研究会では、白い捕虫網を折りたたみ、その上に虫を払い落として数えていたが、扱いにくかった。ある日、研究会の一員、篠原正昭さんが、針金の四角い枠に黒い布を張ったものを持って田回りの例会に現われた。これが「元祖虫見板」だ。その後、布の代わりにベニヤ板でもよいのではないかということになり、宇根さんはベニヤ板に角材の取っ手を打ちつけて使い始めた。その後、福岡市農協が黒いプラスチック板に「虫見板」と印刷して全組合員に配布することになる。

宇根さんが「農具」と呼ぶこの虫見板を、宇根さんに依頼されて一時期、九州支部が取り扱っていた時期がある。宇根さんが主宰するNPO法人農と自然の研究所が頒布していた虫見板は青色だが、九州支部が扱っていた虫見板は黒いプラスチック板だった。この黒い虫見板が全国で約10万枚普及した。農家はもちろん、農協や農業共済組合など団体からの注文も多かった。

「元祖虫見板」を手に篠原正昭さん
『現代農業』1987年6月号

当時の九州では、防除暦に記載されている農薬散布回数を減らすなどということはとんでもないことだった。ある県で開催された減農薬イナ作シンポジウムで、試験場関係の人が減農薬イナ作を批判していたことを思いだす。そんななかで減農薬イナ作が普及するのに、虫見板は大きな役割を果たした。

虫見板は、防除暦に頼っていた農家が散布回数を減らすために役立っただけではない。鹿児島県で有機農業に取り組む農家は、こう語っている。「有機無農薬でやっていたが、宇根さんの減農薬イナ作に出会って、農薬を散布しないでいい理由がわかった」。この農家は虫見板を使って害虫の数を数え、記録することによって、天敵との関係で害虫の数は日々変化することを知り、農薬散布よりも天敵を増やすことが大事なことをつかんだのである。

近代化技術であろうと有機農業の技術であろうと、人から言われて行なう技術ではなく、農家が自分自身で判断して行なう技術であれば農業はおもしろくなる。虫見板という農具が果たした本当の役割はそこにあるのだと思う。

（千葉孝志）

はできない。だからこの図鑑には虫見板で見えるもの一切、そして見えないものまで収録しようとした。『益虫』や『ただの虫』も収めているところに僕たちの思想がある。」

「さて『田の虫図鑑』のもう一つの夢を語ろう。平気で、田の中に空き缶や空きビンを投げ込む連中がいる。でも彼ら彼女らも田んぼが形づくる景観の恩恵は受けている。

考えてみれば、田んぼは百姓以外の人間には近寄り難いところだったのではないか。僕は思う。もう少し消費者や子供にも仕事場を見せてあげたらどうかと。もし百姓が虫見板を使って、自分の田が面白いと思うのならば、それなりの人たちに公開したらどうかと思う。福岡市の百姓が生協の組合員の主婦や子供たちに『虫見』をさせている姿を見ながら、もっと他の地域にも広がるといいと思う。」

この『田の虫図鑑』は農家だけでなく、学校田をつくる先生にも活用され、販売部数は3万5000部に達した。

（豊島至）

2 『農薬を使いこなす』と『防除資材編』

減農薬のためには、農薬そのものの選び方・使い方も課題になる。防除のための農薬だが、農薬は一方では、防御壁でもある葉面のワックス層を溶かしてその働きを弱めたり、葉面微生物を貧弱にしたり、あるいはハウスでは湿度を高めたりして、病虫害が出やすい環境をつくる側面もある。殺虫剤では天敵などを殺し、かえって害虫をふやすこと（リサージェンス）もある。農薬が農薬を呼ぶ。農文協編『農薬をつかいこなす』（1984年）は、そんな仕組みを明らかにしながら農薬の使い方をまとめた本で、5万7000部のロングセラー本になった。

この本の編集にあたっては、農薬販売の資格をもつ岡山県の農家・岩崎力夫さんから実践的なアドバイスをいただいた。その後、岩崎さんの本が誕生、『ピシャッと効かせる　農薬選び便利帳』（1988年）である。この本は、初めて、農薬の選び方をすじ道立てて整理したスタンダード本として評価が高く、改訂新版とあわせて、これまた10万部のロングセラー本になった。

この『ピシャッと』の特徴は、農薬を三つのタイプに分け、その使い分け方、ローテーションの仕方を整理していることである。たとえば殺菌剤では、次のようだ。

右／農文協編『農薬を使いこなす』（1984年）
左／岩崎力夫『ピシャッと効かせる　農薬選び便利帳』（1988年）

●Aタイプ（汎用的な予防剤）……古い農薬が主で、シャープな効きめは期待できないが、多くの病気の予防に役だち、耐性菌は出にくい。

●Bタイプ（効果がおちた選択性殺菌剤）……かつてはよく効いたが、使い続けるうちに耐性菌が出現し、効力がおちた農薬。

●Cタイプ（効果の高い選択性殺菌剤）……耐性菌がまだ出ておらずシャープに効く。しかし連用によって耐性菌が出現し、Bタイプに転落する危険をはらんでいる。

経費はA、B、Cの順に高くつき、一番悪いのはCタイプだけに頼るやり方。よく効くからといって連用し、効かない農薬にしてしまうやり方だ。こうなると回数ばかりふえて、しかも病気は防げない。しかも、農薬費が一番高くつく。

一方、農薬の特性を知り、使いこなすための防除の百科として『農業総覧　病害虫防除・資材編』を発行した（1988〈昭和63〉年より刊行開始）。この作品でも、農薬のタイプ分けと組合わせ方（ローテーション）が農薬利用の柱の一つになっている。（豊島至）

3
「おもしろ生態」と身体に無理のない新3K防除の提案

■ハダニの被害、事情は農家によってまちまち

1993年（平成5年）より、「おもしろ生態とかしこい防ぎ方」シリーズが始まった。農家の重要害虫について、一害虫で一冊にするという、大胆な企画であった。「農薬で害虫を殺す」農薬中心の防除から、耕種的方法も加えた総合防除への気運が高まり、これに熱心に取り組んでいた中堅研究者に精力的に執筆いただいた。内容も、害虫を単なる防除の対象としてではなく「生きもの」としてとらえる方針をとった。どんな生きもので、どのように生きているのかを描き、こうしてその害虫の特徴や弱点を知って防除に活かそうというわけである。「ぼくはコナガです」という害虫が自己紹介するユニークな表現法も生まれた。

防除法も農薬だけでなく、物理的な方法から天敵利用まで多彩である。このシリーズの第1号は『センチュウ』（三枝敏郎著、1993年）で、次が『ハダニ』（1993年）。『ハダニ』の著者は奈良農試の井上雅央さん。ふつう、病害虫の研究というと、対象病害虫の生理・生態、そして防除効果の高い農薬の探索が中心になるが、井上さんは農家の防除技術・防除作業の実態を調査し、研究するという、独自の道を歩んだ。

たとえば、ハダニの防除に失敗して被害を出したとして調べてみると、その理由は農家によってさまざまだ。

「おもしろ生態とかしこい防ぎ方シリーズ」の『ハダニ』（井上雅央、1993年）

ハダニに対して農薬散布するまでに、農家はハダニまたはハダニの加害による作物の異常を、(1)発見して、(2)「これはハダニによるものだ」と判断して、(3)薬剤散布を含む何らかの手段を決定して、(4)自ら選んだ方法で実行する、というステップを経ることになる。この各ステップに、判断の誤りやいろいろなミスが発生し、結果としてハダニの被害が広がることになるが、その事情は農家によってまちまちだ。

発見が遅れることもあれば、ハダニの被害を苦土欠乏と判断することもある。効かない農薬を選ぶこともあれば、農薬のかけ方がまずいこともある。ナスへの防除指導では「ナスの花が咲いている間(午後4時ころまで)に、10アール400リットル散布すること」とあるが、午前中は収穫、出荷の仕事があり、午後の暑い盛りの散布はつらい、昼寝もしたいということで夕方になりやすい。400リットル散布するには2時間かかるが、暑い中では2時間が1時間になってしまう。そんなことで、農薬はかけたがよく効かず、また防除しなければならなくなったりする。うまく防除できなかった事情はいろいろだ。

■**お年寄りの体に合わせた防除法**

農家の身体性も深くかかわっている。井上さんらが、年齢別に肉眼でハダニを発見できるかどうかを調べたところ、50代になるとハダニが見える人が半分になり、60代では7割の人が肉眼で見ることができないという結果になった。これでは、「ハダニの発見に努めて適期防除を」という指導は通じない。

そして、発見の困難さにともなう不安な行動が少なからずみられる。近所で被害がでたとか、となりの農家が防除を始めた、あるいはたまたまハダニの食害痕を見つけたというだけで、防除を決意する例が多いのである。畑によりハダニの出方は大きくちがうので、不必要な散布になっていることが多い。

視力の低下が過剰散布を招いている。そうした実態に対し、井上さんたちは年齢別に、防除法を変えることを提案した。ハダニを発見しにくい農家には、食害痕による簡便な調査法や防除の暦化、あるいは多少の収量は犠牲にしてもハダニ発生の少ない栽培法を採用する、といった内容である。そして防除のやり方も、高齢者にあったものでなければならない。

ハダニの発生源はハウスの周辺雑草であり、これを刈り取って焼却するのが耕種的防除だというのが通り相場だが、これでは無理があると井上さん。手間がかかるうえに、だいたいはハダニの行き場を失わせ、ハダニがハウスに入ることを助長してしまうからだ。お年寄りやかあちゃんたちに負担が大きい耕種的防除はすすめたくない。ではどうするか。「働きたい気持ちを抑えて昼寝をする」のである。よけいなことをしてハダニを雑草から動かすこ

新3K防除を提案した
『60歳からの防除作業便利帳』
（井上雅央・谷川元一・國本佳範、1997年）

とはない。「疲れたから少し昼寝をしよう」は単なる昼寝だが、ハダニの侵入を防ぐための昼寝は立派な耕種的防除になるというわけだ。

こんなこともある。収穫が終わって残った茎葉はハダニの巣になるので焼却すべしとよくいわれるが、これも負担が大きい。そこで井上さんは、ハウスから離れた雑草の茂る空き地に捨てることをすすめる。ハダニは雨に弱く、そのうえ天敵に食べられて徐々に減っていく。野山でハダニがふえないのは、天敵と雨にさらされるからである。とくに風をともなう激しい雨は苦手で、ミカン園のハダニが三分の一に減ることもあるという。

こうして作業改善のマニュアルがつくられた。それも〔できれば〕、〔できるだけ〕、〔これだけは〕といったぐあいに作業項目の軽重を示して、農家が負担を感じないように配慮されたものである。

そんな井上さんの発想を軸に、奈良農試の若手研究者が一緒になって『60歳からの防除作業便利帳』（1997年）という本も生まれた。この本の合言葉（コンセプト）は、効率・快適・健康の新3K防除である。

（豊島至）

4 手づくり防除資材、天敵活用、生きもの空間づくり

■賑やかに広がる「自然農薬」

『現代農業』では早くから、手づくり防除資材の工夫をとりあげてきたが、熊本県の農家・古賀綱行さんの「自然農薬」と、「木酢」によって、手づくり防除資材の工夫は大変大きな流れになっていった。木酢液、竹酢液、トウガラシやニンニク、海藻、クマザサ、ヨモギ、スギナなど、いろいろな植物を農薬として利用する工夫がどんどん広がっていく。『現代農業』は何度も「自然農薬」を特集し、農家を回っている農文協の普及者が農家から教わった工夫を紹介する「あっちの話　こっちに話」のコーナーでも毎号のように、いろいろな自然農薬が登場した。『現代農業』を媒介に工夫が工夫を呼び、農家の知恵と『現代農業』の魅力がともにアップしていった。

単行本では、古賀綱行さんの『自然農薬で防ぐ病気と害虫』（1989〈平成元〉年）も農文協編の『木酢・炭で減農薬』（岸本定吉監修、1991年）も10万部を超える大ベス

トセラーになり、ほかに、『植物エキスで防ぐ病気と害虫』（八木晟監修、１９９６年）、『天恵緑汁のつくり方と使い方』（趙漢珪監修、１９９８年）など、手づくり防除資材のラインナップが賑やかに整備された。

そして２００９年には単行本『自然農薬のつくり方と使い方』（農文協編）を発行。本書は植物エキス、木酢エキス、発酵エキスの三つのコーナーで構成されているが、登場する素材はじつに多彩だ。アセビ、イタドリ、オオバコ、ヨモギ、キハダ、クスノキ、クマザサ、ショウガ、スギ、スギナ、タケ、トウガラシ、ドクダミ、トマト、ニンニク、ノビル、ハーブ、ヒノキ、ブロッコリー、ヨモギ、イースト菌、海水、海藻、カキ殻、牛乳、コーヒー（カス）、米ぬか、砂糖、焼酎、食酢（穀物酢、米酢、果実酢）、灰、草木灰、卵の殻などなど。大変好評で、発行後一年半で3万部の売行きである。古賀さんの『自然農薬で防ぐ病気と害虫』が発行されてから20年目、農家の工夫の広がりによって、自然農薬のバイブルとなる新しい実用書が誕生した。

ところで、「植物農薬」はなぜ病害虫に効果があるのだろうか。中国では、植物から農薬をつくる伝統技術が発達してきたが、その伝統を支えているものに「植物保護」の思想がある。植物は自分で自分を保護しているというとらえ方である。植物は動けない。外敵がいても逃げ出すわけにはいかない。だから、虫などから身を守るしくみを植物は身につけている。体内への侵入を防ぎ、侵入してきた場合はなんらかの物質をつくって体内で広がるのを防ごうとする。

すべての植物にはそうしたしくみがあり、植物を素材にすることで、病害虫を防ぐ物質が得られるというわけだ。そうした性質の強い植物、生命力の強い植物から、一方で人間の薬（漢方薬）がつくられ、一方では植物保護液という名の農薬がつくられる。

日本でも植物を農薬として利用してきた伝統がある。江戸期の土佐の農書『富貴宝蔵記』（『日本農書全集』第30巻に収録）には、アセビやヨモギ、仙人草などを水の中に入れて、その浸出液を使うとウンカに効果がある、アセビの煮汁と鯨油を混ぜるとクロカメムシに効く、タネモミにかけると虫害を受けないといった興味深い記述がある。土佐だけでなく、身近にあるものから農薬を自分でつく

10万部を超えたベストセラー『木酢・炭で減農薬』（岸本定吉監修・農文協編、1991年）と『自然農薬で防ぐ病気と害虫』（古賀綱行、1989年）

るこうした工夫が、農家の手によってさまざまに行なわれてきたのである。

■1997年6月号・防除特集号より『現代農業』をカラー化

「自然農薬」などの手づくり防除資材とともに、『現代農業』では早くから天敵に注目してきた。本章冒頭で紹介した減農薬運動でも、減農薬田では農薬の散布回数が少ないために天敵が多く、ウンカにセンチュウやダニがとりついたり、クモが食べたりして4割以上のウンカが天敵で死んでいることが、明らかにされた。こうして、天敵を活かす工夫が続々と生まれていく。『現代農業』をオールカラー化(一部除く)した1997〈平成9〉年6月号・防除特集号の特集も「天敵生かして小力防除」であった。

病害虫や作物の姿、形、葉色、田畑の状態や作業の様子などは、カラー写真でなければ伝わりにくい。カラーで見栄えのする雑誌にするというのではなく、農家により役立ち、実用性を高めるのがカラー化のねらいだった。印刷費等が増えるので誌代(税込み・月額)を570円から800円に値上げさせていただいたが、おかげで読者の皆さんにも好評で、以下のような励ましを多くいただいた。

「6月号を読んだら、すごく感動しました。先月号に、6月号から全ページの写真がカラーになり値段が800円になるお知らせを見て、高くなるなと思っていました。しかし実物を見た今、800円の値打ちがあると思っています。特に、この防除特集の図鑑がとてもよかったです。送ってくれた晩、うれしくてついに2時まで一気に読んでしまいました。800円は高くない!」(大阪府・野出さん)

「白黒と比べて、本当に真実が伝わっています。保存して、いつでも役に立てるようにしたいのです。定価800円は適正な価格です。イメージチェンジが成功しました。」(群馬県・久保田さん)

「写真カラー化の予告を見て『オールカラーにしなくてもよいのでは?』という手紙を書いたものです。カラーになった6月号、そして7月、8月号も読ませていただきました。カラー化に少しでも『売る』ための要素が入るのではないか、と心配したわけですが、そんなことはありませんでした。見栄えをよくするための飾りではなく、むしろ土台となっている感じでした。そしてこのオールカラーという土台をフルに活かして、良い意味で今までどおりの『現代農業』がつくられていると思い、ひたすら感心しております。

また、初めに6月号を見たとき、『あれ、これはおしゃれな作業着と同じだな』とも思いました。他人に見せるのが目的のおしゃれではなく、自分が元気に楽しく作業するためのおしゃれです。今までだってそうでしたが、カラーになってからいよいよページを開くごとに〝元気〟や〝活気〟が溢れている感じがします。」(岩手県・市嶋さん)

値上げにもかかわらず、購読中止が増えることもなく、「農家に支えられている『現代農業』」を役職員一同、身に沁みて感じたのである。

■「香りの畦みち」など、生きもの空間づくり

さて、話を防除にもどそう。

1998年6月号・防除特集号では「地域の防除力をアップして、天敵を生かす」という特集を組んでいるが、このなかに「〝香りの畦みち〟がカメムシを寄せつけずクモを呼び込む」という記事がある。書いたのは、北海道美唄市の農家、今橋道夫さん。減農薬の特別栽培米を販売する今橋さんらの「元氣招会」が始めたワクワクするような取組みで、大きな反響を呼んだ。

「香りの畦みち」は、畦にハーブ（ミント）を植えてカメムシを防ごうという方法。イネ科ではないミントにはカメムシがつかない。イネへのカメムシ被害は、畦のイネ科雑草についたカメムシが水田に移行して発生するので、ミントが畦を覆うとカメムシの被害がでなくなる。こうして、防除しなくても斑点米の発生を防げるようになったのである。カメムシの農薬散布をやめ、畦草への除草剤もやめた結果、田んぼにはクモの巣がたくさんみられ、トンボがいっぱい舞うようになった。ミントは花もきれいで香りもいい。今橋さんたちの米を買ってくれているパートナー（今橋さんは顧客をそう呼ぶ）にも魅力的で、春のイベントでは、家族づれできて、ハーブを植えてくれた。

この記事のなかで、今橋さんは「クモ、防風林のタカ　景観すべてが防除力」という見出しで次のように述べている。

「カメムシの防除をなくし、アゼ草への除草剤の使用をやめた私たちの田んぼには、いろいろな変化が生まれてきた。その一つが、田んぼにクモの巣がたくさん見られるようになってきたことである。クモといってもその種類は多く、巣をつくらない徘徊性の種類もいて、それぞれの働きをしてくれている。また無防除田でのトンボの発生はみごとなもので、空知中央普及センター高橋義雄氏の調査によると、一m当たり一〇匹のトンボが羽化していた。反当たり一万匹の計算だが、少なく見積もってその半分は生まれているのはまちがいないだろう。（略）

最近、水田風景から樹木が消えている。作業性を高めるために次々と切られたのである。しかしたった一本の木にも小鳥がやってくるし、大型のワシタカ科の鳥たちがやって

アゼ草をハーブに替えて天敵を生かす
〝香りの畦みち〟がカメムシを寄せつけずクモを呼び込む
今橋道夫

“香りの畦みち”初登場の『現代農業』1998年6月号の記事

くることもある。それらがスズメを追い払ってくれること
もある。先人が残してくれた防風林は、風害から作物を
守ってくれているばかりでなく、生態系も豊かにする。こ
の恩恵ははかりしれない。（略）
田園にクモやトンボ、カエルや無数の虫たちがいて、小鳥がさえずる農村風景は限りない安全の証である。消費者の方はその風景を見て、本能的に安全を悟るようである。これは輸入農産物には絶対にまねのできないことではないだろうか。」

■天敵を扱った書籍のラインナップ

天敵を扱った書籍には、先に紹介した『田の虫図鑑』のほか、

『対立的防除から調和的防除へ』
（高橋史樹著、「自然と科学技術シリーズ」1989年）、
『天敵利用の基礎知識』
（M・マライス著、矢野栄二監訳、1995年）、
『天敵利用と害虫管理』
（根本久著、「自然と科学技術シリーズ」1995年）、
『天敵利用で農薬半減』（根本久著、2003年）、
『天敵大事典（上・下巻）』（農文協編、2004年）

などがあり、映像作品には

『環境保全型農業シリーズ　減農薬害虫防除編』
（全4巻、2000年）がある。

『対立的防除から調和的防除へ』は、自然農法や焼畑の原理に学び、田畑の生物群集の構造と変化のしくみから近代農法での反復防除の不可避性、農薬が害虫をふやすリサージェンスの必然性を洗いだし、害虫や天敵でもない「ただの虫」に着目し、無農薬への道をさぐった名著である。

『天敵大事典』は、天敵利用が注目されるなかで、『農業総覧・病害虫防除資材編』に「天敵巻」を増補し、それを書籍化したもので、市販の天敵資材とともに、昆虫（ダニやハチ、クモ、甲虫など）・線虫・微生物・ウイルスまで、土着天敵160種を収録している。カラー写真とともに、各種天敵の生態、保護・飼育・増殖法、防除での利用法までを約60人の専門家が詳細に解説。地道に天敵を研究してきた研究者がいたからこそできた作品である。

土着天敵160種を収録した農文協編
『天敵大事典（上下2巻）』（2004年）

■直売所の広がりで防除法が多彩に

『現代農業』で追究してきた農家の工夫を集約した本に『農薬に頼らない病害虫防除ハンドブック』がある（『別冊現代農業』２００９年10月号、翌年に単行本化）。ここには、ナス畑の周りを天敵を増やすソルゴーで囲うなどの天敵を活用した防除、ネギやニラなどを使う混植・混作、柿酢などによる酢防除、スギナ汁などの植物エキス、えひめＡＩなどの発酵液、通路に米ヌカをふって灰色カビ病を防ぐ米ヌカ防除、ジャガイモやイチゴ、キュウリの葉がまっ白に見えるぐらいに石灰を茎葉に直接散布して病気を防ぐ石灰防除、ケイ素や熱ショックで作物の抵抗性を誘導する方法、害虫の交尾を匂い物質でかく乱するフェロモン利用、防虫ネットなどの物理的防除など、多彩な方法が紹介されている。

防除手段はずいぶん多彩になった。時代が化学農薬以外の防除法を必要としたのである。一つは高齢者や女性が農業の担い手になってきたこと。農薬散布の身体への悪影響も気になるし、暑いなかでマスクや防除着をつけての農薬散布は大変、歳をとればますますつらくなる。農薬代もばかにはならない。

もう一つは直売所、産直・地産地消（地商）の広がり。食べる人とつながることで、作物を健康に育て、おいしいと喜ばれることが張り合いになる。作物を健康に育てるために、土や田畑の生きものを豊かにする。その総体を思いとともに届けるのが直売所である。売り方の変革が防除法の多様化を促したのである。

（豊島至）

農家の工夫を結集した『農薬に頼らない病害虫ハンドブック』（『別冊現代農業』2009年10月号）の表紙とカラー口絵

4章 低コスト・高品質から生涯現役農業へ

1 「農民的技術体系」の編集手法

『誰でもできる五石どり』(片倉権次郎著、1964〈昭和39〉年)で確立した「農民的技術体系」という、技術のとらえ方と編集の方法は、野菜、果樹、畜産など他の作目にも適用され、1960年代後半から80年代前半にかけて、農文協の企画・編集の画期をつくり出す。それは、農家の技術を記事や単行本にするにとどまらず、研究者や現場指導者に執筆をお願いする原稿でも追求され、農文協独自の編集スタイルになったのである。

「農民的技術体系」という技術のとらえ方とはどういうものか。まず、農家の作物栽培は、苗床の準備から収穫までの個々の栽培技術はすべてつながっており、その全体を一つの栽培技術の体系としてとらえる。さらに、発芽から収穫までの生育の過程に、栽培の成否を左右する決定的な時期があり、農家はその時期の作物の理想の姿を描き、それを目標に、少しでも近づけようと試行錯誤をくり返す。つまり、農家にとっては収量や品質は結果でしかなく、その決定的な時期の姿を目標に栽培しているのである。決定的な時期は、イネでは「出穂30日前」(1章イナ作の項参照)であり、野菜では後出する小島重定さんのトマトの「第一葉展開期」なのである。

■栽培を左右する「決定的な時期」をつかむ

農家の栽培技術をとらえるには、まずその決定的な時期をつかむことが必要になる。そして、栽培のポイントとして、目標にしているこの時期の作物の姿、診断の目安と方法、作業の判断などを明らかにする。さらに、決定的な時期と関連づけて生育ステージごとの栽培のポイントもうきぼりにされる。こうして、生育ステージ全体の栽培のポイントと、各ステージの栽培ポイントが相互のつながりのなかで把握でき、栽培全体の目標と生育のイメージが明らかになる。

農家は、つねに生育ステージ全体を体系的にとらえて栽培しているのであり、そうした農家の作物の見方に学び技術を体系的にとらえ、栽培のポイントを明らかにしながら、栽培方法を伝えていこうというのが「農民的技術体系」の編集方法である。この方法は、どこかにモデルがあったわけではない。農家の作物のとらえ方や技術を他の農家に伝えたいと、農家の技術を雑誌『現代農業』の記事や単行本に編集する過程で、農家に学ぶなかで農文協が独自につくりあげたものである。

そしてこの編集方法は、研究者や指導者に執筆をお願いする場合にも活かされた。執筆をお願いする過程で、農民的技術体系を研究者・指導者の方々にぶつけるのである。研究者や指導者も、農家の技術に学び、自らも栽培・飼育しながら研究され、独自に作物のとらえ方や技術開発をされておられる。そうした研究者や技術者と農文協の編集者とのやりとりのなかで、記事や単行本を執筆していただく。結果として、農家の生育のとらえ方や技術＝「農民的技術体系」と研究者・指導者の連携によって一冊の本ができあがることになる。さらに言えば、農家に蓄積された作物のとらえ方とそれに裏づけられた技術と、研究者による生理・生態や環境反応の解明という科学との連携によって農文協の本は発行されているのである。

これが農文協の農業技術記事や技術書のつくり方であり、農文協の出版物の大きな特徴になって現在にも引き継がれている。

1970（昭和45）年から始まった「減反政策」なかで、野菜、果樹の選択的拡大と周年化、産地形成の大きな流れを支えたのは、経験に支えられた技術を持つ農家と、試験研究と技術開発を担う研究者、さらに現場技術として普及した指導者である。その三者の連携があったからこそ、各産地で安定多収と高品質生産のための技術確立が進められたのである

見方をかえれば、そうした実際の現場に学び編集・発行したのが農文協の書籍であり、雑誌『現代農業』であった。だからこそ多くの読者に受け入れていただくことができたのではないかと思う。

（丸山良一）

「農民的技術体系」の先駆的作品。
片倉権次郎『誰でもできる五石どり』
（1964年）

2

農民的技術体系・野菜での展開

■「農民的技術体系」の展開と産地形成

〈トマトで「最重要時期は第一葉展開期」〉

野菜での農民的技術体系による編集のさきがけは、ハウス栽培の先駆者であり、野菜農家の全国的組織である「全国野菜園芸技術研究会」（略称「全野研」）の会長もされていた、小島重定さんのトマトとキュウリのとらえ方と技術の紹介である。雑誌『現代農業』の連載とともに、単行本『トマト・キュウリのハウス栽培』（小島重定著、1966〈昭和41〉年）として発行された。

当時は、「苗八分作」ともいわれ、苗つくりで八割まで収量・品質が決まるとされており、この単行本でも苗つくりに五割以上のスペースをさいている（ちなみに定植とその後の管理は三割）。小島さんは、トマトの育苗で「もっとも重要な時期は第一葉展開期」と位置づけ、「実際の玉の数や玉ぞろいに影響する時期は、（略）種播き後一五日を中心にした前後一週間のあいだである。このときの苗の状態は、本葉が出かかってはいるが、本葉は子葉の長さより小さいころである」ととらえる。トマトの花芽分化はそれより後に行なわれるが、そのときにはすでに素質が決まっているので、播種後15日目をどうむかえるのか、そのため

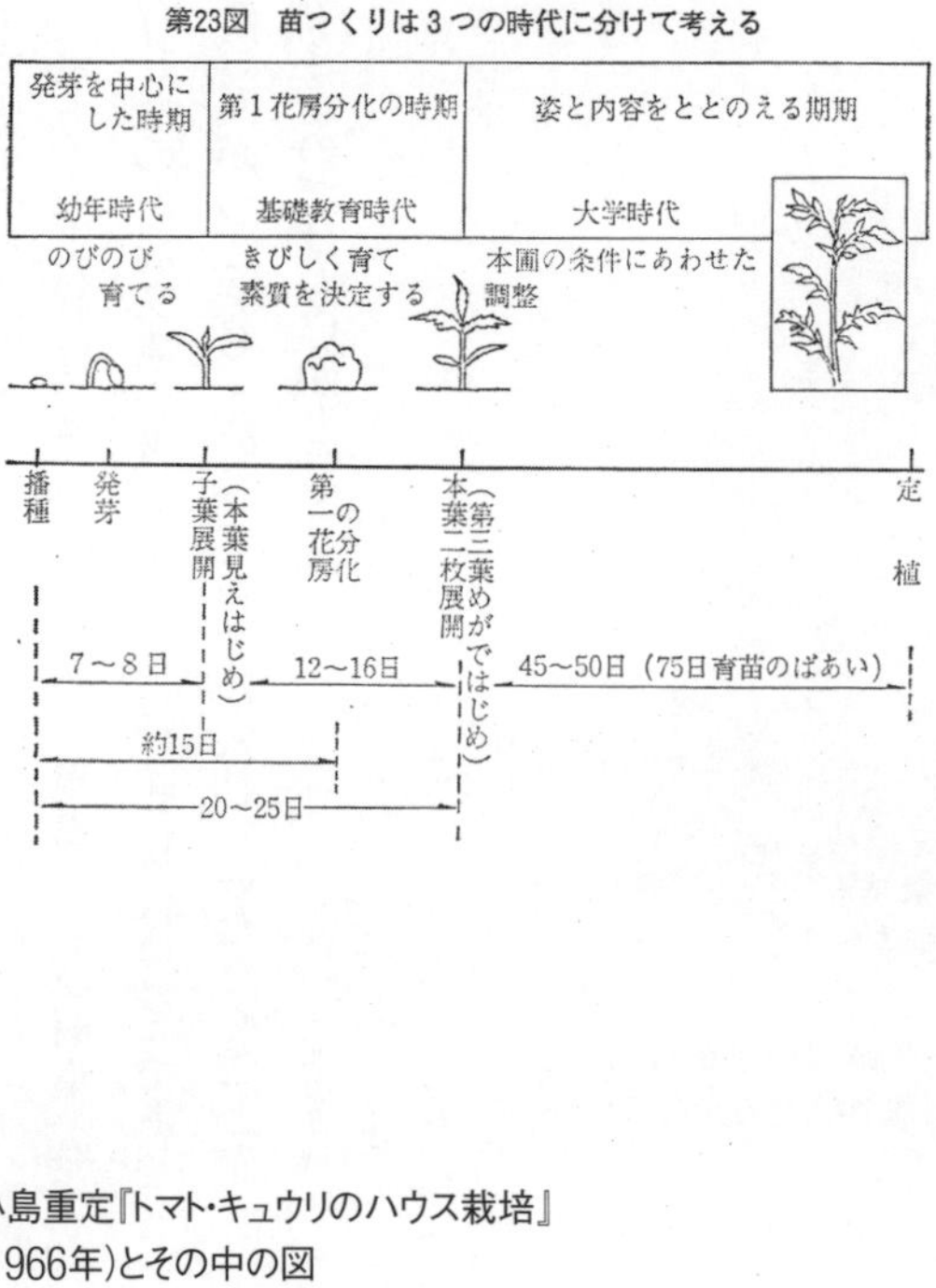

小島重定『トマト・キュウリのハウス栽培』
（1966年）とその中の図

の床土つくりや環境管理の目標や方法が解説されている。健苗一般でなく、どんな苗がよいのか、その意味づけとともに技術のポイントが示されており、読者に具体的な生育と栽培のイメージが伝わってくる。

『トマト・キュウリのハウス栽培』は、トマト・キュウリに限らずハウス栽培の基本になる本として、1980年代まで農家だけでなく研究者や指導者にも広く読まれ、ハウス栽培の確立に大きく貢献した。また、農家の野菜のとらえ方と技術を全面的に展開した最初の本として、農文協のその後の野菜技術書のベースにもなっている。

〈野菜「作型シリーズ」の発行〉

1969（昭和44）年からスタートした「作型シリーズ」は、作物の理想の姿を生育全体で体系的に追う「農民的技術体系」としてのとらえ方を、著者である研究者・現場指導者にぶつけながら執筆いただいた本として発行した。したがって、生理・生態や環境反応など科学的な基礎や栽培方法を淡々と解説するのではなく、生理・生態との接点で栽培のポイントがくみ取れるように工夫されている。たとえば、どの野菜にも「栽培技術の骨組み」、「生育段階と技術の仕組み」といった項目が設けられている。生育をステージごとに分け、栽培を決定的に左右するステージを中心に栽培のポイントを示し、各作型や栽培を成り立たせている要点が把握できるように構成されている。本シリーズはトマト、キュウリ、ナス、イチゴなど果菜類を

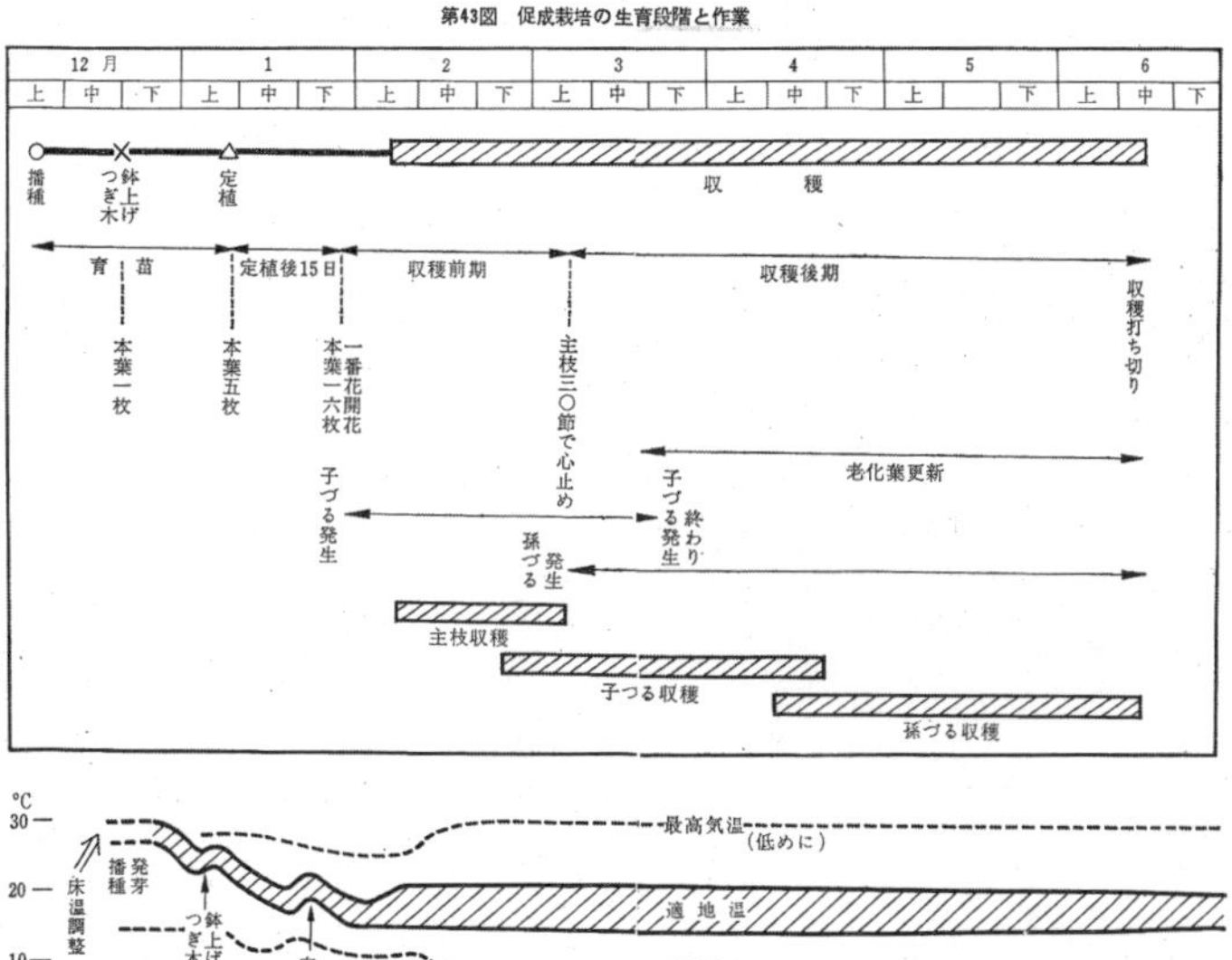

大塚千之助『キュウリ 作型とつくり方』（1970年）と、
その中の生育と作業のポイントがひと目でわかる図

中心に、各野菜一冊でつくられ、野菜の産地形成や周年栽培の参考書として、多くの農家に活用していただいた。

この発行理念は、その後、1983（昭和58）年からスタートした「作型を生かすシリーズ」に継承されている。「作型シリーズ」は産地形成時代のシリーズであったが、「作型を生かすシリーズ」は連作障害や土壌病害など産地の問題点が顕在化してきた時代であり、当然であるがその対応に重点をおいて発行されている。

村松安男ほか
『作型を生かす トマトのつくり方』
（1984年）

■地場市場、直売向けの野菜つくり
―自給を基本に安全でおいしい野菜を

産地形成や周年栽培のための高品質・多収栽培の本と並行して、現在の家庭菜園や産直野菜つくりの草分けともいうべき本も、1960年代から発行している。『野菜の上手なつくり方』（岩間誠造著、1963〈昭和38〉年）と『どこでもできる野菜つくり』（横木清太郎著、1966〈昭和41〉年）の2冊である。

これらは、「新しく野菜づくりをしようという人、ことに婦人を対象に」、「馴れない人に、新しい方法で手軽に野菜がつくれるよう」露地栽培を中心に、販売を目的にした本として発行された。2冊ともたいへん好評で、前者が1974年、後者が1975年に改訂版が発行されている。急速に進む都市化のなかで、近郊野菜や地場市場向けの野菜つくりの農家だけでなく、その後、愛好家が増え始めてきた家庭菜園の手引きとしても読まれた。

1970年代初期には『野菜つくりの実際』（岡昌二編、1971〈昭和46〉〜72年）全4巻（内訳は「果菜」、「葉菜」、「根茎菜」、「軟化・芽物」）が発行される。当時、すでに多肥・多農薬栽培や公害・環境汚染が問題になっていたが、「まえがき」に「農家の野菜栽培は、まず自給からはじまり、そのうえで〝余ったもの〟を商品化してきたとさえい

上／横木清太郎『どこでもできる野菜つくり』（1966年）
下／岡昌二編『野菜つくりの実際 果菜』（1972年）

える。しかし、近ごろの野菜つくりはそのもとの姿を忘れているかのようである。（略）安心して食べられる野菜を、自分の家でつくり出し、季節感あふれたおいしい野菜を消費者に供給することが、今ほど重要になっている時期はない」と書かれており、野菜つくりと販売の基本は自給であることを力説している。本書は、露地野菜のつくり方をわかりやすく解説した、野菜つくり事典として、「減反政策」が進められるなかで、婦人を中心とした地場市場や引売り、朝市などの野菜つくり、さらに家庭菜園愛好家も含めた広い読者を得ている。

■産地の矛盾が激化するなかで
―生育コースの違いから克服の筋道を示す

1970年代後半に入ると、連作と多肥・多農薬栽培の矛盾が各産地で顕在化してくる。連作障害や土壌病害の多発が農家を悩まし、まさに産地存亡の危機であり、消滅した産地も少なくなかった。それを何とか打開しようと、指導機関や農協を中心に「土つくり運動」が開始され、抵抗性台木を利用した接木栽培が広く普及した。また、ハウス栽培ではキュウリやイチゴを中心に収穫期間を延長した長期栽培も広がったが、土の問題とともに技術的な課題も多かった。

こうした時代に、農文協は『現代農業』をはじめ、単行本や『加除式　農業技術大系』などで、栽培安定化の課題を真正面に掲げて取り組んだ。野菜の単行本では、1978（昭和53）年に発行された『トマトのハウス栽培』（村松安男著）、『キュウリのハウス栽培』（大熊昭祐著）、『イチゴのハウス栽培』（萩原貞夫著）の「ハウス栽培三部作」が

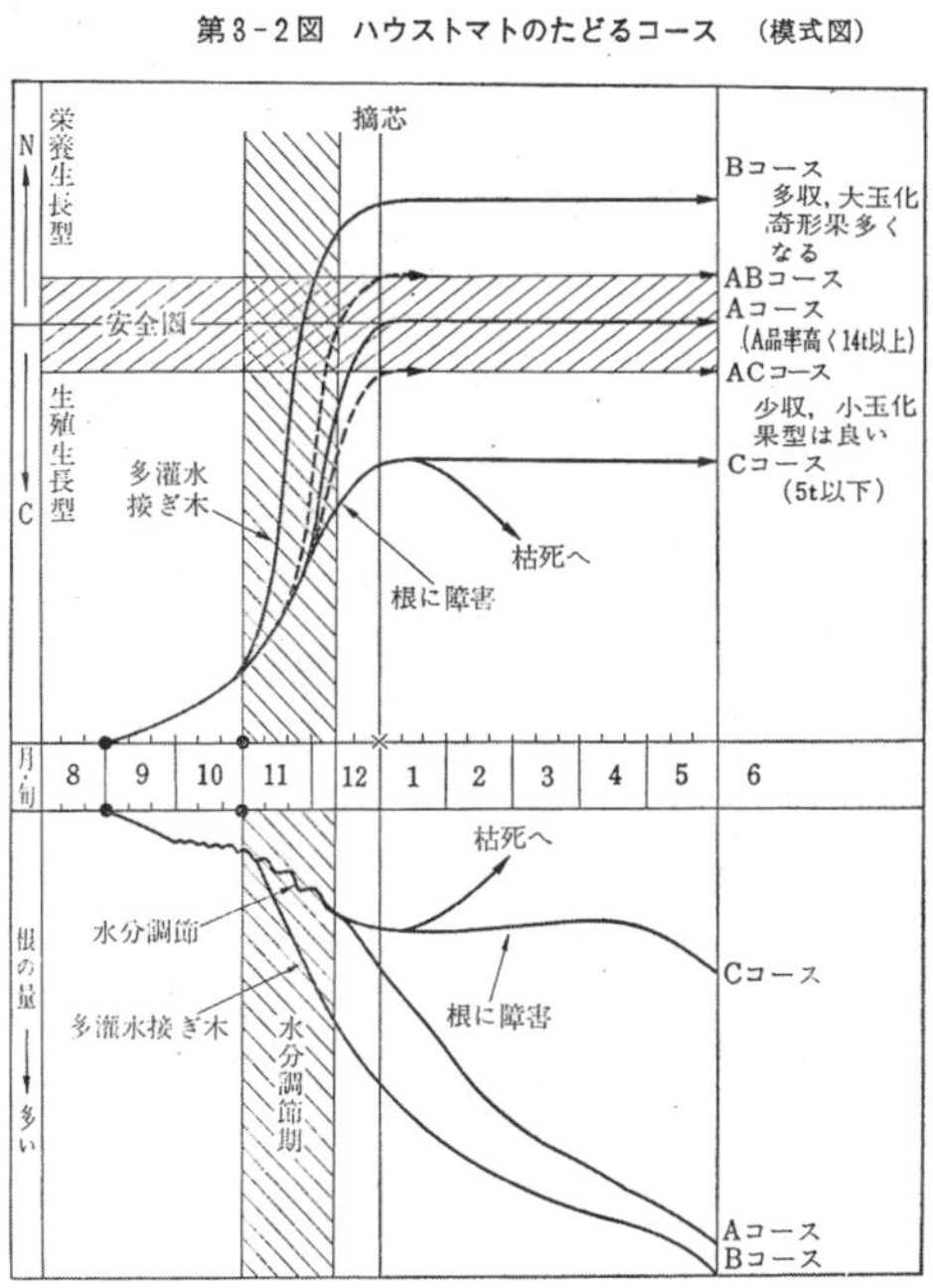

第3-2図　ハウストマトのたどるコース　（模式図）

村松安男
『トマトのハウス栽培』（1978年）と、
その中の生育コースの図

それである。特徴的なのは、「安定と不安定の分かれ道」、「安全圏コースの生育相」（トマト）、「秀品多収コースと低収コース」、「個別技術の点検と改善策」（キュウリ）、「多収と減収の分かれ道」（イチゴ）と、どの本も安定栽培と不安定栽培を生育コースの違いとしてとらえ、安定コースをたどる、あるいは修正するための技術のポイントを明らかにすることに力点がおかれていたことである。

トマトでは、定植後約一ヵ月の灌水を中心にした「しめづくり」で、接木栽培による「暴走」（過繁茂）をおさえて、良品安定生産を実現するコースをどう実現するか、農家の事例も紹介しながら解説している。キュウリでは、「越冬長期栽培」で秀品多収を実現するための課題を、収穫の波と生育コースの違いとしてとらえ安定化の筋道を提案している。イチゴでは、当時の主力品種〝宝交早生〟の促成長期どり栽培で、収穫の谷をなくし安定して5トンとるための課題が整理されている。

この3冊に共通しているのは、著者が腰をすえて精農家の技術に学び、その技術を科学を用いながら解明し、普遍的な技術として伝えようと執筆していることである。大胆に農家の技術をとらえ、安定化の筋道をダイナミックに提案しており、現場の課題にどうしても応えたいという迫力が伝わってくる。農民的技術体系に研究者・指導者が学び、現場の課題とその解決策に迫るという、農家の経験と科学が連携した一つの到達点ともいえる本である。

■苗つくりの目標をめぐって

〈「ひょろ苗」か「がっちり苗」か〉

静岡県のイチゴ農家・貝吹満さん（農家列伝参照）は、「がっちり苗」でなく「ひょろ苗」が高品質多収になると、それまでの苗つくりの常識を転換し、ハウスイチゴの安定6トンどりを実現した。それをまとめたのが単行本『ハウスイチゴ6トンどり栽培』（貝吹満著、１９８２〈昭和57〉年）である。

貝吹さんは、良果多収をねらうには「株にムリな負担をいっぺんにかけず、ダラダラ成らすことだ」、「ダラダラ成らすことを私は〝台形型の収量〟といっている。（略）一方、収穫がはじまった当初はたくさんとれるが、その後すぐに落ち込むようなタイプを〝山型の収量〟といっている。（略）イチゴ農家のほとんどはこのタイプで、これでは収量はせいぜい四トン止まりであろう」ととらえる。そのためには、初期はじっくり育て、頂果房は収穫開始をおくらせ、収穫

貝吹満
『ハウスイチゴ6トンどり栽培』
(1982年)

ピークもおくらせ、しかも低く持っていくことで、根をつくり株に力をつけ、腋果房へと休みなく収穫を続けることが目標になる。したがって、力があり収穫のピークが早く高くくる「がっちり苗」でなく、定植後じっくり力をつけていく「ひょろ苗」でなければならないという。

それに対して、無電照で7トンどりを実現していた栃木県の今瀬信男さんは、「若い大苗」を目標にし、多灌水とこまめな葉かきを行ない、60日間でクラウンが太く白くて若い根が多い苗に仕上げる。「一般のがっちり苗とはやや異なっている。株は全体に大柄、葉色はやや淡く、葉柄も根も長い。（略）株全体が軟らかい感じがする。見方によってはやや軟弱徒長とみる人もあるだろう」という苗である。貝吹さんと同じように〝台形型の収量〟をねらうが、貝吹さんより半月ほど早くから収穫を開始し、頂果房数も一般の25〜30個よりは少ないが、貝吹さんの17〜18個より多い20〜25個収穫する。そして、それが収量の差になっているとしている。今瀬信男さんのイチゴづくりは『実際家のイチゴ栽培』（今瀬信男著、1983〈昭和58〉年）としてまとめられている。

今瀬信男『実際家のイチゴ栽培』(1983年)の図

第3図　収穫のちがい

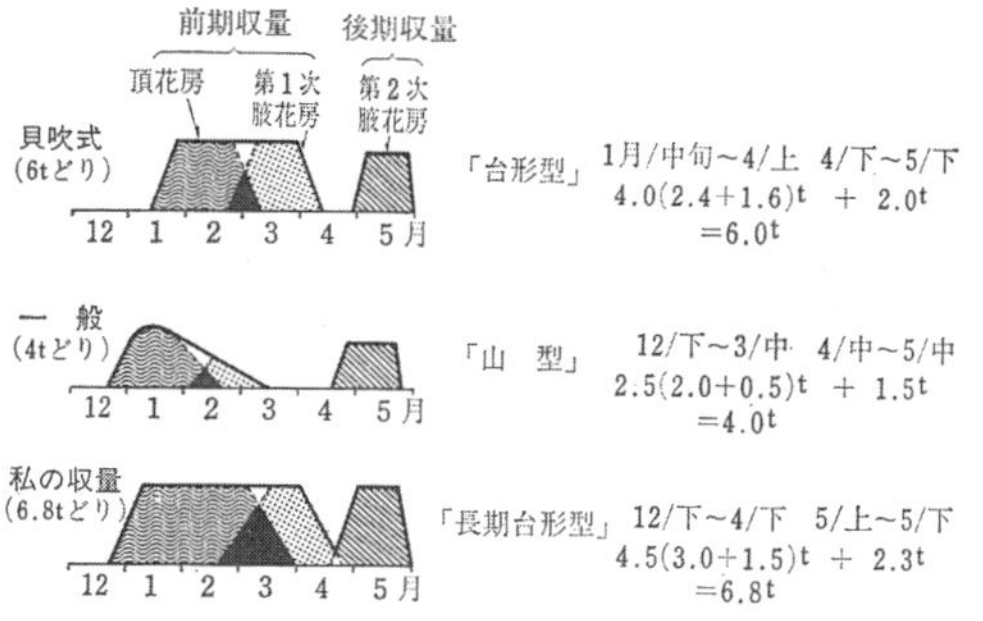

第4図　頂花房のでかた

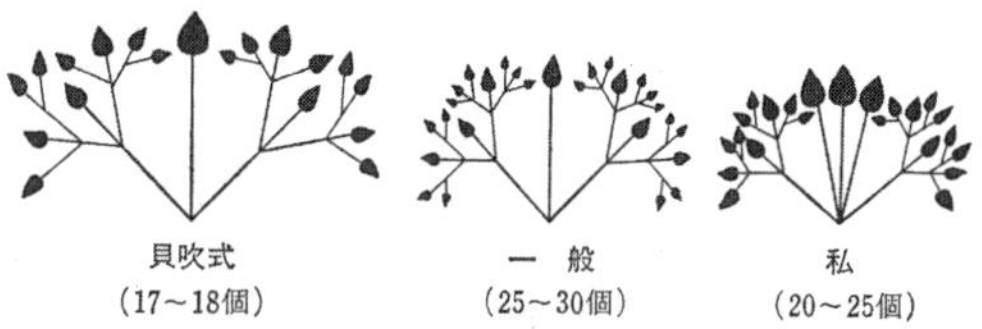

ともに品種は当時の主力であった〝宝交早生〟であるが、イチゴ栽培が作型の組合わせから、促成栽培の長期どり一本に転換していくなかで、苗の目標も短期山型から長期台形型への転換が必要とされており、二人はその課題に真正面から取り組んだのである。

〈自根苗から接木苗へ—苗の位置づけと技術ポイントの変化〉

トマトでは、小島重定さんは本葉第一葉が出る段階で収量品質は決まるといっているが、『トマトのハウス栽培』の村松安男さんや、村松さんの本で紹介されている農家は、「定植後約一ヵ月の管理が収量・品質を左右する」と、定植後約一ヵ月後の姿を問題にする。このちがいをどうとらえるか、想定されるのは、小島さんの時代は自根苗である

農家列伝

貝吹 満

『ハウスイチゴ　6トンどり栽培』

貝吹さんとの出会いは、ヒョンなところから始まった。夕方4時くらいだと思うが、別の農家の取材を終えて、少し時間があったので愛知県安城の普及所におじゃました。「この辺に、おもしろい農家はいないですかね」、そんな質問に、「隣町にイチゴを6トンもとっているすごい農家がいるよ」との返事。さっそく、隣町の駅から坂道をテクテク歩いていくと、いかつい風貌の農家がハウスにいた。それが貝吹さんだった。

当時、イチゴのことはよくわからず、とにかく土つくりの話を聞いた。繊維分の多い有機物で腐植を増やし、ECが0・2でそれがずっと持続する土なら、イチゴはバテず多収できるという。話は明快でよどみがない。そんな話を10月号（昭和54年）「肥料特集号」で、2ページ記事にしたところ、読者アンケートで興味を持った記事の上位にランクされた。「もっと貝吹さんの技術を追究せよ」という読者の声が聞こえてきて、ここから貝吹さんの「6トンどり」の秘密をさぐる仕事が始まった。

力の弱いヒョロ苗で前半をゆっくり育て、収穫が途切れない台形型の収量曲線を描くのが貝吹さんの特徴だが、なぜ6トンもとれるのか、よくわからない。そこで、静岡の農家と普及員に貝吹さんのところに行ってもらい、座談会をするという企画を考えた。当時、静岡では最高でも収量4トンだったから6トンは驚異的な数字だ。その秘密を、静岡の農家、普及員の力を借りて解明し、読者に伝えようという作戦である。ガッチリ苗→初期多収という一般的な方法とは発想が大きく違うため、普及員は座談会後も「土がいいからではないか」と、栽培体系としては認めがたいという感じだったが、農家のほうは腑に落ちるものがあったようである。その座談会の様子をまとめた連載記事も大きな反響があり、編集部でも「これはイネの疎植栽培と同じ原理だ」などと、イチゴ談議に花が咲いた。イチゴ農家への普及も盛り上がった。

そして、小林君と一緒に単行本を編集することになった。「オレは書かない」ということなので聞取りするしかない。貝吹さんの話は本当に理路整然、理論的だが、それでもよく飲み込めない。昼間、奥さんと一緒にイチゴのパック詰め作業をする貝吹さんから話を聞き、夜、旅館で小林君と、ああでもない、こうでもないと聞いた話を整理し、次の日に聞くことをまとめる。そんな作業を何度か行なって、単行本『ハウスイチゴ6トンどり栽培』ができあがった。初校ゲラを貝吹さんに点検してもらったとき、「まあ、80点だな」といわれた。その話を編集部長の松野さんにしたら「農家の80点は、合格点だ」といわれ、うれしかった。おかげで、本もよく売れた。

ハウスの中のデカくてまっすぐなウネと、収穫期の葉が大きくてテリのある、のびやかでがっちりしたイチゴの姿と、狭い通路を地下足袋姿でヒョイヒョイと歩いていく貝吹さんの姿が、今も目に焼きついている。（豊島至）

のに対して、村松さんの時代は接木苗であるということである。

苗質は台木に大きく左右され、トマトの台木は耐病性があるだけに強勢である。品質と収量を両立させるには、定植後、接木苗の強い力を活かしつつ、暴走して空洞果・乱形果が多発しないよう生育をコントロールすることが栽培の中心的な課題になった。小島さんの時代には、移植やずらしをくり返し、定植時には苗自身が生育をコントロールできる状態に持っていき、定植後はその素質を発揮させることが課題だったが、それが接木によって大きく転換したのである。定植後一ヵ月かけて、水をひかえじっくり、といって老化させることなく生育させ、収量と品質が両立する素質に育てるのである。

定植後の生育コントロール技術が確立することで、より樹勢の強いセル苗やPeSP苗をもつくりこなせるようになり、今日のセル苗利用の時代につながるのである。ただ、苗があまりにも若く、定植してからでは樹勢がコントロールしにくいので、再育苗してから定植する農家が多いのも現実である。しかし、これでは省力やコストダウンの目的は達成できない。

〈直播トマトに学び、ダイレクトセル苗でつくりこなす〉

次の項で紹介する、『トマト　桃太郎をつくりこなす』の著者、千葉県の若梅健司さんは、トマトの育苗方法と苗質について整理し、セル苗を二次育苗せず直接定植で、安定多収をあげる栽培方法を確立した。その技術は、2001（平成13）年発行の単行本『トマト　ダイレクトセル苗でつくりこなす』（若梅健司著）に結集されている。

自ら、ポット苗、セル苗、セル苗の二次育苗苗、さらに直播栽培との比較試験をし、その経験にもとづいて、それぞれの苗の性質とつくりこなすポイントを解明している。

直播栽培は千葉県の研究者、鈴木健司さんが開発した栽培方法であるが、若梅さんはもっとも草勢が強くて暴走するのではないかと思っていた。ところが、初期生育はセル苗より強いが、着花節位が低く、いったん着花すると草勢が落ち着き、異常茎が発生せず、収量・品質も高い。セル苗は定植後も草勢の強いままで、異常茎の発生など暴走するだけでなく、第一花房の着花節位が2〜3節上がり、収穫開始時期も遅れてしまうなど、同じように初期生育が強いのに、その後の生育はまったくちがう。

若梅健司
『トマト ダイレクトセル苗でつくりこなす』
（2001年）

若梅さんは、「細根群が多いほど吸肥力やパワーが強くなり、太根・直根が発達するほど安定して水分が吸われるためスタミナも強くなる」と根と草勢の関係をとらえる。根群を比較すると、セル苗は太根・直根だけでなく、活力ある側根・細根も多く伸びており、パワーもスタミナもあるが、それがあだになり暴走してしまう。この対策のために二次育苗がされているのである。

これに対して、直播トマトの根は主根がゴボウ根のように太くまっすぐ伸びるが、吸肥力の強い側根や細根が少ないので、果実への負担が高まるとともに樹勢が落ち着いてくるのである。このように、直播トマトは理想的な生育をするが、問題はセンチュウや土壌病害に弱いのと、加温栽培では温度確保がむずかしいなどの欠点があり、実際栽培への導入は不可能。そうしたなかで、第三果房まで花芽分化しているポット苗は、太根・直根が少ない細根型であり、生殖能力を高めてから定植するのでコントロールしやすい理想的な苗だということも再確認している。

若梅さんは、直播トマトやポット苗に学び、ダイレクト定植でセル苗の持つパワーとスタミナを活かした高品質・多収栽培を実現した。方法は、55穴と一般より少ない穴数のセルトレイを使い、中央を一列抜きしたり、トレイの間隔をあけるズラシで徒長を防ぎ、4～4・5葉まで育苗して花芽分化してから定植する。しかも、根鉢を強めにつくり、節水管理で栄養生長をおさえ生殖生長型に持っていく。定植直後は「しおれ活着」と名づけた、極端な節水管理を行ない、生殖生長と栄養生長のバランスをとるのである。

次の項で紹介する、養田昇さんの「養田流しめづくり」にも通じるが、まさにパワーとスタミナを活かした育苗と、栽培の真髄がここにあるといえる。

一方、宮崎県農業総合試験場の白木己歳さんは『果菜類のセル苗を使いこなす』(1999〈平成11〉年)で、セル苗の直接定植による省力・増収を提案しているが、ここでもポット苗や二次育苗苗に比べて、セル苗では定植後から第一果房がピンポン玉の大きさになる期間の極端な節水管理が、もっとも重要なポイントであると指摘している。こうすることで、セル苗の馬力を活かした、ポット苗以上の多収栽培が実現できると提案している。

■高品質・高糖度トマトつくりへの取組み

1984(昭和59)年のトマト品種〝桃太郎〟の出現は、トマト栽培と流通、消費を一変させ、「おいしいトマト」、「高糖度トマト」栽培に拍車がかかった。しかし、〝桃太郎〟は「いままでの品種と異なり環境変化に非常に敏感で、つくりづらい品種」(若梅健司)であり、農家を悩ませた。それに応えたのが『トマト　桃太郎をつくりこなす』(若梅健司著、1989〈平成元〉年)。「樹勢が強くて異常茎になったかと思うと、その後すぐにスタミナ不足で着花不良になってしまう」〝桃太郎〟をつくりこなすには、若梅さんは「今まで以上に定植一ヵ月の地上部の生育を抑え、根を深く張らせる節水管理が重要になる。そのためには、節水に耐え、根を張る苗つくりと、根が張れる土つくりが決め手となる」ととらえ、やはり、定植後一ヵ月間の管理をポイントにすえ、苗は若苗でもがっちり苗でもなく「若々しいのびのび苗」を目標にしている。

一方、埼玉県の養田昇さんは、非常に若いＰｅＳＰ苗を水を抑制して再育苗し、不耕起・平うねのカチンカチンの土にドリルで穴をあけて定植。定植後は、極端に水を制限した「養田流しめづくり」で、高風味・無病・長期多収のトマトづくりを実現している。その技術は、雑誌『現代農業』にもたびたび登場（農家列伝参照）。その後、単行本『高風味・無病のトマトつくり』（養田昇著、１９９５〈平成７〉年）としてまとめていただいている。再育苗からの「しめづくり」で樹勢を抑え、一段果房の着花数を3～4個に制限して、若苗の強さが一気に果実にいくのを防ぎ、根張りをよくして、収穫の後半まで株の力が維持できるように育てる。トマトの自然力をいかに引き出すのか、まさに求道者ともいえる長年の試行錯誤の結果たどりついたのが、「養田流しめづくり」である。

図31　植え穴をあけるようす

養田昇『高風味・無病のトマトつくり』（1995年）と、その中のドリルで植え穴をあけているようすの写真

研究者・指導者の立場から、高品質・高糖度トマトつくりの考え方と栽培のポイントについて整理していただいたのが、『高品質・高糖度のトマトつくり』（村松安男著、１９９２〈平成４〉年）である。全国の「高品質・高糖度・安定生産を実現している農家の生育や技術の見方、それに内外の試験研究の成果などを参考にさせていただき、従来とは若干異なる視点でまとめ」た本である。「糖度を支配するチッソ吸収」、「低水分による高糖度化のしくみ」、「低水分下では根の働き、肥料の吸われ方が変わる」、「低水分下では土壌病害がでにくい」など、農家の技術に科学の側から接近した意欲作で、今日でも刺激的な内容である。

■野菜本来のつくり方をめざして

1970年代後半には、多肥・多農薬栽培から脱却し、だれでもできる安全でおいしい、野菜本来のつくり方をとりもどそうと企画された単行本も発行されている。

『本物の野菜つくり』（藤井平司著、1975〈昭和50〉年）は、今の野菜つくりの問題点を「過去の農家の『しきたり』のなかにあった合理性を、野菜の商品化のためには、不都合なものとして黙殺してきたことにある」とし、この「しきたり」の発掘、とりもどしによって、現代のゆがんだ野菜づくりから抜け出すことができると、地域自然を活かし食生活と結びつくなかでつくられてきた野菜つくり、まさに「本物の野菜つくり」を提起している。本書は、野菜つくりの原点として、無農薬や自然栽培を目指す読者にバイブルのようにとらえられ読まれた。

奈良県の窪吉永さんは、田んぼ3～4年、畑2年をくり返す田畑輪換を基本に、野菜の二年七毛作の輪作を守り、病気や害虫、障害発生を抑え、安全でおいしい野菜つくりを実践している。その窪さんの、土と野菜のとらえ方と輪作、野菜つくりの実際を紹介したのが、『野菜の輪作栽培』（窪吉永著、1977〈昭和52〉年）である。「土は疲れる過程とそれをいやす過程とを交互にくり返しており、土はそれを作物の育ちやでき具合によって表現している。

第54図　地下層（水）のちがいによる根張りの状態

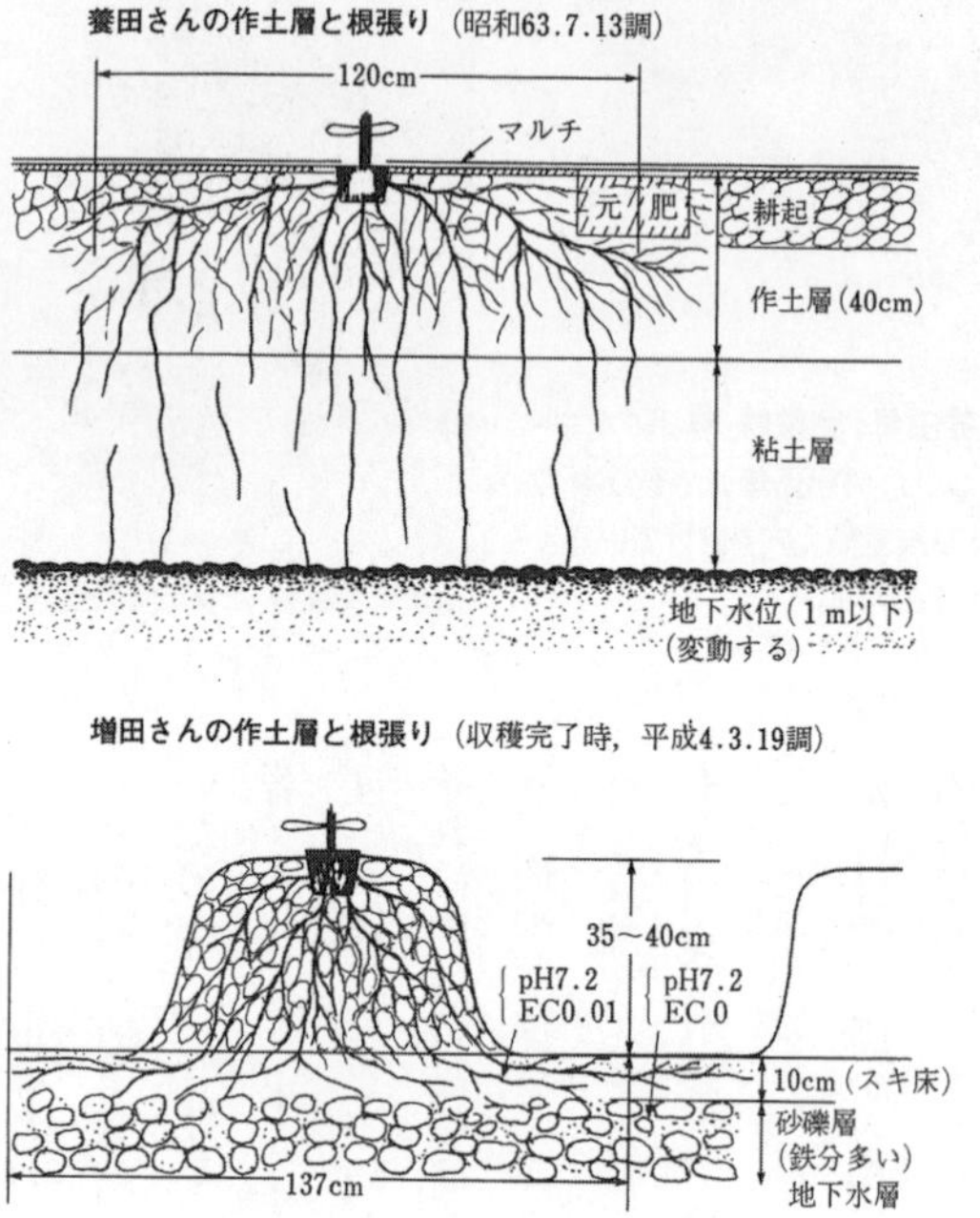

村松安男『高品質・高糖度のトマトつくり』（1992年）の図

だから、耕地は、この過程がとどこおりなくくり返されるよう作付けの種類を考え、数年を単位として使わなければならない」という窪さんの考え方は、まさに輪作の原点である。野菜の組合わせ方は、先人がつくりあげたものに学び、窪さんの長年の経験から生み出されたものである。そういう点では、藤井さんの「野菜づくりのしきたり」に通じるものがあるが、実際の組合わせや栽培方法として示されており、減農薬野菜栽培の実践的手引きとして農家から家庭菜園愛好家まで広い読者に読まれた。

2冊とも、「本来的な野菜つくりとは何か」に接近した先駆的な本であるが、『本物の野菜つくり』は新装版、『野菜の輪作栽培』は改訂版が、同じ2005（平成17）年に出され、現在まで読み続けられている。

（丸山良二）

自然栽培の古典、藤井平司
『本物の野菜つくり』（1975年）

第9図　2年7毛作での消毒のようす

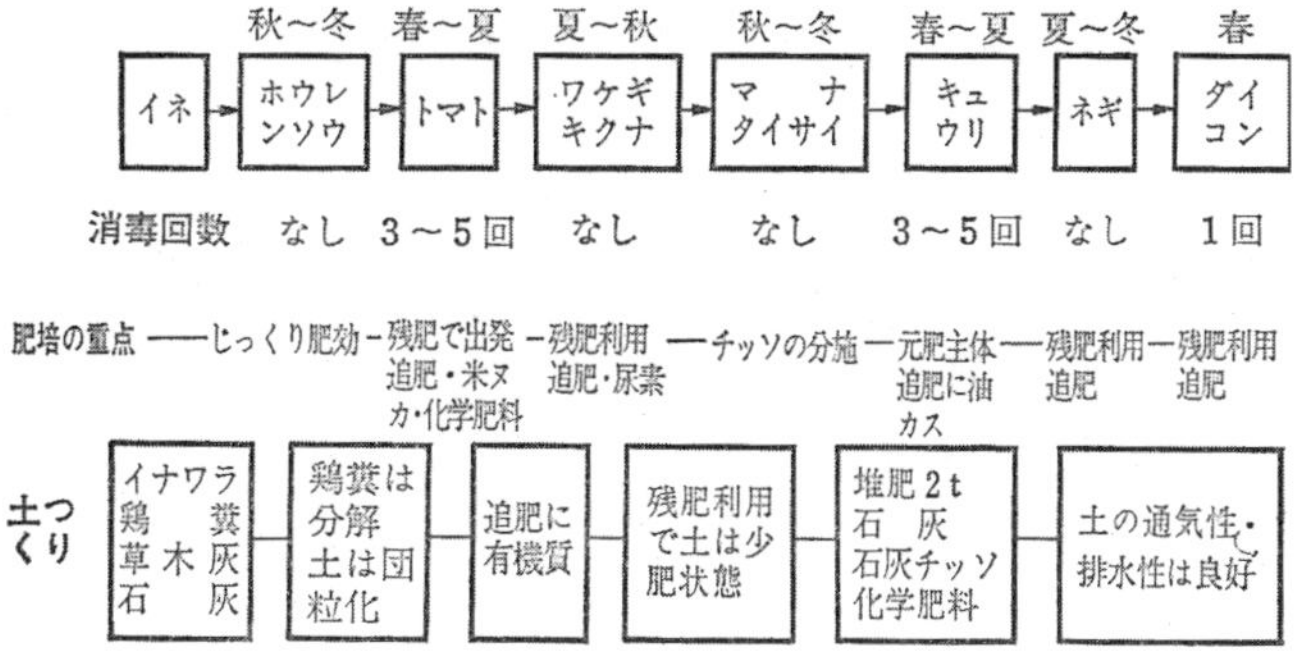

窪吉永『野菜の輪作栽培』（1977年）と
その中の「2年7毛作」の図

農家列伝 養田昇

「耕さない」直売トマト名人

『現代農業』２００９年８月号の特集は「ザ・直売所農法」。農家には大量生産・大量流通の産地形成時代の常識的な理論とは異なる農業の考え方、技術のあり方があることを強調した。そしてその元祖の一人は養田昇さん(埼玉県熊谷市)である。

養田さんは固定ハウスでのトマト連作を60年以上続けてきた。今は直売だから味が勝負。そしてその味は、肥料や水や農薬に頼らない素直な育ちが生み出す極上の品格。

養田さんは毎年トマトを先生に尽きることのない発見をし、技術改善を進めてきた。まだ直売所が林立していないころから養田さんのトマトは直売で、したがって季節にあわせた本物の味のトマトつくりこそがその真髄だった。

促成栽培だから10月末から11月初めに定植し、冬の光をじっくり受け止め、需要の上向く春先から夏まで出荷する。夏のトマトより成熟期間が長いから、色だけきて味が乗らないなんてことはなく、素直にじっくりと大きくなって独特の味になる。そんなトマトづくりはあちこちでの見聞や交流を経ながら、養田さんのハウスで熟成されたものだ。

トマトを肥料や水で太らせるとは考えない。肥料は一般の5分の1くらいの少量の有機肥料を、畑の上からまくだけ(チッソ成分にして3・6キロ)。

その畑とはついに不耕起にまで至ったもので、耕さない。9月に前年の株を抜いたらその穴に定植するのだという。耕していないから、畑は乾かない。乾かないから1段から上まで、ずっとM玉くらいのトマトがそろう。地下水から上がってくる毛管水の「湿度」を吸ってトマトは太ると見る。

養田さんの育苗も形を変えて発展してきたが、促成栽培という温度も地温も低く、光も弱い冬の条件を、本畑に定植されたトマト自身が喜んで、自ら生きていく力をつけていくというのが養田さんの考え方だ。かん水や加温でトマトを伸ばし玉を太らせるのではなく、その条件で自然に太っていく。

だから苗は、肥料、水、温度で大きくしない。見かけが大きいがっちり苗をよしとしない。いったん肥料や水で勢いをつけるなど、いい条件で育苗すると、本畑でそれより悪い条件に合ったとき、トマトは勢いを阻害され、老化したり、病気にやられたりしてしまう。「しめづくり苗」と呼ばれたときもあったが、決していじめて締めるわけではなく、苗の生命力をじっくり引き出していくのが養田さんの苗づくりの考え方だ。

この考え方は『現代農業』２００８年８月号に徳島県立農林水産総合技術支援センターの村井恒治氏が書かれた「ブロッコリーのスーパーセル苗　セル苗は水だけで育てる」にも通じる。セル苗肥料を入れない水だけで、セル

苗という極めて少ない土量の培地で一年でも生命力を維持でき、いつ定植してもなんら問題ないばかりか、むしろ、台風・乾燥・病害虫に強くなるという。養田さんの苗づくりの考え方とまったく同じだ。本畑でこそ本領を発揮してもらうための苗づくりなのである。
　そういう苗質と、不耕起のままで人工攪乱せず、自然の水分（湿度）と、上からの肥料が徐々に土に供給されている本畑の条件を出合わせることで、直売という本物勝負の経営を育て続けているのが養田さんだ。（斉藤春夫）

3　農民的技術体系・果樹での展開

■量から質の時代へ―技術革新の方向を指し示す

「今までは多収主義だったから、とにかく生長はよくして大きな果実をたくさん収穫しようとした。そのために葉緑はあくまで濃く、生長はさかんになるようにつとめた。強いせん定、多肥などの技術がそれである。こうした努力で生長はよくなり、多収の望みもあるていどはかなえられた。ところがそれと逆比例して品質はわるくなった。また、肥料をたくさん施したので土壌が酸性になり、いろいろな生理障害が発生してしまった。こうなると、多肥は増収を約束するものではなくなった。今日では、おいしいリンゴをつくることがもっとも重要な目標だから、これまでの考えを反省しなければならない時期にきている。新しい樹勢の理想像が求められている。」

　当時の果樹栽培の到達点と課題を的確に表現した文章として、1971（昭和46）年に発行された『リンゴ栽培の新技術』（山崎利彦ほか著）から引用した。

　山崎さんは当時、秋田県果樹試験場でリンゴの無袋栽培を確立した研究者として知られている。それまでの果樹栽培は、まず樹をつくり、そのうえで果実を成らすという、果実をつける土台である樹を早く大きくつくり、それをベースに多くの果実を成らせるという発想で、たいへんなチッソ過多の栽培になっていた。そのため、無袋にすると着色不良になるので、無袋栽培は不可能とされており、施肥量を減らす試験をしても着色不良は改善できなかった。その原因は、当時の施肥量があまりにも多すぎたためである。これに対し山崎さんは農家とともに研究を進め、三分の一から四分の一へと大胆に施肥量を減らしても収量は減らないうえ、着色が安定することを実証し、無袋栽培技術を確立したのである。それが柱になって、新しいリンゴ栽培を提案したのが『リンゴ栽培の新技術』である。

　このころから、'ふじ'の登場と無袋栽培の普及、さらにわい化栽培へと、品質・食味重視と省力化に向けて、リン

山崎利彦ほか
『リンゴ栽培の新技術』
(1971年)とその中の図

第62図　チッソ施用量と生育の比較
(山崎・新妻・田口)

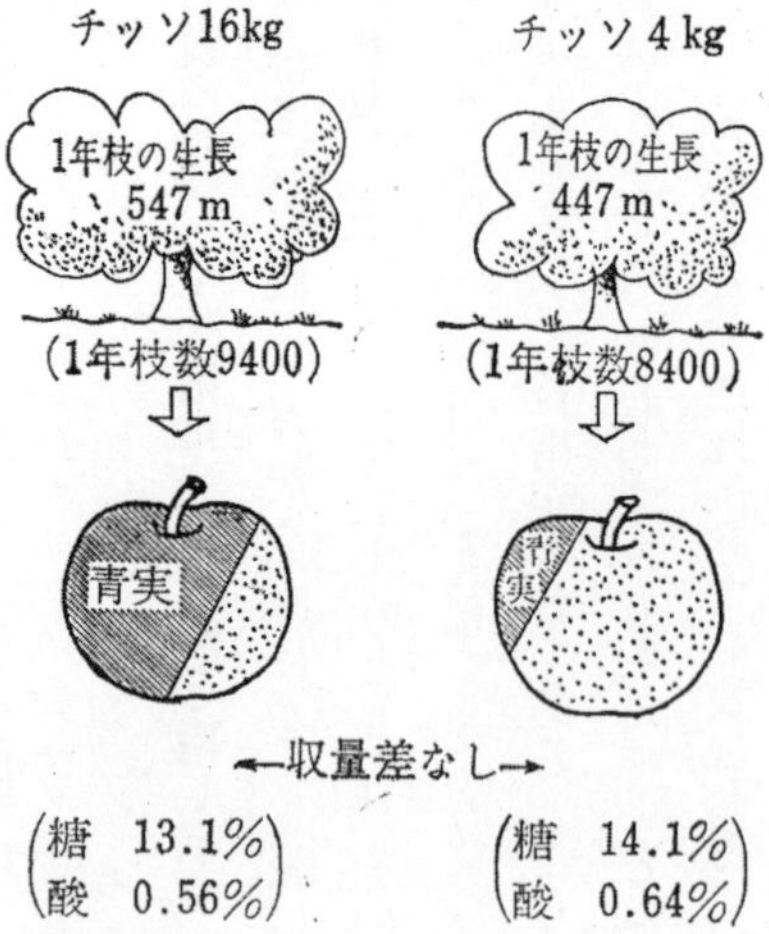

品種は無袋ゴールデン，処理開始後3年目の結果である。

ゴ栽培がダイナミックに展開していく。それに向けた技術課題と方向を大胆に指し示したのが本書である。

しかし、これはリンゴに限ったことではない。ミカンの〝青島〟、ナシの〝幸水〟、ブドウの〝巨峰〟に代表される良食味品種の登場によって、1970年代から果樹栽培は、それらの品種をつくりこなす技術革新の時代に突入する。良食味品種の共通点は、それまでの多肥と強せん定の延長ではつくりこなせないことである。かといって、肥料を抑えすぎたり、結実が始まったりすると、急激に樹勢が低下し、収量低下や隔年結果を招いてしまう。まさに強い樹勢を維持しながらその力をコントロールし、樹勢を樹木でなく果実生産に向ける栽培技術の時代に突入したのである。

当時、『ミカンの生理と栽培』(村松久雄著、1967〈昭和42〉年)、『ナシの生育診断と栽培』(米山寛一著、1969〈昭和44〉年)、『ブドウ栽培の実際』(吉田賢児著、1972〈昭和47〉年)と、主要果樹の単行本が相次いで発行されている。いずれも、農家の技術に学び、科学の到達点を駆使して、良食味品種の安定栽培の基礎と課題解決策を指し示し、技術革新をリードしたのである。

■樹のとらえ方の転換を迫る先駆

〈「夏せん定」で花芽優先の栽培へと転換〉

1970年代の初頭に登場したのが、青森県のリンゴ農家、永沢鶴松さんである。永沢さんは、従来の「せん定は冬にするもので、光合成を行なう大切な葉を落とす夏せん定は、日陰をつくる枝を整理する程度」という常識をくつがえしたのである。さらに、それまでの「まず土台になる樹形をつくってそれに果実を成らせる」という樹形本位の栽培でなく「樹形より花芽が先」と、樹づくりより花芽づくりを栽培の出発点にすえたのである。

永沢さんの夏せん定のねらいは、なによりも花芽をつけることにあった。「春先に伸びてきた新梢は、止まる直前」に「枝全体の力を10と考えれば、六分を切る」（四分の枝が残る）のである。もちろん一律でなく、樹勢や枝の強さに応じて長さを調整する。当然、切った枝の先端から二次生長枝が伸びるが、同時に1〜3個の短果枝（場合によっては中果枝）もつく。これをくり返すことで、枝のまわりにトゲのように短果枝と中果枝がビッシリとついた樹になる。冬のせん定は、夏せん定をできるようにできるだけ多くの新梢を出すことを目的に行なうのである。もっとも、花芽が増え、成り型の木になると徒長的な枝がほとんどなくなるので、冬に切る枝の量が極端に少なくなる。先端の強さを維持する「先刈り」と、混みすぎた枝の整理をする程度である。もちろん、徒長枝も少なくなるので、夏せん定の量も少なくなる。冬に枝を切るのは、夏に光合成で蓄積した養分を捨ててしまうことになり、切る枝の量が多いほど消耗型の樹になっているが、永沢さんの夏せん定した樹は、消耗が少ない。花芽が多いということは果そう葉が多く、葉数が多くなるうえ、葉がより早くから展開し働く。徒長枝が少ないので、光合成でつくられた養分は果実生産中心に消費される、というよい循環がつくられる。

　この永沢さんの夏せん定は雑誌『現代農業』で連載するとともに、単行本『リンゴの新しいせん定法―樹の力を生かす夏せん定』（永沢鶴松著、1974〈昭和49〉年）として発行された。

　重要なのは、この永沢さんの樹のとらえ方と夏せん定の技術が、樹勢調節技術のベースになり、その後のわい化栽培や低樹高栽培の確立に大きな役割をはたしていることである。夏せん定なくしては、「強い樹勢を維持しながら、その強さを樹づくりでなく果実生産に向ける」果樹栽培はありえないのである。これはリンゴだけでなく、他の果樹も共通であり、その後の果樹栽培に大きな影響を与えたのである。

第40図　夏せん定で花芽をたくさんつける

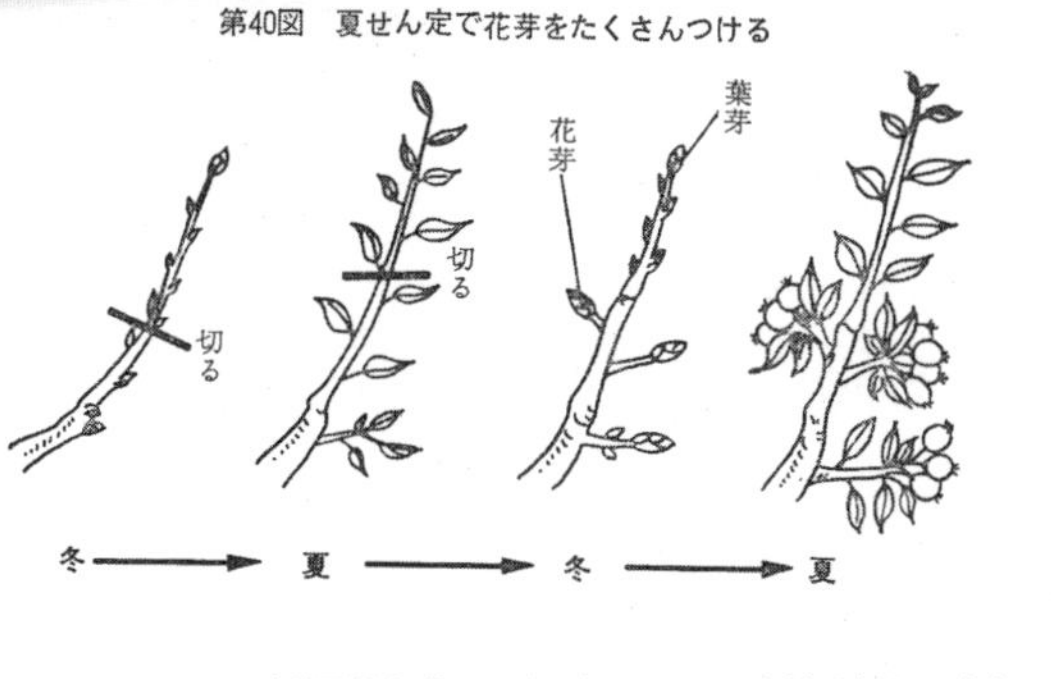

▼冬の姿（15年生スターキング、トゲのような短果枝がよくわかる）

永沢鶴松『リンゴの新しいせん定法』（1974年）とその中の「夏せん定」の図、写真

〈「長果枝せん定」で棚栽培の画期をつくる〉

永沢さん同様に、強い樹勢を樹でなく果実に向ける農家技術として、その後の果樹栽培に大きな影響を与えたのが、ナシの円谷正秋さんである。それまで短果枝にしか成らせていなかったナシを、前年に伸びた一年生の発育枝＝長果枝の腋花芽に成らせる。そのため、結果枝は毎年更新して若々しい一年枝を利用するのである。

ナシは棚栽培されているが、棚栽培の最大の課題は主枝、亜主枝の先端を強く保ち、樹の隅々まで養分をまんべんなく行きわたらせ、活力の高い状態を保つことである。しかし、短果枝栽培では、10年ほどすると枝が混みあってきて、徒長枝の多発とはげあがりで、枝の先端にたよった結実にせざるを得なくなる。そして、冬のせん定では大量の徒長枝を切ることになり、せん定量が増えるだけでなく、強せん定になるので翌年も徒長枝が多発するという悪循環におちいる。長果枝利用では計画的に空間がとれるので、枝元まで光が入り、元から先まで果実を成らすことができて、徒長枝の発生も激減する。当然、冬のせん定量も少なくなり、よい循環ができる。

円谷さんの長果枝利用の技術は、単行本『ナシ＝長果枝せん定の実際』（円谷正秋著、1975〈昭和50〉年）で紹介されている。当時は〝長十郎〟の時代であったが、現在の主力品種〝幸水〟をつくりこなすのにも大きな影響を与えている。〝幸水〟は、短果枝利用では花芽が退化して結実が不安定になる。それが、長果枝利用によって結実が安定して、良食味の主力品種として広くつくられるようになったのである。ただし〝幸水〟の場合は、前年に伸びた発育枝では安定して腋花芽はつかないので、予備枝としてもう一年育てることで花芽を安定してつけている。

ナシ＝
長果枝せん定の実際
円谷正秋　著
農山漁村文化協会

円谷正秋
『ナシ＝長果枝せん定の実際』
（1975年）

■樹勢コントロール技術の集大成
―わい化技術とわい化のとらえ方

1970年代後半から80年代には、わい化栽培が、特にリンゴで広く普及された。わい化栽培は、当初、省力技術として行政主導で進められたので、わい性台木を利用した樹高2・5メートル以下の主幹形（細型紡錘形）というように、樹高や樹形から発想された。そのため、樹勢が弱いので、収量が低くとても農家には受け入れられず、なかなか普及しなかった。

それが、70年代の後半から、急速に普及する。その大

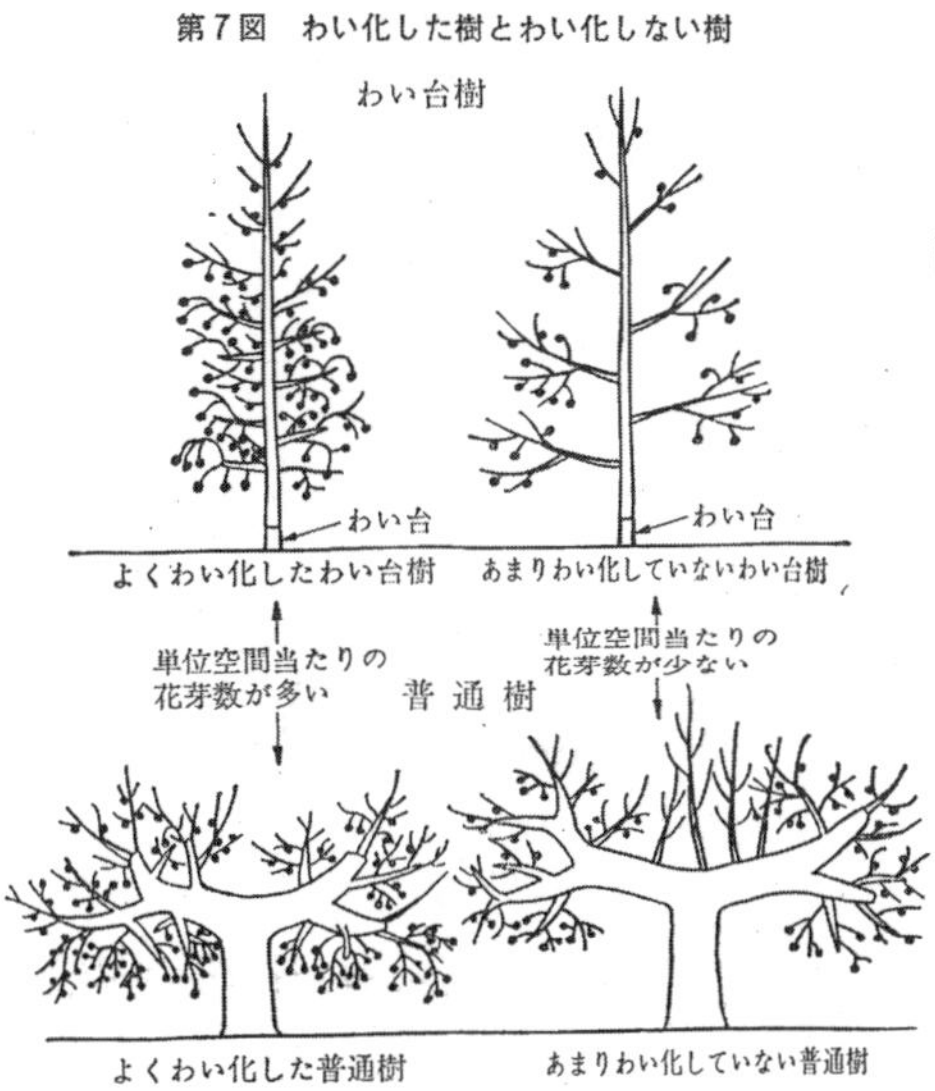

永田正夫『リンゴ　実際家のわい化栽培』(1984年)とその中の図

きな要因は、農家によって、わい化栽培が「早期多収技術」として確立されてきたためである。樹勢を強く維持するために、わい台をマルバ台と穂木(品種)との間に入れ、中間台木として利用する、樹高も2・5メートルに限定せず、3・5～4メートル程度まで高くする、など樹勢が低下しない工夫をした。農家の工夫で、「省力技術」を「多収技術」に変えることでわい化栽培が普及したのである。

強い樹勢を維持しながら、単位空間あたりの花芽の数を増やすことによって高品質・多収を実現するのが、わい化栽培である。単位空間あたりの花芽を増やすのに永沢さんの「夏せん定」は欠かせなかった。もちろん、誘引やスコアリング、ねん枝などの技術も駆使されたが、夏せん定で短果枝による花芽を多くつけることなしには、成り立たなかったのである。わい化栽培の安定化に向けて『現代農業』では、先進的な農家の技術を紹介し、また、単行本『リンゴ　実際家のわい化栽培』(永田正夫著、1984〈昭和59〉年)を発行、わい化栽培に限定するのではなく、普通樹も含めて、「花芽優先の、成らせながら樹をつくる」果樹栽培の技術革新を提案した。

わい化栽培技術の確立は、従来の技術にとらわれない、夏せん定を中心とした樹勢調節技術によって実現された。わい台を使わない低樹高栽培や、普通樹の樹勢コントロール技術としても応用され、他の樹種も含めて今日の果樹栽培の基本技術にもなっている。また、「わい化」についても、たんなる樹高の高低の問題ではなく、「単位空間のなかに数多くの頂芽や花芽を無理なく増やす」ことであるととらえる。したがって、わい台を使用しなくても、単位空間あたりの花芽数が多ければ「わい化」ととらえることができる。つまり、「わい化」した樹は、非常に生産力の高い樹であり、台木のいかんにかかわらず、樹づくりの目標なのである。

その後、リンゴやナシの「徒長枝利用栽培」、モモの「摘心栽培」、ブドウの「新短梢栽培」、オウトウ「一本棒栽培」など、さまざまな栽培技術が農家によって工夫されているが、夏せん定やわい化栽培での樹のとらえ方や技術の蓄積があって生み出されてきたのである。

（丸山良一）

4

資材から経営・技術をみる
―「ここまで知らなきゃ農家は損する」シリーズ

■機械で、肥料で、農薬で、品種で損しないために

農業書では、再び農民的技術体系に焦点をあてる一方で、自給論を具体化する農家向け経営書の企画が課題になっていた。農業技術書では表現しにくい、農家の暮らしとともにある経営の仕組み方をその思いとともに表現する本ができないか、編集部では議論を重ねた。

そのなかで浮かびあがってきたのが、『現代農業』で「ただどり稲作」などを提唱し、読者の人気も急速に高まっていた兵庫県の農家・井原豊さんである。当初は、井原さん自身の経営を描いた内容を考えたが、井原さんの経営内容を細かく描いても、それだけでは農家に役だつ本になりそうもない。試行錯誤のうえ、出てきたアイデアが、「資材」への注目である。農家の技術も経営も、機械や肥料などの資材をどうみてどう活かすかによって左右されている。資材の買い方・使い方で損していることも多く、そのあたりのことを井原さんはよく知っている。知っているだけでなく、農協や資材屋にも遠慮せず、自分の経験からズバズバ、ものをいっている。こうして、『ここまで知らなきゃ農家は損する』（１９８５〈昭和60〉年）が誕生した。

この本の構成は、第一部「機械で損しないために」、第二部「肥料で損しないために」、第三部「農薬で損しないために」、第四部「品種で損しないために」、第五部「私の経営論―ケチは楽しさに通ず」の五部構成。「まえがき」で井原さんはこう書いている。

「日本農業は壊滅の危機にひんしている。コストを下げる以外に生きる道はない。コストを下げるためのあれこれ、歯に衣を着せずに本音をいわせてもらう。私には肩書きがないから誰に遠慮することもない。誰に文句をいわれる筋合いもない。」

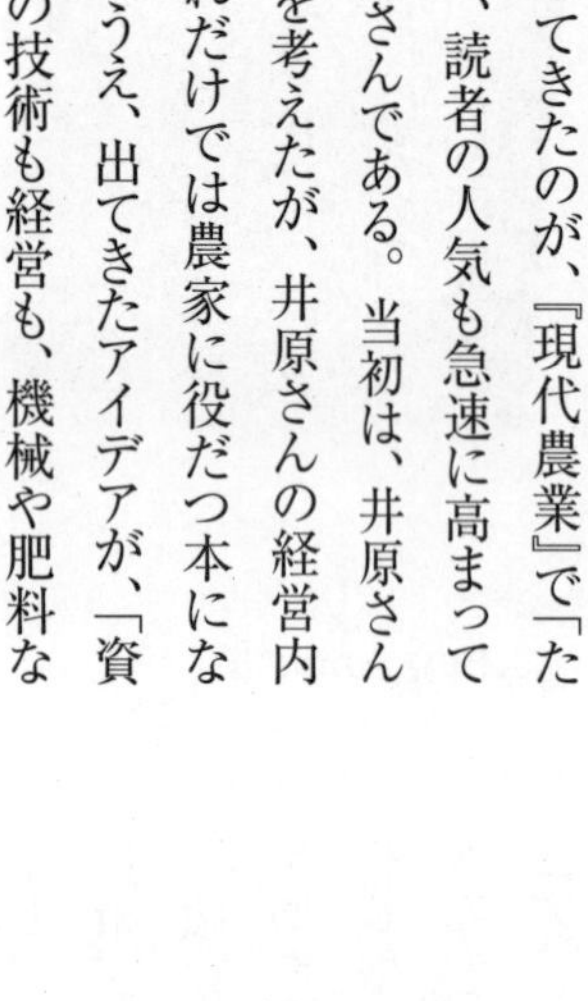

井原豊
『ここまで知らなきゃ農家は損する』
（1985年）

肥料の項には、こんな文章がある。

「農協パンフによる土つくり指導書には、『生ワラは全量田にもどす。そのうえに石灰チッソ一袋、アヅミン二袋、リンスター二袋、ケイカル一〇袋を散布。土壌養分を富化して、調和のとれた土つくり運動をすすめています。一戸残らずこの運動に参加するよう…』。このパンフのようにやると一反当たり一万五八三〇円の肥料代がかかる。ケイカル、ヨウリンなど自分の田でテストしたが、何の効果もあらわれない。『三、四年先に必ず効く』と指導者がいうが売り込みのための詭弁だ。」

こんな調子の痛快な書きっぷりの本は発売当初から、「目からうろこがおちた」と大きな反響を呼び、7万部のベストセラー本になった。

ところで、この書名を決めるにあたって、こんなやりとりがあった。編集部は当初から「ここまで知らなきゃ農家は損する」だったが、井原さんは「『ケチに徹する農業経営入門』でどうか」と強く迫ってきてなかなか納得してくれない。井原さんの案も魅力的だが、この本は資材を通してつくられる、農家が気づいていない「損するしくみ」を暴いたものであり、資材減らしを通して農家が土や作物にしっかり目をむけるようになることを誘う力がある中身だから、単に「ケチに徹する」のとはわけが違う…そんな話をして、納得していただいた。表紙には、農家が運転しているトラクターの煙突から、1万円札が次々吐き出されているイラストを採用した。編集部内では「品がない」という声もあったが…。

■牛乳の減産、500円豚価時代のなかで

その後、『現代農業』で「昼間にお産させる法」を伝授してくれた埼玉県の養豚家・小林盛治さんの『ここまで知らなきゃ養豚農家は損する』(1985〈昭和60〉年)、二本立て給与法の実践者、長野県の酪農家・小沢禎一郎さんの『ここまで知らなきゃ酪農家は損する』(1986年)などの農家による「損するシリーズ」が発行された。当時は「牛乳の減産、500円豚価時代」という厳しい時代。小沢さんは『酪農家は損する』のなかで、「今は、金、金、銭、銭と追いまくられる経営の中で将来に目をすえた経営計画は、大変、むずかしい時代だ。しかし、目先の銭ばかりを追っていると、ある日突然に、カーブも、バックも、前進もできなくて立ち往生する可能性が大きい」として、「ダム式経営」を提唱している。

「(俺には現金なんかねえ、貯金もねえ、農協じゃ銭貸してくれねえ、ましてや、借りて貯金することもできねえ。それだけんど、物で持ってることはできる。それには生まれる子牛を売らなきゃいい。種付けすりゃ固定資産になる。田んぼや牛舎の固定資産は銭を払わなきゃ取得できねえが、生まれる子牛を持ってりゃ、自然に固定資産になっていっちゃう)。『これだぞ、これだぞ』と思った。心の

持ち方の大発見だった。育成牛は経営のダムなのだ。子牛を持っていると経営が苦しくなってくる。しかし、ダム式経営論でいくと、どうしようもなくなったら水を放出すれば（育成牛や搾乳牛を売れば）、電気（お金）になる。飼料代が減って、収入がふえるわけだ。」

「百姓はゼニを貯めるんじゃない　先祖からあずかった財産を守り増やすのだ」と小沢さん。「農業には明日がなくても明後日がある」といった井原さん。「知らなきゃ損する」シリーズは、そんな農家ならではの経営哲学を伝えてくれる作品群である。（豊島至）

5　作業への着目 ──「作業便利帳シリーズ」

農文協では1970年代の初頭から、編集や表現方法（「形象化」）のあり方を巡っての論議が重ねられたが、その課題は農家の「全存在」をいかに表現するかであった。農家の全存在は、農地や作物だけでなく、地域の自然的、歴史的空間とのかかわりのなかで形成されたものだが、それをいかに表現するかは大きな課題であった。

そうした論議のなかで『現代農業』誌では、1980年代中ごろから「身体技術」、「風土技術」という視点からの接近が試みられる。一方、スライド「安定イネつくりシリーズ」の制作のなかで、「意識と実態のズレ」あるいは「ねらいの不連続」などを現場で発見し、農家の意識（思いこみ、かんちがい、田んぼの前歴のちがいの把握や、「家族や地域の目」などとのかかわりも含めて）とそこに生育しているイネの姿とのズレを、スライド画面でクローズアップした（田植え1株の植え込み本数にみる、意識と実態のズレ〈3～4本植えのつもりが、実際は10本を超える株も多い〉など）は、農家の内面すなわち全存在に切りこむ編集方法として注目された。そうした方法や経験から企画されたのが、単行本「作業便利帳シリーズ」である。

また、このころから年寄りや母ちゃんが農業の中心的な担い手になってきていて、こうした農家に向けたわかりやすい技術書の編集も課題になっており、「作業便利帳シリーズ」はそうしたねらいも込めて企画された。

シリーズ第一作が『野菜の作業便利帳─よくある失敗100カ条』（川崎重治著、1987〈昭和62〉年）である。「生育不良、病気、障害などの裏にある思いちがいやミスを作業別に総点検」というのが本書の宣伝コピー。「よくある失敗、思いちがい」を項目にあげ、「なぜそうなったか」を解きほぐし、「どうすればよいか」と作業改善の方法を親切に解説するという相談室形式の構成になっている。実際の栽培で、野菜の生育に表現された事実から、自らの判断や栽培方法をふり返り、そのなかにある思いちがいやミスを発見しようというのである。普通であれば「相談室」とか「Q＆A」とかのタイトルをつけるのだろうが、農家の意識や思いの表現としての日常の作業と、それを受け止めて生育している野菜、その関係にかかわることで、農家の「全存在」をつかまえた表現への接近を試みるということで「作業便利帳」としたのである。

「農民的技術体系」を紹介する単行本は、作物の生育を体系的にとらえ、そのなかから生育と技術の環になる接点＝技術のポイントをうきぼりにし、栽培技術の仕組み方を明らかにするという方法で編集した。それに対して「作業便利帳シリーズ」は、日々の生育現象（作物の姿や葉色、障害や病害虫の発生、など）を切り口にする。生育現象には、栽培の経過だけでなく、圃場の経歴や気候条件を含めた地域の自然条件と歴史、その反映としてのいわば作物の全存在が表現されている。したがって、その原因を探り対策を検討することは、農家自身の全存在にかかわることになる、ととらえたのである。もちろん、対策を立て、安定栽培するには「農民的技術体系」での作物のとらえ方がベースになければならないことはいうまでもない。

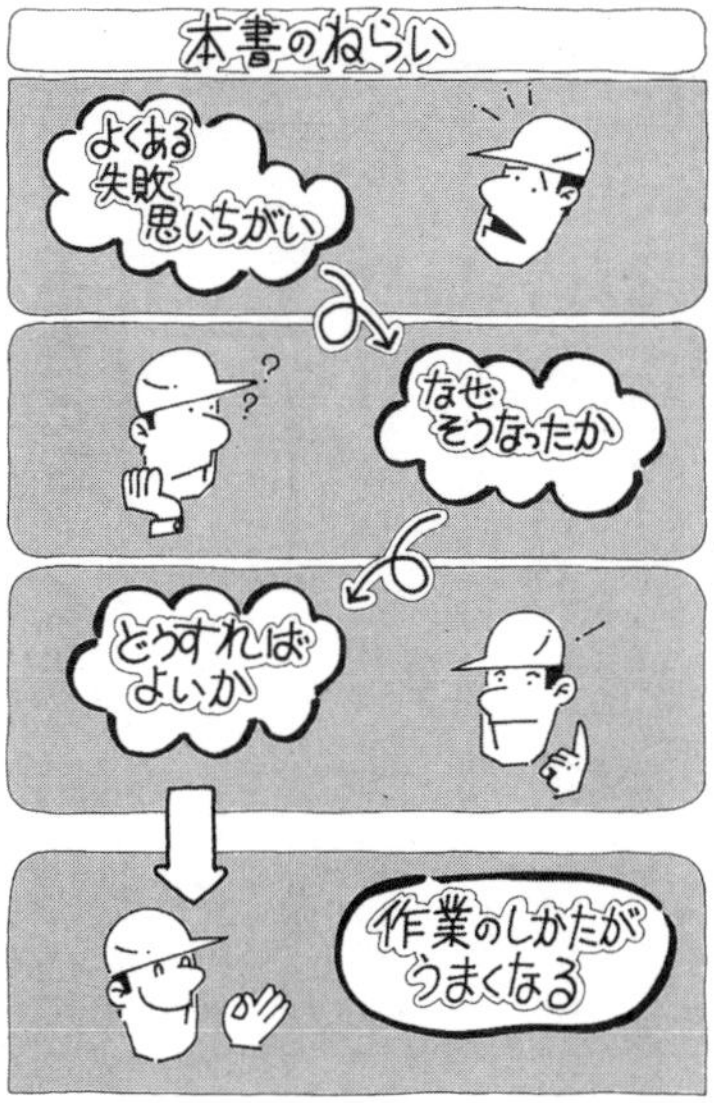

川崎重治『野菜の作業便利帳』（1987年）と、目次にある「本書のねらい」

翌1988（昭和63）年に『イネの作業便利帳』（高島忠行著）、翌年に『イネの機械便利帳』（矢田貞美著）、さらに1990（平成2）年にはミカン（岸野功著）、リンゴ（三上敏弘著）、ナシ（廣田隆一郎著）、ブドウ（高橋国昭著）の主要果樹について発行し、1993（平成5）年にイチゴ（伏原肇著）を発行している。相談室形式は最初の数冊で、その後は生育ステージごとに作業の判断やポイントを項目としてあげて、そのなかで思いちがいやミスについて解きほぐす構成に変わっていったが、いずれも好評で、農家だけでなく家庭菜園や果樹を楽しむ方にも読まれ、現在も続いているロングセラーシリーズになっている。（丸山良一）

6 省力から「小力」へ、身体技術へ

■はやらせたいコトバ

「はやらせたいコトバがあるんで宣伝しちゃいます。これからは省力栽培じゃなくて小力栽培だもんねー。省力っていうと、なーんか『ヤルべきことをやらぬ・手ヌキ』のマイナスイメージがあるけど、小力なら、『たいして力を使わぬ代わりに、頭を使って大きな仕事をしちゃう』って感じがするでしょ。えっ、しない!? そーかなー。(百合田)」

これは『現代農業』1994(平成6)年9月号の編集後記である。当時の野菜コーナーの担当編集者が、その月の野菜コーナー特集「耕起省略 せっかくつくったベッドだから2作、3作続けて使おう」の記事を編集中にぶつかった、とんでもない言葉=「小力栽培」についての編集後記である。

この言葉「小力栽培」を『現代農業』で初めて使ったのは群馬県板倉町のキュウリ農家の松本勝一さんである。

「長年キュウリを作っています。もう二〇年前の話ですが、昭和四十九年秋から病気をしたので、春作のベッドの上の草を取り、表面を撫でて、八月七日頃、直播きしました。これが前年より成績が良かったもので、それ以来、連続栽培を始めたのです。(中略)普通に耕うんし直してやるとなると、一〇日以上かかる作業ですが、ベッドを作り直さなければ、日中は仕事をしなくても、二人で三~四日くらいで終わります(太陽熱の期間を除いて)。連続栽培というよりは、省力栽培、いや小力栽培といった意識でやっております。(後略)」(「キュウリ→キュウリ やり始めて二〇年、これは小力栽培だ」)

■大騒ぎの編集部

編集部は大騒ぎした。「待ってました、この言葉!」と。まさにその言葉を探していたからである。

1990(平成2)年秋、編集部は翌年の『現代農業』編集方針の基調に、農村は高齢化と女性化の中で衰退しているのではなく、かえって活性化し、次々と新しい技術や作業の仕方、売り方、暮し方をつくりだしており、そのうねりに依拠する、と断定した。

米の関税化をめぐるGATTウルグアイ・ラウンド交渉が進んでいた当時、たとえば1990年の新規学卒者の就農は2000人余りで、NTT1社にも及ばないことなどあげて、日夜、「農村は高齢化して活力がなくなっている。村が衰退し、医療費ばかりかかり、いいことは一つもないどころか、国際化に対応できない。だから、農地を集約し、大規模・省力経営で、儲かる農業にするべきだ」などの、観念的な言論がマスコミから流されていた。

それに対抗する方針を大きく掲げることにしたのであ

る。その後の『現代農業』の主張欄でも、大規模化、効率化一辺倒の論調に対して、根底的な反対の、のろしを上げた。

主張のタイトルだけを紹介すると、

- 1991年1月…「人生八〇年時代の農業・農村を考える　昭和ヒトケタ生まれの知恵と力を」
- 1991年7月…「高齢者、婦人、兼業農家を生かした新しい野菜産地づくり」
- 1992年2月…「『高齢化＝農業衰退論』は誤まりだ　『高齢化』は新しい技術革新の始まりである」
- 1993年1月…「『新農政』は人生八〇年時代の社会システムを形成する」
- 1994年1月…「二一世紀は『小さい農業』の時代　世界が日本農業の生産革命に期待する」

『現代農業』2009年4月号記事
「一度やったらやめられないくん炭育苗」

などである。貫いている流れは、高齢者、女性による農業を大切にする時代こそ未来を開くという確信であった。

その生産技術上の特徴を一言で「小力栽培」といいあてくれたので、松本さんに大感謝したのである。

■小力栽培とは？

小力栽培とは、どの地域にもある地域自然力に働いてもらうことで、人は「小さい力」しか使わないのに、仕事（作業）は楽になり、しかも収量や品質がよくなってしまうという技術である。機械は高齢・女性農業を支えるインフラである。しかし、「省力」、「効率」、「大規模」というイメージに縛られていては、経費もかかるうえ、地域の自然力を見切れない。豊かにもできない。

地域にある自然力活用には様々なものがある。目に見

『現代農業』2010年1月号記事
「ボカシに使う畑で殖やす」

農家列伝 水口文夫

進化（深化）し続ける人

水口文夫さんと関わってきた編集者は農文協内にたくさんいるが、あえて私一人の勝手な印象を述べるならば「進化（深化）し続ける人」である。

かつては愛知県の農業改良普及員だった水口さんが『現代農業』に初登場したのは１９８０年頃だろうか。最初から「実際に耕作する農家の立場からものを見る現場感覚にすぐれた普及員」だったので、すぐに連載常連執筆者となったと聞く。その後１９８５年、55歳で普及員を早期退職し、豊橋市で露地野菜とウメの農家になった。私が『現代農業』の野菜・花コーナー担当になったのは、その5年後である。

毎月のように原稿をいただき、その合間にご自宅にも訪問・撮影させていただく日々だったが、不思議なことが次々起こった。水口さんの書いてくる連載原稿のテーマは、いつもこちらが「次はこれをやろう」と密かにねらっていることなのだ（「硬い土で育苗する」特集を考えていたら、その月の水口さんの原稿は「ハクサイの練り床育苗」だったり、有機物マルチの特集を考えているときにお邪魔すると、ちょうど有機物マルチの実験をしておれたり）。最初は単なる偶然かと思っていたが、神がかり的にこれが続くのだ……。

そのうちわかった。水口さんは60代の一農家として、作物と土と自然と、そして自分の身体と、日々向き合って真実を探求している。ときには普及員時代の経験や知識をどんどん否定しながらも、進化していく。「実際に作業する農家の立場から技術を極める」というその手法は、当然『現代農業』の企画・編集の方法論と重なるのだ。当時、水口さんが全身で追究したのが、自然力をうまく引き出しながら、作物にも自分の身体にも無理・無駄をかけない効率的な「小力農業」の技術。農家発・小力技術の発掘は、90年代、『現代農業』と水口さんとがまさにコラボしながら進化（深化）した。

そうしていつしか私は、水口さんとの神がかり的な関心の重なりを、『現代農業』編集者としての感度のバロメーターと考えるようになった。「水口さんと、こちらの企画がずれることがあったら、それはこちらの感度が鈍ったとき」。編集者として、そういう農家を何人持てるかが勝負という面はあり、私は幸せだったと思う。

だが、そんな水口さんに、たった一度だけ叱られたことがある。「原稿に、面積や収入などの経営内容を入れてください」とお願いしたときだ。内部の合評会などで「水口さんの技術はいいが、どういう経営なのかが見えないから評価しにくい」と意見が出ていたころのことだ。

水口さんの返信は「私のところに視察に来て、面積や収入などの数字をとりあえず質問したがるのは、学者と評論家だけです。真にその技術に興味があって、自分でできるかどうかを見に来る

真剣な農家は、そんなことは絶対に聞きません」。これは忘れられない。

以来ずっと、『現代農業』の記事が評論家的になっていないか？　個から発想し、具体から真実を見つける姿勢に曇りがないか？　を厳しくチェックする姿勢を植えつけられた出来事だった。

あまたある彼の単行本のほうの編集には私は関わっていないが、『家庭菜園コツのコツ』『家庭菜園の不耕起栽培』など爆発的に売れた本があるのも、「現場農家の発想と技術」に徹した彼の姿勢が本を魅力的にした結果だと思う。

その後、水口さんは病に倒れ、数年間闘病・リハビリ生活を続けられた。連絡をとるのもはばかられる状況が何年も続いたのだが、先日久しぶりに立ち寄ると、元気に自宅前の畑の管理をしておられた。「病気をした80歳の老人から見ると、今までの農業の常識が、どえりゃー間違っとったいうことがわかってきました」。土は、耕す必要はますますない。根を下に深く張らせる必要もない。ちょっと溝をつけて植えて、あとは土寄せして上に上に根を張らせるのが、人にも作物にもやさしいこれからの農法だという。

また、進化（深化）しておられた。

（百合田敬依子）

えないものでは、窒素固定力や水の浄化力もある光合成細菌や、発酵の起爆材のこうじ菌など無数の土着の微生物利用。

植物の力を借りるというのもある。数千年のアジア農業の基本であったマメ科植物利用。

動物利用のもある。水田のイトミミズの持っている除草能力も素晴らしい。

最近では、牛の放牧によって害獣の住処になった山をきれいにし、しかも牛の販売によって利益も上がる放牧経営が注目を浴びている。２０１０年度からは飼料イネと組み合わせての放牧が始まった。牛という「自然力」の助けを借りる。イネの「プール育苗」は水の保温力を借りてかん水や換気をラクにする技術だし、畑の周囲をソルゴーなどで囲む「バンカープランツ」は、土着天敵を増やし、その力を借りて農薬散布を激減させる技術である。

こうして微生物から大動物まで、地域にもともと存在する自然力、あるいは導入した地域自然力によって、作業は楽に、しかも安全安心な農産物が低コストでつくられる。

小力栽培がお年寄りや女性向きなのはもちろんだが、実は農業で食べていこうとする若者も大胆に取り入れている。

■「省力」は「小力栽培」のための道具

２００９（平成21）年5月号は「マメ科を活かす」の大特集だ。そのトップ記事「甘いレタスのためにエダマメをつくる鈴木三兄弟の話」も、技術的にはまさにマメ科という植物を導入することによる小力栽培の話である。

「鈴木三兄弟のレタスは年々評判を上げている。とにかく甘い。苦くない。野菜にうるさいモスバーガーも冬場のレタスはこれをメインにしてくれてるし、インターネットでは一玉三二八円の値段で売ってくれる業者もいる。そして気になるのは、『味の秘密はエダマメにあり』といううわさだ。三兄弟の長男で、(株)鈴生《すずなり》の若社長・三二歳の鈴木貴博《よしひろ》さんに話を聞いた。」

エダマメ、すなわちマメ科植物は、窒素固定力を持ち、茎葉は土に繊維を与えて土づくりに役立ってくれる。

「それまでも、レタスの後作にちょこっとエダマメをつくってはいたんですが、葉付きで束ねて売っていました。だけど、そのエダマメあとにまたレタスをつくると、どうも調子が悪い。イネあと田んぼのレタスより悪い。何でだろうと考えたら、レタスで持ち去り、エダマメで持ち去り……で、畑がどんどん消耗してしまったせいだと気づいたわけです。脱莢機を買ってエダマメをサヤ出荷に変えて、残った樹(茎葉)を畑に戻してみたら、まあみごとにレタスが復活しました。田んぼのレタスより俄然よくなりました。

それまでは田んぼの裏作だけ中途半端に借りたりしていたのをやめて、草だらけの放棄地をどんどん借りました。レタス一・五回転とエダマメという体系で、作付けのべ面積約一八町歩、売り上げ九〇〇〇万円まで来ました。」

畑作業は三兄弟と父親のほか、パートさんにも来てもらう。

エダマメを入れさえすればいいというのではない。エダマメの力を活かす工夫がある。それが三兄弟の場合、サヤ以外を土に返すことである。農業機械による省力はもちろん重要である。三兄弟も使う。しかし、地域自然力を仲間としてみない技術は経費ばかりかかって、成果は少ない。

「省力」は「小力栽培」のための道具として使うべきものなのである。

(斉藤春夫)

7 朝市・直売所の広がりから「直売所農法」へ

「直売所農法」は『現代農業』2009(平成21)年8月号巻頭特集において、初めて概念として登場し、命名された。だが、その一つ一つの技術自体は、農家の暮らしの土台である自家用畑技術に基盤をおくものであり、90年代に朝市・直売所が全国的に広がり、2000年代にそれが市場流通をも凌駕する勢いを持ち始めるなかで、個別の農家によって磨かれ、高度化してきたものである。

直売所農法は、だから本来は農家の自給技術の発展形であり、ゆえにじつに多様性と可能性に富む。特徴をつかまえるには、便宜的に市場流通向けの産地技術と比較して考えるのがわかりやすい。

最大の特徴は、市場流通が前提の産地型農法では一品目大量生産で「揃い」が重視されるのに対し、直売所農法は多品目少量生産、「揃い」などの規格よりも「味」、そしてできるだけ長い期間収穫し続けられることが大事になる、ということだ。

２００９年８月号巻頭特集「ザ・直売所農法」の構成は以下のようになっている。

●形と大きさよりも味と日持ち　直売所には「本物の規格」がある
●ザ・直売所農法――密植
●ザ・直売所農法――混植
●ザ・直売所農法――葉かき収穫・わき芽収穫
●ザ・直売所農法――ずらし

この特集では、間引きをやめたのでマルチの一穴から2本生えるダイコンや、植え替えなしで5年成り続けるピーマン、一回生えたら半年以上葉かき収穫され続けるタアサイ……などが次々登場する。直売所農法が、市場流通時代に形づくられた作物それぞれのイメージをも変えるものであることが明らかになった。

直売所は「売る」という行為を通して、農家一人一人の創意工夫を引き出す場所だ。売り方の技術も栽培の技術も、直売所農家は今後もあらゆる手段でしぶとく無限に発展させていくことだろう。これまで産地で名人農家が一つ一つの作物について磨いてきた技術と観察眼は何ものにも代え難い財産だが、今後これを上手に引き継ぎ、発展させていくのは、おそらく産地の後継者だけではない。『現代農業』は今後、その辺りにも寄与していくことになるだろう。

（百合田敬依子）

『現代農業』2009年8月号表紙

直売所の大きなうねり、ひろがりを普及が先行して後押し

直売所に出荷する農家に対しての普及は、現在『現代農業』普及の一つの柱になっている。『現代農業』２００９（平成21）年8月号の特集「ザ・直売所農法」で、形象化は新たな段階に入ったが、それ以前から普及が先行して直売所の大きなうねり、ひろがりを見出して応援してきた。私が関わった三つの普及実践から、振り返ってみる。（浅尾芳明）

直売所創生期 自分の口座を持ち精神的にも経済的にも自立
１９９１年／JAひまわり「グリーンセンター」の普及から

この時の普及は、12月ごろ東海近畿支部と東北支部のH班（地域普及班）合同で、愛知県豊川市を中心としたJAひまわり管内に入村した。JAひまわりが、グリーンセンターでの直売を開始した直後だった。『現代農業』の普及対象を直売所に出荷する女性農家中心に設定することを本格的に方針化した。

これまで、この管内では専業野菜農家を中心に普及していたが、名簿出しから直売所かあちゃんに徹底したことで、普及名簿も増え、地域に定着して普及することができた。また、専業農家でも、かあちゃんを対象として普及したケースも多かった。その結果、管内の『現代農業』入部率も向上した。『現代農業』が、直売所に出荷する女性農業者に受け入れられたのである。

実はこの年から、MT回収（口座引落し）も開始されていた。クロージングの際、引落し口座名を聞くと、自分の口座を指定する女性農家がほとんどだった。直売所に出荷するため、栽培の勉強をしようという意欲を応援する雑誌として『現代農業』を受けとめてくれたのはもちろんだが、自分の自由になる口座を持ったことが『現代農業』が届いた大きな要因となった。

直売所は村に新たな仕事をもたらす
１９９４年／愛知県鳳来町（現新城市）の普及から

当時の普及は、センサスで在村率30％という基準で入村計画がなされていた。だが、それまでの直売所基軸の普及から、直売所がある地域は在村率に現われない人たちが村にいるという実感を持っていた。鳳来町には、当時「荷互奈」という元気の良い直売所があったが、その直売所のある旧村の在村率は10％に満たなかった。鳳来町の入村計画に対して、当時の普及開発部（東京本部）は難色を示したが、支部責任で実施。結果は新K（新規定期購読）が在村農家を上回ったように記憶している。この普及から、センサスでは販売農家と見なさない自給的農家が、直売所を契機に村で新たな仕事・生きがいを見出している息吹を実感した。

直売所が経営の柱になる前兆を感じる！
１９９９年／岩手県西根町（現八幡平市）の普及より

新人養成講習で、西根町に入村した。その初動で、道の駅の直売所「赤松どおりふれあい館」に出荷する女性農家に新人と一緒に普及した。ある農家は、栽培する野菜、花の種類が60種類を超えていて、年間一人で７００万円売り上げていた。その農家との出会いを通して、直売所出荷で一人年間１０００万円の売上げが可能な時代に突入したと感じた。

5章 特産振興から新風土産業興し、山づくりへ

1 「特産シリーズ」から、食べ方・売り方充実の「新特産シリーズ」へ

農文協の文化財のなかでも、刊行歴において群を抜く長さを誇るシリーズがある。1966（昭和41）年に刊行が始まった「特産シリーズ」がそれである。途中、1979（昭和54）年に既刊40点の全面改訂や、平成8年の新特産シリーズへの衣替えなどを経て、2010（平成22）年3月の「新特産シリーズ」『レンコン』まで合計65作品。現在も年数冊の刊行ペースは守られている。

刊行が始まった1966（昭和41）年は、翌67年に国内総生産量1445万トンをあげて米の完全自給が達成されるいっぽうで、選択的拡大という農政転換、さらに1970（昭和45）年から本格的に始まる米の生産調整といった状況をひかえた時期で、各農家では米作以外の部門、作目導入による多角化も模索されていた。「小農経営を温存していく方向で農業を発展させるためには、必然的に、まず多角化の方向をとらなければならなかった」（『イナ作地帯の複合経営』農文協編、1969〈昭和44〉年、18ページより）のである。そうした農家の思いに応えたのが特産シリーズの一冊一冊であった。

■プラスアルファ部門の手軽な参考書として

当時のシリーズ本を評価して、『農文協三十五年史』（1976〈昭和51〉年）では次のように記している。

「この期の農業情勢は明から暗へというきびしい転換期であって、出版業界でも、各社が次々に農業書から手を引くか、縮小していく時代であった。（略）そうしたなかで農文協図書が伸びたのは、農業悲観論が盛んに流布されるなかで、逆に農業に全力をそそごうとする農家の気持を、農文協がよくとらえ、これに応えたということができる。これまで一作目としては到底一冊の本にはなるまいと考えられた特殊な作目（たとえばミツバチ、ミョウガ、タニシ

等々)を、農家の要望が強いのに応えて採算を無視して出版した『特産シリーズ』などはその好例である。出版してみると、採算の割れるようなことはなかった。農家の欲求を正しくつかむことができれば、経営的にも十分それに応えることができる自信を、協会はますます強めていくことになる。」

　このシリーズがユニークだったのは右でも触れているように、一冊一品目に限ってその作物の基礎知識から導入の仕方、そして栽培の実際、経営の収支までをコンパクトに綴ったモノグラフという点にある。Ｂ６判で１２０頁内外、２３０円という価格は、まさに農家が自らの経営にプラスアルファの複合部門を加えようとしたときの手軽な参考書となりえた。またそうした農家の意を汲む行政の担当者が既刊全巻を一式注文して地域の農家に参考にしてもらうようなこともあった。

　シリーズでとりあげた特産物は、「林野から産出される木材以外の産物。うるし、きのこ等」いわゆる特用林産物にとどまらず、ショウガやミツバ、アンズなどの園芸特産物やミツバチ、ウズラなど畜産、ビールムギなど一般作物まで幅広いものとなったが、これも意図してというより農家の要望、声に添うかたちでつくってきた結果のラインナップだった。

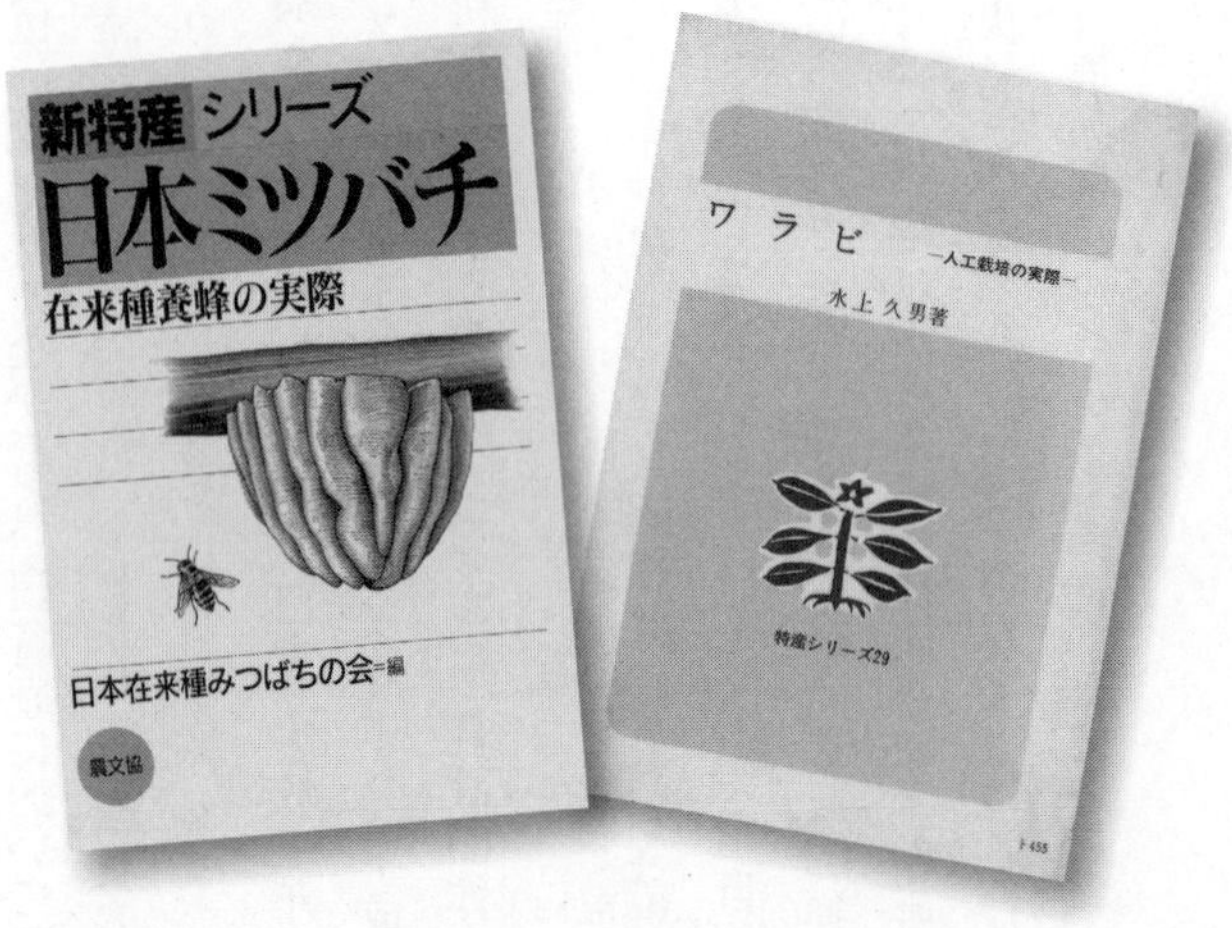

右／旧特産シリーズの一冊。水上久男『ワラビ』(1970〈昭和45〉年)
左／農家だけでなく都市の読者にも支持された日本在来種みつばちの会編『日本ミツバチ』(新特産シリーズ。2000年)

■「新特産」で風土産業興しへ

　その後、同シリーズは１９９０(平成2)年に『シソ』(西垣繁一著)一点を発行後、いったん刊行にブランクができる。

　そして「新特産シリーズ」として衣替えし、再出発したのが１９９５~６年である。その背景には80年代後半~90年代前半にかけての新しい農村の動き、新食糧法の施行(食管廃止)に伴う水田活用のあらたな展開や、コメ産直を経て全国的に広がった直売をはじめとする小さな流通の活況、婦人パワーが担う加工販売などがあり、シリーズとしてもそうした変化に応えての再スタートとなる。

そこでは従来の多収穫、早どりといった栽培技術ではなく、味や機能性といった品質、まさに「都市民に訴える農産物をつくる技術」が重視され、貯蔵や加工、販売に関わる内容も多く盛り込まれた。

新シリーズは、1996（平成8）年の『ワサビ』（星谷佳功著）、『ギンナン』（佐藤康成著）など6点を皮切りに、冒頭に述べた2010（平成22）年の『レンコン』（沢田栄司著）まで42点を数え、今なお点数を増やしている。

そうしたなかで、2000（平成12）年に発行した『日本ミツバチ』（日本在来種みつばちの会編）は累計で3万部（18刷）を超え、都市民に向き合う農家の技術書としてだけでなく、そのものが都市の読者を惹きつけ読まれる作品となっている。

都市民をも巻き込んだあらたな現代風土産業興し、風土生活シリーズとしての発展が望まれている。

（後藤啓二郎）

2 キノコ、タバコの実際家技術

農文協の農業書には、優れた農家の技術的到達点をとりあげ、その実践を体系的に記す「実際家本」というスタイルがある。多様な立地、経営条件のなかで工夫され、生みだされた農家の技術を当の農家自身がつづる本である。特産作目のなかでとくに読者の支持を集めた実際家本には、1982（昭和57）年に出た『実際家のタバコ栽培』（良葉作太郎著）と1984（昭和59）年の『実際家のシイタケ栽培』（飯田美好著）がある。どちらも『現代農業』誌に連載された記事を元に企画され、掲載当時から評判がよかった。

■本音で書かれた多収・良質技術が好評

とくに『実際家のタバコ栽培』は、専売公社買い上げの作物であるタバコがそれまでともすれば公社指導の技術に縛られていたところから、農家が本当に儲けることのできる技術へという視点で実作者が本音で書いた、はじめての本となった。そのため著者名も、「良いタバコ葉をつくる」をもじったペンネームを用いている。本書のなかで著者は、儲かるタバコ作を〝多収良質〟として、収量より品質といわれる状況にあって、あえて「多収」を前面に押し立てた

上／飯田美好『実際家のシイタケ栽培』（1984年）
下／独自の栽培技術でタバコ農家を鼓舞し続けた良葉作太郎『実際家のタバコ栽培』（1982年）

持論を展開、目ざす作柄を大柄早作、理想の株姿は「ビヤダル(樽)型」と喝破した。「タップリかん水できるがっちり苗」、「堆肥にチッソ分を期待しない」、「色落ちをよくする施肥」、「トンネル操作で着葉数を増やす」、「最大生長期にはタケノコのように生育させる」など、公社指導にない独特の視点、用語でその技術ポイントを解説した内容は、タバコ耕作者に新鮮に受け止められた(3刷、7000部)。

この「タバコ栽培」本に並ぶシイタケの実際家本となったのが、『実際家のシイタケ栽培』である。著者の飯田美好さんは1976(昭和51)年の第一五回農業祭林産部門で天皇杯を受賞した精農家で、伝統のナタ目栽培(自然のシイタケ胞子を、原木のナタ目に付着させる栽培)の経験をもとにシイタケ菌の鋭い観察に基づくホダ木つくり、絶妙な風土・自然条件の生かし方、家族労力のち密な作業の組立て方などを本書でつづった。

飯田さんの核心は、「種菌接種時代になってからは、伐採時期や葉干しなどは軽視されていますが、私は問題だと思います。たしかに多少状態がわるくても活着しますが、品質や収量が劣ったり、原木の水分が多ければ雑菌がつく原因にもなります。最近のシイタケ栽培のいろいろな問題の根は、このような基本を軽視しているところにあるように思われます」(190ページ)というように、資材や品種に振り回されない基本技術(風土認識、自然観察に基づいた)への立ち返りにあり、それは「タバコ栽培」の著者が「べんりな資材も豊富に出まわり、品種改良の面でも栽培や乾燥が容易になったはずなのに、毎年、病害やグレー葉・高温葉等の品質低下で悩んでいる人は多い」(同書「まえがき」)と指摘する問題意識と通じ合う。その飯田さんの基本技術を聞くため、当時年間1000人ものシイタケ栽培農家が視察に訪れたという。本書は1986(昭和61)年までの2年間に5刷、1万2000部を発行している。

その後、タバコやシイタケの生産状況は大きく変わる。タバコは1985(昭和60)年の専売制の廃止により公社も民営化。耕作環境の様変わりのなかで新たな技術課題が模索されていく。

一方、シイタケをはじめとするキノコの栽培は菌床＝人工培地栽培が主流となり、山から降りて平場のものとなる。『最新　シイタケのつくり方』(森喜美男監修、1992〈平成4〉年)、『菌床シイタケのつくり方』(大森清寿編、1993〈平成5〉年)は、そうした新しい技術を収めた技術書として一定の読者を得るが、90年代に入ると中国からのシイタケ輸入が急増し、多くの菌床栽培農家が打撃を受けることになる。そのなかで改めて注目を集めたのが原木栽培のシイタケであり、平場に降りた栽培の、山への回帰ともいえる状況である。飯田さんがより高次の栽培感性を求めた地域自然のなかでのキノコ、シイタケ栽培の新しい実際家本が必要な時代になっている。(後藤啓二郎)

3 茶産地成長に貢献した茶の書籍

〈「大石貞男著」4冊の単行本〉

静岡県茶業試験場長だった大石貞男氏は、農文協から茶の実用書4冊を著わしている。この著作は、戦後、茶の産地が成長するにあたって大きな貢献をした。

『茶の栽培』が発刊されたのは1967（昭和42）年。サブタイトルは「良質多収の技術体系」。

この本で大石氏は次のように書いている。「これまでは在来種の実生栽培だけであったから、おもに気象や土壌の環境条件だけが品質を形成して、いわゆる産地銘柄が発達してきた。しかし、今後はこれに品種が加わり、品種銘柄という特別な品質を形成してゆくと思われる」。そして、「品種を利用して良質茶を」と。

つまり、この時代はまだ品種茶園は25％で、これまでの在来品種から、〝やぶきた〟を代表とする品種茶が普及しようとしてきたときであった。その品種の特性を活かして、収量目標は一番茶・二番茶・三番茶で合計４０１０キロを目指し、園地の造成法や栽培法、製茶法などを体系的かつ実践的にまとめている。

１９７５（昭和50）年には『茶の生育診断と栽培』が発行された。

書名のとおり、「茶生育診断のポイント」から始まっている。品種茶はさらに普及し、その宿命ともいえる凍霜害の多発に対応して、防霜ファンの利用も登場している。また、「煎茶栽培をとりあげ、品質を重視する地域と、収量に重点をおく地域に分けて考えることにした」とも。

１９８５年に発刊されたのが『茶栽培全科』。

再び製茶法も盛り込まれた。「近代の技術研究に基づく茶栽培の歴史はすでに一〇〇年に及ぶが……形式的、画一的に栽培されている傾向もないとはいえない」として、「茶の生理生態と地域の風土についてページをさいている」。さらに「製造、栽培を一体系とみて、品質のよい茶をつくるための技術を一つの流れとして述べる」。そして、「茶の製造を手揉みにさかのぼって述べた」とも。各地で大型の製茶工場が続々とつくられた頃で、その弊害の克服策を提起している。

その後、１９８６（昭和61）年には『改訂　茶の生育診断と栽培』を発刊。

本書では、まえがきで「茶栽培は、暖地、寒地、平坦地、傾斜地など、気象や地形を異にしているところでは、それに適応した栽培法がとられなければ十分な成果をあげることはできない」と、地域性を強調している。そして、可搬式機械摘採機が普及するとともに、仕立て方は自然仕立てから弧状仕立てに大きく転換するなかで、浅刈りや中刈り、台刈りなどによる茶園の更新法が充実してきた。

〈『日本茶全書―生産から賞味まで』〉

渕之上康元・渕之上弘子著。発刊は1999(平成11)年。茶の生理生態、煎茶から玉露、釜炒り茶、碾茶各茶種の栽培法と製茶法だけでなく、茶の成分や機能性、飲み方など茶文化まで盛り込まれる。茶に関するテキストとして使用されてきた。

〈『茶大百科』全2巻〉

2008年3月発刊。日本の茶の世界が大きな転換期を迎えたときで、この本は、その状況を的確にとらえて発刊したものである。

まず消費。ドリンク飲料の普及で茶の消費は伸びているものの、淹れる茶の消費は激減してきた。その一方で、茶インストラクターの活動が活発になるなど、茶の飲み方の転換期ととらえた。喫茶に関する書籍は膨大に発行されているが、古いデータに基づいたものがほとんどであった。

次いで農家とその生産技術、経営・販売面。茶樹とともに経営者の世代替わりの時代でもあり、技術の伝承と後継者育成にむけた基礎・基本技術・実例を組み合わせた体系的な書籍が求められていた。農家向けの実用書はいくつかあるが、最新の情報を網羅した専門書は数少ない。

三つ目は研究。研究者と研究機関は減ってきており、茶をめぐる研究の全体像を把握している研究者が数少なくなっており、体系的で実践的な専門書を今つくらなければ、今後ますます発行は困難になると思われた。試験場、普及所、農協などの指導機関が弱体化しているといわれ、多様な課題に応える専門書の必要性は高まっていた。

なお、生産関係者だけでなく、流通関係者、茶インストラクターや日本茶アドバイザーの活動が活発になっており、生産の現場についても知りたいという方々が多くなっている。そこでこの本では、茶の機能性の最新研究や喫茶の方法、茶の文化、喫茶以外の利用についても充実させ、これまでの試験研究の成果を集大成して茶のすべてがわかる原典になるような内容にし、生産者から指導機関や研究者、茶に関わる方々の活動を支援する百科とした。

第一巻(I歴史・文化/品質・機能性/品種・製茶)は茶の歴史や文化から展開して、茶の魅力をアピールする内容。生産者も生き残っていくために商品構成を多くする

農文協編
『茶大百科』全2巻
(2008年)

工夫をしているときで、覆茶や碾茶、紅茶など各種の製茶法を導入するときの指南書になっている。

茶樹は、全国的に改植の時期（経済樹齢35年）を迎え、品種の構成は〝さやまかおり〟、〝山の息吹〟、〝べにふうき〟など多様になってきた。作業の分散だけでなく、個性的なお茶が求められているのが大きな要因。それらを武器に、旧来型の販売ではなく、独自の販売ルートを開発している生産者が多くなっている。そのための品種情報とその活かし方も充実している。

また、茶の品質は生葉の品質の良否が一番の決定要因だが、加工法によってその品質が低下したり、高まったりする。製茶機は大規模化して自動化しているが、環境条件によって品質が不安定となる生葉を良質な茶に加工するためには、人間の判断が必要である。各産地で手揉み保存会が残されて活発な活動がされているのは、生葉の手触りなど製茶の原理がそこにあるからである。

第二巻（Ⅱ栽培の基礎／栽培技術／生産者事例）は生産技術の現在の課題に的確に応えたもの。ひとつは施肥量の削減。各県ともに10アールあたり約50キロに基準値を下げ、農家もそれに対応している。減肥しつつも品質・収量を落とさない土壌管理・施肥法が、研究だけでなく、全国のトップ生産者の事例から学べる内容になっている。

二つ目は農薬の削減。天敵利用や農薬以外の各種の防除法もとりあげ、安全安心志向に応えている。（松本学）

4 活用によって里、山、村の資源を守る

ある意味、風土性にもっとも根ざすものとして特産作物、山菜はある。1976（昭和51）年に出版された『特産案内一二〇種』（草川俊・大沢章他著）は、まえがきで次のように述べている。

「南北に長く、山あり谷あり平野ありと複雑に入り組んだ地形が織りなす日本の国土は機構的にも土壌的にも非常に多様性に富んでいます。そしてこの変化に富んだそれぞれの自然、地域に適合し、しっかりと根を下ろし、そこに住む人々がこれだけは他の地方の追随を許さないという自信を持ち得てきた作物、それが特用・特産作物といわれるものです。」

「それぞれの自然、地域に適合し」、その地域に「生きる人びとの衣食住の生活にうるおいと変化、地域性を与えたもの」、そういう作物であればこそ、またより多くの現金収入をそこの農家にもたらすことができる。それが特産作物である、と。しかしともすると、そうした「それぞれの自然、地域に適合し、しっかりと根を下ろし」たという部分がゆらぎ、失敗している例も少なくない、として、こう念をおしている。「適地（風土）とか、その作物の性質とかをしっかりつかんだうえで経営の中にとり入れるの

でなければ、けっして成功しないのではないかと思います。」

このように述べた本書著者の一人、大沢章氏はその後、『山菜栽培全科』(1986年)、『木の実栽培全科』(1988年)を発行して適地(風土)を活かした特産栽培の重要性、というよりむしろそうすることの有利を伝えた。そしてそうした栽培のまさに理想的な方法として『現代農業』誌上で連載したのが、「山菜　自生地栽培」だった(1994年4月号~1995年1月号ほか、計8回)。

■適地を活かす「自生地栽培」

「自生地栽培」とは言葉の定義は「植物の進化や生活史とも深い関係があって難しい」が、とりあえずとして、それは「自然に生えて、暮らしのなかで役立つ植物、菌類(キノコ)を、その自然状態を保ちながら増殖させること」として、八つの有利を列挙している。少し長いが引用する(1994年4月号303ページ~)。

「(1)地域特産物ができる

自然に繁殖している植物は、その自然環境に恵まれ生き残った植物で、増殖が可能。若干の増殖管理を計るだけで、地域特産物に変わることが多い。このような植物は、意外とその地方では資源量が多く、未利用資源扱いされている場合が多いが、よそへ行くと、珍重される特産物でもある。

(2)土地の高度利用がただちにできる

農山村地域には、いたるところに荒れ地、土手、畦畔、河川敷、休耕地、森林、原野などがあって、有用資源が自然繁殖している場合が多い。これらを見直して、保護増殖を計ると、地域名産が短期間に生まれる。

(3)自然環境は人工的にはつくれない

野生植物は、自ら自然環境をつくっている。林のなかや雑草のなかは、適当な土壌水分が保たれ、空中湿度が高く、強い光線が射し込まず、生育に理想的だ。このような環境を、人工的につくり出すのは難しい。日覆いが必要だったり、散水、敷き草などを実施しても、ほとんど同じ環境をつくりだすことは困難だ。

(4)粗放栽培、労力が少ない

自生地があって、そこの自然繁殖を高めるだけで、管理労力はわずかですむ。雑草木の除去、若干の補植、施肥ぐらいで十分な粗放栽培である。

(5)種苗購入の心配が少ない

地域特産物の導入で一番心配なのは、種苗の導入だが、その心配は少なくてすむ。とくに補植用苗は地域内に自生している場合が多く、山取りできる。

(6)無農薬栽培ができる

適地に自生し活力があるので、病害虫の発生が少なく、無農薬栽培が可能である。自然食品の栽培に向いている。

（7）栄養価が高く、旬につくれる
自生地栽培ものは畑地栽培物より、栄養価が高く、旬につくることができ、品質がよいので有利。
（8）経費がかからず、経済効果が高い施設費や労力費、管理費がほとんどかからず、産物は品質が優れ、高く売れるので、経済効果が高い。」

この連載でとりあげられたのは、一回数品目という制約もあって山フキ、野生アサツキ、キクイモ、リョウブ、タラノキ、ヤマユリ、ノビル、ワラビ、モミジガサ、ウワバミソウの10種に限られたが、大沢氏は連載最終回で、農耕地周辺、森林内、原野、河川周辺、海岸などで多くの品目の自生地栽培が可能であり、有望としている。自生地活用、風土性への大いなる信頼をそこにくみとることができる。

大沢氏はその後、そうした山菜、特産作物の栽培技術とともに、乾燥、漬け物、ビン詰め、冷凍、薬用酒、健康茶などの加工法や料理、食べ方を詳しく紹介した『山菜・木の芽・木の実・薬草　山の幸　利用百科』を発行し、地域特産づくりの実践的手引き書として版を重ねている（2003年発行、9刷、累計1万5200部）。

■自然力更生へ「風土産業」のすすめ

ところで大沢氏が、先の諸著作を発行していた当時、『現代農業』で短期間ながら異色の連載が始まっている。「いま風土技術の時代　自力更生より自然力更生を」と題した長野県の旧制諏訪中学教師・三澤勝衛の講演記録をまとめたものだ（1987年1月号〜）。連載開始にあたって編集者は、つぎのようなリードを付している。

「（三澤）先生は、風土は無価格だが活用のし方で最大の価値を生むという。各地の農家の営みをつぶさに見て歩き、風土を生産や生活にとり込むことの大切さを訴えた。

自力更生よりも自然力更生を、と呼びかけた。／いままた、生産にも生活にも資材・経費ばかりかかりすぎ、自然から離れることの弊害が渦巻いている時代、無価格の価値＝風土の豊かな活用が求められ始めている。」

大沢氏が説いた「自生地栽培」は特産作物、山菜などそのものが育つ地域、自然環境の徹底した利用を基本にするものであったが、それを「風土」の思想として、これより50年も前に説いたのが三澤勝衛であった。

その連載各回の、小見出しのいくつかをあげてみれば、……生えている植物で風土を知る／一枚の畑の中に日本がありペルシャがある／根切りでペルシャの条件を作った話／工業も風土産業に／風土産業が村と村をつなぐ／「雪産業」チューリップ、山菜、アケビ／柿の木のコケでわかる蚕のよしあし／風土にかなった中心産業と補助産業／栽培―加工―飼育連環産業のすすめ／風土活用の執念不適地の中にも適地がある…、となり、風土性を活かした農業のあり方、また農業と工業の共存共栄の考え方が語られる。それは今日大きな課題となっている地域づくり、地域の仕事興しのカギを、いま一度風土の中に見ていくことの重要さを示唆して、興味深い。この連載はおもに三澤の「風土産業」論を紹介したものだったが、今日まさに求められているものこそ、この「風土性」の再発見による風土産業を基調にした地域づくりといえよう。

三澤の風土を軸にした思想営為の軌跡はその後2009年2月に、『現代農業』で同記事の連載を担当した木村信夫氏の編集によって『三澤勝衛著作集　風土の発見と創造』(全4巻)として発行され、識者の注目を集めた。今日農文協が進めている地域コミュニティ創造の基礎的文献として、重要な意味をもっている。

(後藤啓二郎)

[三澤勝衛著作集の巻構成]

- 第1巻「地域個性と地域力の探求」
- 第2巻「地域からの教育創造」
- 第3巻「風土産業」
- 第4巻「暮らしと景観/三澤『風土学』私はこう読む」

5 山づくり、道づくりで林業再生

林産物、特産物の栽培技術、経営を扱った作品はあるが、〝林〟そのもの、林業や山づくりを具体的なテーマにした作品、技術書というのを、農文協はあまり手がけていない。あっても〝農〟の圏域たる里山の言及にとどまり、林業

『三澤勝衛著作集3 風土産業』(2009年)の表紙とギボウシの栽培の図

の世界に踏み込むことは少なかった。

しかし山への関心がなかったわけではない。『現代農業』1986（昭和61）年9月号は「山の楽しみ山とのつきあい」と題し、農家と山との関わりを暮らしの視点から浮き上がらせる企画を特集している。その内容と提言は今日読んでも出色の感があるが、「あなたの山を生かす」とした同号の「主張」では、サブタイトルに世間一般に流布する「自然保護運動」の発想では山は守れないとして次のように述べている。

「それではいま、どうしたら、山を生かせるか、生かすとまでいかなくても荒らさずに守っていくことができるか。（略）山の生かし方を変えることである。山は田や畑とは違う。何か作物をいっせいにつくっていっせいに収穫し、一どきに収益をあげる耕地とはちがう。苗木を植えて、材木を一気に切り出すというのは、山の使い方の基本ではない。山では、自然にあるものを生かしていくのが、つきあい方の基本である。これを基本にすえて、山とのつきあいを始めれば、少しのことで、山は必ず変わってくる。」

■「少しのこと」で山は変わる

つづく特集ページに登場する北海道の農家、本田弘さんの取組みを通してその「少しのこと」は紹介される。

本田さんによれば「少しのこと」とは、「〝このカツラの木は、一〇〇年もかけて立派な建材・家具材にしたいな〟と思うような木を残す仕事である。自然に生えている木を、見て選び残し、その木の生長のじゃまになるものをとり除く」だけだ。そうすることで、山には「高木と中高木、低木とその下の薬草といったような、独特の風土（自然）」が生まれ、「その独特の風土から生じるものが高級建材となり、薬木・薬草となる。」

つまり、「山を守る基本は、木を植えることではない。人が山に通い、自然にあるものを育て、かつ使うことによって、さらに多様な植物を育て多様な用途につなげていく。こういった自然生産、そこの山と、そこの家（家族）との独自な交流によって常に豊かになっていくような独自な風土づくりこそが、山を守ること」だというのである。

残すために伐る、そのことを通じて生まれる独自の風土づくりこそ、山づくりの基本だとするこの提言は、「山は木の畑」と考え、間伐もその〝畑〟から収益をあげるために行なうものとしてきた従来の発想を破り、そうした施業管理を負担に思ってきた山持ち農家や林業関係者の気持ちをずいぶん楽にさせるものだった。

■『図解　これならできる山づくり』

そしてこの思いを具体的なかたちで山づくりに活かしていく施業技術書が農文協から発行されるのは、この特集から18年後の2003（平成15）年。福井の農家で自身、林家でもある鋸谷《おがや》茂氏とイラストレーターで林業ボランティアでもあった大内正伸氏との共著になる『図解　これならできる山づくり』である。

本書がユニークなのは、多くの山づくり本が「広葉樹の植林」を語るなかにあって、いわゆる人工林の間伐管理をメインのテーマにしたことだ。自然の木でなく、スギ、ヒノキといった人の手でつくられた針葉樹の林。しかし、この全森林面積の四十数％にも及ぶ広大な人工林を措いて広葉樹の植林を語っても絵空事だし、山の本当の維持管理はできない。

本書はこの人工林と向きあいながら、それまでのように優良な材を生産するための施業ではなく、北海道の本田さんが自然の木に対してしてたように、これはと思う木を長伐期で残し「その生長をじゃまになるもの取り除く」管理を提案する。そうすることで人工林は、本田さんの言う、広葉樹を交えた「高木と中高木、低木とその下の薬草といったような、独特の風土（自然）」を回復し、豊かな植生、景観も向上させながら、八十年、百年といった長いスパンで循環する森林に生まれ変わることになる。山との付き合いを気楽にしながら、将来につながる経済林としての価値も持たせることができることを本書は教えてくれる。

その具体的な技術はこうだ。

一定の空間に成立する木の本数には限りがある。木の生長に合わせて行なう密度管理、この木を残す、という根拠となる「形状比（木の高さ／太さ）」などの概念、4メートルの釣り竿を使ってする選木の実際、伐り倒さずに間伐したと同様の効果をもたらす「巻枯らし」、間伐材を集材せずその場に残す「伐り残し」など、本書で紹介した技術の多くは従来にない画期的なものであり、読者をして「これなら自分でもできる」と多く共感された（２００９〈平成21〉年現在、８刷１万４８００部）。

■『図解　山を育てる道づくり』

『山づくり』につづく林業技術書の2冊目として、本書の発行から5年後（２００８年）、『図解　山を育てる道づくり』が出る。この著者は『山づくり』も担当した大内正伸氏である。大内氏が出会った次の林業の課題が、山の道づくりだった。同書のまえがきで、大内氏はこう述べている。

「間伐遅れの山を『伐り置き間伐』で環境を回復させることも急務だが、そこに道が通っているなら、やはり運び出して使いたいものである。材価が安いとはいえ、崩れない作業道ができるなら間伐材で利益を上げることも可能なのだ。次の間伐でまた換金することが確実にでき、中・大径木を温存し、少しずつ出材しながら、実生（自然に生えてきた苗）を育てたり、択伐によってやや大きく開いた空間に部分植林するような森林管理・経営も可能となる。それは将来の木材資源のためにも、森林環境の保全のためにもベストな、新しい時代の造林手法といえるだろう。」

確かに循環的な資源利用を考えれば、間伐した木を活かすのがベスト。しかしそうわかっていても有効活用できない現実があり、端的には、林道、作業道の問題だった。手間とコストのかかる従来の工法では、とても困難だったからだ。それがそうではないと大内さんに思わせることになったのが、本書で紹介される四万十式といわれる道づくりの手法である。

高知県四万十町の職員（当時）で、林家でもある田邊由喜男氏が集大成させた。その特徴は、コストは従来の半分以下、台風銀座の高知県で実証された抜群の降雨耐久性がありながら、維持管理は容易。必要最小限に伐った木を現地素材に使うことで山を壊さず、景観も損なわない近自然工法。少人数でとりかかれ誰にでもできるというものだった（図参照）。『山づくり』と同様、それは画期的な技術を展開したもので、林道という言葉がもつマイナスイメージを完璧に覆している。この手法は林野庁にも注目され、研修施設などで講習会が開かれるまでになっている。

以上、山づくりの新しい可能性を実践的に示すこの二著によって農文協の林業書は、ムード的な自然保護と截然と区別されるジャンルとしてスタートできた。二著につづくテーマ、著者の発掘が望まれている。

（後藤啓二郎）

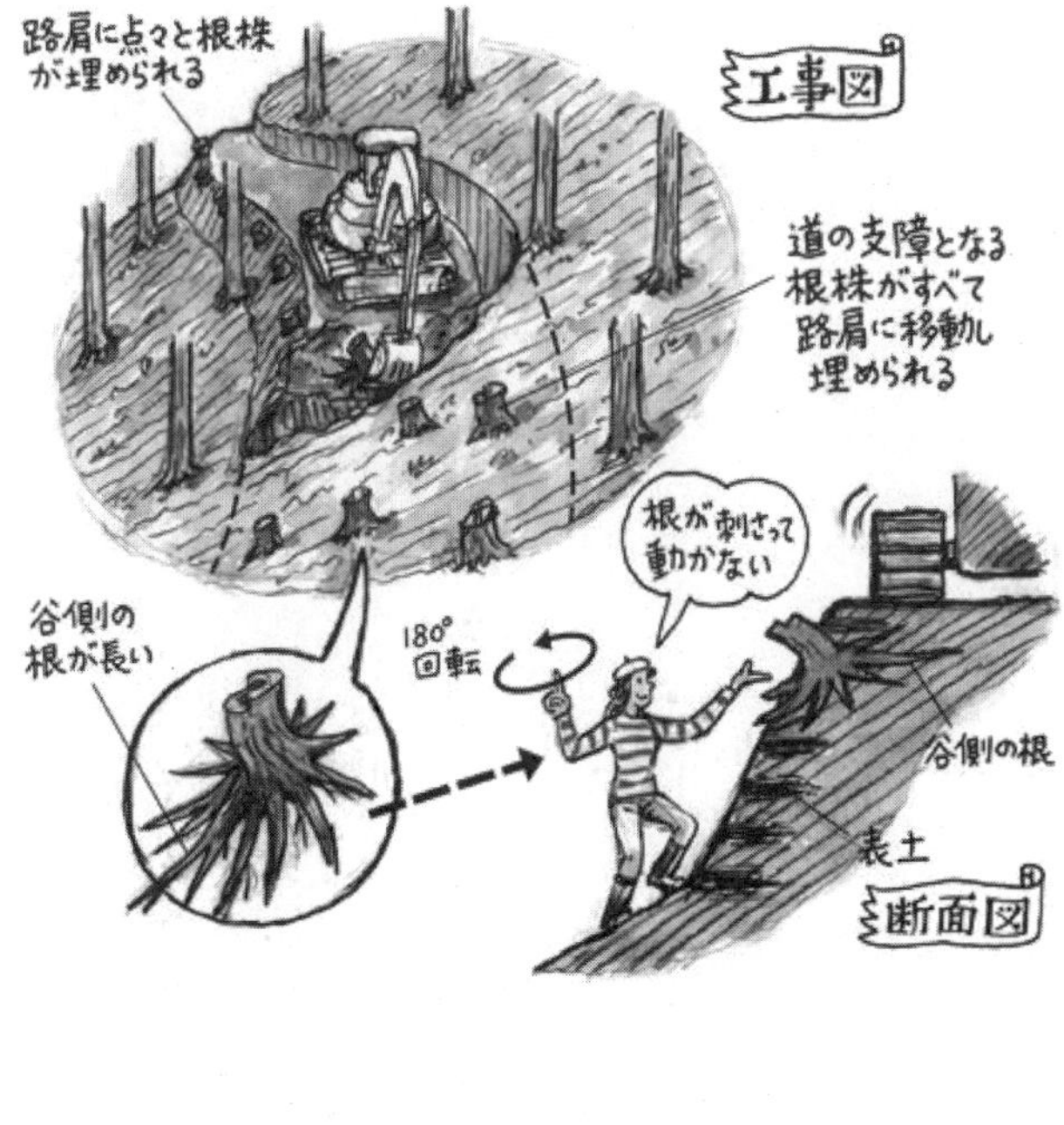

大内正伸『図解　山を育てる道づくり』（2008年）の表紙と盛り土の転圧図

6章 自立的畜産から地域を支える畜産へ

1 乳牛「二本立て給与」がめざしたもの

乳牛の「二本立て給与法」とは、千葉県の共済獣医師であった故・渡辺高俊氏が、20万頭に及ぶ繁殖障害治療などで直腸検査や飼料調査を実施した、その膨大なデータの中からつかみ出した、牛を健康に飼うことと、乳量の大幅アップを両立させるための飼料給与法である。渡辺氏は卵巣の触診によって、卵巣が正常な牛しか発情しないこと、卵巣が正常な牛こそが健康であって、よい発情がきて受胎することを明らかにし、乳牛一頭一頭の給与飼料の量と内容、そして卵巣の状態を照合し、その結果から導き出した給与法であった。

その給与法とは、それまでドンブリ勘定で給与していたり、高価な輸入の乾草を中心にして高泌乳を追い求めたりしていたエサとその給与法を、「基礎飼料」と「変数飼料」とに二分し、「基礎飼料」は通年給与、「変数飼料」は牛の出した毎日の乳量に併せて増減するというもの。そして乾乳期は基礎飼料のみとする給与技術である。

「基礎飼料」は、体を維持する栄養＋乳5キロ分の栄養のエサで、粗飼料だけで構成した。この「基礎飼料」という言葉には渡辺氏の思いが込められている。つまり、牛は本来、クサで育つもので、自分の体を維持する栄養と、子牛に与える乳を出すための栄養は、粗飼料で与えるべきものだという信念であった。それが牛の健康を支えていく基本だとしたのである。

『現代農業』に「二本立て給与法」が発表されたのが1973（昭和48）年1月号からの連載「酪農エサ講座」で、以後11年間この連載は続いた。この連載が酪農家の間に大きな反響を呼び、二本立て給与を実践した酪農家は軒並み乳量がアップし、かつ繁殖障害も減っていった。渡辺氏のもとには全国各地から若い酪農家が集まり、自分のところで入手できるエサを基本にして、基礎飼料と変数

乳牛の健康と飼料計算
渡辺高俊 著
農山漁村文化協会

二本立て給与法の初めての本
渡辺高俊
『乳牛の健康と飼料計算』
（1976年）

飼料の規格にあわせた飼料計算とその配合を学んで、地域に広げていった。当時4000キロ台であった年間乳量は、あっという間に6000キロ台にアップし、それまで悩み続けていた繁殖障害などの病気も消えていった。その技術は単行本『乳牛の健康と飼料計算』（1976〈昭和51〉年）にまとめられ、さらに多くの酪農家に広まった。

1975（昭和50）年、渡辺氏は山崎農業賞の第二回目の受賞者として表彰される。この賞は、アカデミズムやジャーナリズムの世界であまり大きくとりあげられていなくても、農業・農村や環境に有意義な活動を行ない、成果をあげている個人や団体に贈られる賞である。

■酪農技術へ「三つの柱」の提唱

さらに、健康と高乳量を同時に達成している乳牛とはどのような牛なのか？　渡辺氏は、よく働く乳牛の経済的な体型を追い求め、自ら測定した乳牛の体型から、経済的な乳牛の体型を導き出した。その成果をもとに、農文協はスライド『経済的乳牛の見分け方』1975〈昭和50〉年）を発行。その見分け方は、特別な血統だけには頼らず、自分でいい牛をつくる「純粗飼料育成法」へとつながり、単行本『乳牛の能力診断と飼養』（1984年）の著作へ。渡辺氏が追究したテーマには、「二本立て給与」によって乳牛が健康（連産長寿）と高泌乳を達成するだけでなく、その間に変化する牛の体型をしっかりと観察して自らのものとしていく「経済的乳牛の見分け方」があり、さらに、育成の仕方によって経済的乳牛を育てていく「純粗飼料育成」があった。これが酪農家にぜひ実現してもらいたい三つの柱であった。山崎農業賞の受賞講演で渡辺氏は、次のように語っている（抜粋）。

「もともと私は高い理想のために仕事をした人間ではありません。貧乏の家に生まれ、親の苦しさを身にしみて感じたものです。なんとかして人並みの暮らしができる人間になりたいという気持ちで働いたというのが本音です。（中略）自分はいつも酪農家と一緒に生きることができた、酪農家の喜び、酪農家の悲しみ、そういうものが自分と同じ平面の上でなされたということで。これだけはこれから先、生きる限り続くでしょう。

たとえば開発した一つの技術にしても、私自身がそれを酪農家の気持ちでとらえることができたということが、わたしのやったことを、各農家が無条件で受け入れてくれる大きな要因であったと思うのです。（後略）」

■自給・自立への「中間項技術」として

乳牛の体型が大型化し、一万キロの乳を出す牛が当たり前になってきた現在、高泌乳牛にも対応できる「新二本立て給与」が後継者たちによって確立されつつある。また、酪農が急成長している中国で「二本立て給与」が大いに注目され、1985（昭和60）年より続けられている農文協独自の日中交流活動では、農業技術の面での大きな柱となっており、「二本立て給与」の技術をまとめた中国語の本も出版された（335ページ）。

なお、酪農家の現場を科学的に分析し、実践的な飼料給与技術にまで高めた「二本立て給与」ではあったが、一部からは、「自給飼料がなくても規模拡大できる」、輸入依存の購入飼料を合理的に使いこなしていく道を拓いたとして批判する声もあがった。これは、「地力がなくても多収できる」ことを、化学肥料の追肥技術によって明らかにして見せた「片倉式五石どりイナ作」に対する批判とも共通した意見であった。しかし、農文協では、健全な生育と安定収量を目的に対象を見つめ、それを農民的な技術として精緻に体系化した「中間項技術」（農文協内部用語）として、次の段階（自給・自立）へ進むためのステップと位置づけた。

現実に「二本立て給与」を成功させた経営では、地元で安定的に確保できる粗飼料（稲ワラや牧草・野草など）を基本にして、それを乳牛の生理に合わせてビートパルプやヘイキューブで補う「基礎飼料」の確保に取り組んでおり、今風に言えば地元のエサを基本とする地域資源利用の畜産であった。

現在、酪農では、TMRなど飼料イネや地域未利用資源を飼料化した給与法、また、高乳量にはそれほどこだわらずに飼料畑や放牧地を活かしながら放牧を組み込む飼養（経営）技術、小規模の放牧地を最大限に活かそうとする「小規模移動放牧」など、自給・自立を志向するさまざまな取組みが行なわれている。そしてどの取組みにも、健康な「基礎飼料（粗飼料）」を求める「二本立て」の精神が継承されている。

（西森信博）

2

母ちゃんと家畜
――小規模複合的畜産の訴え

1970年代、畜産は飼料メーカーや商社によるインテグレーション（垂直統合）が急速にすすみ、大規模畜産は、ワクチン、抗生物質、飼料の画一化など飼養技術も急速にマニュアル化していった。暮らしとともにあった家畜たちが消え、家畜がまさに経済的生産動物として専作化されて、暮らしから切り離されていく過程でもあった。そんななか、農文協ではあえて小規模複合的畜産を訴え続けた。堆肥を自然につくり出してくれる家畜、あぜ草や残渣を飼料として活かすことでむだをなくし、価値ある肉や卵や乳に変えてくれる家畜、そんな可能性を最大限に農業に活かしていくには、小規模複合的畜産でなければならないと考えたからでもあった。

■母ちゃんたちの「愛情畜産」

そうしたなかで輝き始めたのが、女性たちであった。とくに、子とり和牛と子とり養豚の分野では、女性たちのきめ細やかな管理が、素晴らしい成績をあげていた。『現代農業』では、1972(昭和47)年から「かあちゃんからの養豚だより」、「わたしの和牛」の連載を開始する。単なるエッセイではない。家畜への思い、そして家族への思い、エサやり、糞そうじ、水やり、お産の日の出来事など、日常の管理技術をとおしたわが家の牛や豚とのつきあいを書いてもらう企画であった。もちろん執筆者は全員女性である。細やかな観察に基づいた個性的な管理技術と、それを表現する母ちゃんたちの筆致は、それまでの男性執筆陣には見られない魅力的な連載となっていった。この連載以降、『現代農業』への女性執筆者の数は急速に増えていった。

とりわけ繁殖和牛飼育では母ちゃんたちの活躍が目立った。その土地に根づいた和牛の品種や系統を大切にする母ちゃんたちの技や悩みを、「和牛づくり・ご当地訪問」(1980年から連載)や、農文協中国・四国支部の職員による「和牛かあちゃんがんばって」(1982年8月号

『現代農業』の連載記事
「かあちゃんからの養豚だより」の1回目
(1972年2月号)

かあちゃんからの養豚だより ①
もうけの前に愛情を…
―1たす1が4になる―
桜井鈴子

農文協中国四国支部による
「和牛かあちゃんがんばって」の連載
(『現代農業』1982年11月号)

和牛かあちゃんがんばって ②
いい牛が"どうして"種が付かないの？
―子とり農家にとっていい牛とは―
農文協中国四国支部
ミバはよくても種付かず
濃飼多給の和牛哀話…
種付きの悪さはみんなの悩み

から連載）と、全国の普及現場でぶつかった悩みをとりあげていく。とりわけ、「高いお金を出してせっかくいい牛を入れたが、種付けがうまくいかない」と悩む母ちゃんたちに応えようと、『現代農業』では「十二単衣を着せられてみんなにほめられたあと、種が付かずに女盛りを前に廃用。これでは牛もうかばれません」と、濃飼多給によって太りすぎた「見た目重視」の弊害を訴えていった。

そうしたなかで、母ちゃんたちが牛飼いを始めるための基本的な技術をていねいに記述した単行本『子とり和牛上手な飼い方・育て方』（上田孝道著、1984年）は、4万部にのぼる売上げ部数を記録している。

上田孝道
『子とり和牛 上手な飼い方・育て方』
(1984年)

■養豚に和牛肥育に、名人技術の発掘

一方、母ちゃんだけでなく、技術の高さで大規模畜産に負けない収益を実現している経営を追い続けた。たとえば『現代農業』では、手づくりの豚舎で草を活かして高収益をあげていた、母豚40頭一貫経営の小林盛治氏をとりあげている。草やワラはあまり食べないという豚に、上手に食べさせて軟便を減らし、糞尿の処理を容易にする方法や、豚のツボをマッサージしてやることで昼間のお産率8割を実現する「昼間お産させる法」などは、大きな反響を呼んだ。大規模化する状況で、省力のために「無看護分娩」がもてはやされていたなか、同じ省力でも、豚のストレスを取り除いてやることで省力を実現した農家の技が光った。小林氏の養豚技術は、経営の考え方も含めた単行本『ここまで知らなきゃ養豚農家は損する』（1985年刊）として結実した。

名人の技としてとりあげたのが、但馬牛の本場京都府の和牛農家、関猪一氏の肥育技術である。田んぼからとれる稲ワラとクズ米、そしてアゼ草と裏作麦をベースにしたエサで、毎日、田んぼ周辺の牛のひき運動を欠かさなかった和牛肥育の名人であった。肥育素牛の見方、エサを与

上／小林盛治『ここまで知らなきゃ養豚農家は損する』(1985年)
下／関猪一『和牛理想肥育の実践』(1978年)

える順番と量、肥育ステージによってエサを使い分けて、つねにその素牛がもっている最大の能力を発揮させていく技が光った。『現代農業』の連載をベースに、最高級の和牛肉をつくりあげる関氏の雌処女牛を用いた長期理想肥育技術を、単行本『和牛理想肥育の実践』(1978年)として発行。国産和牛肉生産農家の技術の底力を見せてくれた一冊だった。

こうした名人たちの技術だけでなく、多くの農家が、できるだけ金をかけずにしっかりと稼いでくれる畜産をと、わかりやすく基本的な畜産の技術書を中心に、小規模複合畜産の経営技術を展開していった。

(西森信博)

3 自然卵養鶏の展開

畜産のなかで、もっとも大規模化が進んだのが養鶏であった。1955年に飼養戸数450万戸以上、平均10羽程度であった複合的養鶏は、選択的拡大政策が進められた農業基本法(1960年)以降、協業などの集団養鶏によって急激に飼養羽数を増やす。1970年に入ってからは農外資本によるインテグレーションが進み、2008年には採卵鶏飼養戸数は3300戸(1000羽以上)と、半世紀前のわずか1・4%まで減少している。

米ヌカやクズいもや草などで飼っていた副業養鶏は姿を消し、代わって勢力を伸ばしたのが、購入飼料による工場的な卵生産であった。しかし、工場的卵生産が展開する一方で、1970年代に入って、消費者の間では抗生物質の投与や輸入穀物に依存して生産される卵に不安を感じ始めてもいた。近代化した工場的畜産に対して自給的小農複合経営を提唱していた農文協は、そんな状況でめざしたのは、やはり自然を活かし切る小規模養鶏の技を追うことであった。

『現代農業』1971(昭和46)年7月号の特集「これが日本の農業経営だ」は、水田で養殖したクロレラを活かした少羽数養鶏とそこで生産される鶏ふんを活かし、イネと野菜を細やかに組み合わせた農家、奈良県の窪吉永氏の取組みであった。窪氏の田畑輪作技術と経営は単行本『野菜の輪作栽培』(窪吉永著、1977年)に結実、その後2005年に『あなたにもできる野菜の輪作栽培』として改訂され、今も好評な売行きを示している。

1970年代、『現代農業』では、米ヌカや魚アラ、クズいもなどの食品残渣を発酵技術によって飼料化する小規模発酵飼料養鶏をとりあげていった。比較的資金が少なくても取り組めて日銭が入る養鶏は、新規就農する人たちに受け入れられていった。

そして『現代農業』1978(昭和53)年6月号に登場したのが、中島正氏の「自然卵養鶏」(当時は「農業養鶏」という呼び名)である。中島氏は、単に鶏の飼い方だけにはと

農家列伝

中島 正

戦後、農業に第二の人生をかけて

中島正氏は1920(大正9)年生まれ。陸軍工科学校卒業後、第二次世界大戦中は台湾軍所属。戦後、郷里である岐阜県の山里に戻り、小羽数の平飼い養鶏をとり入れた農業を営む。

『現代農業』に中島氏が登場するのは、1978(昭和53)年6月号。「まっとうな農業養鶏の復興を!」と題した記事を寄稿した。大型企業養鶏が陥っている薬剤投与―副作用―鶏の弱体化―薬剤多投への悪循環を批判。大型企業養鶏の卵が溢れていればいるほど、農家の庭先養鶏の卵が求められるし、農家の庭先養鶏でなければこれから先の見通しもない、と訴えた。

丸太の柱にトタン屋根、床は大地のオール開放鶏舎、そして周りには鶏糞で育った緑草が茂り、その草を刈って緑餌とする。そのほか、米ぬか、カニ殻粉末(缶詰工場の廃棄物)、近所の豆腐屋さんからでる豆腐粕などを発酵させて鶏に与える。自らこの養鶏法を「農業養鶏」と呼び、その復活を提唱した。

「自然養鶏」「自給農業」の提唱

この記事を第一回目として、中島氏は「ラクラク小羽数養鶏の実践」という連載を開始。「農業養鶏」という呼称は、のちに「自然養鶏」に、生産された卵は「自然卵」と呼ばれるようになっていく。

『現代農業』の一読者の呼びかけによって始まった、中島氏を師とする自然養鶏の交流会が母体となって「全国自然養鶏会」が結成され、1986(昭和61)年春、第一回の総会が開催された。

大地に暮らす人間としての生き方

空気、日光、大地、草、水など、地域固有の資源を活かす「農業養鶏」について中島氏は、「いかなる事態に直面しようとも、大自然の続く限りそれは悠久の自立が可能である」と書いた。それは、自然の中で暮らす人間としての生き方にも通じる、中島氏の思想の表現であった。この「農業養鶏」の技術と思想は、大地に根ざした農家生活、自給農業をめざす農家や新規就農者の心をつかんでいった。

1980(昭和55)年、『自然卵養鶏法』を出版。2001年にはその増補版が出るなど、揺るぎない技術と思想は30年を経た今もバイブルとして読み継がれている。

2007(平成19)年には、自身の農業に対する信念も含めて、自給農業に取り組むための技術をまとめた『自給農業のはじめ方』を発表。50羽から始める小羽数養鶏の方法から、トラクターなど使わずにできる低コスト不耕起のイネ(陸稲)やムギ、農薬不使用の野菜づくりや自家採種の方法、山菜採取、農産加工など、本書に収められた本当の田舎暮らしの技術と知恵は、新規就農者も含めて大きな影響を与えて続けている。

そして2009(平成21)年、半世紀にわたる経験を50項目に精選し、後進に書き遺した『自給養鶏Q&A』を出版。養鶏を軸とした自給生活の確立を願い、あえて「自給養鶏」と題した渾身の著作となった。

(西森信博)

中島正さん。土間の鶏舎で

どまらず、その考え方も含めて『現代農業』で展開し、小規模養鶏を導入したいという農家および新規就農者の心をつかんだ。単行本『自然卵養鶏法』（1980年、2001年には『増補版　自然卵養鶏法』発行）は、売上げ部数が2万7000部を超えた。中島氏はその後、自身の農業に対する信念も含めて、自給農業に取り組むための技術を『農家が教える自給農業のはじめ方』（2007年）に、自給養鶏を始めたいという人たちのために『自給養鶏Q＆A』（2009年）をまとめている（農家列伝参照）。

中島正さんによる自然卵養鶏の書『自然卵養鶏法』（1980年）と『増補版 自然卵養鶏法』（2001年）

極限までシステム化された近代養鶏から生産される卵は、その安全性も含めて消費者の安心安全の対極にあった。そうした消費者の気持ちに対して、自然の光や風を浴び、自然のエサをついばんで育つ平飼いの自然卵養鶏は、卵だけでなく農業の新たな価値を伝えている。（西森信博）

4　地域型畜産の展開

企業型大規模畜産の展開は、農家の暮らしから家畜を切り離していく過程であった。大規模ゆえに大きな問題となる糞尿処理およびその悪臭、廃水処理をめぐる河川や湖沼の水質汚染など、畜産物の消費量が伸びる一方で、国内の畜産そのものは「負のイメージ」を肥大させていった。しかし、今、畜産には大きな転機が訪れようとしている。それが「地域型畜産」の動きである。

糞尿が有機質肥料となり、食品残渣や規格外農産物は飼料となる。本来、畜産とは人間には食料として適さないものを飼料として与え、卵や肉や乳といった人間にとって大変有用な食品を生み出してくれる、暮らしのなかの家畜飼養であったはずである。有機農業の展開、食品リサイクル法によってリサイクルがすすむ食品残渣の利用、転作田での飼料イネの作付け、さらには、耕作放棄地に家畜を放牧することによる繁茂雑草の飼料化、教育や医療分野での家畜の利用など、畜産は、単なる飼養技術にとどまらない広がりをみせている。

■地域資源を活かす自給・循環型畜産へ

北海道の酪農家、三友盛行氏は、購入飼料に頼って高泌乳・規模拡大を追い求める酪農の方向に対して、放牧草地を活かし、あえて高泌乳と規模拡大を拒否する飼い方を実践した『マイペース酪農』（２０００〈平成12〉年）を提唱した。搾りたての牛乳で酪農家自らチーズなどの加工品をつくり、それを楽しむ「ゆとり」を生み出す酪農のあり方は、酪農家に大きな反響を呼んだ。酪農家はもとより、消費者も一緒になった取組みの輪は広がってきている。

また、レンタカウ方式などと呼ばれる、試験場などが牛を貸し出して耕作放棄地に放牧し、雑草に覆われて荒れ放題になっている放棄地を再生する動き、そのほかにも、棚田放牧、小規模移動放牧など、各地で家畜に手伝ってもらって地域景観を維持する動きが広がっている。荒れていた土地が美しく変身することによって、農作物を荒らすイノシシやシカやサルなどの獣害も減った。さらには、子どもたちも家畜と触れあえる場が地域にできていく。いったんは暮らしから切り離された家畜が、再び地域を介して暮らしのなかによみがえりつつある。農文協七〇周年記念として、２００９年11月より刊行を開始したシリーズ「地域の再生」では、第16巻『水田活用新時代』（谷口信和ほか著、２０１０年）に、「放牧活用型耕畜連携システム」の地域的な取組みがテーマとしてとりあげられている。

『現代農業』では、２００９年の年間を通したテーマの柱の一つに「堆肥栽培」を掲げ、家畜糞尿の利用を中心とした、これまで厄介者扱いされていた資源を、農業にどのように活かしていくかの技術課題を追究し続けている。畜産が、地域になくてはならない存在になるための、耕種農家の側からの追跡である。

４年前、農文協では『最新農業技術　畜産』を発行した。年１回の発行だが、その時々に発生する畜産の課題に応える最新の研究成果や、現場での取組みの情報を届ける単行本である。『最新農業技術　畜産　Vol.２』（２００９年）では、飼料イネ（ＷＣＳ）と飼料米利用を特集している。飼料高騰に見舞われた２００７年の経験に学び、食品残渣などの未利用資源の飼料化技術、小規模移動放牧の最新情報など、地域型畜産の定着に向けての情報も収めている。

（西森信博）

上／三友盛行『マイペース酪農』（2000年）
下／『最新農業技術 畜産 Vol.2』（2009年）

農家列伝

三友盛行

適地、適産、そして適量

「マイペース酪農」の先駆者である三友さんは、北海道中標津の酪農家である。1945（昭和20）年に東京の浅草に生まれた江戸っ子だが、酪農学園大学を卒業し、1968（昭和43）年に、奥さんと現在の地に入植した、開拓酪農家である。

すべて借金で初妊牛11頭からスタート。その後10年間は、草地造成や機械・施設費に加え拡大のための追加投資を繰り返し、草地40ヘクタール、40頭搾乳の規模になるが、負債も4500万円にふくらんでいた。

この現実のなかで、三友さんはゴールなき規模拡大でなく、経営内容の充実に努めるようになる。

その過程で、農場の主人公は土・草・牛であり、自分はその手助けをしているにすぎないということに気づき、放牧を中心とした適正規模の酪農、まさに風土に活かされた「マイペース酪農」に到達し、現在のゆとりある暮らしと営農を実現したのである。また、チーズ工房を建て、奥さんが自家製チーズをつくり、販売もしている。

一般には、規模拡大と一頭当たりの乳量を増やすことで収益が増え、経営の安定が実現できると、高泌乳牛の多頭飼育がすすめられている。

しかし三友さんは、高泌乳牛の多頭化は、販売金額が多くなってもそれ以上に出費が増えるので収入が減り、さらなる多頭化に拍車がかかり、労働過重をもたらす悪循環の仕組みになってしまうと、真っ向から否定する。

三友さんの酪農は、放牧を中心に、購入配合飼料の給与量を抑え、したがって乳量も一頭平均5500キロ程度と低い。牛乳の販売金額は当然低くなるが、飼料代、肥料代、資材費などのコストをそれ以上に抑えることができるので、結果として手取りが多くなるのである。しかも、労働時間が少なくなり、経営と暮らしにゆとりが生まれる。

三友さんの酪農については雑誌『現代農業』で1993（平成5）年から95年にかけて9回にわたって連載し、それをまとめなおして2000年に単行本『マイペース酪農—風土に生かされた適正規模の実現』を発行している。

この本のなかで三友さんは次のように述べている。

「農業の基本は適地、適産、適量です。とくに適量が大事です。適量であることがおいしくて安全であり、かつそれにふさわしい対価が必要なことを消費者に理解されることが必要です。この対価を国民が理解し支払うとき、農業は人類の存続とともに永続し、環境を守り人びとの生命を守るのです」、「恵まれた自然を与えてくれた存在の意志を識ったとき、人間は節度を覚え、自然の開発と保全の調和をはかることができます。その一助として農民の存在があり、農業の意義があります。われわれ農民は過去から現在へ、そして未来へと絶えることのない誇るべき世代の伝達者なのです」。（丸山良一）

7章 農家と現場指導者・研究者を結ぶ

1 「農民的技術体系」と研究者・指導者の連携

農文協の編集理念の基本に据えているのは、農家の生産現場にある具体的な事実と実践に依拠することである。土や作物、家畜を通して、生きた自然の総体に真正面から働きかけているのが農家である。科学で解明されていないことも含めて、祖先から何世代にもわたる経験の積み重ねを背景に大自然の営みを把握し、土や作物に働きかけ工夫し、農産物を生産しているのである。

農文協は、農家の生産現場にある事実に真実があるからこそ、農家に学び、それをベースに編集・出版活動をしている。そして、これが農文協の編集や出版物の最大の特徴になっている。

こう書くと、農文協は「農家至上主義」で「非科学」とか「反科学」と思われるかもしれない。しかし、それはまったくの誤解で、農文協は科学も大切にしている。なぜなら、農家の工夫や技術、あるいは作物の生育反応の解明やその意味づけ、さらに多様な条件のなかで農業をしている多くの農家に伝えるには理論化が必要であり、そのためには科学が必要だと考えているからである。科学との連携なしには、農家の技術＝「農民的技術体系」の深まりや、広がりはないのである。

実際、農文協の出版物をみても、多くの研究者や指導者に登場していただいているし、農家に直接役立つという だけでなく、いわゆる基礎科学的な分野についても重視している。しかも、無農薬や減農薬防除、あるいは有機質肥料の吸収、栽培技術と食味などの例をあげるまでもなく、地域自然や耕地環境の総合的把握や、生化学的な面からの把握などが必要になり、特に最近は基礎科学の発展なしには、理論化に向けた解明ができないところまで農家の実践がすすんでいる。それだけに、自然の総体の把握を基礎にすえた科学の新しい展開を期待したい。

しかし、遺伝子組換えとか植物工場など、農家の実践の積み重ねのないところでつくられた技術やシステムについては、農文協は一線を画す。なぜなら、遺伝子組換えでは生態系のかく乱が心配されているように、現在の科学で把握できていない部分（こちらのほうが多いし、科学が発展すればするほど未知の部分も増えるという関係にある）も含めた、生きた自然の総体とのかかわりで検証された技術ではないからである。植物工場にしても、現在の科学で明らかになった枠内で成り立っており、本来的に、作物や土、そして自然の持つ無限の力に真正面から向き合い引き出すことができない技術なのである。こうした技術は、たとえ短期的には成果をあげたとしても、長期的には必ず矛盾や問題が出てくるし、長期間の検証なしには評価を定めることはできない。しかも、自然と人間が相互に働きかけ働きかけ返されるなかで自然も人間も豊かになっていく、そうした技術本来のありようが貫徹できない技術でもある。それだけに、こうした技術に依拠するわけにはいかない、というのが農文協の立場である。

農家の技術や実践、それによる自然認識と、科学が本当の意味で提携するなかで、農業も科学も真に発展していくのであり、だからこそ、農文協は農家の立場から科学を位置づけ出版活動を続けているし、今後ともこの立場は変わることはない。

（丸山良一）

2 『農業技術大系』の展開

1970年代から80年代、雑誌『現代農業』とともに農文協の直販文化財の柱になっていたのが、加除式出版物『農業技術大系』である。

『農業技術大系』は、「農民的技術体系」の手法をベースに、農家、研究者、指導者の三者の共同執筆によって実現した画期的な出版であった。しかも、技術書でありながら毎年新しい技術情報を届ける加除式という形態をとっており、出版史にも例のない斬新な出版でもあった。

■「農家のため」の指導者向けの企画

『農業技術大系』は第一次一〇ヵ年計画（1960～1969年）で発行された『農業総覧（資材・品種・農業経営編）』、『農業総覧　原色・病害虫診断防除編』に続く、指導機関向けの加除式直販文化財として、第二次一〇ヵ年計画（1970～1979年）で企画された。

『農業総覧』は「現場指導者につねに最新の資料を提供して農家のためになる指導ができるように協力する」目的で、指導機関（農協、普及所、役場など）への直販方式の確立と「つねに農協と農文協がかかわりあうため」に加除式出版物として出版された。その成功と経験を力に、「本命」として企画されたのが『農業技術大系』である。

そして「われわれがこの企画をすすめることは指導機関に協力するということではなく、農民のためにという目的のもとに指導機関が正しい指導をするように最新の資料を提供しようとするものであることを忘れてはならない」と、あくまで「農家のため」の出版だということが強調されている。

■「精農家の技術」が基本

『農業技術大系』の編集方針には、基礎編と応用編に大きく分け、基礎編は「生理と生育」と「基礎技術」、応用編は「体系技術」(＝精農家の技術)と「新研究」で構成され、「この企画は応用編が中心で、基礎編が理論的うらづけであり「応用に関連づけて基礎編も編集されなければならない」と、精農家の技術が中心であることを明確に位置づけている。そして、科学で解明された生理・生態と基礎技術は、読者が精農家の技術に学び自らの地域条件のなかでどう活かすかを検討するための、基礎として欠かせないものとして位置づけられている。

刊行は『野菜編』(全10巻)から開始され、初回配本は第3巻「イチゴ」(1972〈昭和47〉年)であった。企画どおり基礎編には生理・生態や品種、作型の基本技術が、応用編には精農家の技術体系、新研究が収録されていた。応用編の精農家の技術体系が中心というが、本の編成上は後ろにきている。本としてはこのほうが自然だが、あくまでも「農家のため」という編集方針で編集されている。

精農家の栽培体系の解説には共通して「作物のとらえ方」、「栽培体系」の小項目がつくられ、農家のイチゴのとらえ方や技術の仕組み方が体系として把握できるように構成されている。また、作型の基本技術には「栽培技術の要点」、「栽培法と生育生理」の項目が設けられ、前者は生理と技術の接点をうきぼりにし、後者は栽培技術を生育や生理から位置づけることを意図して編成されている。

一巻あたりの執筆者は30～60人以上にも及び、基礎編と新技術は研究者、技術者が執筆し、精農家の栽培体系は、その大半は現場指導者が農家を取材して執筆しているが、農家自身が執筆したものも少なくない。

■団体から個人重点の普及へ、そして農家へ

『野菜編』は、発刊当初は普及が軌道に乗らず苦戦した。それを打開するために、本部の文化部、編集部、映画スライド部から編成した「特別普及班」をつくり、1973(昭和48)年1月から当時支部組織のなかった東海地方に普及に入った。なんとしても成功させなければという、トップの強い決意が「特別普及斑」を組織させたのである。

「特別普及班」は初日から成果をあげた。それまでは、『農業総覧』の普及の延長で農協や普及所、農高、役場など団体中心に普及されていた。しかし、まったく普及の

経験のない「特別普及班」は団体にこだわることなく、団体の個人(農業改良普及員、農協の営農指導員、農高の教師、試験場の研究者、など)に私費購入をすすめたのである。それが成功した。もちろん団体にも普及できたが、ほぼ7対3の割合で圧倒的に団体の個人への普及が多かった。これが引き金になり、支部の普及者も「素人には負けられない」と勢いづき、普及が軌道にのり、全国の指導者や指導機関に利用が広がった。

産地形成のために、農協や普及所の現場指導者は、現場指導のプロとして『技術大系』を縦横に活用されたのではないかと思う。精農家の作物のとらえ方と経験技術に学び、それをわが産地の土壌や気象条件の中でどう適応できるのか生理や基本技術で検討し、農家とともに産地をつくりあげていったのである。

『野菜編』に続いて、『作物編』(7巻、1975〈昭和50〉年初回配本)、『畜産編』(7巻、1977〈昭和52〉年初回配本)、『果樹編』(8巻9分冊、1981〈昭和56〉年初回配本)、さらに『土壌施肥編』(8巻、1984〈昭和59〉年初回配本)、『花卉編』(12巻、1993〈平成5〉年初回配本)と連続して発行することができ、全53巻(その後、増巻や分冊などで、現在は56巻63分冊)になる。これには、執筆いただいた研究者や指導者、さらに精農家の事例として登場していただいた農家の方々など、2000名以上の方々のご協力があって実現できたものである。

なお、後期の『土壌施肥編』、『花卉編』は、それまでの編が現場指導者中心だったのに対して、農家中心に利用いただいている。これは、内容を農家向けに変更したということではなく、主体的に問題の解決や新しい栽培技術に取り組もうという、意欲ある農家が増えてきたことの現われだと考えられる。

『農業技術大系』は加除式の出版物なので、一年に一回「追録」を発行しているが、現在もすべての編で続けており、『野菜編』では35号を数えている。

(丸山良一)

『農業技術大系 野菜編』全巻。台本刊行後、11巻(特産野菜・地方野菜)、12巻(共通技術・先端技術)が追加され、追録によって大部となった8巻は分冊されている

全国花農家への『土肥編』普及と『花卉編』

「編集の意図を汲んで、そしてそれを普及することで対象の関心を掴み、編集の意図を超え、次の文化財を生み出す」という例として、花卉農家への農業技術大系『土壌施肥編』普及と、それに続く『花卉編』の発刊について、普及者の立場から述べてみたい。

1990(平成2)年、東海近畿支部の普及第一部(農村普及部)のT班(団体・総覧普及班)の若泉さんが、「花農家で『土壌施肥編』(以下、土肥編)が取れる」といい出した。一緒にまわってみると、確かに取れる。1984(昭和59)年刊行開始の『土肥編』は、団体普及が一巡し新規普及部数も頭打ちになっていたが、ここでまったく新しい普及対象が見えてきたのだった。

刊行当時の『土肥編』普及は、発刊当初の青パンフレットにもあるように「今、土が病んでいる」をテーマに、土壌診断事業を導入した行政から開始された。話題は4巻以降の土壌診断、土壌病害、資材だったから、総論巻である1~3巻はうまく説明できず、農家への普及も展開できていなかった。ところが、花卉農家、特にシクラメンをはじめとする鉢花生産農家では、土壌肥料の問題が集中的に現われていた。それまでの、赤土を主体とした用土と手灌水での生産の限界から脱却し、省力化と規模拡大のために底面給水、物理性に優れた人工培養土や液肥の利用が広がりはじめ、土壌肥料への関心が高かったのである。また、矮化《わいか》や開花調節、根鉢(根圧)生成や花色など、植物生理の参考書として第2巻「作物の栄養と生育」も喜ばれた。『土肥編』の全巻構成の意味がはじめて普及者に見えてきたのである。それにあわせてパンフレットも栄養生理を前面に出して「緑版」につくり直した。このことは、野菜、果樹農家への『土肥編』普及で大きく部数を伸ばすことにもつながった。

花のトップ農家で話題をつかむ

花卉農家には全国ネットがある。早川会、栃木・菱沼軍司氏、群馬・矢沢園芸、福岡・鹿毛氏など、研修生を輩出している園芸農家・法人がその核になる。全国花農家のトップの近況を伝えることが、各産地の花農家のトップと仲良くなれることであり、各産地の人脈に入っていく普及の道筋である。情報を伝えることで新しい情報を得られる。全国情報を活かした支部普及のモデルとしても意味があった。

まずこれらの鉢花農家のトップを全国飛び回って普及し、かき集めた話題と産地の人脈を整理する手法をもとに、まず、都下の花農家テスト普及を5名で組んだ。普及は、たとえば「江戸川区鹿骨地区の真利子園芸に会ってきたかのような臨場感」を持って『土肥編』を紹介することで普及は成功した。ついで県トップ農家の普及に同行し、それ以降の県域人脈の普及は支部が継続する方法を全国に広げ、花卉農家への『土肥編』普及は広がった。

『土壌施肥編』は300セット単位で増刷していて、練馬倉庫の三浦さんなどから「パレットに載った土肥編(の在庫)がどんどん減るのはとても気分がいい」といわれた。

『現代農業』も連動した。1991（平成3）年1月号から9回連載の「鉢花の大家を訪ねて」は、千葉県の農業改良普及員、小竹寿子さんが全国の鉢花農家を取材したもので、取材先は『土肥編』普及で拠点にした農家である。東京の篠崎園芸、奈良の落合園芸、ハルディン篠原など、大変お世話になった各地の農家だ。

僕がハルディン篠原の液肥組成を他の花農家に勝手に教えた件で、菓子折を持って長野に謝りに行き、帰りに駅まで送ってもらう車中で「先端を走ることの誇りと不安」を語ってくれたこと、あるいは愛知の早川辰夫（大将）からドイツの鉢物園芸雑誌の定期購読を勧められたことなど、花卉園芸を支える人に可愛がってもらった。

つかんだ花卉園芸の魂を『花卉編』編集へ

花のトップ農家の普及を通じてつかんだのは、花卉園芸の魂である。もともと花卉園芸は国の振興事業からは自立した業界だ。補助金もなく、何万鉢も捨てながら、なけなしのお金を湯水のように使って自らの美意識を追求する育種家こそが花卉園芸の根本だ。

花自体もそれを生産する農家も、種を通じて一本の血筋でつながっている。サカタ中井農場長だった草野総一さんから詳しく聞いた戦前の玉川温室村の顛末や、三井の戸越農場、深大寺植物園、終戦直後の大阪の焼け跡で喜ばれた奈良の花電車など、戦争でも決して絶えなかった園芸の血筋を辿ったことも自分は忘れがたい。

1991年3月、本郷の田仲旅館で花卉研究者を囲んで、編集一課（大系担当）の『花卉編』企画会議に参加した。川田譲一、樋口春三、並河治、橋本貞夫、大川清といった花卉園芸の錚々たる研究者に、『土肥編』普及を通じてつかんだ生の花卉園芸農家の課題を提示させてもらった。それに応える本をつくって欲しいと伝えた。以降3回目までの研究者との会議と、協会内部の企画会議、巻構成案まで何度も意見を言わせてもらった。東の川田先生、西の小西先生たちが、日本の花卉園芸の発展のために手を取りあってくれたのも、『土肥編』普及を通じて花卉園芸の魂をつかんでいたことが大きいと思う。

『花卉編』は、『土肥編』以降に出た技術大系である。それ以前の技術大系である『野菜編』、『作物編』、『果樹編』などと異なるのは、総論巻を持っている点だ。「生長・開花とその調節」「土・施肥・水管理」、「環境要素とその制御」、「経営戦略」、「育種」があるのは、『土肥編』の普及を企画に活かせたからだとも思う。

そして、なにより、『土肥編』自体がじつにバランスのとれた良い巻構成を持っていた。編集者の先を見る眼、構想力がこれからも普及を動かし続けるだろう。

（藤井宏二）

『農業技術大系 花卉編』全巻

3

「大事典」シリーズと『最新農業技術』

■『農業総覧』、『農業技術大系』の情報資産を活かして

加除式の定期刊行物である『農業総覧』、『農業技術大系』の情報資産を総覧・大系定期購読者でない方々に届ける作品として、「百科」、「大事典」、そして2008（平成20）年より刊行を開始した『最新農業技術』（後出）がある。

「大事典」シリーズの最初は、『畜産環境対策大事典』（農文協編、1995〈平成7〉年）であった。家畜糞尿の処理と利用が大きな課題になるなかで、『農業技術大系　畜産編』の環境巻を活用し「大事典」として発行。大変好評で、その第2版を2004年に発行した。

この方法でその後、『病害虫防除・資材編』の天敵巻を活用した『天敵大事典』（2004年）、『土壌施肥編』と『防除資材編』の総合防除に関する情報を活用した『環境保全型農業大事典　①施肥と土壌管理、②総合防除・土壌病害対策』（2005年）、『土壌施肥編』を活用した『肥料・土つくり資材大事典―化学肥料・有機質肥料、土壌改良材、堆肥素材・用土』（2007年）、『土壌診断・生育診断大事典―簡易診断からリアルタイム診断、生理障害、品質の診断』（2009年）がある。

どの作品も一からつくるとすれば膨大な手間と金がかかる。毎年の追録のために新しい情報を加えて発行し続けてきた『農業総覧』、『農業技術大系』があればこそ、これらの「大事典」の発行が可能になった。農文協の普及職員も、『現代農業』の読者にこの「大事典」をすすめ、農家を中心に広く活用していただいている。

■『有機廃棄物資源化大事典』と『地域生物資源活用大事典』

以上の「大事典」とは別に、研究者や、国の研究所、学会による「事典」を発行してきた。その初めが『有機廃棄物

農業技術大系の情報を利用してつくられた
左／『肥料・土つくり資材大事典』(2007年)
右／『土壌診断・生育診断大事典』(2009年)

資源化大事典』（有機質資源化推進会議編、１９９７年）である。当時、急速に関心が高まった有機廃棄物のリサイクルにむけて、有機質資源化推進会議に結集した研究者が、下水汚泥、焼酎かすやコーヒーかすなどの食品残渣、オガクズや剪定枝葉などの植物残渣、さらに生ごみまで、主要廃棄物の優良堆肥化の方法と実例を集大成した作品で、１万５７５０円の高価な本にもかかわらず、５０００部を超える販売部数を実現した。

そして翌１９９８年には、『地域生物資源活用大事典』を発行。当時、国の農業研究センターの所長だった藤巻宏・代表編集で、国の研究者が結集してこの本が誕生した。希少資源、未利用資源、新資源、地方品種を網羅しようという意欲作で、何度も編集会議をもち、植物資源２５３種、動物85種、きのこ・微生物47種の特性、栽培・飼育法、利用法から問合わせ先までを収録した「大事典」になった。アイやアカネなどの伝統染料、アサなどの繊維素材、牛・日本短角種や馬・北海道和種馬（ドサンコ）、地鶏などの暮らしとともに生きてきた家畜、ザザムシや蜂の子などの昆虫、はては泡盛菌、クサヤ菌などの微生物資源まで出てくる。そこには、「資源小国日本は貿易で生きていくしかない」といった浅薄な見方を覆したいという強い気持ちがあった。

藤巻宏編
『地域生物資源活用大事典』
（1998年）

３０００万に及ぶ人口を養うことを可能にした江戸期には、人々の暮らしを支えた食品から日常生活用品までのほとんどが、農作物を含む植物資源からつくられた。江戸期の日本はまさに「植物資源立国」だった。たとえばサクラ。観賞用だけでなく、葉は桜餅に、八重咲きの花は塩漬けして桜湯に、樹の内皮は咳の薬に、樹皮は茶筒などの樺細工に、材は建築材などにと、多彩な利用が編み出されてきた。食品から日常生活用品まで、すべてを国内で自給したということは、太陽エネルギーだけで多くの人口を養い再生産できるだけの高い技術力と文化的な水準をもっていたということにほかならない。

そうした地域の生物資源とその活用技術が今、失われようとしている。消失した資源や情報の復活は困難を極める。そんな「国民的損失」ともいえる貴重な生物資源の消失に危機感をもった研究者たちの思いがこの「大事典」には込められている。そして、「資源の保全は活用されることによってより確かなものになるものであり、そこで本書では、活用の立場から実践的な情報を収録することにしたのである」(藤巻氏の序文より)。2万円の本だが、これも4000部を超える売行きを示した。

■『最新農業技術事典 NAROPEDIA』

そして2006(平成18)年には、独立行政法人・農業・生物系特定産業技術研究機構の編著による『最新農業技術事典 NAROPEDIA』が発行された。農業技術全般にわたって研究開発を担う機構が発足して5年、この間に取り組んだ課題、研究によって得た最新の知識と技術を盛り込み、専門家ばかりではなく一般の読者を対象に、「各事項について5年前と違って、今ならここまで答えられる」という最新の知見の提供を基本方針として編集された。機構の研究者1100人の方々が精力的に執筆に当たり、編集幹事の先生方と農文協の編集担当が何度もやりとりしながら、発行にこぎつけることができた。三輪睿太郎理事長(当時)は、「何でもある面白い事典を狙った」と述べているが、農業生産技術を中心に、経営、流通、政策・制度から食品・食料、資源・環境問題まで多様な用語を網羅し、それぞれの用語について、解説の正確さはもちろん、現実に使われている場面や現場の動きをおさえ、これからの課題にふれた、「ドラマのある」オールカラーの魅力的な事典になった。3万8000円の高価な本だが、販売部数は5000部を超えた。

この「事典」の編集では「WEB(ウェブ)編集」という電子・インターネットを活用した新しい方法を採用した。この「WEB編集室」は本文原稿や写真などを収録し、著者による入稿から編集幹事・委員による点検、農文協の編集者による点検と疑問点の解決等の依頼、これを受けての執筆者の修正、さらに索引作成のためのキーワードの整備などをインターネット上で行なえるシステムである。本が完成したとき、「短期間でこれだけの事典をよく完成させてくれた」と三輪理事長にお褒めの言葉をいただいたが、1100人もの執筆者が参画する事典がスピーディに完成できたのは、執筆者・編集者の尽力とともに、「WEB編集」の威力が大きかった。

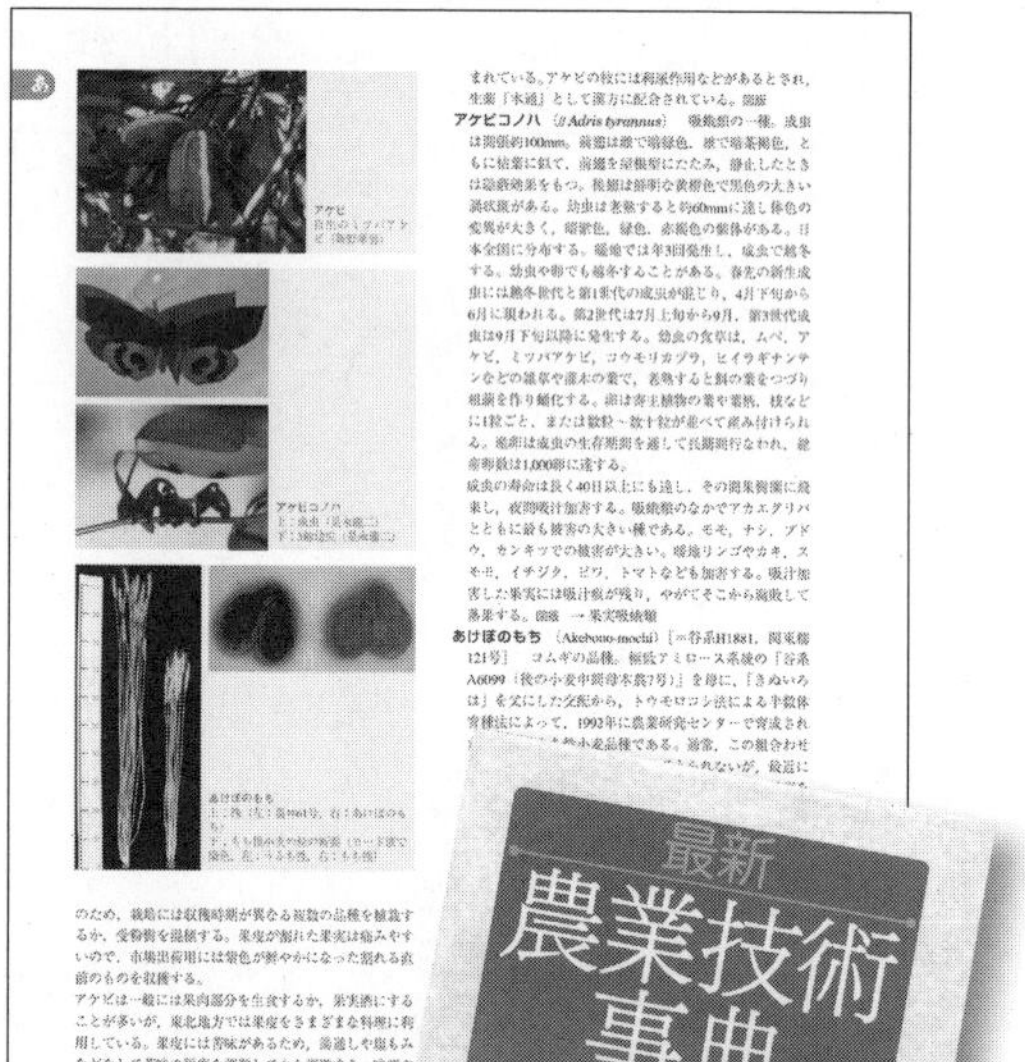

農業・生物系特定産業技術研究機構編著
『最新農業技術事典 NAROPEDIA』(2006年)とその一ページ

■『最新農業技術』(全6編)

2008年から「農業技術大系」の追録情報を活用した『最新農業技術』の発行が始まった。作物、野菜、果樹、花卉、畜産、土壌施肥の6編を追録と同様、年一回発行する。最新の追録記事が中心になるが、これをテーマ分けし、このテーマに合う過去の記事や、時には『現代農業』の記事も加えて一冊にする。

『作物 Vol.1』は、穀物の高騰が世界を揺るがした2009年に発行された。全体の大きなテーマを「低コスト省力で拓く水田活用新時代」として、「カネ・テマをかけない、元気な農家の元気な稲作」のコーナーでは『現代農業』でおなじみの農家も含め、不況をも吹き飛ばす6人の稲作農家が登場。そのほか、いよいよ小力・多収に動き始めた世界の稲作(マダガスカルのSRIなど)、日本の超多収イネ研究早わかり、地球温暖化時代の豪雨に負けないイネ・ムギ・ダイズの全天候型栽培、まるごとナタネ(栽培から搾油・利用まで)、雑穀栽培の新展開(定番ヒエ、新顔キノア)、サツマイモ栽培の新技術、田んぼで地域づくりなど、第一線の研究者・技術者による記事も収録している。

多様な地域農業を振興していくうえで最も信頼できる基礎科学と実践技術を集積している『農業技術大系』と、その最新情報を、定期以外の人々に広く利用してもらうために刊行された『最新農業技術』によって農家と試験研究を結び、この連携でつくられてきた「農業技術」を継承していくことは、農文協の重大な使命であると考えている。

(豊島至)

『最新農業技術』の6編

『最新農業技術事典』言葉がわかると課題がわかる！

初めて『最新農業技術事典』を買ってもらったときの相手の表情や仕草は時間がたつにつれてしだいに薄れてしまった。記録を見返してみると「農機具屋」となっているが、記憶は曖昧だ。ただ、どんな場所だったか、「やった」という達成感と「ようやく取れた」という安心感ははっきり覚えている。

農文協に入って一年目の冬、岡山の山間にある店だった。そのときの雰囲気と感情を忘れないのは「ようやく買ってもらった」からだと思う。当時、この本の予約を取ることが仕事のひとつだったが、先輩と同期が予約を取るなかで私は全然取っていなかった。確かこの本の予約が取れなかった最後の一人だった。上司から「取ってないのはお前だけだ」といわれていたなかでの予約決定だったので安心したのだった。

記録には詳しい経緯などなく、ごく簡単に書いてあるが、文字どおり「頼み込んで」買ってもらった。農家の関心などわからず、ただ「農機具屋だからいろいろと聞きに来る人がいるだろう」というだけで、必死で話していた。

それから2ヵ月後に徳島の鳴門に入る。サツマイモの大産地で「鳴門金時」の名で知られる。以前に行ったことがある上司から「相手はサツマイモの専門家だから、同じ土俵に立っても歯が立たない」と忠告されていた。確かに一年目の数少ない経験のなかでは太刀打ちできないと思い、とにかく「自分がここで金時をつくっていたら」という視点で考えた。

『現代農業』の契約を取ることが第一の仕事だったが、専門性のある本のほうがよかったのでこの本を紹介して回ることにした。専門性を『農業技術大系　土壌施肥編』に求めなかったのは、私自身が『土肥編』を読み解けず、「使い方を提案できない」という単純な理由である。

「もし自分がサツマイモ農家だったら」といくら考えても、具体的に課題がわからなければどうしようもない。いつものとおりカブに乗り、鳴門での普及の初日に「課題らしきもの」があった。微量要素である。出荷用の段ボール箱に「ミネラル金時」とあった。

農家に聞いてみると「農協がこういう名前をつけているので、微量要素資材を使わなければ出荷できない」という。また同じ農家から「微量要素は『入れればよくなる』と思い込んでいる人もいて、過剰施肥で生育障害も出ている」とも聞いた。「農業をやっておらず、ましてや農学部出身でもない自分が、農家と同じ視点に立てるのはここだ」と信じて、宿に帰ってから『農業技術事典』で調べた。「微量要素」、「中量要素」、「亜鉛」、「チッソ」、「リン酸」、「モリブデン」など要素に関することを読んでメモをつくった。

翌日から農家には「微量要素がどのように効くかがわかると生育障害も出さないし、使いこなせればすごい武器になります。そのときにこの本を使ってください」と提案して回った。その話しかできなかったのが、かえってよかったのだろう。その後は高知へ行き、ハウス園芸専作地帯でも「課題を見つける」という方法で当たった。

（林琢磨）

地域とともに

8章　女性の自給運動から地産地消（商）・風土産業へ
9章　むらの助け合いから、地域を再生する集落営農へ
10章「制度としての農協」から、農業者の農協へ
11章　直売所・帰農・地元学　進む「地域の再生」

（撮影：橋本紘二）

8章 女性の自給運動から地産地消(商)・風土産業へ

1 農村女性の自給運動の広がり

1970年(昭和45年)は、激震が農村・農家を襲った年だった。

水田二割減反。前年の69年から米価据え置き(以後4年続く)、開田抑制。食管制度のもとでの政府所有過剰米720万トン。

米の豊作が続いており、67年には生産量が1445万トン。これは雑誌『現代農業』が連載した追肥重点の「片倉イナ作」が全国に波及、農家主導のイナ作増収運動の大いなる成果でもあった。

当時の「過剰米」には、子どもたちのパン給食を米飯給食にしたり、輸入飼料依存の畜産に振り向け国内自給型畜産に向かわせたりして、「瑞穂の国」の田んぼを守る対応も考えられたのだが、そんな道には目もくれず、政治の側からは「米が余っている、減反せよ、作目を転換せよ」との強制。

一方で経済界からは、「農業経営の近代化」が叫ばれる。その中身は「農業経営の大規模化―大型機械化―専作化」による、小さな農家の切り捨て路線である。

しかし、この大規模・専作化は、購入資材依存、農薬・化学肥料多投につながり、すでに野菜産地では土の悪化、連作障害が深刻になり、畑でも田んぼでも農薬中毒による農家の健康破壊が広がっていた(害虫防除の強毒残留農薬BHC、DDTが、ようやく71年に使用禁止)。

この経済合理主義一辺倒の、農業「近代化路線」に対し、『現代農業』は、主張欄を設けて根本的批判を開始する(70年2月号より)。

この農業近代化批判のなかで、拠りどころになったのは、農家が農家であるかぎり持っている「自給」の側面だった。堆肥などの農業資材から、ドブロクなど暮らしの面まで、『現代農業』では自給のとりもどしを訴えた。

■『現代農業』主張「新しい自給生活を創り出そう」

昭和40年代は、田植機・自脱コンバインの開発と急速な普及もあって、農業機械の負担が大きくなり、暮らしの面でも自家用車や、冷蔵庫・洗濯機・掃除機など電化製品の普及で、米の売上げだけでは暮らせず、兼業、出稼ぎ、パート勤めの形で働きに出る人が多くなった。

朝を告げるオンドリが村から消えて、そのかわりに月給トリが増えた。兼業でお金を稼いで、タマゴも野菜もすべてを買う生活へ。そんな生活の「近代化」が、農家らしい豊かさを失わせていないかどうか。

『現代農業』は1970年4月号の主張欄で、「新しい自給生活を創り出そう」と呼びかけた。当時、日本の「食料自給率」は80％を割っていたが、それに先行して、農家一戸一戸の食料自給率（「農家生計費調査」による、一年間に一家が食べるもののうち、買うのではなく、自分のつくったものをどれだけ食べているかという数字）が急速に低下していた。米だけは92％の自給率だが、全部を合わせると18％を割っている（10年前の半減）。

「なんでも自給というのは極論です。しかし、逆になんでも購入というのは、せっかくの有利な条件を死なせていることではないでしょうか」と「主張」は問いかけ、あえて「新しい自給生活の創造」を提唱している。

▽自給が苦しい労働であった時代は過去のものとなった。これからはむしろ趣味（楽しみ）として考えよう。

「これからの自給は、昔とちがって『自給しなければ食えない』から、しかたなくやるというのではなく、『買えば買えるがあえて買わない』というものです。だから、やむを得ずやる自給ではなく、積極的な（生活を大切にするための）自給です。工夫をこらすのは生産性の向上ではなくて『人間性』の向上、つまり、いかにうまいものを食うか、という点でしょう。」

もうひとつ、この「主張」では、新たな自給生活の形を提唱している。

新しい自給生活を呼びかけた
『現代農業』の「主張」
（1970年4月号）

▽新しい自給生活は必ずしも一戸一戸の自給ではない。むしろ「自給生活圏」をつくることにある。

「自給とはいえ、ナスの一〇本も植えれば、最盛期には食べきれない、というところに、実は、もう一つ新しい自給生活のやり方がかくれていると思われます。それは、自給する農家同士が融通し合うという方法です。『自給農家連合』というべきものを作るのです。」

「主張」は、農協にも提言している。

「農協が生活の問題を真剣に考えるなら、新しい自給生活―自給生活連合の事務局になってもらいたいものです。」

■自給運動に動き出した農協婦人部

『現代農業』に、当時、秋田県仁賀保農協の生活指導員だった渡辺広子さんが執筆した記事がある。1985（昭和60）年8月号の「畑に出ない嫁っこたちから、畑大好きの嫁っこたちへ―共同畑の大きな波紋」である。

仁賀保町には、カセットテープで有名なTDKの大工場があり、早くから兼業化がすすんだところで、農家の若妻たちもご主人ともども勤めに出ていた。

「兼業でお金を稼ぎ、すべてを買うという生活の中では、健康、家族の和、農の心……が失われつつあった。

それではいけないと、農協が自給自足運動を呼びかけたのは昭和四十五年である。

金をとるよりも使わない工夫！

土を持つ農民こそ真の幸せを！

郷土の土から豊かな健康！

などを合言葉に「農家の自給自足運動」をすすめてきた。

『共同畑』はその自給自足運動の一環として、昭和五十二年にはじまった。組合長（佐藤喜作）が、『勤めと家の仕事で忙しい主婦たちが、畑の中で井戸端会議ができるように』と婦人部に提案したのがきっかけである。」

この「共同畑」は、集落の嫁さん20人で始めたのだが、参加した婦人部若妻会の人たちには、畑仕事の体験塾でもあった。

農家の嫁っこが共同畑で自給に励む
『現代農業』記事（1985年8月号）

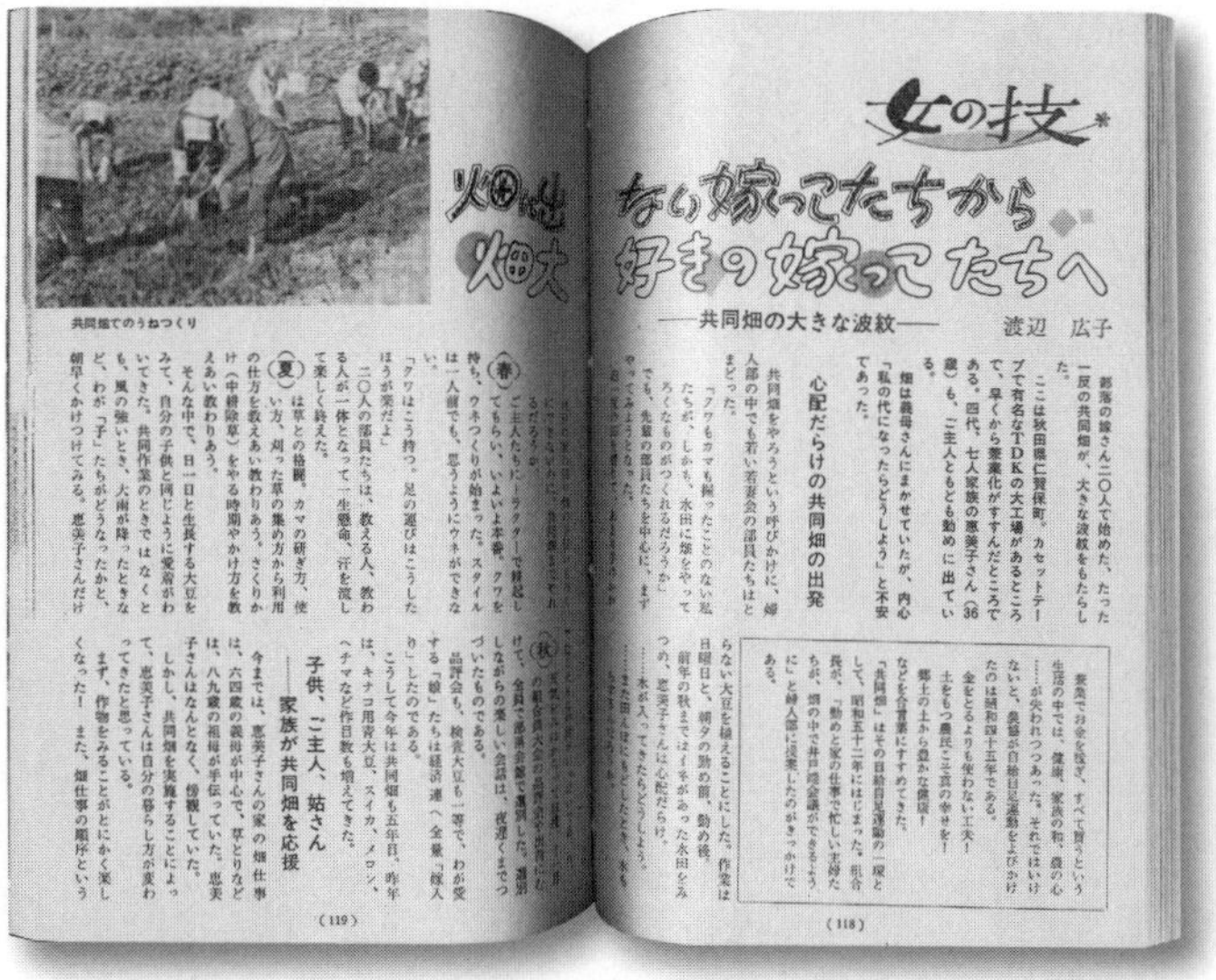
女の技
畑に出ない嫁っこたちから
畑大好きの嫁っこたちへ
―共同畑の大きな波紋―
渡辺　広子
共同畑でのうねつくり
心配だらけの共同畑の出発
子供、ご主人、姑さん
―家族が共同畑を応援
（119）
（118）

10アールほどの田んぼを借りて、最初はあまり手のかからない大豆を植えた。クワの持ち方、ウネの立て方、20人は教える人、教わる人が一体となって汗を流した。

夏は草との格闘。カマの研ぎ方、使い方、さくりかけ（中耕除草）をやる時期やかけ方を教え、教わりあう。共同畑の作目は、年を重ねるごとに増え、キナコ用青大豆、スイカ、メロン、ヘチマなどが畑をにぎわせた。

■農家生活の希望や誇りを引き継ぐ

嫁さんたちの共同畑には集落の姑さんも大喜び。「『嫁っこがきて、三年も五年もたっても、畑サなんか一日もでたことねえ。こんなことで、オレたち畑仕事できなくなったらなんとするべ』と心配していた姑さんたち、さりとて『忙しい嫁っこつかまえて、畑サ連れていって一つ一つ教えるなんてとってもできなかったけど、共同畑でこうしてひとおりの仕事おぼえてきたら、自分でヒマみつけて畑サも行グようになった。ホント、エガッタモンダ』と。」

嫁さんのほうも、「仲間といっしょに野菜つくりの技術を知り、心の交流ができ、なんといっても協同という絆が強く結ばれたことはすばらしいことと思っている。」

「共同畑で収穫したメロン、スイカは、集落の集まりや盆踊りのとき、みんなに食べてもらう。青大豆のキナコもみんなで分けて、食べきれない分は農協の店で、地元特産として販売する。ヘチマ化粧水も家中で手・足・顔にたっぷりつけている。」

筆者の渡辺広子さんは、お嫁さんの気持ちを代弁して、記事をこう締めくくっている。

「兼業の進む中でともすると失われがちな農業の希望や誇りを、自給運動や共同畑に結集するなかで発見した。これからは、共同畑を『基礎講座』とし、わが家の畑は『上級講座』として、仲間の先輩や義母からよく習おう。田んぼと同様、畑にも力を注ぎ、義母の青空市場（週一回、農協主催の農産物直売所）へ、『これも、あれも』と出せるような野菜をつくり、義母の後継ぎになろう。いま（嫁さんの）恵美子さんの畑にはかつて見たこともないような、いろいろな作物がビッシリと植えられ、スクスクと育っている。」

農村女性の自給運動は全国的に展開され、自給野菜だけでなく、味噌や漬物など手づくりの加工食品に広がり、おすそ分けとしての直売所の活況につながった。オール兼業化の中で農業と暮らしを守ってきたお姑さん世代は、添加物だらけの「袋の味」を心配し、子や孫の健康を願って、本物のおふくろの味、郷土の味、地域の食文化の継承の輪を広げようとしていた。

そんな願いを受けとめて、農文協は1984年（昭和59年）、「聞き書・日本の食事（日本の食生活全集）」の刊行を開始する。

（栗田庄一）

農家列伝

小沢禎一郎

71歳の小沢禎一郎さん（長野県松本市）は、農業高校を卒業して以来、ずっと酪農をやってきた。自分が50歳になったとき、経営はすべて息子に渡し、今は周りの田んぼからワラを集め、毎日出てくる大量の糞で立派な堆肥にして集落の年寄りたちと一緒に野菜を育てたりしている。

借金もした。牛が子牛を生んでくれず、病気多発でお金が残らないことも経験した。若者に嫁さんが来ない問題に「20万円の給料を出そう！」と真正面から闘ったりもした。お隣りの中国の酪農家たちからどうしたら儲かるかと相談されて、日本各地の酪農家仲間と一緒に何回もその村を訪ね、日本の経験を親身に伝えた。これらを雑誌『現代農業』のたくさんの連載や、多数の単行本で全国に発信した。また、「全国二本立て飼料給与法研究会」の会長もやって、毎年、全国の酪農や獣医師の仲間と交流もしている。

嫁さんに20万円の給料を

「嫁さんに20万円の給料を」と打ち出したのは、小沢さんは青色申告の会の会長もやっていたから、「専従者給与」で嫁さんにきっちり20万円を出そうということでもあったが、実は若い夫婦が経営の中心になり、家族と一緒になって農家としての自給生活を豊かにしようという呼びかけであり、家族の一人一人、とくに若い女性の感性を信頼して、現代の農家に自信をつけたいという考えであった。

全国からはものすごい反響で、時代はしだいに小沢さんが提案するとおりに動いてきた。何より、農家に若い女性が嫁さんに来て、村の素晴らしい自給の伝統と都会がくっつき、家と村に元気が舞い込んできた。その流れの一つが直売所である。直売所で稼いだお金は母ちゃんの財布にたまり、流通から痛めつけられている農家が自信をとり戻す大きなきっかけになった。

酪農ではワラ集めを徹底的に重視した。松本という大水田地帯でワラは「ただ」（堆肥との物々交換）で手に入る粗飼料である。二本立て飼料給与法は、考え方として変わることのない酪農経営の土台技術である（１２０ページ参照）。

なかでも牛の健康の柱である基礎飼料を、小沢さんはワラに求めた。それをアンモニア処理することで栄養価も保存性も高め、他の購入飼料と合わせて病気なしの経営をつくった。近年では牛の高能力化に合わせて、タンパクの高い基礎飼料をより増給する「新二本立て飼料給与法」により、事故は起こさないまま乳量増にも対応している。

そして健康な牛から生産される大きな宝である糞尿は、糞はアスパラガスや加工トマト、鉢栽培の堆肥として、尿はハス池に入れることでやはり有機肥料として利用する。それら糞尿堆肥を使って、集落のお年寄りは、毎日、体の調子に合わせて二、三時間作業して時給１０００円を稼いでいる。

安定して健康な酪農が村にあることで、田んぼも野菜もお金も廻る。豊かな自給生活も満喫する。そして国際的な酪農家との交流も。そういう経営を小沢さんはつくってきた。（斉藤春夫）

2

食を軸に暮らしと地域を伝承する『日本の食生活全集』

■今、やっておかなければならないことがある

農文協が近代化批判を強め、自給の見直しを掲げるようになった1970年代の後半に、日本の伝統的な食生活に関する企画（当初は「郷土食全集」と呼んでいた）が構想された。しかし、しばらく企画は中断。その後、江戸農書を集めた『日本農書全集』を刊行したこともあり、江戸の食生活に関する記録をもとに編集する案もあったが、これらの記録は概ね、町場の、あるいは上流階級のもので農村、あるいは庶民の食生活を伝えるものではなかった。

こうして、新たな聞き書きによって記録に残すしかないと、方法が定まっていった。全国各地で、当時のお年寄りが思い出すことができる昭和初期の食生活の様子を聞取り調査し、料理を再現してもらって撮影し、記録する。膨大な作業が予想されたが、都道府県別編成として、各県に編集委員会を組織し、生活改良普及員など地域に密着した活動をしている方々に尽力していただくことにした。こうして、国家的事業ともいうべき、『日本の食生活全集』が誕生することになった。

以下は、「刊行にあたって」の冒頭の文章である。

「今、やっておかなければならないことがある。今、やっておかなければ、永久に失われてしまうことがある。日本人がつくり上げた食事。今、それを記録しておかねば、永久に失われてしまう。」

そんな思いを編集委員、調査・執筆者、カメラマン、そして話者のお年寄りなど、みんなで共有しながら、編集作業が進み、1984年（昭和59年）、『聞き書　岩手の食事』をかわきりに、『日本の食生活全集』の刊行が開始され、10年がかりで、全国47都道府県別に『聞き書　アイヌの食事』1巻と『食事事典』2巻を加えた全50巻が完成した。

全国300余地点で聞取りを進め、語ってくれたおばあさん・おじいさんも5000人あまり。ほかに、撮影のために食事を再現していただいた方などたくさんの方々のご協力をいただいた。販売にあたっては、農文協の各支部が各県の編集委員会と連携しながら、直接普及を進めるとともに、同行販売など書店の協力、支援を受

『日本の食生活全集』全50巻

『聞き書 岩手の食事』カラー口絵1頁目
（岩手の食事　その心と技）

けながら、徹底的に普及した。現在までの発行部数は全50巻で175万部（一巻平均3万5000部）となっている。

■「変わらない」ありようを、「伝承」する

「伝承」という言葉がある。伝承は単に、古いものを残すことでない。その時代に生きる人々の工夫が加わって、古いものが形を変え、変容しながら次代に受け継がれる。遺跡や古い建築物は保存することによって次代に引き渡せるが、日常生活文化は、日常の営みを通して伝えるしかない。そこには「変わる」ことと「変わらない」ことがある。変わりながらも「変わらない」ことを伝える、それが「伝承」といえよう。そして、生活文化としての食、食文化こそ伝承しなければならない、人間の大事な営みである。

（1）食は、地域の自然や農業に支えられている

（2）食は、素材の採取、栽培から加工・料理まで、人々の共同・協働に支えられている

食の背後には地域の自然と農業があり、家族のためにと算段する主婦の仕事があり、家族の絆があり、人々の助け合いがある。この、食の営みの変わらないありようを「伝承」するために、『日本の食生活全集』は生まれた。「素引巻」まえがきにあるように、「暮らしから食だけ切り取って叙述するのではなく、庶民の暮らしのあり方の、地域ごとの多様な展開を〝食べる〟ことから浮き彫りにすることを目指したもの」なのである。

記述は「現在進行形」である。以下、『聞き書　岩手の食事』の「県北の食」の一節。

「…昼食は、女たちだけなので、それほど手間をかけず、あり合わせのものですませることが多い。朝炊いた二穀飯を味噌汁のなべに入れ、煮立ったらかぶ（蕪）を入れてじょうし（雑炊）にする。おろしぎわに高菜漬を放すとおいしい。あるいは冷や飯の湯漬を、夫や子どもたちの弁当のおかずの残りや味噌漬で食べる。

ごはんが不足がちのときは、そばねりをつくってみたりする。茶わん一杯の飯をゆるめのかゆにし、煮え立ったところに一合のそば粉と塩を少々入れればでき上がり。これを大根おろしに澄ましをかけた汁で受けると、なかなかよいものである。

また、おなかをすかして帰る子どもたちのために、けえ

ばもちをつくることもある。これは、そば粉などに塩を少し加えて皮とし、中に味噌と黒砂糖を練ったあんを入れてとじ、かしわの葉で巻く。これをいろりの灰の中で焼いて食べる。…そば粉でつくったものは冷めると固くなりやすいので、ほどよいぬくだまり（温かさ）の灰に埋めて子どもたちの帰りを待つ。」（『四季の食生活・冬』）

■ブンガク『岩手の食事』

この全集では、聞き書きをした地域ごとに、まず「四季の食生活」として、春夏秋冬の日常の朝昼晩の食事と、祭りや盆、正月、仕事の節々での行事食（ハレ食）が記されているのだが、季節を追って読み進むと、そこで一年を過ごして、その地の自然の優しさ、厳しさをまるまる体験したような気持になる。

『日本の食生活全集』では、県をいくつかの地域に区分し、その地域のなかから、特定の町村を選び、さらにそのなかの一戸の農家にしぼり込み、時間をかけてていねいに聞取りし、これをもとに原稿がつくられた。個＋個の総和や平均を全体とする「科学的」な手法ではなく、個が全体を表現している（個即全）という見方で、ある農家の全体像に迫り、描こうとしたのである。こうして、単なる記録でも、調査報告でも、評論でもない、人間の暮らし方にせまる独自の味わいをもつ作品になった。作家の富岡多恵子氏はいみじくも、本書に「文学的感動を覚えた」と記している。

「…わたしが『岩手の食事』という本に文学的感動を覚えたのは、だから『民話』の世界に感動したのではなく、ヒトが『ものを食べて』生きる事実に感動したのである。これは、『食通』の書く文章によって味わったことのないものだった。」（「ブンガク『岩手の食事』」―『表現の風景』収録、講談社）

「ヒトが〝ものを食べて〟生きる事実」の豊かな広がり。その感動は、食べて生きる背後には農耕の世界が厳として在ることの確認でもある。

この、富岡多恵子氏の文章を読んで『日本の食生活全集』と農文協の存在を知ったという結城登美雄さんは、こう話す。

「女たちの日々の営みを『ブンガク』ととらえた富岡さんの慧眼。鴎外や漱石や芥川ではなく、『おれのオフクロがブンガクか』と思ったものでした。ものの見方を大きく変えさせられ、私にとってはものすごい転換点でした。」

結城さんは、地元学を提唱し、全国に広がる「食の文化祭」の火付け役をはたした民俗研究家である。

「宮崎町の『食の文化祭』も『食生活全集』からの発想です。名物料理ではなく、日々の食卓、繰り返しのなかで身につけてきた技や知恵をみんなで確認しあう。尻込みするばあさんたちに『梅干でええ。手間がごっつおうだ』と言ったら20人も30人も梅干を出すようになった。いまもむらを歩いていると、『食全集』とちがわねえよ、なーんだ生きているよ、という人にいっぱい会うことがあります。」

「ブンガク」といっても小説のような読み物というわけではない。石毛直道氏（国立民族学博物館・元館長）が述べているように、『食生活全集』は食生活研究の第一級の資料であり、地域の資源を生かした地域おこしに役立つアイデア集であり、わが家のメニューを豊かにする郷土食の料理書でもある。『食生活全集』のブンガク性は、高く深い「実用性」をもつ。そして、ブンガク的であるがゆえに、人々のなつかしい記憶を呼び覚ますきっかけを与える。記憶に乏しいはずの若い人たちにもこの『食生活全集』は読み継がれている。「農村にはこんなにも豊かな『食』が行事とともに存在していたことが、まるで物語のように描かれていて感動した」――『日本の食生活全集』を読んだ、ある20代青年の感想である。「変わる」ことに振り回され、自然や人とのつながりが見えなくなった今という時代のなかで、「人間としての記憶」が疼くのかもしれない。

『日本の食生活全集』は庶民の日常生活ブンガクであることによって、人々を記憶の共有へと誘い、人と人をつなげ、一人ひとりが主体になった住民自治を築く力となる。暮らしと地域を「伝承」し、新しい豊かさをつくる未来にむけた本――それが『日本の食生活全集』なのである。

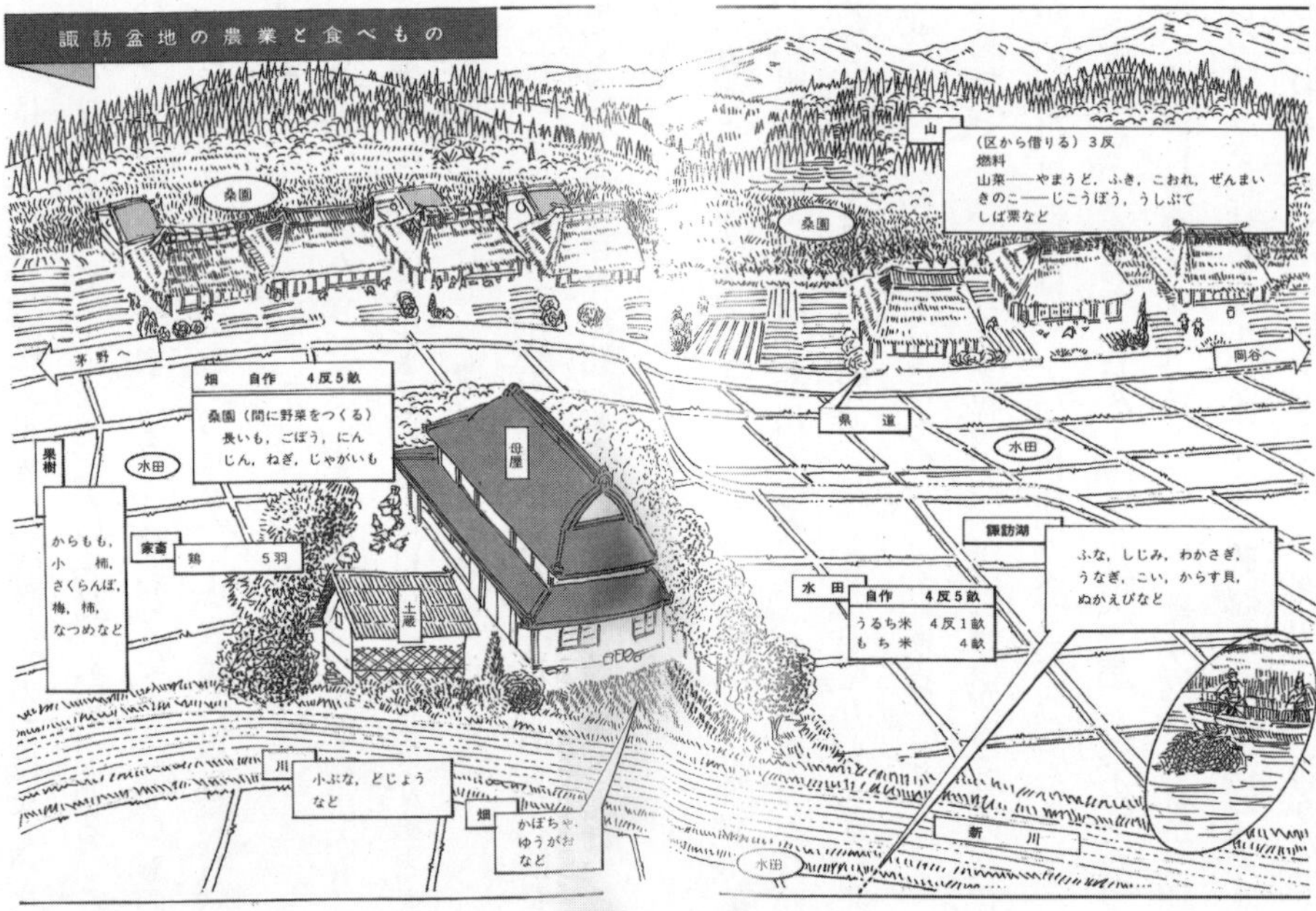

『日本の食生活全集』の屋敷周りの図
里山から、田畑から、川からなど、食素材入手の全体像が描かれる
図は『長野の食事』の「諏訪盆地の食」より

■一対象者あたり20～30枚の「調査票」

『日本の食生活全集』の編集にあたって、各県の執筆者は調査票にもとづく聞取り（概況調査）によって全体像をつかみ、そのうえで執筆のための精密調査を進めた。

調査票はB４で10枚。（１）食生活基盤―山・川・海、（２）素材の確保（年間）、（３）素材別利用法、（４）年中行事とハレ食、（５）A　日常食の献立（朝、昼、晩、間食・その他について春、夏、秋、冬ごとに）、（５）B　日常食の献立（精密調査）、（６）各料理のつくり方、食べ方、（７）救荒食、薬用食、（８）ライフサイクルと食（離乳食、妊婦食、冠婚葬祭など）で構成されている。（５）Bや（６）は同じ用紙が何枚も必要で、記入された調査用紙は一対象者あたり20～30枚になった。

この調査票をもとに執筆が進められ、（１）食生活基盤などをもとに、食を支える素材の多様さを示す「屋敷周りの図」などもつくられた。

（豊島至）

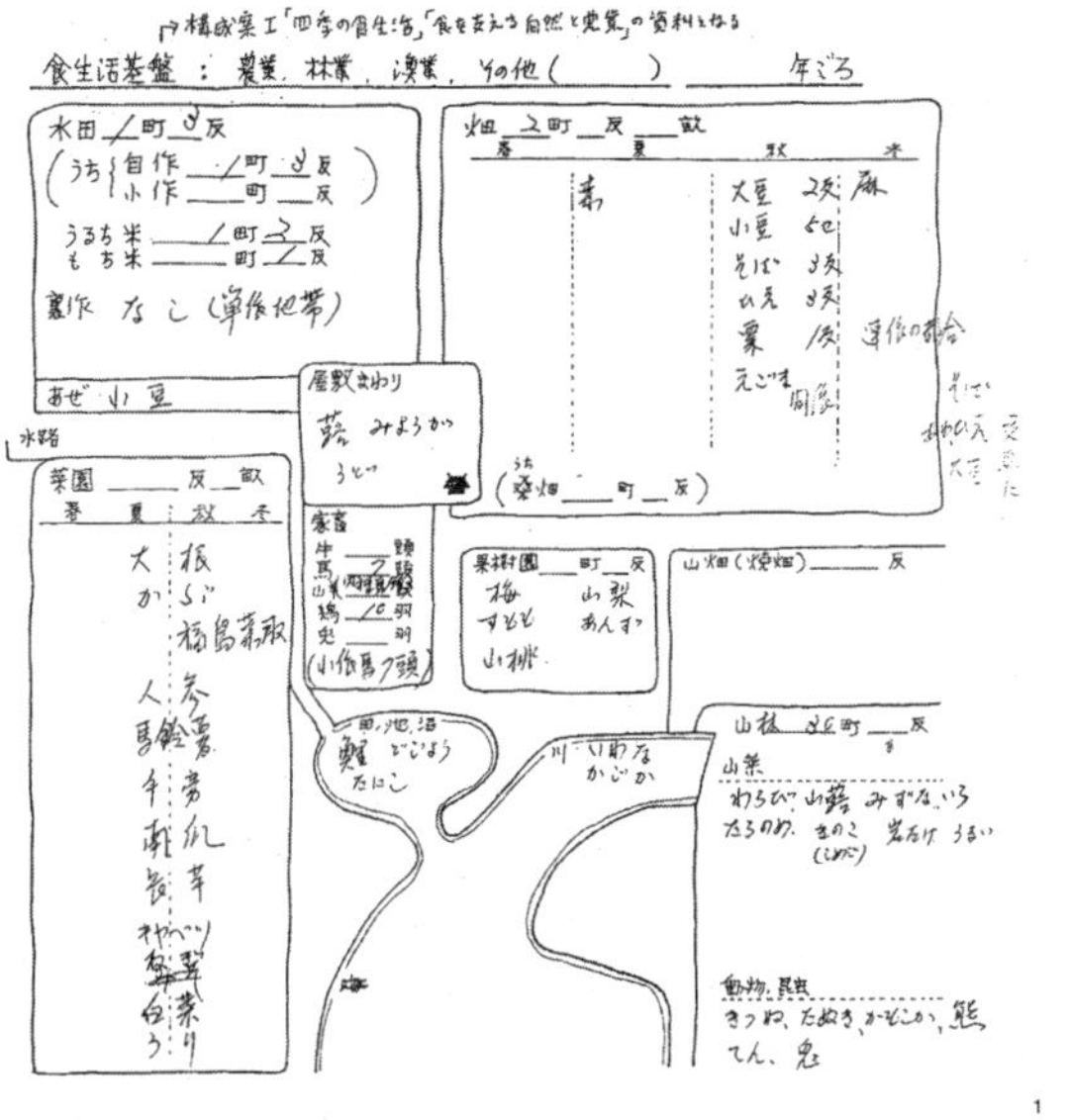

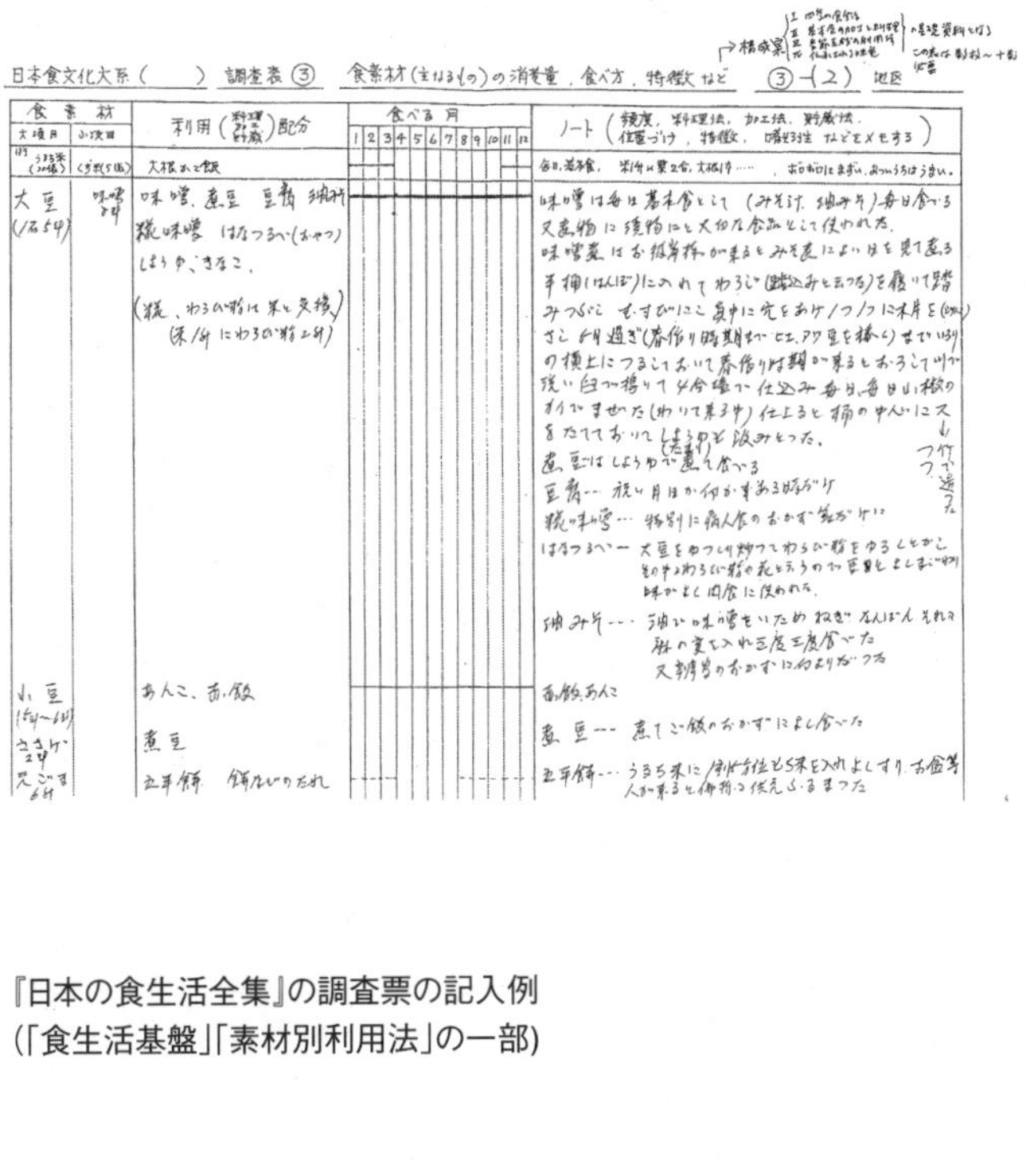

『日本の食生活全集』の調査票の記入例
（「食生活基盤」「素材別利用法」の一部）

チーム力で切り拓く普及の原点、食全集普及

1984（昭和59）年6月、「食生活全集」の普及は始まった。第一回配本『聞き書 岩手の食事』発行は9月。その3ヵ月前である。二、三年目の若手支部職員や中堅老練・大先達の本部職員の9名が盛岡駅近くの宿舎・岩一旅館に集合。普及会議を開き、普及開始。

私は入会9年目。年代の差のある特別チーム編成は、今も含め珍しい。また、支部の計画指揮の形成過程でもあった。そして何より、地域から、現場から発見し練り上げる気概を持つ、普及感覚のすごいチーム運営。さらに編集と普及の一体感（調査1年・聞取り再現1年・執筆完成に1年、計3年。聞き取りした60名のおばあさんに感謝ものなんです、というトークもあった）。

その普及の端緒でもあった。緊張みなぎる場だった。格調高い企画趣意、「今、やらなければならないことがある……なんとしてもやり遂げたいのである」の大判カタログでの「全50巻企画全集の定期契約取りの普及」の開始であった。それはまた内部の仲間の教育伝承の場であり、大変教わることの多い場でもあった。こういう場は、私には以後、風土記の悉皆普及・絵本発行時のプロジェクト普及や大学普及のプロジェクト普及などの原型にもなった。普及が状況を切り拓く最前線…。

「生活の全存在を掴みたい。そのすばらしさを表現して自然と人間と社会の有り様を考える。そんな文化運動を…」という期生講習会での岩渕専務や同期の言葉に触発され、理想とした〝仕事〟が見つかったとも思った。その一つが「食生活全集普及」だった（運動への想いが、普及過程でも編集過程でも響きあい、繋がっていた）。

この過程で培われ、その後の普及活動で発見できたものの多様さは大したものだ。県北のヒエ麦大豆二年三毛作、南部赤松・雑木も含めた八〇年焼畑大輪作―『岩手の食事』（99頁）に感動した環境生態学者。『青森の食事』のたくあん漬けの技の記載に感動した民俗研究家。ほか、調理・栄養・博物・教育・食の関係者……何よりも農家が「自給生活」への誇りを感じてくれたこと、その交流が嬉しかった（自然に感謝する生産者にして消費者である、豊かな自給生活世界の方向性、人間の誇りを示している…との実感）。

もはや、「0の恐怖（契約0）」という普及営業の強迫的感覚は「おもしろさ」の感覚に転化していた。作家住井すゑ「黄金の金脈」、富岡多恵子「ブンガク『岩手の食事』」などという識者の評価も普及を押し上げた。「巡り会って紹介しなければいけない人がまだまだたくさんいる」と普及拡大にすすんだ。それが協力を惜しまない読者になって輪を広げてくれた。さらに、地域に根差した書店人との出会いも。このおもしろさの感覚は、今も引き継いでいるし、さらに引き継いでいきたい。

（奥山勇二）

第1回配本
『聞き書 岩手の食事』

3 『地域資源活用　食品加工総覧』と『地域食材大百科』

■農村女性の食品加工が地域コミュニティの力に

『日本の食生活全集』の開始から15年後の1999（平成11年）年3月、農文協は『地域資源活用　食品加工総覧』（全12巻）の刊行を開始した。大きく広がりはじめた農村女性たちの産直・加工、地産地消（地商）のための方法と技術を提供し、こうして『日本の食生活全集』で描かれた食の世界を現代に復活・創造したい、本総覧の企画の意図であった。

農家・農村が農業生産だけでなく、加工し、販売することを「農業の六次産業化」という。これを経済的・経営的にみれば、生産物の付加価値を高めること、別のいい方をすれば流通や食品加工など農外で膨大に発生している「付加価値をとり戻す」取組みである。しかし、広がる女性たちの食品加工には、もっと別の意味があるようだ。

戦後の農村の食品加工・販売には、三つの流れがある。

ひとつは農業近代化のなかで進んだ加工の流れ。ミカン産地のミカンジュース、スイカ産地の摘果スイカの漬物など、近代化路線で生まれた単品産地に対応する形で、農協を中心に、すそものの利用や価格変動に対応する単品の加工事業が展開された。

第二は1980年代に始まった「一村一品運動」の流れ。付加価値の高い特産品づくりにむけた取組みが各地で盛んに行なわれた。これは、農村加工を見直す大きな力になったが、長続きしないケースも多かった。

これに対し、第三の流れというべき農村女性による食品加工は、直売所の大きなうねりのなかで生まれたものだ。それは「自給」を基本にしている点で、他の二つの流れと大きくちがっていた。

直売所の立ち上げは、どこでも、荷が集まるかどうかの心配から始まる。直売所が始まると、当然のように漬物などの加工品も出荷されるようになり、加工品が加わることで、直売所は年中賑やかになる。農家の加工はもともと、収穫した作物や野山の幸を活用して年間の食を賄い、家族の健康と楽しみをつく

『食品加工総覧』全巻

り出す工夫だった。そんな、農家の伝統的な食生活が備えている周年性が、直売所を賑やかにするのである。

自給から出発したこの第三の流れは、直売所で加工品を売るだけでなく、地域の高齢者のための弁当づくりや学校給食、農村レストラン、あるいは子どもたちへの加工体験など、地域の食をつくる新しい取組みへと展開している。加工は、人と人をつなぎ、コミュニティを再生する大きな力になっている。

■共通編、加工品編、素材編の三編成で

『食品加工総覧』は、『日本の食生活全集』で描いた各地の伝統的な食の世界を現代に復活・創造するために企画された。

先人がつくりあげた多様で豊かな食のしくみと技を現代に活かし、物語がこもった個性的な加工品をつくり、地域住民や都市民との結びつきを広げていく。それには地域の資源を、伝統的な知恵を掘り起こし、新しい手法もとり入れて、活用しなければならない。だから『地域資源活用　食品加工総覧』なのである。

本書は以下の三部構成で成りたっている。全国各地の地域資源400種の特性と利用法を網羅した素材編。餅、豆腐など加工品別に、個性的な商品づくりの着眼点から加工方法までを紹介した加工品編。そして許認可、加工機器から加工による地域づくりの手法、そして農村加工ならではの販売方法までを扱った共通編。各巻には関連する事例がつき、その数は400に及ぶ。

共通編、加工品編、素材編の三つの編成を確定するまでには、それなりの試行錯誤があった。大学の食品加工の教科書では普通、コメの加工、ダイズの加工という具合に素材が先にあって、素材別にその加工品が出てくる。しかし実際には、ジュースの加工施設をつくったら、それを活かしてリンゴだけでなくその他の果樹を、さらにはニンジンのジュースまでつくりたいという発想も生まれる。農村加工なら季節ごとに多様なジュースをつくることも可能だ。

一方、リンゴならリンゴでジュースだけでなく、ジャムにしたり、乾燥させてチップにしたり、あるいはリンゴをベースにした焼肉のたれをつくれないかという着想も生まれる。素材を多面的に活かすというのも、農村加工ならではの特徴だ。その両者を満たし、農村ならではの加工の展開を支援したいということから、この巻構成が生まれた。

素材と加工方法の絶妙な組合わせが、個性的な食品を生む。加工品編と素材編を重ねあわせ、これに共通編を加えて活用すれば、より実践的な情報が豊富に得られる。法律上の問題から加工法、衛生管理、販売方法まで、新たな知識と技術、アイデアも必要だ。そのための総合的な情報源が『地域資源活用　食品加工総覧』なのである。

■600以上の食材を網羅した『地域食材大百科』

『日本の食生活全集』に収録された、山、川、海、湖沼、水田、畑、里山など地域の自然と農業をベースにした料理・加工品の記録は、その数5万を超え、日本の地域が育んだ食材と利用法の多様性、豊かさを今に伝えてくれる。そんな日本の食材を地産地消の一層豊かな展開に活かすことにむけて、この『地域食材大百科』（全5巻・オールカラー、2010年）は誕生した。

『食品加工総覧』の素材編などの蓄積を活かし、穀類・雑穀、いも類、豆類、種実（第1巻）から、野菜（第2巻）、果実、木の実、ハーブ（第3巻）、乳、肉、卵、昆虫、山菜、野草、きのこ（第4巻）、魚介類、海藻（第5巻）まで、日本の食材650種を収録。食材を扱ったビジュアルな本はたくさんあるが、本書は、加工、農村レストランなどの女性起業や地元食品企業の商品開発、行政・JAによる地域産業興しのサポート、大学での食材教育・研究に役立つ、実践的かつ本格的な食材大百科をめざした。

『地域食材大百科』全5巻

各品目については、大きく「食材としての特徴」と「調理での活かし方」で構成。第一の大きな柱「食材としての特徴」のなかの「原産・来歴と利用の歴史」では世界の地域で、あるいは歴史的に変化する利用法を整理し、「特徴と栄養・機能性」では、利用部位などの利用法から栄養成分、健康機能性成分の最新知見を解説。「種類・品種とその特徴」では、主要品種、機能性など特徴ある新品種、そして伝統・地方品種も紹介し、「栽培法と品質」へと続く。「加工品とその特徴」では、伝統的食品まで含めて多様な加工品をとりあげ、その食材としての特徴・活用法を製造過程のあらましとともに解説し、さらに、海外での利用・加工までふれた。

もう一つの大きな柱「調理での活かし方」では、調理の研究者の協力をいただき、包丁の入れ方やアクの抜き方といった下ごしらえの注意点など、素材の特性を生かす調理の基本を、レシピつきの「おすすめの一品」とともに紹介した。さらに、本文とは別だてで「各地の地場・伝統食材」を設け、個性的で、物語り性もある食材をまとめて掲載することにした。

このうち、品種に関する情報を「サツマイモ」でみてみると、短時間で糖化して甘くなり電子レンジで簡単調理できる新品種「クイックスイート」、夏野菜として葉を食べる機能性に優れた品種「エレガントサマー」や「すいおう」、ねっとり系ブームで人気が高いクリームのような食感の「安納いも」、甘くなくジャガイモのように調理できる品種などを掲載。さらに紫色の高アントシアニン系イモの色素は水溶性で、その特性を活かして赤飯風いも飯、レモンを加えて鮮紅色のジュースやゼリーにするといった調理・利用のアイデアも紹介している。使ってみたくなる地域食材を満載した大百科になった。

■『現代農業』の加工の記事と『小池芳子の手づくり食品加工コツのコツ』

一方、農家の自給を大切にする『現代農業』では、ドブロク、漬物、味噌など、農家の手づくり農産加工の工夫を豊富にとり上げてきた。そして、産直、直売所の広がりとともに盛んになった農村女性による農産加工を応援する記事も年々増えていった。巻頭特集をざっと振り返るだけでも、1995年5月号の「自慢の農産加工品、販売許可をとってどんどん売る」、1996年11月号の「日本の底力いま『米の加工』が大評判」、2001年7月号の「この加工機械に出会えてよかった！『家庭以上、企業未満』の加工器具・機械選び」などがある。「冷めてもおいしいおもちのつき方」（2002年12月号など）や「完熟梅でつくる 4%減塩梅干し」（2003年7月号）など、大変話題になった農家の工夫もいろいろある。

そんな農村女性の加工を、「これからは自分が得た加工技術は隠す時代じゃないね。みんなで共有しあって全国に元気な加工グループができて、お互いネットワークを作っていけば」と、惜しげもなくアドバイスしてくれたのは、長野県飯田市・小池手造り農産加工所の小池芳子さんである。2004年11月号より「教えて！小池さん 加工・販売アレもコレも」の連載を開始、加工に取組む読者の愛読コーナーになって、この連載は27回も続き、単行本『小池芳子の手づくり食品加工コツのコツ』（全5冊、2006～2010年）も発行された。

（豊島至）

新連載
教えて！小池さん
加工・販売
アレもコレも
「読者のつどい」で目からウロコが落ちまくり
編集部
（倉持正実撮影）
KAKO
カコちゃん
みなさん、七月号の特集「『商品化』術に磨きをかける」に登場していた小池手造り農産加工所を覚えてるでしょうか？　ここはあらゆる農産加工を引き受けてきた農家のための「農産加工受託会社」なんです。七月号ではその長年の経験をもとに加工のワザを紹介してくれましたが（九二・一〇六・三三〇ページ）、「もっともっと知りたい！」の声にお応えして、連載開始が決定！
なんでも小池さんはね、「これからは自分が得た加工技術は隠す時代じゃないね。みんなで共有しあって全国に元気な加工グループができて、お互いネットワークを作っていけば」なんていってくれてるらしいから頼もしい限り。
そうとなったら「いざ、加工所に潜入！」と思ったけど、その小池さんの講習会があるそうな。それが「現代農業」読者のつどい」。テーマは「加工・起業で地産地消」なんて、ちょっと聞き捨てならない話だわ。加工所の前に、まずはそっちのほうをのぞいてみますかね。
（312）
現代農業2004.11

『現代農業』での
「教えて!小池さん 加工・販売アレもコレも」の
連載1回目の記事（2004年11月号）

農家列伝

小池芳子

全国から農産加工を志す農家が集まる『現代農業』読者のつどい「加工講座」でのひとコマ。「持ち寄り加工品品評会」のご意見番は、『現代農業』での連載（「教えて！小池さん　加工・販売アレもコレも」、２００４〈平成16〉年11月号〜２００７年12月号）や、『小池芳子の手づくり食品加工コツのコツ』シリーズでもお馴染み、（有）小池手造り農産加工所の小池芳子さん。

「わたしの評価は辛口だよ」。事実そのとおりである。

「酢が強すぎてゴボウの風味を消しちゃってる」、「ジャムの色がくすんでもったいないよ」、「真空の度合いがきつすぎる」、「この容器じゃ売れないよ」、「ラベルに魅力ない」…。歯に衣着せぬ物言いに、参加者は気を悪くするどころか、納得顔で、しきりにメモする。

もともと小池さんが自分の加工所を立ち上げたのも、「農産加工で、地域の活性化に貢献する起業家として、自分がモデルになってやってみよう」との思いからだった。１９９３（平成５）年のことである。

初年度売上げ１０００万円からスタートし、毎年二割増で総売上げ２億４０００万円を達成。その六〜七割が農家からの委託加工である。つまり、加工まで手がまわらない農家でも、自分の農産物でつくった加工商品を持てるように手助けしてきたのである。

一方で、直売所の隆盛などを背景に、加工で起業する母ちゃんや、自分で加工販売する農家も続々と増えており、小池さんはよき相談相手であり続けてきた。「これからは自分が得た加工技術は隠す時代じゃないね。広げていくものだと思う」と。

小池さんのアドバイスの特徴は、「徹底した本物主義」と「売れる商品づくり」である。農家の強みは、加工の原料を自給できること。その原料の特徴を損なわない加工の仕方や販売方法を小池さんは特に強調する。

たとえばダイコンの漬物なら、商品が塩辛くなりすぎないように砂糖で水を抜く方法を提案し、保存性を高めるために本漬けのとき酢を少し入れてみてはとアドバイス。

さらに売る場面も見越して、「ダイコンは横に切ったらダメ。必ず縦に半割りか四つ割り。包装した状態でも『ダイコンを一本まるまる使っています』ってことが買う人にもわかるのが漬物としての魅力だね。」

「葉っぱを全部切り落とさずに、少し残しておくのもひとつの手だね。自然らしさが出るからね。」

食への不安が蔓延したこの時代、お客さんは商品に貼ってある原材料表示のラベルを見て商品を選ぶようになった。そんなときこそ、農家がつくる〝国産の〟〝本物の〟加工品は売れるのだ。コストを下げるために原料も労力も外国に依存し、工業的手法で加工品を大量生産する大企業では到底真似はできないはずである。今、農家ならではの「小さな加工」に追い風が吹いている、と小池さんは語る。

（川崎大地）

徹底した「本物主義」で「小さな加工」の指南役

4

「世界の食文化」
―ローカルフードを世界の視野で

■グローバリズムの時代に世界のローカルフードを再評価

2003(平成15)年10月、全集「世界の食文化」の発行が開始された。国立民族学博物館名誉教授の石毛直道氏の監修によるこの全集は、食をテーマにその国・地域の政治・経済・文化・歴史をとらえ直す、世界でも類のない全集だ。海外では栄養学や植物学の視点から食べものについて網羅したものはあるが、食を文化として見る視点ではこれだけそろったものはない。日本でも、1980年代にやはり石毛直道氏が関わった「週刊朝日百科　世界の食べもの」があり、こちらは貴重な写真資料を豊富に含み、それまで知られていなかった世界中の食べものや料理・食べ方を紹介したが、食文化という視点での掘り下げはまだ途上だった。

石毛直道氏は(財)味の素食の文化センターと協力して、食文化を学際的に考える会員制の研究討論会「食の文化フォーラム」を立ち上げて食文化研究の裾野を広め、内実を深めてきた。人間にとってもっとも基本的な食べることが、栄養学や経済学に細分化された形でしか考えられていないのはおかしいと、食文化研究を社会的に認知させてきた第一人者だ。

農文協は『日本の食生活全集』を発行し普及するなかで、「日本の味　伝統食品」という映像記録を製作していた(財)味の素食の文化センターと販売提携をするようになり、同センターが発行する食文化研究の雑誌『vesta』や食の文化フォーラムから生まれた『講座　食の文化』(全7巻。石毛直道監修、1998〜1999年)の発売元にもなっていた。「世界の食文化」の企画は当初石毛氏および編集委員会と同センターとの間で検討され、巻構成と執筆者や編集作業を委託する編集者も決まり依頼も始まっていたが、同センターの運営方針の変化により農文協が発行することになった。

各巻の著者は文化人類学や文学・歴史・経済など各分野の第一人者で、かつ実際にその土地で暮らした経験がある人という基準で選ばれ、全体としては網羅的でありながら各巻の記述はそれぞれに深いという特徴ある全集となった。ヨーロッパとアジア、オセアニア、アメリカでも中南米各国まで網羅し、従来手薄だったアラブ文化圏やアフリカまで紹介し、全巻を横断的に読むことができる索引巻も含めて全21巻となった(2008年12月『フランス』と2009年2月『ことがら索引』で完結)。

このようにユニークな全集なので、公共図書館や高校・大学の図書館などでは採用されやすい面もあったが、農文協の普及職員はそうした枠を超えて「反グローバリズム／ローカルフードを再評価する全集」として各地の農家にまで普及した。ちょうど直売所でもただ野菜や米を売るだけでなく、加工食品にしたり食べ方の情報を付加することでいっそう都市民を惹きつけるようになってきた時期でもあり、そうした情報発信のヒントになるという側面もあった。また、書店回りをする普及職員の薦めで東京・上野駅の構内書店(成田空港へ向かう人が多く立ち寄る)では旅行書コーナーに置かれるなど、いわゆる研究書の枠を超えて普及されたのである。

■暮らしのモノサシを取り戻す世界へ

「世界の食文化」の発行が開始された2003年は、まだグローバリズムが膨張を続けている時期だった。しかし2007年には世界食料危機が起こり、翌年にはリーマン・ショックとグローバリズムの破綻が明らかとなった。そんななかで「世界の食文化」はグローバリズムが世界中に残した爪痕と、それを克服しようとする地域の再生の芽を描き出す文化財にもなった。

第11巻『アフリカ』(小川了著)では、著者が長く滞在したセネガルの食文化が詳しく書かれている。

「セネガルの都市部の人々が米を食べるようになったのは一九世紀末に植民地化されてからであり、それも第二次大戦後、急激にその傾向を強めている。米はすでに精米された状態で輸入され、販売されるので、それを食べるほうは料理さえすればよい。伝統的な雑穀食に比べると、自分たちで臼、杵で搗くという作業をしないでよいという利点があることになる。」

第二次大戦後、当時のフランス植民地行政府による都市産業化政策によってセネガルでは急激な都市化が進み、2004年には、人口1100万人のうち首都ダカールの都市圏に240万人の人々が集中している。そして、都市部では、農村部の主食である雑穀よりも、外部から導入された米食が大半を占めている。

一方、セネガルでは輸出用の落花生栽培を強力に推進してきた。1960年の独立当時、労働人口の87%が落花生栽培に従事し、耕作面積の半分が落花生で占められていた。この落花生のプランテーション農業も、フランス植民地行政府が導入したものである。そして都市では、落花生油をたっぷり使った米飯が定着していった。

宗主国の都合で農業が植民地型単作農業に変えられ、そしてまた、安い労働力を都市部で大量に確保するため

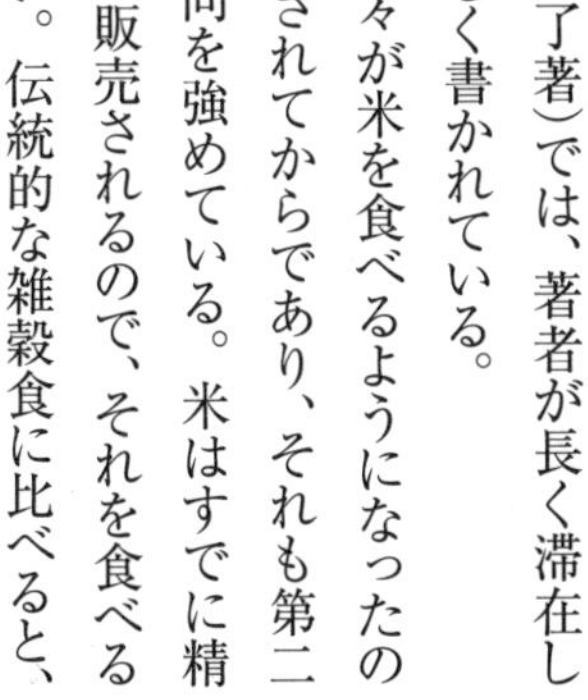

世界の食文化
『アフリカ』
(小川了、2004年)

に安くて、共働きができる簡便な食料として米食が広められた。都市の食を農の文化が支え、農村の農業を都市の食文化が支えるという、国内で相互に働きかけ合う関係がつくられないままにグローバル化の波に洗われているのである。

こうしたグローバル化に抗う動きも各巻から読み取れる。やはり米をよく食べる伝統のあるスペインでは、パスタやハンバーガーの味に慣れてしまった子どもたちに、学校給食として伝統的な料理を味わわせるのは大切なことだと考えられている。韓国ではマクドナルドがプルコギバーガー、ロッテリアがキムチライスバーガーを開発したり、民族系チェーンではライスバーガーやライスピザが盛んだという。インドネシアではフライドチキンもハンバーガーも米飯とのセットでないと売れないのだ。

こうしたグローバル化をはね返す力は、都市と農村が支え合う関係のなかでこそ育まれる。スローフードの国イタリアで醸成されている強烈な郷土意識は「わが地方のポレンタが一番、いや、わが町のマッケローニに優る食べ物はない、サラミといえば、わが村を措いては語れない……などなど、郷土料理やそこで昔からつくられていた加工品への思い入れ」をシンボルにしながら、都市と農村が一体となった食の空間をつくり出してきた。安いから、便利だからというモノサシだけで「食」を考えない人々は、この土地で生きるという暮らしの次元のモノサシを持っている。そのことを世界規模で教えてくれる全集である。

（遠藤隆士）

世界の食文化『韓国』（朝倉敏夫、2005年）より。各巻とも、観光客向けだけでなく普通の庶民の食の現場まで立ち入って過去・現在・未来を考察している

9章 むらの助け合いから、地域を再生する集落営農へ

70年代後半から80年代にかけて、農家の間では機械化が激しく進む。歩行型の田植機が全国を風靡し、さらに乗用田植機へ。耕うん機が乗用トラクターへ、収穫作業は刈取機（バインダー）から乗用コンバインへ。こうして乗用機械の一貫体系が浸透し、イナ作作業の省力化がすすみ、農家の総兼業化を支えた。裏を返せば、「機械化貧乏」が現実のものとなり、その費用負担をまかなうための兼業化でもあった。二町歩規模でも、個別営農のイナ作では実質赤字の時代となった。

1 単収増の個別営農から、所得増の地域営農へ

農文協は、1970（昭和45）年以降、雑誌『現代農業』の主張欄で、「農業近代化批判」の論陣を張り、財界の求める「農業経営の大規模化―大型機械化―専作化」による小農切り捨て路線に、反旗をひるがえした。また、農業の共同化・集団化にも、その失敗の現実を踏まえて批判的な主張を展開した（主張「共同化・集団化に夢は託せない」1975年9月号）。

その一方で、農家の持つ「自給の思想」を拠りどころに、自然力を活かし、購入資材に依存しない、家族経営による個別営農の自立を志向した。土地生産性の向上＝単位収量の増加、とりわけ基幹作物であるイネの増収技術を農家自身の実践から発掘し、経営の形としては、有畜の自給的複合経営を追求した。

■スライド作品による「集落営農」推進

減反・転作面積が拡大し、米価も下落するなかで、初めて「集落営農」に切り込んだのが、スライド「水田農業確立シリーズ」第三集『水田営農編』の第1巻『集落営農を選んだ理由』である（1990〈平成2〉年12月発行、91年度教育映画祭最優秀作品賞受賞）。

このスライド「水田農業確立シリーズ」の『水田営農編』

(全4巻)は、第一集『ダイズ増収編』(全4巻)、第二集『ムギ品質向上編』(全4巻)に続くもので、いずれも制作にあたっては、農林水産省の関係各課をはじめ、全国の多くの関係機関および実践農家の方々に「指導・協力」をいただいた「提携作品」である。

「スライド作品」とは、写真やイラストで構成した静止画コマスライドに、付属の音声解説カセットテープを流して、連動上映するもの。主に行政や農協の指導関係者が、指導啓発用として購入・利用する映像資料である。集落座談会などでの集団学習映像資料は、1990年代半ば、VHSテープによる動画情報が一般化する前までは、このスライド上映が主流だった。

『水田営農編』全4巻は、「『地域の水田営農の未来をいかに構想するか?』という課題に、地域・集落ぐるみで語り合うための教材。新しい営農組織づくりと、水田の多様な利用法を解説する」映像資料として制作された。

■「機械化貧乏」を数字でつかむ

第1巻の『集落営農を選んだ理由』(50コマ・26分)。この作品の冒頭に、富山県で取材した農家の声の「生録」が紹介されている。

「今度コンバイン壊れたら、田んぼは人に預けるよと言うて、ずーっと二年ほど言い張ってきながら、たとえば、イネ刈っている最中にコンバイン壊れて、農協さんに見てもらったら、こらもうダメや、こんな古いもんダメやと言われたら、やっぱり三〇〇万出して買うがですね。」

「ま、確かに離すわ(田んぼを人に預ける)と言いながらでも、なかなかやっぱり、そう踏み切れんのが実際なんですがね。」

この農家の声に続いて、スライドの解説は、次のようにフォローする。

「機械化貧乏はわかっています。わかっていても捨てるわけにいかない米つくり。…こうした農家の悩みを、集落全体で解決していこうと、集落営農に取り組む集団が増えてきました。」

この第1巻では、機械の共同利用から、集落一農場制まで、集落営農の三つの事例を現地に取材し、考え方・進め方を紹介している。

どの事例にも共通する、集落営農を選んだ理由は、個別に機械を買うことでの「一年当たりの機械代」を正確に数字に出してみて、その負担の大きさを実感したこと。

一年当たりの機械代、つまり「減価償却費」を正確に出すとどうなるか。水田1～1・5ヘクタール規模の農家の場合、機械装備の購入代金は、トラクター、田植機、コンバイン、乾燥機など合計で950万円。耐用年数から計算した一年当たりの減価償却費は105万円。これに維持修繕費もかかるから、合わせると139万円。

スライドの解説では「息子さんにせがまれて、田植機を

スライド「水田農業確立シリーズ」水田営農編
『集落営農を選んだ理由』の場面
(農文協、1990年)

乗用に、馬力の高いトラクターに、と買い替えていれば、あっという間に減価償却費は150万円を超えてしまいます。数字の分析は、みんなを機械の共同利用に踏み切らせました」。

■みんなが安心して住める営農の仕組みを

第1巻の三つの事例の最後に登場するのが、イナ作から転作まですべてを「一集落一農場」の協業経営にした、富山県城端町（現南砺市）の農事組合法人「野口営農組合」（1988〈昭和63〉年に法人化、事例紹介当時は組合員42人・農家数24戸、経営面積27・4ヘクタール）。

オール兼業集落で、以前から機械の共同利用をしていたのだが、全面協業経営に移ったのは、ミニライスセンター（共同の乾燥調製施設）の建設がきっかけだった。

共同の乾燥施設をつくっても、農家ごとの「個別張り込み方式」では、待ち時間が長くなり、効率が悪い。長雨の年だと品質低下は避けられない。施設の運営責任者から「全体をプール計算する方式」が提案された。とれた米を村中一緒にして配分するのには、当然ながら反対意見もあり、話し合いが何度も持たれた。

年配層からは、このまま個別経営を続けても「将来息子は田んぼをやってくれるだろうか」、「息子がやらぬとき、預かって管理してくれる人はいるだろうか」という不安が、若い人からは、「外の勤めが本業、勤めを犠牲にしてまで農業をするわけにはいかない」という本音が出された。

そんな深夜までの話し合いのなかで、「みんなが安心して住めるような営農の仕組みをつくる必要があるのではないか」という前向きな意見が出て、「集落の農業、その将来まで考えた経営として、協業経営が選ばれたのです。」（スライド解説より）

野口集落が選んだ協業経営の仕組みは、「営農組合が、役員を中心に、集落の水田全ての利用計画を立て、組合の機械・設備を使い、組合が責任を持って作業する。組合員は出資金（総額880万円）のほか、持っている水田を法人に利用権設定して預ける。自分の田の畦畔管理・水管理などの圃場管理は組合からの委託を受ける（自分でできないときは、組合が他の組合員に圃場管理を委託）。共同作業の出役は、圃場の持ち主に関係なく、必要な人数だけ組合が要請する」であった。

「年配層には、将来の安心を、若いひとには、勤めを休まず農業ができる仕組みを考えだしました。」（スライド解説より）

■良い田はもっと良い田に

もちろん、以前の機械共同利用組合のころより所得が増えなければ、意味がない。水田の作付計画は、増収し、出役日数がグンと減るものでなければならない。

イネの品種別に集落の田んぼを団地化する（コシヒカリ、

酒米五百万石など)。これに転作(ムギ・ダイズ)も団地化して、四年輪作のブロックローテーションを組む。

集落全体の田んぼを「わが田んぼ」として、収量を底上げすることは、協業経営に移るための大きな課題だった。「収量があがらぬ田んぼと、よくとれて品質もよい田んぼを同じように扱われては損だ」という、もっともな意見があったからだ。地力の弱い圃場には堆肥を優先的に投入し、地力増進をはかる。暗渠があっても排水の悪い圃場には表面排水槽を設置して、乾田化をはかり、収量の高い田に全体を底上げする対策をとった。

また、「良い田はもっと良い田に」の合言葉で、イネの「深水栽培」にも挑戦。「深水栽培」とは、従来の「中干し法」に比べて収量がまさり、倒伏も少ないことが地元の農業改良普及所で確認されたもの(それ以前から、『現代農業』では、農家の安定増収技術として紹介していた)。生育中期を深水にして分げつの発生を抑制し、太茎大穂のイネに育てる中干し法に比べ、側条施肥した肥料の減耗が少なく茎の充実がよくなり、穂数も多く確保できる。

ただし、深水期間は水位の確認と水入れを行なうため、毎日のように田んぼへ通わなくてはならない。他の田んぼと比べながら、自然にイネの観察眼が養われる副次的効果がある。増収に必要なところには手を抜かない。深水栽培の効果もあって、収量は、地域農協管内の平均よりも40~70キロ上回るようになった。

■低コスト経営だから安心して金が出せる

さて、肝心の協業経営の成果はどうか。組合員の10アール当たり所得でみるとどうなるか。

スライドでの事例紹介当時(1990年度)の金額をみると、①地代2万9000円、②圃場管理料(自分でやれば)2万3000円。この二つは毎年同じ。

その年によって違うのは、③利用分量配当(組合収益の配当)3万6000円。

④出役労賃は平均3万4000円。以上合計、12万2000円。県平均の2倍以上の所得になっている。

27ヘクタールに使う機械の減価償却費は年間600万円ほど。「ふつう二町歩で年間130万~150万円は要る」のに、協業では2ヘクタール当たり44万円で済んでしまう計算になる。

低コストの協業経営だから、必要なところには安心してお金がかけられる。

オール兼業の集落だから、土日、祝日を中心とした作業日程になるが、「出役する人あっての集落営農」の思いが貫かれていて、出役労賃は高い(時給1400円)。オペレーターも他の作業も同じで、年齢による区別もない。

さらに、出役労賃の振込先が出役者本人の口座に振り込まれるのも特徴のひとつ。若い人の間にも、田に出ればちょっとした収入になる、若い仲間もいるといった気持が定着して、田仕事に慣れた後継者が自然に育っている。

オール兼業のなかで、地域の「美田」を守る。その手段としての「集落営農」推進は、富山県が先進県である。県行政・県農協組織の連携で集落営農をすすめており、前出の作品のあと、農文協が「富山県集落営農推進協議会」と提携制作したビデオ作品（ＶＨＳ動画）が『どうする？あなたのムラ・田んぼ』（１９９５年発行）である。

低米価が続き、個別経営で機械を自己完結型で更新するのはますます困難になり、耕作放棄田も目立つようになってきた時代に、富山県内で元気な集落営農をすすめている三つの事例を紹介した作品だ。この作品には、集落営農による田畑の活用が、「共同の自給野菜畑」や「収穫大豆での自給味噌つくり」など、農家らしい暮らしの豊かさのとり戻しにつながっていることも紹介されている。

「みんなが安心して住める営農の仕組みをつくること」、この農家の思いは、その後の農文協の集落営農関連作品にも貫かれている。

（栗田庄二）

2

『ビジョンに魂を！』
―「担い手」をめぐる集落での話し合いの推進

「集落営農はなぜ必要なのか。なぜ集落をあげてやるのか。40年の間に、コメの消費量が半分に減った。値段が40％下がった。自由化がすぐそこまで来ている。」

「われわれ農協の支援担当者、幹部職員は何をやればいいか。農家が困っていること、農業の問題点を集落で話し合いすることだ。集落で何をやるのか。グループで何をやるのか。農協は何をやるのか。農協は売ること、付加価値を付けて売ることだ。」

「農業には明日がある。夢がある。ロマンがある。われわれは、（各集落の）農家組合長を支援する。激励する。情報をつなぐ。情報支援の継続は、農協事業すべての明日への拡大の土台だ」――岩手県、ＪＡいわて中央の熊谷常務が、農協職員に熱く檄を飛ばす。２００４〈平成16〉年12月に制作されたビデオ『ビジョンに魂を！　ＪＡいわて中央の集落ビジョンづくりと実践から』に紹介された同農協の「農家組合支援担当班長研修会」の一シーンだ。

この作品『ビジョンに魂を！』は、企画ＪＡ全中、協力農文協、制作全農映の三者が関わり、農文協がロケを含む制作に協力し、全国の農協だけでなく、行政の関係者にも普及活用を進める役割を担当した「提携作品」である。

この作品が制作された背景には、２００２年12月に決定された「米政策改革大綱」によって、米政策が大きく転換したことがある。

ビデオ『ビジョンに魂を!』のジャケット
（農文協、2004年）

■米政策の大転換・担い手選別政策の時代を迎えて

「米の過剰基調が継続」していることを背景に、2004年度から米の生産調整・減反政策が大きく変わった。減反目標面積配分から、米の生産目標数量配分へ(いわゆるネガからポジへ)。面積割り当てをやめ、販売実績に基づいて生産目標数量を配分する方式がとられ、売れ残った場合は、翌年の生産数量を減らすことが基本となる。そのため「米づくりの本来あるべき姿」として「消費者重視・市場重視の売れる米づくり」が求められた。ここには、国の財政事情が悪化するなかで、「過剰米に関する政策経費の思い切った縮減」というねらいもあった。

同時に、生産調整推進のための奨励金(助成金)の支払い方も大きく変わった。これまで全国一律だった転作助成金は廃止され、新たに地域提案対応型の「産地づくり交付金」が設けられた。この「産地づくり交付金」の交付要件として、新たに求められたのが、市町村による「地域水田農業ビジョン」の策定である。2004年3月までに「地域水田農業ビジョン」を策定しなければならなくなった。

このビジョンに盛り込むべき内容として「地域の特性を生かした作物振興と水田利用の将来方向」、「作物作付けとその販売の目標」などに加えて「担い手の明確化と育成の将来方向」が重視され、集落の話し合い等を通じて「明確化された担い手のリストを作成する」ことが求められた。

水田の経営規模にも要件が設定された。これは、同時にすすめられる「担い手経営安定対策(稲作収入下落補てんの上乗せ策)」の対象を絞り込んだもので、その基本原則は、認定農業者の場合、北海道10ヘクタール、都府県4ヘクタール、集落営農の場合20ヘクタール。これに対しては、厳しすぎるとの反発があり、知事特認で認定農業者の場合は八割まで、集落営農の場合、中山間地域では五割までの緩和が認められた。

この基本原則では、小さい規模の農家は、法人化予定の ある「集落営農」に加わらないと、米価下落への補てんが受けられないことになる。

■担い手選別政策は、輸入増大と国内農業の縮小均衡をもたらす

こうした農政改革、担い手絞り込みの選別政策には、識者から批判が上がった。農政改革の内容を一言で表現すると「市場原理の大幅な導入による効率主義に基づく農業・農村の再編成」だと楠本雅弘さんは述べている(当時山形大学農学部教授、『農村文化運動』175号、2005年より)。

楠本さんによれば、この再編成を「スピード感をもって」進めようとしている理由のひとつは、国内問題としての「財政再建」。「三兆円以上を投入している農政予算を削減することが求められている」こと。そのため、とりわけ「過剰米に関する政策経費の思い切った縮減が可能になるよう

な政策」をとらねばならないこと。もうひとつは、国際環境の面で、WTO・FTAに対応したより一層の農産物輸入の拡大、そのための関税の大幅引下げが現実の課題になっていること。

この「農政改革」がプログラムどおりに進行するとどうなるか。楠本さんは次のように予測する。「農業政策の対象となる『担い手経営体』数はきわめて少数に絞り込まれ、その経営体が農業生産のために耕作する面積は大幅に縮小するであろう。結果として農畜産物の国内生産は減少し、輸入はさらに増大する。ほぼ10年後には農政のねらい通りの農業像（縮小均衡）が実現するであろう。」

■「感心よりも感動した」ビデオ『ビジョンに魂を！』

農政改革の争点は「担い手をどこに求めるか」にある。「担い手選別政策」はJAにとっても死活問題である。JA（全中）は農政と一線を画し、「現場実態に即した多様かつ幅広い担い手、地域が特定した担い手であるべき」だと主張した。

農家・集落あってのJAである。そこでJA全中は、全国のJAに向けて、地域の担い手をどうするか、集落単位で論議を重ね、将来を見通した「集落ビジョン」をつくろうと、ビジョンづくりと実践の強化運動を展開した。

新政策の要件としての「地域水田農業ビジョン」は、どの市町村でも、締切りの2004年3月までに作成したが、それは転作奨励金に代わる産地づくり交付金制度の対象となるために既存の計画を焼き直したものが多く、集落レベルの話し合いを踏まえたものは半分もなかった。

そんななかで、JA全中は、新作ビデオ『ビジョンに魂を！』を企画した。先行事例として、集落単位の話し合いを徹底してすすめてきた「JAいわて中央」の取組みのなかで、「集落ビジョンはなぜ必要か、何をやるのか」、その重点課題を確認し、JA・行政・農家の連携で、本気でビジョンの策定・実践をすすめようと呼びかけた作品である。

集落のみんなが集まって、現状の問題点やこれからのあり方を何回も話し合う。その話し合いをJA職員全員が集落に張り付いて支えていく。ビデオに映し出された、ふるさとを守り、つくろうとする人々の真剣な姿に、他県のJA役職員や農家から「感心よりも感動した」との感想が聞かれ、2005年の年明けから各県の集落座談会などでの上映活動が広がった。

■安心して住める「地域活性化法人」づくりへ

JAいわて中央の熊谷常務は、この作品のなかで、集落ビジョンづくりの本質を次のように語っている。

「このビジョンづくりには、ヒナ型はない。誰に採点されるものでもない。自分の集落、自分の地域に合った形で、農家の一番大事ないのちである農地をどうするか、みんなで話し合いをして、役割分担をしてやっていくのが基本であって、何も国や全中、農協に言われてやるんじゃない。やれる範囲でやればいい。」

何でも集団でやらなければダメというのではない。個人でやれる人は個人でやっていい。しかし、「機械も老朽化、人も老朽化」するなかで、どう田んぼを守っていくか。地域の担い手をどう確保するか。四割もの転作農地をムダにはできない。

JAの管内に205ある農家組合単位に話し合いを続け、集落のビジョンを固めて、「みんなが安心して住める（暮らせる）営農の仕組み」がさまざまに生まれていった。

作品に登場した事例の一つが、同JA管内の矢巾町桜屋集落。ここの集落でビジョンづくりを担ったのは「桜屋地域の食と農の再生を考える委員会」。「営農基盤・食生活・生活環境」の三つの部会で話し合いを重ね、農業だけでなく、「地域を活かした豊かな暮らしの創造」をめざす、集落ビジョンをつくり上げた。

米づくりは、集落経営体と大規模農家との共存関係で取り組み、それぞれのオペレーターが担い手に。キャベツなど転作野菜の栽培は、女性・高齢者を含めてみんなが活躍できる場に。経理の一元化も実現して法人化も視野に。

有言実行で実践に踏み出すなかで、これからめざす「集落営農法人」は、「農業だけでなく、地域の福祉・生活環境の面でもお互いに助け合える組織に。路肩の草刈り・水路の清掃なども地域で請け負える体制に。地域づくり全体を補完する事業もできる法人化をめざして、合意形成していきたい」と。

多様な地域の担い手が結びあう「地域を活かした豊かな暮らしの創造」、そのための「コミュニティ再生と持続的な水田営農」という課題の実現は、「JA全中・農文協・全農映」が関わる「提携作品」として、その後も各地の実践が紹介されていく。

▽2005年…『21世紀型地域営農挑戦シリーズ　第1集』（全3巻）＊福岡県（農）八丁島営農組合、滋賀県（農）酒人ふぁーむ、広島県（農）重兼農場

▽2006年…『21世紀型地域営農挑戦シリーズ　第2集』（全3巻）＊秋田県（農）立花ファーム／アグリ檜山、石川県（有）すえひろ、島根県（農）おくがの村

▽2007年…『集落営農支援シリーズ　事例編』（全4巻）＊富山県寺坪生産組合、福島県（有）グリーンファーム、北海道（農）グリーンウェーヴ西仲、長野県伊奈市美篶地区営農組合、滋賀県（株）グリーンちゅうず

▽2008年…『集落営農支援シリーズ　法人化編』（全3巻）＊福岡県（農）雷山の蔵、宮城県神屋敷集落組合、山形県（株）和農日向

どの作品も、地域を再生する「地域活性化法人」への志が「通奏低音」となっている。

（栗田庄一）

暮らしを守る集落営農の提案

20年近く昔のことになる。当時、福井県農業試験場経営課長だった玉井道敏氏と、集落営農をどのように考えるか話し合う機会があった。福井県ではその当時から集落営農推進がなされており、阿土領総家営農組合など優良な集落営農がつくられていた。確かに農家が個別に高い農業機械を購入するよりも、集落営農を立ち上げ農業機械を共同利用することで機械化貧乏ということから解放されるという面もあるが、兼業化が進んでいる北陸では「集落営農推進＝離農促進」につながるのではないか、自立志向の農家が減って行政依存が強まるのではないか、ということを話し合った記憶がある。

2004（平成16）年から、集落営農が担い手として位置づけられ、北陸地域でも再び集落営農推進が重点課題になるが、「集落営農推進＝離農促進」とならないためにどのような提案が必要なのかということが自分にとって課題だった。

この翌年からビデオ作品『21世紀型地域営農挑戦シリーズ』の刊行が始まったが、「集落営農」でなく「地域営農」というタイトルにしたのも、「地域づくり」を目指したからだと思う。

楠本先生がよく講演会などで「集落営農に女性・高齢者の力を活かす」という話をされているが、離農促進にならないためには「暮らしを守る集落営農」という提案が必要である。

石川県では、農用地利用改善団体が400団体ほどあるが機能していない。能登地方では高齢化が進んで担い手不足の問題がある。加賀地方では規模拡大農家が点在しており、農地の貸し剥がしがおきないように集落営農を推進していかないといけないということで、県では楠本氏が提案している二階建て方式に注目。一階部分の農用地利用改善団体の機能をもう一度見直す。地域づくりをどのようにしていくかということが集落営農推進よりも先にないといけない。イナ作のコスト面よりも水産資源、山林資源を含めてどのように水田活用をするのかを考える取組みにしようということになった。

こうして600集落（1885集落あるので三分の一にあたる）での合意形成をつくっていく。島根県の農事組合法人「おくがの村」のように、地域が先にあって集落営農も地域づくりの一つという考え方を進めていくということで、ビデオやDVDを各農林総合事務所・市町村役場で購入設置してもらい、集落営農の推進に役立てていただいた。

その結果、二階建て方式のモデルとして、「やまびこ農場」（大規模農家と集落組織とがうまく調整できている）や、二階建てから顧客視点・社会的視点に着目して発展してきている「トミヨの里」（環境保全型イナ作に取り組み付加価値をつけて販売）、「農事組合法人にわか」（蕎麦を中心にした食堂を経営）のような地域資源点検・活用型の集落営農も誕生したが、本格的な活動はこれからである。数多くできた集落営農に魂をどのように入れていくのか、全国の事例に学びながら提案していきたいと考えている。

（林 茂）

農用地利用改善団体設立に向けた集落での話し合い

3
集落みんなで共同活動、獣害対策

■農地・水・環境対策への「映像&テキスト」

「おはようございます」、「ご苦労さまです」。真夏の日曜日の早朝6時。刈払機を担いだ人々が田んぼに次々と集まってきた。今日は水路の草刈りを行なう〝共同活動〟の日。農家、非農家あわせて約30名。40歳代から70歳代の男性が中心だが、女性の姿も何人か見える。簡単な朝礼がすむと、刈払機のエンジンが次々とうなり出し、雑草が刈られていく。ビデオ・DVD「農地・水・環境保全向上対策」支援シリーズ　共同活動編　No.1『まずはみんなで話し合おう！』（2006〈平成18〉年10月発行）のロケは、この場面から始まった。

農地・水・環境保全向上対策（以下、「農地・水」）とは、品目横断的経営安定対策（以下、「品目横断」）、米政策改革と並ぶいわゆる平成の農政改革の一つ。2006年度は全国で300のモデル地区による先行的取組みが行なわれ、2007年度から事業が本格スタートした。

内容は、水路の泥上げや草刈り、生きもの調査や景観づくり、水路補修などで、地域ぐるみの資源維持と環境づくりに対して交付金が支払われるというものだ。支払の対象となるには集落をベースにした活動組織をつくり、県の協議会と協定を結ぶ必要がある。

この事業が実施される背景となっているのは、農村の高齢化と混住化だ。

当時の農林水産省の資料によれば、農家の65歳以上の高齢者の割合は2000（平成12）年で28・6%に達し、全国平均の17・3%を大幅に上回っている。また農村集落に居住する農家以外の割合は、1970（昭和45）年の54%から2000（平成12）年には約90%に拡大。さらに、地域共同による保全活動の低下も激しく、集落内の農家の夫役参加率が1993（平成5）年には92%だったのが、10年後の2003（平成15）年には75%までに落ち込んでいる。

そんな状況のなか、集落が伝統的に維持してきた共同性に着目し、みんなでムラを守る地域振興策として打ち出されたのが「農地・水」だ。担い手を選別し生産性を追求する産業政策としての「品目横断」とは異なり、ムラ全体の活性化につなげやすい事業で、農家の期待も高かった。

一方、「農地・水」の本格スタートを前に行政担当者は少し戸惑っていた。当時東北支部長だった小島英明が宮城県庁を訪問した際、次のように言

ビデオ・DVD「農地・水・環境保全向上対策」支援シリーズ 共同活動編 No.1
『まずはみんなで話し合おう!』のジャケット（農文協、2006年）

われたという。

「この政策について印刷物の資料はあるが、映像で使えるものがない。説明会を行なっても、事業のねらいと全体像が農家に伝わりにくいため、反当4400円という交付金額だけが一人歩きし、単なる草刈りや溝さらい労賃の補助金事業と誤解されかねない雰囲気がある。」

県として財源の問題もあるが、ボランティア精神で行なわれてきたムラの共同作業に金銭が絡むことへの警戒感もあった。それゆえに、集落座談会での話し合いと合意づくりが決定的に重要、ということだった。県職員は映像資料の必要性を訴えたあと、こう続けた。

「ビデオをつくるなら、〝(事業の活用は)いろんな切り口がある。答えはない。みんなで考えよう〟というスタンスで制作されたものが使いやすい。」

イネ刈り後から急ピッチで集落座談会が進むことは想定された。当時の農文協提携事業センターでは急きょ企画を立て、取材を設定し、10月1日発売を目指した。ビデオ第一弾『まずはみんなで話し合おう！』は企画から発行まで2ヵ月弱というまさに緊急発行の作品となった。

この作品では、水路の生き物調査や農道脇の花の植栽など子どもからお年寄りまで参加できる取組みが紹介され、誰もが地域の担い手になれる点が重点的に描かれた。賑やかな共同作業にはかつての「結い」の姿も重なった。ビデオ中のインタビューで宮城県大崎市北小塩の活動組織のリーダーは、この事業に取り組む理由をこう語っている。

「やっぱり〝絆〟だべな。その現場にちょこっと行って、作業の責任果たして終わりっていうのではなく、みんなで顔を合わせて、元気だったかなとか、シワの一本も増えたかなとか、地域の絆を確認する、そういうのが大事。」

この作品は、県、市町村を中心に年度内6ヵ月間でVHSとDVDあわせて900本超を売り上げた。従来農文協とあまり接点のなかった土地改良区へも積極的に普及された。続いて、2007(平成19)年の11月から12月にかけて、「農地・水」の事業メニューに対応した巻構成で、次の3作品が発行された。

▽№2『草花を活かして景観づくり　みんなでつくろう！花咲く田畑と香るあぜ道』

▽№3『水路を活かして生態系保全　田んぼと水路を生きものたちのゆりかごに！』

▽№4『共同活動でムラを一つに！「長寿命化」で豊かな農地・水・環境を後世へ』

このころ集落でのビデオ上映はパソコンにプロジェクターをつなぐ方法が一般的となり、農文協の映像売上げに占めるDVDの比率は2006年に三割弱だったのが、2007年には六割となりビデオテープ(VHS)を抜いた。

上記3作品のなかでも、№4『共同活動でムラを一つに！』で紹介された活動組織、秋田県湯沢市の「萬古清風《ばんこせいふう》地域資源保全隊」は、「農地・水」を上手に活用しながら集落の後継者を育てようとする取組みで大いに注目された。水路や農道の補修と管理、廃れていた祭りの復活などの「共同活動」をきっかけに20～30歳代の若手も参加。「茶髪から白髪まで」集落一体となって汗を流し、ムラに活気を取り戻す姿が描かれた。

この『「農地・水・環境保全向上対策」支援シリーズ　共同活動編』は、翌2008（平成20）年には水路の簡易補修にテーマを絞り、農村工学研究所の監修のもと、映像2作品とそのテキスト（副読本）を発行した。

▽No.5『水路を長持ちさせるには？　簡易補修の基礎と点検・診断』

▽No.6『水路の簡易補修マニュアル　簡易補修のポイントと実際』

▽テキスト『水路の簡易補修マニュアル　はじめてでもできる農業用水路の点検・補修法』

その後、「農地・水」の関連書籍として、2009（平成21）年の3月に『別冊現代農業』で、「むらを楽しくする生きもの田んぼづくり　アゼ草管理からカバープランツ、魚道、水路補修まで」が発行されている。

■暮らしを守る獣害対策「映像&テキスト」

農村の高齢化を背景に、2000（平成12）年前後から急速に浮上してきた課題が、野生鳥獣による農林業被害である。被害額は毎年150億～200億円ともいわれる。

従来、行政の行なう鳥獣害対策といえば、猟友会頼みか、高価堅牢な柵を集落に巡らせるというものだった。結局農家が個人では何もできない、というのが実態だった。

そこを集落や地域の共同の力で乗り越えようという画期的な実践を行なってきたのが、島根県美郷町の農家である。美郷町では国の研究機関である近畿中国四国農業研究センター大田拠点の井上雅央さん、江口祐輔さんら鳥獣害研究室チームの協力を得て、二つの取組みを進めてきた。

一つは地域婦人会をベースにした活動である。家庭菜園こそが獣害の最前線であるという認識に立ち、女性たちが率先して手づくりの簡易柵をめぐらせ、収穫残渣や放置された果樹をなくすなど、地域ぐるみで野生動物の近づきにくい環境づくりを行なっている。近所同士の連携プレーによってサルを追い払うこともある。メンバーはこう説明する。

「ロケット花火を鳴らしたら『サルがそっち行きよるよ』と電話。先方は、こちらも来た、来たと。やっぱり連帯感が、こんな過疎地にはよけいに必要じゃないかと思います。」

こうして得た収穫の喜びを分かち合おうと、婦人会では自前で直売所を建て、週に一度青空市を開いている。獣害対策が集落の活性化にもつながっているのだ。

美郷町のもう一つの獣害対策の柱、「おおち山くじら生産者組合」も地域ぐるみの取組みだ。同組合は猟友会と農家との混成チームで、イノシシの捕獲および食肉としての販売・加工を行なっている。

組合では捕獲オリを管理し、かかったイノシシを生きたまま組合の食肉加工所へ搬送する。温度管理の行き届いた環境のなかで食肉にまで仕上げることで臭みのない肉に加工できる。従来の常識では脂の乗った冬肉がおいしいとされていたが、むしろ夏に捕獲されたイノシシ肉は脂身が少ないぶんヘルシーでさっぱりとして美味という評価を高めており、同組合の大きなセールスポイントになっている。

農文協映像制作チームは、サルやイノシシなどの獣害に強い集落づくりから、イノシシの捕獲と解体まで、美郷町の実践と獣害研究者のサポートのようすを、集落に寝泊まりしながら密着取材し、下記のビデオとテキスト（副読本）で詳しく紹介、解説した。

▽2009年…ビデオ・DVD
『暮らしを守る獣害対策シリーズ』（全3巻）
▽2009年…テキスト
『暮らしを守る獣害対策マニュアル　地域で取り組むポイント』

監修者である井上雅央さんの一貫したスタンスは、「野生動物による作物被害が増えるのは温暖化、過疎高齢化、人工林の増加、狩猟者の減少でなく、人が意図せずして餌付けを進めるから」というもの。従来の獣害対策とは全く異なるその考え方は自著『これならできる獣害対策』（2008〈平成20〉年発行）でさらに詳しく述べられている。笑わせつつ深く考えさせる独特の語り口と、徹底的に住民目線で練り上げられた具体的な処方箋。そのメッセージは獣害対策にとどまらず、地域づくりの新たな流れとして、農家をはじめ多くの行政・JA・研究者にも深いインパクトを与えている。

（武田典之）

DVD『暮らしを守る獣害対策シリーズ』のジャケット（農文協、2009年）

4 進化する集落営農

2006（平成18）年の「品目横断」導入を背景に、その前後数年間で一気に設立が進んだ集落営農組織。一時のブーム的な様相が落ち着きつつあった2009年初頭、集落営農の新たな段階を探るべく、既刊ビデオ群（168頁で既述）を監修してきた楠本雅弘さん（元山形大学教授・農山村地域経済研究所主宰）に助言を求めた。

楠本さんによれば、現代の集落営農は「農業経営や地域社会がかかえる問題や課題を解決し、人びとがはりあいをもって働き、活き活きと住み続けることができるよう、地域住民が話しあい、知恵を出しあう協同活動」であり、「地域の再生・活性化と効率的農業生産とを両立する〝地域営農システム〟としての大きな可能性を備えるに至った」という。そして「集落営農は進化している」と。この視点から制作されたのが『集落営農支援シリーズ　地域再生編』(企画JA全中、制作農文協・全農映)だ。

内容は四部構成。第1巻所収の「プロローグ編」では、出資者を一戸単位ではなく女性や若手など一戸複数単位で設定した長野県駒ヶ根市の「農事組合法人　北の原」の事例を紹介。「農業の後継者の前に、まず集落の後継者を」という組合長のコメントが「進化」を象徴している。

第1巻では、楠本さんの提唱する集落営農の「二階建て方式」の例として福島県JA会津みどり管内の取組みを解説。まずは話し合いの場をつくり農用地利用改善団体(一階部分)を設立。そこで描かれる将来の多様な担い手(二階部分)が四つの実例で示された。

第2巻は、広島県JA三次管内に23ある集落法人同士の連携活動を紹介。法人間で大豆の作業受委託を行ない、コストダウンと同時に、加工販売のネットワークで法人の収入アップと女性の働く場づくりをねらう取組みだ。

第3巻では、島根県と楠本さんが提唱する「地域貢献型」へと進化する集落営農の例として、高齢者外出支援や都市農村交流など農外の事業を含めて多角的に取り組む法人を紹介。役場や農協が広域合併するなかで置き去りにされた機能を集落営農が担いうる可能性を示す事例である。

こうしてみると、集落営農はかつての転作対応や農業機械過剰投資の整理を目的とした共同利用組織段階から「一集落一農場」段階を経て柔軟に進化を続け、「地域貢献」、「広域連携」をキーワードに新たな段階を切り開き始めた、といえるだろう。

こうした段階をふまえ楠本さんが一貫して伝えようとしているメッセージは「集落営農こそが地域の再生・希望の拠りどころ」。それは楠本さんの著書、シリーズ「地域の再生」第7巻『進化する集落営農』(2010〈平成22〉年刊)のなかで農村経済更生運動以来の歴史的、思想的な経過を踏まえて論じられ、集落営農にかかわる多くの農家、行政、JAを励ましている。

(武田典之)

JA全中企画、農文協・全農映制作によるDVD
『集落営農支援シリーズ 地域再生編』のジャケット(2009年)

10章

「制度としての農協」から、農業者の農協へ

農文協は、農家が小規模でも農業で生きられる道を追究し、農協についても、営農指導や販売事業という農協ならではの方法で農家の営農を支援する取組みを調査し、雑誌や書籍で発表してきた。

本書は1970〈昭和45〉年以降発行の本を扱うことになっているが、本章では、以下の①②の内容との関連から、60年代初頭、高度経済成長が始まった時代に「プラス・アルファ方式」で農家の所得増をはかった茨城県・玉川農協や、イナ作地帯で複合経営化を進めた岩手県・志和農協の取組みなどに前提的に触れたうえで、①減反・低成長・日米貿易摩擦の激化と農産物輸入自由化の動きなど、時代が大きく変わるなかで発行された『明日の農協』（1986〈昭和61〉年9月）や、②生糸・絹製品やコンニャクの大量輸入によって崩壊状態に陥った地域農業を、少量多品目生産の組織化とマーケティングによって蘇らせたJA甘楽富岡の90年代から今日までの取組みを紹介した出版物をとりあげる。

1　『明日の農協』以前

■『構造改善をすすめる村—茨城県玉川地区の農業経営確立運動』

農文協が農協の取組みを初めて本格的にとり上げたのは、茨城県・玉川農協の「プラス・アルファ方式」による農業経営確立運動を調査しまとめた、農文協編『構造改善をすすめる村—茨城県玉川地区の農業経営確立運動』（1962〈昭和37〉年1月）である。この取組みでは、管内の農家が30万円の収入増（後に「所得増」と明確化）を実現することを目標に、農協が、従来の雑多な多角経営を整理して、水田と酪農、水田と養豚、水田と蔬菜、畑と養鶏というように重点部門のメニューを提示し、農家の主体的選択のもとで、さまざまな支援を組織的に実施。耕地が少ない農家でも規模拡大ができるように、無担保・無保

証人の融資を零細農家優先で行ない、技術指導をして、生産物は共販で販売する。こうして一大産地を築きつつ、農家の所得増を実現したのが玉川農協だった。

そこでは、購入の粉餌による畜産など新しい畜産技術が導入されて立体的な規模拡大が進められ、耕地の少ない農家の経営確立に大きな役割を果たした。農文協では、その動きに注目して調査を行ない、1961(昭和36)年3月に、『農村文化運動』第11号で発表(「特集・再編期にどう対応すべきか―茨城県玉川農協の経営確立運動の調査報告―」)。『構造改善をすすめる村』は、その一年後、これをもとに単行本化したものである。

この調査は、農文協にも重大な意味をもっていた。当時農文協は農村文化運動の路線を模索しつづけていたが、玉川農協の実践に触れることによって、それまでの農家への直接普及でつかみとってきていた「生産点に立つ」という路線に大きな確信をもち、小規模な農家でも農業で生きられるように支援することを、大衆的農村文化運動のテーゼとして農文協綱領にまとめたのだった。それが発表された『農村文化運動』第9号(1960〈昭和35〉年9月)では、日本農業の再編コースとして、農業者であることを志して努力をする人で能力ある者は、貧農でも上昇できるような「下からのコース」を追求する、と、その核心を述べている。まさに玉川農協の調査を通して学んだ成果であり、その記念碑的作品が『構造改善をすすめる村』だった。

調査にもとづくこれらの単行本や雑誌は、このように運動的な意味をもってつくられ、農文協は玉川農協に学び、その後も『農村文化運動』誌でさまざまな特集を組んでいった。また単行本も、同農協組合長、山口一門氏の執筆による『玉川農協の実践』を発行している(1964〈昭和39〉年)。『構造改善をすすめる村』の刷り部数は6刷で8000部、『玉川農協の実践』は10刷1万8500部で、この取組みは「プラス・アルファ方式」、「玉川方式」などと呼ばれて全国に広がった。経営と技術を統一した営農指導のあり方は産地形成指導という新しい方式として評価され、作目ごとの部会の設置・資材の全利用・共販の三位一体の方式も、基本法農政、農業構造改善事業による産地づくりへの農協側の対応の方法として定着していった。

■『イナ作地帯の複合経営―岩手県志和地区の実践』

玉川農協に引き続き、1968年には岩手県の志和農協の取組みを調査し、農文協編『イナ作地帯の複合経営―岩手県志和地区の実践』を発行している(1969〈昭和44〉年)。志和農協は、増える生活費を稼ぎ出すべく経営多角化を進めていた農家の動きをとらえて、資金の貸し付け、共同施設の設置、販売対策、生産対策などでこれを支援し、肉牛・肉豚・養鶏・酪農・キュウリ・ニンニク・シイタケ・タバコ・リンゴ等々の集約的作物のなかから農家がいくつかを選択し、イナ作に次ぐ副部門として計画的に

上／農文協編『構造改善をすすめる村―茨城県玉川地区の農業経営確立運動』(1962年)
下／「食糧・農業問題全集」第1回配本、『明日の農協』(武内哲夫・太田原高昭、1986年)

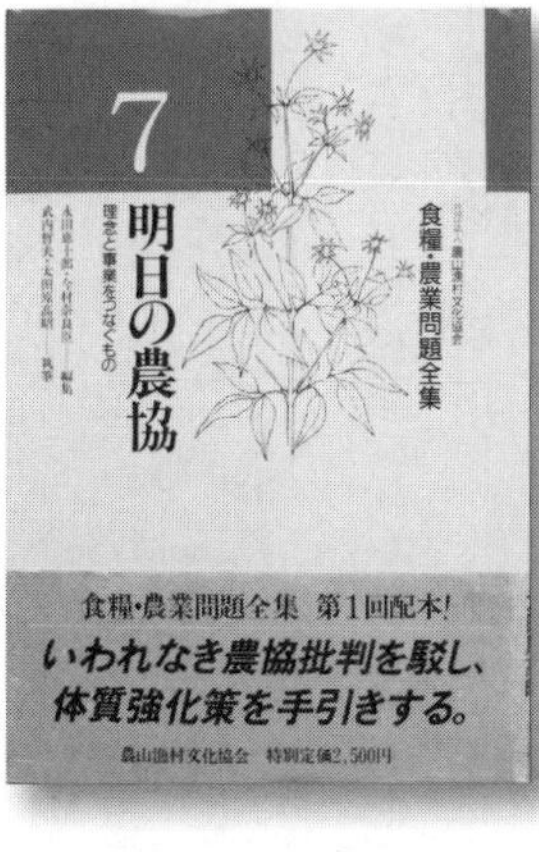

拡大していく複合経営化の取組みを進めていた。先の玉川農協の場合は、雑多な部門をしぼってイネに並ぶ、あるいはイネを凌駕する部門にまで育て上げることをめざしたのに対し、水田という強力な基盤がある志和農協では一部門に絞らず、旧馬産地帯の馬に代わる牛や豚、ワラ加工に代わるシイタケやタバコというように、旧来の副業を新しいものに置き換え規模拡大する形で複数部門を確立することに力をそそいでいった。

こうして、当時、農産物や資材の流通過程に携わるのが農協の役割だという常識が一般化している時代に、農文協は、生産過程にまで入り込んで集約的作物を導入し、経営複合化を進める農協の先駆的実践をとり上げて全国に紹介するとともに、『農業総覧（資材・品種・農業経営編）』、『農業総覧　原色病害虫診断防除編』、『農業技術大系』、『農業総覧　病害虫防除・資材編』などや、技術や経営の各種スライド作品をもって農協に普及をはかり、その支援を行なってきた。

（清水悟）

2

『明日の農協』（「食料・農業問題全集」第7巻）

次にとり上げたいのは、1986（昭和61）年9月に発行された、武内哲夫・太田原高昭著『明日の農協』である。これは、永田恵十郎・今村奈良臣他編「食料・農業問題全集」（全20巻22冊）の第7巻で、第一回配本として、同全集発行の口火を切った作品である。

■低成長期における諸矛盾の噴出

『明日の農協』は12刷2万4500部発行と、これもまた大きな反響を呼んだが、発行当時の時代状況を振り返ってみれば、総兼業化により組合員農家が多様化して、戦後生まれた自作農体制という農協の組織基盤が弱体化し、農協は戦後最大の転換点に立たされていた。しかも、農協が農業の内外から厳しい批判を浴びている真っ最中の時期で、農協についての関心が高まっていた。

農業内部からの「内なる批判」としては、農協の経営主義をめぐる批判である。戦後いっせいに誕生した農協はドッジ不況により経営破綻に陥り、1950年代には集落組織を総動員した増資運動によって再建整備を進めていたが、60年代の高度経済成長期以降、機械化や大型施設の設置、肥料・農薬・飼料等の資材多投などで在来農法を一変させた農業の近代化により、さらには膨張する兼業収入や土地代金の預け入れにより、農協の事業は空前の急成長をとげた。ところが1973(昭和48)年の第一次オイルショックを境として日本経済が低成長時代へ移行するなかで、農業生産の停滞・農外所得の伸び悩み・金融自由化の流れによる信用事業の収益性の悪化など、農協をとりまく経済環境が悪化。多くの農協はさらなる事業拡大によってこの危機を乗り越えようとしたが、畜産農家などの「ゴールなき規模拡大」に貸し出した信用貸付のこげつきや、脱農業的事業拡大の象徴といわれる購買店舗の拡張による赤字発生、全組織をあげての共済や購買の事業推進などは、農家の必要とかけはなれた経営主義であるとして農業内部からの批判を招き、農家の農協離れをも招いた。

「外からの批判」は、70年代後半から始まる財界筋からの保護農政批判につづく、農協批判である。1986(昭和61)年、当時の総務庁長官が同年の米価据え置きを農協の圧力によるものとして、農協に対する行政監察を求める厳しい批判をぶちあげ、マスコミもこれに続いて農協批判の大合唱がはじまった。それは全米精米業者協会が日本の米輸入自由化を求めて米国通商代表部に提訴する一ヵ月前というタイミングで、食管制度をつぶし米の輸入自由化に道を開くことと無関係ではなかったといわれている。

さらにまた、低成長のもとでの農協と企業との競争激化も、農協批判の元凶になったという。農協自身、農家経済の悪化によって限界がみえていた事業推進を、員外推進・市街地推進という形で、准組合員を増加させつつ乗り切ろうとしていたが、一方で、都市化の進行は日本の産業構造の第三次産業化を進めることから、低成長のもとで必然的に競争が熾烈化。農協事業の農外進出に対して防波堤を築く動きや、農協の共済事業と競争関係にある保険業界が農協の「需要独占」下にある農村市場への進出を意図し、ゾーニング規制の撤廃など農協政策の変更を求める動きなどが出てきた。

以上にみたように、農家の多様化と農協の組織基盤の弱体化、減反・低成長・農産物貿易自由化攻勢などによって農協の存在意義が大きく問われてくるなかで、農協の明日を主体的に切り開いていくための論点や考え方を積極的に提起し、現場の農協職員や農家に、農協改革の実践的手がかりを提供したのが『明日の農協』である。

本書は、農協の運動を美化したり、その逆に、問題点を一面的に強調したりするのでなく、農協は経営体でもあり運動体でもあるとする従来の考え方からさらに踏み込んで、「運動体としての特性を持つ経営体が農協である」という基本的立場に立っている。そのような立場に立つことによって、農協が持っている強みと弱みをリアルに押さえ、明日の農協に向けての戦略的課題を提起した。

■「制度としての農協」からの脱皮と、農業者による本来の農協への転換

本書の最も重要と思われる論点の一つ、「制度としての農協」から脱却し農協らしい事業方式を確立するという基本課題について、みておきたい。

著者の一人、太田原高昭氏は、日本の農協は設立当初から国にとって必要な「制度としての農協」という性格を与えられ、農政を補完する代わりに国から手厚い保護を受けてきたという。1947（昭和22）年の農業協同組合法の理念は農民の自主的民主的協同組合であったが、戦後社会は食料や農業資材の農協の協力を伴う統制を必要とし、GHQの撤退と農協自体の経営危機のもとで、1950年代を通じて行政と農協との依存関係はいよいよ深まっていったというのである。

第一に米である。農協は、食管制度のもとで米穀集荷代行機関として米の集荷や保管、出荷等をほとんど独占し、国から集荷手数料や保管料を得ただけでなく、農家に支払われる米代金が農協の口座に振り込まれることでコストをかけずに信用事業の原資を得られ、その信用事業によって農協経営の根幹が支えられた。また、米以外の販売事業も、農業補助金の対象となることによって産地商人に比してきわめて有利な立場に立ち、金融事業や共済事業でも、税制の面や独占禁止法の適用除外という面で、農協は有利な条件に置かれていた。1970年代から本書が出された80年代半ばにかけての空前の事業拡大と農協の経営体としての確立は、「制度としての農協」が国の保護下でその全盛期を迎えた姿であった、と太田原氏は述べている。

このような農協の日本的性格は歴史的に付与されたものであり、その是非を性急に問うことよりも重要なことは、農協が転換点に立たされ存在意義が問われているなかで、地域農業を振興し、農業者の立場で農協の運動と経営を確立していくことである。

その点について、太田原氏は、水田平場地帯の農協にとって米は、（普及所の指導が米中心にあったため）販売面だけでなく営農指導面でも経済的負担の少ない作目であり、「畜産、青果等の成長農産物への総合農協の取組みがおくれたのも、系統組織の中で最も有力な地位にある平場地帯の農協が、このように水稲単作の方向に利益を見出していたことと不可分の関係に」あった、と指摘をしている。

しかし一方で太田原氏は、1973（昭和48）年のオイルショック以降の低成長下の日本農業は、減反政策の継続的強化にもかかわらず、1985（昭和60）年くらいまでは農業生産が純増していたことにも注目している。

太平洋ベルト地帯や、米の単作地帯北陸でのマイナスも、その他の地方の農業地帯での生産の顕著な伸びが総体としてカバーして、全体としての生産は伸びていた。当時はまだ非自由化品目の数が多く国内農業保護の国境措置が機能してはいたが、そこには、単純休耕から転作奨励

へと減反政策が本格化するなかで青果や畜産を導入し、営農指導を充実させて、農家経営の複合化と集約化を進展させた農協の頑張りがあった。

そのような取組みのモデルとなったのが、前述の玉川農協や志和農協の実践であった。太田原氏は、全中の「一九八〇年代日本農業の課題と農協の対策」(1979〈昭和54〉年)を、農協の経営悪化に対して初めて農業生産にまで立ち入って対策を提起した画期的な重要文書であるとして高く評価し、80年代、県と農協が一体となって展開した佐賀農業基地づくり運動を、全中の本「対策」にある「地域農業振興」の典型的な取組みとして紹介した。

その際に太田原氏は、全中のこの方針は、はるか前から自主的に取り組まれてきた単協の先行的実践から学んだものだとして、前述の玉川や志和農協、岩手県の住田農協などの実践を改めて紹介し、これらを「農地改革以来のわが国戦後自作農の自主的展開の一つの到達点」と位置づけている。そして、このような取組みを通してわが国の農協が「制度としての農協」を卒業し、農業者による本来の協同組合へと転換していくのが、農協の最重要課題であるとしている。

■**逆風のなかで、農協の進路を具体的に提起**

食管制度をはじめ戦後自作農体制を支えてきた諸制度は、財界などの農政・農協批判にさらされ、その後、経済グローバリゼーションのいっそうの進展のなかで政府は、農業や農協の保護から自由競争へと基本スタンスを移行させていく。そのような事態の進展のなかで「制度としての農協」について押さえ直せば、農協の日本的特質を冷静に見極めつつ、積極的に農協制度の維持・発展をはかり、農民的立場・国民的立場からの運用をすることが必要なのである。制度としての農協という性格は日本農業と農村のあり方そのものに根ざしており、農地改革による戦後自作農が小農のままで資本主義経済に対応していくためには、国による農協の保護が不可欠だった。そこから生まれる欠陥は、本来の農協に向けての取組みのなかで直していけばよい。

そのような基本スタンスに立ち、地域農業の振興と農協の課題、組合員の変貌と農協の生活面活動、農協の理念と事業・経営、都市農協問題、連合組織の機能革新と単協の任務、農協の役職員問題、「親農業・反農協」の国民意識と農協の自己変革などについて、問題解決に向けての具体的視点を提供しているのが、『明日の農協』であった。

本書を第一回配本とした「食料・農業問題全集」は、農協への普及が積極的に行なわれた。「政府と農民」、「地域農学と組織革新」、「農業の教育力」、「新しい農村リーダー」、「多様化する農産物市場」、「地域資源の国民的利用」等々、現代的問題にマッチしたテーマの巻構成である。各巻ごとに農協組織のどの部署の担当者に読んでほしいかの提案普及を行ない、大きな反響を得た。

(清水悟)

普及から

「食糧・農業問題全集」によって拓かれた、農協・金融担当者普及

「食糧・農業問題全集」の発刊前のパンフレットには、第15巻として『農業の財政と金融』という書名案が掲載されている。当然のことながら、この巻があるという理由で金融担当者にねらいを定めたということではなかった。入会して6年目の1986(昭和61)年頃、群馬県の高崎市農協は地方中核都市を基盤にする都市型農協。いつものように本所のベテラン営農指導員に「食糧・農業問題全集」を普及したのが始まりだった。

第一回配本『明日の農協』の発行(1986年9月)と前後した時期、「農協は伏魔殿」などの週刊誌記事や竹村健一・大前研一らによる農業・農協批判がマスコミを賑わせていた。週刊誌のコピーとパンフレットを使った普及で共感が得られ、その営農指導員で全巻定期購入が決定した。パンフレット「本全集の特色　批判から創造へ―農業復権の道を探求する」のなかの「現状を嘆く本を脱皮して、新しい農業、農村、経営の姿をともに考えていきます」の箇所を引きながら、「両ケンイチ・マスコミの農業・農協批判を乗り越えたい」と、強く訴えたように記憶している。

その後「彼らにも勧めてみたら」と出していただいた名簿の全員が各支所の金融担当者だった。それまで農協普及は手加除を入り口に『農業技術大系』やスライドなどを普及するパターンで、相手は営農指導員に限られていた。

金融担当者といえば一見農業とは無関係で畑違い、自分にとって初めての対象だったが、普及を通じて彼らの特徴を以下のように把握できたことは新鮮だった。

◎営農指導員よりも農家の全体像(農業経営・兼業収入・家族・生活全般)を掴んでいる。
◎一般の金融機関と競合関係にある。
◎一般金融機関と違って地域の限定がある(顧客の有限性)。
◎共済(保険)も扱っている。
◎制度資金等の知識が必要である。
◎農業・農協批判のなか、食糧・農業問題についての高い見識が必要である(特に准組合員に対したとき)。
◎一般金融機関の職員と同等の金融知識と農業・農村に対する理解の両面を併せ持たねばならない。

実際、これらの事柄を相手の口から語ってもらう「聞く普及」が功を奏し、「食糧・農業問題全集」は金融担当者に対して高い確率で決定できた。

80年代前半、「効かない珪カル」など『現代農業』の農協批判ともとれる記事の余波もあり、農協は「何となく敷居の高い場所」という気持が心のどこかに隠れていた。「食糧・農業問題全集」普及はそれを払拭し、グローバル経済の猛威が現われはじめた時代のなかで、農業・農村を守る陣営の同志として農協と農協職員を意識させてくれた。　（松山永一）

農業・農協批判の高まりのなかで刊行された「食糧・農業問題全集」パンフ

3

『現代農業』、『農村文化運動』で特集されたJA甘楽富岡の取組み

■「生産者手取り最優先」で地域に農業の担い手を大量に生み出す

経済グローバリゼーションの波が本格的に到来するなかで、大量の農産物輸入による地域農業の崩壊という厳しい事態に遭いながら、その再生に成功したのが、群馬県・JA甘楽富岡である。農文協ではこの取組みを、多様な小規模農家の生産意欲を喚起し、地域農業の担い手を専業農家の後継ぎに限らず多様に生み出していく画期的な取組みとして、『現代農業』2000(平成12)年1月号や『農村文化運動』157号、161号などで特集した。

かつてJA甘楽富岡の農業は、養蚕とコンニャクという典型的な商品作物依存の農業だった。その地域農業の二大柱が輸入の激増によって、最盛期には51億円あった養蚕の販売額が5000万円へ、33億円あったコンニャクが6億6000万円へと激減し、JA甘楽富岡の農業は崩壊状況に陥った。その地域農業が、1994(平成6)年の広域合併以来わずか6~7年で販売高が100億円を超えるまでに回復したのである。それを可能にしたのは、養蚕とコンニャクという商品作物依存の農業から、多様な少量多品目の農産物を生産して地元の直売所で販売し、さらに首都圏の消費地に届ける農業への大転換であった。

転換にあたりJA甘楽富岡では、地域をあげて「地域総点検運動」を行ない、50年前までさかのぼって地域でつくっていたものを洗い出した結果、自給物を中心に108品目が見出された。その一方で、地域の農家を「販売農家」、「自給型農家」、「土地所有型農家」の三類型に区分して、潜在的販売農家のリストをつくり、定年やリストラで退職した中高年層や子育てが終わった女性たちに働きかけ、じつに1000人を超える人びとを直売部会員として組織した。そして40アールの畑と初期投資用40万円の準備で300万円から400万円は売り上げられると提起して、108品目のメニューから好きなものを最低4品目選んで栽培してもらい、地元のJA直営の直売所「食彩館」や、東京などの量販店内にしつらえた直売所=「インショップ」で売り出した。

朝どりの新鮮な農産物は、産直革命段階を迎えて成熟した消費者の反響を呼び起こし、インショップはたちまち50店舗に増加、地元の直売所とインショップの売上げで、月商1億円(年商12億円)以上を達成した。そして、そこで生産や販売の技術を身につけた数百人もの人がステップアップして各種野菜を本格的に栽培・出荷する生産部会に入り、首都圏の生協や各種量販店との総合相対複合取引などの担い手になっていくことによって、年間の販売高100億円が達成された。

JA甘楽富岡でこの取組みを指導した当時の営農事業本部長、黒澤賢治氏は『現代農業』2000（平成12）年1月号で、「保険も貯金も購買も、他の民間の機関でもできることだ。だが、営農だけは他のところはやってくれない。だったらちゃんとやろうじゃないか。農家の中に生産のブームを起こすことだ。…生産のブームはやがて、習慣になり、風土になっていくはずだ。農協のやるべき仕事は、農業で地域を活性化させること。これ以外にない」と述べている。そのような生産のブームは、生産物が確実に販売され農家の所得として実現してはじめて可能になる。JA甘楽富岡は「生産者手取り最優先」の理念を高らかにかかげ、営農指導員の仕事を販売・購買・利用・加工・直販をコーディネートする総合職と位置づけ、多様な販売チャネルを切り拓くことによってこれを実現したのである。

『現代農業』2000年1月号「群馬県・JA甘楽富岡の挑戦」

■五つの販売チャネルの開発と、JA甘楽富岡の取組みの原則

こうしてJA甘楽富岡は、①少量多品目生産物の「地元直売所」での直売、②それを大都市の量販店のなかにそのまま持ち込んだ「インショップ」、③生協や量販店との間で価格・数量を事前契約し抱き合わせ販売を進める「総合相対取引」、④最高級の品を群馬県内の農協の統一ブランド〝群馬のグッドルート〟で売る「Gルート」、⑤季節性のある特産品などを生協・量販店ギフトとして直販する「ギフト」、という「五つの販売チャネル」をマーケティングによって開拓し、従来の市場への丸投げとは異なる直販型の販売を進めることにより生産者手取り最優先を実現したのだった。

なお、このような直販を進めていくうえで、JA独自のパッケージ・センターが力を発揮している。生産者に多大な長時間労働を強いる選別作業を肩代わりしたり、商品

の鮮度を保ったりする役割も大きいが、「ちょっぴりグッドな食べきりサイズ」、「大きさいろいろブランド」などのJA独自のオリジナルブランドによる提案型の販売を行なっていくうえでも、取引先の量販店のプライベートブランドに対応した販売活動を展開するうえでも、重要な役割を担っている。そこで、JA甘楽富岡の各種事業と運営のポイントを、販売事業と関連させて紹介すると、次のとおりである。

▽生産者代表・行政・普及所・中央会・経済連・地元消費者団体・JA女性部・取引先の量販店・生協などが入った「販売促進委員会」開発部会によるオリジナルブランドの開発。

▽ITを活用した面積予約による計画生産・計画販売と、生産地主導の値決めによる販売。

▽面積予約と連動した在庫をもたない購買事業。仕入れ原価とコストを公開し、大口購入者や自分で持ち帰る者には低コストになるぶん安く提供(平等の原則から公平の原則へ)。

▽初級者向けの少量多品目生産のテキストを普及所の協力で作成、講習会を頻繁に開催。農家が農家をきめ細かく指導する営農アドバイザリースタッフ制度。

このようなJA甘楽富岡の営農・販売中心の取組みからみると、従来の無条件委託販売による市場出荷は、販売事業というよりは集出荷業務にすぎなかったのでないかと思われてくる。市場法が改正され流通業界の規制緩和が急速に進行している今、従来の集出荷業務から一歩踏み出した販売事業の構築は急務である。

なお、JA甘楽富岡の取組みは、ビデオ『「営農の復権」で元気な地域づくり』(全2巻、2001年)で紹介され、2000セットを超える普及・利用が実現している。この作品はJAの全国組織「JA全中」営農地域振興部(当時)の協力で制作され、農文協が製作費を負担し、企画JA全中として、全国のJAや行政機関などに普及する「提携型作品」の画期でもあった。

■JA・IT研究会の活発な活動の展開

このようなJA甘楽富岡の実践をベースに、2001(平成13)年9月には、JA・IT研究会が立ち上げられ(代表委員=今村奈良臣東大名誉教授)、農協の手による農協改革の研究が始まった。改革の主体である単協を正会員としたフラットな組織で(連合会やそれ以外の諸団体は特別会員)、まったくの自弁で続けられている研究会である。

研究のテーマは営農経済事業を中心軸に据えつつ、その時どきの時局にかなったテーマや農協の他の事業関連のテーマも設定する形で、すでに公開研究会が28回開催され、これまで何度かは、限られたメンバーで特定テーマを深める専門研究会も持たれている。

ＪＡ‐ＩＴ研究会の研究活動の特徴は、生きた現場からテーマを見つけ、内容的にはきわめて実践的な学びを目指していることで、たとえば２００９年度から始まった二泊三日の「マーケティング研究会」（＝「人材養成セミナー」）は、座学でマーケティングを学ぶだけでなく、大消費地の生協連合会の役員もこれに参画し、実際に商談を進めることも含めて進行している。ＪＡ‐ＩＴ研究会の活動の詳細については、『農村文化運動』の関連特集や、ＪＡ‐ＩＴ研究会のホームページ（http://www.ja-it.net/）で参照ください。

（清水悟）

11章

直売所・帰農・地元学　進む「地域の再生」

1　農業バッシングのなかでの『増刊現代農業』創刊

農家の暮らしと生産のための実用雑誌・月刊『現代農業』の姉妹雑誌として、季刊『増刊現代農業』が創刊されたのは１９８７（昭和62）年。その第１号は『コメの輸入59氏の意見』であった。その後「自然から人間、農村から都市への呼びかけ」を編集基調に、『もうひとつの地球環境報告』（１９８９年）、『手づくりリゾート・ふるさとづくり』（90年）や、『ニッポン型環境保全の源流』（91年）、『産直革命　ものからいのちへ』（95年）、『インターネットで自然な暮らし』（97年）などを発行してきた。

創刊号『コメの輸入』発行の87年は、まさに日本経済がバブルに突入しようとする時期で、「日本のコメはアメリカ産の10倍も高い。都市近郊農地は宅地化してカリフォルニア米を輸入せよ」などと、日本農業が財界、マスコミによる集中砲火を浴びていたころでもあった。『コメの輸入』は、日本農業・農村を目先の経済合理だけで評価し、切り捨てようとする動きへの異議申し立てであり、おもに農村の読者に支持されて、雑誌としては異例の増刷をすることになった。

『増刊現代農業』発行の歴史のなかで、増刷はもう一度ある。

■『定年帰農　6万人の人生二毛作』への大反響

１９９８（平成10）年1月に発行した『定年帰農　6万人の人生二毛作』は、発行後2ヵ月で増刷となった。

この『定年帰農』は、都市の中高年層を読者対象として企画した。都市や大企業の攻撃から農業・農村をまもろうとした『コメの輸入』とは対照的に、「定年後の第二の人生は農村で」という農村から都市への積極的な呼びかけである。それが都市読者に大いに支持され、増刷にまで至ったことに、バブル崩壊前後の大きな社会変化を感じとることができる。

ちなみに「定年帰農」とは農文協の造語で、「定年退職後に農業に従事する、あるいは都会から郷里の農村に帰る」といった意味である。

一方、サブタイトル「6万人の人生二毛作」は97年3月末発表の農水省「平成8年度農業構造動態調査」に由来する。これによると、平成7（1995）年における販売農家の15歳以上の世帯員のうち、新たに農業への従事が主となった人は10万2000人、これを年齢別にみると、60歳以上が5万9800人と6割を占める一方、39歳以下は1万2500人であった。

この数字は「販売農家」に限定されたものであり、これに「自給農家」を加えればさらに大きな数になることは容易に推測できる。また新規就農者全体をみても、86年には10万人の大台を割ったのち激減し、バブル頂点の90年には2万7000人にまで落ち込んでいたが、その後回復基調になり、95年に再び10万人を上回り、96年には10万6400人にまで増えている。そしてその「担い手」の大半が、60歳以上の「定年後」の人びとなのだ。

「帰農」という言葉を歴史的にみると、戦国末期、江戸の改革期（たとえば寛政の改革での「旧里帰農令」、天保の改革での「人返しの法」など）、幕藩体制崩壊後、第二次大戦敗戦後と、大きな時代の節目にあらわれる言葉である。しかし、それらは権力による半強制的な「帰農」であり、人びとの主体的な選択による「帰農」が、これほどまでに大きな流れになった時代は、かつてなかった。

■積極的な定年後の生き方として

定年帰農を都市でのリストラや再就職難の裏返しとみる見方もあるが、『定年帰農』に登場するのは、都市がまだ好況で、むしろ農村が米価据え置きや輸入自由化で動揺している時期に帰農した人びとばかりである。200通近く寄せられた同誌の読者カードでも、「リストラの結果、帰農を考えている」と書かれたものはわずか一通しかなかった。逆に多かったのは、定年帰農の人びとを「先輩、仲間」と感じ、その生き方に「嬉しさ、共感」を覚えるという感想だった。リストラや再就職先がないからというネガティブな選択ではなく、より積極的な生き方を考える手がかりとして、『定年帰農』は受け入れられたのである。

同誌で紹介した事例から『定年帰農』の人びとの生き方を見てみよう。

退職金で郷里の熊本県水俣市に農家と農地を購入して帰農した元航空自衛隊パイロット・坂本龍虹さん（当時63歳）。二十数回の勤務地変更のたびに畑を借りて休日農業にいそしんでいたが、「公害の原点水俣だからこそ安全な食べものを」と、在職中から日本有機農業研究会の会員となり、アイガモ農法によるコメづくり、炭焼の副産物「木酢」を使った無農薬野菜づくり、かつて水俣の特産だったサトウキビ栽培の復活などに精力的に取り組んだ。それだけでなく「年金生活に入って、今までやりたいと思ったこと、楽しみたいと思ったことをやればそれでよしという生活は少し自分勝手過ぎるのではと思って」福祉活動員になり、夫人とともに集落の高齢者の安否確認に回ったり、農業委員もつとめ、のちには産廃処理場反対運動でも大きな役割を果たした。

岡山県赤坂町の元教員・佐倉美昌さんは農家出身だが、定年後も農業に「本気でかかわったことがなかった」。しかし定年後2年目にして地域の農家10戸とともに結成した「有機無農薬農産物生産組合」（機材・施設について県の補助が受けられる）の事務局を受け持ったことがきっかけとなって、自らも本格的に有機農業に取り組むようになった。組合の仲間と先進地視察や農業改良普及センターの支援による研修をかさねて栽培技術を向上させ、30戸の顧客への宅配産直から始めて、岡山市の京橋朝市への出店、さらに一年後には90戸の地域全体に呼びかけて70戸で常設青空市場を開設するまでに至った。

『増刊現代農業』1998年2月増刊『定年帰農 6万人の人生二毛作』。大きな反響を呼び、『定年帰農』という言葉が広範に使われるようになった

『定年帰農』にはこのような人びとが40人ほど登場するのだが、どの人の生き方もなかなかに個性的で、またさわやかな解放感にあふれている。そして、個人や夫婦としての充足、生きがい追求を超えて、生まれ育ったふるさとへの貢献を大事に考えている人たちが多い。まさに「天下り」とは対照的な、敬愛すべき先達ばかりである。

■生業としての農業＝「百姓」の開花へ

もうひとつ、定年帰農の人びとを見ていて気づかされることがある。それは通常の農作業以外にさまざまな「仕事」を創造し、日々を忙しく過ごしていることだ。

隅田川水上バスの船長（都職員）だった山口吾一郎さん（当時64歳）は、定年とともに郷里の青森県むつ市に帰農したのだが、その仕事は①湧き水を整備したニジマスの養殖、ワサビやセリの栽培、②スゲ（しめ縄の素材）を栽培し、都会向けしめ縄として出荷、③山林を手入れして山菜・キノコを栽培、クリ、ウメを植える、④山中に放置されていた古船を自分で修理し、釣行に利用、⑤昭和初年まで津軽海峡の伝統漁法で使われていた「サンパ船」の復元模型を作成し販売、⑥海蝕崖に露出した数万年前の土埋木を掘り出し、置物などに加工、など枚挙にいとまがない。

それればかりではない。地区の民生委員となり、「50年間自分のためだけに働いてきたのだから、これからは村の人の役に立ちたい」と、「何でも一度電話してみませんか　ご相談、手間賃無料」と書いた、大工仕事、家電・自転車の修理、ペンキ塗りなどを引き受ける旨のチラシを集落全戸に配っていた。

帰農というと、「隠棲」を連想し、実社会と没交渉になるかのような印象があるかもしれないが、実際の彼らは隠棲どころか退屈している暇はなく、また、背広と一緒に肩書も脱いで、人づきあいが広く、深くなったという人が多い。

山口さん、あるいは前述の坂本龍虹さんのような人びとを見ていると、むしろ従来の農家より、百のなりわい（生業）を営むという、本来の意味での「百姓」という言葉が似つかわしいのではとさえ思えてくる。ふりかえってみれば、彼らが農村を出たのは農業基本法施行（1961年）以前のこと。農業近代化、選択的拡大、規模拡大、大量遠隔流通などをキーワードとする基本法農政以前の時代、つまり、農業が「産業」ではなく、「生業」であった時代に村を離れた彼らは、在職中、それぞれに抱き続けた「百姓」のイメージを現代的に開花させているのだと思えてくる。

（甲斐良治）

2　農村女性・高齢者から「新しい生き方」の提案

こうした定年帰農の受け皿となった農村は、女性と高齢者が守り続けてきたものだ。

かつて「三ちゃん農業」と揶揄されたように、都市にはるかに先んじて女性化・高齢化してきた農村の「小さい農業」では、ほかならぬ女性・高齢者が、一人ひとりの身体性や心情に合わせて生産技術を等身大のものにし（「小力技術」）、また直売所や農産物加工、ときには農家民宿などの「接客」によって「自己雇用」ともいうべき機会をつくり出してきた（「六次産業化」）。

それらは産業としての農業の延長ではなく、小さくても個性的な、百のなりわいを営む生業としての農業の現代的延長である。逆に日本農業が、基本法農政がめざしたとおりのものとなり、産業としての農業一色になっていたとしたら、農業そのものが大量の「定年退職失業者」を生み出すものとなっていただろう。定年帰農の一群は、農村女性・高齢者がまもり抜き、また新たに創造した生業としての農業があったからこそ、その流れに合流・還流できているのである。

1990年代、女性、高齢者を中心に各地で直売所がつくられ、大きな広がりをみせるなかで、『増刊現代農業』1995年5月増刊では『産直革命　ものからいのちへ』を特集。直売市、宅配、産直に取り組んでいる約50の個人やグループを紹介した。

四国山地の兼業の町、高知県佐川町の「農協婦人良心市」。ここでは、山村ならではの山の幸、田畑の幸が、冬でも140品、あたたかいときには240品も並ぶが、ひときわ目をひくのが、多彩な調理・加工食品だ。メンバーのなかには手づくり食品中心に1000万円も売り上げる人がいる。

参加しているお母さんは30代から80代。昔からこの土地に伝わるすし、ご飯もの、もち、漬物などにおばあさんの技が生き、カステラやケーキなどに若いお母さんのセンスが生きている。このような手づくり食品で、村内の世代を超えたつながり、そして消費者との交流がグンと深まっている。

JA佐川町に限らず、直売所では、調理・加工を積極的にとり入れているところが多い。牧場に豚を放牧してハム・ソーセージをつくり、土に触れて育った健康な味とともに、わが農場のイメージをアピールする人。お年寄りでもやれる大豆栽培のシステムをつくり、手づくり豆腐を地域の人に届けるお母さんたち。農家のお母さんがいろいろな「味の特技者」となって加工品づくりをすすめながら、消費者に地域産物の料理法・食文化を伝える朝市グループ、などなど。

調理・加工は、わが家・わが村の自然と農業の魅力を掘りおこし、仕事をふやし、食卓を豊かにし、それをそっくり地域や都会に伝えるパイプづくりにつながっている。『産直革命　ものからいのちへ』では、そのような新農法・調理・加工、産直・直売所を、農村と都市との関係をより健康的で正常なものにしていく「いのちの自給ライン」と位置づけている。

『増刊現代農業』では、この「産直革命」以降、『「食」業おこしガイド』（1996年5月増刊）、『朝市大発見』（1997年11月増刊）、『スローフードな日本　地産地消・食の地元学』（2002年11月増刊）、『畑カフェ　田んぼ

『増刊現代農業』1995年4月増刊
『産直革命　ものからいのちへ』

レストラン』（2006年2月増刊）、『ザ・農産物直売所』（2010年2月増刊）など、「いのちの自給ライン」を広げる特集を組んでいる。

（甲斐良治）

3 「地元学」で「あるもの探し」

地域の産物や食文化を見直す直売所が広がりをみせるなかで、「地元学」の動きが広がり、『増刊現代農業』2001年5月増刊は『地域から変わる日本　地元学とは何か』を特集、「ないものねだり」ではなく「あるもの」を見直し、これを活かして地域を元気にしている取組みとともに、熊本県水俣市の吉本哲郎氏や宮城県仙台市の結城登美雄氏の「地元学」の方法や考え方の記事を掲載した。結城氏は言う。

＊

「地元学とは何か?」。この十数年、うんざりするほど何度も同じ質問を受けてきた。しかし、一度としてうまく答えられたためしがない。我ながら情けないことだと反省しきりであるが、ひとつだけわかったことがある。それはこの国の人々が忙しすぎて、その結果、性急な気質になってしまったのではないか、ということ。

インターネットの検索癖がついてしまったわけではあるまいが、とにかく正解やその正体を早く知りたがる。「地元学」も「学」と名がついているからには、その概念や理念があるはずだ。それを明確にせよ、説明せよとせまってくる。とりわけ熱心なのはアカデミズムと行政とその関係者。この世は明快なものだけを集めて成り立っているわけではあるまいに、自身のことは棚にあげておきながら、人の曖昧さを許さない人々が意外に多い。

だが、「地元学」は、あいまいさゆえに人に軽んじられながらも、それなりに各地にひろがり、それなりに役に立っているようである。

包丁、まな板などの台所用品や洗濯機、掃除機などが家族の暮らしの道具であるように、「地元学」は地域の暮らしを良くするための道具のひとつであると思いたい。たとえ見映えや性能は時代遅れでも、使いやすい道具でありたい。小さな畑を耕すためには大型トラクターよりも鍬や古い耕耘機のほうが重宝なように、「地元学」は小さな地域を耕す使いでがある道具でありたい。（中略）

私は近頃つくづくと思うのだが、自分でそれをやろうとしない人間が考えた計画や事業は、たとえそれがどれほどまことしやかで立派に見えても、暮らしの現場を説得することはできないのではないか。そんな気がしている。そして反対に、たとえ考え方は未熟で計画は手落ちが多くても、そうしようと決めた人々の行動には人を納得させるものがある。為そうとする人々が為すのであって、そうしようと思わない人々が何人徒党を組んでも、現実と現場は変わらないのではなかろうか。
　地域とはさまざまな思いや考え方、そして多様な生き方と喜怒哀楽を抱える人々の集まりである。しかし、誰もが心のどこかでわが暮らし、わが地域を良くしたいと思っているのに、その思いや考えを出し合う場がほとんど失われてしまっているのも地域の現実である。
　地元学とは、そうした異なる人々の、それぞれの思いや考えを持ち寄る場をつくることを第一のテーマとする。理念の正当性を主張し、押し付けるのではなく、たとえわずらわしくとも、ぐずぐずとさまざまな人々と考え方に付き合うのである。暮らしの現場はいっきに変わることはない。ぐずぐずと変わっていくのである。

＊

　この結城氏の地元学は、シリーズ「地域の再生」の初回配本『地元学からの出発　この土地を生きた生きた人びとの声に耳を傾ける』として2009年に発行された。

（甲斐良治）

4　若者たちの「90年代進路創造」

■『若者はなぜ、農山村に向かうのか』

　定年帰農、女性・高齢者による直売所の広がりのなかで、農山村に向かう若者が増えはじめ、「地元学」にも多くの若者が参画していった。『増刊現代農業』では、早くからこの若者たちの新しい動きに注目し、2002年8月増刊では『青年帰農　若者たちの新しい生きかた』を、そして2005年8月増刊では『若者はなぜ、農山村に向かうのか』を特集した。同年の『現代農業』10月号の「主張」では「若者はなぜ、農山村に向かうのか」と題して、次のように述べた。

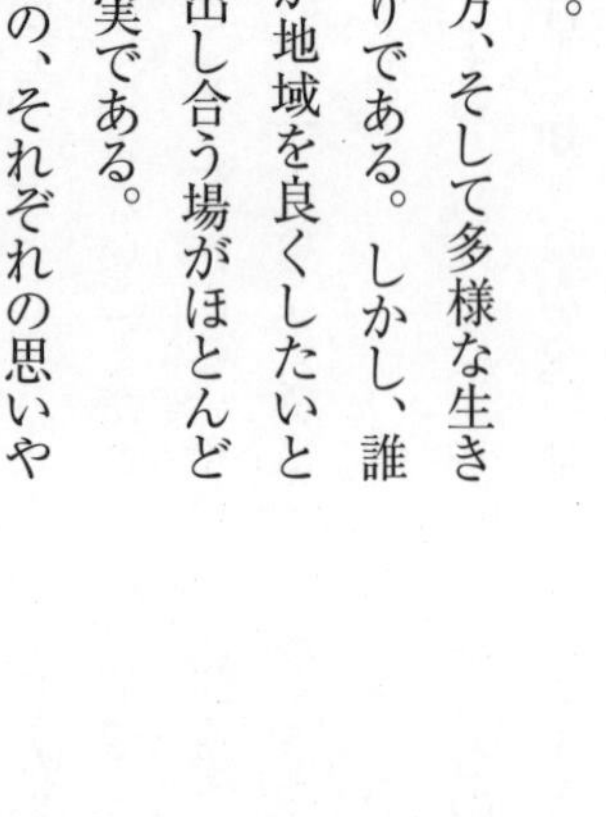

『増刊現代農業』2005年8月増刊
『若者はなぜ、農山村に向かうのか』

　「人は、だれでもよりよく生きたいと思う。そして、自らの労働をとおして、だれかの役に立ちたいと思う。とくに若者はそうだ。しかし、戦後六〇年の企業社会は、行き過ぎた経済合理によって、労働を経済的文脈の中でしかとらえられなくなった。『働きかけることによって学ぶ』という労働の本質、労働の教育的側面は捨象され、若者を交換可能なパーツ労働力としてのみ扱うことで、労働をとおした社会の継承が危機に陥っている。そこには、自分が技能や技術を身につけ、日々成長していく実感がない。しかし農山村では、『ここで生きていく』ための地域の継承そのものが仕事である。生産と生活が分離せず、仕事と暮らしが一体になっている農山村という歴史的な空間。そこには、山や川、一枚一枚の田や畑など、地域の自然に働きかけ、働き返される労働をとおして形成された、個性的な技術や技能がある。それらを継承していくなかで、若者たちは自らを発見し、自らの成長を実感する。」

こうした主張は、２００５年当時に32歳前後だった若者たちとの向かい合いのなかから生まれたものだが、一時はニート、フリーターの増加は若者の「甘えの象徴」であるかのように揶揄的にとり上げていた一般マスコミも、２００７年ころになってようやく雇用と労働のゆらぎの問題であるととらえるようになっていた。

１９８６年の「前川レポート」からの農家の差別・選別は、農村女性・高齢者のがんばりによって20年間押しとどめることができた。しかし、同年の「労働者派遣法」にはじまる労働者の差別・選別は、この20年、とどまるところを知らず、進行してしまったのだ。

■「農的ライフスタイル起業」へ

『若者はなぜ、農山村に向かうのか』で紹介した新潟県上越市の「ＮＰＯ法人かみえちご山里ファン倶楽部」では、むらの伝統的な生活技術を受け継ぎ、子どもたちに伝承していく活動を村のお年寄りとともに進めている。９人のメンバーがＮＰＯ設立の２００１（平成13）年にまず行なったのは、「伝統生活技術レッドデータ」の作成。その活動の場である桑取谷は、水源の森から海まで全長約13キロの桑取川ぞいに９集落１２０軒が暮らす地域である。農業と養蚕を中心に山里の文化が形成され、雪国特有の伝統技術、伝統行事・芸能などが多数残っているが、近年は高齢化や若者の流出で、それらが年々消滅し、市無形文化財指定の小正月行事や、桑取谷特有の技術の伝承が危ぶまれていた。

そんな状況を目にした彼らは「あなたはどんな技術をもっていますか」、「あなたの年齢はおいくつですか」の質問用紙を全戸配布し、「絶滅危惧生活技術」をリストアップした。これを一覧にしたのが「伝統生活技術レッドデータ」だ。

「かみえちご」では、危機ランクが高い順に自らその技と知恵を受け継ぐとともに、集落住民で構成する「建築物部会」、「民具・伝統工芸部会」、「民俗行事・芸能部会」、「食と農業部会」、「川の恵み部会」と一緒に、都市生活者や子どもたちを対象にした「茅ぶき古民家改修　桑取ことこと村づくり学校」、「塩田で伝統塩作り体験」、「日本海　鮭漁と塩引き作り体験」などの体験企画として提供している。

農山村に向かった若者たちは、むらの高齢者や女性の知恵や技、働くその姿に「代替不可能な労働」を発見し、

『増刊現代農業』2007年2月増刊
『脱・格差社会 私たちの農的生き方』

大きな魅力を感じて活動をともにするようになった。

『増刊現代農業』の2007（平成19）年2月増刊『脱・格差社会　私たちの農的生き方』は、そんな若者の思いと実践を、応援する農家の温かいまなざしとともに描いた。

（甲斐良治）

5　『増刊現代農業』から『季刊地域』へ

以上のように『コメの輸入』に始まり、『定年帰農』や『若者はなぜ、農山村に向かうのか』のような世代を超えた「帰農」の動きをとらえ、そして新しい地域づくりの手法であり考え方である「地元学」を提案し、その後の「食の文化祭」や「地域丸ごと生活博物館」、「鳴子の米プロジェクト」など各地の動きと結びついて、『増刊現代農業』は各地の地域づくりに役立てられてきた。そして、2010年2月の『ザ・農産物直売所　全国1万4000ヵ所の底力』を最後に、2010年春号から『季刊地域』と改題し、版型も大判となり、カラーページも増ページした。

この全面リニューアルの目的は、次のシリーズ「地域の再生」の項でも述べるように、国家、市民社会、経済が三位一体的に劣化していく「この危機を、根本的に解決する主体は国家や国際機関ではなく〝地域〟である」との考えのもとに、農家、農村リーダー、行政、農協、NPO、企業、地域貢献をめざす大学や地域に向かう市民を「地域の再生」に向けて「共感」のもとに結び直し、業種縦割り中央集権では見えてこなかった地域資源を生かす農商工連携、流域連携、複業的な「地域という業態」によって風土産業、仕事、暮らしを創る総合実用・オピニオン誌をめざすということである。

最後の『増刊現代農業』でもある『ザ・農産物直売所』で特集した全国の農産物直売所は、ついに1万4000ヵ所（その後のセンサス速報では1万7000ヵ所）に達し、コンビニ最大手のセブンイレブン店舗数を大幅に超えるようになった。直売所は農産物の流通を変えただけではなく（流通革命）、グリーンツーリズム、農家レストラン、農家民宿など農村空間のあらゆる地域資源活用へと発展し（空間革命）、直売所独自の農法を開発し（農法革命）、多様な担い手を育てるまでに発展するとともに（担い手革命）、さらには土建・建設・不動産業、観光業、学校、病院、福祉施設、地元食品企業をつなぐ拠りところともなってきている（業態革命）。

従来の業種縦割り中央集権ではなく、地域に生きる人びとが業種の壁を乗り越えて関係を結び直し、地域の自然風土、農に根差してつくり出す農商工連携、医食農想（教育）連携の新たな「地域という業態」にこそ未来があると農文協は考え、『増刊現代農業』から『季刊地域』へのリニューアルにふみきった。そのような地域の創造のためにはグローバルな視点も欠かせない。地域をとり巻く政治・経済・思想などの諸環境を歴史的・世界的に把握、分析し、それを「地域という業態」の構築に資する良質な理論・情報を、「地域の再生」にむけた実践とともに提供する雑誌として『季刊地域』はスタートした。

（甲斐良治）

『季刊地域』創刊号（2010年）。巻頭特集は「農産物デフレ—適正価格を地域から」

6　「地域の再生」で希望を編む　農文協・新シリーズの発刊への思い

「今、私たちの行く手には暗雲が立ち込めているように見えます。

私たちは、「近代」の行き詰まりともいえるこの危機を、根本的に解決する主体は国家や国際機関ではなく〝地域〟だと考えています。

都市に先んじてグローバリズムと新自由主義に翻弄された農山漁村は、すでに元気と自信を取り戻しつつあります。その元気と自信は、近代化＝画一化の方向ではなく、地域ごとに異なる自然と人間の共同性、持続的な生き方、自然と結んだ生活感覚、生活文化、生産技術、知恵や伝承などを見直すことによってもたらされたものです。

また、近代的〝所有〟や〝業種〟の壁を乗り越えた、流域連携や農商工連携による新しい仕事おこしも始まり、それを支援する官民の動きも活発になってきました。農山漁村における地域再生の芽が意味するものを学ぶことで、都市における地域も再生への手がかりをつかむことができるのではないでしょうか。

人びとがそれぞれの場所で、それぞれの共同的な世界としての〝地域〟をつくる——私たちは、そこに希望を見出しています。

危機と希望が混在する現在、地域に生き、地域を担い、地域をつくる人びとのための実践の書――地域再生の拠りどころとなるシリーズをめざします。」

以上は農文協が2009年11月から刊行を開始したシリーズ「地域の再生」（全21巻）の「刊行の辞」である。

■危機を根本的に解決する主体としての〝地域〟

「刊行の辞」では「この危機を、根本的に解決する主体は国家や国際機関ではなく〝地域〟だ」と述べた。

なぜ、「地域」なのか。いま「地方分権」、「帰農」、「田舎暮らし」など、農山村に対する人々の関心が高まり、「地域ブーム」ともいえる様相である。以前にもそんな時代があった。石油ショックで高度経済成長が幕を閉じ、低成長時代を迎えた1970年代後半、高度経済成長がもたらした都市への人口集中と地方で進む過疎化、都市と地方の格差増大を背景に「地方の時代」、「地域主義」の主張が盛り上がりをみせた。しかしその後のバブル経済のもと、「地域主義」の理念は矮小化され、大型リゾート開発、電子機器その他ハイテク産業の地方への誘致、そして公共事業の拡大へと向かった。

こうした中央から地方への資金と仕事の流れが、地方経済を押し上げ、地域の雇用と個人消費の増大を支え、都市との格差を縮める力になったのは確かだ。しかし、この効果が大きかったぶん、その後に進行するグローバリズムのもとでの工場の海外移転や公共事業の縮小が地方経済に与える打撃は大きかった。中央から地方への資金や仕事の流れは縮小し、外部からの資金注入によって地方が潤うという構造は失われた。この構造が回復・強化されることはもはや考えにくい。

地方をめぐる外部環境は大きく変わった。しかし、政治の世界がどうであろうと、この間、より本源的に、そして、理念にとどまらず現実的・実践的な課題として、「地域の再生」、「地域の自立」にむけた取組みが着実に進んでいる。中央に身をゆだねるのではなく、地域内の自立的な産業・仕事・暮らしを築こうとする営みは、昔から続けてきたむらの生き方であり、それが新しい形を伴いつつ、地域をつくり続けているのが、現代という時代である。

激しく動く経済や政治とは次元を異にして進む「地域の再生」、それこそが、この「国のかたち」に希望のベクトルを与え、グローバリズムに翻弄される世界の地域の困難を打開し、平和な世界をつくる国際連帯の道でもある。「この危機を、根本的に解決する主体は国家や国際機関ではなく〝地域〟だ」という「刊行の辞」はそんな思いが込められている。

■初回配本『地元学からの出発』

シリーズ「地域の再生」の初回配本は、結城登美雄氏の

『地元学からの出発　この土地を生きた人びとの声に耳を傾ける』（第1巻）である。地元学の手法を示すだけでなく、「食の文化祭」や「鳴子の米プロジェクト」といった現場での多様な実践も含め、地元学の豊かな全体像を描いた作品になった。

「食の文化祭」の発祥の地は宮城県宮崎町（現加美町）である。開催のきっかけは、商工会での特産品開発事業。ある女性加工グループが、「つきたてのもち」を候補にあげたところ、男性たちが、「つきたてのおいしさはわかるが、町の外に出せばそのおいしさは失われてしまう。持ち出せなければ特産品はおろか、商品にさえなりえない」と、いったんは退けた。そこで結城氏が「町の外に出すこと、つまり『商品化』することによって失われてしまうおいしさがあるとすれば、外に出せないおいしいものは、宮崎町にいったいどれだけあるだろう？」と問いかけ、家庭内で食べられている自慢料理やふだん着の料理を「一品持ち寄り」方式で一堂に集め、展示してみようということになった。

1年目の1999年、1500世帯の宮崎町で、バレーコートが四面とれる体育館に、800品の料理が集まった。2年目には1100品が集まり、人口6300人の町に、町内外から1万人もの人びとが訪れた。3年目には「見るだけでは物足りない。味わってこそ食文化」の声に応え、1万1000食、28種類の試食コーナーが用意され、長蛇の列ができた。

ちなみにこの「食の文化祭」に「料理コンクール」、「コンテスト」の類はいっさいない。その理由を結城氏はつぎのように語る。

「台所を預かる女性は、二十歳でお嫁に来たお母さんなら、1日3回、月に90回、1年に1000回、50年なら5万回、料理をつくる。一皿一皿の料理は、そんな日々の暮らしから生まれたもの。そんな日々の暮らしの営みに、優劣はつけられません。」

この「食の文化祭」は、その後、全国の町、むらに広がっていった。

一方、「鳴子の米プロジェクト」は、温泉で有名な宮城県大崎市旧鳴子町で行なわれている地域おこしのプロジェクトで、結城氏がコーディネーター役を引き受けた。「耕す人がいなくなれば、温泉街を取り巻く農村風景も荒廃する」ということで、鳴子の農家がつくった米を地元はじめプロジェクトを応援する人たちに2万4000円で買っ

シリーズ「地域の再生」の初回配本。結城登美雄『地元学からの出発　この土地を生きた人びとの声に耳を傾ける』（2009年）

てもらい、農家には手取り1万8000円を保証する。農家を支えていくとともに、温泉旅館では地元の農家がつくったおいしい米を提供してお客さんをもてなす。

差額の6000円は「鳴子の米通信」の発行や研修生の受け入れ、パンやお菓子、酒などの新商品の試作など「小さな仕事」の開発などに活用する。米を中心に地域のつながりをとり戻し、食と農を基本にした温泉街の新しいもてなしの形をつくろうと地域全体の人たちが取り組んでいる。

中心となる米の品種が「ゆきむすび（東北181号）」。耐冷性に優れてイモチ病にも強く東北の中山間地の作付けに向き、低アミロースで冷めてもおいしい特性をもつ米だ。

結城氏は本書のなかで「地元学は理念や抽象の学ではない。地元の暮らしに寄り添う具体の学である」と喝破しているが、これは、このシリーズ「地域の再生」の全体に貫くべき姿勢と考えており、シリーズ「地域の再生」もまた「地元学」から出発したのである。

■新しい「古典」の誕生、『共同体の基礎理論』

シリーズの第2回配本は、内山節氏の『共同体の基礎理論　自然と人間の基層から』（2010年）である。この書名から、年配の人は古典として名高い大塚久雄の同名の書（1955年、岩波書店刊）を思い浮かべることだろう。大塚は「前近代的な自然への隷属」として共同体をとらえていた。1970年代には守田志郎らが「共同体の再評価」にかかわる多くの労作を残したものの、戦後、共同体とくに農村共同体については負のイメージが強かった。しかし、経済恐慌以来、資本主義や近代市民社会の矛盾があきらかになるにつれて、共同体が「未来への可能性」として語られるようになった。

群馬県上野村に住み、農業や林業、むらの暮らしをとおして、自然と労働の思想を問い続ける内山氏は、この本のなかでむらびとの日常意識の基層から、共同体のもつ意味を明らかにしようとする。そこでは人間と人間との関係のみならず、自然信仰や死生観など、自然と人間の関係も視野に入ってくる。山村で40年にわたる思索を結集した、著者渾身の野心作である。

本書について、鬼頭秀一氏（東大大学院教授）は、次のように評している。

「著者は本書で、共同体を、そこに暮らす人の視点から根本的に問い直した。人間の共同体ではなく『人間と自然の共同体』として、また『生の世界と死の世界を統合した共同体』『自然信仰、神仏信仰と一体化された共同体』として、一つの結合ではなく、外の社会も含めた多層的な結合が集積された社会として捉えた。大塚久雄により提示された、超えるべきアジア的共同体が、共同体を外から観察している人の視点からのフィクションであることを示した。かくして本書は、共同体を基軸にしてこれからの社会像や人間像を展望する新たなパラダイムを提示することとなった。新しい『古典』の誕生である。」（『信濃毎日新聞』2010年5月30日朝刊）

以後、このシリーズは、『進化する集落営農　新しい「社会的協同経営体」と農協の役割』（楠本雅弘著）、『場の教育「土地に根ざす学び」の水脈』（岩崎正弥・高野孝子著）、『水田活用新時代　減反・転作対応から地域産業興しの拠点へ』（谷口信和・梅本雅・千田雅之・李侖美著）、『食料主権のグランドデザイン　自由貿易に抗する日本と世界の新たな潮流』（村田武ほか著）、『百姓学宣言　経済を中心にしない生き方』（宇根豊著）へと続く。

■大マスコミの不見識を糺す『TPP反対の大義』

シリーズ「地域の再生」の刊行が開始された翌年（2010年）の10月、菅直人首相は突如として、「TPP（環太平洋経済連携協定）参加検討」を表明した。「日本は今再び大きく国を開く決断をした」という菅首相の発言を受けて、大マスコミは「鎖国か開国か」などという「わかりやすい」言辞をふりまきながら、こぞってTPP推進の論調を掲げた。これに対し農文協では、ブックレット『TPP反対の大義』を12月に緊急出版。「国益VS農業保護」「このままでは世界に乗り遅れる」といった論調をふりまく大マスコミの不見識を糺し、「反対の大義」を明らかにしたいと考えたのである。研究者から生協などの団体関係者、農家まで25名が執筆、いずれも大義にあふれる主張を展開している。

この『TPP反対の大義』の売行きは大変好調で、3月までに実売数は4万部を超えた。「硬い」本のわりに大変よく売れたのは、この国の偏った情報流通に対する人びとの健全な批判精神が健在であることを示している。同時に、その当否は別として、焦点に据えられている食料・農業の行く末に農家以外の人びとも幅広い関心を寄せていることが窺える。

TPPは、農業に限定してひとことで言えば、わが国食料農業を米豪に差し出すものであり、さらに先にはWTOのTPP化、すなわち全世界の農業強国に自国の農業を明け渡すものにほかならない。そんな危険な事態を冷静にみる眼と批判精神が失われていないことを、本書の健闘は示している。

その後、農文協では『TPP反対の大義』の続編として

2010年12月に
緊急出版されたブックレット
『TPP反対の大義』

『TPPと日本の論点』を発行した。農業に焦点をあてた『大義』に対し、『論点』では、政治、経済、財政、金融、地方自治、労働規制緩和、食、医療(保険)、生物多様性、環境などTPPがもたらす数多くの問題を徹底分析した。

今、未曾有の大震災と原発災害に見舞われ、その救済と復興が国民的課題となっている。財界などは、復興のためには経済の成長戦略の加速化が必要であり、そのためには、TPP交渉参加を先送りすべきではないという「TPPで復興」論を主張している。さらに、被災地の農業復興について、小さい農家を排除し、大規模・企業的経営だけでいいというTPP対応型農業復興論も浮上している。しかし、ここに大義はない。

TPP反対の広がりのなかで築かれつつあった地域でのさまざまな連携や農業への国民的理解、それこそが復興へ道筋を示し、復興への確かな推進力になるだろう。日本の転換を地域から未来の向けて進めていくための作品群として、シリーズ「地域の再生」の編集・普及に、一層力を入れていきたいと思う。(甲斐良治)

7

農の世界を追究してきた名著群…5つの全集

■人類史的課題に照らし、農の根本的意義を明らかに

新シリーズ「地域の再生」の発刊以前に、同じ志で農文協は、日本の近現代百三十有余年の来し方行く末を考えるのに最適の全集群を出版してきた。「明治大正農政経済名著集」に始まり、全集「世界の食料　世界の農村」に至る後掲5つの全集だ。

すべて食料、農業、農村をテーマにした全集であるのは、農文協が農の字を看板に掲げた出版社だからではない。食料・農業・農村の、農の限定を超えた普遍的意味を追究しているからだ。

トップバッターの「明治大正農政経済名著集」が刊行され始めた1975年、時代は大きな世界史的転換点に立っていた。その幕開けは、①71年のドルショックと72年のニクソン訪中であり、②73年の第一次石油ショックと翌74年ローマで開かれた世界食料会議である。①はドル一極支配体制の終焉であり、かつ第三世界の雄・中国をヌキにしては国際政治を語れなくなったという二重の意味で、戦後の米ソ二大国体制から多元的中心の国際社会へ世界が移行する端緒であった。②は大量生産・大量消費・大量廃棄の文明に警鐘を鳴らし、人類史の課題が階級対立の解消から自然と人間の敵対関係の克服を主要な課題とする時代へ移行したことを示すものであった。

〈多元的中心の国際社会〉と〈自然と人間の調和〉をめざす二つの新たな人類史の課題を展望するとき、農のもつ意義は明確だ。農の世界は、それぞれの国・地域の風土に立脚せずしては成り立たないがゆえに覇権的競争や修復不

能な環境破壊になじまず、かえってそれを牽制し、人間を絶えず調和に向かわせる本質的契機を内包しているからだ。商工業との本質的違いである。

明治以降、わが国農業の地盤沈下は著しい。こんにち、国内総生産に占める農業の比率はわずか1・2%、その生産に携わる人の数は全就業人口の4・1%にすぎない(2010年)。4・1%の就業人口で1・2%の付加価値しか生産できていないことに非難の声が絶えないこともまた一方の事実ではある。にもかかわらずこの5つの全集は、農業の価値をGDPに象徴される貨幣的価値の観点からのみ裁断することの浅薄さを衝き、こんにち二つの人類史的課題に農の世界が果たす根本的な意味を明らかにしてきた。

■農を通じて創造されたわが国社会科学の原点
「明治大正農政経済名著集」

日本の近代は農村を「踏み台」にしてスタートした。殖産興業と富国強兵を二大柱とする急速な近代化を、国内的諸条件が未成熟なまま進めざるを得なかった明治の新政権は、その財政的基礎を地租改正に求めた。その歳入全体に占める比はじつに80%。しかもこの改正地租は、土地収益を資本還元した地価を基準に定めるというのはタテマエで、ホンネは「旧来ノ歳入ヲ減セサルヲ目的トシ」というものであり、かつまた地価算定検査例第二則において68%もの高率小作料を「適実」なものと設定したことなどによって、農民の土地所有権を法的・形式的には確認しつつその実質は広範な農民層の没落を促し、地主・小作関係の強化=地主制の創出に道を開いたものだった。かくしてその後、明治10年代後半の松方デフレを経て農村経済の疲弊はさらに進み、明治後半から大正期にかけて〝先進国〟には例を見ない(寄生)地主制が確立することとなった。

「明治大正農政経済名著集」はこのような時期に書かれたわが国社会科学の原点である。農村の疲弊を憂うヒューマニズムを出発点としながら、農業・農村が商工業の隆盛と対極の窮地におかれることの国民経済的弊害を説き、その克服の途を科学的に明らかにしようとした。もとより当時の社会科学は「創生期」であり「原点」である。その理論的水準は必ずしも高いものではなかった。にもかかわらずわれわれは、たとえば次のような記述をこの名著集の一冊に見出すとき、こんにちなお深めるべき優れた視点や方法、課題が先駆的に提起されていることに気づくのである。

「余嘗《かつ》て農学の性質の医学に相類似することを察《み》て……其れ農医の二科はともに人体に直接の作用を為すものにて、一は健康の維持に係り一は健康の回復を旨とするものなり、即ち食を供するは……其本分の斯の如く人類の生命に関するが故に、この二学術は何れも皆材料を広き範囲に収集せざるべからず」（新渡戸稲造『農業本論』、本名著集第7巻）。

新渡戸はまた、右の図に示したように農業と教育を同一線上に配置し、その性質を「利殖を旨とする」他の諸産業から区別して考察すべきことを強調した。医、食、農、教育は直接「人類の生命に関するが故に」、市場原理のごとき狭い視野から解放し「広き範囲に」考察の材料を収集しその「本分」を究めねばならぬ。――かくして新渡戸の「農を軽視して商工の発達なし。商工のみの発達はいわゆる帝国主義の弱肉強食となる」という本書の結論は、農学出身の身贔屓《びいき》によるものではむろんなく、広く諸学問、諸産業を見渡したうえでの総合的な知見と見識から導き出されたものだったのである。

専門分化し総合性を失った現代の学問が社会のトータルな課題に適切に応える能力を喪失したかに見えるこんにち、むしろ創生期の学問のほうに現状克服の優れた方法的原理を見出すことができるように思われる。

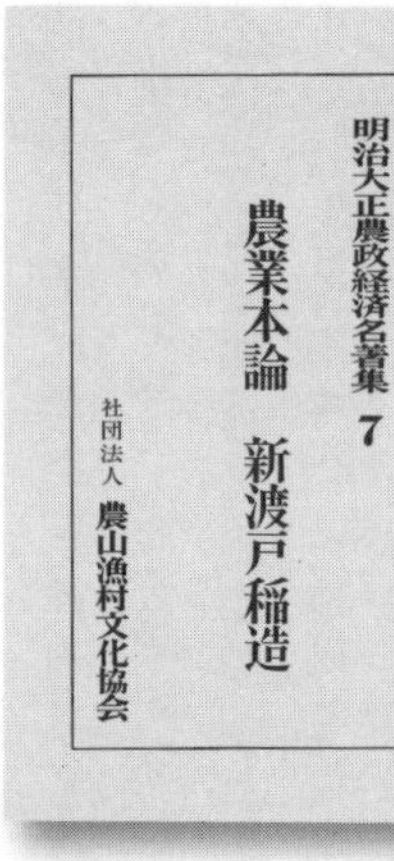

『農業本論』の扉

『農業本論』の口絵
（新渡戸稲造）

■日本の破局と新しい芽を正確に見定める、戦後60年を経て異彩を放つ「昭和前期農政経済名著集」

時代は下って昭和前期（1926〜1945年）。恐慌に始まり敗戦で終わったこの暗い時期は、一方でわが国社会科学が激しい思想弾圧にも屈せず日本社会の科学的分析を一歩も二歩も前進させた光輝ある時代でもあった。数々の名著を生み出し、戦後の民主化を学問的に準備した思想的・理論的格闘の中心軸は、やはり農業問題であった。収穫の半ばにも達する高率の小作料は、農業の発展を妨げ、農民の生活を苦しくしていた根本原因だったことは言うまでもない。のみならずそれは農村から析出される都市労働者の低賃金をも規定することとなった。農民と労働者の貧しさは日本資本主義の国内市場を著しく狭隘なものにし、勢い、その活路を外国市場に求めることと

「昭和前期農政経済名著集」の3冊。
右から、近藤康男『農業経済論』、
栗原百寿『日本農業の基礎構造』、
井上晴丸『日本産業組合論』

なり、ついには軍事力をバックにアジア諸国への侵略をくり返す野蛮な性格を日本資本主義に与えることとなった。かくして農業・農村問題は農業・農村を越えて日本社会の基本問題となり、全知識人共通の関心事となっていた。

「昭和前期農政経済名著集」にはそのような日本資本主義とその基底をなした地主制の基本性格をめぐる研究をはじめ、農業生産費論、農家負債・金融論、産業組合論等、戦後農政の三大柱（農地法、食管法、農協法）に連なる優れた名著が収められている。これらを含め、分析され論じられているのは制度、政策論ばかりではない。地主制の枠の中でも自小作農民の営農にどのような新しい芽が生えつつあったのか、生産力論的角度からの分析も数多くなされている。このことはこの時期の労作が、土地問題が解決するまでは何事も進まぬという「後ろ向き」のものではなかったことを示すだけではない。明治の開国以来、日本農業は国際社会の中でどう生きてきたのか、どう生きてゆかねばならないのか、後・中進国の追い上げに負けないような技術・知識集約型の農業をいかにつくり出すかという課題に正面から取り組んでいたことを示している。アメリカのみならず中国をはじめとするアジア諸国との競合も増しつつある今、学ぶべき問題意識といえよう。暗黒の時代に、明日の光明を信じて仕事をした人びとがあったのである。

■戦後から現代へ、農業・農村の新しい意味を提起する3つの全集

戦後の日本農業は地主制のくびきから解放された。自作農となった日本の農家がもてる力を遺憾なく発揮したことは、農地法制定後わずか十数年にして米の自給を達成したことに如実に現われている。しかし他方で農村は、戦後まもなく始まった高度経済成長のための土地、水、労働力の給源となり、それは農産物輸入の増大によりさらに拍車をかけられた。こうした戦後の息吹と、都市・工業と外国農産物との二重のあつれきの中で生じてくる新たな問題を多角的、重層的に見られるよう編集されたのが

「昭和後期農業問題論集」である。二つの「外圧」のなかで、何を農村は培い次の時代につなげたか、収録された論文以外の膨大な関連文献・年表ともども、生きた戦後農業誌を肌で感じられる全集となっている。

つづく「食糧・農業問題全集」はプラザ合意の翌1986年から刊行された。時代はバブル経済に突き進み、急激な円高による内外価格差の拡大、土地の高騰等を理由に声高な農業・農協バッシングがくり返された時期だった。この全集は『明日の農協』、『農産物の価格と政策』、『工業化社会の農地問題』など、すぐれた理論的著作によりその誤りをただし、こんにちに連なる覇権主義的グローバリズム批判、市場原理至上主義批判の先鞭をつけた。それはまた、「明治大正」、「昭和前期」などの先行する偉業を引き継ぎ発展させてきたわが国農政経済学の新たな水準を示すものだった。批判でこと足れりとしたのではない。『農業の教育力』、『地域資源の国民的利用』など、およそ農政経済学には似つかわしくない?テーマに挑戦しているのもこの全集の特徴だ。それは新渡戸の農と教育を同一線上に置いた思いや、研究材料を「広き範囲に収集せざるべからず」という卓見を今日的課題に生かしたものということができる。長らく貧困の根絶に時間を割かなければならなかったわが国農業問題論は、明らかに新たな段階にその歩を進めた。

覇権主義的グローバリズムは排除されるべきだとしても、〈多元的中心の国際社会〉や〈自然と人間の調和〉は、二度にわたる世界大戦を惹起したようなブロックイズムに戻ることではない。技術、資源、文化、制度など、何が非代替的で何は交流、交換が可能なのか。棲み分けと相互浸透の了解が必要なのだ。全集「世界の食料 世界の農村」はそのような問題意識のもと「世界とアジアからの受信、日本からの発信」をコンセプトに編まれた。それぞれの国・地域の食と農業が学び合い、足らざるは補い合って自分の風土に馴染ませていく。第1巻『海外農村視察必携』を筆頭にした全27巻のラインナップは、地域主義に基づくグローバリズムと世界を取り入れた地域主義が食と農の世界で可能であることを示している。自然と人間の調和に資する多元的中心の国際社会形成の途は、食と農から始まる。

（金成政博）

全集「世界の食料 世界の農村」全27巻

ともに育つ

12章　「いのち」、「地域」とともに育つ農業高校の挑戦

13章　農家と教師、地域と学校を結ぶ

（撮影：橋本紘二）

12章
「いのち」、「地域」とともに育つ農業高校の挑戦

農文協による「農高教科書」発行への志は、『農業基礎』(1981〈昭和56〉年発行)から、新たな画期を迎えることになる。それは、「作物や家畜が先生」、「地域に学ぶ」という言葉に象徴されるように、学び方(教え方)の大転換でもあった。そのことは、その後、学校教育全体に広がった学び方の転換(「課題研究」、「総合的な学習の時間」など)の嚆矢となるものでもあった。

1 「農業基礎」を軸とした高校(農高)教育の大転換

1970(昭和45)年代、減反政策が稲作農家の意欲をそぎ、兼業化が急速にすすんだころ、高校進学率は90%を超えた。高校数も増えるなかで、農業高校をとり巻く状況は非常に厳しくなった。偏差値による輪切りのもとで農業高校は底辺校に位置づけられていく。専業農家の激減、生徒の低学力化など、「農業教育の条件はなくなった」といった雰囲気が漂うようになる。

こうした「追い詰められた」状況のもとで、1975(昭和50)年以降に、新しい農業教育の方法が生まれてくる。それは生徒の意欲や可能性を信頼し、学びの対象となる作物や家畜のいのち、あるいは本性などへ着目して、生徒と対象との共感・共生のもとで、生きる力(学ぶ力)を伸ばすことができる教材と教育方法の追究であった。

こうした実践は、とくに科目「農業基礎」の導入・実践として展開され、「プロジェクト学習」や課題研究として農業教育全体へと浸透していった。

そのなかで明らかになったことは、「生徒に作物・家畜を育てさせ、それを自主的に探究させると、必ず生徒なりの認識(感動)が生じ、その認識にそって作物・家畜に働きかける。そして、その認識と働きかけの適否を作物・家畜の変化のうちに見出そうとする。そこで、自分の認識と働きかけの正しさが検証できたり、あるいはそれらの一面性を悟って修正したりするとき、生徒は自ら〝学習した〟

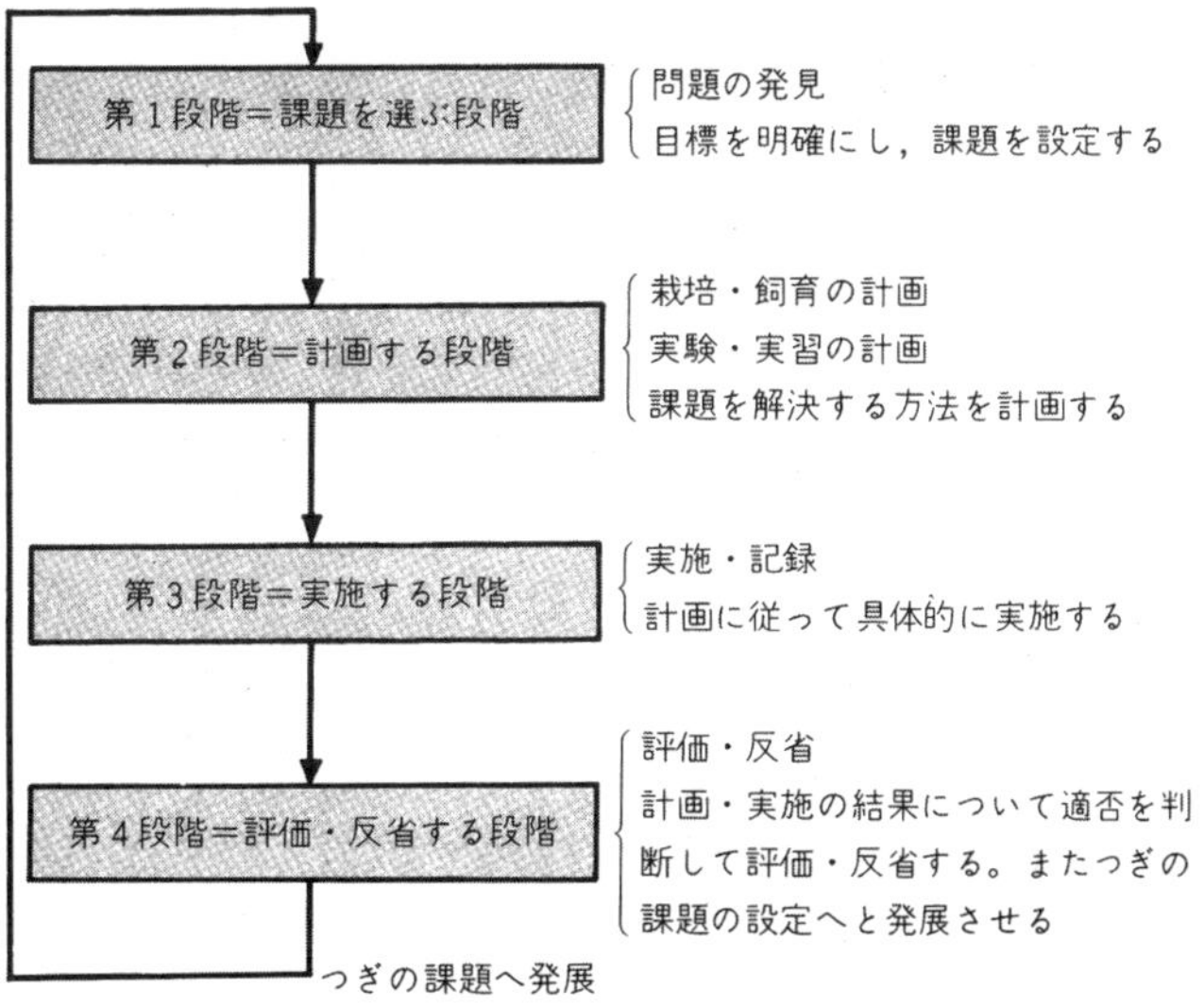

教科書『農業基礎』（1981年）の表紙と本文中の「プロジェクト学習の展開」の図

という実感を持つようになる」（『農業基礎　教師用指導書』より）ということであった。

それは、知識詰め込み教育の弊害が噴出しているなかで、教え込む教育から生徒自らが生きものに学ぶ教育への大転換であり、農業教育こそが教育改革の拠点になりうることを、農業・生命のもつ教育力の現代的意味を確信させるものであった。

■農業・生命にふれて「生き方」を学ぶ

「生徒自らが生きものに学ぶ」取組みは、教師の教育観も変えていく。

次に紹介するのは、農文協発行の農高教師用情報誌『農業教育』（24号、1982〈昭和57〉年発行）に掲載された農高教師・畑幸夫先生（当時、埼玉県立川越農業高校教諭）の実践である。

畑先生が、新任教師として「野菜園芸」の授業を展開していくなかで、最も強く感じたことは「教えることの難しさ」だった。しかし、一年間の学習活動を通して「教える」ことの意義づけが大きく転換させられたという。

一学期は、主として教科書を用いて、座学中心の授業を展開した。教科書に書いてあることを説明していくだけ。生徒の反応は時間を経るにしたがって薄らぎ、それらの知識は急速に忘れ去られてしまった。

悩み、迷っていたとき、ヒントを与えてくれた先生がいた。「今の生徒は、中学以来、教科書の知識を詰め込まされることに飽き飽きしている。農高でしかできない体験をさせること。教師は、生徒と農業生物の架け橋になればいい。」

このヒントに力を得て、二学期は学習の展開方法を変えた。生徒各自が一株の野菜を栽培していくなかで生育調査・観察を行ない、そのなかから問題を解決していくプロジェクト学習である。

生徒にダイコンをつくろうと提案する。農場が遠いなかで、どうするかを話し合い、生徒が「おもしろそう」と賛成した「肥料袋での栽培」が開始された。

生徒誰もが、ダイコンの種子を手に取って見るのは初めての様子。自分でつくった床（肥料の袋）に種子を4～5粒播くことから始まり、実際に発芽したダイコンを見ると、生徒の動きや考えがどんどん変わってくる。

「先生、芽が出た。すごく感激。こんなに小さいのにダイコンになるの？　しっかり育てたい」（女子）

「先生、かん水したら、芽が倒れるんですよね。どうしたらいいですか」（男子）

生徒は何事にも慎重になり、質問を繰り返すようになる。

「先生、土を寄せてはいけませんか」（男子）

生徒はダイコンの根元が風でぐらぐらゆれる様子を見て、なにか手を掛けてやろうと思い、「土寄せ」という栽培技術、生徒にとっては新しい手だてを思いつく。教科書や参考書で調べて検証することで、生徒の頭の中に知識が強く印象づけられていく。

生徒たちは「育てること、生きること」の難しさを、自分のこと（親の気持ち）として認識していく。

「しばらく見に来なかったので心配だったが、ずいぶん葉がたくましく伸びてきた。〝親の心、子知らず〟ってとこかな」（女子の感想文）

畑先生にも予想できなかったことは、生徒がダイコンを栽培するなかで自己を実現しようとする心の動きである。「（観察記録をつけるとき）自分がうそを言おうと思ったが言えなかった」（男子）。「作物を大切にしたように、自分自身（現在から将来にかけての）も大切にしたい」（女子）。「人生にはごまかしや、やり直しがきかない」（男子）。

「このようなことは教室授業からは引き出せないことで、野菜栽培を経験しなければ考えられないことであろう」と畑先生は述懐している。

「授業に関して『興味・関心』が持てるようになるには、『わかる』ことだけでなく、その奥にあるもの、教科書には書いてないもの、すなわち『生き方』について生徒自らそれなりに考え、学びとっていくことが必要なのではなかろうか。」

「生徒が学習活動の中から、自分の『生き方』を発見し、学びとり、そこから『学び方』を学びとること。」

そのための「農業生物の本質を考える授業」の仕掛け人として、農高教師の役割は大きいと畑先生は言う。

■「生物工学基礎」を学ぶ意味

「〝命の動き〟を感じたら生徒はグングンのびていく！」と、『農業教育』45号（1992年刊）のなかで永田栄一先生（当時、長野県須坂園芸高校教諭）は、科目「生物工学基礎（のちに「植物バイオテクノロジー」に改訂）」の実践体験を寄稿している。

「『生物工学』と『生物』はどう違うのか」、永田先生は大澤勝次先生（当時、農業生物資源研究所、農文協発行の農高教科書『生物工学基礎』〈1993年〉と、『植物バイオテクノロジー』〈2002年〉編者）と科目「生物工学基礎」の内容について話しているうちに、その違いがわかってきたという。

「『生物工学基礎』は、生物の動きを見せようとしているのである。『やってみよう、見てみよう』の発想で、大澤先生はこんなことを書いておられた。『生きているプロトプラスト*は、ほんの少し原形質が動いている。ふるえている。また生きているプロトプラストしか細胞融合ができません』（＊酵素などで細胞壁を分解した、裸の細胞）」

「細胞融合そのものが動的な世界であることに加えて、こうした表現をとおして、生徒たちに『命』をどう感じさせるかという、先生の想いが伝わってくる。私には、それが新しい試みのように思えて、『生物工学基礎』のもつ意味をつかめた気がしたのである。」

「私などは、今まで受けてきた学校教育、とくに高校生物の中で学んだ『命を止めて見る』、または『殺して見る』、『知識として見る』習慣が抜けきれずに、その先の展開のイメージがなかなか持てなかった。」

「『生物工学基礎』は『命』に動きを与え、生物の知識や言葉をベースに、自然や命、人間に対する関心を育て、『自分の見方や認識』の芽をはぐくむ科目なのだ。そし

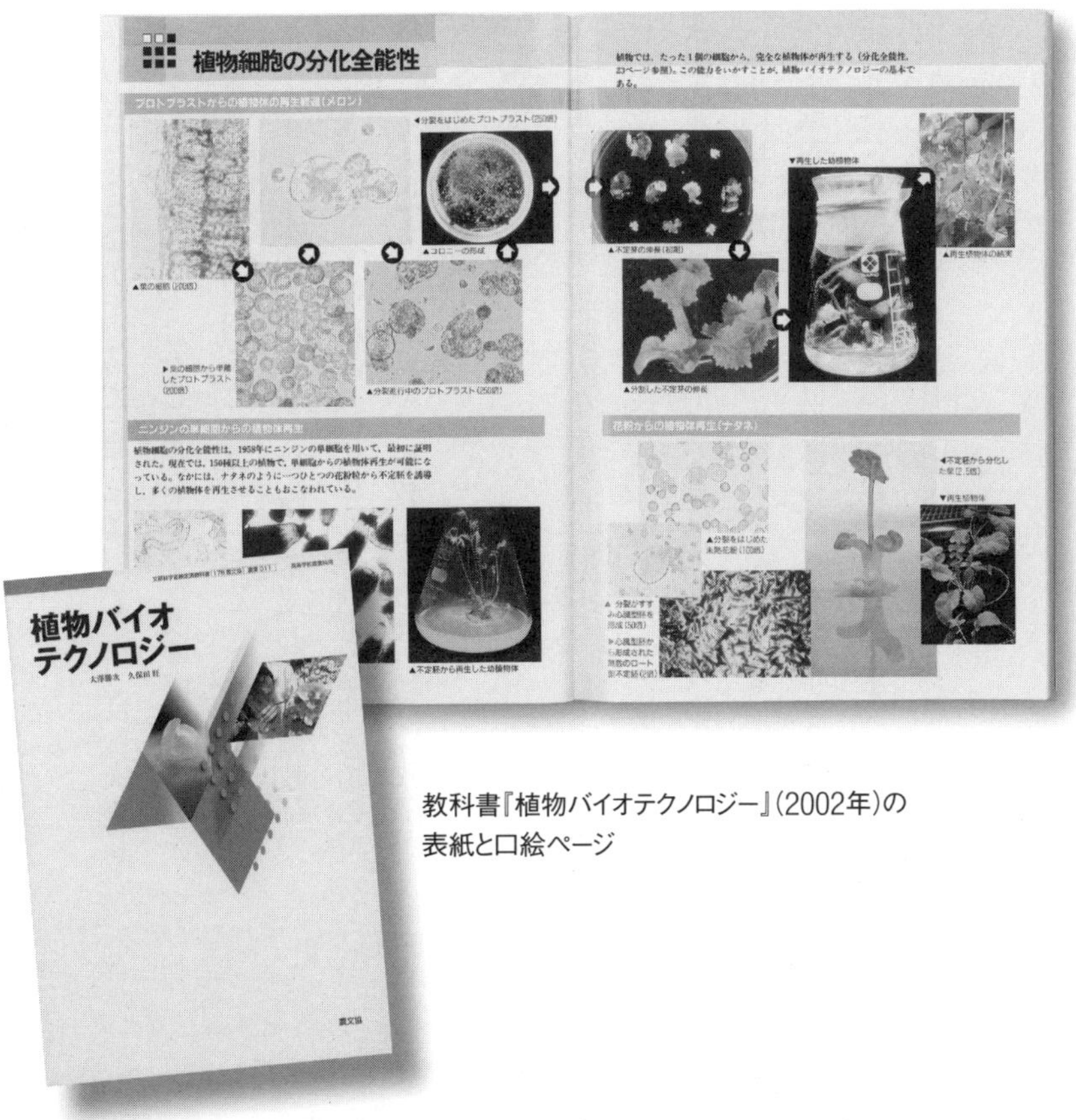

教科書『植物バイオテクノロジー』（2002年）の表紙と口絵ページ

て、言葉にならない認識や感覚を知るとき、新しい言葉や新しい品種・植物、新しい世界を見つけ出すのではないかと思う。」

■「農業基礎」の発展として

永田先生は次のように続ける。

「生徒たちに対して私は、『先生は信用するな、まず野菜を見て、野菜と自分の目を信用しろ、実験や研究は失敗しても、先生が責任とるわけじゃない』とか、『トマトに聞け』、『お前たちに出会ったばかりに、キュウリは枯れそうだ。キュウリにあやまれ』なんてことを要求してきた。」

野菜が生きているという認識が深まると、野菜を育てる作業に「恐怖」を持つようになる、という。

「『恐怖』を持つということはすごく大切なことで、人間関係同様、そこから『どうしたらよいかわからない』、『失敗したらどうしよう』という気持ちが生まれてくる。生徒たちは、その『恐怖』からのがれようと、私たち教師を信用するふりをして寄りかかろうとする。しかし、『決断は不安と予感の味』でもあるのだ。ここは一番、生徒の甘えを突き放してやる。決断したくない感情が生じてくる。生徒自身が苦しんだ末に決断するなかから、自分の考えをまとめあげていく芽や、行動力を生み出す力のもとが生まれてくるように思う。」

「その意味で『生物工学基礎』は、『農業基礎』で学んだ、作物を育てるなかで五感を通して感じとり、自ら決断しながら作物と接してきたことがらを、今度は実験・観察を通して深めていく科目だといえる。」

ただ…と、永田先生はさらに続ける。「われわれ教師の立場を考えたとき、あまりに『教えよう』としすぎるのではないかと思う。『命の動き』を教えるには、私は『教師が教えることを禁欲する』ほうがよいと思う」。

「農業教育には、実践のなかから、対応力、意志決定、自己表現力などを育てていく土壌が強く残っている」という永田先生。前任校(長野県南安曇農業高校)の生物工学科一期生の担当教師として、生徒のやる気を引き出し、一人一テーマの「課題研究」で自信をつけ、「不可能を可能にする」(生徒の言葉)力をつけて、「農業高校ってすごい」と自他ともに認める、「入学競争率県下一」の魅力ある農高をつくりあげた。

(和田正則)

2 学校教育の常識への挑戦 『農業高校ってすごい』

農文協発行「人間選書」の一冊に、永田栄一著『農業高校ってすごい　学校教育への挑戦』(1994〈平成6〉年)がある。大きな反響があり、教育書としては異例の1万部を超える売行きを示した。

本書は、長野県立南安曇農業高校生物工学科永田学級の授業記録である。大学教授を呼んでの「生物工学研修会」、クラスで中国研修旅行、英語で書く卒業論文、加藤登紀子コンサートの主催…生徒が主体となって取り組んだ数々の取組みを伝えている。

110

中国の農家での農作業体験

んだなあ、日本人も少しは見習ったほうがいいかなあ、と思いました。
（浅野由美子）

○五人一組になって各農家に行くことになった。中国語なんてわからないからどうしたらいいのだろうと心配だったが、向こうの農家の人が英語を話せたので、僕もあまりわからない英語を話した。

ところで、僕たちが行ったこの農家では、鶏が家の中を歩いていた。日本では考えられないことだと、僕はすっかりびっくりしてしまった。

つぎに、実習をしに畑に行った。でこぼこした道を少し歩いたら畑に着いた。畑には水路がたくさんあった。スプリンクラーはなく、水はこの水路から長い柄杓で汲んでやるのだ。

畑を少し耕したら、ごつごつしていてあまりいい土ではなかった。農業をやるには日本のほうが適しているんじゃないか、そんな気がするほど中国の農業は大変そうだった。それから、牛が道端にたくさんいておどろかされた。
（百瀬　晶）

○日本では、田畑を耕すときはトラクター、収穫した作物を運搬するときはトラックを使う。けれど中国で

永田栄一『農業高校ってすごい』（人間選書。1994年）の表紙と本文写真（中国の農家での農作業体験）

■農高を〝生（命）〟の学校に

農業高校も普通高校と同じ土俵で偏差値に一喜一憂し、先生方のなかにあきらめが進行してはいないか。

永田先生は、魅力ある農高づくりに向けて、そのありかたを、次のように提言する。

「私は、農業高校は〝生（命）の学校〟としてあるべきだと考えている。聞くだけ、書くだけ、質問せず、人の言うことを聞くだけの人間をつくり、一流大学や一流企業を目指すために、固定化された知識だけを切り売りするような現在の教育のなかでは、複雑な社会に適応し、臨機応変に問題を解決する能力が身に付くとはとても思えない。

遊びの中の研究や体験を通じての自信が、本当に知ろうとする意欲やチャレンジ精神を引き出し、自らを育てる。話すこと、自分の意見を主張することの中で、コミュニケーションと相互理解が生まれる。自分の五感をもとにした意志決定とコミュニケーションと相互理解の中でしか、自分自身の位置関係の確認や信頼、愛情は育たないと思う。農業高校は、そのような生きた教育の場でなければならない。」

「生の学校」（命の学校）が必要となっている状況を、永田先生は次のように例示する。

「入学当初、女の子に多いような気がするが、たとえばホウレンソウを観察させると、『どう書けばいいんですか』という質問が出てくる。書き方がわからないのではなく、

どう書くのが世の中では正しいのか、という疑問なのである。目の前のホウレンソウを信用していない。」

自然観察の指導をしていても同じようなことが出てくる。

「つかまえた蝶の鱗粉が落ちたりしていると、『図鑑と違う。これはオオイチモンジではない』と自信を持って言いきる小学生に出会ったりする。図鑑のほうが綺麗で本物らしく、実際の生きものはみすぼらしいので、認めたくないという気持ちなのだろう。」

本来、生きものは、一つとして同じものはない。

「多様な正解があることを、自分の目で認めたところから、次の観察への期待や研究の喜びがわかってくる。『こういうものだ』、『これだけしていればいい』、『高校生としてはこの程度』等々、正解を限定されるところからは、生徒の自ら伸びようとする芽も伸びてこないように思う。」

■「自信」が自分を伸ばす

有言実行の永田先生は、生徒のチャレンジ精神を鼓舞し、自信をふくらませていった。

当時、生物工学科一期生の担任をしていた永田先生は、生徒が主体的に取り組む科目「課題研究」を、大学進学につなげて、「長野県で一番の大学進学学級」となることを自らの課題とした。

『課題研究』の内容に示されている研究や資格取得、農家体験実習などの取り組みのなかで、生徒たちは確実に自信をつけていった。すべてが、普通高校とは違うレースであり、生きものが相手のダサイながらも、自分の研究であったり、自分の作物であったりするからである。

人間は相手があってこそ、自分自身を認識できるのであり、生と死、発芽と開花など『教えて教えられるものではなく』、『教えようと思わないほうが教育効果が上がる』分野がそこにはある。『現実と実物の重み』ということもできる。」

「一人一研究」(卒論)の要約は、あえて英文で書かせる。この「くさいやり方」も、「結果的には、『なんだか俺もやれる』といった気にさせるようで、自信というものは恐ろしいもの、『自分が自分を伸ばす』方法を身につけることになる。」

「普通の先生をしていたんでは、生徒も普通の生徒しかしないだろうから、どうしたら自分に自信を持ち、社会や自分に挑戦し、不可能を可能にする(生徒の言葉)力がつくのか」、これは永田先生の挑戦でもあった。

生徒の可能性を、多様な「体験」で引き出す。その例を紹介しよう。

■納得させる表現の場を

生徒に、どんどん書く場を提起する。

クラス新聞「生物研究怠夢」の発行。一期生の入学時から毎週班ごとに出す。「おもしろいこと、言いたいことを自分勝手でなく、みんなを納得させる表現ができるように」書かせるのがねらいだ。

「大投書作戦」も敢行。「自分の意見が社会に認められたという自信も大切。『載りっこねえー』と言っていた生徒たちも、信濃毎日新聞に一回は掲載され、多い生徒は五～六回載った」。「相手を納得させる文章力、論理の展開は、実験論文でも同じこと、自分を確認する良い手段になる。さらに新聞に毎日目を通す習慣ができることが、何よりの収穫である。大学の小論文は、新聞を読んで、自分の意見を書けるようにしておけば、ある程度なんとかなるのだから」。

投稿のポイントとして、「体験のなかから、他の人には絶対に書けない題材を使って、自分の考えを述べること」を訓練させている。あとは回数が勝負。

■授業は、自分たち・生徒がつくる

生物工学科三年生の、永田先生担当の週四時間の授業、「育種」と「課題研究」は、生徒が先生になる。

生徒は自分のテーマ、「核外遺伝子とプラスミドDNA」、「ポリジーン（量的形質の変異を生みだす遺伝子群）」、「マス・セレクション（毎年一本一本のブドウ樹を観察して、優れた樹の選抜と育成を行なう）」などに合わせて、プリントをつくり、板書事項をノートに書き、2～3ヵ月がかりで「教案」をつくる。

この授業は、永田先生にとって、「生徒どうしでの質問のし合いや、指摘の鋭さは、私にとっても良い勉強になる」、「自分はこの分野のプロであり、エキスパートであるという自信が、生徒を変えているようだ」。

生徒の「課題研究」は、二年の12月頃に計画ができ、一人一テーマ、自分の責任で研究を進める。自分の夢と研究をつなぐ。そのなかで「赤花ソバも特許に出したし、山ブドウと巨峰を交配したブドウ苗を二〇〇本育成したし、ワサビのプロトプラストからの再分化にも成功した」。

■農家体験は最大の財産

今の生徒たちは「農家の出身だからといって、農業を知っているわけじゃない」。

二年の夏休みに、先進農家へ体験実習に出す。他人の家で、何ができるか、自分を見つめなおす。基本的に希望者対象だが、「とくに大学進学希望者は必ず行かせることにしている」。毎年参加者は60～100名。「私は、この数と生徒の意欲が、南農高校と安曇野の農業の財産でもあると思っている」。一度世話になった生徒は、今度は後輩を世話する農家にもなる。

これからの地域社会を背負って立つ人材を農業高校が育てる。生徒の自信は学校と地域の財産である。

「生徒の『課題研究』を生かして、農業高校をどう生き残らせ、発展させていくか」、これは「教師にとっての『課題研究』でもある」と永田先生は言う。

（和田正則）

3

足元から、地域の宝・学び方を発見
—教科書『グリーンライフ』の魅力

■「地域が教材」の新教科

高等学校農業科の新科目「グリーンライフ」は、1999年の学習指導要領改訂によって、農業・農村のもつ多面的な機能とヒューマンサービスに関連する分野の中核的な科目として設置された。農文協発行の教科書のなかでも、『グリーンライフ』(2005年)は、最も新しい存在である。以下、同教科書の教師用指導書のなかから、「グリーンライフ」の学びの魅力と可能性を紹介したい。

「グリーンライフ」で扱うヒューマンサービスの分野は、都市から農村へ人が移動・滞在する活動(都市の人々にとっては余暇活動)を扱い、農村・農家の人にとっては対人サービスをとり入れた新たな経営活動となる。

農業・農村の多面的機能の価値を、都市の人々と共有し、お互いの在り方・生き方を考えるきっかけにもなる。

「グリーンライフ」の学習の基本的な教材は、それぞれの地域にある自然や景観、産業、文化、さらにはそれらを支えている人々の営みや知恵(技術や技能など)である。

「地域が教材」ということは、学校に農場などの施設・設備をもたない普通科高校や総合学科高校などでも、この「グリーンライフ」の授業はとり入れやすいといえる(現に、

教科書『グリーンライフ』(2005年)の表紙と口絵ページ

全国各地の地域とともに歩んできた「地域の高校」（総合学科、普通科など）においてもとり入れられている）。

「グリーンライフ」の学習には、「正解」は用意されていない。学習の過程においてワークショップやディスカッションにプレゼンテーションなど、参加型の多様な学び方・その成果の伝え方があり、「学び方を学ぶ」農業教育全体の基礎教科としても位置づけることができる。

■「アグリツーリスモ」の世界

教科書『グリーンライフ』には、その学びの世界として、国内や海外の事例が随所に紹介されており、その一つにイタリア中部・トスカーナ地方の農村がある。

丘や山々の起伏が重なり、小高いところに集落があり、村の中心に教会がある。集落と集落の間に畑がひろがり、地中海沿岸の風土に適したオリーブが多く栽培され、ほかにもイチジク、洋ナシ、クルミなど多様な果樹がある。

集落のなかには、アグリツーリスモ（Agriturismo）の表示が出ている。農家に宿泊してオリーブや果樹類の収穫、手入れなど農作業の体験ができる。集落と農耕地と穏やかな起伏が続くほかには何もない。地域でとれた農作物とワイン、生ハム、チーズが何よりのもてなし。それだけでヨーロッパ各地から人が集まる。

集落を歩いて気づくのは、建物の統一感。建物の外装は三色のみ（屋根瓦はオレンジ、壁は肌色、木製の窓枠は緑）。

建物が古くても勝手に壊せない。家の壁は厚く、夏の盛りでも、室内は涼しい。不便もあるが、それが地域の環境や暮らしを守ることだとわかっているから、古いものも頑固に守っている。

このトスカーナには、日本の代表的な温泉地、大分県湯布院の旅館経営者たちも足を運び、当地の田園風景の美しさを肌で感じ、地域振興の考え方や方法を学んでいる。

■持続可能な暮らしの創造

「グリーンライフ」はこれまでに類をみない新設科目であり、教科書の編集にあたっては、学習指導要領に準拠しつつ科目の位置づけや特徴をとらえなおし、以下のような点を教科書編集の基本にすえた。

①「グリーンライフ」を「農業・農村のもつ多様な機能や魅力を発見し、それらを活用して人と人（農村と都市）が交流し、新たな交流・余暇活動型経営（農のビジネス）とともに、大地に根ざした持続可能な暮らし（ライフスタイル）を創造していく営み」と位置づけ、農村と都市の双方から学びを深めていけるようにした。

②「グリーンライフ」の取組みでは、それぞれの地域で、そこにあるもののなかから、農業・農村の魅力や資源（宝）を発見していくことがきわめて重要であるため、「農」の世界のとらえ方や、自然環境、地域農産物、農村文化、農村景観などの農業・農村の機能を発見・活用していくための

視点や方法についてとくに重視した。

③交流・余暇活動型経営の形態としては、グリーン・ツーリズム、市民農園、観光農園、農産物直売所を中心にしたが、それらを相互に結びつけて、農業・農村のもつ魅力をより大きくしたり地域全体の経済効果を高めたりしていく方向で扱い、それが農業と農村生活の向上につながる筋道を明らかにした。

とくに農産物直売所については、学習指導要領の内容には明記されていないが、独自に取り上げた。近年全国的に広く設置されている直売所は、女性・高齢者の生きがいの場としても定着しており、地域農業・農村生活の向上に大きく貢献していることから、企画・開設・運営などについても詳しく取り扱った。

■立案・運営能力の育成

こうした「グリーンライフ」の授業は、「教科書を教える」講義中心では、興味・関心を深めたり、理解を深めたりすることは難しいと考えられる。講義や調査・実習と並行して、グループ学習(ワークショップなど)をとり入れながら、地域の課題解決に向けた「政策提案をめざす参加型授業」を創っていくことが望まれる。

この科目の大きな特徴・魅力は、それぞれの学校や地域で、そこにある多様な資源とその機能を発見して活用していくことにあり、その視点と方法を学ぶことである。

さらに、この科目の特徴は、農業教育の対象とする各分野(食料供給、バイオテクノロジー、環境創造・素材生産)の知識・技術を総合して、地域振興に向けた一つの企画(農業体験交流など)を立案・運営していく能力を育成するものであり、その意味で、農業教育全体の総合的な基盤・発展としての科目と位置づけることもできる。

■「地元学」の手引きとして

この教科書『グリーンライフ』は、「地元学」のすぐれたテキストであるともいえる。

「地元学は理念や抽象の学ではない。地元の暮らしに寄り添う具体の学である。わが町にはほかに誇れるものは何もないと嘆き、『ないものねだり』の愚痴をこぼすより、暮らしの現場の足元の『あるもの探し』をしてみよう」(シリーズ「地域の再生」第1巻『地元学からの出発』結城登美雄著、2009年11月発行より)。

「どんな政権になろうと、地域の明日をつくるのはそこに生き暮らす人々であることに変わりはない」(同著)。

教科書『グリーンライフ』は、「地元学的地域再生」へ、生徒たちが当事者として参画するときの手引きとして、さらに地域の人々と一緒に取り組むためのテキストとして、きわめて意欲的・実践的な内容になっている。

(和田正則)

13章　農家と教師、地域と学校を結ぶ

1　本当の知育教育とはなにか《農文協教育書の原点》

農文協の教育分野での出版活動を深化させたのは、編集と普及が車の両輪となってつくりあげた農高教科書『農業基礎』の発行（206ページ参照）だが、その編集過程で、小学校での実践者も発掘されていく。『村に生きる子どもたち』（1979〈昭和54〉年発行、1986〈昭和61〉年に人間選書『地域に学ぶ子どもたち―親と教師の課題』として改装版発行）の著者、岩浅農也氏もその一人である。

■農業が子どもを賢くする

知育偏重・つめ込み型の偏差値教育によって、落ちこぼれや低学力の子どもが現われる一方で、受験競争の勝ち組みにも、「問い」をもたない・自分が何を学びたいかがわからない学生が大量に発生するなか、岩浅氏は本当の知育教育とはなにかを示そうと試みる。長年、東京の小中学校で社会科の教鞭をとってきた岩浅氏は、宮城教育大学に教授として赴任後、「農村の子どもは勉強では不利だ」という常識を打ち破る授業を協力先の三つの小学校で実践し、「農業が子どもを賢くする」と確信するに至った。教材となったのが、「田んぼ」や「用水」である。

田んぼの土はみな平らになっているが、水をためるだけでなく、少しずつ下へ逃がすよう、わずかな傾斜がついていること。用水の水をどう田んぼに引いて、それを村人がどうやって共同で管理してきたのかを、現場に何度も通って、子どもとともに確かめていく。2000年以上のあいだ、農民が生活のほとんどを打ち込んでつくり続けてきたものだからこそ、調べるほどにその合理性が見えてくる。イネ、土、水といった自然が、人びとの「よりよく生きたい」という願いや、それを実現していく家族や村のありようを包み込んでいる事実に出会う。身近な田んぼや用水について、自分の認識が根本から問い直されたとき、子ど

もたちは「おもしろい」、「わかる」、「やさしい」と感じ、体験と科学と思想が一体となって〈人間として生きるとはなにか〉をつかみとろうとする、本当の意味での知的欲求が花開くのである。

■『「待ち」の子育て』がベストセラーに

知育偏重の教育は、小学生だけでなく、幼稚園児・保育園児にも及んできていた。子どもたちを管理しやすいように、トイレや手洗いまで時間をきめて全員そろって行かせたり、ドレミやひらがな・漢字なども小学校入学前に覚えさせるなど、大人のつくった画一的な型に子どもをはめ込もうという保育である。

その真逆を行くのが、静岡県島田市の「たけのこ保育園」。子どもたちを野良に連れだし、裸足で土を踏ませる保育を実践。遊びのなかに労働を組み込み、四季折々の自然のなかで、ずんぐりむっくりで太ももがっちりの、わんぱく・おてんばが育っていた。子どもを管理せずに、その子の自立を助ける「待つ保育」である。

初出は、『現代農業』1984(昭和59)年1月号の橋本紘二カメラマンによるグラビア頁。その年の9月号では、引き続きグラビアを飾るとともに、山田桂子氏の取材による連載「野に育つ子どもたち」がスタートし、翌85年6月号まで10回にわたって、自然のなかで遊びこむ子どもたち一人ひとりの姿と、子どもと対等に一所懸命遊び、ともに育つ保育士の姿が活写された。

連載を開始した時期は、ちょうど園が島田市中心部から移転し、純農村地帯の一軒の農家を間借りしたときであった。同時に600坪の土地を取得し、保育室やホール（体育館）などの施設一切を自前でつくろうと計画。園児40〜50人、保育士13〜14人の小さな私立の共同保育所だが、さまざまな職種の父母や農家が結集して、古い電柱や枕木、廃校になった中学校のヒノキの床材などをタダ同然で集め、ついには一年足らずのうちに完成させてしまったのである。

連載終了後、山田氏は保育士や調理師、父母や農家それぞれの思いやライフヒストリーをていねいに取材。連載の加筆・修正とともに、親や地域が自前の教育をつくりあげるみちすじをまとめ、人間選書『「待ち」の子育て』（1986年）を世に送りだした。

親や地域が、学校や塾などに子どもの教育をまかせてしまう傾向が加速するなか、〈人びとが共同して「子どもを一人前に育てる」〉＝〈「いえ」と「むら」の教育力〉が鮮やかに蘇った。発売後一ヵ月半、2月16日の朝日新聞・天声人語で紹介されると、裸足の野生児とともに、誇りと確信に満ちた大人たちの姿が反響を呼び、10万部を記録す

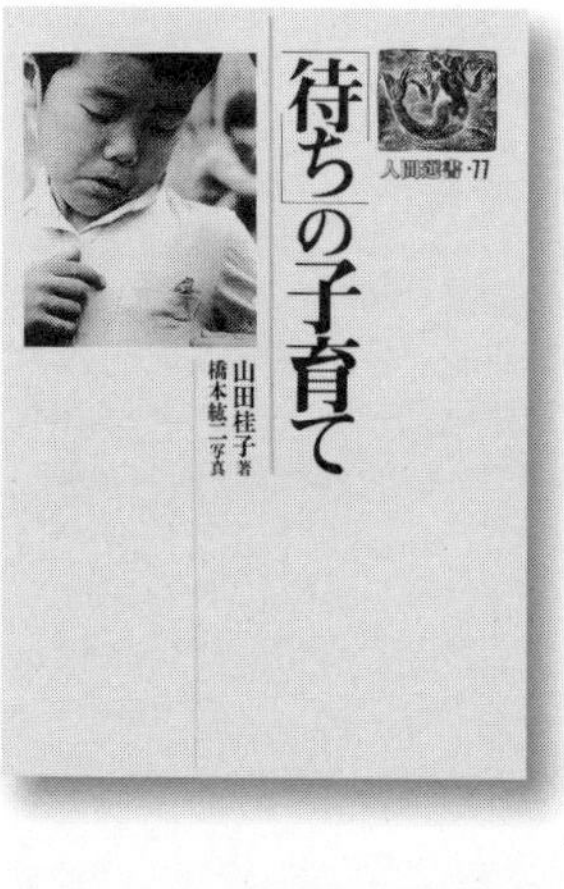

ベストセラーになった『「待ち」の子育て』（山田桂子、1986年）

るベストセラーとなった。

前記の2冊は、農文協の教育書のスタートを象徴する本である。いずれも、①子どもを変えるには、親・教師がまず変わること、②自然や農家、村の営みに学びながら、親や教師が子どもになにかを教えるのではなく、まるごとの人間として子どもに向きあい、ともに育つことを教育のベースに据えており、これが、その後の農文協教育書の基本スタンスにもなったといえよう。（伊藤伸介）

2 生活科から絵本の展開

■「生活科」創設、体験への誘い重視へ

『「待ち」の子育て』がベストセラーとなった1986（昭和61）年という年は、農文協が絵本を中心として小中学校の教育にかかわる出版活動に本格的に乗り出す画期となる年でもあった。折しも、次期学習指導要領改訂（1989〈平成元〉年）で小学校低学年理科・社会科が廃止され、生活科が創設されることが決まり、試行的な授業が全国で盛んに行なわれていた。

生活科創設の背景には、子どもが育つ環境の変化がある。高度経済成長以降、農業の機械化や生活の電化のなかで、暮らしのなかでの子どもの労働体験は乏しくなった。子どもたちは、遊びや仕事をとおして自然とふれあい、生活の技を身につけながら成長したものだが、そういう場面が少なくなり、地域の年齢をこえた子どもの遊び集団も解体していく。さらに、1985年ころからファミコンが爆発的にヒットし、都市でも農村でも子どもたちは家に閉じこもって遊ぶようになり、仮想現実が現実を凌駕して子どもたちの心をとらえていく。

本来教育（知育）というものは、豊かな実体験のベースがあってこそ実を結ぶものなのだが、そのベースが揺らいできたのである。生活科の新設には、ベースとなる体験そのものを学校教育のなかで補っていこうという意図があった。また、中学校では職場体験や農村体験が盛んに行なわれるようになっていた。

このような状況のなかで、『現代農業』1986年11月号の「主張」は「都会の子に餅つきは必要か」と題して、当時盛んになりつつあった中学生の農業体験学習を引き合いに出しながら、教育を「たくらむ教育」と「たくらまない教育」の二側面から明快に整理している。

「たくらむ教育」とは「教育の目的や方法、技術を問題にして、その方法や技術が目的を達成したかどうかを問うばかりの教育」であり、学校教育がこれにあたる。

それに対して「たくらまない教育」は、「教育しているなんて少しも思っていない（しかけも、もくろみも、目的もない）のに、いつの間にか誰かが誰かを教育している教育」である。家庭や地域の教育とは元来そういうものだった。

地域の農業や自然に「教育力」があるとすれば、それは間違いなく〝たくらまない〟ほうの教育である。

「たくらむ教育」が行き詰まり、家庭教育もまたたくらみが先に立ったものに変質していくなかで、農業の教育力、自然の教育力が注目され、農業体験学習が行なわれているが、それもまたひとつのたくらみである。たくらむこと自体が悪いことではないが、たくらんだことを自覚していなくてはならない。そして、農業体験学習が成果をあげるのは、「農家の人たちが、たくらんだ教師や親の立場でなく、丸ごとの人間として子どもたちとつきあったから」であり、子どもたちが農家を、農村を、自然を丸ごと感じているからである。

このような教育に対する考え方に立ち、農文協は教科書出版社が生活科の教科書発行の準備をすすめるなかであえて教科書は発行せず、絵本をとおして子どもたちを体験へといざなうことにした。そこには地域の個性的な生活体験をうながす生活科が、全国画一的な教科書に沿って行なわれるのはおかしいのでないか、という考えもあった。

■良質な「絵本」を学校や家庭へ

生活科の移行措置が行なわれるなかで農文協が最初に手がけたのが、他団体や他社が制作した農業・農村や自然にかかわる絵本を届けること（販売提携）である。

1986年には長野県の飯田中央農協（当時）が自費出版した『ふるさとを見直す絵本』シリーズを全国販売する。もらい風呂から養蚕と産業組合の成立まで、南信地方の暮らしを聞き書きでまとめたこの絵本は、一地方のかつての暮らしの現実を描きながら、その土地に生きてきた人をとおして、生活文化を引き継いでいくという教育の方向性を指し示すものであった。

また同年、PHP研究所が制作・発行した「自然の中の人間シリーズ」を提携販売した。このシリーズは、産業をとおして、土や森、海といった自然と人間との関係を、最新の科学的な知見を踏まえて描いたものだ。

翌1987年には、待望の自主制作の絵本である『自然とあそぼう植物編』を発行した。この絵本は草花の名前を覚えるような自然観察の絵本ではない。たとえば『いじめっこはだれ』（第8巻）は、ダイズの生育ステージのそれぞれの場面で、ダイズを食べようとする虫と、それを食べる虫や鳥たちの姿が、虫を寄せつけまいとする人間の工夫も含めて描かれていく。

さらに『かこさとしのたべものえほん』（1987年）、「自然の中の人間シリーズ」『川と人間編』（1989〈平成元〉年）と、自主制作の絵本が続いて出されていく。（阿部道彦）

『ふるさとを見直す絵本』の1冊『もらい風呂』
（文・みなみ信州農業協同組合、絵・熊谷元一、1986年）

『自然とあそぼう植物編』とそのなかの『いじめっこはだれ』
（構成・中嶋博和、絵・谷口高司、1987年）の一場面

普及から

「農家の苦労がわかる絵本」普及

1987(昭和62)年、『自然とあそぼう植物編』が発刊された。

農文協二六期新人養成講習会の福島県白河実習で、この絵本全10巻の農家普及を開始した。講習会事務局では、絵本の各巻を、農家の作業や実際の思いにひきつけて、新人に教えた。

たとえば、『あついよさむいよ』ではハウスの換気、『おなかがへった』では施肥や灌水、『とおくへいきたい』では実習地に多い水田雑草のクログワイや、出作するトラクターで広がる畑地雑草といった具合である。農業技術の枠組みを、絵本を使って教えたといってもよい。そうした準備がされて普及開始。見本は『おへそものがたり』、『いじめっこはだれ』から選ばせた。

『いじめっこはだれ』は、ダイズの生育期間を通じて、さまざまな生きものが敵になったり味方になったりする食物連鎖を順序だてて展開する、やや理詰めの巻。精密な絵が特徴だ。

これを農家の茶の間で、紙芝居のように、農家の子どもに普及したのだ。もちろん母親や祖父母が側にいる。子どもはダイズについた小さなアリを目ざとく見つけて興奮しまくるのだが、読み聞かせしているうちに気がついた。

農家である親は、発芽したダイズを引き抜くハトの絵に眉をしかめて怒るのだ。それで、「ハトは平和の象徴のようにいわれますが、農家にとっては大切なダイズを食べる悪いやつですね、ほら、ここに目玉風船があるでしょう? 実は、この絵本は農家の苦労がわかる絵本なのです」という説明が加わったのだ。

外孫のクリスマスプレゼントに東京に送ってあげる農家や、なかなか畑についてきてくれない孫のために誕生日までに急いで届けてくれという農家、娘に婿をとってようやく生まれた初孫は男の子だから記念に買ってあげるという少々気の早い農家までいた。

この新作絵本は、自分たちが続けてきた農家としての気持を、なんとか子や孫に伝えたい、そういった気持に応えられる本なのである。こうして、「農家の苦労がわかる絵本」、「孫が畑についてきてくれるようになる絵本」というキャッチフレーズが生まれた。

保育園では「いのちを感じる『ことばかけ』のために」というキャッチフレーズで普及した。これには『とおくへいきたい』の巻を使った。オナモミというトゲのついた実は野原で遊ぶ子どもの服に引っ付いてくるのだが、服に実がついているのを見てなんと言葉をかけますか? と問うた。

じつは、農文協は「このタネは遠くに連れて行ってほしくて、ついてきたんだよ。連れていってあげようね」と言葉をかけてほしい、命を感じる言葉を子どもにかけてあげてほしい、という願いを込めてつくった絵本なんです、と紹介した。「自分の感じ方が、つないでいる手や『ことばかけ』によって子どもに伝わる。これはまず自分が読まないと」といった保育士がいた。

文化財の内容を対象視点でとらえなおした仮説は、普及を通じて検証され、普及者の言葉になり、普及対象に向けた広告に使えるまで精緻になる。(藤井宏二)

3

『自然教育活動』から『食農教育』へ

■「総合的な学習の時間」で地域教育の復活を

雑誌『食農教育』の前身である『自然教育活動』（季刊）の創刊は1986（昭和61）年。1992（平成4）年から小学校一・二年生で生活科が新設されることをにらんでの刊行で、教師を主たる読者対象とした、はじめての定期雑誌であった。自社の絵本の著者などを積極的に登場させて教育現場での活用方法を探ったり、すぐれた教育実践を発掘していった。

そして、創刊から10年後の1996（平成8）年、「生きる力」、「学校・家庭・地域社会の連携」などをキーワードとした「総合的な学習の時間」の新設が、第十五期中央教育審議会で答申されることとなる。

『食農教育』創刊号
（1998年）の表紙

「総合的な学習の時間」は小学校で週3時間、国語や算数なみの時間数で実施。中学校でも週2～4時間、高校では卒業までに3～6単位が充てられる。学習指導要領のもとに、全国どこでも同じ内容の教育がなされる教科学習とはちがい、その中身は、各学校・地域の特色を活かして自由に決められる。農家が「地域の先生」として、体験活動をサポートしたり、教壇に立って地域の農業や、歴史、文化を語ることが可能な「時間」が確保されるのである。

これを機に、1998（平成10）年8月に、『自然教育活動』を『食農教育』（副題：「総合的な学習の時間」の総合誌）へと改題。A5判64頁から、A5判160頁へと増頁させた。いまでは広く使われている「食農教育」というキーワードは、この雑誌の名前が嚆矢となった。そのネライは、明治の学制発布以来続いてきた、国家のための国民教育から、地域の生活文化を継承するための「いえ」と「むら」による教育（地域教育）を復活させるみちすじを、「総合的な学習の時間」を使って開くことであった。

■学校と地域がともに元気になるみちすじ

事実、学校が起点となって、地域の教育力が掘り起こされていくような事例は、『自然教育活動』時代から少しずつ発掘されていた。のちに単行本となる千葉県の我孫子市立我孫子第二小学校（『「地域の先生」と創る　にぎやか小学校』1998〈平成10〉年)や、愛知県の額田町立大雨河小学校(『ふるさと総合学習』1999年)の実践などである。

それらの一つに、徳島県の小学校教諭、藤本勇二氏がすすめていた地域の知恵さがしも位置づけられよう。藤本氏は、吉野川の上流に位置する穴吹町立初草小学校で、コンニャクイモの栽培からコンニャクの加工までの体験学習を行なった。地域の老人から「コンニャクを固めるのはソバガラ(ソバ収穫後の茎や枝)の灰でないといかんな」との聞き取りをきっかけに、その理由を理科実験のなかで子どもたちとともに確かめる。六年生理科の単元「水溶液の性質」で、ソバガラの灰、稲ワラの灰、重曹、石灰水のpHをそれぞれ調べていくと、予想どおりソバガラの灰は強いアルカリ性を示し、コンニャクイモに含まれる多糖類をアルカリで固めること、「灰汁がうまくいっていれば、なめてみると渋くてぴりっとする」という老人の言葉を科学的に確かめていくのである(『自然教育活動』1998年2月号、『食農教育』1998年8月号)。

体験学習でコンニャクづくりの講師をつとめるおばあちゃんの手さばきをみつめる子どもたちの真剣なまなざし。子どもたちの調べ学習の発表を聞いて、あたり前に引き継いできた自分たちの生活文化のすばらしさを再認識するお年寄りたち。地域にある教材を発掘し、教科や総合的な学習のなかでの学習課題として位置づけることで、学校と地域がともに元気になるみちすじを、これらの実践が開いていったのである。

■「孫に語らずして灰になるものか」

いっぽう1990年代以降、農村の現場でも、高齢者や女性による少量多品目栽培や直売・加工をとおした地域の伝統食復活の動きが加速する。学校給食への地元野菜の供給や、体験学習への参画をとおして、農家が学校に積極的にかかわろうとする気運も徐々に高まってきていた。

長野県の生活改良普及員として長らく農村女性の自立を支援してきた池田玲子氏は、「このまま孫に語らずして灰になるものか」という表現で農村女性の気持ちを代弁している(『食農教育』2005〈平成17〉年1月号)。子育ての真っ最中であった高度経済成長期、所得の確保と生活の維持に追われ、あるいは学歴社会のなかで進学を最優先するあまり、ただ「栄養があるから食べなさい」と食事をさせるばかりで、畑や台所で発揮される暮らしの技術を、農家自らの食卓でわが子に語らずにきたことへの反省を込めた言葉である。

池田氏は農家による食農教育の目的を、①この村に生まれてよかった(村で暮らす幸せ感)、②農家の人、昔の人はえらい(暮らしの技術の伝承)、③自然はすごい(人間の都合でない、自然の摂理を知る)、④オレもやればできる(自尊感情)、の四つを孫に確信させることとしている。まさに、子どもの教育を国家（学校）にまかせるのではなく、学校とともに「むら」が教育を自給する道を模索しようとするものである。

こうした食農教育推進の動きは、国や地方レベルでも展開され、縦割り行政のなかで手を携えることのなかった農水省と文部省（当時）による連携協議会の設置（1998年）や、地方農政局などによる学校向け出前授業の実施、JA青年部や女性部を中心とした「JA食農教育」が、各地で推進されていった。

■農業大好きな少年少女が発信する雑誌へ

しかし、これら学校外の動きとは裏腹に、「総合的な学習の時間」を実施する主体である教師の側で、食農教育を展開する力が急速に弱まっていく。

学校週五日制、教科時間数の三割減、「総合的な学習の時間」が本格実施されるや否や、マスコミを中心に学力低下論・ゆとり教育批判が高まる。また、2001（平成13）年に起こった大阪教育大附属池田小の児童殺傷事件をきっかけに、学校を地域に開く動きにブレーキがかかり、農文協の普及職員が職員室に出入りし、教師と対話・交流することが困難になっていく。

『食農教育』は1998年の創刊以降、地域の社会人先生（農家による学校応援団）への普及が先行し、2000年秋号には実売9000部に到達。2001年1月号からは季刊から隔月刊とした。しかしその後、地域とむすんだ「総合的な学習」を真正面から取りあげた記事は、徐々に学校現場に受け入れられなくなり、部数も漸減していった。

そこで、2009年3月号の創刊一〇周年記念特集「学級園　おもしろ栽培ハンドブック」を皮切りに、続く5月号（特集「ペットボトル稲VSバケツ稲」）からB5判、カラー32頁、モノクロ96頁とした。

さらに、2011年11月号より書名を『のらのら』とし、隔月刊を季刊に変更して新たにスタートすることにした。

読者対象を学校関係者、教育関係者だけにとどめずに、広く「農にはなにかある！」「農にかかわりたい！」と感じる親や、子ども自身が読める雑誌へと、内容やビジュアルを大きくリニューアルする。注目したいのは、「家族の手伝いをする」、「身近な自然であそびを工夫する」、「自らこづかいを稼ぐ」といった〈昔のこども〉が当たり前にもっていた「生活する力」をもった、現代の農業少年・少女の存在である。普及・編集を結集して彼らを発掘・取材し、農業少年自らが農のある暮らしの楽しさを発信する雑誌をめざしたい。現代の絶滅危惧種ともいえる、農業大好きな子どもたちを増やす活動は、大人たちを励まし、地域の希望を紡ぎだす力となるはずである。

（伊藤伸介）

『食農教育』最新号（2011年5月号）。特集1は「畑が好き 家族が好き 農業少年大集合!」

4

絵本「そだててあそぼう」シリーズの出生と魅力

■13年かけて全100巻が完結

「そだててあそぼう」シリーズは1997(平成9)年に刊行開始され、2010年12月に全100巻が完結した。イネ、ムギからトマトなどの野菜、果樹、花、ゴマやワタ、アイなどの工芸作物、さらにニワトリ、ブタ、乳牛、肉牛などの家畜まで、一冊一品目で作物・家畜をまるごと紹介した絵本である。

「絵本」とはいうものの、調理や加工も含め、「そだててあそぶ」ための実用書である。絵本仕立てでわかりやすく、そのうえ、その道のプロが手ほどきしているだけに、栽培のコツがしっかりつかめる。さらに、食べものとしての価値や暮らしとのかかわり、歴史や文化まで、楽しく学べる。だから、大人にも子どもにもうれしい、役立つ絵本になった。読者の感想を紹介すると、

「子どもから大人まで十分楽しめる質の高い本だと思います。子どもたちも自分でやってみたいという気持ちになると思います」(男性、小学校教師)

「わずか36ページなのに、簡潔にして十分。おかげで、内容盛りだくさんな専門書を読んでいて、内容が消化しきれずモヤモヤしていた頭がだいぶすっきりした。どんなニワトリがいいのか、どの点を注意すべきか、それはなぜかなどなど、腑に落ちたことがいっぱい」(『ニワトリの絵本』(編・山上善久、絵・菊池日出夫、1999年)、を読んだ、田舎暮らしを始めた女性)

「そだててあそぼう」シリーズにはそんな反響が続々寄せられている。しかも、読者層の幅が大変広い。園芸の実用書として活用している市民や新規就農者もいれば、孫のために購入した農家が自分も読んで栽培や食べ方の参考にしたり、子どもむけ絵本らしからぬ読まれ方がされている。学校では小学校での購入が一番多いが、中学校や普通高校、さらには大学の農学部や家政学部などからも注文が入っている。

■「そだててあそぼう」はこうして誕生した

1986(昭和61)年の『ふるさとを見直す絵本』(全10巻)でスタートした農文協の絵本は、その後、『自然とあそぼう植物編』(1987年)、『自然とあそぼう動物編』(1988年)、『かこさとしのたべものえほん』(1987年)、「自然の中の人間シリーズ」(『川と人間編』(1989年)など)、『だれも知らない動物園』(1989年)、「かこさとし・あそびシリー

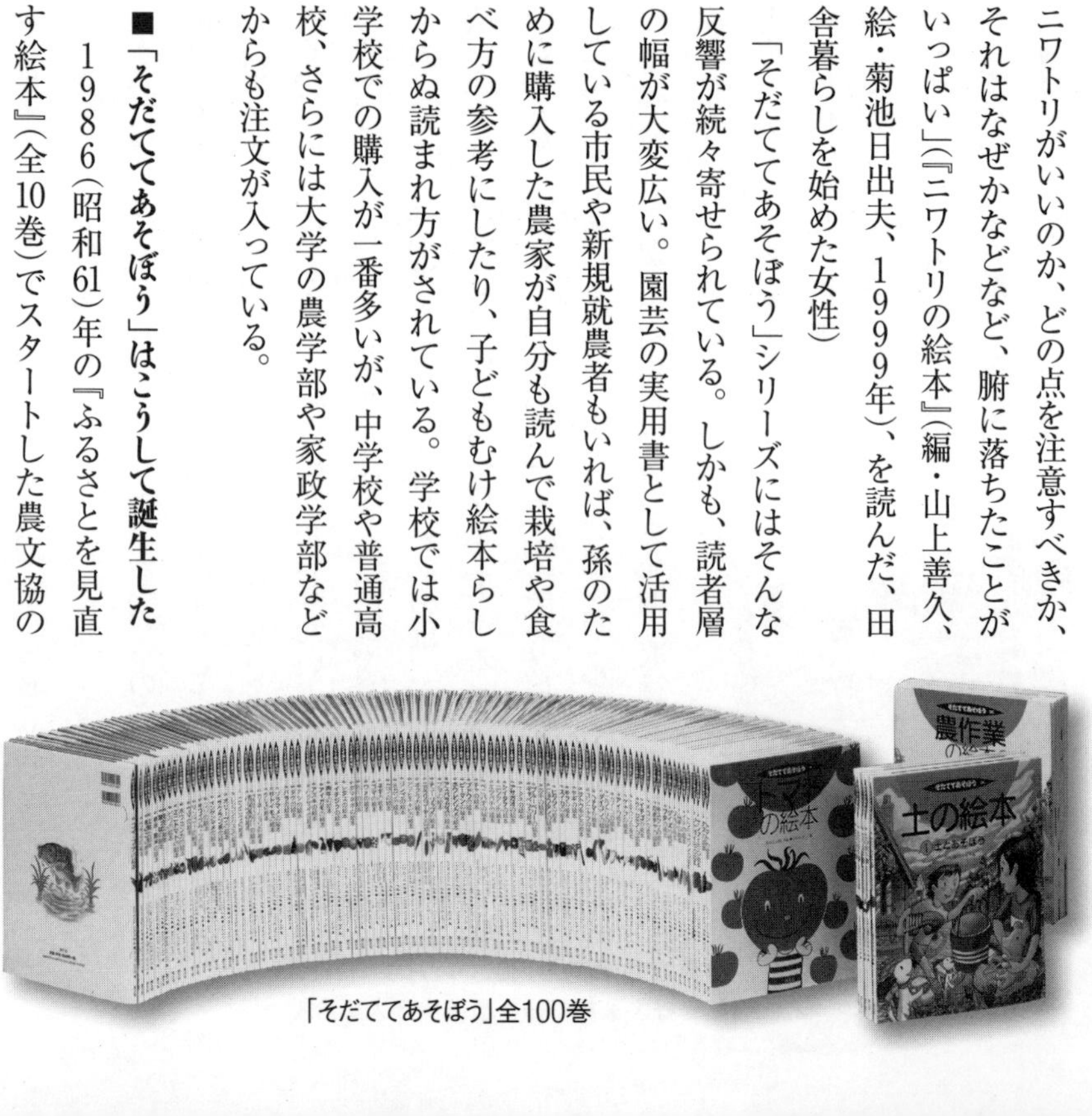

「そだててあそぼう」全100巻

ズ」（1990〜1993年）などを発行し、1992（平成4）年には、他の児童書出版社とともに学校巡回販売組織・NCLをスタートさせた。

そして、1997年、この「そだててあそぼう」（第1集）がスタートする。品目はトマト、ナス、サツマイモ、ジャガイモ、トウモロコシ。じつは、これらにはタネ本があった。『まるごと楽しむ　トマト百科』（森俊人著、1989年）などの「まるごとシリーズ」である。書名のとおり、トマトならトマトについて、そのルーツ（原産地）から作物としての歴史や栄養など食べものとしての特徴、育ち方、栽培方法、さらに料理までをイラストも入れてまるごとパックした本で、家庭菜園愛好家にもプロ農家にも広く受け入れられた。

「トマトのことがよくわかった」、「ジャガイモの不思議や魅力が知り、ふだん扱っているイモに愛着がわいた」という学校栄養士や調理士など、従来の農家むけ技術実用書では見られない反応もあった。

ちなみに、『まるごと楽しむ　トマト百科』の章立ては、第1章・トマトのもち味、第2章・育ち方の科学、第3章・こうすればトマトがつくれる、第4章・料理の腕を上げるトマト、であり、この構成は他の品目も共通している。第3章のつくり方では、購入苗からはじめるアマチュアコース（4段どり）、播種からはじめるセミプロコース（秀品6段どり）、誰にも楽しめる初心者コース、ミニトマトの露地栽培、加工用トマトの無支柱栽培と分けて記述し、さらにベランダ栽培や観賞用の簡易水耕栽培まで載っている。

この「まるごとシリーズ」を執筆したのは、農文協の『農業技術大系』の著者であり、農家とともに産地づくりに汗を流してきた研究者・技術者である。その作物への惚れ込みようはただならぬ方々で、生理・生態や生育の見方、栽培技術に詳しいだけでなく、歴史や食べ方などにも一家言もっている。そんなプロを原著者として、この「そだててあそぼう」はスタートした。「まるごとシリーズ」をもとに絵本をつくりたいと各著者に相談にいくと、どなたも大変な乗り気で、絵本でとり上げる内容や原稿づくりに尽力いただいた。当時、小学校などでの栽培学習が盛んになりつつあったが、栽培する子どもたちにトマトやジャガイモの魅力を知ってもらいたい、魅力を知るにはみすぼらしい生育ではだめだ。というわけで、栽培方法にも力が入ってくる。そんな原著者と、編集プロダクションの栗山淳さんと、絵描きさんと、農文協の編集者の熱い思いが合流して、一冊一冊の本ができあがっていった。絵描きさんも、自分で育てたり、農家に出かけたりしながら、それぞれ個性的な絵を書いてくれた。

絵本のタネ本
『まるごと楽しむ トマト百科』
（森俊人、1989年）

■作物や家畜の秘められた生命力に迫る

「そだててあそぼう」は、15の見開きページで構成されており、たとえば第1巻『トマトの絵本』(編・森俊人、絵・平野恵理子、1997年)の目次は、次のようだ。

①どうしてみんな、トマトがこんなにすきなんだろう?
②夏のトマトは、ビタミンCがいっぱい
③トマトのリズムは4拍子、葉、葉、葉、花
④トマトは、いつおおきくなっているのかなあ?
⑤赤や黄色のトマトが大集合!
⑥栽培ごよみ
⑦さあ、トマトをうえよう!
⑧いい苗を手にいれよう
⑨夏休みまえまでに、しゅうかく!
⑩畑がなくても、だいじょうぶ!
⑪たいへん! トマトが病気!
⑫もぎたてのトマトを、がぶり!
⑬保存できるトマトピューレをつくろう
⑭トマトおもしろ実験
⑮大航海の夢とロマンをつたえるトマト

①〜②はトマトの利用法や栄養的な価値、③〜④はトマトの育ちかた、⑤は品種、⑥〜⑪は育て方、⑫〜⑬は食べ方、加工、料理、14は栽培実験、そして⑭は原産・来歴の話。

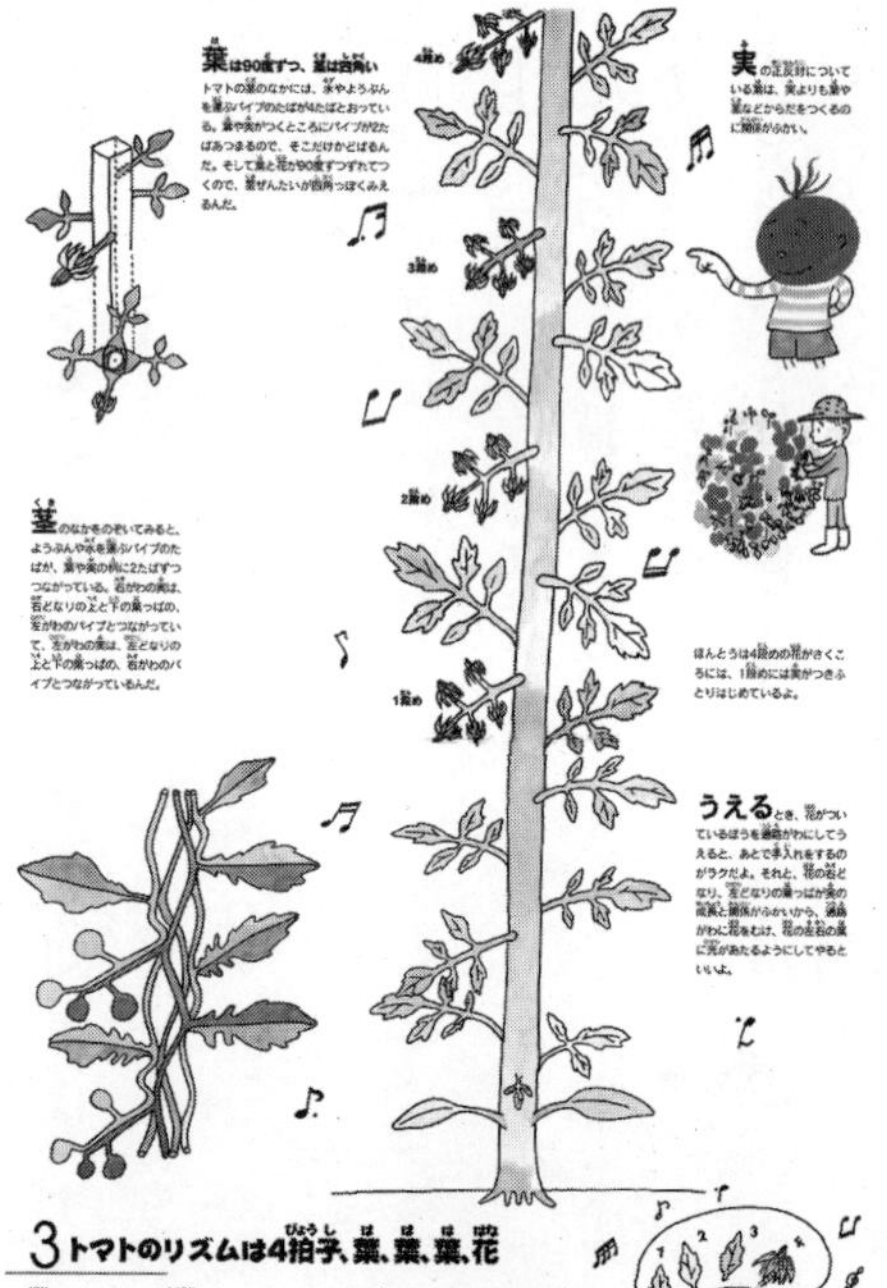

『トマトの絵本』(編・森俊人、絵・平野恵理子、1997年)の一場面―トマトのリズムは4拍子、葉、葉、葉、花

この絵本を読みながらそだてると、生育を観察することが楽しみになる。それはこの絵本が、作物や家畜の「生き方」、秘められた生命力に迫ろうとしているからだ。

たとえば『ナスの絵本』(編・山田貴義、絵・田中秀幸、1997年)。「ナスは、木か草か?」のページでは、生育中のナスを上から見た絵(葉が重ならないようになっている)とともに、こんな解説が書いてある。

「ナスがおおきくなったら、1まい1まいの葉をじっと観察してごらん。ひとつとして、おなじおおきさ、かたちの葉がないでしょう? 1まいの葉をみても。左右のかたちがふぞろいなんだ。ぜんぶの葉に光があたるように、それぞれの葉はかたちをかえたり、葉をたてたりねかせたりして、くふうしているんだ。そうすることで、風とおし

もよくなり、病気にならないんだよ。」

こんな「へー、なるほど」と感心する場面がこの絵本にはたくさんある。ダイコンの根は一度「脱皮」してから太りだすこと。ジャガイモのイモは茎で、地下茎からストロンが伸びてその先にイモがつくが、もしストロンが土から出てしまうと葉になってしまうこと、などなど。

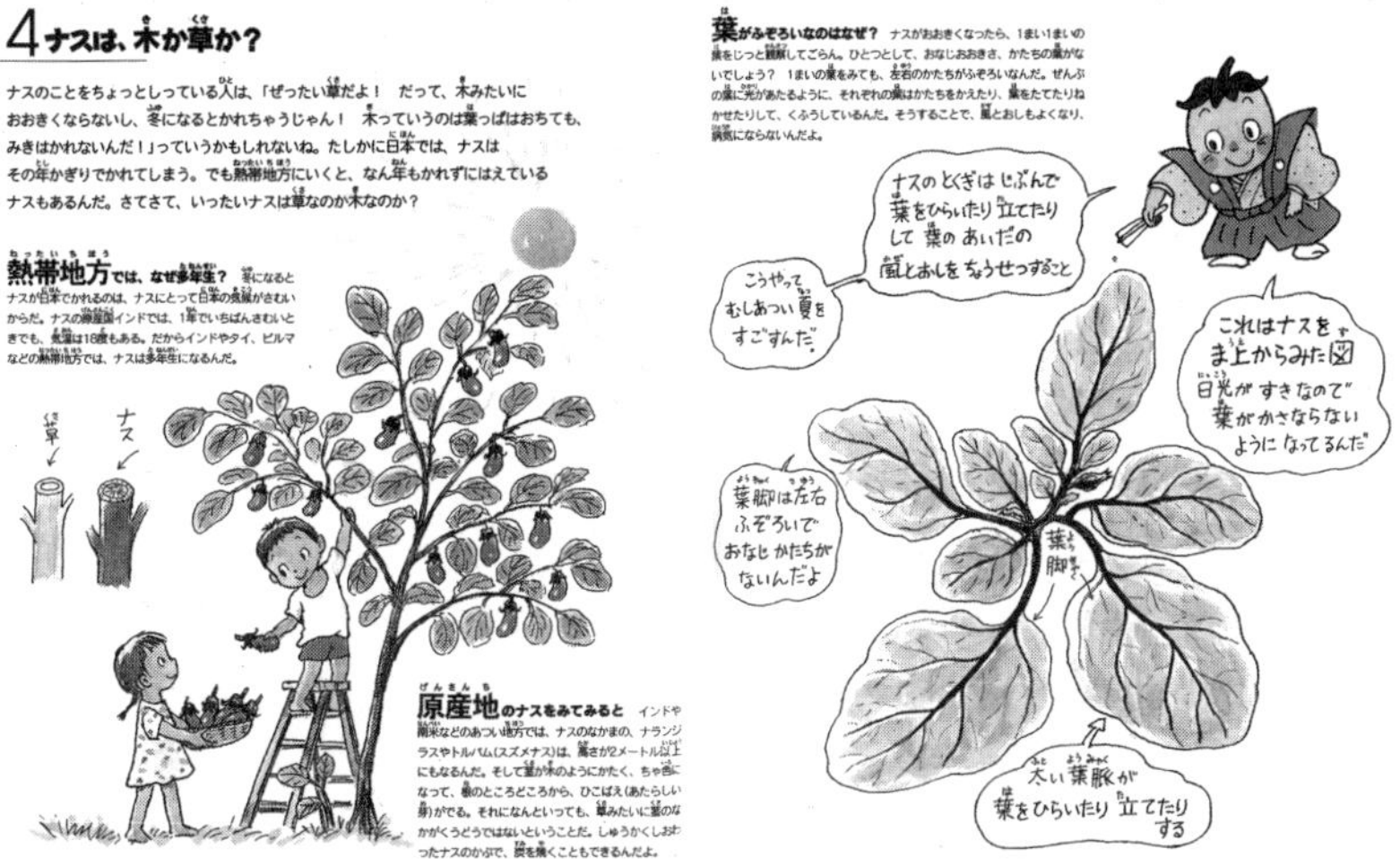

『ナスの絵本』（編・山田貴義、絵・田中秀幸、1997年）の「ナスは木か草か?」の場面

こうした、作物それぞれに個性的な生きるための工夫を知ると、目の前の間近な作物が、ぐっと身近になってくる。ただ眺めるだけではなく、その内部に分け入って、その生命力を感じる。作物の姿・形は生きることの表現であり、「生活形」である。生活形として観察するとき、不思議さをも感じながら、観察が深まっていく。

それはまさしく農家の目である。トマトの葉はなぜあんなに複雑な形をしているのだろうか。ベテランの農家はトマトの葉の微妙な動きがわかる。じっと見ていると小葉の先がわずかにゆれ、日中には間葉が立つ。こうしてトマトの葉は下へ光を通そうとするとともに、たまった熱気を逃がし、自らさわやかさをつくり出していく（ように見える）。生理（機能）が形態の変化として表現され、形態変化が生理（機能）を調整していく。

農家の目はそうしたトマトの「生活形」をとらえ、トマトの立場に立ち、働きかけるように見ることによって手だてを構想する。牛を見て牛の気持がわかるように、トマトを見てトマトが何を望んでいるかをつかもうとする。

そんな「生活形」に迫るこの「そだててあそぼう」シリーズは、だから、農家が感じ、知っている作物や自然とのつき合い方がわかる絵本である。農家が読めば、自分が「感じ、知っている」ことが改めて自覚化され、自分の栽培や農業を誇りに思うことを助けてくれる。そんな不思議な力を秘めている絵本「そだててあそぼう」には、農家のファンがたくさんいる。

■「そだててあそぼう」の広がりで、大世代交代期を希望の時代に

農文協の70周年を記念して新たに作成した「農家に学んで70年　農文協事業案内」にこんな一文がある。

「農家の高齢化・農村の担い手不足が心配されていますが、団塊の世代が定年期を迎え、今後しばらくは続く世代交代の時期を、未来をひらく時期にしたいと思います。

定年帰農や農村にむかう若者が増え、元役場、元農協職員、元会社員がむらにもどって活躍し、都市近郊では第二の人生をもとめて『市民農業者』が増える。子どもの農業体験はいよいよ盛んになり、農家・自然に思いを寄せる都市の生活者が増え、直売所はますます賑わい、『地産地消』で人々の絆が深まる…そんな時代にしたいのです。」

「子どもの農業体験」がいよいよ盛んになれば、地元農産物のファンが増え、「地産地消」の担い手が育ち、大世代交代期を希望の時代にすることができる。「そだててあそぼう」シリーズを活用していただき、「そだててあそぼう」の取組みを全国各地でもっともっと大きく広げたい。

なお、「そだててあそぼう」シリーズは、社会的評価も高く、2003年（平成15年）、55巻目を発行した段階で、第5回学校図書館出版賞特別賞（主催・日本学校図書館振興会、全国学校図書館協議会）を受賞した。この出版賞は、期間内に完結したものを対象とするため、刊行中の「そだててあそぼう」シリーズは、本来は審査対象とならない。「過去の選考会で幾度か話題になりましたが、出版形態に不明（編集部注：いつ完結するか不明）なところがあり、留保されてきました。今回出版賞の対象となる図書が乏しいなかで、このような優れた出版企画が顕彰されないのは残念であるという選考委員の声で」、要項にはないこの賞を特別につくって、顕彰が決定されたとのことである。

また2006年には、『ダイコンの絵本』（編・佐々木寿、絵・土橋とし子、2000年）を読んだ山形県鶴岡市立西郷小学校一年の伊藤克真くんが書いた「まっすぐな大こん、つくるぞう」が第51回青少年読書感想文コンクール（主催（社）全国学校図書館協議会、毎日新聞社）小学校低学年の部で内閣総理大臣賞（最優秀賞）を受賞した。講評では中央審査委員長の熊本美智子氏から、「ダイコンの絵本を読んでまっすぐなダイコンをつくる秘密を知った伊藤克真くんの作品は、新鮮な土の香りを、土のにおいを発見する作品となりました」と紹介された。

（豊島至）

絵本

「そだててあそぼう」シリーズ

第5回　学校図書館出版賞特別賞を受賞

農文協から刊行されている人気絵本シリーズ「そだててあそぼう」が、第五回学校図書館出版賞特別賞（主催・日本学校図書館振興会、全国学校図書館協議会）を受賞した。

同賞の目的は、「学校図書館向き図書の優良な出版企画に対して出版社を顕彰し、もって学校図書館向き図書の出版の振興を図る」こと。つまり、著者ではなく、出版社の企画力、編集力を顕彰して、学校図書館の魅力を質的にアップさせるような出版活動を大いに盛り上げようというものだ。

選考委員長である東京大学教育学部附属中等教育学校教諭の出岡寛人さんによると、選考のポイントは、子どもたちがちゃんと使える（内容が充実し、わかりやすい）＋装丁が美しく子どもたちが手にとりたくなる。といっても、キャラクターを使って

授賞式にて

「学校図書館出版賞特別賞」の受賞を紹介した『食農教育』の記事（2003年9月号）

NCLで理想の学校図書館づくりを目指す

1992(平成4)年4月から「NCLの会」の活動が開始された。当時は、岩崎書店・岩波書店・講談社・さえら書房・小学館・福音館・フォーラムA・農文協の8社での活動である。この年の最終売上げは7700万円(うち農文協3850万円)である。

何ゆえ「NCLの会」をつくり活動しなくてはいけなかったのか? 今でも、「講談社・小学館の本をなんで農文協が売るの?」と疑問をもつ職員もいるだろう。1986(昭和61)年から教育分野(特に小中学校)への柱をたてようといろいろな活動がはじまった。環境・自然・食・農業などのさまざまな問題は農業分野だけでは解決できず、全国民に働きかけなくてはいけない。「医・食・農・想(教)」の経済合理主義や科学万能主義が入りこんではいけない分野に運動を展開していく。「想(教)」に関して拠点をつくらなくてはいけないという必然の運動の流れだった。

しかし、働きかける文化財が農文協にはない…そこでPHP研究所「自然の中の人間シリーズ」と金の星社『くだものばたけ』、そして独自に発掘した『ふるさとを見直す絵本』の普及がはじまった。1987年3月に農文協オリジナル絵本『自然とあそぼう植物編』が刊行され、そこから徹底した普及が開始される。

また、1984年9月「日本の食生活全集」の『岩手の食事』刊行からはじまった書店とのタイアップ普及=同行販売もポイントである。小中学校には単独ではなかなか入り込めない。そこで、出入り書店との関係をつくり、同行販売や情報をもらい普及していく方法がとられた。

しかし、学校図書館販売には商慣習があり、学校図書館用商品の出版社でグループをつくり、カタログ販売や書店同行巡回販売で、そこの学校図書費で購入させる方法が定着していた。また、学校側も春(5~6月)にその方法一回で購入し、書店に図書装備(図書台帳・背ラベル・貸出カード他)を任せる方法が一般的になってきたために、単独出版社での普及が難しくなってきていた。1990年頃の全小中学校の学校図書予算は120億円といわれている。ポプラ社・学研が中心となっている「十社の会」やフレーベル館・童心社が中心となっている「クリーンブックスグループ」、取次の日教販が独自で巡回している「日教販巡回」、そして公共図書館から大都市での小中学校で売上げを大きく伸ばしてきたTRC(図書館流通センター)、という学校図書館販売の流れになかなかついていくことができなかった。

私も(農文協は日教販巡回に

NCL図書目録

加盟していたので）1990～1992年に東北で日教販巡回を担当し書店同行販売をした。15箱のセット抜き見本を持ち、一日4～5校を廻る。もちろん書店と巡回を行なうので設営は書店にまかせる。自社本の説明だけでなく他社本の知識や絵本・児童書の情報も必要である。先生方に信頼されてこそ自社商品が入り、全体売上げ金額も上がっていく。そんななかで、既存グループと異なるコンセプトでグループをつくり、学校現場や書店に働きかけていこうという気運がでてきた（1991年）。

NCLとは？

NCLとはNature Child Library「自然と子どもたちを結ぶ会」の略である。学校図書館は十進法分類の9番台（読み物）・絵本で多くの書籍が占められている。しかし、新規の参入は「調べ学習の本」の設置に狙いを絞り、その本を集めカタログをつくる（9番台の本は他グループに任せる）。中学校でも耐えうる商品選定をする。新刊や既刊にこだわらずに、その時のキーワードや話題になっていることで商品を掲載していく（通常は新刊～教科別カタログ）。物流面では、学校別一括取次搬入を行なう。通常は書店からの注文書は各出版社に送られ、商品は各出版社から取次・書店へ搬入する。この方式は、各社バラバラに注文品が入ることから書店・学校から不満が多数出ていた。NCLはカタログ掲載商品をすべてストックし、NCL事務局や各支部に届いた注文品を学校別に一括搬入・梱包する。また、一般の学校図書館販売は一学期で終了するが、支部を中心に地元書店と密着して年間通しての販売をすることにした。

1992年から、各支部でNCL活動を開始。しかし書店や他グループからの反応は厳しく、「古本販売のNCL」と当初は言われていた。

1993年、当時の文部省が「学校図書館新五ヵ年計画」を打ち出す。小中学校の在籍生徒数に合わせた学校図書標準（蔵書冊数）を発表し、それを守るように地方交付税ではあるが年間100億円の予算措置をした。当初大きな動きはなかったが、1994年秋、盛岡市・石狩市などでこの補正予算が通過し図書購入が行なわれた。NCLは支部の年間通しての活動であることから、地元書店より連絡が入り、いち早く対応ができた。

また、学習指導要領改訂に伴う「総合的な学習の時間」創設や、学校図書館法改正に伴う「司書教諭配置」、また食育基本法からの「栄養教諭配置」など関連施策が続いた（2000年子ども読書年、2010年国民読書年）。

農文協が絵本を出し始めた1986年頃の学校図書館は、三階奥に鍵のかかった誰もいない場所だった。このごろはPTAの図書ボランティアが読み聞かせをし、朝の10分間読書運動などもあり、学校の真ん中で明るい空間となってきている。

「どんな僻地のこどもにも良書を届けよう」というNCLのモットーがある。岩手県岩泉町、町から一時間以上かかって行った生徒数8名の小学校で、巡回箱を開けた瞬間の喜びと驚きの顔が今でも忘れられない。

農文協普及者はこのような感動を多く体験する。だからこそ、効率よく巡回をするのも農文協普及者である。2010年度NCL売上げは15億3千万円を達成した。これからも、理想の学校図書館を考えながら活動していく必要がある。

（阿部伸介）

5

三澤勝衛の野外凝視・郷土教育と「自然の観察」

■『三澤勝衛著作集』と野外凝視

「そだててあそぼう」シリーズに見られるような自然を歴史や文化を含めてとらえていこうという潮流は、第二次世界大戦前から大戦中の日本にもあった。農文協は２００９（平成21）年、そうした作品を、現代的な位置づけのもとに相ついで復刊した。

その一つは『三澤勝衛著作集　風土の発見と創造』（全４巻、２００８～２００９年）の発行である。

戦前、長野県の諏訪中学校などで地理教師として活躍した三澤勝衛は、「大地の表面と大気の底面の接触面」として風土をとらえる独自の風土論を展開した。三澤にとって、風土とは単なる大地でも大気でも、それらの「混合物」でもない、「化合物」のような存在である。その土地に働く大自然の作用、自然の「偉力」を背景に、それぞれの地域にはそれぞれ独自な風土が形成される。ところがこの風土という「無価格で偉大な力」は都市化のなかで軽視されていく。それが地方衰退の根本原因であり、風土を発見して生かし真の意味で「風土産業」を興すことこそ地域を再興する道である。これはまさしく現代に通じる視点であろう。

このように考える三澤にとって郷土地理教育とは本格的な地理の学習以前の準備教育などというものではさらさらなく、それぞれの地域で独自に形成される自然の「偉力」＝「風土の力」を体験しつつ理解することであった。郷土地理教育はしたがって、子どものみならず「そこに生ま

三澤勝衛（1885〈明治18〉～1937〈昭和12〉年）

『三澤勝衛著作集 風土の発見と創造』全4巻（2008～2009年）とその口絵に掲載した三澤勝衛の肖像写真

れ、そこに育まれ、かつそこに働きつつある者」が、生涯にわたって探求すべき課題なのである。

それでは人はどのようにして自然の「偉力」を体験し、理解するのか。三澤は「郷土地理教育論」(『三澤勝衛著作集』第2巻)のなかで、「野外凝視」の手法を信州上伊那郡赤穂村(現長野県駒ヶ根市赤穂)の一農家の屋敷回りの観察をとおして具体的に示している。この農家は駒ケ岳の東麓、扇状地の右翼、夏季に風の当たる側に位置している。

三澤はまず、農家の庭先にある柿の木の枝ぶりを見て、夏季の南からの卓越風の向きをとらえる。この風雨をふせぐために母屋から水車小屋、土蔵にいたる重吹除(しぶきよけ)が設けられ、これらを囲むように下屋(乾草・わら入れ)や便所、鶏舎・兎箱などが配置され、夏にツルをのばす南側のカボチャ棚もそれを補完する役割を果たしている。屋敷を囲む桑畑が高刈り仕立てになっているのも風雨を防ぐ効果があり、有機質に乏しい花崗岩土壌の畑で堆厩肥を補給するうえでも好都合である。

さらには扇状地の傾斜を利用して水を引き込んだ水車や、この地に多い花崗岩の転石を利用した雨滴石や流砂防止施設、暗渠による耕地から養鯉池への水の引き込みなどを注意深く観察する。そして、この景観が風土の「完全な結晶体」であることを微に入り細に入り描いていく。

ここにも明らかなように三澤の風土論はけっして環境決定論ではなく、人工物も風土のなかに織り込まれる。そして野外凝視とは自然のみならず、その個性を見極めて自然に働きかけてきた人間の歴史的な営みを含めた「風土の結晶体」を読みとろうとするものなのである。それを三澤は、知識として教えるのではなく、「野外凝視」という「学び方を教える」ことで伝えようとしている。

このような三澤の風土論と野外凝視という手法は地理教育にとどまらず、広い分野に通じるものである。『三澤勝衛著作集』第4巻には「三澤『風土学』私はこう読む」と題して、哲学、環境社会学、教育社会学、建築学、土木学、農学、民俗学の専門家、地元学や食育、農業関係者、現役の小学校教員など19名の寄稿を収録している。

このなかで、福岡県在住で減農薬稲作運動と農家と子どもによる田んぼの生きもの調べを展開してきた宇根豊さんはこう問いかける。

「なぜ農業や農村が衰退し続けるのだろうか。なぜ、三澤の時代から歯止めがかからないのだろうか。……農村の疲弊は①貧しさ、②重労働、③不便という三重苦に原因がある。これからの脱却こそが遅れた封建的な農村を解放することだと、長いあいだ考えられてきた。しかし、現在では表面的にはこれらの三課題は解決されたように見える。しかし、農村の疲弊が止まらないのはどうしてなのだろうか。『担い手がない』『高齢化している』『儲からない』という人が多い。それは全部『外からのまなざし』だろう。

……私ならこう言う。それは『農村のカネにならない豊かさが、掘り起こされず、表現されず、評価されないままだからだ』、『そうした近代化されない価値こそが、未来に伝える価値があるものだ』と。」

そして近代化で軽視・無視してきたモノ・コトに注目する人たちと協働して、農学の外に「百姓学」を「創学」することを提起している。

『著作集』の発行がきっかけになって三澤の地元の長野県諏訪地方では読書会も始まった。諏訪郡富士見町でパン店を経営しながらお年寄りの居場所づくりなどの地域活動に取り組む下平武さんが呼びかけて、教育に関心をもつ茅野市職員、三澤の教え子ら20代～80代の8人が2009年から月一回集まって、『著作集』を読み込んだ。

三澤の風土論はいま、さまざまな分野の刺激となり、静かに波紋を広げている。

■『復刊　自然の観察』と日本的自然観を生かす教育

「野外に立ち、知識ではなく学び方を教える」という三澤の野外凝視の態度は、戦時体制下に発行された『自然の観察』にも共通する態度である。

日本が戦争に向かう昭和16～17年、国民学校に新設された低学年理科の「教師用書」として当時の文部省から発行された『自然の観察』は、知識偏重に陥っていた高学年理科の反省に基づき、知情意一体として自然をとらえていくことをめざしていた。『自然の観察』の中心的な編纂者であった岡現次郎氏（執筆時・文部省図書監修官）は復刊書に収録された解説のなかで執筆当時を振り返って、次のように述べる。

「『尋常小学理科書』は、あまりに学問的すぎるという批判があった。大まかに見れば、明治維新以来の文明開化主義の思想によって、国民に未知の自然科学を普及させようと努めたものであった。この未知の学問を普及させるためには、寺子屋時代の指導方法の伝統に従って、自然科学書を経典のように暗記させることであった。」

これに対して『自然の観察』では「科学的精神」を子どもが身につけることを目標とする。

「科学的精神は、『自然のありのままの姿をつかみ、自然の理法を見出し、わきまえ、これにしたがい、さらに新たなるものを創造せんとする精神』である。したがって、その根本には、自然に親しむ心、自然に和する心がなくてはな

『復刊 自然の観察』
（日置光久ら編集・解説、2009年）

らない。同時に、あくまで現実に即して、正しく、くわしく、明らかにものごとを考察・処理する精神的態度であり、また、常に工夫をめぐらして、ものごとのはたらきをよくし、よりよいものを生み出そうとする精神的態度である。」

　このような態度を養ううえで、小学校低学年という時期は重要である。なぜなら、「自然に親しみ、自然を愛好し、自然に驚異の目をみはり、自然にありのままの姿をつかむというような自然に対する態度は、主客未分化の時期の指導が極めて重要な意義を持つものである。知情意一体となって対象にはたらきかけるには、この時期をはずしては、ほとんど不可能といっていい」からだ。

　『自然の観察』には「校庭の木」、「雨上がり」、「五月の麦畑」など国民学校一～三年を対象とした野外観察の91のプログラムが紹介されている。そこでは教師が畑の麦の種類のちがいや畑の間作のようすに気づかせたり、麦こきをしている農家に率先して話しかけたりしている。つまり教師が教え込むのではなく、学ぶ方法を示している。それぞれのプログラムは単独でもおもしろいが、相互に連携もしている。たとえば、「五月の麦畑」で捕まえた虫が学校で飼育している鶏のえさになったり、農家にもらった麦の茎が後の「しゃぼん遊び」の材料になったりする構想がすばらしい。

　しかもこれらはあくまで例示であり、地域や学校の特色にあわせてアレンジして実施されることが想定されていた。

　『自然の観察』の「総説」には、低学年理科の児童用教科書をつくると、教師は野外に出かけることなく教科書を学ぶだけで自然の観察をすませてしまうおそれがあるか

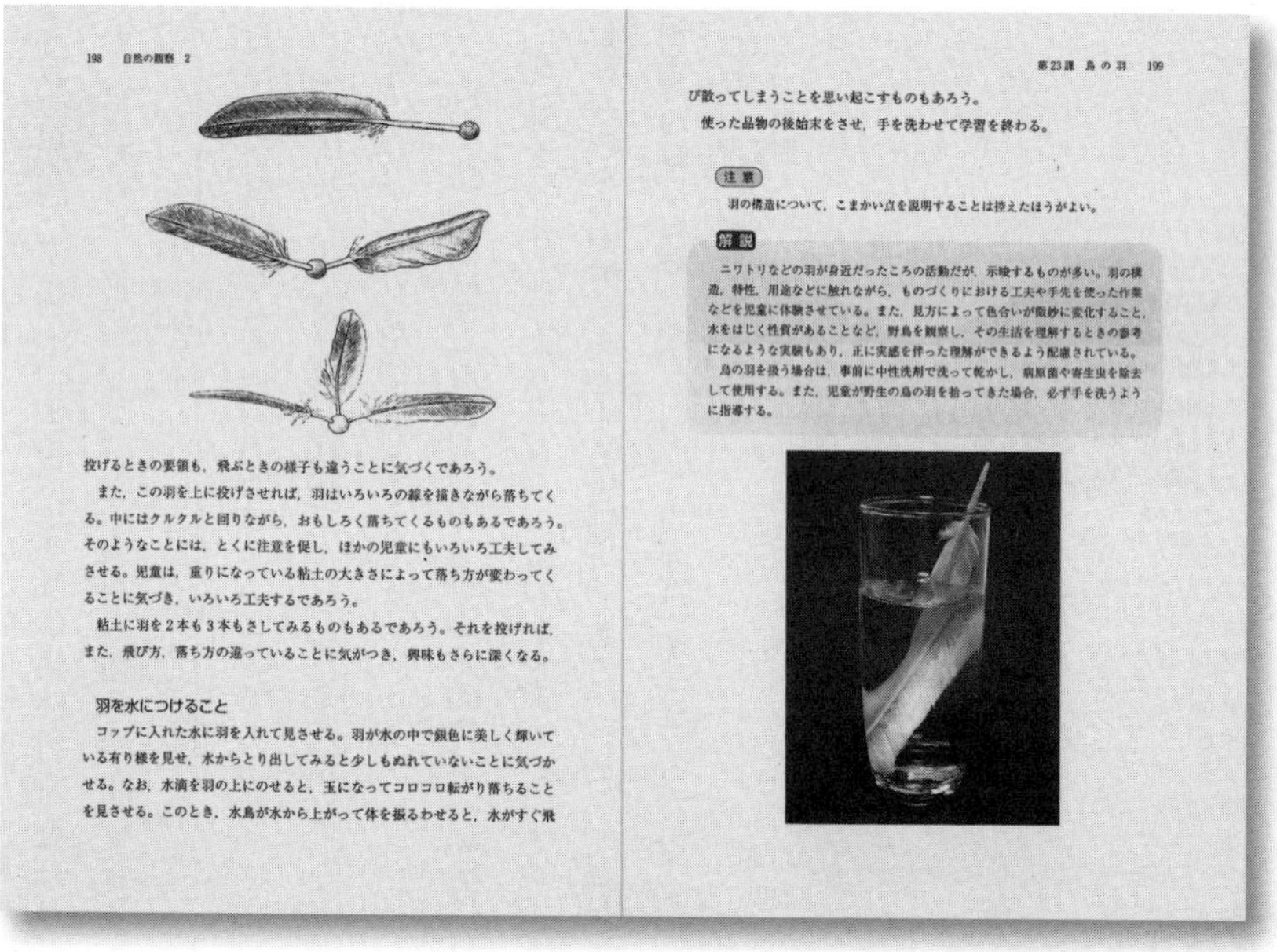
198　自然の観察　2

投げるときの要領も，飛ぶときの様子も違うことに気づくであろう。

　また，この羽を上に投げさせれば，羽はいろいろの線を描きながら落ちてくる。中にはクルクルと回りながら，おもしろく落ちてくるものもあるであろう。そのようなことには，とくに注意を促し，ほかの児童にもいろいろ工夫してみさせる。児童は，重りになっている粘土の大きさによって落ち方が変わってくることに気づき，いろいろ工夫するであろう。

　粘土に羽を2本も3本もさしてみるものもあるであろう。それを投げれば，また，飛び方，落ち方の違っていることに気がつき，興味もさらに深くなる。

羽を水につけること

　コップに入れた水に羽を入れて見させる。羽が水の中で銀色に美しく輝いている有り様を見せ，水からとり出してみると少しもぬれていないことに気づかせる。なお，水滴を羽の上にのせると，玉になってコロコロ転がり落ちることを見させる。このとき，水鳥が水から上がって体を振るわせると，水がすぐ飛

第23課　鳥の羽　199

び散ってしまうことを思い起こすものもあろう。

　使った品物の後始末をさせ，手を洗わせて学習を終わる。

注意

　羽の構造について，こまかい点を説明することは控えたほうがよい。

解説

　ニワトリなどの羽が身近だったころの活動だが，示唆するものが多い。羽の構造，特性，用途などに触れながら，ものづくりにおける工夫や手先を使った作業などを児童に体験させている。また，見方によって色合いが微妙に変化すること，水をはじく性質があることなど，野鳥を観察し，その生活を理解するときの参考になるような実験もあり，正に実感を伴った理解ができるよう配慮されている。

　鳥の羽を扱う場合は，事前に中性洗剤で洗って乾かし，病原菌や寄生虫を除去して使用する。また，児童が野生の鳥の羽を拾ってきた場合，必ず手を洗うように指導する。

『復刊 自然の観察』第23課「鳥の羽」のページ

ら、あえてつくらず教師用書だけをつくったとはっきり書いてある。

2009年に農文協が発行した『復刊　自然の観察』には、岡氏の解説のほか、新たに文部科学省視学官の日置光久氏、同教科調査官の村山哲哉氏、日本初等理科教育研究会理事長の露木和男氏、神奈川県小学校長の一寸木肇氏による現代の視点からの解説・解題が付されている。

この復刊は大きな反響を呼び、毎日新聞の書評欄（2009年4月5日付）で中村桂子氏（JT生命誌研究館館長）は「理科の原点は国民学校にあった」と題してこう評した。

「こんな教科書があったとは驚きである。しかもこれが昭和十六年（太平洋戦争開始の年）に国民学校（現在の小学校）低学年理科の教科書として作成された経緯と意図にまた驚かされる。……理科は、西欧から導入した科学と、自然に親しみ愛する日本人本来の心情とを一体化した独特の教科なのである。このあり方には関心を抱いてきたが、その原点はここにあったのである。興味深いのは教師用教科書しかつくらなかったことだ。子ども用をつくると、先生がそれだけで教え、外へ出たり、実験したりしなくなると考えてのことである。そこで、教師への指導はなかなかきめこまかい。たとえば、バッタとりのところでは、『追いかけてとらせる間に、はねたり跳んだりするときの特徴に気づく。手にのせて遊ぶうちにあしの先がよく引っかかること、長い後あしのこと、全体の形や色の特徴がわかり、同じバッタと考えていたものを種類に分けてみるようになるものである』というように、子どもが考えることを導く方法を示している。日本人の自然観を生かした思想と観察し考えることを導き出す方法との合体が魅力的である。現在の教育に生かしたいと思う。」

2011年から全面実施された学習指導要領では、小学三年の理科に「身近な自然の観察」という新単元が加わった。日本初等理科教育研究会の機関誌『初等理科教育』2009年5月号（農文協発行）は「今こそ自然観察力を育てたい」と題して、『自然の観察』の視点を現代の理科教育に活かそうと呼びかけた。日本人の自然観に根ざした理科の取組みが、日置氏と日本初等理科教育研究会を中心に始まっている。

（阿部道彦）

農型社会にむけて

（撮影：橋本紘二）

14章

生きものとの対話を促す家庭園芸書

1 庭木・盆栽など趣味園芸本からスタート

農文協の家庭園芸書の歴史は意外と古い。NHKの「趣味の園芸」の放映は1967（昭和42）年からであるが、当時「趣味の園芸」の番組に出演していた石田宵三は1966年に『庭の花つくり』、1967年に『庭つくり入門』、1970年に『庭木の仕立て方』を発刊し、これが農文協の家庭園芸書のスタートとなった。

石田は当時、都立農芸高校の造園の教諭であったが、いままで職人芸であった剪定技術を、パイプ論など樹木の生理から解き明かした先駆であった。『庭木の仕立て方』は1993（平成5）年に『詳解　庭木の仕立て方』、『庭つくり入門』が1998年に『詳解　庭のつくり方』として改訂され、現在でも増刷を重ねている超ロングセラー本である。

庭木本では、1975年の船越亮二著『図解　庭木の手入れ』も1992年、2010年と2回改訂された超ロングセラー本である。また、60～70年代には浅野湜著の『盆栽つくり入門』、『松柏盆栽の実際』、『入門・盆栽つくりの実際』が発刊されている。

70年代までは発刊点数も少なく、対象はあくまで農家向けの趣味園芸であったが、単なるノウハウだけではなく、科学的な生理から説き、しかも図を多用したわかりやすい実用書であったことが、ロングセラー本となった要因であろう。

（赤沢久喜）

2 農文協家庭園芸書の原型本3冊

第三次一〇ヵ年計画の1980年代に入っても、家庭園芸書は実用書のジャンルには位置づけられていなかったが、1984（昭和59）年から始まる「日本の食生活全集」

の発刊を契機に、普及戦線、特に都市書店常備本の拡大から、市民向けの家庭園芸書が課題となり、家庭園芸書の原型となる本が三つ登場してくる。

■『図解　家庭でできるキノコつくり』

その一つは、1986（昭和61）年の大貫敬二著『図解　家庭でできるキノコつくり』。オガクズ栽培が主流となるなかで、ホダ木栽培で自然の味を家庭でも味わってもらいたいと願ったキノコ種菌メーカー社長の著者は、全頁を克明なイラストでキノコの生理から各種キノコのホダ木栽培を解説した。類書がなかったこともあり、毎年増刷を重ね、2007（平成19）年に改訂され、現在でも秋の定番の本となっている。

大貫敬二
『図解 家庭でできるキノコつくり』
（1986年）

■『自然農薬で防ぐ病気と害虫』

二つめは、57刷13万部を誇る、1989（平成元）年発刊の古賀綱行著『自然農薬で防ぐ病気と害虫』である。

古賀は1919（大正8）年熊本県上益城郡清和村に生まれ、18歳のとき、当時珍しかった結球白菜をつくり、そのことを書いた「清浄野菜作付販売の工夫のすべて」が商工大臣賞を受賞したほどの研究熱心な小さな百姓だった。従軍し戦地から戻った古賀は、熊本の聖農といわれた松田喜一に師事し、1976（昭和51）年には「熊本いのちと土を考える会」と有機無農薬栽培の野菜の産直を始めている。古賀は、化学肥料や農薬の害にいち早く警笛を鳴らし、古くからあった伝統的防除法に工夫を加えた有機無農薬栽培や産直の先駆者であった。1986年に農文

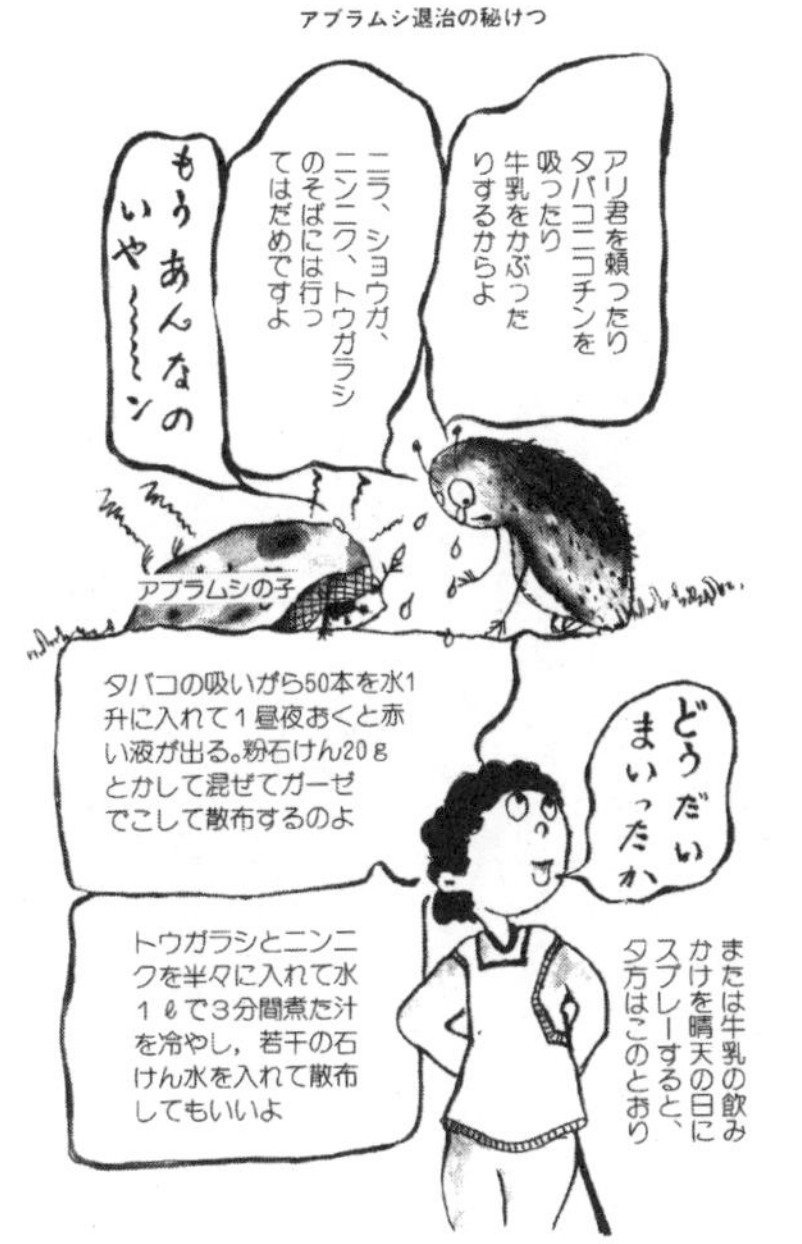

古賀綱行
『自然農薬で防ぐ病気と害虫』
（1989年）の図より

協から『野菜の自然流栽培』を発刊するとともに、『現代農業』に「自然と生きる野菜教室」などを3年にわたって連載し、スライド作品(『たのしい自給野菜シリーズ』Ⅱ「病虫害を出さない工夫」〈1988年〉)にもなった。

『自然農薬で防ぐ病気と害虫』は当初、その連載をもとに自然農薬を寄せ集めして事典的にまとめる企画であった。しかし、それでは、古賀の抱く次のような世界は表現できないと直感した。

「私はこどものころから土にあこがれ、農業一本でくらしてまいりました百姓虫です。害虫ではありませんし、益虫かと自認しております。(中略)私は土も水も野菜も虫もすべて健康達者でいてくれることを願っています。好きこのんで虫けらを殺すのではありません。病害虫たちに少しおとなしくなってもらい、私たちのために害を与えず見守ってくださいと願う気持ちからなのです。病害虫や雑草たちとの戦いも、和睦したり、すかしたりだましたり、仲よくつきあう面白さを感じられてこそ、初めて彼らたちのありがたさがわかります。」(『自然農薬で防ぐ病気と害虫』あとがきより)

自然農薬はひとつの防除法ではあるが、それは病害虫や雑草と仲よくつきあう面白さを深める方法でもあるのだ。農業実用書ではその部分は捨てさられることが多いが、家庭園芸書では、そのことを伝えることこそが第一義である。そこで、まず、「自然農薬」一般の実用書ではなく、あくまで古賀の具体的な実践書であること、そのためには「自然農薬のつくり方、使い方」だけではなく、古賀が実践する畑(場)や、そこで古賀が春夏秋冬、どのように雑草や害虫とお付き合いしているのかを紹介する必要があると判断し、「四季の防除ごよみ」の章を加えることにした。そして、イラストも生きものと仲よくつきあう面白さを素朴に表現された古賀の墨絵を採用した。

実用書では、読者に実践をいかに促せるかが課題である。単なるノウハウ本では、その作物のつくり方をわかりやすく伝えられたとしても、著者との共感は伴わない。実践の過程で得られる楽しさ、面白さへの共感こそ、読者を実践に促すのではないか。本書がその後に有機無農薬栽培への指向が強まるなかで、バイブルとして売れ続けてきたのは、それゆえではないだろうか。

■『まるごと楽しむジャガイモ百科』

三つめは、研究者が作物の育ち方のおもしろ不思議を前面に出し、その作物のトータルを表現した、1988(昭和63)年発刊の吉田稔著『まるごと楽しむジャガイモ百科』である。これは当初からシリーズとして企画され、長年その作物を研究してきた『農業技術大系』の執筆者から著者が選ばれた。

第一章の「ジャガイモのもち味」では、その作物のルーツや種類、魅力やおいしいイモの見分け方などを。第二章の

「育ち方の科学」では、その作物の面白い育ち方や生理、失敗の原因などを。第三章の「おいしいイモをつくるには」では、一、二章を踏まえて家庭菜園でのつくり方のポイント、手順を。第四章「イモのおいしい食べ方二〇選」では料理・加工法を紹介している。

単なるノウハウでなく、その作物の生き方を知り、いかにその作物が喜ぶような手助けをしてやるかがわかるような構成となっている。技術中心ではあるが生産だけでなく、その作物と仲よくつきあうことを目的とする家庭園芸書となっている。本シリーズはその後、トマト、ナス、サツマイモ、ブドウ、ひつじ、キュウリ、ダイコンが発刊された後、その構成は1997（平成9）年からの絵本「そだててあそぼう」シリーズに引き継がれた。（赤沢久喜）

3　実践家に学んだ個性的家庭菜園本

80年代末の家庭園芸書の動きを受け、1990（平成2）年から始まる第四次一〇ヵ年計画では、都市への幅広い働きかけが強化され、生活実用書、健康書、教育書とともに家庭園芸書が農業書とは別に位置づけられた。実践している著者を選び、技術のノウハウだけでなく、作物の育ち方の面白さや、園芸と関わる暮らしの楽しさ・豊かさを、できるだけイラストや写真を多用し表現する。この家庭園芸書が1990年から全面的に展開されていく。

前記のようなコンセプトで企画するには、長年実践している著者を選び、その著者の表現したいことを、どのように構成し、どのようにわかりやすく、イラスト・写真を加えるか、それが勝負であった。実践家に学び形象化することは、農家に学んで形象化してきた農文協ならではの手法である。

■『プロの手ほどき家庭菜園コツのコツ』

実践家本の第一は、1991（平成3）年の水口文夫著『プロの手ほどき家庭菜園コツのコツ』である。

水口（102ページ「農家列伝」参照）は、愛知県の農業改良普及員を辞して自ら百姓となり、自然の力を活かして誰でも楽にできる栽培技術を『現代農業』に連載していた。その方法は家庭菜園にも、うってつけの栽培方法であった。たとえば、病害虫を寄せ付けぬ野菜同士の相性を活かすコンパニオンプランツ、堆肥は全層でなく土中マルチや植え穴に、野菜の種類によって違う堆肥や元肥の施し方、水は定植前に植え穴に、定植後は水をひかえるなど、実践から生まれた工夫、コツをオールイラストで紹介し、52種の野菜別に栽培のポイントと、よくある失敗を防ぐコツをまとめた家庭菜園宝典であった。水口はその手法をさらに発展させ、1999年に『家庭菜園の不耕起栽培』を発刊した。

■『図解　家庭菜園ビックリ教室』

井原豊著『図解　家庭菜園ビックリ教室』（1994〈平成6〉年）も家庭菜園実践家本の象徴であった。

井原（27ページ「農家列伝」参照）は、それ以前に『現代農業』で、いままでの常識であった「V字型稲作」の逆をいく「への字型稲作」を提唱し、生育観察の鋭さと共感をよぶ文体で、全国の農家に大きな影響を及ぼしていた。

『図解　家庭菜園ビックリ教室』はその野菜版で、「カリ過剰、石灰過剰が諸悪の根源」、「トマトはヒョロヒョロ苗の寝かせ植え、肥料は全量待ち肥で追肥はやるな」、「ナスもジャガイモ（メークイン）も、もっと疎植で」など、なぜそうなのかをひとつひとつ生育の見方から説き、園芸書のマニュアル本の間違いを正した。

■個性派の実践本を続々発刊

2000（平成12）年に発刊した中島康甫著『30坪（1アール）の自給菜園』は、緩効性被覆肥料と自家製ボカシ肥を使い、計画的にプラグトレイで育苗するなど、最新の栽培技術を家庭菜園に導入したもので、狭い畑で肥料焼けや生理障害を起こさない新しい栽培法として注目を集めた。

また同年に発刊された横田不二子著『週末の手植え稲つくり』は、主婦が田んぼを借りて昔ながらの苗代苗を手植えし、疎植や不耕起栽培、有機無農薬栽培に挑戦した一般市民向けイネづくりの最初の本であった。そこには、イネの育ち方から、田んぼに集まる生きものたちまで、イネづくりの面白さがすべて表現されており、市民のイネづくりのバイブルとなった。

2005年発刊の上岡誉富著『プランター菜園コツのコツ』は、元園芸試験場の研究者であった著者が、自宅の屋上にプランターを並べ緩効性肥料を上手に使って育てた実践書で、各野菜の生育段階ごとのカラー写真で手順と

実際家が書いた園芸書12点

管理のコツをまとめた、プランター菜園の決定本となった。

このほか、一般の家庭菜園家の実践本として、都会のサラリーマンの著者が週末にバイムフードで発酵させた畳堆肥やボカシ肥でつくる長澤憲正著『土日を生かす家庭菜園』（1989〈平成元〉年）、定年退職した著者が庭や借地で楽しむ丸杉孝之助著『シルバー農園のすすめ』（1990年）、会社の労務管理法を栽培計画に導入した喜多村敬三著『ここまでできる週末菜園』（1997年）がある。

ほかにも、農業改良普及員時代に農薬中毒になり、土と作物と人の栄養・ミネラルの健全な循環を独自の発酵肥料栽培で克服した著者が書いた薄上秀男著『発酵肥料で健康菜園』（1999年）、畑を買い有機無農薬栽培を実践した過程をまとめた久保英範著『わたしの有機無農薬栽培』（1999年）、標高一千メートルの高地で自給菜園ライフを楽しむ細井千重子著『寒地の自給菜園12ヵ月』（2000年）、不耕起と有機質マルチで手間や経費をかけずつくる南洋著『楽々ズボラ菜園コツのコツ』（2007年）など多数発刊され、個性的な家庭菜園の実用書は他社を圧倒した。

■自然農薬防除の成果を結集

さらに、2009年発刊の農文協編『自然農薬のつくり方と使い方』は、植物エキス・木酢エキス・発酵エキスを使いこなす三人の実践家の工夫をまとめたもので、好調な売行きを見せている。『自然農薬で防ぐ病気と害虫』以降、無農薬栽培指向の強まりとともに、さまざまな自然農薬資材が販売されるようになったが、思うように効かないなど混乱も多く、自然農薬の効果のしくみや使い方を整理した本が求められていた。

本書では自然農薬を、殺菌・殺虫成分を含む植物エキスによる防除剤と、葉面微生物の繁殖や健全生育を促すビタミン・ミネラル・酵素・植物ホルモンを含む基本エキスとに分け、基本エキスを定期的に散布し、防除剤は病害虫の発生前後に散布することがコツであることを提唱する。つくり方も、材料や発酵微生物の特徴を活かしてつくるなど、自然農薬防除体系まで踏み込んだ画期的な内容である。

（赤沢久喜）

4　ガーデニングブームから「わたし流」園芸ライフへ

1990（平成2）年に大阪で「国際花と緑の博覧会」（花の万博）が開催されたのを契機に、都市の女性を中心にイングリッシュガーデンブームが起こる。1990年代の後半には、美しい草花のカラー写真を満載したガーデニングの雑誌や本が、書店の園芸書棚にあふれた。また、草花の種類や品種も多彩になり、その流行を追いかけたカタログ本が次々と他社から発刊された。

花部門はいままで力を入れていなかったが、都市向けの園芸書として強化すべき部門であった。しかし家庭園芸書のコンセプトは草花とのつきあいを深めることが第一であると考えると、当時のガーデニングブームは一時の流行と思われた。その多くは、一年草の草花をシーズンごとに花付き苗を購入し、カラーハーモニーを考えてデザインするという、育てるというよりも配色して美しく飾るだけだったからである。さらに冬もあまり寒くなく夏は冷涼なイギリスのガーデニングは、日本の冬の寒さと高温多湿の夏という気候や風土にはなじまず、維持管理には手間と経費がかかるものであった。

■日本の風土に合った庭づくりへ

そのような状況のなかで、雑誌「趣味の園芸」の投稿欄「マイガーデン」に掲載された主婦の実践に学び、「わたし流」と名づけた実践家本を発刊した。

松田量子著『フラワーガーデンわたし流』（１９９２年）と大沼田鶴子著『コンテナ花壇わたし流』（１９９４年）である。いずれも自分で庭を設計し、苗を育てて、美しい花壇を楽しんでおり、特に大沼は自分で木工も手掛け、ボーダーボックス花壇、トレリス花壇、バスケット花壇、格子花壇など、狭い庭を上手に生かしていた。どちらも一年間かけて写真撮影し、その庭の一年の作業と姿を形象した。

また、日本の風土にあった植物を選び、手間をかけずに日本の四季の景観を模した庭を求めて発刊したのが、西宮市立北山緑化植物園でエコロジカルなワイルドガーデン試みをしていた能勢健吉の『カントリーガーデン入門』（１９９８年）である。日本の風土にあった多年草や低木類は主体にした庭づくりを提唱したが、定価が高かったこともあり、それほど評判にならなかった。

しかし、２０００年代に入るとイングリッシュガーデンブームもしだいに衰え、風土にあった多年草や低木、野菜やハーブなど暮らしのなかで楽しむための庭づくりへと志向が移り、ナチュラルな暮らしを求めて園芸ライフが定着していった。

日本の庭の原初を表わす言葉に「市井の山居」という言葉がある。庭とは、たとえ町の中で暮していても、たとえ一坪でも、静寂な自然と一体となれる場であるという意味である。時代が変われればその様相は変わるであろうが、その欲求は変わらないのではなかろうか。自宅でハーブ教室を開きながら匂いのある暮らしを追求している北川やちよ著『四季のハーブガーデン』（２００７年）や、日本の風土にあったバラの育成・栽培をめざしている後藤みどり著『わたしのバラ庭づくり』（２００８年）は、そんな思いの表現であった。

（赤沢久喜）

小さい家で楽しむ
わたしのバラ庭づくり
後藤みどり

後藤みどり
『わたしのバラ庭づくり』
(2008年)

5 日本の古典園芸や和風庭園に学ぶ

このガーデニングブームの時代に、もっとも力を注いだのは、菊づくり、ミニ盆栽、和風の庭であった。作物とのつきあい、対話術を学ぶには、長い歴史のなかで培われた古典園芸に学ぶ必要があると考えたからである。

1990(平成2)年の群境介著『3年でできるミニ盆栽』は、『現代農業』の連載をもとにまとめたもので、本来は「小品盆栽」と呼ぶ小さな盆栽を、あえて「ミニ盆栽」と名づけた。群境介は盆栽イラストレーターであったが、自らも数千鉢を栽培する実践家であった。翌1991年からは『図説　群境介のミニ盆栽』シリーズ全10巻、1993年『ミニ盆栽コツのコツ』が発刊され、園芸店の店頭でミニ盆栽が売られるようになった。2005年ころからミニ盆栽ブームが起きるが、その先駆けであった。1994年からは、本格派の『盆栽実技』全6巻を発刊した。いずれも群境介の精密なイラストで構成され、盆栽の樹形づくりのコツが経時的に描かれている。

1991年発刊の『図解　菊つくりコツのコツ』の著者、上村遙は元宮崎県農業試験場長で、名人芸に学びながら誰でもが失敗なくみごとに咲かせる技術を追求してきた。たとえば、培養土を鉢に突き固めて植えると根づまりしにくい、赤玉土はリン酸発酵させるなど、名人芸が科学的に裏づけられている。家庭園芸は採算や効率性は二の次であるため、園芸農家より先に新技術が導入されることが多い。本書は全国各地の菊つくり愛好会に読まれ、新しい菊づくりのテキストとなって版を重ねている。

さらに、1997年の『菊作り名人奥技』全3巻(「菊作り名人奥技」編集委員会編著)は、すべての仕立て方別に全国の名人に聞き書きしてまとめた大作である。ちなみに『菊作り名人奥技』は、1999年ベノデ国際映画祭でグランプリ受賞の池端俊策監督「あつもの」の種本となった。

上村はその後『楽しさいっぱい菊ガーデン』(2002年)『菊つくり何でも相談室』(2006年)を発刊している。

■和風ミニ庭園・古典園芸を現代に

庭づくりも、小さな家でも和風の庭が楽しめる岡田文夫著『ミニ庭園つくりコツのコツ』(1993年)からスタートした。岡田文夫は先代から造園業を営みながら、若いころ群境介に師事し、当時通信講座の造園教科書のイラストを担当していた。本書もオールイラストで、自分でできる各種の小さな庭のつくり方を紹介しており、爆発的に売れた。

岡田文夫
『ミニ庭園つくりコツのコツ』
(1993年)

その後も庭・庭木本は篠克己著『山野草の庭つくり』（1999年）、岡田文夫著『図解　落葉樹の庭つくり』（2000年）、峰岸正樹著『庭木の自然風剪定』（2001年）と続き、庭・庭木本の売行きは野菜本に次いでいる。

また、東京山草会ラン・ユリ部会編『ふやして楽しむ野生ラン』（2001年）、農文協編『苔園芸コツのコツ』（2003年）、東京山草会編『タネから楽しむ山野草』（2004年）などの日本の古典園芸本を発刊してきた。日本の風土に根差し日本人の美意識に培われた古典園芸は、一方で旦那衆の道楽として発展してきたものであったが、それを今、誰でもが暮らしのなかで楽しめるようにすることが大切ではないかという思いからであった。（赤沢久喜）

6　ロングセラーとなった「図解基礎本」

農業書で蓄積した著者や知識を活かし、家庭園芸家向けに基本となる理論や技術をいかにわかりやすく伝えていくか、これを「図解基礎本」と称して、農文協だからできる家庭園芸書の重要な部門として1990年代から発刊してきた。

その第一弾が、1995（平成7）年発刊の加藤哲郎著『図解　家庭園芸　用土と肥料の選び方・使い方』であった。本書の実売は、現在34刷8万4000部に達しており、2010年にはロングセラー本として大判化された。本書は家庭園芸家ばかりでなく、農協や普及所、肥料メーカーのテキストなどへの引用が多い。加藤は当時東京都農試の土壌の研究者で、『農業技術大系土壌施肥編』などの若手執筆者であった。

■根気があっての「基礎本」づくり

本書は「図解基礎本」として編集過程でも工夫をこらした。肥料・施肥のしくみを説明するには、土壌とは何かからわかりやすく伝えなければならない。ほとんど週一回、勤務時間外の5時以降に研究室を訪ね、聞き書きをするように進めていった。見開きごとにタイトルを付け、イラストの原図を描き、規定の文量で解説するという作業は、大変であったが編集の醍醐味を味わうことができた。基礎的な知識を、どのような順序で、いかに図で表現するか、「図解基礎本」は著者にも編集者にも根気がないとできない。

赤井昭雄著『庭先でつくる果樹33種』（1996年）も、徳島県果樹試験場の場長であった著者を、本郷の旅館に数日間缶詰にして、果樹の生長のしくみから図解で説いた基礎本で、これも実売数は現在31刷6万1300部となっている。

図解 家庭園芸
用土と肥料の選び方・使い方
加藤哲郎

「図解基礎本」第一弾は、根気の成果。
加藤哲郎『図解 家庭園芸 用土と肥料の選び方・使い方』
（旧版。1995年）

堀大才・岩谷美苗著『図解　樹木の診断と手当て』（2002年）も樹木の育ち方を克明にオール図解した基礎本で、現在18刷3万8000部となっている。

2003年から発刊が始まった『家庭菜園レベルアップ教室』も、同様の手法で形象化しようとした基礎本であるが、著者の選択や労力などの面から十分に成功してはいないが、全巻完結を待つ読者が多い。家庭園芸書のスタートから重視してきた「図解」という形象化方法とその作業は、今後も一層重要となるであろう。

（赤沢久喜）

7　園芸教育本の創出

1990（平成2）年から始まる第四次十ヵ年計画から、農のもつ教育力を活かした教育分野への働きかけが胎動した。教育書は専門部署を設けず、絵本を始めとする各部署で手がけられた。

家庭園芸書でも、小中学校の栽培や環境教育本として、1996（平成8）年に日本農業教育学会編『学校園の栽培便利帳』、1999年に同編『学校園の観察実験便利帳』、山田辰美編著『ビオトープ教育入門』を発刊した。

■「農の恵み」を学ぶ本

注目すべきは、2000（平成12）年の宇根豊著『「田んぼの学校」入学編』である。

虫見板を使った減農薬運動の旗手であった宇根は、2000年春に福岡県農業改良普及所を退職し、「NPO法人　農と自然の研究所」を立ち上げた。単に無農薬で栽培することが善ではない。農の営みのなかにある田んぼは、稲を効率的に育てるだけの装置ではない、多くの生きものの暮らす場であり、百姓がその場をつくり育ててきたのだ、百姓仕事が「自然」や風景をつくっているのだ、そ

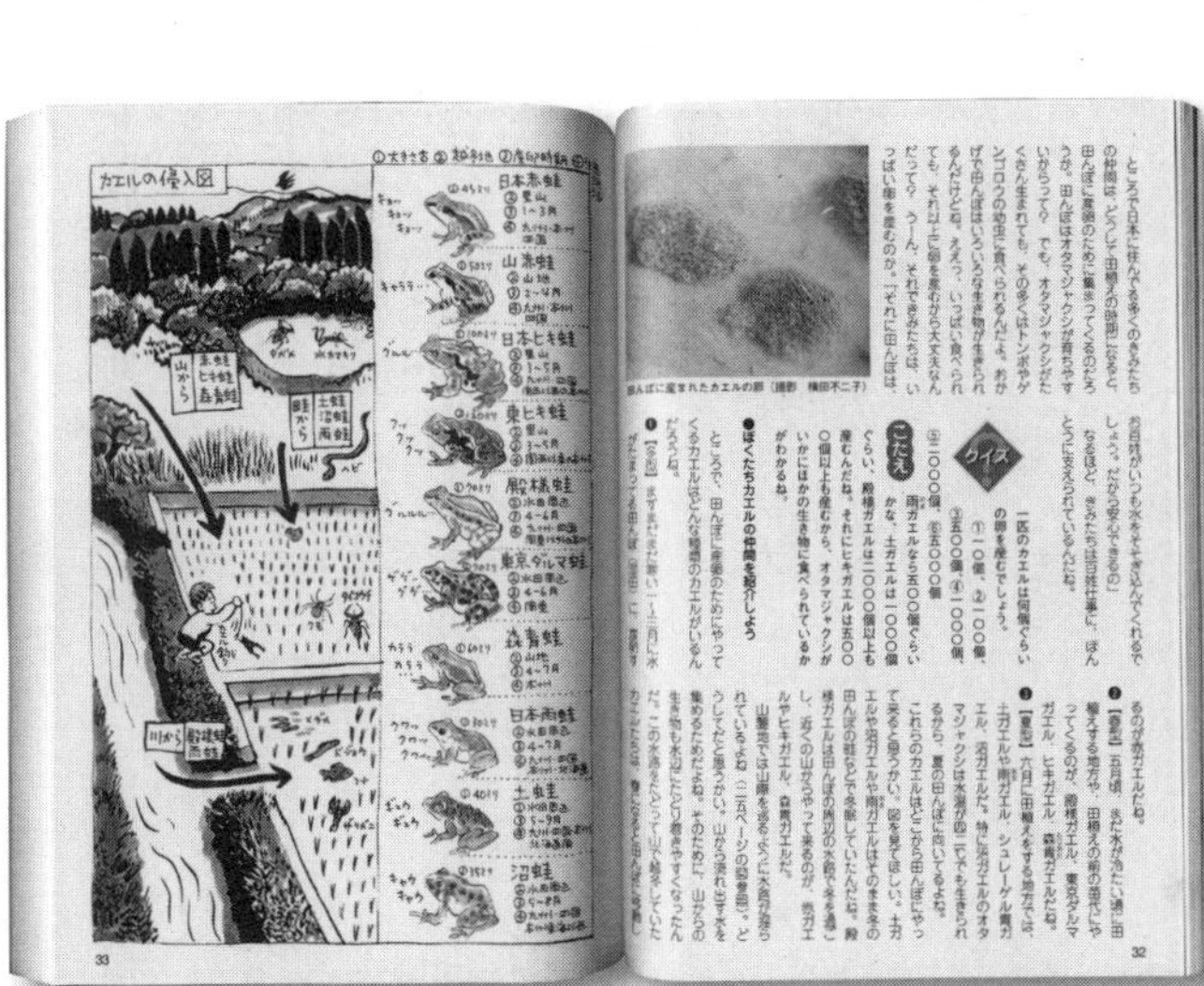

宇根豊『「田んぼの学校」入学編』（2000年）のページ

のことを一般国民どころか百姓も忘れている、お金にはなりにくい農の恵みをいかに取り戻していくか、宇根の決意はなみなみならぬものがあった。

本書の出版祝いには、当時農林水産政策研究所長であった篠原孝(現農林水産副大臣)もかけつけ、宇根は国をも動かし、農の恵みを政策としても実現させようとしていた。宇根は本書をテキストにして全国各地で「田んぼの学校」講演会を開くとともに、福岡県では環境保全型稲作への直接支払い制度を全国に先駆けて実現させ、さらには、全国の研究者を総動員して「田んぼの生きもの全種リスト」の作成、『国民のための百姓学』(家の光協会)など十数冊を他社から発刊した。

この田んぼの学校の生きもの観察のテキストとして発刊した農村環境整備センター編企画・湊秋作編著『田んぼの生きもの　おもしろ図鑑』(2006年)は、定価4800円と高値でありながら、7400部と売れている。

このほか家庭園芸書の教育本としては、養父志乃夫著『田んぼビオトープ入門』(2005年)などのビオトープ本、雑誌『食農教育』から生まれた、竹村久生著『図解　おもしろ子ども菜園』(2009年)、毛利澄夫・中村章伯著『図解　学校園の運営コツのコツ』(2010年)、農文協編『学校園おもしろ栽培ハンドブック』(2010年)など、学校向けの実践実用書が次々と発刊された。

(赤沢久喜)

学校・教育向け園芸書5点

普及から

「出版社の個性を前面に出すようなフェアをやっていきたいんです。こんな出版社があったんだなぁってお客さんに出版社の名前を覚えてもらえるような」と言ってくださったのが書林房五常（名古屋市昭和区）の店員永野裕明さん。七〇周年を迎えた当会の記念フェアにも取り組んでくれている。

書店と組んで「農村とつながる気持」触発のフェアを

今回は『プランター菜園コツのコツ』や「手打ちそば」、「どぶろく」など実用書中心のラインナップに、「人間選書」の自給関連本、絵本なども加えた約200冊規模のフェアを提案。書店の立地は都心の住宅街だが、農的な暮らしへの関心も高くなってきているので、都市部でも動きのいい『現代農業』のバックナンバーも組み合わせてほしいという要望も快く受け入れてくれた。「農文協の本を買うお客さんは圧倒的に男性ですね。じっくり手にとって見ておられますよ」と満足そうだ。

このお店とは対照的に、女性客を取り込む企画提案をしているのが、榮進堂三越星ヶ丘リバ店（名古屋市千種区）の松永裕樹店長だ。高級百貨店の七階という立地で手芸・生活雑貨を扱うフロアにあり、女性客がターゲットになる。一昨年「香りのある暮らし&秋の実りフェア」を約150冊規模で展開していただいた。『四季のハーブガーデン』の編集を担当した編集局の松久さんにお願いして、著者の北川やちよさんからハーブクラフトや草木染めの布の実物を送っていただいた。このクラフトのつくり方が何ページに掲載されているかわかるようにポップをつけ、本と展示品を関連づけた。フェア台の周りには何ともいえないフレッシュなハーブの香りが漂っている。「フェアの前で立ち止まってくれる人が多かったですよ。きっとハーブの香りに誘われたんでしょう」と店長も手ごたえを感じていた。好評をいただいたフェアは、毎年継続して展開中である。

名古屋一番の繁華街、日本最大級ともいわれる地下街にあるトキワ園店栄・森の地下街店（名古屋市中区）の梅田洋二店長は「その季節にあった企画をちゃんとその季節に出せば、その本は売れるんです」と、力強くおっしゃる。お店に一番近い地下街出口は中日ビルにつながっており、若者はもちろん文化センターの教室に通う中高年層の顧客も多い。

こちらのお店で定番になっているのが、五月連休明けから展開する「ラッキョウと梅の本」の面陳だ。「ラッキョウって、今の人はどうやって栽培されているのか、土の中でできるのか木のようになるのか、知らないでしょう。書店を通してラッキョウ自身の姿を伝えるような事ができたらいいですね」と、そんな熱い想いに共感する。

春には、「食べて健康！　よもぎパワー」と旬のものにこだわる。私のつくる拙いポップにダメ出しをしながら、「こういった繁華街だからこそ手づくり感が人目を引く」と、店頭で何度も飾ってくださっている。

これからももっと、「農村へつながる気持」を触発するようなフェアを企画していけたらいいなと私は思う。

（原田順子）

15章 農家の自給から国民全体の「新自給生活」へ

1 「豊かさとは何か」
――農家の自給生活の見直し

70年代(昭和45年～)から、農文協が、農業生産と生活の「近代化」批判の拠りどころとしたのは、農家が農家であるかぎり持っている「自給」の側面だった。

その主張を、農家の思いと実践から掘り起こして集大成した本が、『豊かさとは何か　人間らしい生活を求めて』(農文協編、1974〈昭和49〉年発行)である。74年の初版以来、17刷を重ねたロングセラーとなっている。

経済成長の結果もたらされた公害、自然破壊が日本を覆い、石油ショック・狂乱物価の混迷のなかで発行されたこの本の、「まえがき」に見る問題意識は、こうである。

「今、私達はなにをよりどころとして生きたらよいのでしょうか。『価値あるもの』として信じられてきたものが、眼前で音をたててくずれてゆくのを見るようです。それは、近代文明と呼ばれ、石油エネルギーに裏打ちされた物質中心の社会への疑問です。具体的には、高度経済成長と呼ばれる生産力の発展こそ人間の幸福につながるものだという思想とその実践です。」

「今、私達は新しい価値観を生みだす必要にせまられています。それを農業の論理から導きだそうとしています。それは単に農業の価値をみなおすということではなく、真に人間を豊かに、幸福にする論理、すなわち思想を築きあげることです。」

「農民の思想は農民の手でまとめなければならないと考えた」本書には多数の農家が登場しているが、このうち二人の農家の発言から、いくつかひろってみたい。

■「天下絶品」の手前味噌

「わたしは、作物を育てることが好きだから、なんの作物でもいろいろとつくりたい。それは、とりもなおさず自給生活につながる。自給だから、原価で品物を購入していることになる。大きな出費といえば、トラック・乗用車の燃料代、教育費、税金ぐらいのものである。だからどんな時代がきても農業はつづける。」

こう主張する石川幾太郎さん(横浜市)は、近隣の農家も含めて土地を売らせないようにしていたため「市街化調整区域」に指定されたなかで、農業をつづけている。

「どんなことがあっても、おれは農業で生きてゆく！　いや、生きてゆける。そういうためには、おのずから経営は多様化の道をたどることになる。いわゆる複合経営である。そして、その理論をもっとつき詰めてゆくと、自給農業の実践という道につきあたる。

自給農業――なんとも古めかしく、思い出なつかしいことばではないか。だが、実はこうした視点を常にふまえて、そのうえに経営の合理化をすすめている人たちだけが、現在の都市近郊農業で生きのびているのが現実なのである。

だから、こんにち都市近郊でゆったりとして農業をつづけているような人は、みんな田をつくり、味噌をつくり、マキをつくり、許されるかぎり自給的である。そして、そのうえで換金作物で経営を安定させているのである。」

「味噌も自給味噌である。つくるのは家内だが、これは天下絶品である。わたしは所用で帝国ホテルや関西の一流ホテルに再三泊まったが、そんなホテルの味噌も、とてもわが家の比ではない。そこで、市の農産物品評会などに出すと、上位に入賞はさせるが、少しからい、と批評する。冗談じゃない。一二時間労働するわが家の家族に飲ませる味噌汁で、労働しない審査員先生に飲ませる味噌汁じゃない。それがわからないんだから困る。門外不出、販売不要の自給味噌なんだが……。

口うるさいわが子たちが、わかめととうふを入れた味噌汁ときたら、たまらない。三人の子どもの三人ともが、たてつづけに三杯ずつおかわりする、といったら人は笑う

豊かさとは何か
人間らしい生活を求めて
農文協編
農山漁村文化協会
四、わたしは自給農業を愛する

わたしは、作物を育てることが好きだから、なんの作物でもいろいろとつくりたい。それは、とりもなおさず自給生活につながる。自給だから、原価で品物を購入していることになる。大きな出費といえば、トラック・乗用車の燃料代、教育費、税金ぐらいのものである。だから、どんな時代がきても農業はつづける。

こう主張する石川幾太郎さん（横浜市）はつぎのように言う。

カヤぶき屋根のよさ

自給といえば、母屋をはじめ五つの納屋もカヤぶきである。だから、屋根の改修費も職人の日当代だけですむ。資材のカヤは、都市化のすすんだこんにち、どこの野へ行ってもすばらしく伸びたものが無尽蔵にある。それを無断で刈ってやると、他人にたいへん喜ばれる。都市化がすすむとカヤがな

農文協編『豊かさとは何か』(1974年)と石川幾太郎さんのページ

だろうか。最近、親子の断絶などというばかな言葉がはやっているが、なんでも金で間に合わせるインスタント食品―インスタント生活―は、断絶を生む根源的なものではなかろうか。

インスタント食品生活は空恐ろしいものがある。まず、だれにも誇れるうまい味噌、これはわたしにとっては、大きなしあわせといわなければならない。

「さて、わたしは農村を愛するがゆえに古きよきものを愛する。といっても、合理主義的裏づけなしに、古きものを愛するはずがない。自給農業ということも、合理主義的裏づけがあってのことである。」

■人間の生きる原型がある

岩手県花巻市で「二町五反の田んぼと、豚を五〇頭ほど」の経営をして、出かせぎ、賃かせぎをせず、「変な目でみられているらしい」という瀬川富男さん。

「中学校を終わって百姓をやりはじめてから、もう二〇年たつ」瀬川さんは、「どうして出かせぎ、賃かせぎをしないか」といわれれば、「答えはいろいろあるが、要するにわたしが百姓だからである」と。

「百姓は食糧という、なににもかえがたいモノをつくり、それをつくることで自然を守り、ムラという民族のふるさとを守り続けているのである。自信と誇りがわいてくるというものだ。さらに、わたしは自分が百姓であるということで、ひとつの特権をもっていると考えている。それは、労働と生活とが一体であり、それがそのまま生きているということになっているということである。多くの人のばあい、労働力を売るということは、得る金の多少によってだけ評価せざるをえないと思うが、わたしのばあいには、うまいものを食うということとは、うまいものをつくるということと同じ意味なのである。だから、働くということは生きていることであり、生きるということは、どう働くかと同じ意味なのである。これは、人間が生きるということの原型だと思う。

わたしは、それが何年あとになるかわからないが、日本人がふるさと、自然を求める回帰現象のようなものが出てくるだろうと思っている。そのとき、ほんとうの人間の生活とはこういうものなんだとしめすことのできる、生活の実態を築きあげたいのである。それは、農業をはなれてはありえないし、農業であればこそできると思うのである。」

「コメをつくる田がある。そこには水利があり、川があり、山林があり、つまりコメをつくることによってできあがったムラというものがある。団地で盆踊りや祭をやることによってとり戻そうというコミュニティーとはその本質においてまるで違う共同体である。

コメはムラの中で、田の土でつくる。いや、つくる、というよりは、育てる、できる、というわば工業的な発想の原理よりは、育てる、できる、といういう農業的な発想の原理を貫徹することによってしか、コメはとれない。このことは、現在の文明社会に対して、ことさらに強調して、文明そのものの起死回生につながる原理だといいたいのだが……」

「農業は自然を相手の仕事だ。自然のいとなみをたすけることによってだけ、よりよくなりたつ仕事なのだ。空気も緑も、農業を盛んにすればするほど、きれいになり豊かになる。いまの世の中では、自然が豊かになるということは、人間が豊かになるということにほかならない。農業にだって公害があるじゃないかと反問されそうだが、あれは、農業本来のあり方を、そちらの（工業の）論理でおしきろうとして出てきているものなのだ。

こう考えてくると、現代文明といわれているもののもつ危機を救えるのは、農業ではないか。工業が失ったものをとりかえせるのは農業なのだ。遅れているといわれる『こちら』の論理なのだ。」

「百姓している以上、毎日たべる野菜を、高いの安いのと気をもんで食べたりするより自分でつくれば、それだけ新鮮なものを豊富に食べられるに決まっているし、第一、自分で手をかけたものを自分で食べるということには、いいしれぬ満足感がある。カリフラワーなど、真白く固くなっているのをとってきて食べるときの満ちたりた気持はかけがえがない。薬なんかかけてないから洗わなくてもいいのだ。

わたしは野菜をつくるとき、手間賃がいくらになるかなど考えないようにしている。だから、手のあくときをみはからって、できるだけ種類を多く種をまいてゆく。

農業というものをやたらと数字を並べて説明したり、ゼニ勘定だけでやるのを、わたしは好きではない。どっかにスキがあるからだ。第一、人間そのものが勘定で割りきれないではないか。土を肥やすということを基本にすえて、自然の営みをたすけてゆくことをやっていれば、いつの間にか生活全体が豊かになっていくようなものとして、農業生産というものを考えたいのである。」

人間らしい「豊かさ」の根源を、農家のもつ自給の思想におき、自然とともに生きる知恵と技を発掘・継承し、国民全体へ「新自給生活」として発信していく。農文協の生活書・料理書の源流はここにある。

（栗田庄一）

2 国産を食べる
―国産小麦パンと国産米粉

■「パンは外麦」の思いこみをひっくり返した「国産小麦パン」の広がり

農文協には、食べ物をテーマにするときの流儀がある。それは、食べ物の向こう側にその材料をつくる人たち（農家）、そして、それを食べ物として加工する人たちの存在を常に考えるということだ。

『現代農業』1986(昭和61)年7月号の国産小麦パンの特集「楽しみが増す　手づくりパン」の反響は、想像をはるかに上回るものであった。この特集の「自家産小麦でパンを焼いてみた方、編集部までご一報ください」の呼びかけに応えて、編集部には、毎日のように自家製の小麦粉で焼いたパンが届き始めた。添えられた手紙には、読者の想いが詰まっていた。

「しょうゆづくりのためにとっておいた三斗ほどの小麦がありましたので、二升だけ村のコミュニティセンターの加工室に備えられた製粉機で粉にひいてみました。残念ながら品種はわかりません。その粉で思いきってこねて焼いてみたところ、なんと二時間でパンが焼きあがりました。味も見ばえも予想をはるかに越えて立派に焼きあがったので嬉しくなり、思わずペンをとったしだいです。」(宮城県　Tさん)

Tさんの手紙には、配合割合だけでなく、高齢のご両親の意見も含めて、食べてみた家族全員の声がしたためられていた。

可愛らしい兎の形に焼いたパンを送ってくださった方もあった。

「私の家では、祖母の代から現在も自家製のおしょう油を造っています。そのため、しょう油造りにはかかせない小麦は毎年つくっています。(中略)パンを焼きはじめた動機は、子どもが学校給食でパン食なので、家でもパンを好むようになったからです。市販のものでは添加物が多く、それに加えて輸入小麦はいろいろな薬品で処理されたものが多いと聞いていましたので、できることなら自家製の無化学肥料、無消毒の小麦粉でパンを焼ければと思ったのでした。」(愛媛県　Kさん)

Kさんは町のパン教室に通い、使われていた輸入小麦粉を自家産の小麦粉に変え、ついに自家産小麦粉100%のパンに到達。兎の形をしたパンには子どもたちへの思いやりが溢れていた。

消費者運動グループからの反応も届いた。

「今度のお宅の記事、非常にいいんだけれど、残念ですッ!」という女性からの電話。何か重大な落度があったのか…とビビったが、内容は「私ども、輸入小麦の安全性問題と、国内麦の自給率自給率向上をめざして、国内産小麦によるパンつくりに取り組み、今ではすばらしいパンができています。そんな組織的な活動にも触れていただきたかった……」というもの。電話の主、東京近郊の生協理事長Iさんは、岩手県のナンブコムギを地元の製粉業者に挽いてもらい、パンだけでなくラーメンや餃子の皮など、多彩な国産小麦の食品を生みだしておられた。

こうした反響はまさに、当時の「私食べる人、あなたつくる人」というキャッチコピーに象徴される浅薄な消費者意識をひっくり返す出来事であった。

『現代農業』は、翌月号から「追跡・国産小麦パン」の連載を開始する。3年間にわたる31回の長期連載をもとに刊行されたのが『おいしくて安全　国産小麦でパンを焼く』（農文協編、1987年）、日本初の国産小麦パンづくりの本であった（21刷4万8000部）。

プロのパンづくり技術者・矢野さき子さんが、国産小麦パンづくりを天然酵母で初めて公開した『天然酵母で国産小麦パン』（1990年）は、32刷8万4000部と驚異的な販売部数を記録した。当時のパン教室といえば輸入の強力粉とイーストによる技術がほとんどであっただけに、国産小麦粉を材料に天然酵母によるパンづくりを具体的に紹介した矢野さんの本は、食の安全安心を求める人たちの間で評判をよんだ。その後、お菓子や、酵母まで自家採種の菌を用いた国産小麦パンづくりへと広がっていく。

そうした動きのなかで、製粉業者と国産小麦の流通も大きな変化をとげていく。製粉業は重厚長大な設備産業といわれ、大手への卸大量販売がほとんどであった。矢野さんが用いた「ハルヒカリ」という北海道産の春小麦は、パンづくりには最適な小麦として評判となり、地元の製粉業者はそれに応えるために、個人通信販売を行なう流通変革を断行した。その動きは、全国の製粉業者に波及し、パンに適した小麦品種に対する規格まで変えた。

1975（昭和50）年前後の小麦作付け面積は9万ヘクタール弱、生産量も20万トン強にとどまっていた。それに対して、輸入小麦は500万トン強。自給率はわずか4%。減反政策によって水田での小麦生産に奨励金がついてはいたが、農家は集荷業者に出荷してしまえばあとは知らん顔。製粉業者も、本心を言えば、欲しい輸入小

1　農文協編『おいしくて安全 国産小麦でパンを焼く』（1987年）
2　矢野さき子『天然酵母で国産小麦パン』（1990年）
3　矢野さき子『天然酵母で国産小麦の和風パン』（1993年）
4　林弘子『国産小麦のお菓子とパン』（1996年）
5　大塚せつ子『白神こだま酵母でパンを焼く』（2002年）

麦を入手するために仕方なく国産小麦を買っていたのが実状であった。国産小麦パンの動きは、「いい品質の小麦を多収しよう」、「パンに向いた国産小麦の製粉方法を考案しよう」、「多くの人に喜んでもらえるパンを焼こう」というように、その運動は農家、製粉業者、食品加工業者の意識を変えていったのである。

『現代農業』では、国産小麦パンづくりの記事と同時に、パンに適した小麦品種の情報も展開する。グルテン含量の高い「鴻巣二五号」、「農林四二号」という品種にめぐり会い、誌上で全国の農家にその試作を呼びかける。全国から「久々に血が騒ぐ思いがして、手紙を書きました」、「心躍る記事です。是非私にも」などと書かれた種子注文の手紙が寄せられ、減反拡大や米価値下げの動き、肉・オレンジの輸入枠拡大など、農業に明るい話題は見あたらないなかでの「血が騒ぐ」、「心躍る」出来事であった。

農文協は、『現代農業』1988(昭和63)年3月号の主張に「コメ・ムギ・ダイズ　基本食糧の増収に取組もう——農業が国際社会に貢献する道」を掲げる。輸入依存がさらに進もうとするなか、地元の小麦や大豆の多収技術や、その材料を活かした地場加工の動きを伝える内容は、日本独自の水田輪作技術の確立と、国産の基本食料を最大限に活かしていく方向への農法転換の訴えでもあった。

「コメ—ムギ—ダイズの基本食糧の増収がいま日本で可能になる。このことは、ひとり日本の農家、あるいは日本人の健康的な食生活にとって意味があるばかりではない。むしろ世界の人びとの食生活と農業の安定発展にとっても、欠かせないことなのである。」

国産小麦パンの運動に始まった日本の小麦へのまなざしは、いまでは北海道で栽培される春小麦だけでなく、暖地でも栽培できるミナミカオリなどのパン用秋小麦品種も育成され、地元の粉でパンが焼ける時代となった。讃岐うどんも、それまで輸入麦に頼っていた麺から、県育成の「さぬきの夢2000」を原料にした麺を県方針として打ち出した。うどん以上に輸入麦に依存していたラーメンでは、博多ラーメンに県育成の品種「ちくしW2号(愛称、ラー麦)」、山形ラーメンには「ユキチカラ」の麺が使われ、研究者—農家—製粉業者—製麺業者—ラーメン店の連携による新しい動きが続々と生まれている。

(西森信博)

■食糧不安の時代に、日本のお米の力を100%発揮してもらおう——国産米粉の広がり

2002(平成14)年、「近畿米粉食品普及推進協議会」が設立された。新たな米の需要拡大につながる米粉食品の普及推進を図るために民間、メーカー、行政が参加したのだが、その会長に選出されたのが神戸の料理研究家・坂本廣子氏だった(262ページ参照)。

坂本氏はそれまでにも食の地域おこしを各地で応援するなどしてきたが、米粉についても兵庫県篠山市の学校

給食への米粉パン導入などに協力していた（２００３年４月より市内全小学校で週2回実施）。

日本各地にはさまざまに米粉を食べる伝統の知恵がある。世界とくにアジア諸国にも学ぶ知恵は多い。食べる側が、米粉といえば上新粉で団子をつくるくらいのイメージしかもてなくなっている状況を変えたい。そんな思いで坂本廣子氏と娘の坂本佳奈氏による単行本『国産米粉でクッキング』の企画が誕生し、２００３年12月に発行となった。いま、アマゾンで「米粉」を検索すれば50点以上の書籍がリストアップされるが、これらの米粉料理本の先駆けとなった作品だ。

「ふつうの『上新粉』でこんなに料理の幅が広がる！／◎しっとりなめらか、ケーキやクッキー／◎サクサク軽～い揚げもので、お料理上手＆油カット！／◎カレーやグラタンも米粉で作れば油ひかえめ、舌ざわりなめらか／◎おだんごやおもち、アジアンスイーツ＆スナックも簡単に／おいしく食べよう日本のお米。ちょっと意外な利用法満載の80品！」（カバーソデの案内文より）

伝統的な利用法の現代的な料理へのアレンジや、世界の知恵の応用、グルテンがないという特性を活かした活用法がわかりやすくまとめられたこの作品は、「こんな料理もできるんだ」という新鮮な発見とともに広範な読者を得て、発行後１年間で６回の増刷、その後も刷を重ねて18刷４万７０００部となり、米粉料理本のスタンダードとなった。

「私は神戸生まれ神戸育ちの田舎のない世代です。けれども、父、母の暮らしはそれぞれの生まれ故郷（播州龍野と徳島鳴門）の香りを食卓に溢れさせていました」、「今でも、わが家のお盆はお迎えだんごからはじまり、送りだんごで終わります」、「子ども時代のおやつは、豆を入れた寒もち、薄く切って藁で繋げて干したおかき、おひな様用のあられなど、…みたらしだんごや、もち米を筒状の布に入れ蒸して作るしがらきなど、懐かしい味は尽きません」、「私たちは先祖が残してくれたお米と水田に対してもっともっと敬意を払いたい。防災の意味でも大切な働きをする水田を残したい。そして食べ続けるという形で減反をなくしていきたいと思っています」（本文より）

米粉推進の動きは政治や企業の思惑もからみ、さまざまな組織が生まれ、キャンペーンも行なわれたが、米粉利用の広がりをつくったのは、坂本氏が述べたような「日本のお米を安心して食べ続けたい」と感じる多くの人々の思いではなかったか。そうした思いと共鳴した各地の農家からは、さまざまな米粉活用の工夫が、直売所などを通じて提案されていった。とくに２００８年初頭には国際

坂本廣子・坂本佳奈
『国産米粉でクッキング』（2003年）
米粉料理の先駆け・スタンダード本

『現代農業』2008年12月号の特集
「やるぞ　自分のお米で米粉!」

的に穀物価格が高騰し、輸入小麦も値上がりした影響で米の消費が見直され、そのなかで米粉利用もさらに広がった。『現代農業』2008年12月号の特集は「やるぞ　自分のお米で米粉!」となった。

「ちょうど五年前、青森県の古舘留美子さんは、地元十和田市の道の駅に加工施設ができたことをきっかけに米粉パンづくりを始めた。今では米も、米粉も、米粉パンも、はたまた米粉を使ったチーズケーキなんかもみんな自分の米でつくって売る。その名も『田んぼシリーズ』。」

「(製粉を頼んでいる)丸井製米工場の社長さんが『自分とこで挽いた米粉で十和田の古舘さんがおいしい米粉パンをつくっているんだ』とあっちこっちで喋るもんだから、パンのお客さんはどんどん増えている。」

「クズ米はひどいと、一kg五五円で地元のクズ米業者に買いたたかれる。クズ米業者はそれを精米して一kg一〇〇円でビール工場に売っているのだそうだ。もう一度ふるいにかけた中米なら十分良質の米粉になる。去年試しに、中米を丸井精米工場で製粉してもらったら同じようにパンが焼けたし、味も変わらなかった。こういう融通がきいちゃうのも、地元の粉屋ならではのことだろう。」(『現代農業』2008年12月号「私の『田んぼのパン』は地元の粉屋さんが強ーい味方」より)

自分がつくったお米をムダなく、おいしく、地元で食べてもらうからこそ全国で個性的な米粉活用術が生まれ、それぞれがおいしい。特集ではほかにも「黒米入り米粉パン」、「炒りヌカ入り米粉パン」、「発芽玄米粉入りパン」、「玄米粉シュークリーム・タルト」、「ヤマイモ入れたら、しっとり米粉のパウンドケーキ」、「わが家で楽しむ米粉うどん」、「うわさの固くならない米粉団子」、ギョーザにグラタンなどと、盛りだくさんの内容になった。

単行本も関心の高まりに応え、展開を見せた。

『ノングルテンでふんわりやわらか　白神こだま酵母のお米パン』(大塚せつ子著、2008年11月)…米粉利用の柱となった「米粉パン」は小麦アレルギーに悩む人々に期待されたが、多くのレシピは米粉に小麦グルテンを混ぜたものでアレルギーには対応していなかった。ノングルテンを謳うレシピは大きさや日持ちに制限があった。本書は身近な材料で家庭でできる解決法を提案した本。

『もっとひろがる国産米粉クッキング　小麦・卵・牛乳なしでここまでできる』（坂本佳奈・坂本廣子著、２００８年12月）…アレルギー対応の要望に応えて、三大アレルゲンをカットして、普通のトンカツやカレー、茶碗蒸しまで安心して食べられるレシピを開発。

『地元の米でつくる　福盛式シトギ　米粉パンの教科書』（福盛幸一著、２００９年５月）…坂本廣子氏と同様、「近畿米粉食品普及推進協議会」で米粉パンの開発・指導にあたったパン職人が米粉パン店を始めようという人のためにまとめたテキスト。つくりたいパンに向く製粉法の違いまで解説した、地元の米を活かすための本。

『米粉ランチ　パスタに、チヂミに、どんぶりになる米粉のレシピ40』（サカイ優佳子・田平恵美著、２０１０年11月）…米粉パンやケーキ、スープのとろみづけなどの利用法はある程度知られるようになった。さらに利用を広げるために、米本来の役割である主食としての食べ方を広げるレシピを提案。

ただし、こうした盛り上がりは見せながらも、米の消費量は必ずしも回復しているわけではない。食糧不安に続き世界金融危機に揺れた08年の統計では、米の家庭内消費は増えたが、外食産業の不振で国民一人あたりの年間米消費量は59キロと、初めて60キロ台を割った。米だけでなく総供給カロリーも減ったので、いちがいに米離れが進んだとはいえないし、直売所で売れていく農家の手づくり米粉製品のようなものは統計には表われない部分ともいえる。「国産を食べる」ということが「地元産を食べる」、「××さんのつくったものを食べる」、「自分で育てて食べる」ということに近づいていけばいくほど、全国的な統計だけで

1　大塚せつ子『ノングルテンでふんわりやわらか 白神こだま酵母のお米パン』（2008年）
2　坂本佳奈・坂本廣子『もっとひろがる国産米粉クッキング 小麦・卵・牛乳なしでここまでできる』（2008年）
3　福盛幸一『地元の米でつくる 福盛式シトギ 米粉パンの教科書』（2009年）
4　サカイ優佳子・田平恵美『米粉ランチ　パスタに、チヂミに、どんぶりになる米粉のレシピ40』（2010年）

はつかまえきれない地盤の変化のようなものが進むとも考えられる。「国産を食べる」よりも「地域を食べる」といったほうがしっくりくるような暮らしへ向けての出版が求められているだろう。

（遠藤隆士）

3 プロの料理書から生活者の料理書へ

70年代を食の欧米化が進んだ時代だとすれば、80年代はバブルとグルメの時代、そして90年代は食の外部化の時代といえるかもしれない。男女雇用機会均等法の施行が1986（昭和61）年。バブルを経てやがて低成長へと向かう時代のなかで、男も女も「平等に」働く時代になっていく。共稼ぎ世帯は86年から増え始め、90年代前半には専業主婦のいる家庭とほぼ同数ながら、わずかに上回るまでになった。

農文協の料理書も国産小麦パンの盛り上がりはあったが、「健康食シリーズ」が20点を数えるころになると、次の展開を模索する必要に迫られていた。当時の編集部は、グルメブームと外食産業の発展のなかで「食べること」、「料理すること」を暮らしの中に取り戻すための実用書が必要ではないか、それにはこれまでのような素材ごとの企画よりも、読者の暮らしの在り方に即した技術やシステムが必要ではないか、といった議論が続いていた。

■『台所育児』（坂本廣子）

そんなときに出会ったのが、神戸の料理研究家、坂本廣子氏だった。編集部員が大阪にある民間の図書館で食関係の雑誌やミニコミを見ているなかで、地元の幼稚園で6年にわたり年少組から本物の包丁を持たせて料理実習をしていた坂本氏を紹介した記事に目を留めたのである。そのノウハウが、1990（平成2）年12月に単行本『坂本廣子の台所育児　一歳から包丁を』にまとめ刊行された。

「いまどきの子ども、なんだか変？　こんぶも、いりこもわからない。トリ肌チキン、ギョロ目の魚は気持ち悪いと食べられない。卵は割れない、はし使いもへた。野菜ギライの海藻ニガ手、スナック菓子は大好きで、口達者の手無精がいっぱい。お母さんがどんなに疲れていても『早くごはんつくってよ』。そして、いっぱい食べ残しても『もったいない』がわからない。うーん、これではいけない！」

「台所で食べ物と面と向き合う経験を子どもがすることで自然に理解してくれると気がつきました。『生きることとは食べること』。生きる力は理屈じゃない。経験から得る自信がずいぶんと力をつけてくれます。そしてそれが、一見関係ないような将来の自立につながってくるのです。」

「だまされたと思って一歳から

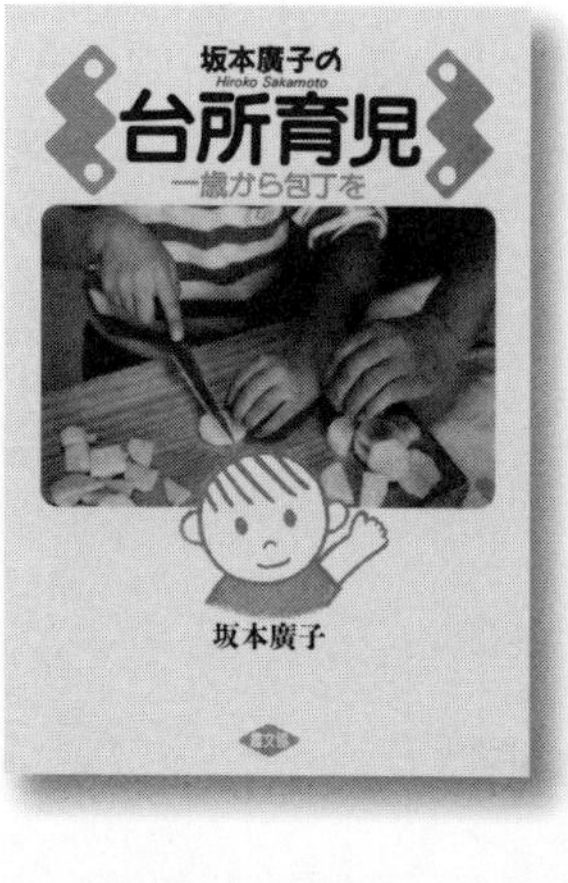

坂本廣子
『坂本廣子の台所育児　一歳から包丁を』
（1990年）

でも包丁を持たせてみませんか。きっとわが子の持つ力にびっくりされることでしょう」、「熱いとか痛いとか、いい香りとかを身体いっぱいに感じて、食の原点をつくることができるのです。」

「これからの時代は、女性が仕事も家事もとクタクタになるより、家族一人ずつが少しずつ分けて担えばいいのです。」

「インスタントに頼っていては、いま食べているもののほんとうの姿がわからなくなってしまいそう。子どもにこそ、正しい材料を正しいプロセスでつくる『手つくり』を伝えたいのです。」（「はじめに」より）

もちろん、幼児にほんものの包丁を持たせるための配慮はしっかりしている。「刃渡りは握りこぶし二つ分」、「スナップを利かせないと切れない洋包丁よりも、刃のまっすぐな和包丁」、「足場を確保する」、「湯気の火傷に注意する」など、具体的なアドバイスがしっかり盛り込まれた。そうして伝える料理も以下のように分類された。

●ステップ1（プロセスが一つか二つだけ）…おろし和え、えのきたけの佃煮、貝のそれだけ蒸しなど

●ステップ2（プロセス数三〜五、力のいらないもの。切るプロセスは入るが少ない。または切りそろえなくてもよい）…ごはん、わかめと豆腐のみそ汁、かぼちゃの早煮、ひじきと厚揚げの煮つけなど

●ステップ3（プロセス数やや多い。力が必要。加減を見たりする。持続力必要）…きゅうりの酢のもの、さばのみそ煮、焼きぶた、きのこオムレツなど

●ステップ4（プロセス数多い。切り方、加減、持続力などほぼ完成段階）…親子丼、なんでも野菜ポタージュ、ポークカレー、とりのてり焼きなど

本書の出版の反響は大きかった。各種マスコミでとり上げられ、坂本氏は翌91年4月から始まったNHK教育テレビの番組「ひとりでできるもん！」の指導を務めるなど、幼児から小学生に料理体験の場をつくることが社会現象となっていった。ブームのなかでは、ちびっこグルメのようなおかしなものも現われたが、『台所育児』はその後の「食育」へつながる大きな流れをつくった。いまでも食育の古典として41刷11万2600部に達している。

■『**和風ケーキ&クッキー**』（**奥薗壽子**）

『台所育児』に続いて、1991年に子育て世代の読者を対象に発行された『和風ケーキ&クッキー』も好評を博した（24刷5万3500部）。現在も料理研究家として活躍中の奥薗壽子氏のデビュー作である。

奥薗氏と農文協の出会いは、父である土壌学者の松尾嘉郎氏（京都大学・農学博士）の著作のイラスト担当として始まった。『絵とき　生きている土の世界』、『絵とき　地

球環境を土からみると』、『絵とき　ヒトの命を支える土』の3作を親子の共著として刊行していたが、第一子の子育てをしながらおやつづくりをしていた経験から、子育て中の若いお母さんのための手づくりおやつの本をまとめたいという提案があったのである。

その時点では料理研究家としての実績はゼロだった奥薗氏だが、出したい本のコンセプトは明瞭だった。とにかく気軽に「手づくり」を取り戻すこと。そして和風の食材をもっと見直すこと。

「お菓子作りは難しくない！　と、声を大にしていいたいのです。卵一個と書いてあるところに三個入れるのはすこしまずいにしても、小麦粉一〇〇グラムが一一〇グラムになろうと、そんなに変なものはできません。もちろん一グラム二グラムがとても重要になってくるデリケートなケーキもあることはあるのでしょうが、そういうのはプロに任せておけばよいのです。／今この本で紹介する現代版おふくろのケーキは、むしろいいかげんにしてもらったほうが、各ご家庭の味がでていいのです。…毎日のおそうざいを作るように、気楽にお菓子を作ってみてください。」

「〈ヘルシーブームに追いやられた食べものたちを呼び戻したい〉／ヘルシーブームです。猫も杓子も、やれカルシウムだ、やれ鉄分だと騒いでいます。加工食品が食費の六〇パーセントも占める食事では、野菜不足でビタミンも食物繊維も足りません。その結果、カルシウムだの鉄分だのビタミンだの食物繊維だのが添加された錠剤や飲料をせっせと買うことになります。／これって、なにかに似てると思いませんか。／私はこういう光景を見るたびに、化学肥料漬けになっている野菜を思い浮かべます」、「そこでふっと視線を足元に戻してみたら、あったあった、すばらしい食品、化学肥料じゃなくて有機肥料を思わせる食品が。／豆や海藻やおからやそば……」、「ケーキに入れて食べたから、それで健康になれるというものではありません。でも、これらのすばらしい食品をもう一度食卓のこちら側に連れ戻して、子どもたちに受け継ぐことができればと思います。」（『和風ケーキ&クッキー』より）

プロの料理人でもなく、××料理学校の先生でもない人が料理の本を書き、多くの読者に迎えられる。前項の坂本廣子氏も料理研究家としてのスタートは生協の共同購入のメンバーの間で料理を教えあうことだったが、奥薗氏の場合は「子育て中の若い母親」の等身大の気持ちとレシピが共感を得た。

このころから、料理は専門家に習うものから読者に近い目線で生活感覚を重視したものが喜ばれるようになっていった。たとえば栗原はるみ氏の最初の料理書は

奥薗壽子
『和風ケーキ&クッキー』
（1991年）

1989年、ベストセラーとなった『ごちそうさまが、ききたくて。』（文化出版局）は1992年の発行である。

しかし、その後に続いた（今もまだ続いている）多数の「プロならぬ著者による料理本」の多くは生活感覚がファッション感覚とほぼ同義語になってしまっていないだろうか。料理を暮らしの技術としてしっかり伝える本がどれだけ出ているだろうか。

■『うおつか流　台所リストラ術』（魚柄仁之助）

90年代に入りバブルが崩壊すると、料理の世界では「節約」がキーワードになった。外食が減って鍋が売れるようになったなどと言われたのもこの頃である。しかし食の外部化の傾向が止まったわけではなく、中食や加工食品の利用が伸び、家で食べていても手づくりではないという状態が広まっていく。

料理書・雑誌では「一食××円」の節約料理術が氾濫していたが、1994年に魚柄仁之助氏が書いた『うおつか流　台所リストラ術』は〝一人ひと月9000円の食費〟という、当時としても破格の安さをキャッチフレーズにしてひっぱりだことなった（29刷10万1000部）。

魚柄氏は実家が古典料理屋であり、本人も料理人としての腕は持っているが、その時点での生業は古楽器・古道具商だった。そんな魚柄氏の料理の思想と技に出会うことができたのは、画期的なドブロクづくりの本『台所でつくる　シャンパン風ドブロク』（1991年）を書いた山田陽一氏を介してであった。

スーパーのチラシに「銀ダラ切り身200円！」の特売が出ていれば、「これだけ銀ダラを仕入れたのなら、アラがだぶついているはずだ」と読んでゆき、特売の切り身よりさらに安いアラを買う。するめをまとめ買いして細く削っておけばだし、炒め物、漬け物全般に使い回しが効く…といった魚柄氏のノウハウから、単に食費を安くあげるコツだけではない、暮らし方の思想とでもいうべきものが伝わってくる。

「おいしいものは高くつく。美食は健康をそこねる。からだによいものは高くてまずい。からだによくておいしいものだが、つくるのにやたら時間がかかる。安上がりだが、栄養バランスが悪い。安上がりだが、まずい。…etc.こういう食生活は、自分では認めたくありませんでした。」

規格優先の流通構造からもれ落ちるアラという部分のおいしさと経済性に着目し、地元の八百屋やスーパーで手に入るもので暮らす。伝統的な食材である乾物を現代風にアレンジしながらどんどん使う。シンプルで手づくりする暮らしのおいしさと経済性を教えてくれたのが魚柄氏であり、この時期が農文協の料理書の売上高のピークとなっている。

魚柄仁之助
『うおつか流 台所リストラ術』
（1994年）

シンプルで手づくりする暮らしのおいしさをもっとも知り尽くし、体現しているのは農家のお母さんたちだ。じつはこの時期、農村では直売所や道の駅、農家レストランという形で農家の食の知恵が都市民に対しても提供されはじめていたのだが、料理書としてまとめることはなかなかできなかった。そのあいだに世の料理書は、暮らしの技としての料理よりも、ライフスタイル(ファッション)としての料理のバリエーションを競うものになっていく。料理書がプロだけのものという時代は終わったが、ムード的な「私らしさ」や「ナチュラル」、「シンプル」を見栄えよく見せる新刊が次々と刊行されるなかで、農文協の料理書は低迷の時代を迎える。

(遠藤隆士)

4 おばあちゃんの知恵と技を引き継ぐ

季刊誌『うかたま』の創刊は、2005年12月。当時、スローフード、ロハスという言葉が巷で流行し、「クウネル」、「天然生活」などの〝ナチュラル系のライフスタイル誌〞が書店の女性誌のコーナーで新しいジャンルをつくっていた。同年の4月に栄養教諭制度がスタート、6月に食育基本法が制定され、世間はまさに「食育」ブームに沸きたっていた。

■子育て世代へ新雑誌『うかたま』を

食育基本法については、その前文で「地域の多様性と豊かな味覚や文化の香りあふれる日本の『食』が失われる」という危機感を表明している点に農文協として注目し、これまでの栄養改善運動や、「一日三〇品目」のすすめなど、栄養学的基準のもとに国民を啓蒙する運動とは一線を画していると評価した。その地域の多様性や豊かな日本の食文化が失われる前に、『日本の食生活全集』に出てくるおばあちゃんたちの知恵や技を次世代に手渡さなければならない。それを伝えるために、子育て世代の若い女性を読者対象にした農文協オリジナルの食育の新雑誌をつくろうということになった。

新雑誌は直販より再販が中心。若い女性が書店で手に取りたくなるようなビジュアル重視の誌面づくりのため、外部の編集者やデザイナーも製作スタッフに加わり、内容はもちろんだが、読者層にあった誌名、版型や紙質、書体や文字の組み方などの体裁も十分に検討した。先発で「クウネル」、「リンカラン」、「ソトコト」など、意味はわからないが、何となく面白いといった誌名の雑誌があり、それらと一緒に並べてもらえるような誌名をとスタッフ内で募集し、いくつかの候補のなかから出てきたのが「うかたま」だ。「うかたま」は、稲荷神社の祭神で宇迦之御魂神という穀物の神様の名前を短くした呼び方。音の響きがかわいらしく女性のウケもよく、食べ物の神様ならば新雑誌のコンセプトにもぴったりということで決まった。その誌名に込めた意味については、創刊号に掲載した「発刊の言葉」に表われている。

食育の雑誌といっても決してお説教にならないよう、誌面ではほとんど「食育」という言葉は登場させないようにした。家庭でつくってもらいたいけれど地味な郷土料理は、写真やスタイリングでおいしそうに見せる。関心を持ってもらいたい農家の生産現場は、おばあちゃんの笑顔や農山村の素朴な風景などの写真も組み合わせて目をひいて、記事を読んでもらえるようにした。写真の撮り方やデザインなどは、きれいにかわいくということを念頭におき、これまでの農文協の雑誌とはちょっと違う雰囲気のものになった。


食べることは暮らすこと……食べることを中心に、健康な暮らしをつくる。

お稲荷さんに宇迦御魂神をまつってきた日本人は、そのことを大切にしてきました。

ところが、いつの間にかおいしく食べる味覚の引き継ぎに齟齬が生じてしまったのが現代の食生活。

なぜそうなったのか、どうすればおいしく食べて豊かな暮らしをおくることができるのか。

健康で豊かな暮らしへの願いは、今もつきることはありません。

そんななかで、古くから日本で育まれてきた食の知恵や、暮らしのあり方を現代によみがえらせたい。

そういう思いから、宇迦御魂神にあやかったあたらしい雑誌『うかたま』を発刊しました。

『うかたま』創刊号発刊の言葉より

『うかたま』創刊号
(2005年冬号)

■つくって食べる読者を増やしたい

『うかたま』で紹介するレシピは、他誌のように料理研究家に依拠したものではなく、『日本の食生活全集』に登場する田舎の家庭料理、郷土料理が中心だ。たとえば、食生活全集にある「かえり（細い煮干し）ならそのままを酢につけて、だしを出す。塩もみしておいたせん切りの大根をあえて、酢のきつさをとるぐらいに砂糖を足す」という聞き書きを、「細めの煮干し10gを酢1／4カップに浸けてだしを出す。せん切りの大根1／4本分を塩小さじ1でもみ、水気を絞る。だしの出た酢と和え、砂糖を大さじ1たして、酢のきつさを取る」というように、今の読者がつくれるようレシピ化し、撮影用の料理も編集部で実際につくる。

『日本の食生活全集』に載っている昭和初期の家庭料理には派手さはないが、素材も調理もシンプルで、バターもマヨネーズもだしの素も使わない、野菜や豆を中心とした健康的な料理ばかりだ。編集部でつくれるから特別な技術も必要ない。それらが、「簡単ですぐにつくれそうなレシピばかり」、「体にやさしい素材のレシピで子どものおやつにぴったり」と、読者にも受けている。

もちろん、郷土料理の再現だけでなく、料理家によるレシピも登場する。昭和初期にはなかったが、今は市販されているトマトソースやバジルペーストを家庭で手づくりするには、プロのつくるレシピが必要だ。また、完熟梅のシェリー酒漬け、ミントと塩といったフレーバーソルトなど、普通は思いつかない新しい素材の組合わせを提案できるのはプロの料理家だからこそ。昔の料理を懐かしがるのではなく、郷土料理を今あるものとしてとり上げる。そのうえで新しい食材や味との出会いもつくり、さまざま切り口から料理することの楽しさや面白さを伝えていく。そこから、読者にはただ、きれい、おいしそう、かわいいと誌面を眺めるだけでなく、実際につくる・食べるという行動を起こしてもらえてこそ、『うかたま』の発刊の意味が出てくるのだ。食べることに手間をかけ、無駄にしないで使いまわす。旬のホンモノの食べ物を見分けられる。畑を借りて野菜をつくる…そんな読者が増えることが、農家が安心して農産物をつくり続け、地域の暮らしが守られることにつながっていく。

創刊号（2006年冬号）は、『現代農業』の増刊号としての発行だが、一年後の5号（2007年冬号）、「雑穀はおいしい」特集から、『うかたま』独自の雑誌コードを取得し、『現代農業』増刊号の枠から独立した。現在、20号を超え、特集によって多少増減はあるが、再販では4万部、直販（直送定期購読）では1万2000部と5万部台は確保できている。

読者は、当初の想定どおり20代後半〜40代の子育て世代の女性が中心だが、50〜60代の孫育て世代の女性も2割ほどいる。共通しているのは、とにかく料理が好きということ。また、地方の郷土料理や昔からのおばあちゃんの知恵などを知りたい人、また、自給自足に憧れていずれは農業を、という人も相当数いる。それも「表紙のかわいらしさにひかれて初めて買ってみた」、「お菓子の写真がおいしそうで手に取った」というような、これまで農文協と接点がなかった読者がほとんどだ。

■『うかたま』から生まれた本

4号（2006年秋号）の「今日はパン日和」特集で、「天然酵母の起こし方」を記事でとり上げたところ、企画のもとになる単行本『自家製酵母でパンを焼く』（相田百合子、2004年）の注文が殺到した。このように、うかたまが潜在的な農文協の読者を掘り起こし、他の生活書や雑誌への入り口的な役割も担うようになってきた。

2008年から、うかたま編集部は編集局・うかたま生活書グループとなり、『うかたま』に登場した料理家による単行本（『男前ぼうろとシンデレラビスコッティ』〈按田優子、2010年〉、『塩麹と甘酒のおいしいレシピ』〈タカコ・ナカムラ、2011年〉）や、写真やデザインを重視した料理本（『みうたさんのお芋の菓子箱』〈江島雅歌、2009年〉、『米粉ランチ』）もつくられるようになった。2010年秋には、うかたまBOOKSとして『手づくりのたれ・ソース・調味料』（うかたま編集部編）も発行され、農文協の生活書ジャンルにも新しい形ができ始めている。

（中田めぐみ）

『うかたま』2007年冬号。この号から『現代農業』増刊号枠から独立した

『うかたま』から生まれた単行本。
タカコ・ナカムラ
『塩麹と甘酒のおいしいレシピ』
（2011年）

普及から

女性の集まるイベントを『うかたま』で盛り上げる

食育関係や、栄養士さんなどの女性が多い即売会場で、『うかたま』の定期をとるためにやることは、まず、前の晩にポスターを書くこと。

季刊雑誌『うかたま』は780円×4冊で年間3120円。そして、「年間購読を予約するとバックナンバー2冊サービスします」と、大きく書く。

当日会場では、ブックエンドを持っていき、過去3冊分の『うかたま』を立てて展示する。5メートル先を歩いている女性がこっちを見たとき、まず目にとまり、しかも、説明するとき春、夏、秋、冬と、季刊であることが伝わらなければならない。3冊は「面だし」で立てておきたい。

女性が寄ってきて、並べられた雑誌をさらっと見ている。少し間をおいて、声をかける。

「あのぉ、料理はお好きですか？」

女性は、「えっ」とこちらを見る。「はい」と答えてくれると、この瞬間、「取れる」と思う。

『うかたま』を指さしながら、「料理の雑誌なんです。これは乾物特集で、今年の冬号です。切り干し大根のガレットが出ています。つくり方は…」と、よく意味がわからなくても、しっかり、ゆっくり読み上げる。そうすると、女性は「へえ、切り干し大根で？　おもしろいね！」と反応。

「そうなんですよ。朝ごはんを食べない人も多いし、包丁のない家庭もある時代ですが、やっぱり食べること、料理は大切ですよね」というと、そうだという顔。

「この本は、冬・春・夏・秋と、年に4回出ます」といいながら、立っている3冊を指さす。

『うかたま』2009年冬号

「うかたまって、どんな意味？」と、質問がくる。そこで最初のページを開き、〝うかのみたまのかみ〟といいまして、食べものの神様らしいです」、「へえ、知らなかった」とまじめな顔。

「これを反対から読むと〝ま・た・か・う〟なんです。」

一瞬、間があって、ここで爆笑。

そこで間髪をいれず、壁のポスターを指さしながら、

「今、申し込むと『うかたま』2冊サービスなんです」と読み上げる。そうすると、だいたいこれで決まる。

決まらない場合、意外と近くの人から、「わたし申し込みます」という声がかかることがある。ポスターを指さして話すと、みんなが聞いてくれているので楽だ。

女性が集まるイベントの即売はよくあるが、以前は単行本を売るだけで、なかなか売上げが上がらなかった。でも今は、『うかたま』があるので、即売の依頼があったとき、自信をもって「いきますよ！」と言えるのがうれしい。

（境弘己）

16章　地域に生きる暮らし方をみつめ、とり戻す

1　地域が動きだすとき

■「人間選書」に込めた願い

中央より先に地方があり
科学技術より先に労働があり
産業経済より先に暮らしがあり
政治より先に人間がある

これは、1977（昭和52）年から刊行を開始した「人間選書」の「発刊のことば」である。この「人間選書」は、農家が自然とかかわるなかで築いてきた生産・暮らし・地域＝農村空間の立場から全国民に働きかける書籍として発刊された。現代が抱える問題を克服するのは、地方・地域・農村の立場であり、科学技術ではなく、直接自然に働きかける農耕労働の立場であり、経済ではなくそれぞれの地域を活かした日常的な暮らしの立場であり、本当に問題を解決するのは政治の改革ではなく、根本的な人間の暮らしの意識の改革である――「発刊のことば」はそう宣言している。「人間選書」は、藤井平司著『共存の諸相』（1977年）から数えて今日まで270点を発行。テーマは哲学・思想・自然・環境エコロジー・食文化・医療・民俗・歴史・社会・地域づくり・エッセイ・文学・芸術と多方面に及ぶ。

「人間選書」。仰々しいシリーズ名だが、この「人間」には、いかに科学技術が発達し、あるいはグローバルな世界が広がろうとも、「人間は、本質的に地域的存在である」という思いが込められている。これを通奏低音のようにしてさまざまな作品がつくられてきた。ここでは「地域づくり」をテーマにした作品から3点についてふれたい。

■『地域形成の原理』

『地域形成の原理』（人間選書106、1987年）は、福島県郡山市の石筵《いしむしろ》集落における地域をあげ

「人間選書」の1冊目、藤井平司『共存の諸相』(1977年)。カバーのレリーフは木内克氏による

た自給の取戻し運動を農文協の文化部が調査し、まとめた作品である。

当時の石筵で行なわれていた取組みを列挙すれば、①炭焼きの復活（従来2人が焼き続けていたものが6人に増えた。15人くらいに増やす目標）、②平飼い養鶏の取戻し（「騒音公害」との不平をかわす一計として小学校でひよこを無料配布。その結果、鶏を飼う家が20～30戸に広がり、100羽以上飼う養鶏農家も5～6戸に拡大）、③ソバの取戻し（栽培農家が少ないと鳥の集中攻撃を受けるために、多数によびかけ。ソバ粉100％の蕎麦を出す蕎麦屋も開店）、④無農薬米・減農薬米への取組み、⑤牛乳・乳製品加工の構想、などである。

このような自給の取戻しの地域的展開の背景には、農業近代化への反省があった。この地域は、県の種畜牧場に貸していたむらの共有地にと畜場を建設しようという県の計画に地域をあげて反対運動を展開し、白紙撤回させた経験をもつ。そして、外部からもち込まれ引き起こされそうになった用水路の汚染問題と、自分たちがやってきた酪農の大規模化による用水路の汚染とどこが違うのかというような自問から、農業近代化への反省が始まり、自給的複合経営への一歩を踏み出したのである。

さらにさかのぼれば、この地域は、明治初期の林野の官民有区分の問題をめぐる40年にもわたる裁判闘争で、入会山のうち東側の山を取り戻した歴史をもっており、地域の人びとの山への思いは深い。山は今でも山菜採りなど、おばあさんたちの仕事の場であり、炭焼きも、何回焼いても一度として同じ炭にはならない面白さがあるという。かつて山は、家畜の餌の採草地であり、シーズンには各家から毎朝草刈りに出、集落で決めた山の口開けの日から1ヵ月間行なわれる干し草刈りは、むらの一大イベントであった。しかしその山も針葉樹一辺倒の発想で、山の利用を一面化してきたのではないかと、自問はつづく。さらには、自分たちが公民館運動のなかで、生活の簡素化と称して祭りを旧暦から新暦に変えてしまったことも、祭りと農作業とのつながりを断ち切ることにつながったと反省、旧暦を見直す動きも生まれた。

この石筵では、毎年5月に「堰上《せきあ》げ」を行なう。堰上げとは、田植えの直前に取水口から田んぼまでの水路を整備・補修することだが、同時に魚つかみも兼ねている。

5月の日曜日、延長10キロの水路を18歳から60歳までの160人が24班に分かれ、午前8時半から昼食をはさんで午後3時ころまで作業。最上流の取水口「東の大堰」では、水門を閉め、7、8人がバケツやナタ、鎌、ノコギリ、魚網などを手に、まるで自然の沢のような水路を歩く。ときおり底にたまった落ち葉をかき出したり、横たわる倒木を切って「仕事」をしているようにも見えるが、「いたか！」、「さわった！」、「つかまえた！」、「あ！　逃げた」などと、みんな魚つかみという「遊び」に夢中である。

つかまえる魚はなんとイワナ！　「幻の渓流魚」、「渓流の王者」とも称されるほど希少になったイワナが、石筵では集落の中を流れる水路（生活用水にも使うため「井戸川」と呼ばれる）にもすんでいる。東の大堰班が獲ったイワナは40尾。ちょうどひとり5尾くらいの分け前だ。堰上げの作業自体は昼までにほとんど終わり、いったんそれぞれ家に帰って昼食をとるが、2時ころには再び持ち場に帰り、たき火をたいてそのイワナを焼き、祝杯をあげ、そして本流に土のうを積んで、水門を開け、水路に水を流す。昔はこの堰上げの日の後2日間は「神事《かみごと》」と称し、野良仕事を休んで山菜採りなどを楽しみ、「田植え30日は死んだと思え」といわれた重労働にそなえたのだという。

水路にイワナがすんでいるということは、そのエサとなる昆虫類が多いたまものである。昆虫類が多いということは、それだけ山の植生が豊かな証しである。小盆地である石筵を囲む山々は利用形態でいえば里山や草山、カヤ山であり、所有形態でいえば多くは共有林や財産区林などの入会山。スギ、ヒノキの単相林ではない山は、山菜、きのこの宝庫でもあり、堰上げの季節、各家庭の食卓には、ゼンマイ、ワラビ、タラノメ、シドケなどの山菜料理がズラリと並ぶ。「山に行くのは楽しいですね。山に行くのは仕事であって仕事でないんです」と、石筵の女性たちはこの季節、山に行くのを心から楽しみにしている。

この石筵の取組みに学びながら、〝地域形成の原理〟に迫ろうとした作品である。

■『地域が動きだすとき　まちづくり五つの原点』

広松伝、宇根豊、宮本智恵子、渋谷忠男、森俊介氏が執筆。柳川の堀割浄化運動、福岡の減農薬稲作運動など5事例から、住民主体の地域づくりの道を探った作品が『地域が動きだすとき　まちづくり　五つの原点』（人間選書150、1990年）である。

福岡県柳川市の堀割。筑後平野にあり、筑後川河口部に位置するこの人口4万6000の小都市には、現在もなお、わずか2キロ四方の中心市街地のなかに、じつに60キロを超える大小の水路がめぐり、6キロ四方の柳川市全体で、総延長470キロの水路が張りめぐらされている。平坦な低湿地に堀をめぐらし、土盛りをして住居を洪水から守り、高潮をかわす。低くじめじめしたところを掘り上げて水はけを良くする。

めぐらされた堀には、「もたせ」とよばれるさまざまなタイプの樋門や堰を設け、降った雨や上流からの貴重な水を、多くの水路によってできるかぎりつなぎとめて役立て、いっぽう大雨の際にはこの同じものが水の流れを妨げ、もちこたえ、水路網全体に水を分散させて、排水口や下流へたどりつくまでの時間をかせぐことに役立つ。精緻に張りめぐらされた堀割は、農業用水のための貯水池であり、洪水に備えての遊水池であり、柳川市民の飲用水や、造り酒屋の仕込みの水をも提供してきた。そこはまた子どもたちの遊び場でもある。一年の間、堀割の底にたまった泥は、冬、水を落として田畑に上げられ、肥料や床土として利用されたが、それは水路を浄化することでもあった。

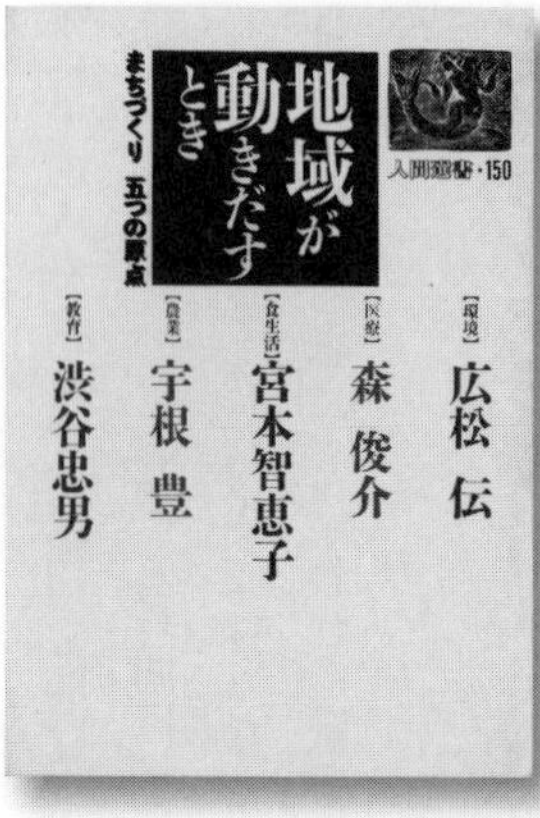

広松伝ら『地域が動きだすとき まちづくり 五つの原点』(1990年)

しかし水道が普及し、台所は改築され、工場廃水が流入し、家庭廃水も直接ビニールパイプで水路に流し込まれるようになって、柳川の堀割は荒廃の極に達していた。合成洗剤も水の汚濁に拍車をかける。農家は堀割の浚渫土を肥料に使わなくなり、それがまた荒廃に拍車をかける。水路は一部埋められたり、フタをかけられ始めた。そしてついに1977年には、観光舟下りコースを残して大部分の水路を埋め、コンクリート張りの都市下水路にしてしまう計画がつくられた。

しかしその計画が一部着工に移ったとき、それをさらに強力にすすめるために新設された都市下水係に任命された広松伝さんが、この計画に大きな異議を唱え始めた。堀割をコンクリートで固めてしまったら、土と水は別々になる。土は水を吸い込み、吐き出して、微生物のはたらきで水をきれいにするが、コンクリートは水を浄化しない。さらに、水を吸わなくなった土は収縮し、地盤沈下の原因になる。何より柳川は水の町、水こそ命の町ではないか、と——。

広松さんは当時の市長を説得し、市民の中に入って堀割の浄化に取り組む。その第一はヘドロの浚渫、流れの確保、処分地の確保、緑化などだが、当初行きづまったのは浚渫土砂の捨て場の確保だった。ところが——。一本の川に水が流れはじめると、つぎつぎに協力者があらわれた。初めはその川のそばを通りかかった農業委員の人だった。「計画は聞くには聞いていたが、この川に水が流れているのを見たのは、自分たちがこの先にある小学校に通っていたとき以来だ。あんたたちがここまでやるなら私もひとつ力を入れよう」と、3ヵ所の休耕田などを世話してくれたという。そして2、3ヵ所すすんでいくうちに、自分の町内の川をはやくきれいにしよう、無償で土捨て場は提供するから、という人々がつぎつぎにあらわれた。

ヘドロの浚渫はキタナイ、クサイ作業である。しかし市民はつぎつぎに協力を申し出、1000世帯の地区で一人の欠席者もなく清掃作業が行なわれるようにまでなった。

いま柳川の堀はよみがえり、観光客や視察者はひきもきらない。しかし、柳川の人々にとって、観光や美観という外の人々にどう評価されるかが先にあったのではない。あくまでそこに生き続けるということ、そこを中心に生きてゆくという思いが先にあったのである。「あるものを生かす」知恵と、そこを中心に生きてゆくという人々の知恵が結びつくとき、それが〝地域が動きだすとき〟である。地域が動きだすとき、地域自然が豊かに蘇る。

■『内発的発展の道』と『パーマカルチャー』

こうした地域の動きを「内発的発展」として整理したのが、守友裕一著『内発的発展の道　まちづくりむらづくりの論理と展望』（人間選書157、1991年）である。

内発的発展とは、「住民の能力開発（潜在能力の発揮）に主眼をおいた地域づくりや問題解決のための発想の形成」のことであり、単なる参加というより、没頭させるような参加をめざしている。

「潜在能力の実現、発揮を豊かさへの道であるととらえる考え方は次第に市民権をもつようになってきている。そして潜在能力の発現のなかで人間は発達していき、その人間発達と表裏一体の形で地域の内発的発展が実現していくと考えることができる。

しかもさまざまな運動のコミュニケーションのネットワークのなかで、相互の才能の差異を認めあい、それを社会の共同の資産としていくという考え方は今後ますます不可欠なものとなっていくといえよう。」

「地域の内発的発展と個人の人間発達との一体的追求が不可欠ということが明らかになってきた。そしてこの両者をつなぐ『環』が教育・学習とネットワークの形成であることはいうまでもない。」

そんなネットワークの形成に当たっては、地域の具体的なイメージやデザインの共有が大きな力になる。

「人間選書」ではないが、上記の3作品とほぼ同時期に発行した『パーマカルチャー　農的暮らしの永久デザイン』（ビル・モリソン／レニー・ミア・スレイ著、田口恒夫・小祝慶子訳、1993年）は、暮らしと地域を具体的かつイメージ豊かに構想することを助ける本として、大きな反響をよんだ。

パーマカルチャーとは、パーマネント（持続的・永久の）とアグリカルチャー（農業）、カルチャー（文化）を合わせた言葉であり、1970年代、タスマニア大学で教鞭をとっていたビル・モリソンとデビット・ホルムグレンによって体系化された実践的な生活技術であり思想である。発祥の地オーストラリアでは学校教育にもとり入れられ、パーマカルチャーデザイン（計画、企画、設計）は、個人や地域を中心に、行政や国際NGO団体の働きかけにより、世界に普及しつつある。

本書の構成は、第1章　パーマカルチャーの基本原則／第2章　用地の全体設計／第3章　建造物／第4章　家庭菜園の設計／第5章　果樹園、農場内森林、そして穀類／第6章　動物飼育システムと水産養殖／第7章　都市部やコミュニティーにおけるパーマカルチャー。農地、家まわりの土地利用、水利用、家屋の建て方まで具体的に示しながら、自然力を活かした食べ物の自給、災害に備える農的暮らし、自然エネルギーや廃棄物の再利用などの環境調和型立体デザインを提案している本書は、個々人の自立と全体の調和を考えた新しい地域社会のあり方に向けた実践の書として、その魅力はいよいよ高まっている。

（甲斐良治）

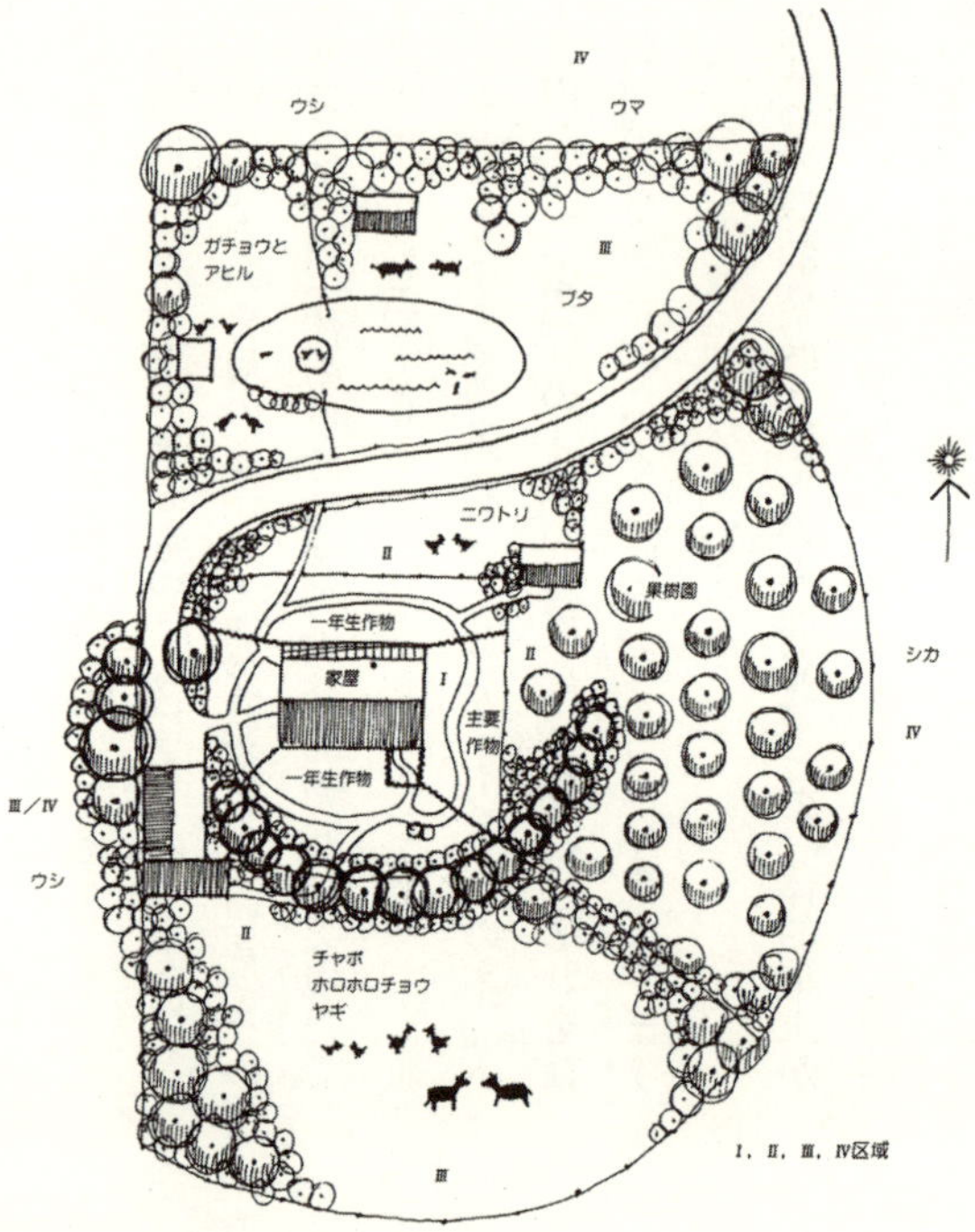

ビル・モリソン／レニー・ミア・スレイ著、田口恒夫・小祝慶子訳『パーマカルチャー　農的暮らしの永久デザイン』（1993年）とその中の図（小規模複合農園の設計例）

2

住まい方の選択は生き方の選択に

■国産材による住宅づくり
―『近くの山の木で家をつくる運動　宣言』と『木の家に住むことを勉強する本』

2000（平成12）年11月、『近くの山の木で家をつくる運動　宣言』という本が発行された。

「海に訊けば／海が痩せ細っているのは／山の問題だという。／川に訊けば／川が煌めきをなくしているのは山の問題だという。／では山の問題はどこにあるのだろう。

かつて人々は／近くの山の木で家をつくっていた。／自然にずっとそうやってきた。／かつて山には／手間をかけて木を育てる人がいた。／それを必要とする人々がいたから。

この行き来の関係が失われた時／山は手つかずのまま放置され／そして荒れていった。

私たちはいま／近くの山の木で家をつくるという／考え方を取り戻そうと思う。

それは／豊かに利用できる緑の列島に住む／私たちの自然な姿だから。／それは／山に活力と生命力を与えることを意味するから。

まず人と人が連係しよう。／そして連鎖した自然に向き合おう。／まずそこから始めよう。」

この宣言と各界の識者によるコメントを本にしたのは「NPO法人緑の列島ネットワーク」。農文協はその発売元となり書店販売を進めていた。「緑の列島ネットワーク」は、2001年元旦に「朝日新聞」紙上に「近くの山の木で家をつくる運動　千人宣言」という意見広告を掲載し、注目を集めた。この時期としては異例の初刷2万部でスタートした本書は、意見広告効果も手伝って3刷3万部に達している。

そしてこの意見広告が出た2001年1月には姉妹書『木の家に住むことを勉強する本』（泰文館発行）がやはり農文協発売で刊行され、発売後3ヵ月で5万部に達した（累計10刷9万4000部）。住宅関連書としては異例のヒットであり、2001年は日本で「木の家」が見直される節目の年となった。

木材は1960（昭和35）年に輸入が自由化された。高度経済成長が始まって木材需要が急激に増加したが、そこに使われるのは安価な輸入材が主流を占めるようになった。1960年時点での木材総供給量5700万立方メートルに対して国産材は4900万立方メートル（木材自給率87％）あったが、わずか10年後の1970年には供給量が1億立方メートルと激増したのに、国産材は約4500万立方メートルと量は漸減し、自給率は一

2001年1月1日の朝日新聞に掲載された意見広告。賛同した千人の名前で木と山のかたちが表現されている

気に45%に下がったのである。以来、国産材の需要は低迷し、2009年では総供給量6300万立方メートルのうち国産材は1800万立方メートル、自給率28%まで落ち込んでしまった(不況で総供給量も減っているので自給率は2000年の21%からは上がっているが、供給量は2000万立方メートル前後での低迷が約10年続いている)。

需要がなくなったことで国内の山が手入れできなくなり荒れていく一方で、世界中の山々が乱伐されることになっていった。

それだけではない。戦後の日本の住宅は平均寿命が約30年と、欧米の70～100年に比べて極端に短い。世界最古の木造建築といわれる法隆寺の例をひくまでもなく、木造住宅であっても100年、200年と長持ちさせながら暮らし、その間に山で次の家を建てるための木を育てるというサイクルができていた日本の住環境が、スクラップ・アンド・ビルドで経済成長してきた戦後のわずか数十年で様変わりしていたのである。

地元の山を守り育てるサイクルが途切れたことで、地域ごとに成立していた大工や左官などの職人仕事や、地域の工務店など、地域経済を支える人々も構造的な不況に苦しむようになった。

そんな状況を変えたいと発信された「家をつくるなら、地元の山の木で」という宣言は、林業関係者や一部の建築

関係者の努力だけではもう山を守り切れないという危機感の表われであり、都市（消費者）の意識と行動が変わらなければならないというメッセージだった。

『近くの山の木で家をつくる運動　宣言』と『木の家に住むことを勉強する本』は、住環境から循環型社会を目指すための提案として、多くの読者に迎えられた。消費者も、また建設業界でも多くの関心を集め、「木の家」はいまや大手の住宅メーカーもセールスポイントにするほど一般的になった。２０１０年に政権交代した民主党のマニフェストでも、循環型社会の実現のために、輸入材や鉄骨・コンクリートに比べてCO_2の排出量が格段に少ない国産材を使用した長期優良住宅が推奨されている。

農文協は戦後の再建以来、林業分野では多くの映画やスライドを制作してきていたが、住宅分野について一般向けの出版ができるような蓄積はなかった。以上の本の発行を進めたのはＯＭソーラー協会（現ＯＭソーラー株式会社）という、地域工務店を会員として環境共生住宅を普及推進する会社だった。

同協会はＯＭソーラーという温熱環境システムを普及するのを目的としている。よくある太陽光発電とは異なり、太陽光で空気をあたため、それを住宅内に還流させることで快適な住環境をつくり出す。そのためには地域の気候と住宅が建つ場所の気候、さらには屋内微気候も計算する必要があり、必然的に地域のことをよく知る工務店が一軒ごとの立地を十分活かした設計をすることになる。そして住む人にはすぐにエアコンに頼るのではなく、ほどほどの暖かさ・涼しさを楽しみながら屋外環境と断絶しない住まい方が求められる。オール電化の一部を太陽光発電でまかなうことで「エコ」を唱える風潮とは一線

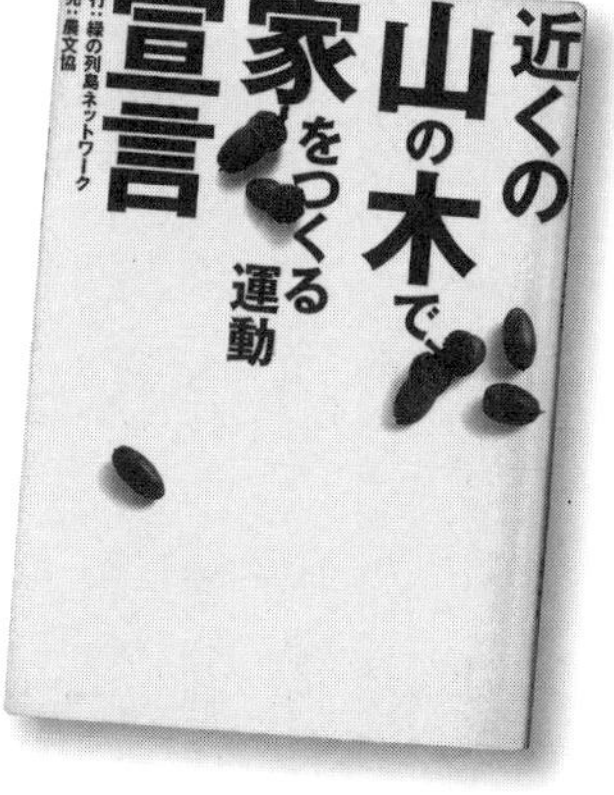

緑の列島ネットワーク発行
『近くの山の木で家をつくる運動　宣言』
（2000年）

「木の家」プロジェクト編
『木の家に住むことを勉強する本』
（2001年）

を画したものだ。

ただ、ＯＭソーラーシステムそのものを宣伝する本であれば、同協会はそれまでにも住宅・建築分野に強い出版社を通じて発行してきた。より広く「地元の木で建てる家」や「木造住宅をメンテナンスしながら住み継いでいく暮らし方」への志向を広げるための出版をしようというのが、農文協への提案だった。

自社の商品を宣伝する本ではなく、日本の山と木の家そのものを見直してもらうための本を出版したいという計画に賛同し、農文協は発売元として協力することになったのである。

なお、ＯＭソーラー協会と農文協の仲立ちをしたのは『木の家に住むことを勉強する本』の発行元になっている出版社、泰文館だった。歴史のある出版社で農業書も出版していたが、この時点では新刊の発行や販売は休止状態で、経営者同士で交流のあった農文協が泰文館の一部農業書の販売を請け負っていた。そんな経緯から、ＯＭソーラー協会の出版計画を泰文館が発行元になり、農文協が発売するという協力体制ができた。

地域を元気にするための「住」の分野の出版活動は、このようにして始まった。それは2002年3月の雑誌『住む。』の創刊、2003年3月の「百の知恵双書」発行開始へと続いていく。

■住まい方を変える、暮らし方を変える
―季刊『住む。』と「百の知恵双書」

「一軒の家が出来上がる。住まいはそこから始まります」。2002（平成14）年3月に創刊された季刊雑誌『住む。』の創刊の言葉はこんな一文から始まる。

「家は、そこから長い一生を開始するのです。家は、愛着をこめて手をかけてやると、不思議と応えてくれます。そしてだんだんと住まい手に馴染んでいくのです。住まいは、完成しません。それは住み手が育てるものです」、「長い必要と、長い好みと、長い寿命に応えてくれる家づくりに、すこしでもお役に立つ雑誌をつくっていきたいと思います。」

住み手の意識と暮らし方が変わらなければ、荒れる山や不況に苦しむ地域の職人・工務店の状況は変わらない。建てては壊して目先の新しさばかりを追求してきたこれまでとは違う住まいづくりと住まい方を提案していこう。そんな想いを持って『住む。』は創刊された。2010年末までに36号に達しているが、特集テーマは次のようなものだ。

- 正直な家（1号、02年3月）
- だから、小さな家。（8号、03年12月）
- 木の家の、住み心地。（9号、04年3月）
- 古い家に、暮らすとき。（10号、04年6月）
- それぞれの、改修物語。（18号、06年6月）

●小屋の贅沢。（19号、06年9月）
●賢い「日本の家」（20号、06年12月）
●集合住宅に住む。（27号、08年9月）
●土間の効用、火のある場。（28号、08年12月）
●小さな「農」に向かう。（35号、10年9月）

『住む。』でとりあげる住まいや暮らし方は、できるだけ自然な素材を使い、消費的でなく長もちさせる使い方であり、住まい手にとってただ寝に帰るだけの場所ではなく、そこでなにかをつくり出すことができる空間としての住まいである。当然、日本各地で頑張る林業家や大工・左官・家具づくりなどの職人も毎号登場し、一方で修繕や小屋づくりなど「住まいの自給」のノウハウもよく掲載される。家を建てるときだけでなく、建ててからもずっと読んでいたくなる雑誌として、増減はあるがほぼ2万部の発行を継続できている。住宅雑誌も廃刊が多い中で、一定のコアな読者は獲得して健闘しているといえるだろう。

『住む。』創刊号（2002年3月）

『住む。』の創刊に続いて、２００３年3月からは「百の知恵双書」の刊行が始まった。「百の知恵」とはかつての百姓が農業だけでなくいくつもの生業を持って持続的な暮らしを営んでいたように、これからの暮らしに必要な知恵を見出してゆくという意気込みからの命名である。この双書は２００９年3月に全20巻を発行して完結した。完結を機に「出版ダイジェスト」紙に掲載された記事が、この双書の意義を語っている。

「『住まいを育てる　暮らしを創る　地域を養う』のキャッチフレーズで刊行されてきた「百の知恵双書」がこのたび完結した。消費するばかりの暮らしに疲れ、金融危機のようなマネーゲームに右往左往しないですむ生活への転換を誰もが望む時代に、足元の暮らしを見つめ直すヒントを与えてくれる双書だ。

高度成長以降、日本人の『家』は平均30年ほどで取り壊されてしまうようになった。輸入木材で建てられ、隣近所との交流の場であった路地裏・縁側もなくなり、屋内でも家族がバラバラに暮らす個室化が進んだ。

昔の家は代々住み継ぐものであり、家族や家業の変化に応じて建て増しや造り替えされながら２００年、３００

年ももつものだった。建材も地元の山の木で、子や孫の代に家の材料となるための木を育てるのが親・祖父母の役割だった。家はそこに住む家族がそこで生まれ、育ち、働き、病んだときは看病され、やがて老いて死んで行く場所だった。同時に近隣の人が出入りする社交と協同の場であり、地域の風土になじんだ家々が懐かしいふるさとの景観をつくり出してもいた。

経済成長による家と暮らしの変化は、私たちが何と引き換えに何を失ってきたかを物語っている。

住まいを育てることが新しい暮らしを創ることになる。それがひいては地域の元気を養うことになる。そんなこれからのライフスタイルに必要な『知恵』はすでに先人の歴史の中に、そして現代の各地で静かに広がる実践の中に発見できる。」（「出版ダイジェスト」2009年4月20日号）

住まいそのものを見直す作品としては、たとえば宮本常一の未発表原稿をまとめた『日本人の住まい　生きる場のかたちとその変遷』（宮本常一著、田村善次郎編、2007年）は、全国の民家の土間や座敷や台所や便所の形のなかに、その地で生き続けるために形づくられてきた家族のあり方や生業の仕組み、家々の協同の作法などをていねいに読み取った記録である。

また、地熱を利用して暖かさを確保した縄文の竪穴式住居や雪を断熱材とするアイヌの家「チセ」など、風土となじむ家を追求してきた人類の歴史をたどり、夏蒸し暑く冬寒い日本の風土で石油に頼らず快適に暮らす現代的方法を述べた『パッシブハウスはゼロエネルギー住宅　竪穴住居に学ぶ住宅の未来』（野沢正光著、2009年）などがある。

これからの住まい方を考える作品としては高齢化社会での〝共住〟の方向を示す『集まって住む「終の住処」自分の意思で暮らし続ける知恵と工夫』（齋藤祐子著、2009年）や、まちの緑を天然の空調装置にして隣近所と緑を共有することで、各家庭も「トクをする」仕組みを提案する『まちに森をつくって住む』（甲斐徹郎・チームネット著、2004年）がある。〝村の掟〟なき時代に地域

上／宮本常一著・田村善次郎編『日本人の住まい 生きる場のかたちとその変遷』（2007年）
下／甲斐徹郎・チームネット『まちに森をつくって住む』（2004年）

のことは地域で決める新たな地域コミュニケーション術を解説した『参加するまちづくり　ワークショップがわかる本』（伊藤雅春・大久手計画工房著、2003年）もある。

『家で病気を治した時代　昭和の家庭看護』（小泉和子編著、2008年）は家庭薬や民間療法、町医者に鍼灸・按摩など身近な医療で家族の生命を守っていた暮らしを描き、『台所の一万年　食べる営みの歴史と未来』（山口昌伴著、2006年）は戦後のシステムキッチンの普及がいかに風土と関係のない食生活を創り出したかを明らかにし、これからの〝台所革命〟を提案する。

このように住まいとそこで営まれる暮らしを対象に、さまざまなつながりや知恵が分断された現代のおかしさをあぶりだすだけでなく、これからの方向性を考えるヒントをたくさん盛り込んだこの双書は、書店での販売だけでなく、中学・高校の家庭科や社会科、環境学習などでの普及の幅を広げる機会となった。大学では家政学系の研究者はもちろん、農文協としてはあまり普及できていなかった工学・建築学系研究者に出会うきっかけとなった。

なお、この双書は当初OMソーラー協会が自前の出版部門を持つために設立した子会社であるOM出版が発行元となり、農文協は発売元としてスタートしたが、同協会の方針変更により、2006年発行の第11回配本以降は農文協に企画を移管、農文協発行の作品として完結した。その後、住まいの分野での大型直販文化財は発行していないが、単行本ではより自給的な暮らしづくりをテーマにしたものも出しており、自給的な農と食が必然的に伴う暮らし方の転換は、今後も継続して追求することになるだろう。

（遠藤隆士）

山口昌伴
『台所の一万年 食べる営みの歴史と未来』
（2006年）

3　暮らしの情景映像のなかに「欲求」を観る三つの全集

■『写真ものがたり昭和の暮らし』―暮らしの情景に刻まれた人びとの「欲求」

農文協の独自性は、農文協の普及、編集の根幹に据えてきた「欲求をつかみ、形象化して返す」（欲求論）という命題によって形成されてきた。日常の現象、事物から、いかに「欲求」をつかむか、「欲求」とはなにか、その「欲求」なるものを言語によっていかに表現していくか、これらは、これからも農文協の活動の独自性を形成していくうえで、絶えず問われていかねばならないだろう。

「欲求」は、無意識の意識から発するものであることから、日常の暮らしや営みの具象的な現象や言語のなかにありながら、それらが即「欲求」としての顕われではなく、また発する本人にもそれが意識化されていない。「欲求」は、人と自然との悠久な時間のなかで人という自然のなかに蓄積されたものであり、時代が変わり、人と自然との関わりが変容しても、革命的に変わることはない。

しかし、昭和30年代後半から始まる高度経済成長は、いままで家畜や人の身体に依拠していたエネルギーを、石油や原子力のエネルギーに代替させ、人と自然との関わりを大きく変容させた。当時の暮らし方や働き方が、今では当時を想像できぬほど変貌した。昭和という時代は、その意味で有史以来の大変革の時代であり、それまで何千年のなかで培われてきたものが色濃く残っていた最後の時代であった。近代化と称するそれは一面では「進歩」と捉えられるが、悠久のなかで培われてきた「欲求」との齟齬が1990年代ころからいたるところに露出してきた。民俗学者の宮本常一は、「古いものが新しい」と折に触れて言い、『民俗学の旅』のなかで「いったい進歩というのは何であろうか。発展というのは何であろうか。（中略）進歩に対する迷信が、退歩しつつあるものを進歩と誤解し、時にはそれが人間だけでなく生きとし生けるものを絶滅にさえ向かわせしめつつあるのではないかと思うことがある」、「何が進歩であるのかということへの反省はたえずなされなければならない」と書いている。

『日本の食生活全集』は、「食」という、人と自然がもっとも濃密に関係する「食」領域での、その「欲求」の形象であった。２００４年から２００７年に発刊した須藤功著『写真ものがたり昭和の暮らし』全10巻は、高度経済成長が日常に浸透しつつある昭和30～50年代に、日本各地のアマチュア写真家が日常の暮らしを写し撮った〝暮らしの情景〟から、「欲求」を形象化しようとした画期的な全集であった。自然との関わりから生まれる欲求は、風土が異なればその現象も変わることから、「農村」、「山村」、「漁村と島」、「川と湖沼」、「都市と町」に分け、さらに「欲求」の顕われから「子どもたち」、「人生儀礼」、「年中行事」、「技と知恵」、「くつろぎ」と巻編成した。

須藤功は宮本常一が主宰した「日本観光文化研究所」に所属し、主に祭りや民俗芸能を撮った。しかし、宮本からは「祭りや民俗芸能の形だけを撮ってもダメだ、その背景、すなわち生活もしっかり写せ。芸術写真は必要ない、一枚の写真からさまざまなことが読めるような写真、記録写真に徹するように」といわれた。須藤が選定した写真は、すべて撮影者が「いいなあ」と感じ入った人と暮らしの背景が如実にわかる情景写真であった。撮影者の多くが悲

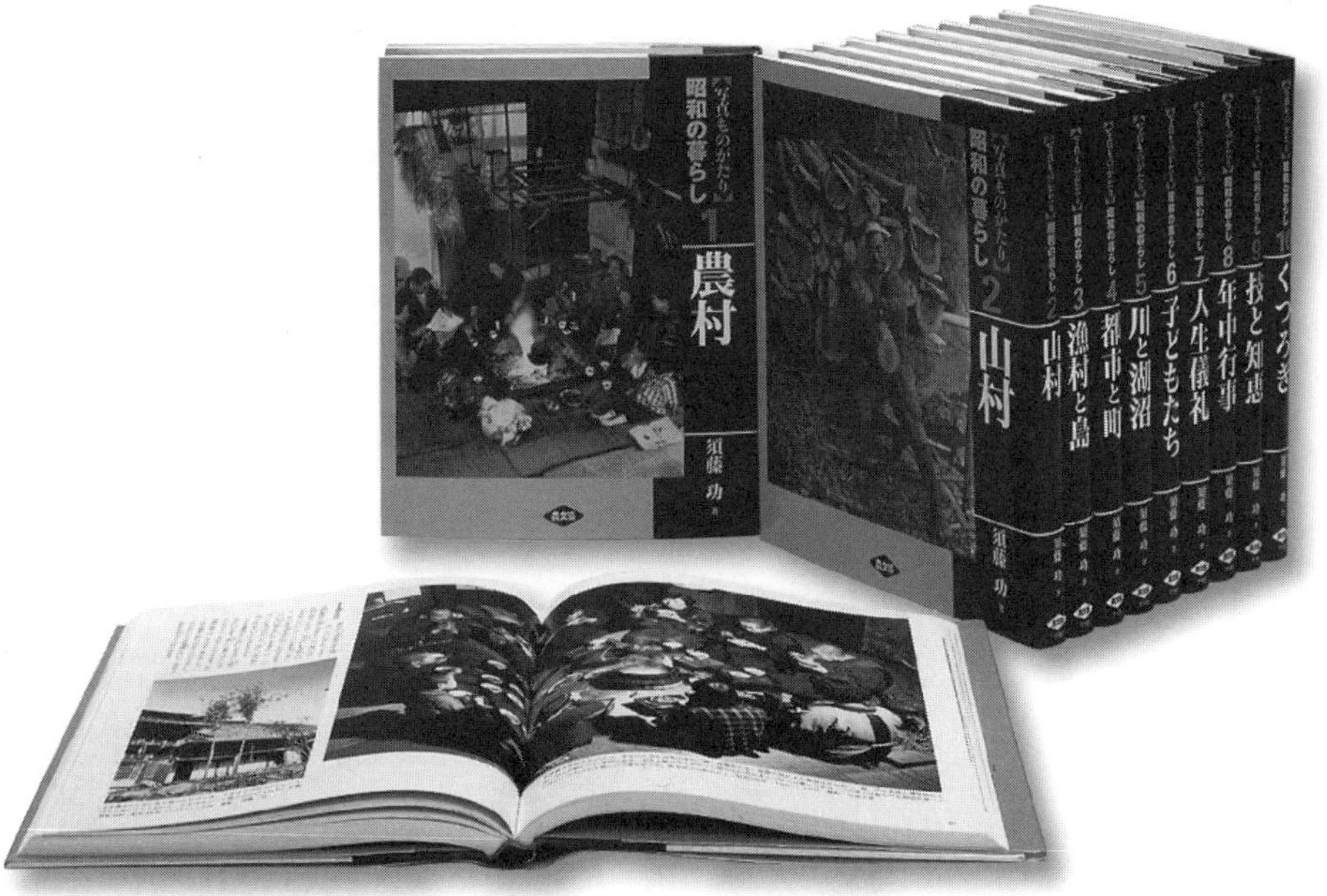

須藤功『写真ものがたり昭和の暮らし』全10巻（2004〜2007年）

惨な戦争体験をされており、それゆえにこそ日常のなかにあるものに共感し写し撮れたともいえる。

「如何なる事柄でも、それに人為が加わっておればそこには人の心が含まれている。要するに人によって作られたものはすべて人々の意思の表現なのである。そしてそれが如何に些細に見えても奥深く重大な心のこめられているものが多い。我々はだからどのような些細な人為に対しても無関心であってはならない。そしてその奥に含まれている人の心をよみとらねばならぬ。」（『宮本常一・旅の手帖〈村里の風物〉』八坂書房）

ここで宮本のいう「心」を「欲求」と読み替えれば、農文協の欲求論そのままである。見えるもののなかに欲求が顕われているのであり、映像は意図せずとも、すべてを写しだす。読者カードからは「懐かしい」という声が多く寄せられたが、それは単なる後ろ向きのノスタルジーではなく、そこに今は見失われてしまった「欲求」が顕われていたからであろう。発刊後、掲載した写真の借用が絶えないのも、今も無意識にある「欲求」が今を見つめ直せと叫んでいるからであろう。

■『大絵馬ものがたり』
―神仏に捧げた大絵馬にみる庶民の「欲求」

須藤功は『写真ものがたり昭和の暮らし』に引き続き、２００９年より『大絵馬ものがたり』全５巻を発刊した。

農耕図（7）部分図。種籾を入れた俵を川に浸す。種籾に水を吸収させて芽出しをよくするためで、春先から初冬までつづく稲作の始まりになる。この始まり、すなわちこのとき水に浸す種籾の良否は秋の収穫量として現れる。そこに着目して研究し、明治20年（1887）に完成させた横井時敬の「塩水選種法」によって、だれでも簡単に種籾の良否の判別ができるようになる。塩水に種籾を入れて浮いた籾を不良とするもので、これによって苗代にはよい種籾だけ蒔くことができるようになった。熊本県に生まれた横井時敬は、21歳の明治15年（1882）に福岡農学校の教諭となり、福岡勧業試験場長も勤めた。明治22年（1889）に上京し、明治44年（1911）に東京農業大学学長となる。現在の福岡市早良区小田部に生まれ、この横井時敬の教えを受けた13歳年上の伊佐治八郎は、庄内地方（山形県）の馬耕と乾田の指導にあたり、米どころ庄内の基礎作りに貢献した（161頁参照）。

49

須藤功『大絵馬ものがたり①稲作の四季』（2009年）の表紙と本文ページ（農耕図:種モミを入れた俵を川に浸す図）

須藤は全国津々浦々の社寺を訪ね、江戸から近年までに奉納された大絵馬を撮影し、テーマごとに5巻に分けてオールカラーで集大成した。さらに全体図とともに細部を拡大した部分図を絵巻のように配置し、描かれた人びとの「こうありたい」という願いや祈りを読み解き、その背景を古図や古写真も加え、わかりやすく綴った。

絵馬には、本来の馬図以外に、農業や漁業、製造、建築、運輸、商業、教育などさまざまな生業図、子どもや家族の健勝を祈った祈願図、祭礼や行事の様子を描いた祭礼図、昔の武者や説話や伝説の人を描いた人物図など、さまざまある。いずれも、人びとの仕事や暮らしの神仏への願いや、その諸願成就のお礼として寺社に奉納されたもので、特に大きな大絵馬は、個人ではなく仲間や地域全体の幸せを祈って奉納されたものが多く、当時の人びとの暮らしや仕事、技術、歴史への思いが生き生きと描かれ、文字だけではわからないさまざまな映像情報が盛り込まれている。

戦後、庶民の暮らしのなかで見失われ希薄になったものに、その是非はおいても、己を時間のなかにおき過去と未来をつなぐ歴史意識と、神仏への信仰意識（共生意識）がある。大絵馬はまさにその表現としてあった。暮らしはそのような心象、欲求に支えられていたのではないか。たとえば、一年の稲づくりの作業過程を克明に描いた「農耕絵馬」は、神や地域自然に生かされ、神や先祖とともに歓びを分かち合う暮らし、労働の讃歌であり、地域自然のなかで生きていく歴史意識や信仰意識のありようが顕われている。

絵馬は暮らしや仕事、祭りなどの貴重な映像記録であるが、庶民が暮らしのなかで大切にしていた欲求の証しである。現在、自らの労働を描いて奉納することはほとんどなくなってしまったのはなぜなのか。庶民の自然な歴史意識や信仰意識を取り戻し、これからの暮らし方、生き方、地域再生を模索するうえで、絵馬が問うていることは大きいといわねばならない。

■『あるくみるきく双書　宮本常一とあるいた昭和の日本』
―風土に刻まれた「欲求」の発見

２０１０年９月より発刊を開始した『あるくみるきく双書　宮本常一とあるいた昭和の日本』全25巻は、須藤らを育んだ宮本常一が主宰した「日本観光文化研究所」が昭和42年から63年まで２６３号発刊した月刊誌「あるくみるきく」を、地方別、テーマ別に再編成した昭和風土記集である。

一枚の写真から

宮本常一

―駅前旅館―

新潟県直江津市　昭和47年（1972）6月　撮影・須藤　功

明治になって全国にわたって鉄道が敷かれるようになると、大きい駅の前に旅館を建てる風がおこった。小さい駅で、客の乗降の少ないところでは精々茶店ができる程度であり、近くに大きな町があっても駅が田圃や畑の中にできた場合には、あまりりっぱでない旅館ができた。そういう旅館は汽車を待つ時間を一休みしたり、夜下車しても土地に不案内なために行き場に困って泊ったり、また行商などしている者が常宿にしたりするものが多かった。そういう宿は大てい宿泊料が安く、気軽にとまられた。そして戦前には相宿をさせられることも多くて、木賃宿とかわらないものが少なくなかった。私はそういう宿へよく泊った。そういう宿は相客がよいととても面白かった。いろいろの話をきくことができたからである。

鹿児島県高山駅前の宿へとまったのは昭和三十七年のことであった。が、相宿になったのは東京の人で、りっぱな服装をした紳士であった。この人は行商といわず外商といっていた。東京の医療器具メーカーの外商をしていて、九州南部地区の医家へ医療器具を売って歩いているとのことであった。私はこの人によって

5

田村善次郎・宮本千晴監修『あるくみるきく双書　宮本常一とあるいた昭和の日本⑪関東・甲信越〈1〉』（2010年）の表紙と冒頭の宮本による「1枚の写真から」のページ

「あるくみるきく」は、「自然はさびしい。しかし人の手が加わるとあたたかくなる。そのあたたかなものを求めて歩いてみよう…」という宮本の言葉に参集した若者たちが、日本列島各地の風景や情景のなかに刻まれた人びとの心＝欲求を発見する「旅」をしてまとめたものである。当時撮影した写真を豊富に掲載し、ひも解きながら、風景や情景のなかに、古代からそこに暮らしてきた人びとの技や知恵、よりよく暮らしたい欲求の痕跡を発見する旅ができる書となっている。

旅紀行書では江戸時代後期に菅江真澄の『真澄遊覧記』などが、江戸時代の庶民生活や習俗・伝承を書きとめた民俗史料として有名であるが、本双書は昭和の民俗史料としても貴重なものとなろう。二百数十年前に書かれた菅江真澄が記録した事物や事柄が、今なおその地にあり、当時を偲ぶことができることからも、本双書は、民俗学の史料としてだけではなく、これからも地域で生きる人びとの歴史意識や信仰意識（共生意識）を喚起する、大きな力となろう。

戦後の民主化、近代化は、人を効率的な人工的空間である都市に集め、人を自然から遠ざけるとともに、個の自立、実存的な生き方を強いてきた。その潮流はますますグローバル化しているが、それがもたらす閉塞状況は、ポスト民主・近代化を生活レベルで模索し実践し、時代を切り開く新たな思想の登場を促している。

『写真ものがたり昭和の暮らし』、『大絵馬ものがたり』、『あるくみるきく双書　宮本常一とあるいた昭和の日本』、この三つの全集は、地域自然と共生し、人と人が共生する地域社会を形成してきたわれわれ先人の英知、欲求を形象しており、新たな思想を確立するうえでも大切な書となるであろう。

（赤沢久喜）

17章 「健康の自給」——自分の健康から家族・地域の健康へ

1 健康を自分で守る「健康双書」の発刊

■「操体法」橋本敬三先生との出会い

農文協の「健康双書」のなかに65刷・25万部の大ロングセラー本がある。『万病を治せる妙療法　操体法』(1977〈昭和52〉年刊)だ。

この本の著者、仙台市の民間診療所・温古堂の故橋本敬三先生(1897～1993)は、近代医学の癒せぬ病を治す代替医療、東西綜合医学の先駆。医学、医療、健康観の見直しを迫る「操体法」の創案者である。

「人間は誰でも健康で幸福に一生を送れるように、チャンと設計されている。元の体はもともとわるくないのだ。治るということはもとに戻ること。生活のなかでゆがんだ体(歪体)を、うまく(気持ちよく)動かせば痛みも消え、元の健康体(正体)に戻せる。」——不定愁訴を治せない西洋医学の壁にぶつかり、民間治療師の技に学んで、簡単・素朴な健康の原理の把握から、誰にもできる健康法・治療法「操体法」を「発見」した在野の医師である。

〈『現代農業』連載から全国に広まった「操体法」〉

36年前、1975(昭和50)年、雑誌『現代農業』は、1月号の「生活コーナー」で、暮らしの自給のひとつとして「健康を自分で守る」の連載を開始する。執筆者は橋本行生先生(元岩手県衣川村診療所長)。この連載の2回目は「腰痛は自分でなおせ」。このなかで行生先生は「仙台の橋本敬三先生御創案の操体」を自ら行ない、村人の腰痛が「手品のようにその場で治った」体験を書いている。この記事の反響は大きかったが、行生先生の都合で連載はこの2回目で休載となった。

編集部では、「橋本敬三先生の操体」に注目し、行生先生からの紹介で敬三先生にバトンタッチをお願いした(4月号より「健康を自分で守る(3)」として執筆開始)。

「(これまで)私は各誌に書きまくったが、反応はほとんどない。49年の暮れにあきらめて書くことをやめたら、『現代農業』誌が素人向けに書けと言ってきたので、とうとう2年越しで連載することになった。」

この「素人向けの連載」が、全国波及の契機となった。

「51年に入ったら地方テレビ局数社がさわぎだし、NHKまでとりあげ、大さわぎとなり」、「宮城教育大学で講義までさせられることに。岩手医大でも来いという」。「大学の研究室が動いて開発してくれれば、50数年の日陰医者も、もって瞑すべしだ」。

健康を自分で守る (3)
操体のすすめ
橋本敬三

橋本敬三先生による『現代農業』の連載1回目の記事(1975年4月号)

連載は1976(昭和51)年12月号まで21回続いた。読者に大変好評なので、昭和51年1月号から図解コーナーで「操体法のすすめ」を並行して連載開始(24回掲載)。編集部でこの連載タイトルを考えたとき、「操体」ではなく「操体法」としてよいかと、敬三先生にうかがったところ、OKとなり、初めて「操体法」の呼称が世に出ることになった。そしてこの2つの連載を母体として『万病を治せる妙療法　操体法』が発刊され、ロングセラー本となった。

〈操体法はいかに生まれたか―その歩みと展開〉

敬三先生は福島県生まれ。大正10年新潟医専卒後、東北帝大生理学教室に学ぶ。病院の外科医、全科開業の町医者を経て、第一次応召後、昭和16年、仙台に温古堂診療所を開業。

「民間治療をあさるなかで私は、痛いことをしないで、痛くない方向に動かして治す方法があることを知った。骨を動かすのだ。私にはピンときた。骨格(体の基礎構造)と疾病は関係あるな。…治療の基礎は骨格の正常化にあると思ったが、骨格はムキ出しになっているのではない。…刺激を与える場所は、皮膚を通して運動系の軟組織に与えるのである。」――「操体法」の原理がこの小文にたたみこまれている。

「元々の体はわるくない。わるくなるのは体の基礎構造のゆがみによっておきる。各人の現在の健康度は、生活の営みの成績表である。健康は自らの責任においてかちとるべきものであり、健康学こそいま最も必要なものである。」

敬三先生の「健康学」は、身体の基礎構造、運動系のゆがみ治しにとどまらない。自制可能な自己責任生活の必須条件として、「①呼吸②飲食③身体活動④精神活動」＝「息・食・動・想」の4つを重視し、この4つが同時相関性であり、さらにこれら全体が⑤「環境」への適応に相関性であることを「発見」していった。大切なのは5つの相関・相補の自然法則を学びとること、体の自然の指示に耳をすますことだ――そう考えてくると「医者になりかけの若いときは病気を治したいの一心だったが、だんだんそんなことは下の下だと思うようになった」と（『万病を治せる妙療法』より）。

橋本敬三『万病を治せる妙療法 操体法』（1977年）とDVD『操体法 橋本敬三の世界』（NHKエンタープライズ、2005年）のジャケット

敬三先生は、自らを「教祖・家元」とは位置づけず、各地・各分野の実践者の自由な応用を呼びかけられた。農文協からは、その意を継ぐ方々の「操体法関連本」、「映像作品」が発行されて、版を重ねている。また、先生自身が登場したＮＨＫ番組もＤＶＤ「操体法　橋本敬三の世界…温古堂診療室から」として復刻され、先生の温かいお人柄と、治療の実際がわかる貴重な資料となっている。

■「健康双書」の第一陣、『一億半病人を救う道』

昭和50年代は、食べものと健康への不安がかつてなく高まった10年だった。しかもそれは、皮肉にも日本国民の食生活高度化の達成と軌を一にしてのことだった。食は満ち足り、栄養は豊富なのに一億半病人となり、人間の体を養うはずの食べものが体を悪くする。この食と体の関係は、当の本人だけにとどまらず、妊娠中の母親と胎児の間にまでおよび、〝母原病〟という新しい日本語まで出現させた。

敗戦直後の食料不足時代を除いては、こと食べることに関してはすっかり安心しきっていた日本人だったが、この昭和50年代は、戦前、終戦直後のような空腹とは別の、ある意味では、より「高度」な不安をもたなければならなくなった10年だった。故有吉佐和子氏の大ベストセラー『複合汚染』（1975〈昭和50〉年）は、いやがうえでも食べものと健康への不安をかきたて、少なくない主婦たちをノイローゼにまでしてしまい、ニンニクやアロエや紅茶キノコだのが飛ぶように売れた。まさに〝食べものに侵されてゆく日本人〟、〝異常な文化現象としての健康食〟、〝健康書ブーム〟の10年だったのである。

われわれが、このような状況を土台から克服すべくあらたな出版ジャンルとして「健康双書」を発足させたのは、1978（昭和53）年だった。この双書は、右のような、国民の食と健康への不安と、それへの一対応一的対応、あれこれの健康食に期待をかけるという状況に対して、「生活体系としての食と健康観の確立」（岩尾裕之・沼田勇・田村真八郎著『一億半病人を救う道』まえがきより、1976〈昭和51〉年刊、のち健康双書へ編入）を模索すべく、刊行を開始したものだった。食と健康への不安、一億半病人という事態は、それを生みだした食とその背景、食料生産の場にまで踏み込んで、土台から見直さなければ根本の解決はないという主張を込めていた。

前述書のまえがきは、続けて次のように述べている。

「誤解を恐れずにハッキリ申し上げましょう。いまの食品から農薬や添加物を抜き去っても、あなたの健康は守れません。否、いまの日本人の食生活態度からしてそもそもそれは不可能なことです。冬にキュウリを食べ、魚や納豆より肉が高級だと思い、おせち料理をデパートで買い求めるというような、あなたまかせと貴賤観のトリコになったいまの食生活を続ける限り、農薬や抗生物質や添加物は永遠に除去されないし、ふえることはあっても減ることは絶対にないでしょう。」

当時、消費者、国民一般の間で問題にされていた農薬や添加物漬け食品の問題を、そのもの自体の問題としてみるのでなく、日本人の食生活の仕組みと食意識の問題としてみていくという発想だ。自らの食生活の体系が農薬と添加物など化学製品を食卓に招いていることをみずに（それを棚に上げておいて）、結果だけ取り除き、あるいはそれに代わる自然食品を求めるのは正しくないという発想である。そして、そのような食生活の体系の延長として日本の食料自給率の異常な低下がもたらされていることを指摘し、食と健康への不安を、一国の食料自給を回復する問題、すなわち、その国の国民はその国の自然で生きていく思想を確立する問題と隣り合わせであることを主張していたのである。

■「健康双書」の広がりと地域実践

「健康双書」の書籍群は、地域の健康づくりにも活用された。なかでも前述した「操体法」は、誰でもできる健康法として、全国に実践者が広がった。岩手、東京、新潟、大阪、奈良、兵庫、長崎、沖縄などに操体法を学び広げるグループが生まれ、行政の保健活動にも採用されて、地域医療費低減にも貢献した。

「操体法」の関連本のほかに、自力での一生ものの健康法として版を重ねて、地域活動にも活用されている本には、『万病を治す冷えとり健康法』（進藤義晴著、1988年）、『自力整体法　足腰、ひざの痛みを治す』（矢上裕著、1999年）、『医薬にたよらない健康法（西式健康法）』（渡辺正著、1975年、のち健康双書へ編入）などがある。

また、「健康双書」の「食と健康」分野には、「なくす日までの自己防衛」というユニークな視点と「毒消し」などの実

1

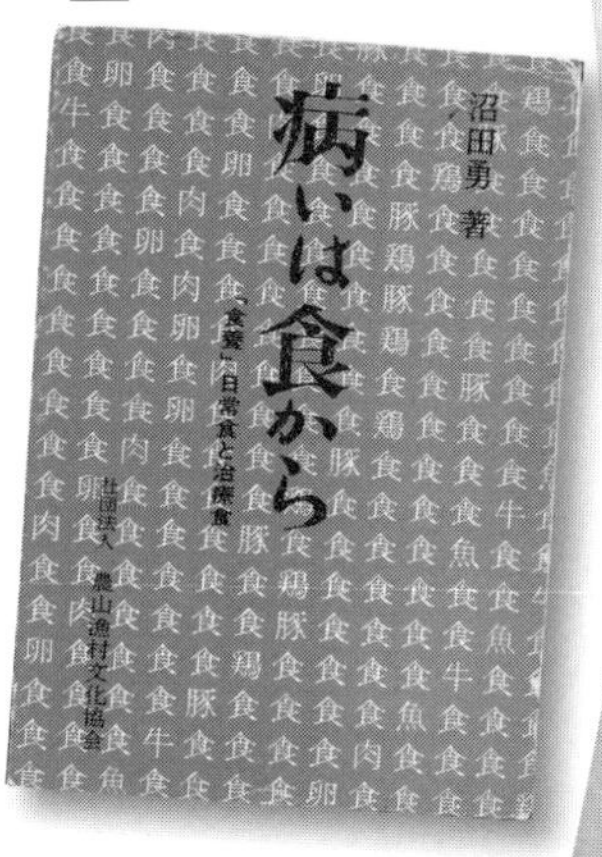

2

3

4

「健康双書」の初期の作品
1　岩尾裕之ら『一億半病人を救う道』（1976年）
2　沼田勇『病は食から』（1977年）
3　田村豊幸『薬は毒だ』（1977年）
4　柳沢文正『健康食入門』（1978年）

践法が好評を博した『食品添加物とつきあう法』(増尾清著、1987年、累計13万部)がある。

その後、「健康双書」は、保健分野全般にテーマがひろがり、とくに学校保健分野からのメッセージとして、『小学生の体と心』(坂本玄子著、1979年)、『小学生のSOS　そのとき大人は?』(荒井益子・兵庫輪の会・小西穎子著、1999年)、『保健室だから見えるからだとこころ(中・高生編)』(松村泰子・千葉たんぽぽの会・舟見久子著、1997年)、『地域ネットワークでつくる子どもの健康』(サークル太陽著、2005年)、『ADHDのある子どもの学校生活』(全国養護サークル協議会企画、2008年)など、充実した書籍群が蓄積されている。

こうした地域の保健活動グループからの要望を受けて、師と仰ぐ公衆衛生の碩学、丸山博氏の著作集も発行された。


(栗田庄一・金成政博)

増尾清
『食品添加物とつきあう法』
(新版。1993年)

2
生命・生活・生産を衛《まも》る「衛生学」――『丸山博著作集』

保健の仕事に従事している人たちのグループから出版の打診があった。「私たちが尊敬し頼りにしている先生の著作集を出すことはできないか」というのである。その先生というのが丸山博氏であった。返答までにしばらくの猶予をもらい、丸山博という人がなにものかを調べた。もちろん「尊敬し頼りにしている」理由はうかがったが、正直、こちらはほとんど門外漢だから、一から勉強しなければならない。

■徹底した現場主義の研究者

いくつかの人物事典によって、この人の経歴、人となりの輪郭はつかんだ。およそ、以下のようなことである。

1909年生れ。上智大学哲学科に入学したが一年で退き、大阪帝大医学部に入学し、衛生学・衛生統計学を専門領域とした。その分野からいって当然社会的問題にかかわらざるを得ない。というより大阪府職員として積極的にかかわった。戦中から終戦直後にかけてである。その後厚生省技官(1947~1958)を経て大阪大学医学部教授(1973年まで)。その後はフリーの立場で若き哲学徒時代の素養もあってニーチェの健康論・アーユルベーダ、桜沢如一、…と幅広く思考範囲を広げ、活動ではひたすら現場の人たちとつきあい学んだ。出版の打診をしてきたのは、その多くの現場の人たちのなかの一グループなのだった。

このように丸山氏の輪郭をとらえたうえで、著作集を出そうと決意した。それからが大変だった。主要な現存の文献に目を通すのは当然である。だがそれがあまりにも多い。とりあえず二つのテーマに着目して精読した。一つは戦中の研究テーマであった乳児死亡率に関するもの。もう一つは戦後高度経済成長初期に起こった森永ヒ素ミルク事件に関するものである。

その徹底した現場主義に心打たれた。珍しい研究者だというのが素直な感想だったし、それはわが『現代農業』の「農村から問題をつかみ農家から解決を学び、それを広く伝える」というやり方に似ている。

■公衆衛生・研究と行動の軌跡

まず構成をどうするかである。結局『丸山博著作集』は全3巻で、そのタイトルは、第1巻「死児をして叫ばしめよ」、第2巻「いま改めて衛生を問う」、第3巻「食生活の基本を問う」である。

第1巻には乳児死亡率についての文章をまとめた。主として戦中の研究で問題が直接社会問題に係るものだから、自由に発表することははばかられた。戦後8年を経て1953年に5回にわたって雑誌『自然』に「死児をして叫ばしめよ」が連載された。「丸山の乳児死亡研究の自身による集大成である。思いのたけを述べつくしたものといえよう」と中川米造氏は解題している。本巻の約3分の2を占める大作である。

もともと丸山氏は衛生統計学者であるから、乳児死亡を統計上でとらえることは難しいことではない。しかし、その数字の意味するところを極めるために、「彼が方法論として重視していたのは統計にはあらわれない個別科学の重視である。そこにこそ真の問題があるという。それを統計学的な手法であきらかにすることができても、また現実に対する寄与ができなければ学者の机上の観念論にすぎない。とくに彼はそれを一人でやるというより、地域で直接住民に接する保健婦や健康障害を持つ児童に接する養護教諭の現場における観察をすくいあげ、それを個別的な問題解決と直結するように誘導する。彼は比較的早くから創生期の保健婦養成に関与したり、また行政の保健婦活動の指導者としてはたらいた」(中川解題)。この現場での丸山氏の働きを示す文章も、この巻に収めた。

第2巻「いま改めて衛生を問う」には、まず1950年刊行の『公衆衛生』を収めた。22年後に多くの要望に応えて復刻されたとき、著者は「社会的教養の書として、すべての日本人が健康で生きぬくために『公衆衛生』がどうあらねばならないかを考えるのに役立つように、日本の公衆衛生を歴史的に叙述した」と記している。つまり基本的には日本公衆衛生史なのだが、社会史、社会政策史、社会運動史という背景をきちんと押さえた、日本社会史のなかでの「公衆衛生史」になっているのである。書かれた１９５０年以後の公衆衛生のあり方の変貌はすさまじい。高度経済成長のなかで公衆衛生はもまれつづける。他にそれを大局的に捉えた14の論文を収録する。

通読して、著者の「衛生」についての基本的な理解は「生命・生活・生産を衛る（まもる）」ことだと知るであろう。「やや具体にいえば生命とは健康、生活とは衣食住、生産とは労働と資源とエネルギーということになるのか」という編集者の問いに著者はその通りと答え、「生産とは生命を維持するための職業や産業を意味するが、その産業の交流が生命を使い棄てる方向に向いている」と応じた（第３巻の著者助言参照）。

第３巻「食生活の基本を問う」は１９４９年から１９８９年にわたる間の文章であり、第１部「いのちは食なり—食と食品公害」には主に食と食品についての文章を、第２部「医学の源流をたずねて」にはインドのアーユルヴェーダ医学を探究した文章を、第３部「命にいのちをかけた人々」は著者の尊敬する人々のプロフィール、追悼である。第１部でとくに重要なのは１９６０年に起こった森永ヒ素ミルク事件についてのもので、すでに解決ずみと宣伝されていたものが、14年後になお重度障害の残る児童がいることが明らかになり、著者らがその調査と解決に奔走した記録であり、学者としての自己批判の文章である。

著作集全３巻を通じて日本の公衆衛生の展開と変容が、一研究者の研究と行動の軌跡のなかから自ずと浮かび上がった、充実した作品となったことに感謝している。

（原田津）

『丸山博著作集』全3巻（1989〜1990年）

3

『日本の食生活全集』の世界を現代的に表現―スライド『食と健康シリーズ』

『食と健康シリーズ』（全5巻）は、当時の岩渕直助専務からスタッフに企画提案された。ちょうど、その原作ともいうべき昭和初期の日本各地の食と暮らしを記録する『日本の食生活全集』の編集が進行していた1983（昭和58）年の2月。「スライド作品で、『日本の食生活全集』の世界を描けないか。スライド上映活動と全集本とが一体となって、食の意識を変える国民運動に結びつけるのだ」と。

■食の伝統を捨て、効率性に走ってよいのか

戦後の食糧不足に乗じて援助を旗印に行なわれたMSA小麦を使ったパン食、輸入大豆を使った油料理が、アメリカの肝いりで盛んに喧伝された。いわば「栄養素第一主義」の欧米型食生活改善が戦略的に推進されてきた。一汁二菜、あるいは一汁三菜といった炭水化物（糖質）を中心とした日本の伝統的な食生活より、タンパク質や脂質の摂取割合が高い洋風の食生活が急速に普及し、同時にジャンクフード類を日本中に蔓延させることに繋がっていった。その行き着いた先は、肥満やⅡ型糖尿病などの成人病（生活習慣病）の増加といった健康面だけでなく、家族や地域間の疎外・子どもの非行など精神面までひずみが噴出した。何よりも連綿と続いてきた伝統的な日本の食生活が否定され、日本人がよって立つ食生活のあり方が大きくゆらいでいた。

作品制作にとりかかる前段階の企画調査で、ある栄養士の言葉が忘れられない。「なぜ米食や昔ながらの古くさい郷土料理にこだわるの？　炭水化物のエネルギーは1グラム当たり4キロカロリー、脂質は9キロカロリーと二倍違う。ビタミンAも多く摂れる現代的な油料理の方が効率的で合理的な食事なの」と。日本の食の問題が、効率的な食品や栄養摂取という狭い範囲の中に閉じ込められようとしていた。

食は暮らし全体の中にあり、地域の自然や季節の移り変わり、連綿と続いてきた歴史を生かした営みのうえに成り立っている。そこでのきちんとした食の営みが健康や生き方につながるはず。とはいえ『日本の食生活全集』という本の世界を、どのように映像作品で表わしたらよいのだろうか。

■地域の食の豊かさと主婦の技に目をみはる

企画の模索が続くなかで、記念すべき発刊第一号となる『聞き書　岩手の食事』の、カラーグラビアの撮影取材助手を担当することになった。全集編集者が食事内容を確認している間、地元の主婦の方々が調理した出来たての食事を配置し、すぐさまカメラマンが撮影する。それは、一

『岩手の食事』のカラー頁。写真は『食と健康シリーズ』にも登場した

般の料理本によく見られるように、食器に凝り背景を演出しておいしそうに撮影するというのではなく、写真で淡々と記録するという作業が続く。一日に30カット以上もの料理を撮影するという強行軍であった。食事がバラエティに富んでいるからそれだけ撮影カット数も増えるということでもあった。本に登場する取材地を撮影で回るたびに、地域の個性ある自然と、その自然を生かして生み出される食材、それを巧みに調理加工して食卓に載せる主婦の技に心底感心させられ、疎かにできないと夢中で撮影に没頭した。

その取材をベースにスライド集では「第3巻　風土がつくる食生活―地域独自の豊かな食生活を」、「第4巻　食生活と主婦の知恵―地域を生かして手づくりで健康」として作品化した。農家の台所仕事を写真で追いかけ、自然を生かし、家族を思って料理する主婦の伝承の技の大切さを訴えた。

■口の中の乱れた歯を入り口に、現代のヒトの体と食のあり方を問う

とはいえ、食生活のあり方を根本的に問う入り口となる第1巻の制作が難航した。食の問題は、食品や栄養摂取の効率性という矮小化された問題ではなく、食は地域自然と一体となった暮らし全体の中にある。そこへの気づきをどのように表現したらよいのか。栄養学関係者からの反感を避けながら、ヒトの健康問題を食生活と結びつけて見直しをはかるにはどうするか。

そこで、偏った食事から糖尿病になり、歯周病で歯が抜け落ちるペット犬の現状から、肉食動物でさえ野菜などの炭水化物を摂取して体調を管理する知恵があることを入り口にヒトの健康を考えることにした。しかし、そのシナリオの流れに賛同し、チェックし監修してくれるオーソリティが見つからない。地域医療活動の先端を走るある病院長からも、「そこまではボクもいえない」と断られる始末だった。

そんな時に、農文協の普及の現場から紹介されたのが、高崎市内で歯科医院を開業する丸橋賢先生だった。「口の中から、体と食生活のゆがみが見える」と、食生活の洋風化に疑問を投げかけ、歯科診療以外に「良い歯の会」とい

う歯科医師と患者が一緒になって食生活を学習する勉強会を毎月第二土曜日に開いていた。「目の前の病んだ口の中（歯）を治すだけでは、その人の健康状態はよくならない。どのように生きていくのかの認識も含めて、食生活を基本に生活習慣の確立を目指す全人治療が求められている」と、全人的な人の暮らし方全般を問い直していた。そのベクトルが本作品と一致し、一緒になって制作したのが「第1巻　食生活と健康の危機―現代病は食原病」であり、なかでも子どもの食と健康に焦点を絞ってまとめたのが「第5巻　子供の食生活と健康―食の乱れをなおすには」だった。

なお、「第2巻　健康な日本型食生活―からだによい食生活とは」では、「ごはんを食べると馬鹿になる」、「ごはんを食べると太る」という誤解を解き、逆にごはん食の優位性を明らかにしながら、食事の洋風化による脂質のとりすぎに注意を喚起した。ミリオンセラー本『やせたい人は食べなさい』で、一世を風靡した鈴木その子氏にも協力してもらい話題作になった。

本シリーズは、『日本の食生活全集』の世界に足を置きながら、現代的食生活のあり方へ警鐘を鳴らす本格的な作品となった。ＪＡ、農業高校といったそれまでの普及先から、中学・高校、そして市町村の保健課や住民課といった地域医療を担う厚生行政へ広く普及先を拡大し、その数は2500セットを超えた。スライドビデオ化後も注文が続き、ロングセラー作品となっている。映像作品によって国民の食に対する意識を変革するという運動展開の画期をつくり、後の作品群のモデルともなった。

なお、取材した「良い歯の会」は当時3年目を迎えていたが、その後一度も休むことなく30年以上にわたり現在も開催され続けている。『ほんとうは治る防げる歯槽膿漏』（丸橋賢著、1989年、304ページ参照）などの一連の丸橋歯科シリーズ本は、生活習慣の改善実践と治療を一体的なものと捉え、患者の悩みに答えてベストセラーになった。自然治癒力と歯科治療を統合した丸橋歯科（現・丸橋全人歯科）の取組みは、対症療法的な当時の歯科界に大きな影響を与えた。

（鈴木敏夫）

幼稚園のお弁当写真。見事に柔らかいレトルト食品がならんだ（「第5巻 子供の食生活と健康」より）

4

内なる自然からの警告
―アレルギー、不妊…

■身土不二の科学―『食と健康を地理からみると』

日本人の死因別死亡率の第1位が、結核から脳血管疾患に代わったのは1951（昭和26）年。感染症に怯える時代から、成人病（今日の生活習慣病）の蔓延の時代への変わり目である。その脳血管疾患を予防するために、日本人は塩分の摂り過ぎであるとして全国的な「減塩運動」が展開されたのが1960年代以降のことであった。厚生省から全国の保健所を通じて味噌汁や漬物の塩分濃度を下げる「指導」が繰り広げられた。

1980年代、秋田大学医学部衛生学教室の助手だった島田彰夫氏は、そうした指導を受けた側の話をいくつも聞いていた。

「『塩減らせせっちゅう話はわかんねわけではねぇんだが、あんなに減らしたら飯が食えねぇ、悪いのは悪いんだろうけど、俺はいままでと同じような、うめぇ味噌汁を隠れて飲んでんだ。漬物だって同じよ。どうせ歳だし……』と、この老人は、ときどきこの問題で、嫁と揉めることがあるといいながら話してくれた。」

「食べるという、もっとも基本的な行動のなかに、罪の意識が入っているのを知って、愕然とした私は、減塩の意味を改めて考えさせられた。」（『食と健康を地理からみると』より）

そこから、島田氏は疫学調査によって岩手県と秋田県での食生活において、一日に2杯半の味噌汁がカルシウムや鉄の25％、蛋白質の15％、エネルギーやビタミンの7～8％を供給していることを明らかにし、機械的な減塩指導、味噌汁敵視がおかしいことを指摘した。栄養素ではなく実際に暮らしている場面の「食事」から考える視点は、抽象化され普遍化された近代科学としての栄養学に対して「進んだ科学」というイメージがまだ常識的だった時代にあっては新鮮な視点だった。

こうした島田彰夫氏の研究活動が日本有機農業研究会の機関誌「土と健康」に掲載され、それに着目した編集部が接触し、1988年に『食と健康を地理からみると』が刊行されることになる。

世界的には1977年にアメリカ上院栄養問題特別委員会が通称「マクガバン・レポート」と呼ばれる報告書を公にし、アメリカの食事は蛋白質と脂肪を摂り過ぎであり、健康面からは日本のような食生活が良いとして、各界に衝撃を与えた。日本ではその後も食生活の欧米化が進んだが、80年代以降、国もその弊害を認識するようになり、農水省が主食であるご飯を軸に「日本型食生活」をすすめ、厚生省も成人病予防の観点から主食・主菜・副菜のバランスを重視した「健康づくりのための食生活指針」を制定し推進を始めた。

このように、医学・栄養学から見ても欧米化イコール進歩という観念は崩れてきていたが、『食と健康を地理からみると』は健康に関する科学の枠組みそのものを問うものだった。

まず、島田氏は歴史や文化からいったん離れて、ヒトという動物がそもそも何を食べる動物かを考える。進化の系統からみれば、類人猿はヒトに近づくほど植物食になっていく。歯・手・脚、視力・嗅覚・聴力などの形態的特徴も生きた動物を捕食するのには向いていない。消化酵素の分泌も、植物のでんぷんを効率よく吸収するためのアミラーゼが優勢である。類人猿の原産地と生活圏は、植物生産の豊かな低緯度地帯だった……といった事実を総合して、ヒトは本来的には植物食を食性とすると考える。そして、現実の人間が多様な雑食をしている事実に関しては次のように言う。

「ヒトあるいは人間が、寒冷や乾燥という条件をもった地域に、生活圏を拡大していったときに、植物性食品を中心とした生活を維持することが、非常に困難になったということである。いいかえれば、肉食や乳食は、生活圏の拡大に伴って生じた代用食文化であるといえる。」

「日本人が、乳類や肉類を摂取することなく、ヨーロッパ人と比べると、遙かにヒト本来の食性に近い食生活をしながら生活できたことは、日本人の食生活の後進性を意味するのではなく、その生活環境に恵まれていたことを示しているということを知らなければならない。」

欧米化の止まらぬ食生活に対して、ガンによる死亡率が緯度と正相関していること、その背景に乳・肉の供給量の正相関と穀類・豆の供給量との負相関があることを示すなど、ヒトの食性と人間の健康を考える新たな科学的枠組みを示したといえるだろう。

「身土不二という言葉がある。人の風土的適応を表わした言葉である。北ヨーロッパ人にみられる成人のラクターゼ活性の高さなどもその一例であろう。ほんの一世代前までの日本人も、日本の風土が提供する食糧を基盤とした食生活を営んでいた。それは幸いなことに現在の食生活よりも、はるかに食性に近いものであった。」

このように述べた島田氏の主張は、現代の日本における「食」がまさにヒトという自然性から乖離することへの

島田彰夫
『食と健康を地理からみると』
(1988年)

警鐘だといえる。

『食と健康を地理からみると』はこの種の本としては好評を博し、12刷1万3500部に達している。食養の人々からは石塚左玄が唱えてきた「身土不二」の考え方を現代的に説明するものとして強い支持を得た（ただし、島田氏自身は玄米を主食にという主張はしていない）。のみならず、島田氏は学校教育における米飯給食の推進も応援するなど、在野の立場から本来の「日本型食生活」を広めるために尽力し、2000年代の「食育」の流れを理論的に地ならししたともいえる。

■食物アレルギーを世に知らしめた —『食べもので治す子どものアトピー』

島田彰夫氏の著作のなかでは、ガンなど死に至る疾患から、視力の低下（噛まない食生活が眼の運動能力を低下させた）まで、現代の食の根本的な乱れが背景にあると思われる疾患や症状がいくつもあげられている。この時期、現代人が普通に食べている食物で病気が起こる（増える）ことが社会的に広く認知されるようになったのはアトピー性皮膚炎（アトピー）であり、その大きな契機となったのが、当時群馬大学名誉教授で群馬県内の複数の病院でアトピーの治療にあたっていた小児科医、松村龍雄氏の『食べもので治す子どものアトピー』（1988年）である。この年2月に発行された本書は大きな反響をよび、12月までに11刷に達し、現在まで20刷8万3500部発行されている。

食べもので治す
子どものアトピー
食物アレルギー入門
松村 龍雄 著
農文協

松村龍雄
『食べもので治す子どものアトピー』
（1988年）

著者の指導する厳格食療法（いわゆる除去食の厳格なもの）は、いまでこそさほどの違和感は持たれないが、それでも「動物蛋白（肉および乳製品・卵類と魚介類）、油脂、マメ類を厳格に除く」、「コメやコムギにアレルギーがある場合はヒエやアワやキビを主食に」などの手法は、厳しいものに映るだろう。ましてや、アトピーの主原因が食物であるとか、食事の素材を徹底的に減らして管理することなどがイメージされにくかった当時においては、かなり常識はずれなものだった。

当時はアトピーといえば皮膚科で治療を受けるのが当たり前だった。

「これらの専門家の記載では、アトピーは、食物療法を行なわなくても、軟膏療法だけで児の発育とともに軽快していくようにうかがわれる。

だから、めんどうな食物療法など行なわなくてもよい——これがわが国のほとんどの全部の皮膚科医の、現在の意見である。ごもっともである。私もそこに一面の理のあることを認めよう。一面とは、皮膚の健康に責任を負っている医師の立場ではそうなるという意味である。それは、内臓に責任を負っている小児科医の立場とはいささか異なるものである」、「現在私は、アトピーの根本療法は食物療法（除去食物療法）をおいてほかにないと考えており、それが本書を著したゆえんである。」

このように本書で書いた松村氏自身、自分が牛乳アレルギーであることになかなか気がつかず苦労した体験の持ち主だった。

「私は明治四十三年、一九一〇年生まれだ。…私は生来虚弱で、…なんとか丈夫に育てたいという心づかいからだろう、牛乳が一日も欠かすことなくあたえ続けられた。当時としては珍しいことだった。しかし、その心づかいにもかかわらず…小学校では虚弱児童で、…青年となってからも…いつも病気に悩み続けていた。もっとも悪かったのが、三〇歳近くのことである。慢性胆のう炎の診断を受けたのが四四歳のころだったろうか。…こうして、いつも具合が悪いので、『いよいよ胃ガンか』と心細くなっていたある日、ひょっとしたら牛乳アレルギーではないだろうか、という考えが忽然と頭にひらめいたのである。じつはその一年前から、私は乳児のミルクアレルギーの研究を始めていた。…そして、生まれてから五〇の年まで一日も欠かさなかった牛乳をやめてみて三日、今までにない心身の爽快感を覚え、『おれは助かった』と叫んだ。」

こうした経験も下敷きに、多くの臨床経験から築かれた「厳格食療法」は飽食といわれる食生活からすると極端に「貧弱」で、たとえ数ヵ月の短期間ではあっても栄養失調になるのでは？　とさえ思われる内容だった。しかし松村氏はそうした疑問・不安にもていねいに答えながら「私についてくる限り、必ず治ります」とアトピーの子とその親たちを励ました。

松村氏の厳格食療法が知られる1～2年前から、アトピーについての食物療法といわれるものはいくつか公になっていた。しかし「三大あるいは四大食物アレルゲンの除去のみを狙った、エスカレーター法では軽症者を治療し得るに過ぎない」、「徹底的な除去を行なって、できるだけ短期に発疹をなくすためには、すこしでも怪しい食物は除去するというオーバーと思えるほどの除去を行なうより他はない。そのためには、最初に、アレルギーをおこさぬような食物だけをあたえる。これが私の厳格食法である。」

このように厳しい療法は食物こそがアトピーの主原因であるという確信がなければ成立せず、それゆえに比較的ゆるやかな食物療法であれば、補助的手段として容認する空気もあった皮膚科医からは強い反発を受けた。しかし、何よりもアトピー患者とその家族の強い支持で「食物アレルギー」という概念や「アトピー治療は除去食で」という考え方が急速に社会に広まっていった。松村氏が言うように、厳格食療法でないと治療できない重症アトピー患者が増えていたことが背景にあるだろう。医学界で食物アレルギーが認知され診断や治療の検証が積み重ねられるようになったのはこれから後のことで、厚生労働省が初めてガイドラインを出したのはじつに2005年（「食物アレルギー診療の手引き2005」）のことになる。

■食源病・全身病としての歯周病
—『ほんとうは治る防げる歯槽膿漏』

島田氏や松村氏の著作とほぼ同時期、1989年に発行された丸橋賢氏の『ほんとうは治る防げる歯槽膿漏』（30刷6万3000部）も、表題の示すとおり、当時は自然治癒はありえないと考えられていた歯周病が治せる病気であることを明らかにするもので、大きな反響を得た。

丸橋氏の根本的な考えも、「人間にも固有の生物として求める条件というものがある。後章で述べるとおり、好ましい生活をしている人たちは、ブラッシングはそれほど熱心ではないにも拘わらず、全く歯槽膿漏にならない」というものであり、細菌（プラーク）を敵視し歯磨き指導を繰り返すのみで、発病してしまえば入れ歯かインプラントかといった対応しかしていなかった現代歯科医学に強烈に疑問を投げかけた。非精白穀物を主食とし、野菜や小魚、海藻と豆を増やし砂糖、化学物質、動物性食品や油脂を減らす食生活をはじめとする生活改善指導によって、末期とみられた歯周病患者が回復していく実例をいくつも公にしたのである。

群馬県高崎市でこうした治療をしていた丸橋氏とは、農文協は普及を通じて出会った。丸橋氏は、「たんに歯を治療するだけではなく、自分の食生活を見直して身体全体の健康を取り戻そう」と月に一度の学習会「良い歯の会」を主催し、患者への啓発活動を続けていた。この丸橋氏の姿に触れて感動した関東支部職員が、「ぜひ一度、編集部が接触してほしい」と連絡してきた。当時、「日本の食生活全集」と同時期に制作中だったスライド集「食と健康シリーズ」の、「現代病は食源病」というコンセプトと合致し、「第1巻　食生活と健康の危機」に登場していただいた。

丸橋賢
『ほんとうは治る防げる歯槽膿漏』
（1989年）

それを機に、単行本シリーズの発行へとつながっていった。

丸橋氏は歯を治すために食事指導をするというだけではなく、食が乱れ歯が病むと腰痛・肩こりから自律神経系のさまざまな不調、精神面の破綻まで引き起こすことを示し、歯の治療を入り口に暮らしの文化全体を見直すことを提起する「全人医療」を構築していく。その活動は現在もエネルギッシュに続けられている。

■ヒトという種の存続が危ない？
—もっとも売れた本『タイミング妊娠法』

健康という極めて身近で個人的な問題のなかに、ヒトという生物の本来あるべき姿からの乖離への警鐘を聞き取りつつ、具体的な対応の指針を出すことで読者の日常生活での暮らしの見直しへと誘う「健康双書」は、こうして80年代後半から90年代にかけて販売のピークを迎える。そのなかで執筆され、現在まで農文協としてはもっとも売れた本が市川茂孝氏（当時、大阪府立大学名誉教授）の『タイミング妊娠法』である（1991年発行、2004年までに46刷21万7000部。2005年に新版と図解版を発行、新版は2刷1万1500部、図解版は14刷6万2000部）。

当時、日本の夫婦の10組に一組、いや8組に一組が不妊に悩んでいるといわれた。体外受精や代理母といった対応が報道され始めたころでもある。

「だからといって人間は妊娠しにくい動物かというと、そうとは言いきれない。人間も受精率は動物と同じくらい高い。ところが、せっかく受精した受精卵の大部分が妊娠初期に死んでいくことが、近年妊娠診断法の感度が高くなった結果わかった」、「妊娠初期に死ぬ受精卵の大部分は異常胚である。なぜ人間の受精卵に不良品が多いのだろうか。それはセックスのタイミングが悪いため、精子と卵子が老化しているからというのが著者の考えである。」（『タイミング妊娠法』より）

こうして、当時薬害も報道されていた排卵誘発剤や人工授精などの高度医療に頼ることなく、健全な妊娠の原理を平易に捉えなおした本書は急速に広まっていった。

市川氏はじつは産科医ではない。東京大学農学部出身の獣医学（繁殖学）の専門家である。だからこそ人間の生殖がどれだけ不自然なものになっているかがよく見えたということかもしれない。日本不妊学会では長年活動し、功労評議員となっている。

テーマがテーマだからか、料理書などのように読者はがきが次々と寄せられるということはなかったが、順調な売行きが読者の広がりを現わしていた。そんななかで編集部に寄せられたのは、薬剤や化学物質への不安や疑問からくる質問が多かった。せっかくタイミングを合わせて妊娠のスタートを切ることができたとしても、その後の発育を阻害する要因が現代にはあふれている。「夫はタイミ

市川茂孝
『タイミング妊娠法』
(1991年)

ング妊娠の四ヵ月前からその日まで、妻は性交の日から一週間、たばこ、医薬品、食品添加物など、遺伝毒物の疑いがあるもの、そして、X線照射をできるだけ避けるよう注意しなければならない」。

本書が継続して刷を重ね、一方でクローン技術も現実のものとなりつつある現代をどう考えればいいのだろうか。

（遠藤隆士・鈴木敏夫）

5 家族で、地域で健康を自給

■自分の健康は自分で守る運動の学習教材として ―『食生活指針　実践編』

〈縦割り行政の枠を超えて〉

『日本の食生活全集』によって、地域に根ざし連綿と続いてきた日本の伝統的な食文化を現代的に再構築する

……それを映像的に表現したスライド集『食と健康シリーズ』の発刊は、従来の農業関係者だけでなく広く厚生行政関係者まで利用者を広げることができた。食生活改善活動の現場は農林系も厚生系も一緒なのであった。農家の主婦が、厚生系組織である「食生活改善推進員」として市町村の保健栄養関係の活動に積極的に関わっていた。

食生活改善推進員とは、市町村が開催する「食生活改善推進員養成教室」に参加し講習を修了して地域の食生活改善活動をすすめるボランティアで、当時20万人近い会員がいた。その活動の指導者である（財）日本食生活協会の松谷満子会長は、健康の自給を目指す象徴的なスローガン「私たちの健康は私たちの手で」を掲げ、「推進者は実践者であれ」、「食生活改善活動を通じて共に学び、共に育とう」と呼びかけて活動していた。

そこで、健康の自給という志を同じくする（財）日本食生活協会と農文協が、厚生省、農水省といった縦割り行政の枠を超えて共同して地域に根ざした食生活改善活動をさらにすすめることになった。その端緒となったのが、スライド集『健康づくりのための食生活指針　実践編』（全5巻、1987年）である。

〈自分の健康は自分で守る「地域実践」から〉

「健康づくりのための食生活指針」は、1985（昭和60）年に厚生省から発表された。「多様な食品で栄養バランスを」、「日常の生活活動に必要に見合ったエネルギー

を」、「脂肪は量と質を考えて」、「食塩をとりすぎないように」、「こころのふれあう楽しい食生活を」の5項目からなる食生活を基本にした国民の健康づくりの指針である。この実践に向けて地域でどのような活動に取り組んだらよいか食生活改善推進員たちは模索を続けていた。そこで、厚生省健康増進栄養課の協力も得て、先駆的な地域実践を紹介することになった。その事例が次のスライド集5巻5事例である。


「第1巻　とんからり伝達講習―富山県八尾町から」

「第2巻　カボチャばんざい！―岩手県新里村から」

「第3巻　『ふとめ』ってなあに？―三重県鈴鹿市から」

「第4巻　そぎゃん醤油ば かけなすな―熊本県小川町から」

「第5巻　今日も『第三日曜日』―鳥取県大栄町から」


食生活改善をどのように進めたらよいのか？　栄養・運動・休養のバランスは？　脂質のとり方は？　減塩はどのように実践できるのか？　仕事に追われる中での家族のふれあいは？……いずれも全国一律ではない。食生活改善推進員が、地域の実情に応じて創意工夫して活動を進めていた。この実践例をそのまま活用せよというのではなく、あくまでヒントとして描いた。なかでも減塩を、地域や家族の葛藤を通して描いた第4巻は共感と感動をもって全国の仲間に受け入れられた。制作中に「東京でモノを考えてから地方へ出かけても何も見えない。地方にでかけていって、その先で見たモノが本物になる」との民俗学者・宮本常一の言葉が頭をよぎったが、まさに現地で見て考え地元の人たちと一緒になって制作した作品となった。

この作品以後、『骨粗しょう症の原因と対策』（1988年）から『食卓から防ごう！　生活習慣病』（1998年）まで11作品が「みんなの健康シリーズ」としてシリーズ化され、自分の健康は自分で守る地域健康づくり推進活動の大きな力となった。

食生活改善推進員の長野さん。その減塩体験は大きな感動をよんだ（「第4巻 そぎゃん醤油ば かけなすな」より）

■「医者三分、看病七分」の思想と技術を江戸に学ぶ
――『病家須知』

2000年代に入り、日本は本格的な少子高齢化社会に突入した。農家は生涯現役で耕し続けることができるように多様な小力技術を開発してきたが(100ページ参照)、介護の現実は都市・農村を問わず重い課題となっている。一方、少子化で子育ての知恵が継承されないことから、子育てをめぐる問題も噴出してきた。

そんな時代に、農文協は江戸時代の家庭看護の指南書『病家須知』(2006年)を現代語訳つきで復刻し普及した。全3冊2万9000円という高額なものであるにも関わらず、好評を博し3刷2700部と、この種の本としては大健闘をみせている。

翻訳をしたのは研究者ではなく、看護史研究会という在野のグループ。看護師や保健師として現場に立つ人々の学習サークルで50年の歴史を持ち、いまでは後進の指導にあたっているメンバーが多い。その看護史研究会が現代人にこそ広く読んで欲しいと願ったのが江戸時代の庶民向け家庭看護書だった。

『病家須知』とは「病家(病人のいる家)」+「須知(すべからく知るべし)」で、家庭看護必携という意味だ。江戸時代後期の1832年(天保3年)に発行されたもので、書いたのは当時江戸の日本橋で開業していた平野重誠。武家出身で、幕府の医学校校長と将軍の主治医を兼ねた多紀元簡に学んだエリートだったが、官職につかず町医者として庶民の治療に専念したという。

その内容は日々の養生の心得、病人看護の心得、食生活の指針、妊産婦のケア、助産法、小児養育の心得、伝染病対策、急病と怪我の救急法、終末ケアの心得から医師の選び方まで幅広い。庶民向けで、表現はやさしく読みやすい。

江戸時代、人々は現代以上に健康増進に熱心だった。日々の食事や按摩で体調を整え、家のまわりや山野から薬草を集めてはお茶にし、朝夕に身体に灸をすえていた。農閑期にはひと月ほどもかけて湯治に出かけた。村々には多くの医者がいて、ホームドクターとして気軽に受診できるほど医療インフラも充実していた(無医村が広がったのは大正・昭和以降だという)。

重態になれば救命の手段が現代より乏しい時代のこと、予防に熱心になるのは当然だったかもしれない。江戸時代の人々はわれわれ以上に、何が自分と家族の健康を守るのに役立つか、何をしてはいけないかをよく知っていた。

しかし、江戸中期以降は農村部にも商品経済が浸透し、医療(健康)も金で買うものという性格を持ち始める。売薬の流通は飛躍的に増大した。「××病にはどこの温泉が効く」という情報は全国に知られ、近くの温泉よりも遠くの有名な湯治場へ出かけることもしばしばだった。

薬草茶であれ按摩であれ、人々は自分の身体と対話しながら体調を整えてきた。それが徐々に「この薬を買えば大丈夫」、「あの温泉に入れば治る」という意識への変化が進んでいく。医の「仁術」から「算術」への堕落も起こる。世間体がよく収入も安定するからと、子弟を医者にする風潮も強まった。

そんな風潮を町医者・平野は厳しく批判する。

「薬といえば、多く飲めばよいと思い込み、ややもすれば、主薬のほかに丸薬、散薬など、その数、昼夜で数十服にも及ぶものがあるとは、なにごとか」。「売薬をこととする医者どもは、ただ用薬の量を多くするために薬を多用する。看病する者はなんとか早くいやそうとして、それを服用させる。そのためにはじめはそこそこに食欲があった者も、強い薬の影響で胃腸が損なわれ、それに対抗できず食欲がしだいに減退し、食事を受けつけなくなる」。

そして、日本人が暮らしの中で工夫し伝えてきた健康増進の心がけを基本に、家庭での養生と手当て、家族の看病の方法をまとめたのである。

もともと漢方(東洋医学)は人間の病気を全体的にみて患者の自然治癒力を高めるという根本的な発想を持っているため、医療と看護は一体化していた。しかし医療が暮らしから離れて専門化・商品化し、人々が医療に頼るようになるなかで看護、介護の力が弱り、それが人々を不幸にしている。これを解決するには暮らしに根ざした看護が何より重要であり、その視点で医療を捉え直す必要がある、と平野は考えたのである。

こうして「医者三分、看病七分」が看護と健康の秘訣というポリシーで書かれた『病家須知』は、家族の健康を守り、医薬以上に効果のある衣食住への心遣いや、医薬の上手な選び方を具体的な知識・技術としてまとめている。医療(健康)を暮らしの中に取り戻すための看護である。

「大麦は、利尿作用がある。消化が悪いことがあるので、胃腸が弱く下痢などをしている病人には控えめにすべきである。肉・脂・米などうまい食べものを食べすぎて病気になった者には、日常のご飯として大麦を使うようにする。」

「乗り物酔いで、めまい・頭痛・悪心・嘔吐することがある。気の強い酢を飲ませなさい。」

などなど、身のまわりにあるもので病気を癒し、大事に至らぬようにするための知恵が詳しく解説されている。

次ページの図は、なかなか寝つけない病人のために桶から水がしたたり落ちるようにして、その水音を数えさせる工夫を示したもの。江戸時代にも不眠のための睡眠薬は各種出回っていたようだが、不眠の原因にもいろいろあるのだから、原因を見極めて使わなければ薬はかえって害にもなると平野は警告し、この方法ならなんの害もないとしている。こうしたきめ細かい心遣いは、家庭看護だからこそ可能になる。

この『病家須知』を、普及職員は大学や図書館だけでなく、全国の村々で農家に紹介して歩いた。そして多くの農家がそれに応えて購入してくれた。一般には東洋医学の研究者のような専門家しか読まないと思われる本を農家が読むのは『日本農書全集』（314ページ）と同じことだ。農書も『病家須知』も当時の庶民に向けて書かれたもので、暮らしを自給するための具体的な知恵や技術を解説している。研究者であれば難解な古文書も原文で読むのが仕事だが、これらの本は庶民の暮らしの中で活かされるために書かれているから庶民が読めることが第一だ。看護史研究会が古文書の読み方から勉強して4年がかりで『病家須知』を翻訳したのも『日本農書全集』発行の方針と同じである。そうして発行された『病家須知』の健康を自給する精神が、暮らしを自給する農家にもっともよく理解されたのである。

さらに、これまで農文協としてはあまり出会う機会がなかった町の鍼灸院や地域医療に携わる人々とも『病家須知』を普及することでつながることができた。地域の医療関係者は、家庭からも地域からも住民の健康を守る力が後退していることに強い危機感を持っており、保健福祉行政が何とかしてくれるという他力本願な望みも持っていない。食べものや薬草を活用しながら、住民自身の健康増進力を高めることを専門家としてサポートしたいと願っている。そんな人々の願いをさらに強く結びつける必要があることを改めて気づかされた『病家須知』普及であった。

（鈴木敏夫・遠藤隆士）

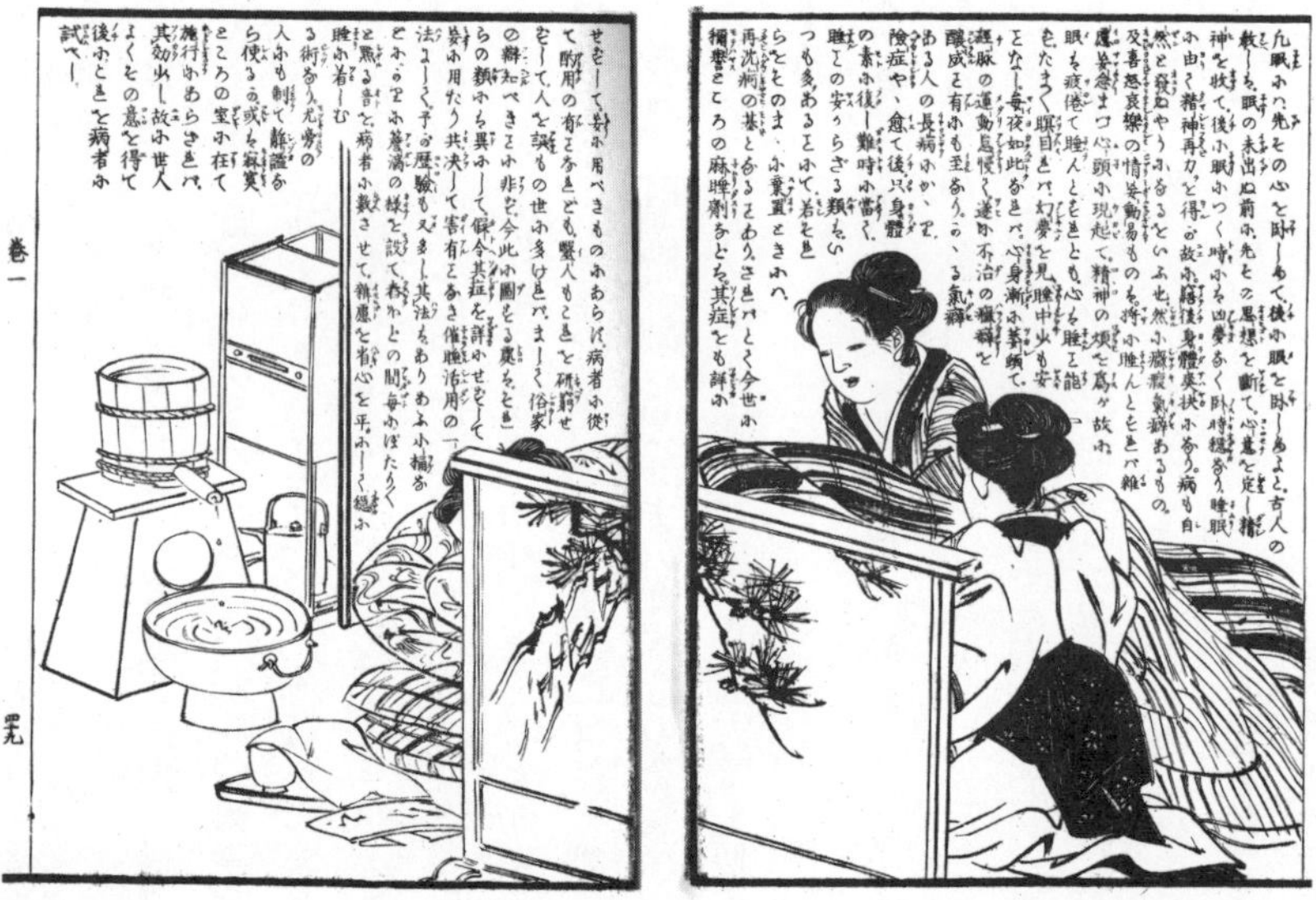

『病家須知』より。寝つけない病人を眠りに誘う水音の工夫

普及から

家族のため、ムラのために長生きしたい
―『病家須知』普及で見えたもの

「まだ『病家須知』の決定のない担当者がいる、わかっていると思うが手を挙げろ…」。おずおずと数人が手を挙げる、自分もそのなかの一人だ。

そんなやりとりがあったのは、四三期新人養成講習の岩手県普及も大詰めの時期に行なわれた研修の時である。「新家族普及」ということで、特定対象だけでなく家族全員の暮らしをつくる提案をしていくことが普及の課題だった。

そのなかで『病家須知』という文化財は「家族の健康」を支える重要な文化財である。私としては売れる気がしない文化財の筆頭であったのだが、私なりに『病家須知』普及についてどう進化(深化?)していったのか、二つのケースで考えてみようと思う。

健康はみんなの願いだ!

私が初めて、「健康」というキーワードで共感ができたなと思ったのは一関市の70歳のお母さんだ。この人は簡単にいうと化学薬品アレルギー。副作用でなんども痛い目にあい、最近は漢方薬が健康のお伴という人だ。私自身も親戚が抗生物質の副作用で苦しむのを見てきたので、その話は素直にうなずけた。そこに共感関係が生まれて、単純に応援したいという気持で『病家須知』を普及することができた。『現代農業』の村上光太郎先生(薬草)の連載が楽しみという読者も多いが、いくつになっても健康でいたいというのは共通の願いなのだと確認できた。

長生きはムラのため!

中国四国支部での普及が長かったので、高齢の『現代農業』読者にあう機会が多かった。でも、管内のお年寄りは皆さん元気で、時に圧倒されそうになることもあった。なんでそんなに元気なのかを聞いてみると、ムラのなかで役割があり、それが生きがいになっているのだということが見えてきた。そんなところでも『病家須知』は役に立つのだなと思う出会いがあった。鳥取県智頭町の寺坂邦雄さんである。75歳で町の稲作研究会代表も務めており、サトちゃん連載(イネ機械作業のコツ)は欠かさず読むというツワモノだ。品種や疎植などの技術話題で盛り上がったあと、「なぜ、そこまでするんですか?」と尋ねてみた。

「わしがやらなかったら、誰がやるんじゃ。人も居らんし。わしは長らく農協に出ておったからムラへの奉仕はこれからだ。あと10年でも20年でもやらんとあかん」。私は、それまで「長生き」というと個人の都合という認識が強かったが、邦雄さんの話をきいていて、ムラのための長生きという考えもあるということがわかった。

同僚に「また年寄りまるめこんで…」と揶揄されながらも、私は『病家須知』を勧めたいと思う。『病家須知』を普及して楽しいのは、これからをどうするかという未来の話ができるからだ。こうしてご先祖様の知恵が出版されることで、自分たちが得てきた経験は後世に語り継ぐに足るということを確認してほしい。だから、私は「『病家須知』読んで、『現代農業』あと一〇年読んでくださいキャンペーン」を継続していきたい。「ひとり按摩」の日々は、まだまだ続きそうである。

（水野隆史）

江戸から、世界から

18章　江戸の構想力に学ぶ

19章　中国との農業交流・自立型農村建設支援

（撮影：橋本紘二）

18章 江戸の構想力に学ぶ

1 日本農書全集

■ 赤字覚悟の第Ⅰ期35巻の刊行

『日本農書全集』は、1977（昭和52）年に刊行を開始し、第Ⅰ期35巻、第Ⅱ期37巻の全72巻、別巻『収録農書一覧　分類索引』をもって2001（平成13）年5月、四半世紀の歳月をかけて完結した。

その企画は1960（昭和35）年以前に遡る。岩手の農家の生まれである当時の専務理事・岩渕直助は、「江戸時代の農家が地域の農家や子孫のために書いた優れた農書が、学者の研究の対象にはなっているが、今の農家が読めるものは一つもない。現代語訳の本を出して農家に読んでもらうのが念願だ」として、農文協の理事でもある近世農書研究の泰斗・古島敏雄先生などに相談していた。しかし、賛成はえられなかった。

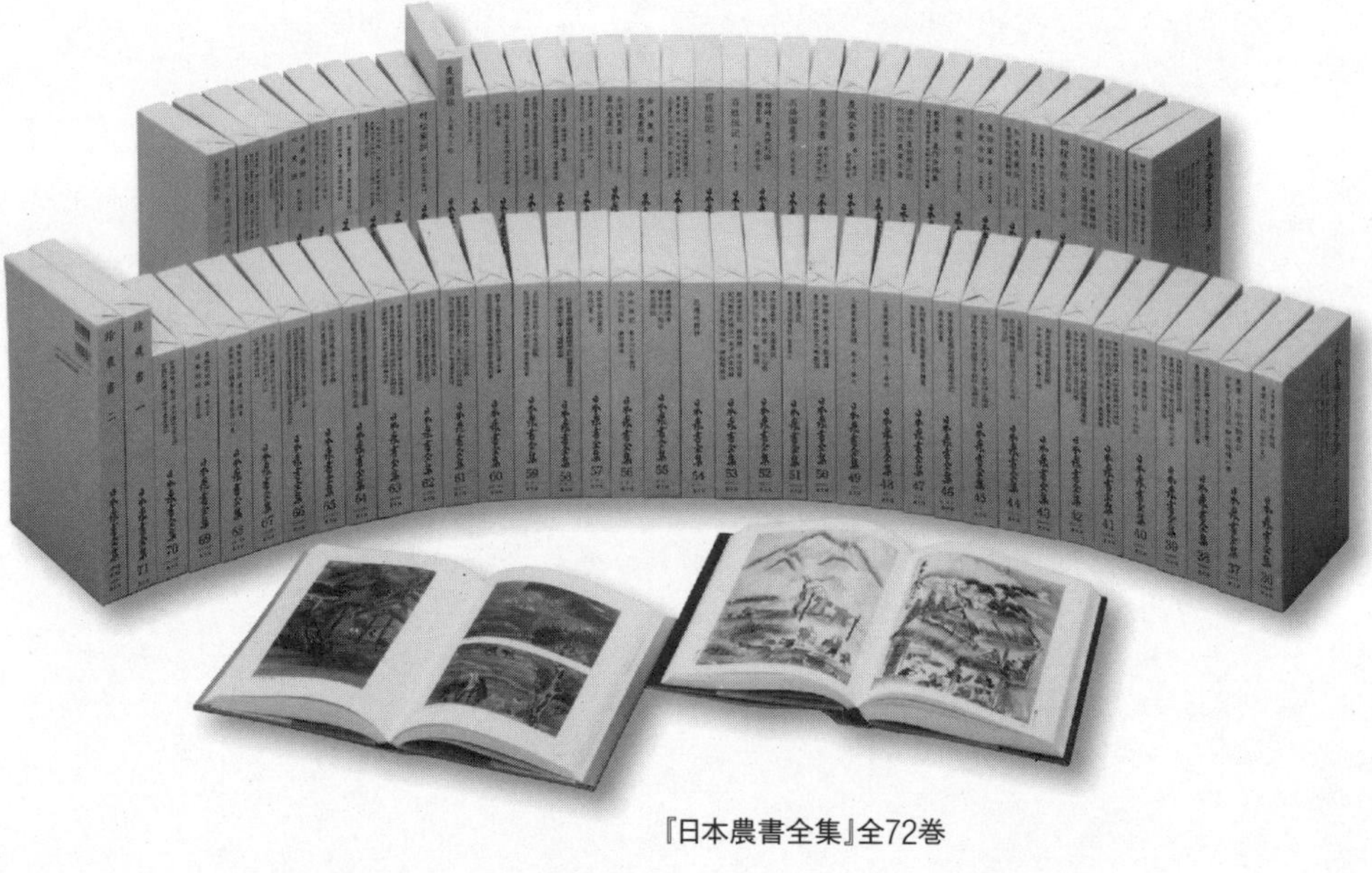

『日本農書全集』全72巻

第一、売れない。「赤字を出します。経営を危うくしますよ」と。第二、現代語訳は無理だというのである。

日本で最大の辞書「日本国語大辞典」（全20巻、小学館）は1972（昭和47）～1976（昭和51）年に第一版が発行され、方言を全国にわたって周到に拾っているが、農事の生産過程で使われる言葉はほとんど手薄である。たとえば、除草という言葉は江戸時代にはなく、除草の意味で農書には、草かじめ、くさぎる（芸、芸る、耘、草きる）、草修理、草そり、草手、くさとり（草取、草とり）などと表記されているが、前記の辞書には、「くさぎる」と「くさとり」しか載っていない。「草手」は別の意味を載せている。つまり研究の蓄積がないのである。

また、農書で使われている言葉は、その土地の古老でないと解らないものが非常に多く、多大な困難が予想されるというのである。しかし、岩渕はあきらめなかった。

「刊行のことば」（1977〈昭和52〉年）に言う。

「私どもが『日本農書全集』の刊行を企画しはじめたのは、十数年も前のことであります。（中略）

農は、それぞれの国の気候・風土にそわねばならぬ人間の営みであります。それぞれの国の気候・風土にそって発展してきた農の営みを述べた農書は、それぞれの国の農学者や農民が常識として読むべきであると思います。ところが、わが国では農学者さえ、外国の農書は読むことがあってもわが国の農書は読まないという不思議な習慣があるように思われます。

それが十数年前の『赤字になる』という忠告の理由でありましたし、今日、採算は合わなくても私どもが出版したいと決意しなければならない理由であります。売れないから出版しない。出版しないから読まない。この悪循環をたちきりたいと思います。農を研究され農を論じる方々が、その気になれば容易に農書が読めるような状態をつくりあげることが私どもの念願であります。それがいささかでも日本の学問の習慣をかえることにお役に立ちますならば望外の幸せであります。」

第Ⅰ期35巻が、飯沼二郎（京都大学）、山田龍雄（九州大学）、岡光夫（同志社大学）、守田志郎（名城大学）の四人の編集委員のもと、全国の大学・博物館の研究者、農業試験場・高校などの研究者、それに地方史研究家など多彩な人が参加し、隔月刊というスケジュールでスタートした。

現代語訳を担当した方がたは大変な苦労をされた。その農書が成立した地域の古老を訪ねての確認作業、情況証拠の探索などが再三くりかえされた。

1983（昭和58）年、スタートから7年の歳月をもって第Ⅰ期全35巻が完結した。

赤字覚悟のスタートであったが、営業成績も順調であり、全集刊行を機に農書への関心が高まり、古島敏雄先生を会長とする「農書を読む会」が約200名の会員によって結成された。会では、毎年一回、農書ゆかりの現地（金沢市、岩手県軽米町、長崎県対馬、福島県会津若松市、沖縄県那覇市など)を尋ねて研究集会を行ない、自主的に会誌を発行して「農書研究」を深めた。この会誌は1990(平成2)年、第11号を出して解散したが、1980年代の農書研究をリードしたといってよいであろう。

■農書の世界の豊かさ

農書は農法の書であるばかりでなく、一方では人生の書、暮らしの書でもある。生産と生活が一体となった常民の暮らし、それが農書の世界だ。江戸時代の農山漁村に暮らす人びとのありようを伝える第一級の資料である。青森の津軽で生まれた『耕作噺』(第1巻)は稲作について書かれたものではあるが、その出だしはこうなっている。

「日本国中を回って花の都京都、花の江戸、大阪、名古屋を見ても、生まれ故郷の津軽よりよいところはない。また、津軽を回って見ても御城下弘前や鰺ヶ沢港の賑わいを見ても、自分の生まれ在所がいちばんよい。」

ここには、江戸時代の人びとの生き方の気概が込められている。つづけて著者はいう(原文で引くと)。

「我等が在所も人の見ば、かくやあらんと産宮の、講を催し御酒捧げ、所繁盛安全の、願いのほかは他念なく、講会ごとに田や畑の、耕作噺のほかはなく、思い思いを噺すなり。」

こうした土に根を張った人生観、郷土観が、現代のわれわれに「地域個性」へ目を向けることの大切さを訴えている。

■循環型共生社会を実現した江戸期日本に学ぶ

第Ⅱ期(全37巻)は、1993(平成5)年から刊行を開始したが、その編集の意図は、第Ⅰ期の成果をふまえ、明確だった。つまり、十八世紀イギリスに始まった産業革命は、大量生産・大量販売によって人類の生活を豊かにすると同時に、この二十世紀後半に至って人口・食料・資源・環境の諸問題を人類共通の難題としてつきつけたが、本全集の第Ⅱ期は、この難問を「三〇〇年近くにわたる平和と完全循環型共生社会を実現した江戸期日本に学ぶ」ことによって切り開こうとしたのである。

農書全集を発行するということは、江戸期300年の国土利用と地域づくりの歴史的経験の一大集成をすることであり、つまり地域に根ざした農耕と暮らしの技術を集大成して国民的財産にすることであり、共生と循環、都市と農村との交流・共存、平和な社会のモデルとして二十一世紀へ引き継ぐべき文化財として残すことである。言葉をかえていえば、地域形成の視点から農書を発掘・収集し、刊行していくということである。

第Ⅱ期の編集委員は、佐藤常雄(筑波大学)、徳永光俊(大阪経済大学)、江藤彰彦(久留米大学)の三人にお願いし、地域形成の視点を15のテーマ(分野)に分けた。すなわち「特産」、「農産加工」、「園芸」、「林業」、「漁業」、「畜産・獣医」、「農法普及」、「農村振興」、「開発と保全」、「災害と復興」、「本草・救荒」、「学者の農書」、「地域農書」、「農事日誌」、「絵農書」という15のテーマである。これらは、近世庶民の生産・加工・販売・暮らし方・生き方・物の見方、つまり暮らしの全般を表現しているといえよう。

第Ⅱ期は1999(平成11)年5月に完結し、翌々年の2001(平成13)年、別巻『収録農書一覧　分類索引』(B5判940頁)が発行されて、「二十世紀掉尾を飾る大事業」(速水融氏＝当時・国際日本文化センター教授)は終わった。

この『収録農書一覧　分類索引』について、谷沢永一氏は『週刊読書人』(2001年7月20日号)で次のように書評した。

「画期的な『日本農書全集』七十二巻に収録された三百余点の文書を蒐め、その素性を書誌学的に確かめてゆく作業は、なによりも学識と素養と根気の要る難行苦行であったろう。同じく恵まれぬ書誌学の庭に連なるひとりとして、大阪流の言い方なのだが、仏壇の底抜けで阿弥陀がこぼれる、アミダつまり涙がこぼれる、と申しあげたい。

その全集が無事に完結したのみならず、別巻として分類索引が具わったことはめでたい限りである。なんと二十五万件に及ぶ索引語の、入念な吟味の作業時間は、想像もできないほどの辛苦であったろう。索引史上にまず件数の量において、新記録となるのではあるまいか。」

「左様、索引のキーポイントは分類である。的確で簡明な分類によってこそ索引は生きて働く。」

「農書全集の場合は当然のこと、農作物および農事作業の個々に就いて、これ以上は不可能と痛感せざるをえぬほど、差異を細かに見て考えて区別する。農書それ自体の記述が微細であるから、索引は底本の構成に従うという原則を守って動じない。典型的な例を挙げよう。

なえ、苗青、苗足、苗芋、苗色替《かわる》、苗生ひ、苗生立、苗生付、苗発《おこ》し、苗頭、苗株、苗芟敷《かりしき》、苗甘蔗、苗樹、以上十四項、それぞれに関する叙述が、全集何巻何頁に記載されているかが示されているのである。」

谷沢氏の慧眼は、編纂者の意図をみごとに掬い上げてくれている。

■朝日新聞社「第三回　明日への環境賞」受賞

『収録農書一覧　分類索引』の発行を待つかのように、朝日新聞社から、「明日への環境賞」への応募をすすめてきたので応募した。

「明日への環境賞」は、朝日新聞社が創刊一二〇周年に当たる1999年、環境保全の多様な試みを顕彰するために創設したものである。2002(平成14)年4月、「日本農書全集」編集委員会は、「明日への環境賞」の「農業特別賞」を受賞した。その理由は「各地に伝わる江戸時代の農書の復刻・現代語訳『日本農書全集』七二巻を編集・刊行し、環境を汚さない当時の農法を紹介して、現代の暮らしに大きな示唆を与えた」、というものであった。そして、次のように講評した。

「『日本農書全集』（農山漁村文化協会刊）の圧倒的なボリュームに、だれもが目をみはる。七二巻に索引が一巻、一冊の原稿は四〇〇字換算で約一千枚。しかも定価四三〇〇円から七五〇〇円で平均六千部、多い巻は一万二千部も売れたとなれば、出版不況どこ吹く風の立派なベストセラーだ。

内容は江戸時代に全国各地で記述された農書の原文と現代語訳。筆者の多くは在郷の庄屋をはじめ一般の人たちで、農法に始まり農具の解説、災害と復旧など幅広い題材が扱われている。（中略）／膨大な労苦に読者は敏感に応じた。化学肥料や農薬を使わない江戸の農業に「食」の理想像を見い出した。山形県村山市のスイカつくりの名人と呼ばれる門脇栄悦さん（四九）は、軽トラに積んで持ち歩き、畑や道端で読んでは傍線を引いた。農薬依存で対症療法に終始する農業の現状から抜け出す健全な発想を農書に教えられたという。」（朝日新聞2002年4月19日）

この講評は、第Ⅱ期の編集意図と一致するもので、企画が時代の要請を先取りしていたということであろう。この「時代の要請」を読みきったということが、出版物で「環境賞」を受賞するという稀有なことにつながったといえよう。

第3回「朝日への環境賞」。「農業特別賞」の贈呈式の時の写真とトロフィー。贈呈式には「農書全集」の編集委員会メンバーである飯沼二郎氏や佐藤常雄氏らが参列した

■現代的課題を解くキーワード

『収録農書一覧　分類索引』には「現代的課題を解くキーワードからの収録農書案内」という項目があり、「国土保全」、「危機管理」、「産地形成と流通」、「自給肥料」、「自然農薬」、「地域教育」、「村の自治」等々、20のキーワードから該当農書を案内している。農家を初め多くの分野の研究者が「キーワード」検索を活用して「農書」を実際的に利用している。「農書」は古典として常に蘇っているのである。

（本谷英基）

江戸時代から引き継がれる 農家の営み

1978(昭和53)年頃のこと、朝日を背に受けて、山形県寒河江農協(当時)組合長の弁舌が続く。口角泡を飛ばすほどではないが、その唾が朝日を受けて飛んでくるのがわかるほどだった。

朝イチで総務課への挨拶もそこそこ、とどめようとする総務課長をしり目に二階の組合長室へ駆け上がり、『日本農書全集』普及に突撃した時のことだ。初老のその組合長は動じることなく受け入れてくれた。さっそく普及開始。「私たちのご先祖が、後世にこれだけは伝えん、として残してくれた農書(農業史の学者の専有物?)を、このたび、わが農文協があえて現代語訳つきで農家の方々に解放すべく刊行することになりました」と、私。

それを聞くや組合長は、「それは大変よいことである。…そもそも今の農協職員は、通勤の自家用車の駐車スペースがないなど自分たちのことばかり主張し、肝心の組合員のことを考えていないのではないか!」云々の演説だ。じいちゃんの愚痴かなと思いつつ、一通り話を聞いた後、「そういう本なら私が個人でも買います」と組合長。農家のために、の気持が通じる人にはこの全集は届くのだと確信したものだ。

ある「現読」(『現代農業』定期購読者)のじいちゃんは言う。「本来おれたちも、我が孫や子に、この農書のように書き遺すことをしなければならない。しかし残念ながら今の農業ではその暇がなかなかつくれない。農書全集を買っても多分おれは読まないかもしれないが、せめて孫子に遺してやりたい。いつの日か蔵の中から誰かが見つけて読んでくれればそれでいい」。そう言って注文してくれたのだ。こんな普及でよいのか? と思いつつ相手の意は十分くみ取ったのだと納得しK(購読決定)。

『除蝗録』の図。油を水口から田一面にいきわたらせる

話題といえば、『除蝗録』にある、鯨油で虫をからめ取ることと、廃油や灯油を田面に流し、ウンカを〝ねっぱらせて(東北弁)〟退治することは、この農書から受け継がれてきたのではないか、とか。鳥取大農学部土壌学の先生いわく、良質な壌土が農書では「いなご土」と書かれていて、その文章は「土壌の団粒構造」を説明するのにぴったりの記述だ、とか。『富貴宝蔵記』の今でいう土着菌の記述などなど…。みな現場からフィードバックして農書にすでに記述されていることに気づかされたものだ。

農書全集の各巻は遠く、江戸時代に書き記されたものである。一介の普及者である私が勧めても、相手の農家は、当然のごとく農書に書かれていることの意味を即時に理解し、受け入れてくれたことは、自分にとっては驚きであった。

今にして思えば、自然に働きかけ、働きかけられる、農家の営みが連綿と引き継がれており、ゆえにその人の琴線に触れたのではなかろうかと、感じ入ったことであった。対話交流のなかで私が感じ取れた普及の醍醐味を、このときの農書普及で味あわせてもらったと今も感じている。

(横山義)

普及から

「忘れられた思想家」は 実に刺激的だった

「伏義、始メテ王ト成り（略）」。これは、『安藤昌益全集』第一巻『稿本　自然真営道　大序巻』の106ページ上段にある書き下しの文言。下段には現代語訳で「伏義がはじめて王となり、人々の上に立ち栄華をきわめていたが、退屈しのぎにカマキリを捕らえさせ、籠に入れ、これを慰みとしていた。ある時、『この虫はいかにも不憫である。飯と汁を食わせてやれ』と言った。これを聞いたカマキリがにんまり笑って『おまえ、王よ（略）わしに与える食物は、まぎれもなく民百姓の汗のたまものの穀物にほかなるまい。おまえは耕しもせずに搾取してくらし、（略）たとえ米一粒といえどもおまえのものなどあろうはずがない』…」

昌益全集カタログでのメインとして、原文・書き下し・現代語訳を引用した記述部分だ。強烈に権力を批判し、「直耕の思想」を謳いあげている。普及者の誰もが漢文を暗記して、すらすら読めるように訓練・活用した部分である。「忘れられた思想家」、「開けてみると目がつぶれる謀反の書」を全集として刊行し、普及するのに、じつに刺激的・象徴的な、意気込みを示す引用文だった。

同全集の普及は、大学で先行展開し、その後、東北支部では昌益生没の地「秋田県大館市」と町医者として活躍した地「青森県八戸市」の2班に分かれて、集中普及を行なった。先立っては、支部内に「安藤昌益研究会」が生まれ、当時の職員阿部実弘が収集していた朝日新聞の連載記事「朝敵の世紀」をもとに熱気をもって勉強会を行なった。

私は八戸班に所属していたが、1974（昭和49）年に発行されていた「安藤昌益」（編集八戸市市立図書館・発行伊吉書院）という本をかなり活用した。その本に登場する文献そのものが地方史研究家の方々の名簿になっており、重要な普及対象者でもあった。全集を購入された方には、思想への共感あるいは郷土史への関心という2タイプの方がいた。また、高校も重要な普及対象で、日本史・倫理社会・古典・家庭・数学・保体教科の先生方と図書館が重点となった。

私がよく引用したのは、全集第一巻205ページの「人ハ万万人ナレド一人ナリ」と、福沢諭吉の百年も前に民主・民権思想を主張したこと、80ページの「男女ハ万万人ニシテ只一人…」という男女と書いてヒトと読ませる平等思想などなど。

また、その後、昌益は八戸で過ごした町医者時代にインテリ（弟子・医者）を仲間にして勉強会をやっていたが、晩年は大館に帰り一百姓として直耕し、村が無宗教になったこと、最後は守農大神と祭られたことなど、地域に影響力を持った実践の人でもあった（寺尾五郎）という面に関心をもち、反公害運動の先駆・エコロジー運動の先駆の書でもあることを強調しながら、有機農業の農家へも普及を広げていった。

この昌益全集普及展開後、八戸市で「安藤昌益シンポジウム」を開催し、東北・北海道支部がスタッフ参加し、とくに井上ひさしさんの案内係を担ったこと、岩手県九戸村で立体農業研究所を掲げていた小井田与八郎さん（故人）がこのシンポに参加して発言されたことが大変印象的で、普及と編集・運動の反響が実感できる展開だった。

（千葉昭夫）

2　安藤昌益全集

■農村文化運動の先駆者　安藤昌益

「昌益の思想は百姓の思想である。彼は、農民の思想家であり、〝土〟の哲学者であり、〝自然〟の理論家である。（中略）昌益は、自然と最も緊密に融和した農業こそが、人間社会の唯一の産業であるべきだと考える。それは農本主義というよりは唯農主義とでもいった方がよいほど強力に、しかも排他的に主張された」（『安藤昌益全集』第一巻「総合解説」）

　このように概括される安藤昌益（1703〜1762年）の全集が、戦後一貫して農民の立場に立ち、農村や農業の発展を支えてきた農文協によって刊行されるのは、至極当然である。しかし、そこには一つのドラマがあった。

「我が日本の国土が生むだ最大思想家にして、世界思想史上にも特筆すべき人物」と、発見者・狩野亨吉を驚嘆せしめ、E・H・ノーマンの名著『忘れられた思想家』で広く世に紹介された安藤昌益。その主著である稿本『自然真営道』全101巻93冊は、ほとんどが関東大震災で焼失し、研究者によって借り出されていた12冊が「奇跡的」に残っていたに過ぎない。しかし、「残存したかぎりのテクストの精密な版本も出版されていないのを見ると、私は怠慢という言葉を使いたくなる」と桑原武夫が慨嘆したように、独自の概念や造字を自由奔放に使った彼の全集は、どの研究者も出版社も尻込みする難物であった。

　1970年代から、日本の革命的伝統や民衆思想の発掘・検証を行ない、昌益にたどりついた寺尾五郎は、その卓抜無比な思想に瞠目した。そして全集公刊を企図した寺尾が、版元として白羽の矢を立てたのが農文協であった。早稲田大学の後輩で、旧知であった坂本常務（当時）に出版を打診。農村文化運動の先駆者ともいうべき昌益は、テーマとしては農文協にこそふさわしい。しかし、大きな難関があった。その一つがほかならぬ寺尾五郎その人であった。

■素人集団の業績を評価し、公刊

　寺尾は戦前からの左翼運動家、アジテーターとして知られており、強い政治色を持っていた。さらに学術出版につきものの「監修者」なる学会の権威を頭に戴くことを、かたくなに拒否したのである。寺尾には学者などに真正の昌益像、昌益思想

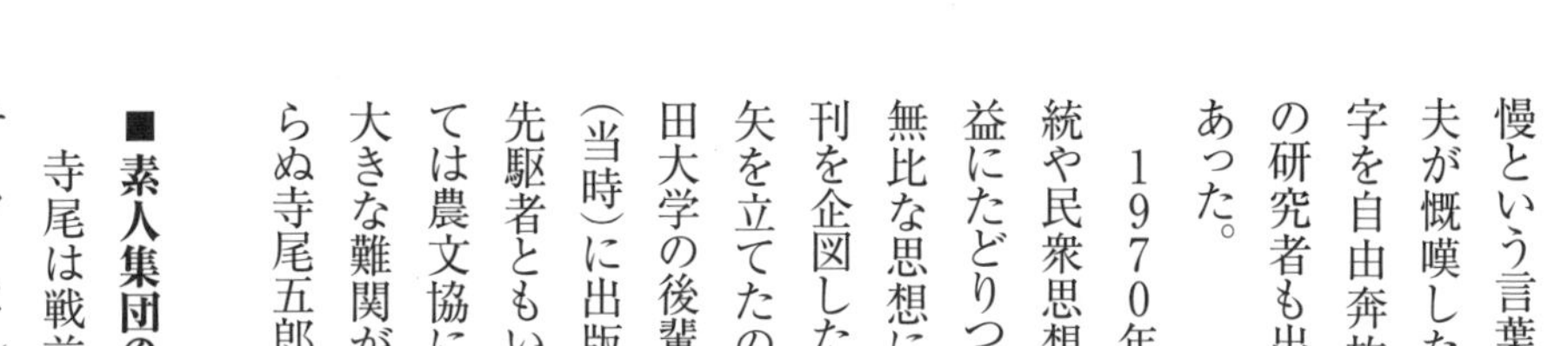

『安藤昌益全集』全21巻22冊別巻1

が描けるはずがないという、強い不信と確信があった。彼は次のように述べている。

「戦後アカデミズムの昌益研究は、昌益を矮小化する方向へ、とるに足らぬ低いもの、忘れられて当然の代物と認定する方向へとすすみ、つまりは、昌益をもう一度忘れられた存在へとおしもどす方向へ客観的にはすすんでいる。(中略)こうした傾向は、現代のアカデミズムに、昌益の大きさを捉えうるだけの容量がなく、昌益の心の高鳴りに共鳴できるだけの音域がないからである。研究者の方に、思想家的素質がないから、そこに人類の最高の叡智の一つがあってもそれに感応できず、認識できないのであって、それは現代における哲学の貧困、思想の衰弱、知性の廃頽を物語る以外の何ものでもあるまい」(同上「総合解説」)

さらに問題は、その傘下にあって編集に携わる者たちにもあった。寺尾以外に名だたる者は誰一人いなかった。しかし、それこそ昌益全集にふさわしいと、寺尾はそれを逆手にとって次のように強弁した。

「この『安藤昌益全集』は、刊行の意図からして、なによりもまず、現代の〝直耕ノ衆人〟におくるものである。このことに関連して、本全集の編纂は、原文の解読・校訂・注解・現代語訳・監修のすべてが、ただの一人もアカデミズムの世界に属さない現代の〝直耕ノ衆人〟の一員たちの手になるものであることを、誇りをもって付言しておく。」(同上)

この読者を「現代の〝直耕ノ衆人〟」である農民に想定したことは、農文協にとって当然であり、すでに実売数、数千部におよぶ『日本農書全集』という確固たる実績もあった。しかし、ネームバリューや実績がないばかりか、マイナスイメージさえある執筆編集陣に、この企画を危惧する声が社内に横溢した。さらに外にも難敵がいた。先行他社企画の存在である。

■先行他社企画との競合

校倉書房は日本史関係の老舗で、歴史科学協議会の機関誌『歴史評論』の版元でもある。この校倉書房から三宅正彦を編者の中心とする『安藤昌益全集』が先行していた。

『安藤昌益全集』第一巻の原稿を出版社にわたしたのは、一九七三年五月だから、ちょうど刊行まで丸八年を要したことになる。その間、校正を一五回行った」と、三宅が臆面もなく自らの無能ぶりを披瀝するその全集は、出る出るというかけ声ばかりで、一向に刊行されなかった。

社内をなんとか説得した坂本(当時常務)は、単身、校倉書房に乗り込み、自社の参画を宣言した。その後、間もない1981年6月、校倉版『安藤昌益全集』第一巻が刊行された。B5判で、冒頭に底本の写真版を小さく収め、その後に対応する翻刻・注解が施され、定価は18000円であった。

この校倉版『安藤昌益全集』について、尾藤正英は「このような無理解にもとづく訓読文は有害無益』「校注や解説にも問題が多く、昌益の思想を理解しようと思って本書を読む人にとっては、ほとんど役に立たない」(『図書新聞』1981年12月26日)と酷評した。

一方、「安藤昌益没後220年記念」と銘打った農文協版の『安藤昌益全集』は、翌1982年10月に第一巻(訓釈注解篇一)と第十七巻(復刻篇一)を同時刊行した。A5判で解題・書き下し・現代語訳・注解を収めた訓釈注解篇と、底本の各葉を一頁大に収め、書き下しとの対応を示した復刻篇からなり、読者の利便性を追求した構成になっている。また定価も訓釈注解篇が4000円から5905円、復刻篇が5905円という廉価版である。以下、復刻篇五までは毎月刊、訓釈注解篇は1983年3月の六巻から3ヵ月ごとに発行された。

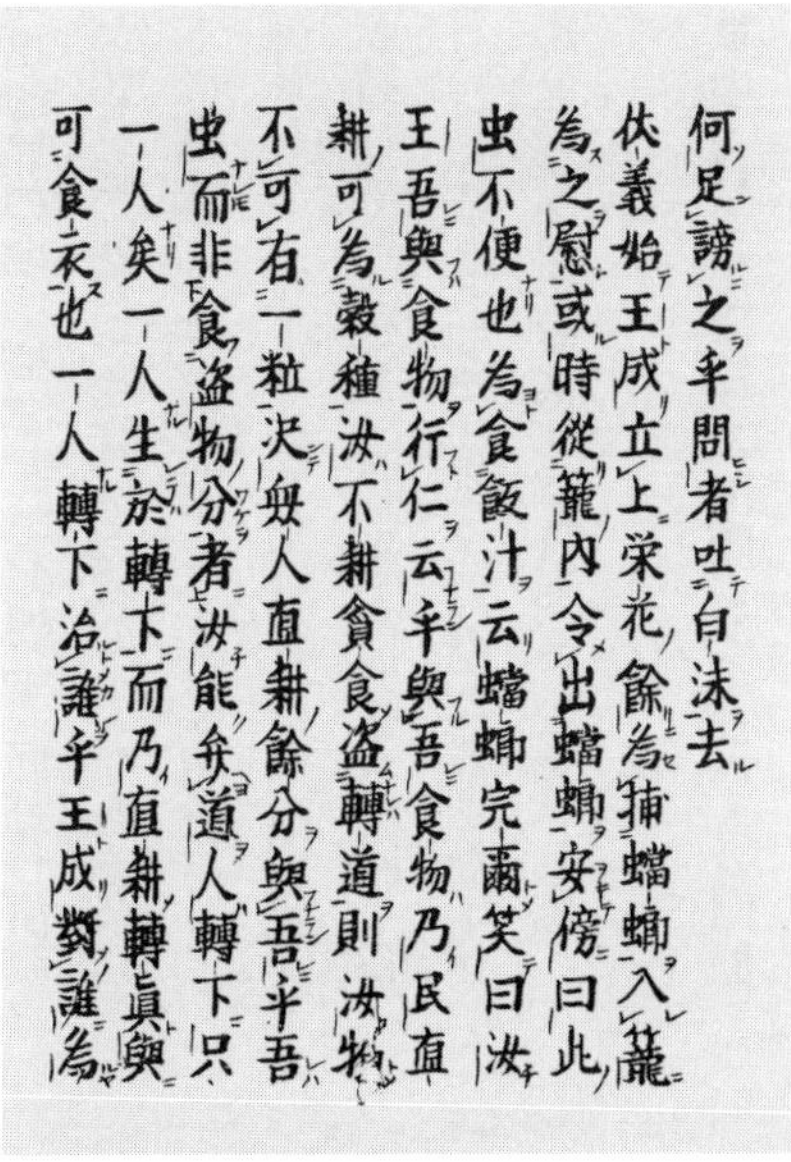
何足謗之乎問者吐白沫去
伏義始王成立上栄花餘為捕蟷螂入籠
為之慰或時従籠内令出蟷螂安傍曰此
虫不便也為食飯汁云蟷螂完爾笑曰汝
王吾與食物行仁云乎與吾食物乃民直
耕可為穀種汝不耕貪食盗轉道則汝称
不可有一粒汏毋人直耕餘分與吾乎吾
虫而非食盗物分者汝能弁道人轉下只
一人矣一人生於轉下而乃直耕轉眞與
可食衣也一人轉下治誰乎王成對誰為

底本の影印版(写真)とともに、書き下し文、現代語訳を収録した

寺尾は「本全集は、埋もれ忘れられ隠されてきた昌益の全貌を示し、現代に甦らせ、あえて将来にまで問うものである。なんの省略もない全文の書き下しであること、全体に現代語訳を施したこと、原本の復刻を付したこと、堅固な造本と廉価な価格などで、大衆的な普及と研究的な資料との二つの面にまたがり、むこう五十年か百年かの用に応えんとするものである。現在で期しうる完璧に近いものとして、追随も比肩も許さぬものと自負している」と述べている。農文協は、この全集の編集・校正などを、寺尾ほか5名による安藤昌益研究会に委嘱した。彼らはこの事業の意義と、版元の意気に感じ、その完遂に全身全霊をささげ、この種の全集としては異例の定期刊行を遵守した。そして版元の期待に応え、先行した校倉版を駆逐する完璧な全集を世に問うた。さらに、その過程で新資料の発見や紹介など、新たな業績もあげたのである。

■出版各賞の獲得と評価

1987年3月、索引・用語解説を兼ねた別巻『安藤昌益事典』が刊行され、全21巻22冊別巻1の完結をみた。一方の校倉版は10年後の1991年10月に第十巻を刊行したが、結局刊行されたのは一巻と十巻のみであり、三宅正彦の死去によって完結は絶望的となった。

農文協版『安藤昌益全集』は発刊時から注目され、多くの読者から歓迎され、熱い支援を受けてきたが、同年11月、

「出版界の金字塔」として第四十一回毎日出版文化賞特別賞を受賞。選者の一人である奈良本辰也は「まさに驚嘆すべき事業の完成」と絶賛した。翌1988年11月には、別巻『安藤昌益事典』が第二回物集索引賞を、同年12月には『安藤昌益全集』全21巻22冊別巻1が第三回梓会出版文化賞特別賞を受賞した。

■中・日・米における国際シンポジウムの開催

1992年、安藤昌益没後230年・生誕290年を記念する国際活動の一環として、中・日・米の三か国で安藤昌益国際シンポジウムが企画された。その嚆矢は9月22日・23日の両日、中国山東省済南市にある山東大学で開催された「中日共同安藤昌益学術討論会」であった。このシンポは日中国交回復20周年を記念するものであり、「無軍・無戦、無事・安平ノ世」を求める平和主義の思想家・安藤昌益を通じて、日中不再戦と平和交流の展開を誓うものでもあった。

続いて10月17日・18日の両日、昌益が「御町医」として居住し、昌益研究のメッカともいわれた青森県八戸市で「昌益国際フェスティバル・八戸」が開催された。このシンポにはアメリカ・シカゴ大学教授でアジア学会の会長であったテツオ・ナジタ、作家の井上ひさしらを招き、市をあげた地域ぐるみの協力を得て行なわれ、参加者1200名を数える大規模なものとなった。

さらに翌1993年4月2日・3日の両日、アメリカ・ニューヨーク州イサカ市にあるコーネル大学で日米両国の研究者による昌益シンポジウムを開催した。これらの国際シンポは、昌益が平和と民主主義、エコロジー思想の先駆であることを世界に紹介しようと、農文協が企画、運営したものであった。

その後も1995年10月2日・3日の両日、農文協創

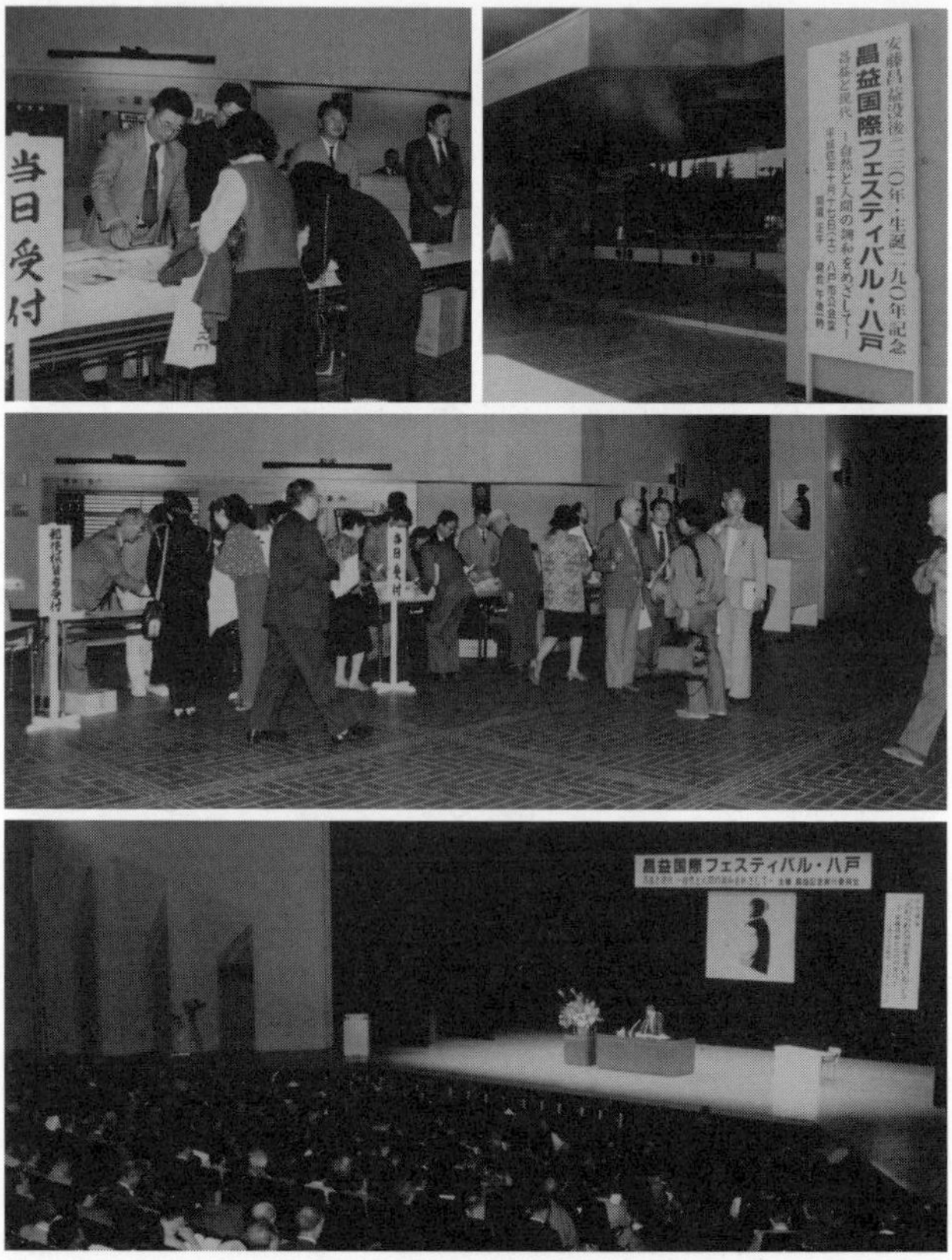

日、米、中、仏など世界各国の研究者・市民1200名を集めて開催された「昌益国際フェスティバル・八戸」。農文協本支部の総力を挙げて協力したこのシンポジウムが、16年の歳月を経て「安藤昌益資料館」開館に結びついた

立55周年記念シンポジウム「中国哲学者　日本思想を語る」を開催。その第二部「中国の安藤昌益研究」として3人の中国人研究者の発表が行なわれ、続く10月14日・15日の両日、昌益の生誕地である大館での「第一回安藤昌益大館シンポジウム」開催に協力するなど、昌益思想の紹介と普及に努めた。

■単行本と増補篇による補完

こうして『安藤昌益全集』を擁する農文協は、すでに安藤昌益に関する出版社としては確固たる存在となり、昌益に関する専門書や関連書も少なからず刊行している。これらは全集への手引き、入門書や新知見を補うもの、シンポジウムの記録など、すでにその数、十指に余る。

当然ながら全集の監修者である寺尾五郎のものが多く、全集に先立って広範な読者に昌益を紹介した『安藤昌益の闘い』（1978）、一連の国際シンポジウムに向けて執筆し、全集の成果を総括した『論考　安藤昌益』（1992）、その続篇である『続論考　安藤昌益（上）　安藤昌益の自然哲学と医学』『続論考　安藤昌益（下）　安藤昌益の社会思想』（いずれも1996）がある。

続いて安永寿延が、昌益の人と思想を写真で紹介した『写真集　人間安藤昌益』（1986）、一連の国際シンポジウムに向けて編纂・執筆した英文の『ＡＮＤＯ　ＳＨＯＥＫＩ』、その日本語版『安藤昌益　研究国際化時代の新検証』、前出の増補版である『増補写真集　人間安藤昌益』（いずれも1992）と続く。

また狩野亨吉とともに昌益研究に貢献した渡辺大濤の昌益関係書、『渡辺大濤昌益論集1　安藤昌益と自然真営道』『渡辺大濤昌益論集2　農村の救世主　安藤昌益』（1995）も有意のものである。

農文協が編集した国際シンポジウム記録では、『安藤昌益　日本・中国共同研究』（1993）、昌益国際フェスティバル・八戸の記録『増刊現代農業　安藤昌益　国際シンポジウム記録』（1993）、農文協創立55周年記念シンポジウム「中国哲学者　日本思想を語る」の記録集『農村文化運動』139号（1996）、安藤昌益大館シンポジウムの記録『日中共同シンポｉｎ大館95　昌益思想の継承と地域社会の再生』（1996）がある。

そのほかの単著では、川原衛門著『追跡　昌益の秘密結社』（1983）、東條栄喜著『安藤昌益の「自然正世」論』（1996）、いいだもも著『猪・鉄砲・安藤昌益』（1996）がある。

なお、全集完結後に発見された新資料と、全集では後人の著作として現代語訳が略されていた昌益医学を忠実に再現した『真斎謾筆』の現代語訳を収め、かつ全集に収録された全著作のテキストデータを収めた『安藤昌益全集増補篇』全3巻（2004）を刊行し、デジタル時代に対応した画期的な全集として新たに蘇らせた。

■**さらなる普及に向けて**

2008年11月、「安藤昌益資料館をつくる会」が旗揚げされ、八戸が生んだ偉人である昌益を顕彰しようという運動が起こり、八戸シンポの際の深い関係から、伊藤専務に顧問就任の要請があった。地域における顕彰や普及の支援も重要であると全面的な支援を約束。農文協の昌益関係書一式の寄贈など、内容の充実に協力している。

安藤昌益は農村文化運動の先駆であり、日本の風土が生んだ土着自生の思想家である。自然と人間の営為が調和する社会をめざす農文協にとって、昌益の思想はこれからも大きな柱であり、土台であり続けなければならない。

（泉博幸）

3 江戸時代人づくり風土記

■**教育を人が育つ場の側から考える**

全集『江戸時代人づくり風土記』（1987〈昭和62〉年～全50巻）の企画意図を私たちは次のように考えた。

「人づくり」といっても、じつは人はつくられるのではなくて、できるものだ。子が自ら育っていく力をまず信頼する。そして、親（大人、地域）は、その力が一層発揮されるような場をつくってやる。この関係はイネづくりに似ている。イネづくりとはイネをつくることではなくて、田

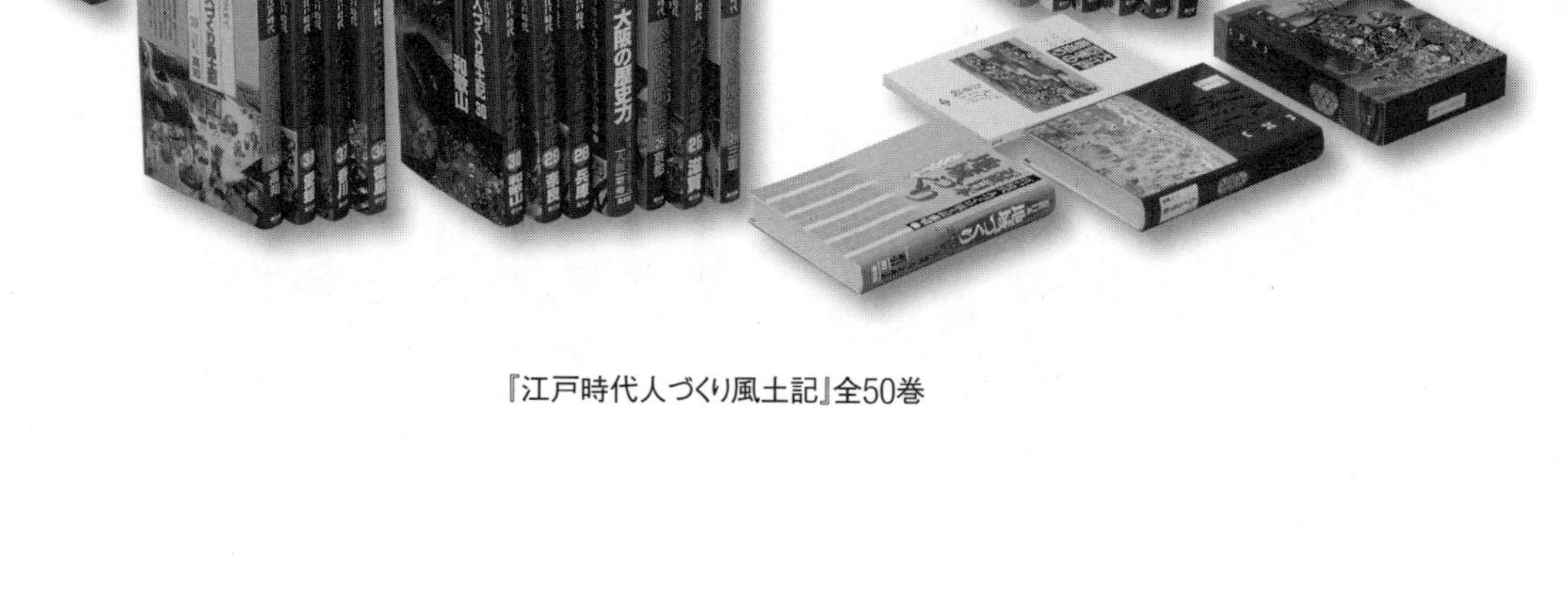

『江戸時代人づくり風土記』全50巻

をつくることである。田をつくることによってイネができる。「人づくり」というとき、つくるとは決して画一的に鋳型にはめてつくるようなことではなく、多様な人材がおのずとできてくるような場をつくるということである。場は学校教育ばかりではなく、広く人が育つ場を視野にいれなければならない。人が育つ場は国という抽象的な場ではなく、具体的な地域のほかにはない。

明治以来続いた近代化の過程は、地域の人づくりの基本的な場として機能する力を弱める過程でもあった。高度経済成長は地域の人づくり機能を一挙に壊滅するほどの力を持っていた。その反省のうえに立って、私たちは人づくりの原点をあえて江戸時代に求めた。

一般に江戸時代は封建の時代、鎖国の時代、士農工商の身分制度の時代として、否定的にとらえられてきた。歴史の進歩を自明のこととする時代には、過去は必ず否定される。しかし、今は歴史の進歩を疑う時代、未来のために過去を考える時代である。江戸時代を虚心に振り返れば、三百余の藩領ごとに地方分権が行なわれ、半独立的に行政・経済が運営され、独自の地域振興が蓄積され、多彩な地方文化が花開き、その結果二世紀半にわたる社会的安定が保たれた特異な時代が浮かび上がってくる。

そうしたなかで人づくりの場はじつに多様であった。村や町の自治と相互扶助のなかで人は育った。農業でも商業でも、生業を振興し継承するなかで人は育った。地域システムとしての藩校、私塾、寺子屋で人は育った。それぞれの場で人々は、たくまずして、人を育て上げた。地域に根ざした多彩な人づくりのあり方を考えるうえで、江戸時代から学ぶことは限りなく多い。

■江戸時代の暮らしにタイムスリップ

この『江戸時代人づくり風土記』は、各都道府県別に一冊をあてて、地域単位に江戸時代の暮らしを具体的テーマ（場面）に即して扱ったものである。歴史の本というよりは全国各地方の固有の風土のもとに、どのような暮らしが成り立っていたかを明らかにしたものだ。だから「風土記」と名づけたのである。そして、とりあげるテーマを、人が育っていく場に重点をおいたから「人づくり」なのである。

とりあげたテーマ（場面）は一巻に約50ある。その一つ一つはいわば読み切りの物語だ。寺子屋の場面、植林の場面、治水の場面、門前町の賑わい、商人の活躍、災害からの復興、旅と宿場、外国からの客人たち、その他たくさんの場面を、地域に即して描いていく。「××県の歴史」を知識として学ぶのではなく、自分たちの住む場所の江戸時代の暮らしにタイムスリップしてみようというのである。

たとえば、歌川豊国（1769〜1825年）が描いた、寺子屋での書初めの風景の図がある。仔細にみると、注目したい点が二つある。一つは、机上にある手習いの紙の

正月の書初めの風景が描かれた歌川豊国筆「風流てらこ吉書はじめ」（『江戸時代人づくり風土記』東京巻所収。謙堂文庫蔵）

ほとんどが字の形をなしていないことである。これは、運筆の練習を何度も何度も同じ紙の上で重ね書きしているから、紙がまっくろになってしまうのである。もう一つは、大あくびをしている子がいることだ。あきてしまえばあくびもするという、そしてそれをとがめもしないという当時の寺子屋の雰囲気が伝わってくるではないか。

当時の生活のあり方をイメージする手助けになるような絵画や、今に残る遺跡などのカラー写真などもふんだんに使った。東京巻と沖縄巻では、ＣＤによって当時の〝音〟を再現する試みもした（東京巻は「大江戸四季の音巡り」、沖縄巻は「沖縄を聴こう」というＣＤで、町を行く物売りの声や新内流し、歌舞伎の音曲、あるいは沖縄の民謡とそのさまざまな楽器の単音などが収録されている）。読むだけでなく、視覚にも聴覚にも訴えて、江戸時代の暮らしを伝えたかったのである。

■最終巻『近世日本の地域づくり２００のテーマ』

全集の完結にあたって、その発刊意図をもう一度確認するために、地域横断的なテーマによって、江戸時代の意義をとらえ、そこから逆に地域の特質を探る第50巻『近世日本の地域づくり２００のテーマ』（２０００年）を企画した。人が育つ場としての「地域」、そのような「地域」を育てた先人の営みを、テーマ別に提示した最終巻である。

本全集は、発刊以来13年の歳月を要したが、この間、中央教育審議会は「生きる力」、「みずから学び考える力」などをキーワードとする教育改革の方向をうち出し、２００２年度からは、地域のモノ・コト・人に密着した「総合的な学習の時間」がスタートした。そこでは、みずから調べる探究学習が大切になる。自分たちのふる里の江戸時代の暮らしはどうだったのか、それをテーマ別に「調べ学習」するさいに、本全集の各都道府県版とともに『２００のテーマ』は、簡にして要を得た手引きとして必備の資料となっている。

（栗田庄一）

19章　中国との農業交流・自立型農村建設支援

農文協が中国との農業交流活動を開始したのは、創立から45年たった1985（昭和60）年である。

その前年に専務理事となった坂本尚は、1985年、中国農業大学と中国農業科学院に向けて、農文協の全出版物を寄贈した。戦前の農文協が戦争協力団体であったことへの贖罪の気持ちを農文協的に表わすためには、農業技術の分野で中国の農業発展に協力することであるとの判断からである。これをきっかけに、翌年、中国農業部甘坐富氏の手配により中国農業科学院をはじめとする農業関係の各方面との広範な交流のスタートを切った。同時にこの年から北京国際図書博覧会に毎回ブースを出展し、農文協の文化財と農業交流活動の宣伝を開始した。

それから25年、中国の農業関係出版社や行政担当者、研究者、また中国の農家とのつきあいは深く広がった。日本のなかでこの活動に協力してくれる人脈も年々広がった。そして、そのなかでこそ出版できた中国関連作品がある。またこれから出版しなければならないものがある。25年の日中農業交流活動と相互の翻訳出版活動の関連および意義を振り返ってみる。

1　中国古農書の翻訳出版で日中農業交流の原点を確認

当初の十数年の交流は、相互の翻訳出版とシンポジウム開催の活動が中心であった。

なかでも『中国農業の伝統と現代』（1989年9月）をはじめとする中国農書にちなむ翻訳出版は、日中農業交流の原点を確認する意味をもっていた。中国農科院元副院長の劉志澄先生の紹介でこの本の存在を知り、早速翻訳出版することにしたのである。編集者は次のように解説する。

「本書は世界有数の歴史を誇る中国伝統農業の全貌を多角的に詳解した名著。中国農業科学院農業遺産研究室が取り組む国家プロジェクトの共同研究の成果に、大幅な加筆訂正を施した修訂草稿本の翻訳である。悠久の歴史と地大物博（土地は広大、物質は豊か）を誇る農業大国・中国。その中国農業史研究の総本山である農業遺産研究室所蔵の膨大な史資料を駆使し、斯界の碩学を総動員して成った本書は、中国の伝統農業を思想・生態学・土壌学・育種学・農具および機械工学などの方面から総合的にまとめた恰好の中国農業通史である。

たんに中国農業史研究の学問的成果としてのみならず、中国伝統農業のもつ永続的農業への有効な示唆に富む本書は、有機農業、パーマカルチャーなど、実践的な意味においても、有益な必読・必携の文献となっている。中国農業史に深い造詣をもち、厳密周到な訳業で定評のある渡部武氏が、日本語版のために新たに図表や写真百余点を補ったほか、人名・書名・事項の索引を付して、読者の理解と検索の便を図っている。」

この書に描かれているのは、狭い土地で多数の家族員を養なわなければならない宿命を負っていた中国農家の技術の工夫と農家の思想である。

日中農業交流がまず中国農書の翻訳出版からスタートしたことは、日中農業交流の原点を「同じ土地狭小の農耕民族という共通の立場を確認し、自給の思想に立った近代化の在り方を学び合うことにある」とするうえで重要な基礎となった。進んだ日本に対し遅れた中国というような虚構の図式ではなく、相互に「学び合う」という姿勢はその後の交流の縦糸をなしてきたからである。

中国農書に関連する文化財には以下のものがある。

●『中国農業の伝統と現代』（1989年9月）
郭文韜・曹隆恭・宋湛慶・馬孝劬著、渡部武訳

●『中国古代農業博物誌考』（1990年11月）
胡道静著、渡部武訳

●『陳旉農書の研究　12世紀東アジア稲作の到達点』（1993年3月）大澤正昭著

●『中国大豆栽培史』（1998年1月）
郭文韜著、渡部武訳、99年第5回APPA出版賞銅賞受賞

●『東アジア四千年の永続農業　上巻・下巻』（2009年1月）
F・H・キング著、杉本俊朗訳、久馬一剛・古沢広祐解説

中国の農家の思想を縦横に紹介した『中国農業の伝統と現代』（郭文韜ら、1989年）

2　「中日農業科技交流文献陳列室」、「日本農業科学技術応用研究室」の設置と活動の広がり

こうして翻訳出版を開始する一方、日中農業交流の拠点となる組織を立ち上げることになり、二つの組織をつくった。

一つは日本で発行されている農業関連本を集めた図書室である。１９９１（平成３）年、日本国内で農業書を発行している10近くの出版社が献本し、共同で立ち上げた（図書室の名称は「中日農業科技交流文献陳列室」）。場所は中国農科院の一部署「中国農業科技出版社」の中である。

この陳列室には１９９７年「日本農業科学技術応用研究室」が併設され、ここを中心に中国側の必要、要望にこたえて交流や翻訳、シンポジウムを開催していくことにした。

この二つの組織がつくられた段階では、翻訳出版以外の様々な活動が開始された。

■東洋思想に関するシンポジウムと出版

日中に共通する「東洋思想」を確認するシンポジウムである。１９９２年には山東大学で「中日安藤昌益学術討論会」が開かれた。また、１９９７年と１９９８年の２回、浙江省の杭州大学（現浙江大学）日本文化研究所と共催で二度の「東洋の伝統的環境思想の現代的意義」のシンポジウムを開いた。後者のシンポジウムでは農文協の原田津が「日本の農村における土着の民主主義」を報告した。この報告に対し、中国社会科学院の思想史研究の重鎮、黄心川先生は次のように述べた。

「こうした民衆思想における自然と共生する生き方と、それをシステムとして維持するための社会的ルールの存在など、われわれが見失ってしまった重要な観点を指摘されていることに、私は深い感銘を覚えた。

こうした自然との調和・共生を基調とする思想は、日本だけでなく広く東洋全体に見られる思想的特徴の一つといえる。そうした東洋思想の特質が、今日の深刻な環境問題の克服に何らかのヒントを与えるのではないか。」

東洋思想の基盤をなす農家の思想は、マネーゲームにまで発展した欧米の経済合理主義、科学万能主義に対する最大の警鐘であることの確認でもある。

こういう思想関連の書籍としては次のようなものが集中的に出版された。

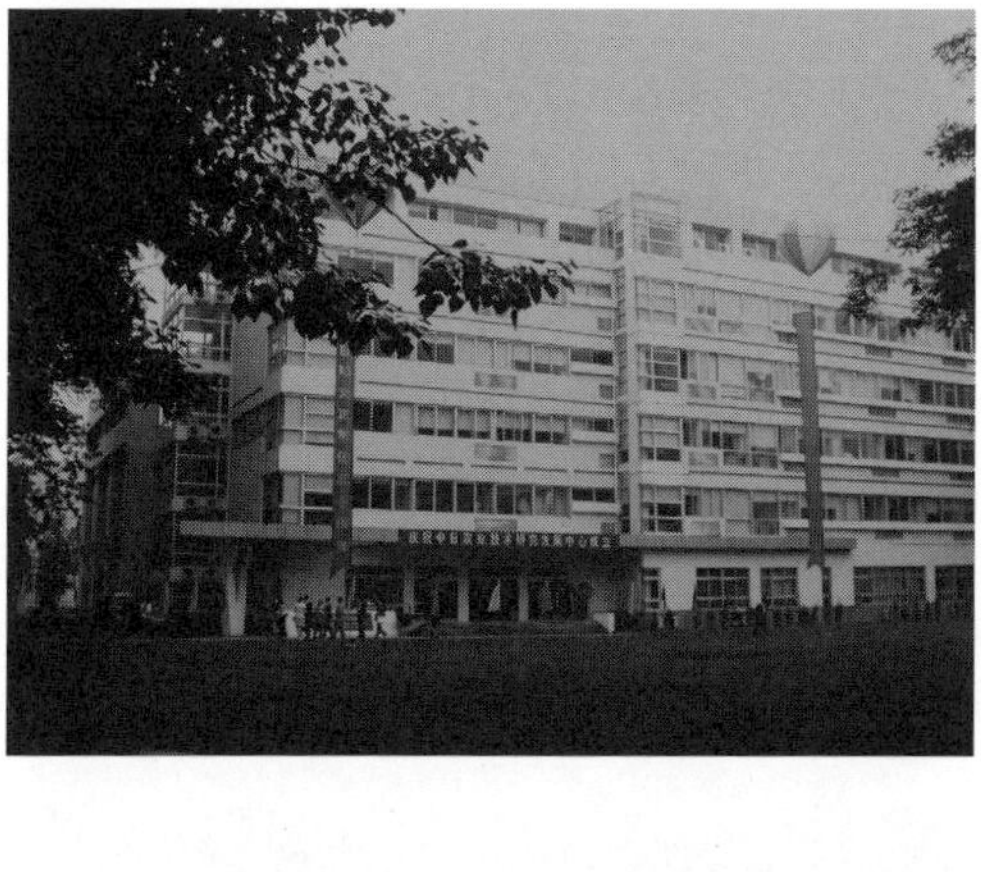

中国農科院内にある中日持続的農業発展研究センターに中日農業科技交流文献陳列室および日本農業科学技術応用研究室が置かれている

●『安藤昌益　日本・中国共同研究』
（1993年10月）農文協編

●『日本神道の現代的意義』
人間選書209「中国における日本思想の研究（1）」
（1997年11月）王守華著、本間史訳

●『日本の近代化と儒学』
人間選書221「中国における日本思想の研究（2）」
（1998年8月）王家驊著

●『日本近代思想のアジア的意義』
人間選書223「中国における日本思想の研究（3）」
（1998年9月）卞崇道著

●『東洋的環境思想の現代的意義　杭州大学国際シンポジウムの記録』
人間選書225（1999年3月）農文協編

●『東洋思想の現代的意義』
（1999年12月）黄心川著、本間史訳

さらに関連して、多数の日中文化交流、中国での農村活動、哲学関連本が出版された。

●『戦後日本の哲学者』
（1995年9月）鈴木正・王守華編

●『日中農業技術交流の新段階』

●『農村文化運動』149・150合併号（1998年9月）

●『詳解　中国の農業と農村―歴史・現状・変化の胎動』
（1999年3月）河原昌一郎著

●『戦後日本哲学思想概論』
（1999年11月）卞崇道著、本間史訳

●『晏陽初　その平民教育と郷村建設』
（2000年3月）宋恩栄編著、鎌田文彦訳

●『東西文化とその哲学』
付「梁漱溟先生記念セミナー」講演集
（2000年3月）梁漱溟著、長谷部茂訳

●『郷村建設理論』
（2000年3月）
梁漱溟著、アジア問題研究会編、池田篤紀・長谷部茂訳

●『中国史のなかの日本像』
人間選書232（2000年9月）王勇著

●『江戸・明治期の日中文化交流』
（2000年10月）浙江大学日本文化研究所編

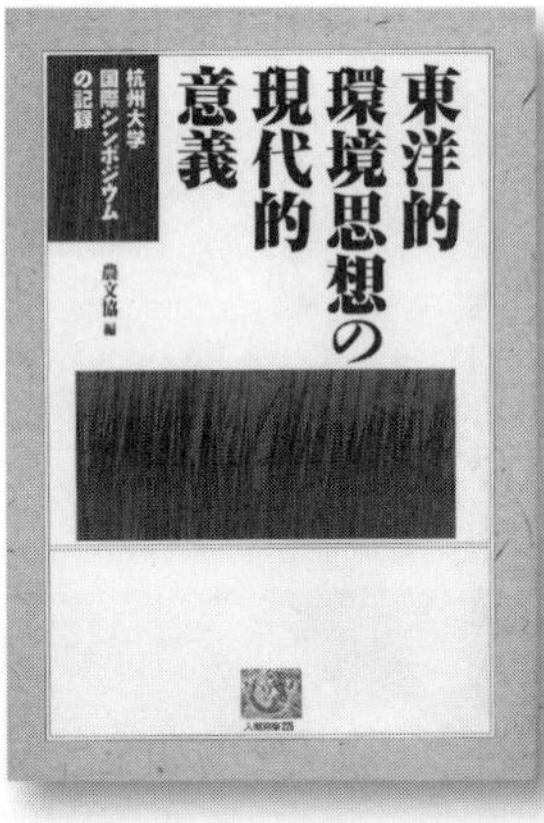
東洋的環境思想の現代的意義
杭州大学国際シンポジウムの記録
農文協編
農文協編
『東洋的環境思想の現代的意義』
（1999年）

●『奈良・平安期の日中文化交流』
（2001年9月）王勇・久保木秀夫編
●『杜潤生　中国農村改革論集』
日中国交正常化30周年記念出版（2002年3月）
杜潤生著、農林中金総合研究所編、白石和良・菅沼圭輔・浜口義曠・阮蔚訳
●『「自然」概念の形成史　中国・日本・ヨーロッパ』
（2002年8月）寺尾五郎著
●『アジアと日本　平和思想としてのアジア主義』
（2007年3月）李彩華・鈴木正著
そのほか、供銷合作社関連では次の本が出版された。
●『中国農村合作社制度の分析』
（2009年4月）河原昌一郎著、農林水産政策研究所編

■『中国農技推広』への『現代農業』記事抄訳で、日本の農業技術を紹介

1998（平成10）年から2年ほど、中国の農業技術普及員向けの雑誌『中国農技推広』（全国農業技術普及サービスセンター、8万部）に、毎号4頁を当てて『現代農業』記事を数本ずつ要約して紹介することになった。記事の選択と翻訳は中国農業科技出版社内におかれた日本農業科学技術応用研究室の張孝安氏が担当した。反響が大きかったのは「紙マルチ」に関する記事である。中国はポリマルチを使って保温栽培する「白色革命」が進行してきていたが、いまやそれが土壌汚染源で「白色汚染」といわれる状況も出ており、分解して土に戻る紙マルチが注目されたわけである。応用研究室はその反応を伝えたところ、中国農科院麻類研究所は、麻を使っての麻マルチの製造研究を開始し、マーケティングで数回来日した。

■『日本農業書総目録』の中国語版出版

同じ1998年、日本農業科学技術応用研究室は中国農業科技出版社に『日本農業書総目録九八年版』（中国語訳）を発行してもらった。目録に掲載されている数千冊の書籍名とその解説が、日本の目録と全く同じページに載るように工夫されたもので、中国語の目録の解説文を見てこの本を読みたいとなって日本農業科学技術応用研究室に注文すれば、ページが対応しているから、日本農業科学技術応用研究室として直ちに日本から取り寄せを実行できるわけである。日本国内の中国関連団体にも、その目録を中国の友人に送って日本の農業関係書籍の購読運動を呼びかけた。その後、総目録2000年版の中文版を発行した。

この目録は中国各地に伝わった。江蘇省鎮江市の技術者沈暁昆氏はこれにより、日本のアイガモ水稲同時作を鎮江に広める活動に着手、古野隆雄氏と萬田正治氏を呼び、現地化に大成功した。それは後述する2004年からの鎮江市との交流開始の魁でもあった。

■『現代農業』バックナンバー寄贈運動

2003(平成15)年、『現代農業』のバックナンバーを、送料(国際送料+国内送料)だけの負担で日本農業科学技術応用研究室から送るという「『現代農業』寄贈運動」を開始した。一年前までの5年分を300元で届けるもので、日本語を読める担当がいる大学図書館や各省農科院、日本留学経験者などに宣伝し、一定の反応があった。また、最近になって、中国内での『現代農業』への関心が強まってきた関係からか、注文が増えている。

なお、2002年6月、日本農業科学技術応用研究室と中日農業科技交流文献陳列室は中国農業科技出版社から離れ、直接、中国農科院国際合作局の協力のもとで活動することになった。事務室は国際合作局の発意により、日本政府と中国政府の協力でつくられた中日持続的農業発展研究センター(中国農科院内)に二部屋が提供された。

3 中国鹿泉市での農業農村発展計画作成と日中同時出版

こうした日本農業科学技術応用研究室の活動を伝え聞いて、人口30万の近郊都市である鹿泉市(河北省の省都石家庄市の隣)から、農業振興への協力要請がきた。中国農業科学院から鹿泉市副市長に派遣されていた朱光さんというムギの研究者が仲介したものである。それで開始されたのが、鹿泉市農業農村発展計画作成のプロジェクトである。

このプロジェクトは東京大学名誉教授・今村奈良臣氏を中心とする農業農村発展計画を担当するチームと、東京工業大学名誉教授・青木志郎氏を中心とする鹿泉市のなかの一つの鎮である大河鎮の農村整備計画をつくるチームの二つからなった。

後者は農業や環境に配慮しながら道路や住宅、公共施設配置などの設計が目標で、河北農業大学、上海大学の研究者が実行し、日本側のチームがアドバイスする形で進行した。中国国務院小城鎮改革発展センターに40万元で指揮を委託した。

前者は日本から農業経済の専門家に参加してもらい、現地の行政幹部や中共中央などとも連絡をとって「河北省鹿泉市農業農村発展計画作成委員会」をつくって調査を実施し、2002年の夏に計画を完成させ、その成果は2004年10月、中国語と日本語で同時出版した。中国語版は農業関係出版社大手の中国農業出版社に発行してもらった。題名は、中国版は『中国県級市農村発展研究―河北省鹿泉市農村経済発展的戦略規劃』、日本版は『中国近郊農村の発展戦略』(今村奈良臣・張安明・小田切徳

今村奈良臣ら『中国近郊農村の発展戦略』(鹿泉計画)(2004年)。
中国農業出版社からも同じ内容の本が同時に出版された

美著）である（２００５年第11回ＡＰＰＡ出版賞銅賞受賞）。なお、この計画作成当初から成果物の同時出版を考えていたが、その狙いは読んだ日本の読者が鹿泉市に赴き、自発的交流が始まることであった。

特筆すべきは、この調査と計画作成を通じて、農文協として中国農村と農家の現場を深く認識したことである。その結果、この計画作成の途中から、農家交流が始まった。

4 農家交流の始まりと、書下ろし酪農技術書の出版

鹿泉市の農業農村発展計画のなかで、酪農は重要部門であった。酪農家、乳業メーカー調査段階で、不受胎、低乳量、病気多発など鹿泉市の酪農が抱えている課題が１９７０年代の日本と全く同じであり、解決にはすでにそれは克服した経験をもつ日本の酪農家と鹿泉市の農家との技術交流が一番効果があることがわかった。

２０００年２月、小沢禎一郎団長（長野県の酪農家）以下５人の酪農家と獣医師が自費で駆けつけ、酪農交流が開始された（その後８人に）。日本側で交流に参加したのは、１９８０年代、『現代農業』に連載され全国を巻き込んで大成功を収めた「乳牛の二本立て飼料給与法」の実践の先頭に立った酪農家と指導を行なった獣医師たちである。

毎回の現地および座学の研修は、会場からあふれるばかりの熱気につつまれるものであった。10回以上の交流のなかで、鹿泉市の酪農は規模にして10倍の４万頭になり、マメ科牧草のアルファルファ栽培が始まり、受胎と乳量は劇的に改善された。

鹿泉市からも多くが来日して日本の農業を見た。二本立て飼料給与法の発生の地、千葉県旧富山町（現南房総市）では、町長以下が鹿泉市との交流に赴いた。小沢団長の住む長野県松本市島内集落の人々は、鹿泉市からの訪問団を受け入れ、また、大勢で鹿泉市に行き、小学校とも交流するなど地域レベルの交流も行なわれた。

酪農交流団の団長の小沢さんは「教えることより学ぶことのほうが多いよ。中国の牛はキノコが生えているようなあんなに悪いサイレージで、立派に生きている。なぜだ、日本の牛ならひっくり返ってしまうのにと見ていると、運動場で運動させることの重要さに気がついた。それで帰って、自分の牧場でもやってみたらすこぶる調子がいい」と述べているように、農家同士の交流では中国の酪農家から学ぶことも多かった。

この交流のなかで酪農交流団は『乳量20％アップの二本立て飼料給与法』を中国の農家向けに書き下し、中国農業科技出版社から発行した（２００３年１月）。鹿泉市が３０００部を

小沢禎一郎ら
『乳量20％アップの二本立て飼料給与法』
（中文版。2003年）

買い上げ、ただちに増刷となり、新疆ウイグル自治区や河南省など多くの交流要請があり、実施した。日本では2002(平成14)年、中国との交流も視野に、全国二本立て飼料給与法研究会が組織され毎年、研究会を開いている。また、中国酪農家との交流を行なっている。

こうして、調査に基づく農業農村計画づくり、そしてそれを起点にした農家交流の開始という形式はその後、江蘇省鎮江市・句容市においてさらに大きく発展した。

5 鎮江市・句容市農業農村発展戦略計画と本格的農家交流段階

鹿泉市の農業農村計画作成と農家交流の動きを見守っていたのが、江蘇省農業科学院の丘陵地区鎮江農業科学研究所の趙亜夫所長である。趙亜夫さんはもともとイネの研究者だが、30年前、愛知県安城市の農家・近藤牧雄さんのところにホームステイしていた経歴がある。

趙亜夫さんはこのホームステイ時に『現代農業』を知り、これこそ中国江蘇省(人口7000万人弱)の農家に最も役立つ技術の宝庫であることを直感した。それで日本語を独学で勉強し、話ができ、また読めるようになった。『現代農業』を読み、記事にある人を訪ねて直接会話するためである。その趙亜夫さんが、2003年12月に来日し、農文協とコンタクトした。趙さんはそのとき、鎮江市で最も貧しい地区、鎮江市の中の句容市戴庄村(人口800人)で有機農業をすすめ、農家の合作社を立ち上げ、農家が豊かになれることを実証したいと思っていた。

中国の農家は、人民公社に強い拒否感を持っている。あらゆる組織化が嫌いである。さらに戴庄村の農家は、上から「これはもうかるからつくれ」と言われて何回も損をし騙されてきたので、上からの指導は全く信じない。豚をやればエサ代をぼられ、クリを植えても肥料代も出なかった。自分の目で確認できないことは信じないというのが一般的だった。その戴庄村の農家に、モモやイチゴ、野菜、有機イネができること、それが贈答品などで高く売れ、ちゃんと儲かる農業になることを示すことが趙亜夫さんの課題であった。日本との技術交流・農家交流こそが農家の発展する鍵とみた。

2004年春、江蘇省鎮江市科技局から大きな団が農文協に派遣された。鹿児島大学での土着菌養豚(発酵床を基本とする飼養形態)を見学し、二本立て飼料給与法の出発地で

趙亜夫さんは鎮江農業科学研究所に『現代農業』を読む仲間を広げ、農家にも写真などを見せている

ある千葉県の酪農家を視察し、最後に農文協を訪れ鎮江市との交流を提案してきた。その秋、鎮江市科技局と農文協は農業技術交流についての協力協定を結び、句容市という鎮江市のなかの県級市の農業農村計画共同作成と酪農交流などの多面的な交流活動に入った。

『現代農業』を読むために日本語を独学で学んだ趙亜夫さんは、鎮江農業科学研究所に『現代農業』を読む仲間を広げた。農文協書籍を集めた図書室をつくった。だから鎮江市には『現代農業』を読んでいる人が20人ほどもいるのである。そして、モモ、ブドウ、イネ、イチゴ、養豚などに日本の技術を応用し、農家に呼びかけてその実践の輪を広げていた。

そういう基盤があるので、鎮江市・句容市の「農業農村発展戦略計画」作成は、鹿泉市のときとは全く違った様相を示した。計画作成の顧問に中央農政の大物の陳錫文氏、劉志仁氏が入ったのは同じであるが、そのほか江蘇省から8人、鎮江市・句容市から12人が入っただけでなく、特筆すべきは計画作成委員そのものに、中国側から5人の委員が参加したことである。趙亜夫、趙振祥（鎮江市科学技術協会主席）、王志強（鎮江市科技局）、沈暁昆（鎮江市科技局）、王友成（句容市農業局）の各氏である。また、日本側の陣容には鹿泉計画作成の今村奈良臣、小田切徳美、張安明の各氏に加えて黒澤賢治（元JA甘楽富岡営農本部長）、斉藤春夫（農文協）の2人が入った。

句容市農業農村発展戦略計画作成のため、日中関係者が座談会を重ねた

黒澤賢治さんは、群馬県JA甘楽富岡管内の主要産業であった養蚕とコンニャクが壊滅した後の地域農業を立て直したJAマンである。野菜、キノコ、畜産など新たな生産を興し、独自に販路を開拓して全国のJAの模範となるような活動を展開してきた人である。その生産振興方式は管内の食文化を支えた自給的作目を集落ごとに点検して、試作するなかから有望品目を販売に乗せ、周年栽培化し、それを担う部隊として管内の老若男女全体の力に依拠したのである。販路は地元直売所における地産地消のほか、大手量販店や市場への多角的販売、業務・加工需要を含む契約栽培による安定的な取引確立など、日本のJAの経済事業の最先端の課題を切りひらいていた。これは中国の鎮江市・句容市にとって極めて実践的な示唆に富むものであった。

こうして「句容計画」は理論的であるとともに極めて実践

中国農業出版社から発行された『句容市農業農村発展戦略計画』

的な性格が強くなった。

現在、その計画実行のための交流が継続している。句容市からは何回も農家や合作社のリーダーが訪日し、JA甘楽富岡をはじめ日本の各地のJAや農家を訪問視察した。また、句容市長をはじめとする行政幹部も何度も訪日し、農家支援のあり方を視察した。

この過程で、最も貧しかった句容市戴庄村の有機農業合作社はすばらしい発展をとげている。米の無肥料無農薬栽培、アイガモ水稲同時作の実践、水田裏作への葉物野菜の導入、イチゴ無加温半促成栽培の成功、山梨県の大藤式モモ仕立ての実践、ブドウ、カキ、ナシの導入、土着菌発酵床豚舎での養豚などが進められている。生産だけではなく、米の精米施設を導入し、高価格販売も展開し始めている。さらに「農家楽」という名の農家レストランを開業し、鎮江市や句容市農家の深い食文化を周辺の都市住民に提供するグリーンツーリズムを発展させている。

■「日本農業先進技術普及会」開催

さらに、2007年から3年間連続で、鎮江市科技局は「日本農業先進技術普及会」という大規模な交流会を組織した。日本からは30人を超える農家、試験場の研究者、現場指導者が参加し、500人を超える鎮江市の参加者との間で新たなパイプができた。また、江蘇省科学技術協会は2007年「中日現代農業シンポジウム」を開催し、日本からJA関係者が多く参加した。2010年秋、日本から日中農協交流視察団が江蘇省を訪問した。中国では大規模農家や企業主導の合作社が大多数を占めるなか、農家自身の経営意欲に依拠する戴庄村のような農家主導の合作社が地域の食文化とともに経営を守る原点であることをつぶさに視察し、日本におけるJA活動の原点、今後の日中農協交流のあり方を見つめ直すことになった。また、この団は鎮江市だけでなく江蘇省全体の農家との交流の萌芽をつくった。

これらの交流の契機が継続交流に発展することは今後の大きな課題である。すでに一部は開始された。茨城県の松沼憲治さんは50年のキュウリ栽培の経験を土台に、鎮江市に何回も出向き、地元の有機素材を肥料の主体にする低コスト促成キュウリ産地づくりに協力している。佐賀県の果樹農家永渕晴彦さんは、ミカンの北限である鎮江市でのカンキツ栽培確立に協力している。長野県の酪農家小沢禎一郎さんらは鎮江市の酪農技術、堆肥活用について助言した。鎮江農科所と農家が一緒になっての、JAフルーツ山梨での本格的なモモ、ブドウの技術研修も予定されている。

こうして、計画作成をきっかけに日本の農家、JAと鎮江市の本格的交流が始まった。また、戴庄村の農家所得は大きく向上し始めた。他産業に出ていた若者が戻ってきた。

以上のように、２０００年代に入ってからは、日中農業交流活動は農業農村計画作成とそれを起点とする農家交流の具体化に力点を置いた。その一方、出版事業では次に見るように一般文化的出版がなされた。

今後は、農家交流と出版事業の再位置づけという両軸の展開が必要になるが、それは最後の節で見る。

6　文化一般、食領域の出版

２０００年から２０１０年までは農業農村計画作成とそれを出発とする具体的交流が大きく進展したが、一方、この現実の日中交流とは関係しない中国文化一般や食領域の全集や絵本、単行本のシリーズが発行された。

●『中国盆景の世界』全3冊
（２０００年9月）丸島秀夫・胡運驊編

●ＣＤ‐ＲＯＭ版『中国茶文化大全』
ＣＤ＋解説書（２００１年９月）熊倉功夫監修

●『図説　中国文化百華 』全18巻
（２００２年12月～２００９年4月）著者多数

●全集「世界の食文化」第2巻『中国』
（２００３年12月）周達生著

●「絵本　世界の食事」　第8巻『中国のごはん』
（２００７年12月）銀城康子文、神谷京絵

●『中国の故事民話』全6冊
（２００７年3月）沢山晴三郎訳、沢山生也編・画

7　今後の日中農業交流と出版活動

今後の中国交流活動を、出版活動を中心に考えてみる。

■「江蘇農業科技報」での日本『現代農業』抄録特集の意義

現在、この話を進めたいとしているのは江蘇省農科院が発行する「江蘇農業科技報」（週2回10万部発行のタブロイド版新聞）などである。

中国の農家は、日本で昭和20年代に発行したスライド『硫安は深肥で―空に肥まく伍助さん』に象徴されるような、基本的農業生産資材である肥料や農薬についての基礎的な学習を経ていないようである。だから肥料多投となり農薬多投となる。

そういう面があるとともに、実は中国の農家は、『現代農業』で繰り返し特集しているような地域資源活用でコストダウンする技術には非常に関心がある。茨城県の松沼憲治さんが、鎮江市で行なっている現地の研修会で紹介した土着菌ボカシ肥の現物への反応を見てもそれがわかる。この肥料は地域の鶏糞、モミガラをコメヌカと土着菌で発酵させた手間を除いたコストゼロの肥料である。これが

キュウリの基本肥料だというと、みな驚く。手にとり、匂いを嗅ぎ、議論しまくり、ついには日本に実地研修に来て自分たちもつくり始めた。接木や果樹の剪定・整枝も大いに関心がある。アイガモ導入は、カモをたくさん食べる文化の中国にはピッタリで、あっという間に広がった。土着菌床の養豚も全土から関心をよんでいる。

これら中国の農家、現場指導者に関心のあるテーマを定め、『現代農業』から編成して抄録的に特集すれば、それは実用的に役立つとともに、日本の農家そのものの理解に役立つことになる。

行政の幹部のなかには、アメリカの輸出型大農場こそ農業のモデルであると思いこんでいる人も多い。そこからは農家を村から工業に追い出し、残った土地を企業に任せるという政策が打ち出される。農家も農村も破壊されるが、それを進歩だと本気で思っている。そうではない。アジアの伝統は、狭い土地で多くの人口を支えることこそ本質であり、それが村と都市の発展の基礎である。だから、中国の村を守るためにも、農家に近い現場指導者が読んでいる上記「江蘇農業科技報」などに、アジア型の地域の農業を守れる特集を行なう意義は大きいであろう。農家のための技術こそ、農家が実行し、村が元気になり農家が儲かり、都市の食生活も守れる原点であることを交流することに役立つ。

■『中国現代農業』誌への協力

日本の『現代農業』からの抄録特集に載る記事は、そもそも日本の農家に向けて編集されたものである。アメリカよりは近いといっても中国と日本の農家の条件は大きく異なる。将来、中国自身の農家の実践を形象化する『中国現代農業』が発行され普及されてこそ、真に中国の農家の発展に役立つであろう。中国内にその組織をつくる意向が育てば農文協は全力で協力することになるだろう。

『中国現代農業』もあずかって中国の農家実践が発展し始めれば、日中の農家交流は新しい学び合いの段階に入れるであろう。

■中国古農書その他有力な中国の理論書の翻訳出版

90年代に集中的に発行された中国の古農書やその通史的紹介は、現在途絶えている。これは日中農業交流の原点を確認する意味でも持続させる必要があろう。また、近年は合作社発展や農家経営論をめぐってのまともな出版物が存在する可能性がある。これらも真に中国の現実を見るために、探し翻訳出版する意義がある。

■農文協書籍の中国語翻訳出版は課題

中国での農文協作品の翻訳はあまり多くない。分野分けすると小中学生の心身の健康に関するもの、健康法、ミニ盆栽、農業技術、その他であり、ほとんどが2000（平成12)年以前の翻訳である。2010年度に中国農業出版社との間に契約が成立した絵本「そだててあそぼう」シリーズ20冊の翻訳出版は、小中学校生を対象にしたものだが、大きな力を発揮する可能性がある。しかし、日本では重視して翻訳出版した農書や東洋哲学的なものはないに等しい。農協のあり方をめぐるものも翻訳されていない。全集の翻訳もない。アピールが不足していると考えられる。

一方、中国は日本の『現代農業』には前述したとおり関心を強めている。また、日本の農業協同組合についての関心が強い。これも踏まえて、農文協書籍の中国での翻訳出版を、交流の基礎をつくるうえで重視すべきであろう。

農文協の日中農業交流活動は、農家同士(技術者やJAも含む)の直接の交流と、お互いの農業文化や技術、農業理論、哲学の出版を通した交流が車の両輪である。その二つがなければ、相手を理解できず、また交流の意味が全体の中に位置づかない。時代の渦に巻き込まれてしまう。この二つの活動を農文協の力量に合わせて少しずつ進めることができれば、両国の農家同士の発展に直接の助けになるばかりか、真の友好と平和的な発展に役立つであろう。

（斉藤春夫）

JA支所の窓口に設置されたJA版農業電子図書館（タッチパネル）を利用する農家

20章　読者が主人公の情報活用にむけて（電子出版）

電子を活かす

20章　読者が主人公の情報活用にむけて（電子出版）

1　検索力を生かして自分の本をつくる

農文協が電子出版事業を世に問うた初めての年は1996（平成8）年、『現代農業・記事検索CD-ROM』の発売と、インターネットでのデータベースサービス『ルーラル電子図書館』の始動によってである。当時、インターネットの普及は急加速していたとはいえ、ブロードバンドは一般化しておらず、数年間はもっぱらCD-ROMを中心に推移した。

出版界においては、1987（昭和62）年に『広辞苑・CD-ROM版』が発売されて以来、パソコンの急速な普及とともに数多くの電子出版作品（CD-ROM）が登場するようになっていた。それは出版物の製作過程にコンピュータが導入され、デジタルデータの活用進展と呼応していた。

農文協においても、『日本の食生活全集』や『農業総覧　病害虫防除・資材編』の企画段階から、データベース構築が想定されていたし、作品そのものがデータベースともいえる『農薬便覧』などはCD化の構想が早くからあった。『農業技術大系　土壌施肥編』の「利用の手引き」や、『作物別農薬表』をパソコンの検索機能を駆使して制作したことなど、いくつかの作業は1995年以前＝準備段階での試みといえる。もともと「引く本」、「検索して使う本」という位置づけの作品は電子化適性がある。農文協が取り組む電子出版もまずはそこから、という観念もあった。

■『現代農業・記事検索CD-ROM』

そうこうしているうちに、同時期に複数の読者（農家と指導機関だったと記憶する）から、『現代農業』の目次をパソコンで検索できないか、という要望が寄せられた。パソコンを使った情報活用が世の中の関心事となり、それは農業の分野でも例外ではなかった。目次だけでもパソコンで…という声は決して突飛なものではない。

さっそくやってはみたものの、目次（＝記事タイトルの集積）だけではどうも物足りない。それはそれで一見便利そうではあるが、目次がパソコンで一覧できるということにすぎない。検索をしても記事が読めなければ、どこが便利といえるのか。それと同時に、目次にある文字しか検索の対象にならないとすれば、的確な検索結果が得られないのではないか、ということもわかってきた。とはいえ、当時はまだ全文のテキストデータがあったわけではない。目次では物足りないが、全文データはない。

そこで、各記事の取材対象・執筆者名、地域名、見出し、図表写真のキャプションまでをデータ化してみることにした（記事そのものは画像として見る）。結果として記事の重要なキーワードを抽出したかのように、検索の幅が飛躍的に広がった。ひとつのキーワードで、関連する記事がまとめて取り出せる。連載はもとより、同じ農家がいろいろなテーマで登場したり、ある技術をめぐる追究の経過がたどれたり、まったく違う記事の中に意外な共通性が垣間見えたりもする。これは、見出しやキャプションの付け方に工夫をこらす『現代農業』ならではのことでもあった。

まずは『現代農業』一年分の記事でテストを行ない、確かな感触を得たことを踏まえて、誌面構成が大きく変わった1985（昭和60）年からのデータ作成にとりかかることにした。

■パソコンでの検索で必要な記事を集める

それまでは、電子出版はデータベース的な作品から着手しようと考えていたことが、ここでひとつの転回をみたのではなかろうか。すなわち、雑誌のような記事の集合体が、検索という「電子」ならではの手法を駆使することによって、広がりと深まりを伴った別の集合体としてとらえなおせるのではないか、という可能性が見えてきたのである。

当時はまだ全文データは得られていないが、タイトル・見出し・キャプションだけでも、かなりのことができるのではなかろうか、ということで制作にとりかかったのが『現代農業・記事検索CD-ROM』である。

パソコン、ネット活用を大胆に提起した
『現代農業』1997年2月号増刊
「インターネットで自然な暮らし」

継続中のCD-ROM4作品

（2010年版トップページ）

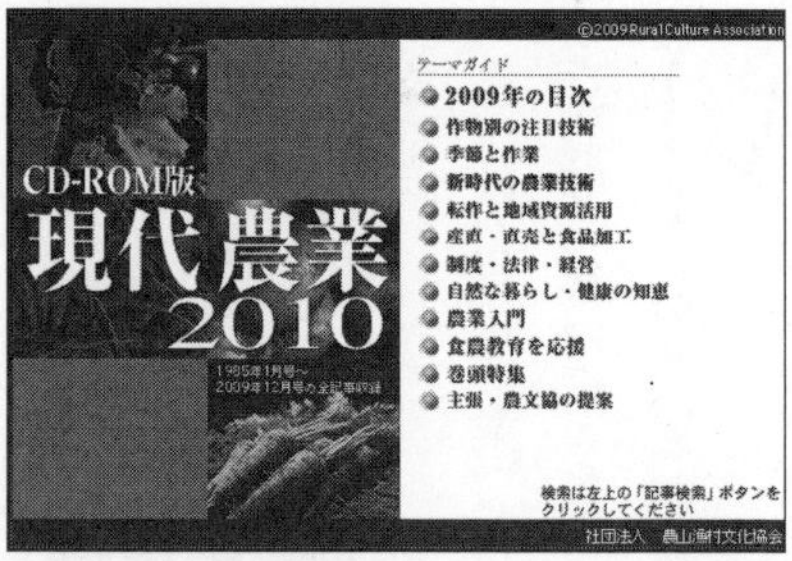

現代農業

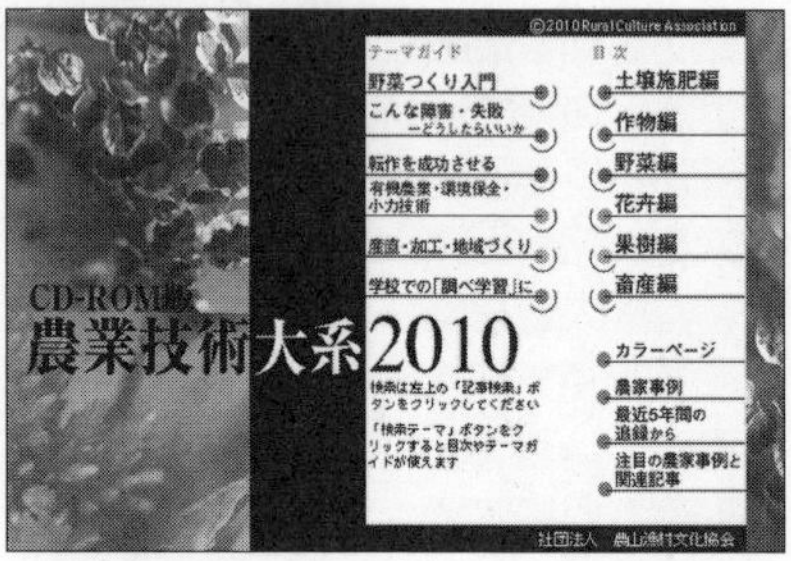

農業技術大系

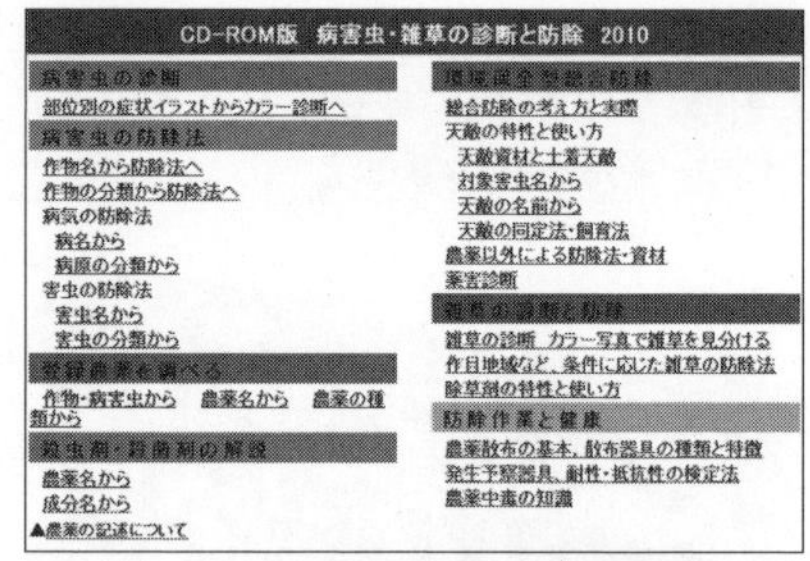

病害虫・雑草の診断と防除

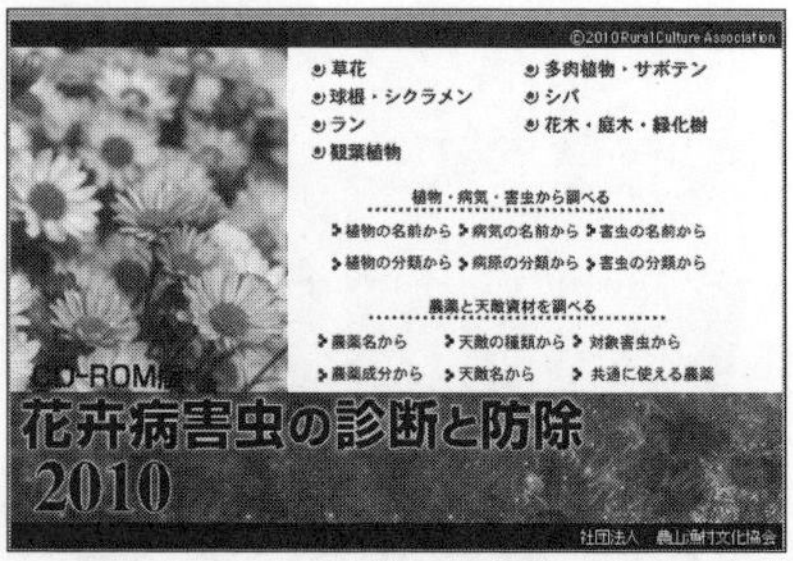

花卉病害虫の診断と防除

1996（平成8）年4月号「主張」は、「パソコンで自分用の本を作ろう」と題し、奇しくもちょうどそのとき届いた、タイで長年農業指導に携わっている谷口巳三郎さんの手紙に書かれていた「現代農業見出しノート」を引き合いにしながら、『記事検索CD-ROM』がそのパソコン版であることを紹介し、目的に応じた検索によって、パソコン上で記事を並べ替え、自分だけの「本」をつくる時代が来たことを宣言した。パソコンという機械を、必要とする情報をユーザ自らが編集する道具ととらえ、農家が「自分の本を自分でつくる」主体になるものと規定した。

パソコン簿記による経営改善と、ちょうどその当時から広がり始めた「産直革命」のなかでの農家からの「情報発信」という側面ともあわせ、広い意味で自らの情報を自らで編集する農家が育っていくのではないかという期待を込め、「農村でこそ情報革命を」という文脈のなかにCD-ROM開発を位置づけようとしたのがこの年であった。

（小林誠）

2 CD-ROMで見えてきた電子出版の地平

『現代農業・記事検索CD-ROM』はその名のとおり、検索のためのCDであった。記事全文を読むためには、ページをスキャンした画像を別のCDに収め、それも一年分一枚の「ページ画像」版を別売するという形だった。検索から記事を読むまでが同じ作品でできるようになる前の段階、これが「検索版」段階である。

■全文テキストデータ化へ

データが用意できていない以上やむをえないことではあったが、編集段階から電子データを扱うようになったということもあり、『現代農業』は1985（昭和60）年まで遡っての全文テキストデータ化を行なうことにした。『農業技術大系』もテキストデータ化を行ない、もともとデータが用意されていた「防除総覧（農業総覧『原色 病害虫診断防除編』、『病害虫防除・資材編』、『花卉病害虫診断防除編』）」、『日本の食生活全集』ともども、全文検索も全文閲覧も可能になった「CD-ROM版」がそろったのが2000（平成12）年。それまでの「検索版」と異なり、テキストと画像がすべて収録されたパッケージ化が完了し、これらCDのラインナップで普及も盛り上がった。

農村部ではいまだインターネット環境が整わず、そのせいでソフト開発もCDに重点がおかれていたという条件もあり、2000年度の電子出版売上げは、2億6000万円にのぼり、その実績は2010年に至るまで塗り替えられていない。

■農業に求められる多様な情報

農業は農作物や家畜が相手、つまり自然が相手の仕事である。ということは、いつでもどこでも同じ条件下にあるような生産はありえない。同じ農家の田畑でも、場所によって土壌や日当たり、水はけ等々、同じ条件ではない。

農家にしても経営はいろいろ、年齢や性別、体力や考え方も千差万別。たとえば、作物に病気や害虫による被害のおそれが出たときの対応も、いく通りもの手が考えられる。全国一律の普遍的な技術、普遍的な対策というようなものがないのが農業。農業技術は常に農家の個性とともにあり、したがって多様な情報が必要とされる。『現代農業』をはじめとした農文協の文化財は、そうした要請に応える、農家の発想で書かれた記事がその多くを占めている。「検索」が決定的である所以といえよう。

また、現代の農業は、品種、肥料、農薬、機械など、さまざまな資材活用のうえに成り立っており、自然を相手にするといっても、それらを的確に使いこなしていかなくては安定的な生産は望めない。さらに最近は「安全・安心」、「環境保全型農業」に関しての情報もひんぱんに行き交っており、日々新たに生成されるそれらの情報に対して常にアンテナを張っていくことも要請される。現代の農業では他産業に劣らず、情報に対する姿勢が経営を大きく左右する。農文協のデータベースは新しい記事によって逐次更新がされている。

一方、最新情報とともに、過去の情報もたいへん貴重であるというのが、農業の特徴。何年に一度という異常気象や災害に関しての記事はもとより、生きものである作物や家畜の本性のようなものは、数年で変わるようなものではない。このごろでは、古い品種の復活や、伝統農法の見直しも盛んにされるようになってきた。そういう意味で、20年前からの記事を網羅しているということは、たいへん大きな強みである。

このように、農文協の文化財と電子出版との接点はかなり密接なものであるといえる。

■複合検索で新たな発見・触発が

厖大な数の記事のなかから、目的の記事を即座に読むことができる検索こそ、データベースの活用の最大の醍醐味である。

前述のように、農家の個性と関わる情報ということになると、検索のしかたも辞書のような単純な引き方ではなく、全文検索やいくつかの条件を組み合わせての複合検索が必須となる。

検索のキーワードが的確でないと、最適な記事が得られないこともあるが、その点では、熱心な読者ほど適切なキーワードが浮かんでくるということがある。

そして、ひとつの検索結果に触発されて、さらに新しいキーワードを思いつくということもよくある。たとえば、「米ヌカ除草」の記事を読めば、米ヌカそのものの成分なども気になってくる。そこで「米ヌカ」をキーワードにして検索すると、それを使った堆肥をはじめたくさんの記事がヒットする。なかには、健康によい米ヌカの食べ方というような記事もあり、それが家族の話題になったりもする。このように検索によって、新たな発見・触発が得られる。

とくに生産と生活が切り離せない農家の情報というものは、常にそういうことが起こる。生産の場面でも、生活の場面でも使えるキーワードが、農業ではどこにでもころがっているのだから。

農文協の文化財が、電子化され、データベース化されることによって、その価値が飛躍的に高まる可能性が見えてきた。

（小林誠）

3 ネットの普及で広がる可能性『ルーラル電子図書館』

CD-ROMが先行した農文協の電子出版も、パソコンの普及、ブロードバンド環境の整備に伴うインターネット利用の普遍化を反映して、しだいに新規のユーザは『ルーラル電子図書館』で獲得するという形になっていった。

開設当初は、「電子図書館」とはいうものの、検索は『現代農業』、『農業技術大系』、『日本の食生活全集』といったデータベースごとでしかできず、使い勝手の向上はCD-ROMの後塵を拝す趣があったが、ネットユーザの増加を踏まえて、2003年、2007年とシステムのバージョンアップを図り、2011年時点のシステムは2007年にリニューアルしたシステムが土台となっている。

■常に最新情報の提供へ

インターネットといえば「検索」といってもいいような状況で、電子図書館の検索もそれと同じ感覚でできるようになった。すなわち、変化の多い農薬情報は独立したデータベースを構築して、常に最新の登録農薬が検索できるようにしたり、動画作品を収録したビデオライブラリーを新設したり、検索結果を「私の本棚」として名前とコメントをつけて保存する機能も付加されるなど、稼動当初とは比べようもない充実が図られている。

コンテンツは出版物の二次利用が中心ではあるが、ネット活用という性格上、その枠組みだけにとどまらず、独自にコンテンツをつくり出していくという要請にもさらされている。その一例が病害虫診断である。

紙（印刷物）による『原色　病害虫診断防除編』の追録は年一回であるが、そのペースでは、現場の要求に沿った作物・病害虫の診断画像の提供は間に合わない。電子図書館が先導して写真を集めていく必要が出てきているが、2011年からはその課題に取り組んでいく。

そうして蓄積したデータは、やがて雑誌や書籍での利用も可能になっていく。そのように、当初想定していた作品づくりの枠組みを超えて、電子以外のジャンルにも逆に影響を与えながらの発展を念頭においたコンテンツ制作が現実味を帯びてきている。

パソコンだけでなく、携帯電話や携帯情報端末での利用も射程に入ってきている。農業現場においては、より手軽に情報に接することができる可能性への期待は大きく、そうした意味では、ここ数年の電子出版をとり巻く状況の変化は、電子図書館の行方にも大きな影響をもたらすものと思われる。

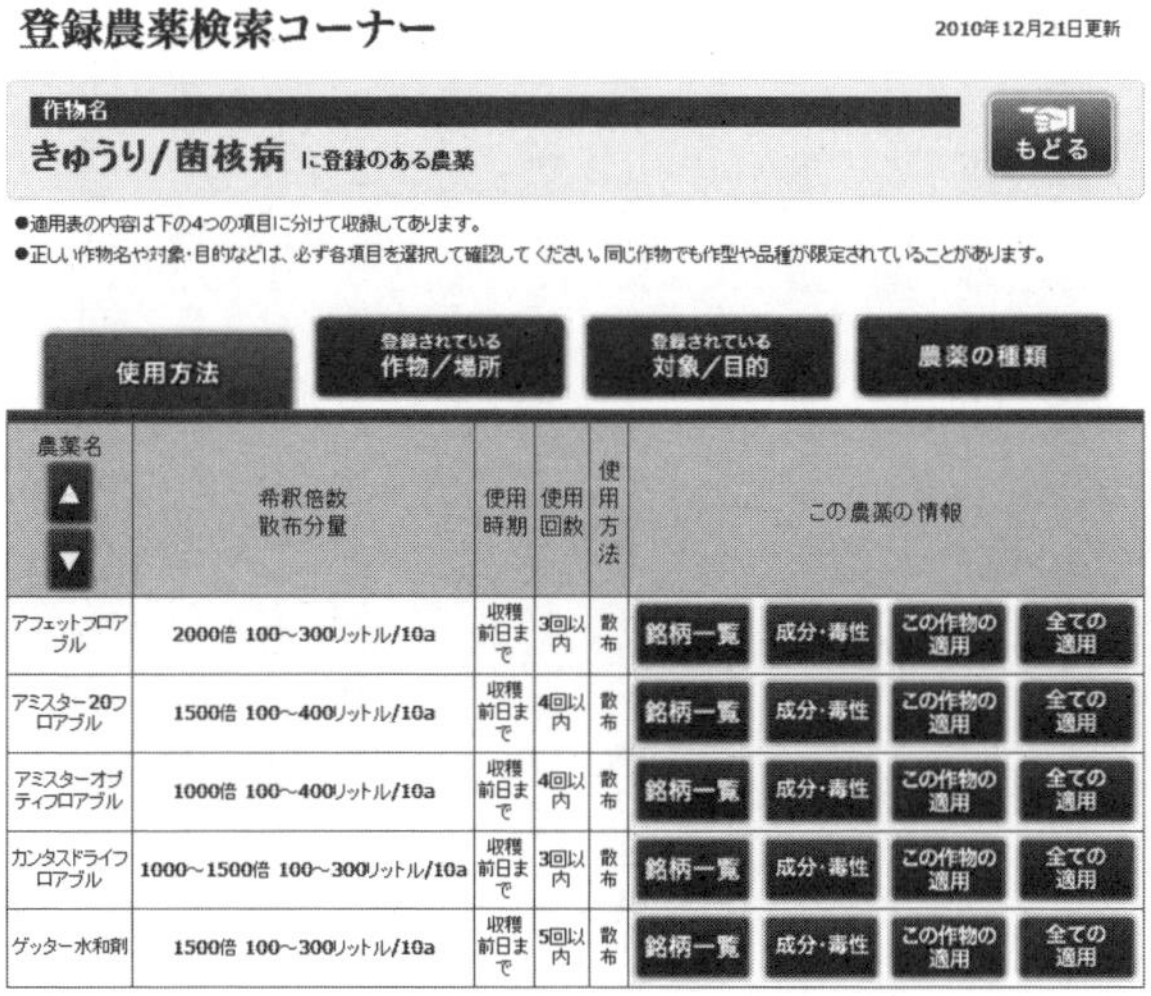
登録農薬検索コーナー　2010年12月21日更新

作物名
きゅうり/菌核病 に登録のある農薬　もどる

●適用表の内容は下の4つの項目に分けて収録してあります。
●正しい作物名や対象・目的などは、必ず各項目を選択して確認してください。同じ作物でも作型や品種が限定されていることがあります。

使用方法　登録されている作物／場所　登録されている対象／目的　農薬の種類

農薬名	希釈倍数 散布分量	使用時期	使用回数	使用方法	この農薬の情報			
アフェットフロアブル	2000倍 100~300リットル/10a	収穫前日まで	3回以内	散布	銘柄一覧	成分・毒性	この作物の適用	全ての適用
アミスター20フロアブル	1500倍 100~400リットル/10a	収穫前日まで	4回以内	散布	銘柄一覧	成分・毒性	この作物の適用	全ての適用
アミスターオプティフロアブル	1000倍 100~400リットル/10a	収穫前日まで	4回以内	散布	銘柄一覧	成分・毒性	この作物の適用	全ての適用
カンタスドライフロアブル	1000~1500倍 100~300リットル/10a	収穫前日まで	3回以内	散布	銘柄一覧	成分・毒性	この作物の適用	全ての適用
ゲッター水和剤	1500倍 100~300リットル/10a	収穫前日まで	5回以内	散布	銘柄一覧	成分・毒性	この作物の適用	全ての適用

出版物の二次利用を超え、2009年からは最新の農薬情報を提供

「作業」を軸に、技術情報を補強するビデオライブラリー

パッケージからネットへの転換は、普及の可能性も大きく変えている。

数度のバージョンアップはもとより、必要な改善・修正はサーバに格納されているシステムに対して行なうだけですみ、即座にすべてのユーザがその恩恵を得ることができるという点が、CD-ROMなどのパッケージ商品との決定的な違いである。ネットを介在させることによって、なによりもまず普及の可能性が大きく広がった。

■課題はユーザとの双方向交流

団体では、同時に何人ものユーザが使うことを可能にしなくてはならないが、ネット経由であれば、サーバにIDさえ登録すればいいし、大学や図書館など利用者数が多いところでは、ユーザはID認証をする必要がないしかけを持たせることができる。次項の『JA版農業電子図書館』をはじめとする団体普及の成功は、今となっては当たり前のようになっているインターネット利用の広がりのなかで実現してきたことである。

ネット環境を生かすという点で、いまだ実現していない大きな課題は、ユーザとの双方向性をもった交流であろう。使い方の説明、上手な検索例の紹介、時季に応じた話題提供、様々な質問への対応から始まって、ユーザ同士の交流（個人ユーザの活用交流から、農業高校間の共同プロジェクト学習まで）、さらにはユーザが発信する情報の提供など、ネットを使っての可能性はどこまでも広がる。

そこに必要な技術的障壁はいまやなくなっているといっていい状況下、雑誌や書籍ではできない情報交流の局面が、まだ切り拓かれていないというのが現状である。

この課題にどう取り組み、どう実現していくのかがこれからの最大の課題であろうし、そこを獲得しながらでなければ、直接普及から培ってきた農文協の文化運動の発展に、電子出版が貢献する真の意義を見出すことはできないであろう。

（小林誠）

電子出版(現代農業CD-ROM)普及元年
―1996年10月~翌3月、北海道普及より

フリー検索で
農家の欲求に応える

1996(平成8)年は、電子媒体によって、二つの新しい風が普及現場に吹いた年である。ひとつは普及日報の電子化、もうひとつは『現代農業・記事検索CD-ROM』の発行である。職員もPCには不慣れななか、データベース普及を通して、電子媒体とは何かを追究した。

北海道班(浅尾、中山、斎藤、片山)では、『現代農業CD-ROM』初年度普及を、上川、十勝、網走管内を普及地として試行錯誤しながら取り組んだ。

上川管内では、パソコンを持っている協力的な農家(主に『現代農業』読者)へチラシだけで普及していたが、十勝管内や網走管内では、キーワードで検索した結果(記事や記事一覧)を印刷して普及したり、デモをして、ようやく『現代農業CD-ROM』の文化財および普及の意味が見えてきた。『現代農業CD-ROM』はフリー検索が可能という特徴があり、地域、農家の欲求をつかみ、具体的に提案が可能な文化財であるが、逆に言えば農家・地域の欲求をつかまなければ届かない、普及者の質が問われる文化財であると実感した。

以下、当時の片山の実践報告を通して振り返ってみる。相手は小清水町の『現代農業』読者である。(片山普及日報より抜粋)

………………

今年バリュースター(NEC)に買い替えた(目的は青申…ソリマチVOI5使うため)。入り口はジャガイモのそうか病の話題で入り、EM等の資材の話になった時、単肥に関心を示した。デモは「単肥」、「施肥改善」で検索、90年斜里農協単肥の記事で盛り上がり(北海道の農家は6月号〈防除〉と10月号〈施肥〉の記事を忙しくて読んでいないことが判明)、そうか病、小清水、税務署等検索する。こんな記事もあったんですかと驚く。デモしていて面白かった。白いも(生食いも)の話と税金(青or白)で、これから、どういう経営にするのか分かり始めてきた。今後も追求する。

………………

この実践を班会議のなかでまとめたのが以下である(浅尾普及報告日報より抜粋)。

①小清水に入村してから、入り口の話題として澱原いもに代わる「白いも」(生食いも)を何とか作りたいという農家の共通した思いをぶつけている。そこで最初に農家と共感が持てる。そのためには、そうか病が一番の問題となる。その問題を解決する工夫として、それぞれの農家の考え方を聞きながら関心をつかんでいる。今日の人の場合は、昨日普及した農家の工夫を呼び水に、単肥の関心を掴んでいる。

②これまでだとPC農家(パソコンを持っている農家)だからとりあえずデモし、前段がなく失敗する例が多かった。今日は、デモに入る前に上記のようなや

り取りがあった後デモしているので、すんなり「単肥」で検索に入っている。

③データベースの検索により『現代農業』のイメージを変えてもらう。北海道では、『現代農業』は内地の本というイメージが強い。その既成観念を取り除くのに膨大なエネルギーを使ってもうまく行かないことが多い。今日の場合「単肥」で検索し、斜里農協の単肥の記事（90年10月号）の記事を出す。その中の105頁の表「単肥を用いる場合の施肥設計」に農家の方がいたく関心を持つ。そこですでに印刷して持っていたコピーでゆっくり見てもらう。こんな記事が載っていたのかと、『現代農業』のイメージを変えさせている。新しい読書運動の形である。

農家がうなった
検索実例集

「単肥」で検索…90年10月号105頁「単肥を用いる場合の施肥設計」に農家の方が強い関心を持つ。斜里農協の単肥の計算式の方法が表で載っている。

「石灰＋不足」で検索…石灰の話で盛り上がる。石灰の必要性が地域でも話題にのぼるようになってきたが、炭カル、消石灰と水溶性石灰とは違うという記事に強い関心（94年10月号）。また、土壌診断だけでは判断できないとの話から、ピーシーキットの樹液診断の記事に関心示す。

「青色申告」で検索…93年1月号の「収入減がひどい人は収支計算方式の申告を」という記事。その記事のなかで、今年の赤字分を今後3年間の黒字分に繰り越して還付請求できる、という内容に関心示す。北海道の畑作地帯は2年続けて収益落ちているので、組勘が赤字の人多数。その赤字分を何とかしたいという気持の勇気づけになる。

「国産小麦」で検索…奥さんと一緒にデモする。単肥で本人興味をもち、奥さんもカラー口絵の国産小麦パンで、いいねと。

「下痢」で検索…酪農＋畑作、2年前よりパソコン導入しているが、簿記にしか使っていない農家に、下痢で検索、民間農法に関心示す。柿の葉、アワ、ポカリスエットなどの民間療法が出てくる。

（浅尾芳明）

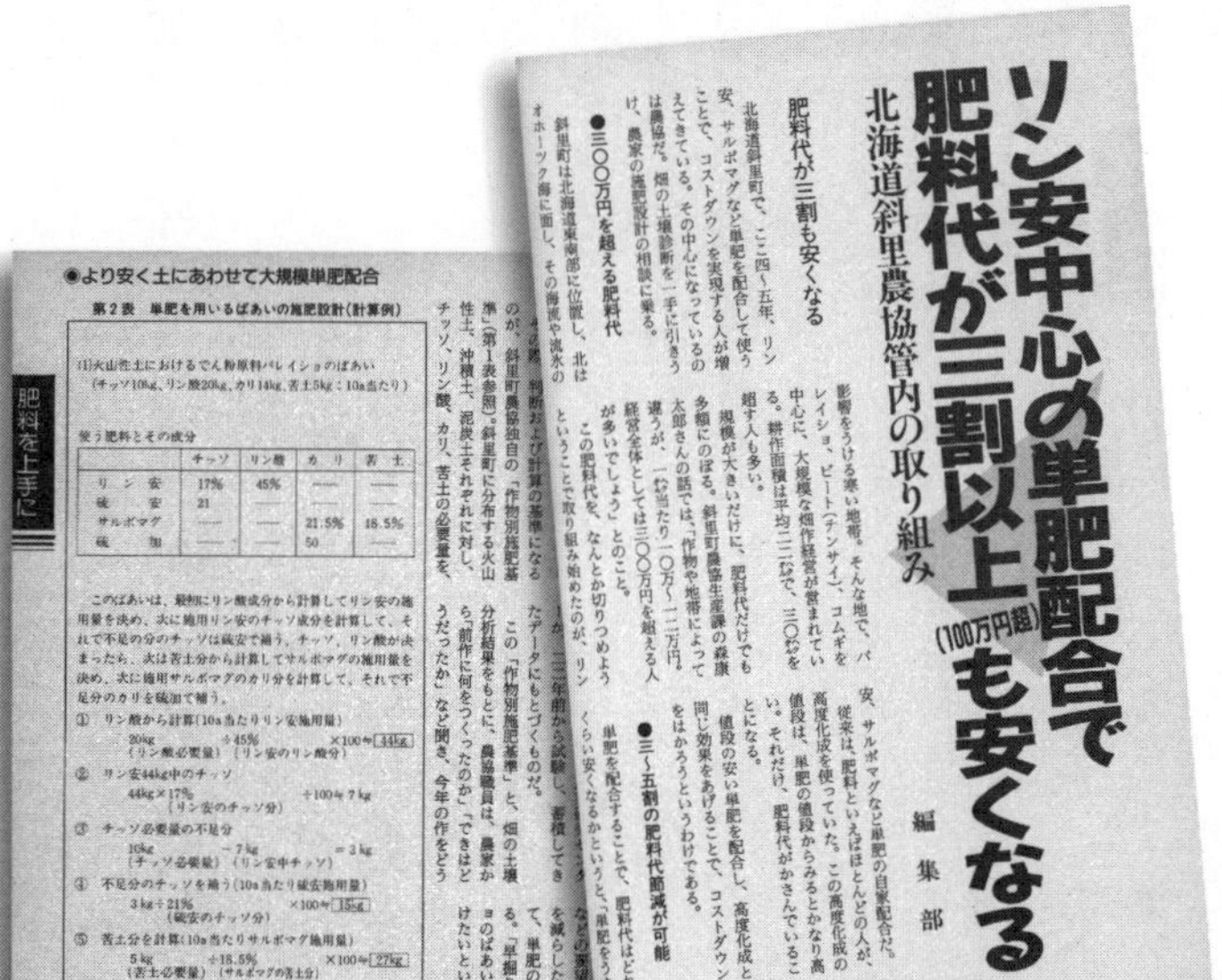

北海道斜里農協の取組みを紹介した記事のトップページと施肥設計のページ

4

農家とJAをつなぎ直す営農情報システムの開発

2006（平成18）年6月に提供を開始した『JA版農業電子図書館』（以下、『JA版』と略）は、『ルーラル電子図書館』をベースに、JAの窓口相談に必要な情報に特化させつつ、各JA固有の栽培や防除に関する指導情報や資材に関する情報を組み合わせて提供する、情報提供サービスである。

JAの側では、インターネットに接続できるパソコンさえあれば、サーバ等の機器やシステム保守の必要もなく、JA固有の情報の追加・削除も可能だ。しかもその操作は、タッチパネル・ディスプレイにより、画面を見ながら調べたい項目＝ボタンをタッチするだけで、病害虫や雑草診断、防除資材の確認を始め、栽培・加工・販売等々に関する情報を手軽に得られるため、すこぶる簡便なのである。

開発以来この『JA版』は全国のJAに歓迎され、現在285JA（2011年5月現在）、全国の4割を超えるJAに導入されるまでになっている。この項では、『JA版』開発の経緯とその全国展開の背景に触れながら、『JA版』によって切り拓かれつつある電子出版の可能性について触れてみたい。

■JAの要請から開発した『JA版』

「歳をとった農家は、除草で田んぼに入らなくなったため、水田雑草が増えて困っている。しかも高齢者は、雑草名を方言（＝土地の名称）で呼ぶので、相談に対応した職員が、適応農薬の草種を確定できない場合もある。この人たちに向けて〝JA梨北版のルーラル電子図書館〟というものが必要なのだ。雑草に併せて、自家用野菜農家向けの病害虫診断の入り口画面があれば言うことはない。それを、高齢化した組合員や支所の嘱託職員など誰でも使えるように、キーボードやマウスを使わずに操作できる、〝タッチパネル式〟の診断データベースのようなものは作れないのか…」

『JA版』の開発は、前述の提供開始に遡ること3ヵ月、山梨県のJA梨北（本所＝山梨県韮崎市）の堀川千秋氏（当時・参事、現・組合長）の、この提案がきっかけとなった。

JAにとって地域の拠点であるJA支所には、営農に関する様々な相談が日々組合員から寄せられる。なかには、被害作物の現物を持参して「この病気（害虫）に効く農薬をくれ！」という相談もしばしばだ。しかし、営農に詳しい職員が不在あるいは未配属の支店では「ご免なさい、指導員がいないので後で連絡させます…」と、手ぶらで帰すこともしばしばだという。そこで組合員からは、「営農に詳しいものが一人もいなくて、用が足りん！」と批判される羽目になると言うのである。

『JA版』のタッチパネル式トップ画面

そういう状況を踏まえ、いつも支所にいる職員（金融担当あるいは嘱託職員等）でも操作できる〝JA梨北版の電子図書館〟制作の要請であった。

堀川氏の提案は具体的だ。タッチパネルを前提に、農家からの相談の多い「雑草」、「病害虫」、「農薬」は、ひときわ大きなサイズのボタンにし、誰もが迷わないトップ画面の構成とすること。しかもそのボタンは、なるべく写真や絵を配置し、自分が何を探しているのか間違わない配慮をすること。そして、登録農薬や除草剤の表示も、ＪＡが取り扱っている農薬を優先して表示させるというものである。

■農家と職員の反応―共感から全国へ

この〝堀川提案〟に応えた『ＪＡ版』に対する農家や職員の反応は、予想を上回るものだった。ＪＡ梨北の明野支店でタッチパネルを操作していた遠藤勝さん（写真）の感想が象徴的だ。

「年をとるとね、困っている病気や虫を言葉で他人に説明するのがおっくうになる。でもこれだと、自分の都合が良いときに自分のやり方でゆっくり調べられるから助かるね。なにより人の世話にならずにすむので気が楽だよ。」

一方、遠藤さんの後ろで『ＪＡ版』の使い方を説明していた支所職員の清水清子さんは、「これだと、農家の方に自分で調べてもらうことができるから助かります。指導員さんが出払っている時でも、出直してもらわずにすむ。ちょうど、指導員さんの留守番代りのようなものです。それに、一緒に画面を見ていると、いま組合員の方が困っていることや、関心があることが自然とわかってくるので自分も勉強になりますし…」と好評だ。

パソコンが苦手な高齢農家でも、自分の都合のよい時に困った病害虫を調べることができ、支所では、指導員の留守番代わりとして役立てつつ、農家が困っていることを知る道具ともなっている。こうした評価は、最初に導入したＪＡ梨北にとどまらず、冒頭でみたように、短期間で全国のＪＡの４割を超える導入となり、今日に至っている。

■**組合員とJAをむすぶ接点＝JA支所**

『JA版』の導入がこのように全国的に展開したことには背景がある。それは、JA系統の組織再編や事業合理化が急ピッチで進められる一方、JA＝単協にとって、より根本的には組合員にとって「支所」とは何か、そこにはどのような機能を持つべきかの、問い直しが全国的に広がっていたことである。

JAはこの間、合理化・効率化による不採算部門の整理、専門性やスケールメリットの発揮、マネジメントの強化等々を掲げ、組織と事業の再編に取り組んできた。具体的には、JA支所での金融事業取扱い廃止と統合、営農指導員や資材購買の一極集中化（営農資材センター化）である。これにより、1999年当時はJA数1580で支所数が約1万3000以上あったものが、現段階では719JA、支所数9000以下へと大幅に減少した。

重要な点は、この組織再編や事業合理化が、「支所・支店体制再構築のための指針」（2004年、全国農業協同組合中央会）などに見るように、全国連＝系統事業の視点、つまりJAバンクなどの系統事業の末端としてのJA支所のあり方を基準に進められてきた点である。

その結果、遠い支所、遠い資材店舗、存在が見えない営農指導員という状況が促進され、結果として購買事業の更なる落込みや系統事業全般の利用減少化など、JAと組合員との関係の希薄化が一層進んでいたのである。

この関係の希薄化は、単協の組織と事業にとっては死活問題であり、全国のJAでは事業の再々編、組合員サービスの再構築が迫られていた。たとえば、これまで「生活事業」とみなしていた直売所・ファーマーズマーケットを、「経済事業」として本格的に位置づけ直す動き。あるいは、法人農家や集落営農への資材供給を開拓する経済渉外の設置や、担い手農家訪問の「出向く営農」活動に人員を集中させ、その反面、手薄になった支所対応＝「出迎える対応」の整備・強化。さらには、ベテラン指導員の定年に伴う若手指導員の育成支援の仕組み開発など、組合員との接点を強め、JAとしての組織力を高めるための環境づくりが、JA支所のあり方として集約されていたのである。

それは、『JA版』導入を決意した各JAの組合長の発言に象徴的に現われている。

「（高齢組合員がタッチパネルを触っている写真を見て）これさえ見れば、もう全てわかる、組合員はこういうのを求めているんだよ。それに、職員教育にはもってこいだ。教育期間を短縮できるからね。こういう支所サービスの必要

タッチパネルで自分で調べられるのがいい

性はある。積極的に検討する。」(JA山口東・神尾組合長)

「僕は、JA豊築の藤本組合長から、『あれはいいよ。豊築は指導が弱いけど、あれ入れたら、組合員が集まってきて、そのうちの詳しい組合員が他の組合員にいろいろ教えてくれるんだ。指導員があれで指導するんじゃないんだ、組合員同士が教えあうようなそんな場所がつくれたのが一番だ』と言われて、検討をはじめたのだ。」(JA糸島・松尾組合長)

『JA版』は、まさに組合員との関係強化、支所を地域・組合員との接点として位置づけ直し、支所機能の充実の〝目に見える証〟として、全国的に受け入れられたのである。

■**電子出版の可能性と課題**

JAが系統事業の末端組織としてのJA支所を、系統事業を守るための再編にあえいでいるなか、JA支所を地域の拠りところにするための回復すべき相談機能の一つとして、『JA版』が全国のJAに選択=導入されている。かつての系統機関としてのJAという顔から、地域再生の核としての協同組合へ、これまでの部会中心の営農指導から、直売所を核にした多品目少量の地域を挙げた総合生産への拠点として、JA支所が立つ。そんな大きな転換をサポートすることがこの『JA版』の使命だと考えている。

2010年の8月、埼玉県浦和で、JA‐IT研究会の専門部会=「営農支援システム研究会」関東甲信越ブロック研修会が開催された。関東甲信越の『JA版』導入JAを対象に、『JA版』の活用と各JAの営農指導について相互に語り、学ぶ研修会である。この研修会は今後、中国四国、九州、東北等々と各ブロックで開催する予定である。

電子出版の一サービスである『JA版』をきっかけに、この活用と今後のJAの営農指導のあり方を考える場が新たに創られたのである。電子出版は人と人、組織と組織の新たな出会いを創る道具としてこそ、その本当の役割があるのではないだろうか。

(皆川隆三)

5 教育分野でも注目を集める農文協の情報DB

■**地域学習での先駆的な取組み『さっぽろしらべるねネット』**

データベース構築は『JA版』をさかのぼること4年、教育分野で先駆的に取り組まれたものが『さっぽろしらべるネット』(2002年完成)である。

この『さっぽろしらべるネット』は、当時販売していた『総合的な学習CD‐ROM　2001』のコンテンツをベースに、『人づくり風土記　北海道』、『聞き書　北海道の食事』、『聞き書　アイヌの食事』などの北海道固有のコンテンツや、絵本「そだててあそぼう」や「あそび事典シリーズ」など栽培・体験学習コンテンツを加えた、札幌市教育委員会の学校ネットワーク内で自在に検索・閲覧できる、ネットワーク対応型コンテンツである。

時代的には、ネットワーク環境が整備され、ソフトもCDなどの個々のパソコンに組み込んで使用するものから、ネットワークを通じた一斉活用へ、という転換期に、札幌市教委から要請され、開発したものだった。

そのきっかけとなった文化財が、『人づくり風土記　北海道』である。

北海道の小学校では、三年生、四年生が地域の歴史を学ぶうえで、先住民族＝アイヌに関わる学習が非常に重視されているが、しかし資料が十分に揃わない。そこで1991年、札幌市社会科教育連盟が全面的に執筆協力して出版したのが、『人づくり風土記　北海道』（農文協刊）であった。この編集資産をデジタル化し、パソコンでのしらべ学習で活用できるようになれば、というのが札幌市教委の期待だったのである。

実際の制作にあたっては、市内の4つの教科研究会（北海道小学校理科教育研究会、札幌市社会科教育連盟、札幌市視聴覚教育連盟、札幌市生活科・総合的な学習教育連盟）の全面的な協力をいただき、各研究会の研究部代表者十数人で検討委員会を組織し、収録する素材の選択、構成・解説の判断、表現表記の点検など、農文協と4研究会代表者の共同作業で取り組んだ。つまり、各研究会とも「自分たちが実際の授業で使いたいことを、使いやすいように編成し、それを農文協が構築する」との意識で取り組んでいただいたものであった。

この『さっぽろしらべるネット』は、正式には札幌市教委からの委託制作ではなく、農文協の責任で制作し、学校現場の希望を踏まえて採用されるというソフト選定方式であったが、市内各小学校からは、非常に多くの導入希望が寄せられ、導入決定されるとともに、その2年後には、

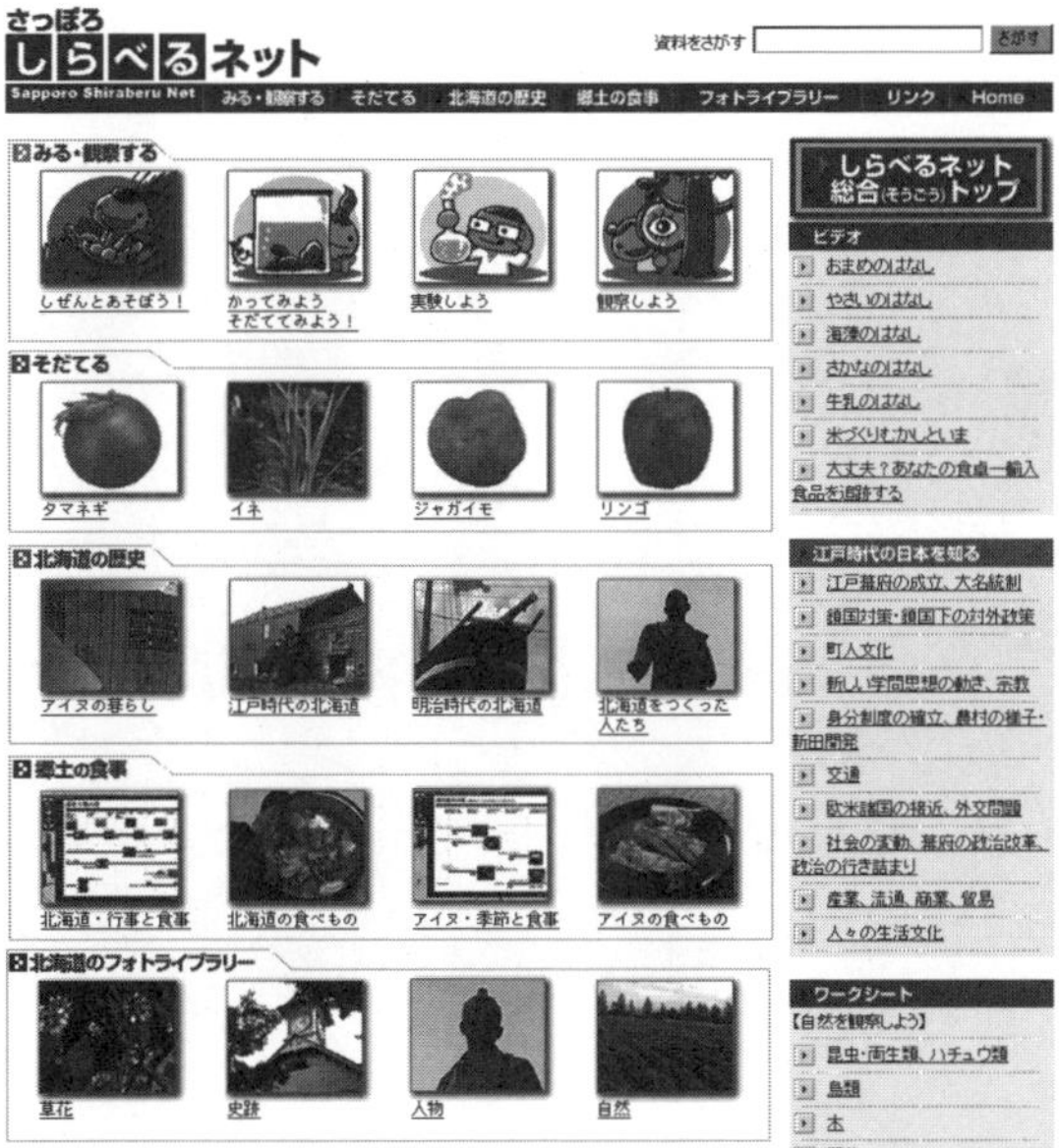

『さっぽろしらべるネット』コンテンツ

動画資産を中心にバージョンアップした『さっぽろしらべるネット中学版』も追加し、現在もなお有効活用されている。

■農業高校と連携してすすめる『高校版ルーラル電子図書館』

このような特定の「対象」と「課題」をすえた学校教育向けのデータベース開発は、現在、農業高校を中心にした『高校版ルーラル電子図書館』でも進められている。

この『高校版』には、農業クラブ活動の主要課題の一つである「農業鑑定競技」を支援するためのコーナーも制作。鑑定競技のトレーニングが、生徒一人でもいつでもできる環境づくりに貢献している。

また、「森の聞き書き甲子園」コーナーも設けた。日本全国から選ばれた100人の高校生が「森の名手・名人」(育林・伐採、造林手、炭焼き、船大工、木地師など森林に関わる分野で様々な経験や優れた技術を先人たちから引き継いでいる人たち)を訪ね、知恵や技術、人生そのものを「聞き書き」し、記録する活動の報告書(7年分)を収録し、高校らしい活動の支援に努めている。

このようなコンテンツ制作は、日本学校農業クラブ連盟との提携協力や、学校現場での相互協力などを基に、情報コンテンツを活用した新たな学びの創造に向けて取り組んでいるものである。

（皆川隆二）

『高校版ルーラル電子図書館』コンテンツ

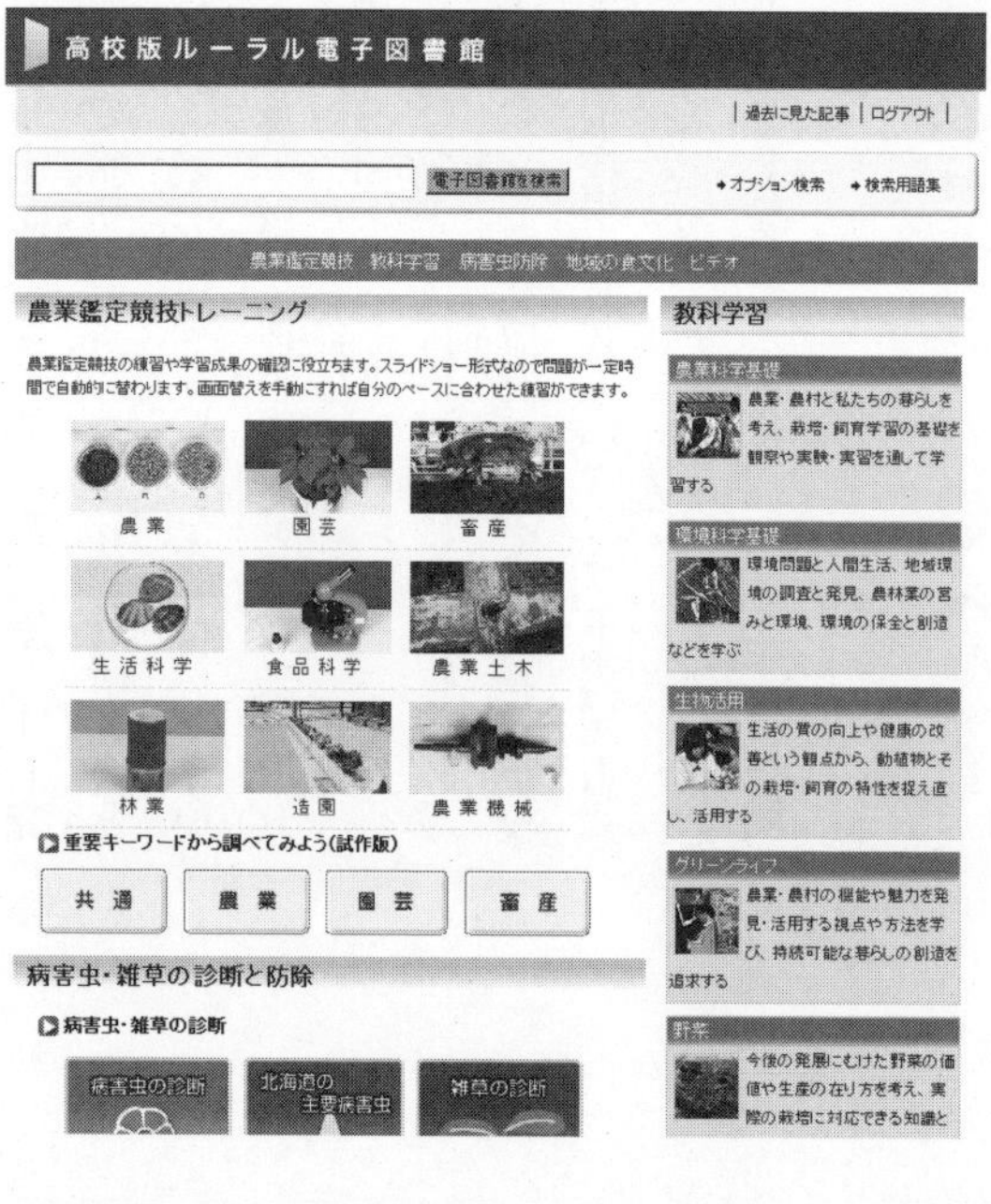

終章　農文協の地方支部の活動から

地域に根ざして

農家を一軒一軒訪ね歩く農文協の普及職員

農文協の地方支部の活動から

《北海道支部》「普及活動―文化活動―編集活動」を繋いで

■開拓普及での苦労

1974（昭和49）年から本格的に始まった北海道の開拓普及で、一番苦労した経営形態は「畑作」だった。農文協の新人講習会では作物については様々学ぶが、「甜菜」、「高級菜豆」、「澱原馬鈴薯」は対象外だった。故・堤敏雄は北海道支部に赴任後の普及の初日に日高支庁の平取町の二風谷を普及して、「甜菜」を「ホウレンソウ」と間違って農家に失笑されたという。しかし、畑作地帯への普及は、本場の十勝で開発した「単肥配合」や「施肥改善」の視点で農家の欲求を掘り起こして前進した。

一方、酪農地帯への普及は、当初は「二本立て給与」を武器に獣医師やJAの営農指導員を巻き込んで展開して、乳牛の繁殖障害対策や固体乳量のアップに貢献した。それは結果として飼料会社や乳業会社に歓迎されたが、農家には高度の飼育技術の普及の道は拓いたものの、時勢でもあった酪農経営の多頭化・装置化を促進し、多忙のなかで暮らしのゆとりを失うことにもなった。

■彗星のように「マイペース酪農」が登場

そんな出口のない規模拡大路線を突っ走っている最中に、酪農学園大学の荒木和秋さんから北海道農文協のセミナーで紹介されたのが、中標津町の酪農家・三友盛行さんの「マイペース酪農」の実践だった。

三友さんは乳牛1頭に1ヘクタールの牧草地を確保して、粗飼料は自家生産の乾草と夏場の昼夜放牧での生草で賄っていた。そして濃厚飼料も夏場1～2キロ、冬場2～4キロと、ほかはビートパルプだけで、年間1頭あたり搾乳量は5000キロ台を実現した。そして厩肥は3年間完熟させて牧草地に散布し、肥料代も最小だ。搾乳頭数も30頭で少ない。結果は経営費が低く、所得率が高く、牛の寿命が長い。

そしてもっとも評価すべきは「家族で憩う時間」が多くなったことだった。

多頭化・大規模化の酪農では、「手段が目的化して」満たされない農家が多くなっているなかで、「子供と図書館に行くゆとりが持てる」とか、「手づくりの料理もできる時間」もあって、「人間らしい生活」が実現されていた。

■『現代農業』で連載、単行本の出版で全国展開へ

『現代農業』への連載は1992（平成4）年9月号から、執筆者は酪農学園大学の荒木さんである。「マイペース酪農」の提唱は、その21年前の「別海労農学習会」でスタートしている。マイペースの意味は「この地で、農政に振り回されず農民が自分の頭で考え、この根室地域に相応しい牛の飼い方・営農を進めて行こうとする（学習会事務局・高橋昭夫さん）」ことだという。現実には行政主導の酪農近代化のなかで、土、草、牛が不健全となり、牛の疾病・廃用が多発して、農家経営の収支が破綻して離農も少なくなく、人間らしい生活の実現は後回しにされてきた。

画期となったのは、91年5月に三友さんを講師にしての学習会だったという。それは、地域に根ざした農業観、営農哲学を根拠にした酪農であり、収益率が抜群に高い経営内容の紹介だった。冷涼な根室地方での適作は草で、ゆっくりした循環にあわせて、収量をひかえめにして営む酪農は、風土に適した農業なのである。

それが雑誌に連載された後で、2000年3月に単行本『マイペース酪農』（三友盛行著）が支部の悲願の出版として実現した。

風土に生かされた北海道酪農を求めて　上

乳量五五〇〇キロで儲かってる経営がある

荒木和秋

北海道における最も代表的な酪農地帯の一つである根室地域では、今、新たな規模拡大競争が繰り広げられようとしている。

労力的に限界に達したスタンチョン方式からフリーストール方式への転換である。フリーストール方式は多額の投資を必要とし、同時に濃厚飼料多給による高泌乳酪農への移行を伴う。

こうした動きとは反対に、根室の風土に根ざした酪農のスタイルを追求してきた経営がある。ここに紹介するのは、中標津町の三友盛行さんの事例である。本稿では二回にわたって三友さんの経営の仕組みを紹介し、三回目に三友さんに登場してもらい、根室酪農論を展開していただく。

■東京から酪農のロマンを求めて

三友さん（四七歳）が酪農を営む中標津町は、根室支庁のほぼ中央に位置し、大部分は平坦地で、そこに牧草地が広がる酪農を中心とした美しい町である。農家戸数は四八二戸、乳牛頭数は約三万四〇〇〇頭である。三友さんの現在の経営規模は経産牛四〇頭、育成牛一四頭、経営耕地面積四八haである。

もともと、三友さん夫妻は東京の浅草育ちの同級生であった。二人は高校を卒業する時、北海道で農業を営むことを話し合っていた。卒業後三友さんが日本一周の旅に出た途中で、雑誌の記事で根釧パイロットファーム入植募集の記事を見かけた。これだと思った三友さんは酪農家に押しかけて酪農実習を体験した。これをとおして入植を決意する。現在地に入植したのは、別海町の美原、豊原等の牧場で実習を積んだ後の一九六八年秋のことであった。

（300）

『現代農業』に三友さんが
初めて紹介された記事
（1992年9月号、荒木和秋氏執筆）

北海道・酪農家

木を植え、チーズをつくり、後継者が集う「酪農適塾」を構想

文●三友盛行

成長経済と軌を一にしていました。めざましい経済発展と生産性の向上は人々を豊かにしてきましたが、反面、環境問題など自然に過重の負荷を強いることになり、青少年の犯罪の急増など社会問題も多く発生し、行きすぎた、マイナス面が前面に出てきた近年でもありました。

二十世紀後半の物質社会の歪みの是正が二十一世紀当初の第一の課題だと思います。とすれば、私の一〇年構想もそのような方向に向かってゆくことになります。

私の牧場を経営面から見れば、過去二〇年来、一ha当たり成牛換算で一頭の規模を適正としてきました。四〇頭規模で二〇〇tの牛乳生産規模です。そして、一〇年後も変わらぬ規模の酪農を目標としています。

チーズ館の前で。左から家内、孫娘、長女、著者

私は一九四五年生まれですから、二十一世紀に五六歳となります。そして、平均寿命まで生きられるとすれば、二〇二〇年頃まで時間が与えられていることになります。

この二〇年のうちの貴重なこれからの一〇年をどのように生きるかという課題が、私の人生の総決算ともなるわけです。

過去二〇年、そしてこれからの一〇年
変わらぬ規模の酪農が目標

二十世紀の後半にあたる、私の五五年間は日本の高度

（72）　現代農業2001.1

2001年1月号の特集
「わが家・わが村の10年構想を語ろう」に
掲載された三友さんの記事

■「放牧酪農ネットワーク交流会」で全道展開

2009(平成21)年の初秋に足寄町役場が主催して開かれた「放牧酪農ネットワーク交流会」への参加は300名。参加者は農家から行政まで様々で、目立ったのは新規就農希望者や大学生だった。講師は「奇跡のりんご」の青森県弘前市の木村秋則さんと三友盛行さんと足寄町の放牧酪農の佐藤智好さんだった。同年の別海での「マイペース酪農学習会」で、三友さんが木村秋則さんの「自然流栽培」について触れ、「マイペース酪農の目指す農業」と評価したことから、木村さんを講師に呼ぶことになった。

足寄町でのパネルディスカッションの司会は酪農学園大学の荒木さん。果樹農家と酪農家では話が交わり難いと心配する向きもあったが、大いに盛り上がった。どちらも完熟堆肥や自然力や風土の活用を語っている。

これからの支部確立を考える際に、大事だと思うのが「普及活動—文化活動—編集(形象化)活動」を意識的に繋ぐことである。欲求を「把握」し「応える」ことの繰返しが大事だということ。そしてさらに大事なのが、志ある人との関係づくりである。地域や農家の動きを「掴む」、「継続して関わる」、「形象化で返す」、さらに「掴む」、その繰返しこそが支部としての運動である。

(小島英明・浅尾芳明)

《東北支部》農家の増収意欲とスライド『安定イネつくりシリーズ』普及

■増収意欲を顕在化させた「安定イネ・スライド」と「関連本」

1980(昭和55)年からコメの不作が始まり、あわせて『現代農業』で井原豊さんの「への字型イネつくり」の記事が始まる。不作のなかで、農家の稲作への情熱が静かに高まっていた、と考えていいのだろうと思う。

一方でNIRA報告が1981年に出されて、「農業は大規模化することによって成長産業になる」というような小規模家族経営農家への攻撃が、財界からなされていく。それがやがて、1986年の「前川レポート」へとつながっていくのだが。

そんな状況のなかで、個々の農家は決して世迷い言に惑わされることはなかった。農家の最後のよりどころとなるのは、やはり大地の上で生産することである。決して声高に叫ぶことはしない、静かに自分のできることを淡々とやっていったのだ。

そして1984(昭和59)年は冷害となり、当時の農協青年部が激しい反対運動を展開するなかで韓国からコメが輸入された。当時の宮城県の鹿島台農協青年部が、かなり激しい反対運動を行ない、『現代農業』(1985年1月号)のグラビアにとりあげられた。

そういう情勢のなかで、1983年に、スライド『安定イネつくりシリーズ　ストーリー編』、84年に『安定イネつくりシリーズ　資料編』が発売された。この作品の撮影は、東日本エリアとして山形県庄内地方と宮城県南郷町の農家の田んぼに、長期間張りついて行なわれた。

その頃は旧G班(団体普及班)があって行政、団体を恒常的に訪問していた。このスライドを入り口にして、今まであまり利用がなかった農協、小さい農協でも購入してもらった記憶がある。

『ストーリー編』のなかの一コマに、一株に苗が何本植わっているかを調べる画面があった。見た目にはそんなに植わってはいないようだが、実際に数えてみると7～8本、多いときは10本以上ということがあった(22ページ参照)。そのことには実際の指導現場の人も驚いていた。このスライドが農家指導の現場でよく使われていた、ということだと思う。

今から考えると残念に思うのは、たとえば、支部として上映会などを一緒にやるとかの活動ができなかったことだ。九州支部などでは、農家の人たちとスライドの上映会をやって交流した、ということはあとになって聞いた。

そして、このスライドとあわせて発行されたのが、単行本の『あなたにもできるコメの増収』と『あなたにもできるイネの診断』(23ページ参照)である。ここに書かれていることが、農文協の安定イネつくりへの基本的な考え方(提案)ではないか、と思う。

この年、秋田、大館の種苗交換会の即売で、この2点の本が売上げを大幅に伸ばすことになった。途中で品切れになり、たしか2回ほど追加した記憶がある。この2点は今でも、書店店頭でも売れ続けている(農家の世代交代があるのだろう)。

以上のことを敷衍すれば、農家の増

抗議の稲は稔った―宮城県鹿島台農協青年部の取組みを紹介した橋本紘二氏のグラビアページ(1985年1月号)

収意欲は、常に潜在しているということに確信を持っていいのではないか、と思う。それは、きっかけさえあれば顕在化するのである。そのことを示したのが『安定イネつくりシリーズ』の制作、および普及の過程ではなかったかと思う。

■いまも稲作への意欲は高い

ここ何年かの『現代農業』に登場する東北の稲作農家の記事の筆頭は福島県会津の「サトちゃん（佐藤次幸さん）」だろう。青森市の福士武造さんは水田地下灌漑の記事で登場している。そのほか何人も出ているが、記事の内容は必ずしも増収をテーマにしたものではない。実際、高齢化に伴って自身で耕作できない農家も増えてきている。そんな状況のなかなので、作業をいかに効率よくやるか、あるいは農地、集落をいかに守っていくか、という課題に応える内容になってきている。

しかし、潜在的な増収に向けた意欲は決してなくなってはいないと思う。昨年、戸別所得補償に伴う助成金が出てきた。そんななかで今まで農地を委託していた人が、今年からは自分で耕作するということがでてきているようだ。必ずしも助成金だけが目当てではない。条件さえ許せば、自身でつくり増収したい、ということの現われとみるべきだと思う。そんな隠された（？）意識にかかわっていきたいと思う。

（高橋宣三・谷口環樹）

《関東甲信越支部》
地域の熱い想いに応え、文化財を共に創る時代へ

■稲作の熱気を文化財で再燃

1980（昭和55）年、新潟県中越で普及活動するなかで「冷害にも負けない深水栽培稲作」を発見した。天候に左右されず11俵を安定的にとる栽培技術への関心は、片倉イナ作の熱気の再燃といってもよかった。

『現代農業』で連載し、『出版ダイジェスト』（出版梓会会員社の定期PR紙）で学習会を組織し、スライド『安定イネつくりシリーズ』で上映運動を起こすことができ、そのなかで単行本『あなたにもできるコメの増収』、『あなたにもできるイネの診断』が編集・発行された。イネから離れかけた農家の意識を引き戻すことができた。その後20年たった2000年代に入って『コメの増収』、『イネの診断』が即売などでも再度売れ筋になっている（『コメの増収』83年刊は45刷8万3000部、『イネの診断』84年刊は25刷4万5000部）。

何よりも支部内で学習会が盛んになり、〝理論武装〟し、農家や指導機関をリードすることができたことは大きな自信になった。有効茎のとり方、3葉・6葉・9葉期に影響しているイネの生理などを解明した『出版ダイジェスト』

は、指導機関で学習会を持つ運動にまで展開できた。
93年、全国を襲った大冷害のなか、栃木県では、県農業試験場研究員・山口正篤氏を中心にした「安心イネづくり」運動が展開された（『あなたにもできる安心イネつくり』1993年刊、28刷4万5000部）。兼業化・女性化のなかでかあちゃんがラクに取り組め、さらに一俵増収できる新しいイネづくり運動だ。水管理不要で健苗ができる平置きプール育苗、倒伏せず、食味もアップするタバコ（マイルドセブン）でわかる穂肥の適期判断など、手間・金かけずの取組みは、1995年『イネの省力安心技術シリーズ』として映像化され、全国に安定多収の情報を発信することができた。

■提携・受託作品でJAや県との連携強化

1986（昭和61）年、長野県飯田中央農協（現JAみなみ信州）で、協同の精神を伝える独自企画の絵本が毎年一冊編集発行されていた。協同組合運動の原点を見据える絵本であった。農文協は版権を譲り受け、『ふるさとを見直す絵本』（220ページ参照）としてセット化、全国の小中学校に普及していった。この成功が契機となり、農文協は絵本出版社として全面展開していくことになる。

行政との提携活動は、群馬県で大きく飛躍した。1995年（平成7）年、群馬県農業農村活性化推進機構（群馬県農業会議）から、県内における構造改善事業の優良事例に関する調査を受託し、報告書を提出。『構造改善事業を携えて　躍進する村むら』として発行された。農文協に依頼してきたのは群馬県農業会議の部長だったが、『現代農業』のような、誰もが読めるタッチのものにしたいということからだった。この調査を通じて、県農政部や農業会議との関係が深まり、その後、『ルーラル電子図書館』100IDを県出先機関含め受注したことにもつながっていった。

■「電子図書館」普及が団体普及を変えた

『ルーラル電子図書館』の整備が、これまでの行政団体やJAへの普及を大きく変えていった。群馬県では県の普及指導事業のデータベースとして採用され、市町村段階でも新潟県朝日村、山梨県春日居町、八田村などで国の「農業情報整備構造改善事業」を活用した電子情報＋図書・映像のマルチメディア型の整備が実現できた。

70年間農家に学んで蓄積してきた農文協の現場情報が、地域再生のデータベースとして公に認知される段階に入ったのである。

その電子による情報革命を新たなステージに引き上げる改革もJAへの普及活動のなかで生まれた。当時『農業電子図書館』の導入を検討していたJAりほく（山梨県）の堀川組合長から「従来のキーボード操作ではダメだ。パソコンを触ったことのない組合員が直接触ることのできるタッチパネル式にしてほしい」というアドバイスをもらい、現在のタッチパネル式『JA版農業電子図書館』が誕生した。「農家の立場にたった」情報活用のポリシーがJAと共有できたことの意味は大きい。

■**地域住民が自ら文化財を創る時代へ**

『日本の食生活全集』、『人づくり風土記』の悉皆普及を契機として、各県で食の研究会や学習会が行なわれた(群馬県食研究会、千葉県食研究会)。『増刊現代農業』で地元学が紹介され、「食の文化祭」に関心を示す人たちも出てきた。

そんななかで2004(平成16)年、長野県飯山市において子どもたちに地域の食文化を伝えたいという機運が高まってきた。地域住民が自ら聞き取りをして『信州いいやま食の風土記』が創られるに至った。いわば「食生活全集」地域版である。この本を使って、毎年「食の文化祭」を開催しながら伝承活動を展開している。2010年、さらに発展して衣食住・暮らし全般の先人の知恵を聞き取りし、伝えていこうと『信州いいやま暮らしの風土記』が編集された。お隣りの飯綱町でも同様に『信州いいづな食の風土記』が地域住民の手で創られ、伝承活動が燃え上がっている。

(相沢啓一・大池俊二)

飯山市社会福祉協議会編
『信州いいやま暮らしの風土記』
(2010年)

《東海北陸支部》文化財普及から受託出版につなぐ

■**コメ増収運動の取組み**

1980年代に入り、東海北陸支部管内においてもコメ増収運動(「薄まき・小苗」、「深水栽培」の動き)は広がっていった。この運動に重要な役割を果たしたのが映像作品『安定イネつくりシリーズ』である。

富山県富山市大沢野町に万願寺という集落がある。『現代農業』の読者が多く、「万願寺に行くと田んぼが油臭いだよ」とよく言われた。「モンガレに廃油」というワンポイント技術がはやった時期である。基盤整備をしたが思うように収量が上がらない、葦(アシ)や葭(ヨシ)を刈って堆肥にして地力を増進しようというのをきっかけに稲作研究会・豊沃会を発足した頃だったと思う。

研究会の全員に、夜8時に公民館に集まってもらい『安定イネつくりシリーズ』スライドの上映会を行なった。ライスグレイダー（網目）の問題で手製のパンフレットをつくって提案をするということも行なった。普及の仕事後の上映会だったので、旅館に帰着したのは真夜中の12時と大変だったが、スライド上映後に雑誌を購読していない農家も購読してもらえるようになり、万願寺集落の農家全員が定期購読者になったと記憶している。

■『イネ機械作業コツのコツ』ビデオの普及

富山県経済連主催の農機展示会即売時にビデオの上映を行なってきているが、毎年『イネの機械作業コツのコツシリーズ』を食い入るように見ている農家がいる。福井県では2009年まで「田んぼ塾」という事業を行なっていて、この事業に併せてこのビデオ（DVD版）を出先事務所で揃えてもらったが、非常に農家の反応がよいと田んぼ塾担当の普及員からよく言われる。オペレーターの養成をしようにも教えられる農家が減っている。

このビデオには、入善町の長島文次さんや、著者の高島忠行さんなどが登場し、富山県で撮影された部分が多い作品であり、上映運動に力を入れた文化財の一つである。

■「農地・水・環境」を守る取組み

農地・水・環境保全向上対策事業が始まって4年目を迎える。景観保全・生態系保全・施設の長寿命化などを課題に取り組む事業だが、取り組む姿勢は様々である。

『江ざらい』の労賃支払いなどで交付金が使われる場合、この事業が終わると労賃支払いも終わるので共同活動が難しくなる。労賃支払いに充てるのでなくいかに地域づくりをしていくかがこの事業の本質だ」と静岡県磐田用水の長島さんは当初から言っていた。

磐田用水の取組みから学んだことは多い。磐田用水のコンセプトは「昔の農村風景をとり戻そう」にある。

①昔から栽培されてきた農産物、②農村の四季の風景、③昔あった地域の施設、④昔の自然環境（代かきは雨の多い時期、レンゲで緑肥、用水の反復利用、土側溝、冬水田んぼ、自然乾燥、カバープランツ）、⑤昔からの地域の食卓、⑥昔地域にいた生き物たち、⑦昔こどもたちが遊んだ場所、などを地域で話し合う。

こうした取組みを進めていくためにワークシートの制作を委嘱され、2010年は『田んぼのワークシート』を受託した。以前から『用水からの贈りもの』、『田んぼの生きものポケット図鑑』など様々な作品を受託してきたが、地域団体との提携活動として、DVD・書籍・雑誌の普及と連動する形での受託出版は重要である。

（林　茂）

■支部活動を通した提携・受託出版

1980年の東海近畿支部（当時）設立後、本格的なお茶農家への雑誌普及が展開していった。そのなかで、支部職員による『現代農業』のお茶の連載企画は、支部内での論議をもとに記事形象化（取材）と普及の連動した動きをつくり出し、安定した読者層の開拓につながる成果を得た。

この延長線に2004年の『大石貞男著作集』の刊行と普及がある。これは静岡県農試の中澤久志さんをはじめとする大石氏の薫陶を受けた門人が「個人著作集」という異例の企画を、支部職員を介して農文協に提案され、刊行したものである。広範な茶関係団体の推薦を得て、農家への単独普及や編集委員との同行普及など、人脈を活かした多彩な普及が展開された。この経験が後の『茶大百科』へとつながっていく。

また、支部活動を通して、農文協に企画が持ち込まれ、今日の受託出版の先駆となった小学校副教材『愛知の農業』は、1999年、愛知県農協中央会の農政部次長（当時）の水野さんから、農業高校の教科書を発行している農文協への相談から始まった。愛知県の農業を知る教材を県教育委員会も関与するかたちで編集発行して、県内の全小学五年生に配布する。予算は財団法人・愛知県農業振興基金の運用益で。愛知県農林部と共同して作品化し、改訂を経ながら毎年、8万部あまりの冊子を県内児童に届けている。

受託出版
『愛知の農業』

このような、普及―企画相談―制作受託という共同作業は、その後の大豆や獣害のオンデマンド冊子の作成につながっていくのである。

（吉井弘和・野田道也）

《近畿支部》
食の大阪（なにわ）の伝統復活へ

■旧大阪事務所時代

1989（平成元）年の天皇崩御の翌日、大阪事務所（兼職員寮）がオープンした。JR片町線（現学研都市線）鴫野駅近くの三階建ての民家であった。

それまでは西九条駅近くにある「道の家旅館」という定宿が事務所代わりで、ダンボール10個あまりの紙データを持って、宿泊客で混めばこちらの部屋、空いてきたらこちらの部屋と移動事務室みたいなものだったので、事務所兼寮でも旅館よりはありがたかった（所属は東海近畿支部、当時の所属職員数は3名）。

当時、大阪府内は、現読（『現代農業』定期購読者）

260で、岸和田市、箕面市の雑誌普及で40部増やして300部にしたことを覚えている(現在は480部)。

旧事務所当時の主な仕事は、大阪府庁、農業改良普及所(普及センター)、保健所、市町村役場、保健センター、学校給食センター、大学農学部、家政系大学・短大、高校、自然食品店への直販普及と小中学校図書館へ絵本(児童書)の同行販売であった。

絵本は『かこさとしのたべものえほん』がかなり売れた時代で、その後、地元本としての『丸山博著作集』(1989年11月)が発刊され、支所で500セット以上販売。

日本食生活協会(全国食生活改善推進員協議会)との提携作品であるスライド『もっと知りたい骨粗しょう症』(88年)、スライド『食物繊維のはなし』(89年)を大阪府下の高校普及で、約4分の1にあたる75セットを決定したりした(見計いで150本送り半分決定)。

また、91年2月に『日本の食生活全集・大阪の食事』が出るが、それまでの普及で『食生活全集』の直送定期が大阪を中心に120セットほどとれており、この期間に書店も自主で30定期ほどとってくれたので、2キロ入りの新米を新潟から取り寄せ、書店に送ったりした。

小中学校への絵本販売では、学校図書サービス(現在のTRC)の大阪支所と組み、展示会などで一緒に仕事をして午後だけで定価10万円以上を売り上げていた。

こうした独自の普及展開と実績づくりは、事務所段階から大阪支所としての存在になるべく努力した成果だった。

■『大阪の歴史力』、『なにわ大阪の伝統野菜』

大阪事務所から、大阪支所を経て、近畿支部となったのは2006(平成18)年である。

現在、近畿支部は近畿二府四県を普及エリアとし普及活動を実施している。大阪支所時代は書籍普及の仕事のみで、教育系、書店再販部門(NCLなど)での活動を中心に普及をしてきた経緯がある。

その間、近畿に関する本では、『江戸時代人づくり風土記・大阪の歴史力』(2000年)がある。大阪は都道府県別の最終巻であり、江戸期に天下の台所といわれ、上方文化が盛隆した時代であったこともあり、通常巻とは別形式の合本(27巻、49巻)での出版となった。当時、本郷主幹の指揮のもと、大阪府下のすべての書店店頭に配置をす

上／江戸時代人づくり風土記『大阪の歴史力』(2000年)
下／なにわ特産物食文化研究会編著『なにわ大阪の伝統野菜』(2002年)

る書店まわりを行なった。

『なにわ大阪の伝統野菜』（なにわ特産物食文化研究会編著、２００２年）は近年、全国的に地域の伝統野菜の復活が行なわれているが、その先駆けとして、大阪各地に残る、なにわの伝統野菜を詳細に記された本として発刊された。

本書では、「なにわ大阪の野菜として二三品目をとりあげ、来歴・栽培・生産の特徴と調理・消費などを一体として詳しく解説」され、「それと並んで中世、近世、明治・大正・昭和に至る大阪の時代背景および取引・流通や野菜生産が立地した要因や産地移動まで力点を置いて記述」されている。ただの懐古趣味ではなく、「大阪に昔からあった伝統野菜を掘り起こし、希少性、地元性、親近性の次元から、その存在価値をもう一度見直し、現代に活かせないかを検討してみたい」という志から生まれた本である。

食い倒れの都大阪では今、一般消費者も飲食業者も「ほんまもん」の「なにわ大阪の野菜」を求める傾向が高まっている。たとえば「近世初期、淀川べりの毛馬〈けま〉村原産の『毛馬きゅうり』は細長く、シャキシャキした歯ざわりがよく、初夏の風味がするとして有名」だったが、最近その原種の種が見つかり、大阪府立農林技術センターで試験栽培と普及に取り組んでいる。こうした地道な活動は「季節限定」、「少量多品目」を担う都市農業を応援するためにも、支部として協力していきたいものである。


近畿支部の『現代農業』直送部数は旧来、他支部と比較すると少ない。恒常的な農村への普及活動が弱かった面や土地柄の面も否めないが、しかし、今後の都市農業、都市近郊・園芸農業のあり方を考えると、新たな読者層へ雑誌のみならず文化財の拡大を図れる素地を持つ地域である。

また食、教育、健康の領域視点、地域コミュニティの形成という視点で、農村と都市を結び、発展させることができる可能性を十分有した地域（支部）である。１９８９年、大阪事務所開設時の情熱を持ち、地域に根ざした普及、新たな感覚での普及を展開することが支部として将来、飛躍するポイントとなるだろう。

（西田文彦）

《中国四国支部》
太陽は東から、農文協の普及は西から

■『子とり和牛』、「への字イナ作」

現在の中国四国支部は、１９７６（昭和51）年に岡山市網浜に中国支部として事務所が設置されたことに始まる。それに前後する１９７４年から78年にかけて、支部の基礎となる『現代農業』の部数が確保されている。当時を知る相馬知は、「当時の合言葉は『全戸普及』だった。特に１９７８年入会の宮本君は、じいちゃん・ばあちゃん・本人・母ちゃん・息子・若嫁の全家族に普及するスタイルで、

新K（新規の定期購読）10戸平均を続けた」と振り返る。

現在、編集局に所属する和田正則はこの時期を振り返って、広島県の農家普及でつかんだ和牛市場の統廃合問題が『現代農業』1979年4月号「いいことか？　和牛市場の統廃合」の特集に結実し、その後の一連の和牛記事につながったと話す。庄原市の本田忠則獣医を見出して、〝牛を飼う技術からつくる技術へ〟転換してしまった弊害を、山野草や畦草といった地域の資源を見直した飼料給与体系に戻す必要性を話して回った。そして支部執筆の和牛連載記事（1980年開始）や支部での学習会にも活かされた（123ページ参照）。

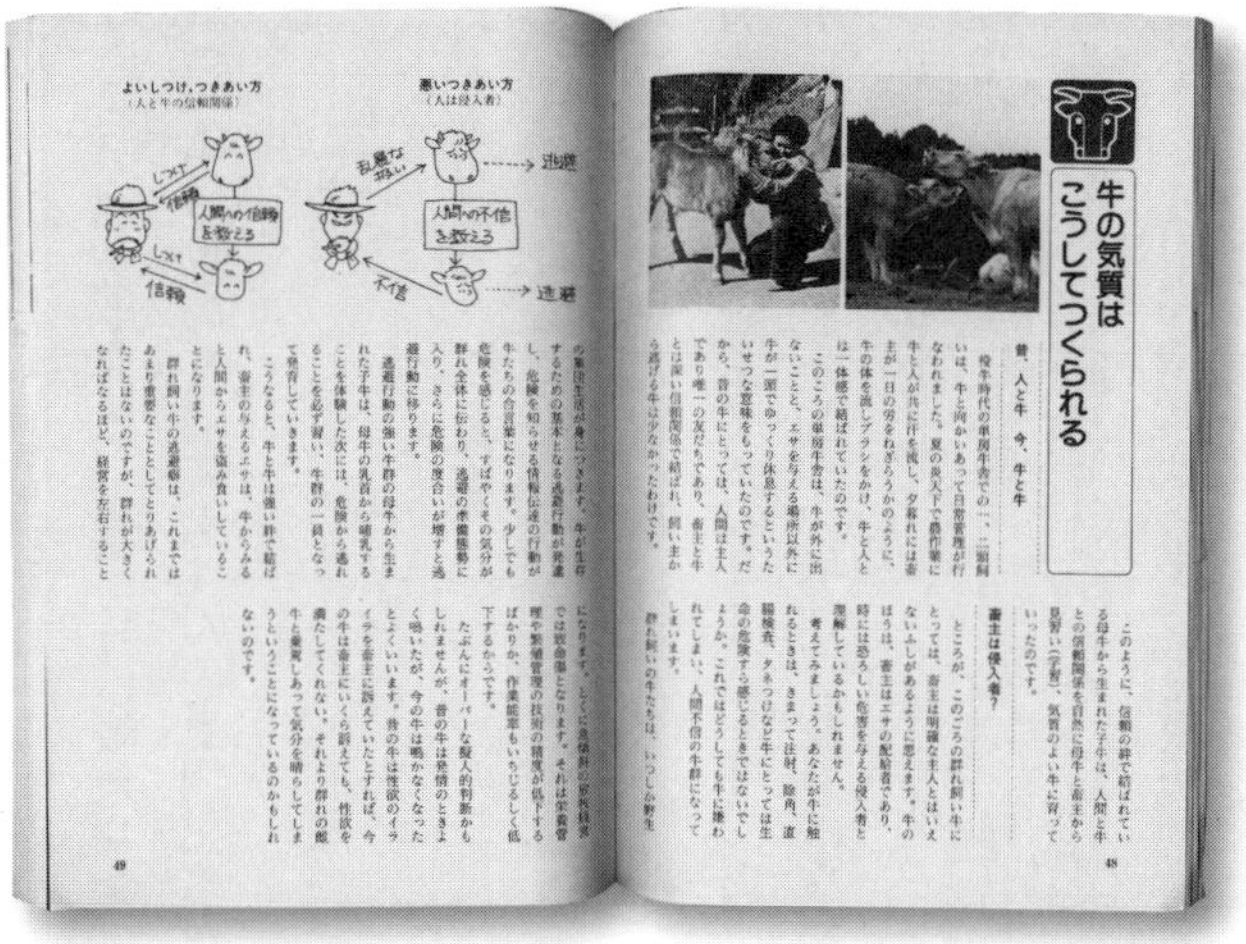

上田孝道
『子とり和牛 上手な飼い方育て方』
（1984年）

その後、高知県の上田孝道さん（当時県畜産試験場）が執筆した『子とり和牛　上手な飼い方育て方』（1984年）も全国の書店店売や即売会でロングセラーを続けている。ちなみにこの単行本は農業書としては初めてA5判として企画された3冊のうちの一冊である。それまでのB6判から図解や図表を加えた、より見やすい単行本へ切り替わっていく画期となった。

2006（平成18）年に近畿支部ができるまでは兵庫県も中国四国支部の管轄であったが、太子町の農家、井原豊さんが執筆した『ここまで知らなきゃ農家は損する』（1985年）は『現代農業』の連載記事と相まって爆発的に売れた。それに続く『ここまで知らなきゃ損する　痛快イネつくり』（1985年）は「への字イナ作」の名を全国にとどろかせ、井原さんの講演会での即売でも大変よく売れた。資材の無駄を省き、細かな施肥技術などを必要としない、おおらかなイネづくり技術は暖地稲作技術の画期をつくり、現在も全国各地で実践・継承されている。

また、団体普及において基幹文化財であった農業総覧『原色　病害虫診断防除編』、農業技術大系『野菜編』・『果樹編』は、中国四国支部が部数において全国をリードした。特に1981年刊行開始の『果樹編』は鳥取県において、ナシ・カキからリンゴなどの他品目への転換を志向する動きに呼応して部数を伸ばした。特に暖地リンゴの山口県阿東町（現山口市）の友清隆男さんの事例記事が大きく貢献した。

■「おへそものがたり」の反響

一方で教育系に柱を立てるべく出版されたのが『自然とあそぼう植物編』（中島博和構成、1987年）である。絵本普及が全国展開されるのは1987年2月3日の全国研修からである。そのとき、単独普及ではなかなか入り込めなかった小中学校に書店と同行する方式がとられた。現在は普及局で、当時中国四国支部に在籍していた阿部伸介はその時の書店同行普及を詳細に記録しており、それを見ると、1日に6校から多いときは14校を回り、『植物編』を10セット普及している日もある。『植物編』の「おへそものがたり」が広島県尾道市周辺の幼稚園で話題になり、その後「命の模擬授業」が実施されたこともあり、市内全幼稚園に一括配置され、小学校でも話題になった。絵本という新文化財により普及活動が変わり、「農文協の絵本を全小学校にいれよう！」という合言葉で支部職員が活動した。その後、支部出版企画ともいうべき児童書『地図にない島へ』（武田英子著、1990年）、『まっ黒つちまっ白もち』（児玉辰春著、1993年）などの文化財も生まれ、農文協における読みもの児童書をリードした。文部発の文化財発行は今後の大きなテーマのひとつでもある。

出版界でよく言われる格言のひとつに「太陽は東から、企画販売は西から」というものがある。各出版社の企画出版物は西日本の書店から販売の火が付くことが多いという意味である。農業においても「お天気と農業は西から変わる」と言われる。

“太陽は東から、農文協の普及は西から”

…かくありたい。

（福留均）

《九州沖縄支部》
「減農薬」など、循環型普及活動の展開

■全国に波及した「減農薬関連本」

九州沖縄支部へ赴任した1989（平成元）年に、営業で訪問した団体から、『減農薬のイネつくり』（1987年、宇根豊著）の本を出しているような出版社は来なくてよいと拒否されたことを思い出す。

この本はそれほどに影響力のある本だったということでもあるが、営業でさえそうだから執筆者の宇根さんには相当の圧力があったことだろう。

農家が自ら自分の田んぼの益虫・害虫を観察して農薬散布の適期を知る。考えてみればごく当然のようなこの

技術は、農薬の普及と、予防散布中心の稲作栽培暦徹底のなかで、完全にかき消されてしまっていた。

しかし、筑紫野市で減農薬栽培を研究していた「筑紫減農薬研究グループ」の篠原正昭さんが布でつくった虫見板を発案、当時農業改良普及員であった宇根さんらと研究・改良を重ねて、現在の『虫見板』を創案・発行し、減農薬の技術を確立した。その技術は『虫見板』、単行本『減農薬のイネつくり』の普及とともにまたたく間に全国へ広がった。そして全国の稲作栽培暦の農薬使用の回数は激減することになる（65ページ参照）。

さらに『減農薬のための田の虫図鑑』（宇根豊・日鷹一雅・赤松富仁共著、1989年）は害虫、益虫だけではなく「ただの虫」という概念を掘り起こした画期的な本になった。虫の図鑑はたくさんあるが、田んぼの生き物に関する図鑑は目からうろこの本であり、即売等でもよく売れ、また、支部職員も学校関係者にも必要な本として積極的に販売していった。そしてこの本は、後の「田んぼの生き物調査」の全国展開につながっていく。

一方、雑草に悪戦苦闘していた福岡県桂川町の古野隆雄さんがアイガモ農法を確立し、『合鴨ばんざい』（1992年）、『無限に拡がるアイガモ水稲同時作』（1997年）を刊行（30ページ参照）。古野さんの実践は、日本国内だけでなく、中国、ベトナムなどアジア各国や、遠くヨーロッパ（仏映画のジャン＝ポール・ジョードゥ監督が環境や安全な食をテーマにしたドキュメンタリー映画で撮影）まで影響が広がっていった。

■地域の再生、食から農から

宇根さんの『減農薬のイネつくり』と同年に『食べものを教える』（桑畑美沙子著、1987年）が刊行されている。今でこそ食育・食農教育は当たり前のように実践されているが、当時熊本の家庭科サークルで実践される「本物の料理・実生活を体験させる」授業は画期的であった。

その後『わくわく食育授業プラン』（桑畑美沙子編、熊本県家庭科サークル著、2004年）の刊行につながり、「主となって暮らす」をキーワードとした実践は多くの教員の参考にされている。食育イベントの即売では必ず持っていく本である。

さらに九州沖縄支部の活動の原動力となった文化財としてスライド『施肥改善シリーズ』（農文協編、1982年）もあげたい。「農家まわり（普及・回収）をしながら夜は集落でスライド映写会を頻繁に行なった」と、当時を知る岩元俊行は話す。特に島原半島ではジャガイモそうか病が激しく、対策を聞きながら農家とスライドによる土つくり学習会を行なっている。その報告は九州支部発行の「現代農業通信21号」（1980年～1985年、45号まで発行）に「ひろがる施肥改善運動」として紹介、読者へ送付された（42ページ参照）。

なお、今日ではビデオ『堆肥活用施肥改善編』（農文協編、協力＝熊澤喜久雄・武田健、2005年）による普及活動を行なっている。各団体へ講師として『新しい土壌診断と施肥設計』（武田健著、2002年）の著者を紹介、「農家自ら行なうフライパン土壌診断と堆肥活用」をテーマに九州各地の土つくり運動を支援・展開してきた。

最後に「地域の再生」に寄与した本として『西海に浮かぶアルカディア小値賀』（森泰一郎・佐藤快信・西川芳昭・農文協文化部著、1999年）を紹介しておきたい。普及班（1998年、大池班3名）が長崎県の小値賀島を普及後、文化部が実態調査しまとめたこの冊子は、島民の地域再生活動に少なからず影響を与えた。その後、島民の努力が実り、毎日新聞グリーンツーリズム大賞など数々の賞を受賞して現在に至っている。

地域の課題を汲み上げた文化財は普及の活力となり、地域に根ざした普及は新たな課題を文化財の制作に投げかけていく。過去の文化財に学び、活動の主体は自らであることを認識し、九州沖縄支部はこれからも地道にたゆまなくこの循環型普及活動を継続していきたい。

（吉瀬正彦・青田浩明）

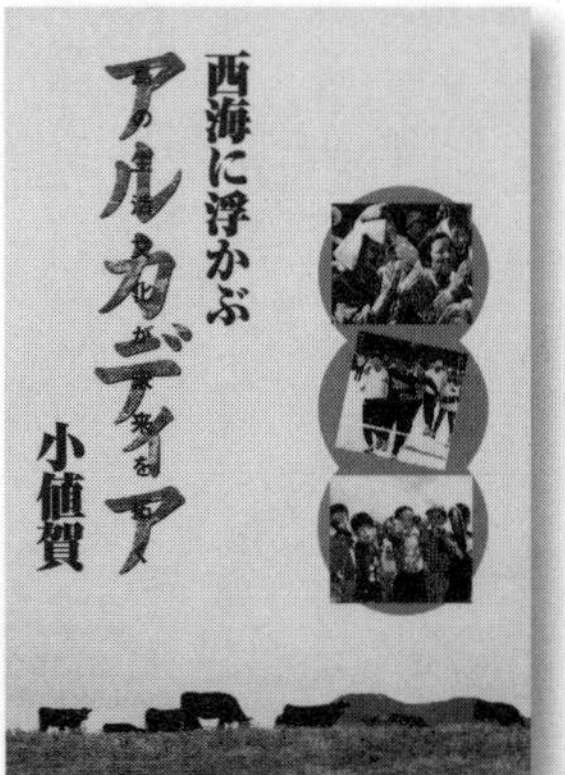

森泰一郎ら
『西海に浮かぶアルカディア小値賀』
（1999年）

農家に学び、地域とともに
農文協出版史で綴る農家力・地域力

2011年8月30日　第1刷発行

編者●社団法人 農山漁村文化協会

発行所●社団法人 農山漁村文化協会
〒107-8668　東京都港区赤坂7丁目6-1
電話／03(3585)1141(営業)　03(3585)1147(編集)
FAX／03(3585)3668　　振替／00120-3-144478
URL／http://www.ruralnet.or.jp/

ISBN978-4-540-09198-8
〈検印廃止〉

DTP制作／(株)農文協プロダクション
印刷・製本／凸版印刷(株)
定価はカバーに表示
乱丁・落丁本はお取り替えいたします。

◉農文協発行図書年表

2000(平成12)年1月〜2010(平成22)年12月

◉索引

I）雑誌発行年表

1. 月刊 現代農業(月刊、A5判382頁、定価800円)

発行年・号		特集タイトル
2000年	1月号(636号)	後継者が続々生まれる時代が来た！
	2月号(637号)	【品種選び大特集】わが家の自給全科
	3月号(638号)	転作でむらに産業をおこす
	4月号(639号)	まちの人を巻きこんでむらづくり
	4月特別号(640号)	21世紀に引き継ぐ 農業の技術・自給の知恵
	5月号(641号)	広がる米ヌカ防除
	6月号(642号)	【防除特集】米ヌカで病気を防ぐ
	7月号(643号)	薬草利用でむらに健康を広げる
	8月号(644号)	鳥獣害から田畑を守る
	9月号(645号)	学校給食に地元野菜を届ける
	10月号(646号)	【土肥特集】超小力・病気知らず 米ヌカで“土ごと発酵”
	11月号(647号)	豆腐・納豆で大豆の販路が広がる
	12月号(648号)	10年現役延長の運搬小力機械
2001年	1月号(649号)	わが家わが村の10年構想
	2月号(650号)	【品種選び大特集】品種の力で直売所の魅力倍増計画
	3月号(651号)	田んぼのコストダウン大作戦
	4月号(652号)	肥料でコストダウン200万円
	4月特別号(653号)	不況に活かす 農家の知恵
	5月号(654号)	提案 転作にエダマメを！
	6月号(655号)	【防除特集】農薬代減らし大作戦
	7月号(656号)	こんな加工機械がほしかった！
	8月号(657号)	さあ夏休み！ 田んぼの学校
	9月号(658号)	黒には愛がいっぱい 黒い作物の秘力(パワー)
	10月号(659号)	【土肥特集】簡単なのにスゴイ！ 土ごと発酵
	11月号(660号)	今から間に合う 冬にボーナス！ 大作戦
	12月号(661号)	もっと減らせるぞ！ 機械代
2002年	1月号(662号)	何でも「もやし」に 発芽パワーで健康！
	2月号(663号)	【品種選び大特集】40人で売上4億2000万円の直売所の品種選び
	3月号(664号)	「春の野山」が売れる！
	4月号(665号)	竹林のスーパー生命力は宝！
	4月特別号(666号)	地産地消で所得アップ 加工の技術 売り方の知恵
	5月号(667号)	青森発 「産地」は変わる 農家所得アップへの挑戦
	6月号(668号)	【防除特集】酢防除で病気が減って味がのる
	7月号(669号)	麦の魅力 いよいよ！
	8月号(670号)	海のミネラル力を田畑に
	9月号(671号)	秋の果物で酢をつくる 健康にも酢防除にも
	10月号(672号)	【土肥特集】苦土でリン酸貯金をおろそう
	11月号(673号)	「秋の野山」が売れる！
	12月号(674号)	緊急特集「無登録農薬」問題 現場からの視点

2003年	1月号(675号)	ドブロク復権！ 農家の“発酵文化”を取り戻す
	2月号(676号)	【品種選び大特集】“売り方”に磨きをかける 品種を生かしたアイデア販売
	3月号(677号)	「食」まで見とおして、売る
	4月号(678号)	木酢はやっぱりスゴイ…
	5月号(679号)	自然農薬 おもしろいからやめられない
	6月号(680号)	【防除特集】酢防除でダイエット 健康作物
	7月号(681号)	米粉パンvs国産小麦パン
	8月号(682号)	追究！ 海のミネラル力
	9月号(683号)	鳥獣害対策大特集
	10月号(684号)	【土肥特集】苦土は起爆剤
	11月号(685号)	なんでも粉に！
	12月号(686号)	不況の年は母ちゃんの(父ちゃんも)出番！
2004年	1月号(687号)	もっと使えるぞ！ 炭
	2月号(688号)	【品種選び大特集】「小さい流通」が拓く個性化・多様性時代 大人気野菜の注目品種動向2004
	3月号(689号)	生命の水 樹液をいただく
	4月号(690号)	有機物でマルチ
	5月号(691号)	農薬が減る！ 混植・混作
	6月号(692号)	【減農薬大特集】有機物マルチで農薬が減る
	7月号(693号)	「商品化」術を磨く
	8月号(694号)	ミミズはスゴイ ミネラルとアミノ酸が効く
	9月号(695号)	「地あぶら」に火がついた
	10月号(696号)	【土肥特集】有機物マルチで土ごと発酵
	11月号(697号)	落ち葉 いまどきの活用術
	12月号(698号)	おいしいご飯！ 保管法、精米法、炊き方、そして販売
2005年	1月号(699号)	身体にも田畑にも 大豆の「健康力」！
	2月号(700号)	【品種選び大特集】農家が選ぶ「健康」品種
	3月号(701号)	月と農業 タネを播くなら満月がいい！？
	4月号(702号)	徹底活用 竹 スーパー生命力を農業に健康に
	5月号(703号)	草刈り・草取り 名人になる！
	6月号(704号)	【減農薬特集】農薬に頼らない防除法 最新ハンドブック
	7月号(705号)	水をよくする 農業と水・作物と水
	8月号(706号)	台風に負けないための100の知恵
	9月号(707号)	キノコの力を 畑は元気に人も健康！
	10月号(708号)	【土肥特集】耕し方で変わる 不耕起・浅耕・部分耕・鎮圧…
	11月号(709号)	モミガラ 使わないなんてモッタイナイ
	12月号(710号)	ザ・農具列伝 読者お気に入りの農具集
2006年	1月号(711号)	灰 究極のミネラル
	2月号(712号)	【品種大特集】食べ方提案で届ける品種
	3月号(713号)	春のつぼみを食べる
	4月号(714号)	タネ・苗 いじめて強化大作戦
	5月号(715号)	耕耘・代かき名人になる！
	6月号(716号)	【減農薬特集】根こぶ！？ ネコブ！？ ねこぶ！？
	7月号(717号)	身体にいいもの野山にあり 野草・薬草利用術
	8月号(718号)	魚で元気になる
	9月号(719号)	技あり！ 袋と段ボール
	10月号(720号)	【土肥特集】耕盤探検隊が見た 耕し方で畑が硬くなる
	11月号(721号)	サツマイモvsジャガイモ
	12月号(722号)	身体に作物に発酵のめぐみ プクプク酵母菌の世界へ

2007年	1月号(723号)	耕盤探検隊がゆく 第2弾 異常気象下の畑を掘る
	2月号(724号)	【品種大特集】お客は地元にいる！ 地産地商時代の品種選び
	3月号(725号)	自分で作る植物酵素液
	4月号(726号)	畑の耕耘極意25 タダでは起きない失敗談集
	5月号(727号)	田植え名人になる！ まっすぐキレイで父ちゃん満足、母ちゃんラクラク
	6月号(728号)	【減農薬特集】安くてよく効く石灰防除
	7月号(729号)	ニンニクvsトウガラシ 身体に効く虫に効く
	8月号(730号)	ここまで見えた海水・塩の活用法
	9月号(731号)	直売所名人になる！
	10月号(732号)	【土肥特集】病気に強くなる肥料 石灰
	11月号(733号)	安い肥料 鶏糞を使いこなす
	12月号(734号)	誰でもできる 米粉利用ガイド
2008年	1月号(735号)	直売所名人になる！ 2
	2月号(736号)	【品種大特集】サラダセットを直売所に
	3月号(737号)	機械・油代が安い人の技、公開
	4月号(738号)	肥料代が安い人の技、公開
	5月号(739号)	ヨモギvsスギナ
	6月号(740号)	【減農薬特集】安くてよく効く石灰防除 100人に聞きました
	7月号(741号)	葉っぱビジネス 可能性無限大
	8月号(742号)	光合成細菌&納豆菌・乳酸菌・酵母菌 どんどんふやそうパワー菌液
	9月号(743号)	いまこそ農家が米を売る 米を食べる
	10月号(744号)	【土肥特集】肥料代減らしハンドブック
	11月号(745号)	たいしたもんだ皮の力
	12月号(746号)	やるぞ 自分のお米で米粉！
2009年	1月号(747号)	堆肥栽培元年 肥料高騰、これからの農業
	2月号(748号)	【品種大特集】直売所名人になる！ 品種編
	3月号(749号)	堆肥をまく 肥料をまく コツのコツ
	4月号(750号)	ありっ竹使いきる
	5月号(751号)	マメ科を活かす
	6月号(752号)	【減農薬大特集】農薬代を安くする技を探せ！
	7月号(753号)	緊急企画 飼うぞ殖やすぞミツバチ
	8月号(754号)	ザ・直売所農法
	9月号(755号)	捨てるな タネ
	10月号(756号)	【土肥特集】堆肥栽培列島拡大中
	11月号(757号)	簡単だ！ モミガラ活用
	12月号(758号)	玄米が流行中！
2010年	1月号(759号)	こうじ菌バンザイ
	2月号(760号)	【品種選び大特集】直売所名人はどうやってタネを買っているか
	3月号(761号)	発芽名人になる！
	4月号(762号)	乳酸菌大活躍
	5月号(763号)	耕耘・代かきもっと名人になる サトちゃんが来た
	6月号(764号)	【減農薬大特集】尿素で減農薬
	7月号(765号)	草と葉っぱの売り方ノウハウ
	8月号(766号)	自然農法が知りたい
	9月号(767号)	山が好き！
	10月号(768号)	【土肥特集】地力探偵団が行く
	11月号(769号)	トラクタを120%使いこなす
	12月号(770号)	じゃんじゃんやいてじゃんじゃん使う 炭

2. 別冊 現代農業(B5判196頁、定価1,200円)

発行年・号		特集タイトル
2004年	4月号	減農薬の宝物　木酢・竹酢・モミ酢　とことん活用読本
	7月号	土・作物を変える不思議パワー　炭とことん活用読本
	12月号	発酵の力を暮らしに土に　米ぬかとことん活用読本
2005年	3月号	イネの有機栽培—緑肥・草、水、生きもの、米ぬか…田んぼとことん活用
	4月号	身近な素材でつくる　ボカシ肥・発酵肥料とことん活用読本—生ごみ、くず、かす、草、落ち葉
	9月号	鳥害・獣害こうして防ぐ—弱点をつく対策から、共存への環境づくりまで
	12月号	自然力を生かす　農家の技術早わかり事典
2006年	3月号	堆肥とことん活用読本—身近な素材なんでもリサイクル
	6月号	農家が教える　家庭菜園—春夏編
	9月号	農家が教える　家庭菜園—秋冬編
	12月号	農家が教える　どぶろくのつくり方—ワイン・ビール・焼酎・麹・酵母つくりも
2007年	3月号	家族で夫婦で一人でも　からだがよろこぶ健康術 —操体法・自力整体、冷えとり、薬膳、薬草から話題の健康法まで
	4月号	復刊60周年記念号　現代農業ベストセレクト集
	7月号	果樹62種—育て方　楽しみ方
	10月号	自由自在のパンづくり—つくり方・酵母・製粉・石窯から麦作りまで
2008年	1月号	野山・里山・竹林　楽しむ、活かす—山菜、きのこ、燃料から昆虫、動物まで
	4月号	農家が教える　加工・保存・貯蔵の知恵—野菜・山菜・果物を長く楽しむ
	7月号	農家が教える　混植・混作・輪作の知恵—病害虫が減り、土がよくなる
	10月号	農家が教える　便利な農具・道具たち—選び方・使い方から長持ちメンテナンス・入手法まで
2009年	1月号	農家が教える　発酵食の知恵 —漬け物、なれずし、どぶろく、ワイン、酢、甘酒、ヨーグルト、チーズ
	3月号	農地・水・環境保全向上対策に　むらを楽しくする生きもの田んぼづくり —アゼ草管理からカバープランツ、魚道、水路補修まで
	4月号	農家が教える　イネつくり　コツのコツ
	7月号	農家直伝　豆をトコトン楽しむ—食べ方・加工から育て方まで
	10月号	農家が教える　農薬に頼らない病害虫防除ハンドブック
2010年	1月号	農家が教える　わが家の農産加工 —ハム、ソーセージ、くん製、干物、もち、ケチャップ、ジャム、ジュース、梅干しほか
	4月号	農家が教える　雑穀・ソバ　育て方・食べ方 —アワ、キビ、ヒエ、アマランサス、シコクビエ、モロコシ、キノア、ハトムギ、ソバ
	7月号	農家が教える　石灰で防ぐ病気と害虫
	12月号	肥料を知る土を知る—豊かな土つくりの基礎知識

3. 増刊 現代農業（季刊、A5判260頁、定価900円）・季刊地域（季刊、A4変判130頁、定価900円）

発行年・号		特集タイトル
2000年	2月増刊号（47号）	地域で介護を―みんなで育てる介護保険
	5月増刊号（48号）	定年帰農パート2―100万人の人生二毛作
	8月増刊号（49号）	日本的ガーデニングのすすめ―農のある庭
	11月増刊号（50号）	日本的グリーンツーリズムのすすめ―農のある余暇
2001年	2月増刊号（51号）	不況だから元気だ―小さな消費で優雅な暮らし
	5月増刊号（52号）	地域から変わる日本―地元学とは何か
	8月増刊号（53号）	孫よ！―土と遊べ　ふるさとに学べ
	11月増刊号（54号）	ナチュラルライフ提案カタログ―手づくりの道具・手づくりの教室・手づくりの逸品
2002年	2月増刊号（55号）	自然とともに平和をつくる―「文明の衝突」から「文明の共存」へ
	5月増刊号（56号）	新ガーデンライフのすすめ―庭、里山、鎮守の森
	8月増刊号（57号）	青年帰農―若者たちの新しい生き方
	11月増刊号（58号）	スローフードな日本！―地産地消・食の地元学
2003年	2月増刊号（59号）	地域からのニッポン再生―農的暮らしの構造改革特区
	5月増刊号（60号）	食の地方分権―地産地消で地域の自立
	8月増刊号（61号）	21世紀は江戸時代―開府400年　まち・むら・自然の再結合
	11月増刊号（62号）	団塊の帰農―それぞれの人生二毛作
2004年	2月増刊号（63号）	土建の帰農―公共事業から農業・環境・福祉へ
	5月増刊号（64号）	もったいないから おもしろいから　わが家と地域の自給エネルギー
	8月増刊号（65号）	おとなのための食育入門―環を断ち切る食から、環をつなぐ食へ
	11月増刊号（66号）	なつかしい未来へ―農村空間をデザインし直す
2005年	2月増刊号（67号）	小さなむらの「希望」を旅する
	5月増刊号（68号）	「グリーンライフ」が始まった！―教育が、若者が、地域が変わる
	8月増刊号（69号）	若者はなぜ、農山村に向かうのか―戦後60年の再出発
	11月増刊号（70号）	田園・里山ハローワーク―希望のニート・フリーター
2006年	2月増刊号（71号）	はじめてなのになつかしい　畑カフェ 田んぼレストラン
	5月増刊号（72号）	定年帰農2006―地域に生きる「もうひとつの人生」
	8月増刊号（73号）	山・川・海の「遊び仕事」
	11月増刊号（74号）	よみがえる廃校―「母校」の思い出とともに
2007年	2月増刊号（75号）	脱・格差社会―私たちの農的生き方
	5月増刊号（76号）	農的共生社会―自治と自給で「格差」を超える
	8月増刊号（77号）	いま、米と田んぼが面白い―「消費者」から「当事者」へ
	11月増刊号（78号）	脱グローバリゼーション―「手づくり自治」で地域再生
2008年	2月増刊号（79号）	食の自治から暮らしの自治へ―他人事から自分事へ
	5月増刊号（80号）	ギョーザ事件から何が見えたか―食・労働・家族のいま
	8月増刊号（81号）	医療再生―脱「医療の商品化・患者の消費者化」
	11月増刊号（82号）	「限界集落」なんて呼ばせない　集落支援ハンドブック
2009年	2月増刊号（83号）	金融危機を希望に転じる25の提言と実践―ローカルの力で食料・雇用・家族の安心を自給
	5月増刊号（84号）	私たちの金融大転換―新しいおカネの生かし方ガイド
	8月増刊号（85号）	農家発若者発　グリーン・ニューディール―地域創造の実践と提案
	11月増刊号（86号）	耕作放棄地活用ガイド―考え方・生かし方・防ぎ方

2010年より「季刊地域」に改題

2010年	春号(No.1)	農産物デフレ―適正価格を地域から 地元学でおこす「あと3万円」の仕事
	夏号(No.2)	高齢者応援ビジネス―みんなでつくる居場所と仕事 定年前・定年帰農―人生複線化のすすめ
	秋号(No.3)	空き家を宝に 戸別所得補償どう生かす?

4. 季刊 うかたま(季刊、A4変判130頁、定価780円)

発行年・号		特集タイトル
2005年	冬号(Vol.1)	おもちはエライ!／100人の朝ごはん
2006年	春号(Vol.2)	今日はお弁当!／水野美紀×中島デコ
	夏号(Vol.3)	おばあちゃんのおやつ／夏だから手づくりの飲みもの
	秋号(Vol.4)	今日はパン日和／手づくりジャムとペースト
	冬号(Vol.5)	雑穀はおいしい／冬の白いスープ
2007年	春号(Vol.6)	草摘みにいこう／100%はちみつ
	夏号(Vol.7)	おかんメニュー／暑い日のひんやり昼ごはん
	秋号(Vol.8)	愛しの白いごはん／木の実のおやつ
	冬号(Vol.9)	豆のある台所／冬のほろよいショコラ
2008年	春号(Vol.10)	おばあちゃんに習う／春色の和菓子
	夏号(Vol.11)	島のごはん／天然ぷるぷるおやつ
	秋号(Vol.12)	地粉のパン／秋色のびん詰め
	冬号(Vol.13)	乾物エブリデー／りんごが一箱届いたら
2009年	春号(Vol.14)	お茶の友／春の昔おむすび
	夏号(Vol.15)	玄米食堂／日本のオモニごはん
	秋号(Vol.16)	村の粉もの／小豆あんの洋風デザート
	冬号(Vol.17)	酒の友／按田優子さんの豆の駄菓子
2010年	春号(Vol.18)	昔ごはん／庭の夏みかん
	夏号(Vol.19)	市場パラダイス／中川たまさんの梅の食卓
	秋号(Vol.20)	旅ごはん／パン・ウェイさんに教わる 秋のうるおい薬膳レシピ
	冬号(Vol.21)	おやつノート／オモニのあったかスープ

※別冊 うかたま=2010年4月…農家が教える 季節の食卓レシピ―なるほど! 産地の知恵(B5判96頁、定価1,000円)

※増刊 うかたま=2010年12月…手づくりのたれ・ソース・調味料(A4変判96頁、定価1,200円)

5. 食農教育(季刊～隔月刊、No.66までA5判160頁、No.67からB5判128頁、定価800円)

発行年・号		特集タイトル
2000年	冬号(No. 7)	「総合的な学習の時間」 こうすればスタートできる!
	春号(No. 8)	「総合的な学習の時間」 私のプラン
	夏号(No. 9)	探究心に火をつける意外な方法
	秋号(No.10)	失敗・アクシデントを生かす総合的学習
2001年	1月号(No.11)	こうしたらどうですか「総合」(1) 達人に学ぶほんもの体験
	3月号(No.12)	こうしたらどうですか「総合」(2) 聞き取りを図書で深める 調べ学習
	5月号(No.13)	こうしたらどうですか「総合」(3) 地域に学び・地域へ返す まとめと発信
	7月号(No.14)	身近な水から発見が広がる
	9月号(No.15)	〈食べる〉の原点へ
	10月増刊号(No.16)	地域を生かす「総合的な学習の時間」事例集
	11月号(No.17)	深まる広がる 図書・情報の生かし方
2002年	1月号(No.18)	校区探検の技術
	3月号(No.19)	「総合」で教師が変わる
	5月号(No.20)	パソコンで深める体験学習
	7月号(No.21)	「食べる」の向こうに見えるもの
	9月号(No.22)	「売る」から何を学べるか
	11月号(No.23)	食で深まる国際理解
2003年	1月号(No.24)	食と農でこんな力を育てたい
	3月号(No.25)	「ふるさと学習」の4つの手法
	4月増刊号(No.26)	「バケツ稲」 12ヵ月のカリキュラム
	5月号(No.27)	地域みんなで校庭改造―ビオトープから農園まで
	7月号(No.28)	お店屋さんには知恵がいっぱい
	9月号(No.29)	江戸が教える食と環境の未来
	11月号(No.30)	漬ける・干す・いぶす 保存食から地域が見える
2004年	1月号(No.31)	校区コミュニティー元年!
	3月号(No.32)	計画づくりは「振り返り」から
	4月増刊号(No.33)	給食を生かす授業づくり12ヵ月
	5月号(No.34)	お母さんを学習応援団に
	7月号(No.35)	川と遊ぶ 暮らしを学ぶ
	9月号(No.36)	食育で校区が元気づく―高知からの発信
	11月号(No.37)	農家に学ぶ「いのちの授業」
2005年	1月号(No.38)	ふるさとを育てる
	3月号(No.39)	学校と地域を結ぶ ホームページ活用術
	4月増刊号(No.40)	食育のすすめ方―6つの視点・18のプラン
	5月号(No.41)	食の総合学習 どう立ち上げる?
	7月号(No.42)	ビオトープ田んぼづくり
	9月号(No.43)	実感! 生きている土の世界
	11月号(No.44)	学校農園 失敗してもうまく食う

2006年	1月号(No.45)	地域のパワーを生かすしくみづくり
	3月号(No.46)	農業高校へ行こう！
	4月増刊号(No.47)	どこでもできる　給食で食育ヒント集
	5月号(No.48)	タネから学ぶ　いのちと食べもの
	7月号(No.49)	調べて育てる　身近な絶滅危惧種
	9月号(No.50)	私が食と農にこだわるわけ―20氏の思い
	11月号(No.51)	みんなで追求――杯の味噌汁
2007年	1月号(No.52)	たき火大研究！
	3月号(No.53)	教科と総合をつなぐ　体験でみがく国語力
	4月増刊号(No.54)	食育ハンドブック―授業・給食・地域づくり
	5月号(No.55)	どうすすめる？　5年生のお米学習
	7月号(No.56)	道ばたの教材さがし―理科・社会・国語・生活・総合
	9月号(No.57)	残食減らしアイデア集―クラスづくりから金銭教育まで
	11月号(No.58)	水をどう教えるか？―用水・飲み水・めぐる水
2008年	1月号(No.59)	食育で学校が変わる―すべての教科・教師が取り組む　兵庫から
	3月号(No.60)	コンビニ弁当で食料・環境学習
	4月増刊号(No.61)	子どもが変わる　農村宿泊体験
	5月号(No.62)	「生ごみリサイクル」「弁当の日」「味噌汁の日」…　ここまでできる！　子どもたちの食プロジェクト
	7月号(No.63)	足元から「伝統と文化」を発見する
	9月号(No.64)	つくる・伝える　災害にそなえる食の知恵
	11月号(No.65)	落ち葉を生かせ！―焼きイモから堆肥、アートまで
2009年	1月号(No.66)	教室で、うちで、みんなで　ギュッとおにぎり！
	3月号(No.67)	学級園　おもしろ栽培ハンドブック
	5月号(No.68)	ペットボトル稲vsバケツ稲
	7月号(No.69)	みつける・そだてる・たいじする―ぼくのむし、畑の虫／授業や行事が盛り上がる！―ホットプレート料理
	9月号(No.70)	わたしのダイズ　炒る・挽く・煮る／秋からはじめる　給食畑
	11月号(No.71)	ワラを生かせ！　イネに捨てるところなし
2010年	1月号(No.72)	まだまだ使える！　調理クズ・食べ残し／道具を使いこなして、手作り給食
	3月号(No.73)	オドロキいっぱい！　マイ野菜／センター方式でもやれる！　地場産給食
	5月号(No.74)	子ども～あきない・大人～くたびれない　米づくり体験コツのコツ／発想転換！　給食メニューをシンプルに
	7月号(No.75)	おもしろ野菜で“緑のカーテン”／お豆をたくさん食べさせる
	9月号(No.76)	やってみる・考える・工夫する　子どもあそび、復権！／旬の魚でうんまい給食
	11月号(No.77)	麦をまこう！　育てやすくて食べて楽しい

6. その他の教育雑誌

技術教室（産業教育研究連盟編、月刊、A5判96頁、定価720円）

2000年	●1月号（No.570）：苦手な電気・機械を面白くする　●2月号（No.571）：地域資源を現代に生かす―ケナフ・アイ・アマ・炭　●3月号（No.572）：新学習指導要領に向けて　私の構想　●4月号（No.573）：これは伝えたい生活の基礎技術　●5月号（No.574）：健康を育むものづくり　●6月号（No.575）：インターネットで何ができるか　●7月号（No.576）：技術・家庭科の基礎・基本を考えるために　●8月号（No.577）：育てて楽しく味わう加工学習　●9月号（No.578）：総合学習で技術・家庭科は何ができるか　●10月号（No.579）：ロボットコンテストの魅力　●11月号（No.580）：子どもの危機と技術教育・家庭科教育　●12月号（No.581）：生活環境の再生と環境教育
2001年	●1月号（No.582）：授業を活性化する情報活用　●2月号（No.583）：地域に学ぶ技の世界　●3月号（No.584）：「学びの教育課程」を創造する　●4月号（No.585）：子どもを魅了する授業の発想　●5月号（No.586）：電気・機械・エネルギー変換をどう教える？　●6月号（No.587）：「ものづくり」を通して深まる学び　●7月号（No.588）：もっと自由で楽しい教材・教具　●8月号（No.589）：食と農の授業―入門から地域発信まで　●9月号（No.590）：ロボコンが授業をかえる　●10月号（No.591）：総合学習をめざす実践　●11月号（No.592）：学びのカリキュラムと技術・家庭科　●12月号（No.593）：技術教育の基礎と基本
2002年	●1月号（No.594）：これからの技術・家庭科の授業　●2月号（No.595）：「情報とコンピュータ」の授業構想　●3月号（No.596）：いま、なぜ体験学習か　●4月号（No.597）：時短に負けないものづくり教材　●5月号（No.598）：生活環境を守る力を育てる　●6月号（No.599）：地域の人材・素材を生かした授業　●7月号（No.600）：現代を拓く技術・家庭科　●8月号（No.601）：食と農で何を学ぶか　●9月号（No.602）：子どもが輝く授業の実践と報告　●10月号（No.603）：どうする絶対評価の通知表・内申書　●11月号（No.604）：転換期の技術・家庭科を切り拓く　●12月号（No.605）：33人に聞く「私の基礎・基本」
2003年	●1月号（No.606）：総合学習の壁を越える　●2月号（No.607）：子どもに生活を取り戻す家庭科　●3月号（No.608）：交流から生まれる学び　●4月号（No.609）：「ものづくり」を変える情報活用　●5月号（No.610）：地球環境を守る授業　●6月号（No.611）：新教育課程でどこにこだわるか　●7月号（No.612）：私の資料活用法　●8月号（No.613）：山場をつくる一コマの授業　●9月号（No.614）：エネルギー変換と環境　●10月号（No.615）：私はこう評価する―教育課程と評価　●11月号（No.616）：注目！！教材・教具を網羅―全国研究大会特集　●12月号（No.617）：私の技術室・家庭科室
2004年	●1月号（No.618）：素材・材料を選ぶ　●2月号（No.619）：情報教育を考える指針と実践　●3月号（No.620）：総合学習はおもしろかった　●4月号（No.621）：この授業の魅力はここだ！　●5月号（No.622）：環境教育の視点と実践　●6月号（No.623）：教育条件が子どもの学力に影響する　●7月号（No.624）：キット教材を生かす　●8月号（No.625）：評価は授業づくりの視点から　●9月号（No.626）：体験から学びへ　●10月号（No.627）：エネルギー変換で何を学ぶか　●11月号（No.628）：困難な状況を切り開く―第53次全国研究大会　●12月号（No.629）：ねらいを明確にした一コマの授業
2005年	●1月号（No.630）：ヴァーチャル時代と情報教育　●2月号（No.631）：エネルギー変換で何を学ぶか　●3月号（No.632）：総合学習に活きる技術・家庭科　●4月号（No.633）：授業を創る舞台裏　●5月号（No.634）：シンプル・ワクワク・基礎基本　●6月号（No.635）：環境を問う授業づくり　●7月号（No.636）：衣服のもと「糸」「布」「縫う」を探求する　●8月号（No.637）：ラジオから始まる通信技術の授業　●9月号（No.638）：手づくり教材・キット教材の工夫　●10月号（No.639）：エネルギー変換の新教材　●11月号（No.640）：教育情勢の厳しさに抗して豊かな学びを―第54次全国研究大会　●12月号（No.641）：環境と人をつなぐ食
2006年	●1月号（No.642）：評価・評定―私はこう観る　●2月号（No.643）：挑戦する授業―ロボコン・エコランの魅力　●3月号（No.644）：「情報」で身につける力を考える　●4月号（No.645）：復活！「電気」学習の指導　●5月号（No.646）：ものづくりで子どもは変わるか　●6月号（No.647）：地域と結ぶ環境教育　●7月号（No.648）：「衣服」ができるまでの技術の探究　●8月号（No.649）：復活！「電気」学習の指導　●9月号（No.650）：加工学習でこんなことが学べる　●10月号（No.651）：職場体験と実りあるキャリア教育　●11月号（No.652）：教育情勢の厳しさに抗して豊かな学びを―第55次全国研究大会　●12月号（No.653）：「昔の食べもの」はよかった
2007年	●1月号（No.654）：ロボコンで学ぶ技術と協同　●2月号（No.655）：発掘!!　家庭に眠る道具や機械　●3月号（No.656）：授業づくりと評価―授業と教材観　●4月号（No.657）：教科書を補うこの授業と実践　●5月号（No.658）：情報の現状と身につけたい力　●6月号（No.659）：ここがポイント、この授業　●7月号（No.660）：エネルギー変換の教材・授業　●8月号（No.661）：食から世界を考える　●9月号（No.662）：身の回りの技術史　●10月号（No.663）：加工学習で身につける力　●11月号（No.664）：学ぶ喜びと楽しさと生きる希望を　●12月号（No.665）：環境教育が技術・家庭科を活かす

2008年	●1月号(No.666):技術・家庭科をデザインする ●2月号(No.667):改訂学習指導要領と技術・家庭科 ●3月号(No.668):働くこと・学ぶこと ●4月号(No.669):情報教育の課題とオープンソース ●5月号(No.670):教師の喜びと希望 ●6月号(No.671):生産と消費を結ぶ ●7月号(No.672):私の授業観と教材研究 ●8月号(No.673):伝えたい電気学習のポイント ●9月号(No.674):衣食住の技術・文化史を探る ●10月号(No.675):技術・生活・自然と結ぶ環境教育 ●11月号(No.676):新しい教育課程の創造と実践を―第57次全国研究大会 ●12月号(No.677):子どもの世界とものづくり
2009年	●1月号(No.678):「生物育成」「食育」にどう取り組むか ●2月号(No.679):学習指導要領の改訂と技術・家庭科 ●3月号(No.680):創意を発揮させるキット教材の工夫 ●4月号(No.681):さあ始めよう「生物育成」の授業 ●5月号(No.682):情報教育の今後を探る ●6月号(No.683):授業を成功に導く秘訣 ●7月号(No.684):ものづくりで押さえたいポイント ●8月号(No.685):新たな視点からの食物学習 ●9月号(No.686):教材・教具を授業でどう生かす ●10月号(No.687):どう変わる「エネルギー変換」教材 ●11月号(No.688):魅力ある授業で確かな学力を―第58次全国研究大会 ●12月号(No.689):「つながり」を育む環境教育
2010年	●1月号(No.690):こう変わる今後の情報教育 ●2月号(No.691):こうやりたい「生物育成」の授業 ●3月号(No.692):木材・金属・布の学習のポイント ●4月号(No.693):新学習指導要領へ向けた年間計画 ●5月号(No.694):体験と実感で学ぶ食物学習 ●6月号(No.695):技術・家庭科でねらうもの ●7月号(No.696):環境問題から見える現代社会 ●8月号(No.697):家庭科でどんな力をつけるか ●9月号(No.698):エネルギー変換を面白くする教材・教具 ●10月号(No.699):授業に広がりを与える工夫 ●11月号(No.700):未来に伝えたい私の実践 ●12月号(No.701):魅力ある教材で楽しい授業を―第59次全国研究大会

保健室(全国養護教諭サークル協議会編、隔月刊、A5判96頁、定価700円)

2000年	●1月号(85号):暮らしの環境が命を脅かす! ●3月号(86号):養護教諭だからできる「総合的な学習の時間」 ●5月号(87号):データから発見する子どものからだ ●7月号(88号):学校事故・こんなときどうする? ●9月号(89号):発達のプロセスを見直す ●11月号(90号):いま復活する感染症
2001年	●1月号(91号):からだを開いて自分と出会う ●3月号(92号):虐待のサインを見逃すな ●4月号(93号):プライバシーと養護教諭の仕事 ●6月号(94号):こどもの求める性の学びとは? ●8月号(95号):思春期をのりこえる ●10月号(96号):教職員の健康を考える ●12月号(97号):保健室登校を抱えたとき
2002年	●2月号(98号):待たれる「保健だより」 ●4月号(99号):子どもの生活と電子メディア ●6月号(100号):養護教諭はすてき ●8月号(101号):食から見える人間関係 ●10月号(102号):LD・ADHDの子への支援 ●12月号(103号):小規模校に仕事の原点を見た
2003年	●2月号(104号):非行―信じて向き合う ●4月号(105号):いま健康診断を考える ●6月号(106号):地域に根ざした健康教育―山口の実践から学ぶ ●8月号(107号):学校現場と医療的ケア ●10月号(108号):保健室はだれのもの ●12月号(109号):いきいき保健委員会
2004年	●2月号(110号):子どものスポーツ障害 ●4月号(111号):いまだから性教育 ●6月号(112号):養護教諭・はじめの一歩―三重・東海地方の実践から学ぶ ●8月号(113号):なんで茶髪はいけないの? ●10月号(114号):からだ・命を守る「食」 ●12月号(115号):知らないと恐い ケータイ・ゲーム脳
2005年	●2月号(116号):世界にはばたくYogo Teacher―第18回健康教育世界会議報告 ●4月号(117号):子どもが行きたい保健室 ●6月号(118号):子どもの「生活」をとらえる ●8月号(119号):眠らぬ国の子どもたち ●10月号(120号):からだと心の変化、この20年 創刊20周年記念号 ●12月号(121号):特別支援教育―どうなる学校と子ども
2006年	●2月号(122号):リストカット―心と出会う窓 ●4月号(123号):中学生―時代の危機を生きる ●6月号(124号):いのちをつなぐ―兵庫の実践に学ぶ ●8月号(125号):性教育―子どもの実態と向き合う ●10月号(126号):発達の場をつくる ●12月号(127号):子どものケガがおかしい
2007年	●2月号(128号):ケガから「からだの学習」へ ●4月号(129号):まねたい! 保健委員会 ●6月号(130号):子どもの健康をまん中に ●8月号(131号):足が語るからだの変化 ●10月号(132号):子どもと親のSOS ●12月号(133号):格差社会と子どもの健康

2008年	●2月号(134号)：つくって・食べて子どもが変わる　●4月号(135号)：ふれて・きいていのちを実感　●6月号(136号)：保健室から元気—埼玉の実践から学ぶ　●8月号(137号)：ケータイでつながりたい！　●10月号(138号)：透明化する「いじめ」　●12月号(139号)：「困った親」は「困っている親」
2009年	●2月号(140号)：10代に広がる性感染症　●4月号(141号)：遊び・わくわく体験してますか？　●6月号(142号)：つながり、ともに育つ—京都の実践から学ぶ　●8月号(143号)：身近に潜む「デートDV」　●10月号(144号)：発達障害を考える—子どもの希望を支えて　●12月号(145号)：事故発生！あなたならどうする？
2010年	●2月号(146号)：思春期を共に生きる　●4月号(147号)：私の居場所がわからない　●6月号(148号)：養護教諭の仕事を創造する　●8月号(149号)：アナフィラキシーとエピペン　●10月号(150号)：「体温」から何がわかるの？　●12月号(151号)：思春期の不定愁訴

初等理科教育(日本初等理科教育研究会編、月刊、B5判72頁、定価700円)

(これ以前は別の出版社から発行)

2000年	●5月号(No.426)：自然を対象とした「学び」の世界　●6月号(No.427)：理科の授業と仲間づくり　●7月号(No.428)：「生命」を実感する活動　●8月号(No.429)：自由研究で考える楽しさ　●9月号(No.430)：子どもの論理はどのようにつくられるか　●10月号(No.431)：パソコン・インターネットを授業に活かす　●11月号(No.432)：子どもの小さな発見を生かす授業　●12月号(No.433)：「対話」の意味を問い直す
2001年	●1月号(No.434)：心の世紀と理科の教育　●2月号(No.435)：理科で育つ資質や能力　●3月号(No.436)：心に残る授業　●4月号(No.437)：私の考える「よい授業」　●5月増刊号(No.438)：もっと活かそう学校環境　●5月号(No.439)：地域の自然—目のつけどころ　●6月号(No.440)：生命観を養う理科授業　●7月号(No.441)：事実を大事にした授業　●8月号(No.442)：「わかる」授業から「わかりあう」授業へ　●9月号(No.443)：理科で育つ学力　●10月号(No.444)：ものづくりをどう位置づけるか　●11月号(No.445)：子どもが協同しあう授業の創造　●12月号(No.446)：IT革命と理科授業
2002年	●1月号(No.447)：子どもの仮説が生きる授業　●2月号(No.448)：現代日本の理科離れの危機　●3月号(No.449)：感動を表現する子どもを育てる　●4月号(No.450)：「豊かな心」にどこまで迫れるか　●5月増刊号(No.451)：理科に役立つ栽培植物　●5月号(No.452)：センス・オブ・ワンダーの心を育てる　●6月号(No.453)：理科の授業と仲間づくり　●7月号(No.454)：自然体験活動のすすめ方　●8月号(No.455)：教材化を図る教師の眼　●9月号(No.456)：わかる喜びをめざす理科の授業　●10月号(No.457)：地域とつながる理科教育　●11月号(No.458)：絶対評価、私の実践　●12月号(No.459)：海外の理科教育に学ぶ
2003年	●1月号(No.460)：理科から総合へ　●2月号(No.461)：学力低下への緊急提言　●3月号(No.462)：学習指導要領をみつめなおす　●4月号(No.463)：ワンランク上の学力をつけたい　●5月増刊号(No.464)：楽しい理科の導入の工夫　●5月号(No.465)：飼育・栽培の楽しみ　●6月号(No.466)：どうする？　発展的・補充的な学習　●7月号(No.467)：ものづくりで科学する力を　●8月号(No.468)：教師の指導力を問う　●9月号(No.469)：ポートフォリオを生かす　●10月号(No.470)：科学的思考を育てる「基礎・基本」　●11月号(No.471)：「わくわく導入」のあり方　●12月号(No.472)：予習と理科学習
2004年	●1月号(No.473)：理科嫌いをなくす授業をめざして　●2月号(No.474)：「問題解決と学力」を問う　●3月号(No.475)：長期記憶に残る理科授業の工夫　●4月号(No.476)：確かな学力を育てる理科授業　●4月増刊号(No.477)：小学校理科授業のレベルアップ読本　●5月号(No.478)：専門家の協力を得た授業　●6月号(No.479)：みがけ！　感性　●7月号(No.480)：子どものつくる「問題」、教師の考える「問題」　●8月号(No.481)：21世紀型の教材研究　●9月号(No.482)：わかる理科授業をめざして　●10月号(No.483)：対話で変わる子どもの見方や考え方　●11月号(No.484)：「問題解決」の原点　●12月号(No.485)：発展的な学習のアイデア
2005年	●1月号(No.486)：自然を豊かに感じ、確かな科学を築く　●2月号(No.487)：豊かな「挫折」がある授業　●3月号(No.488)：個の学びを生かした—練り上げのある授業　●4月号(No.489)：ふるさとの自然に自信と誇りを育てる授業　●5月増刊号(No.490)：「真の学力」を育てる—理科の学習指導案集　●5月号(No.491)：教師を理科好きにする“新しい校内研修”　●6月号(No.492)：先行学習の有効性　●7月号(No.493)：子どもの出番！　教師の出番！　●8月号(No.494)：確かな学力に高める「説明活動」　●9月号(No.495)：こだわりを育てる理科授業　●10月号(No.496)：他教科との関連を踏まえた新世紀型理科教育　●11月号(No.497)：見えない世界を楽しむ　●12月号(No.498)：子どもの見方や考え方をとらえる

2006年	●1月号（No.499）：子どもが「わかった」と実感できる授業　●2月号（No.500）：問題解決の力を育む　●3月号（No.501）：小学校理科はこれでいいのか—学習指導要領改訂への提言　●4月号（No.502）：こうすれば楽しくなる、理科の授業！！—若い先生方とともに育つために　●4月増刊号（No.503）：学力低下を克服する—小学校理科の新展開　●5月号（No.504）：知的ボルテージを高める理科授業　●6月号（No.505）：「表現力」を理科で鍛える　●7月号（No.506）：幼・小・中連携を踏まえた学習指導要領改訂のポイント　●8月号（No.507）：知識の差、経験の差を乗り越える理科授業　●9月号（No.508）：感性をみがく理科教育　●10月号（No.509）：話し合いを深めるキーワードとは？　●11月号（No.510）：教えて考えさせる授業と問題解決　●12月号（No.511）：今、単元構成を考える
2007年	●1月号（No.512）：児童に考えさせる実験結果のまとめ方　●2月号（No.513）：「何を」かくか、「いつ」かくか　●3月号（No.514）：“読解力”を育てる理科授業の改善　●4月号（No.515）：“状況に入る学び”と“状況をつくる学び”　●5月号（No.516）：授業における子どもの「ひらめき」　●6月号（No.517）：授業がぐっと深まるこの発問　●7月号（No.518）：実生活と授業をつなぐ　●8月号（No.519）：授業が成り立つ問題が見えてくる　●9月号（No.520）：今、福島が熱い！—全国大会への道　●10月号（No.521）：子どもの発達と問題解決　●11月号（No.522）：授業力を磨く　●12月号（No.523）：研修・授業分析の生かし方
2008年	●1月号（No.524）：「子ども理解」を深めるために　●2月号（No.525）：意味の理解を伴った知識や技能の習得のさせ方　●3月号（No.526）：活用力を育てる授業　●4月号（No.527）：PISA型科学的リテラシー　●5月号（No.528）：自然・科学・実感—はじまる新しい理科！　●6月号（No.529）：「ことば」を重視する理科の授業とは　●7月号（No.530）：「エネルギー」「粒子」概念の授業を考える　●8月号（No.531）：人間力の向上　●9月号（No.532）：活用力を高める「深化課題」の開発　●10月号（No.533）：習得・活用・探究学習と子どもの思考　●11月号（No.534）：「伝え合う力」を育てる理科授業　●12月号（No.535）：実感を伴った理解
2009年	●1月号（No.536）：科学的思考力を育てる　●2月号（No.537）：「生命」「地球」概念の授業　●3月号（No.538）：科学史を授業に生かす　●4月号（No.539）：新学習指導要領をどう実践するか　●5月号（No.540）：今こそ、自然観察力を育てたい　●6月号（No.541）：学ぶ価値を実感する授業　●7月号（No.542）：環境教育と理科　●8月号（No.543）：教師と子どもをつなぐ板書術　●9月号（No.544）：活用できるものづくり教材　●10月号（No.545）：実験結果のまとめと評価　●11月号（No.546）：考察力を高める　●12月号（No.547）：「理科離れ」の正体を探る
2010年	●1月号（No.548）：学ぶ喜びのある授業　●2月号（No.549）：理科と「言語活動」　●3月号（No.550）：子どもの問いかけをどう組織化するか　●4月号（No.551）：新学習指導要領で授業はこう変わる　●5月号（No.552）：生命・地球「B区分」の魅力にせまりたい　●6月号（No.553）：「A区分」新内容・新教材—こう授業する　●7月号（No.554）：子どもの学びと実験・観察　●8月号（No.555）：教科をつなぐ理科　●9月号（No.556）：メディアと問題解決　●10月号（No.557）：確かな学力を育む理科の系統性—エネルギー・粒子　●11月号（No.558）：系統性を重視した指導—生命・地球　●12月号（No.559）：理科における言語活動の充実

農業教育（農文協編、年2回発行、A5判96頁、定価600円）

2000年	●No.60：新科目・新課程を創る—授業改革への私の挑戦・提案　●No.61：新科目「グリーンライフ」「生物活用」の世界と学び
2001年	●No.62：農高を地域の総合学習センターに　●No.63：農高が支援する小中学校の「総合的な学習の時間」
2002年	●No.64：新科目「農業科学基礎」「環境科学基礎」の授業・教材を創る　●No.65：新課程での「草花」「野菜」の授業・教材を創る
2003年	●No.66：「農業科学基礎」の指導計画と授業プラン ●No.67：「総合的な学習」をリードする新設科目—「グリーンライフ」の理念と実践
2004年	●No.68：すべての高校で「グリーンライフ」の学びを—高校教育の新たな潮流と挑戦　●No.69：農高の底力と新たな挑戦
2005年	●No.70：「農」と「福祉」をつなぐ「生物活用」の授業を創る—農業高校・総合学科・単位制高校の実践 ●No.71：わくわくするヒューマンサービス分野の授業づくり—「グリーンライフ」「生物活用」の指導とは
2006年	●No.72：すべての高校で農・食・地域の学びを　●No.73：地域に根ざした高校「食分野」の学び
2007年	●No.74：「農」から創る高校「環境分野」の学び　●No.75：進化する「農」の交流・連携学習
2008年	●No.76：高校教育を拓く「農」の授業実践　●No.77：「風土」を活かす「食」の加工と学び
2009年	●No.78：新学習指導要領へのアプローチ—新科目「農業と環境」は「地域風土の発見」をベースに ●No.79：元気な高校「いのちの学校」「地域の高校」を行く—循環型農業・遊休農地・直売所・グリーンライフで学ぶ

7. その他の雑誌

住む。（泰文館発行・農文協発売、季刊、A4変判160頁、定価1,200円）

2002年	●春号（No.1）：正直な家　●夏号（No.2）：家の一生、始末のいい家 ●秋号（No.3）：ジャパンスタンダード
2003年	●冬号（No.4）：「食」は家にあり　●春号（No.5）：「手」の仕事、「時間」の力 ●夏号（No.6）：涼しく暮らす。　●秋号（No.7）：「耕す」家。
2004年	●冬号（No.8）：だから、小さな家。　●春号（No.9）：木の家の、住み心地。 ●夏号（No.10）：古い家に、暮らすとき。　●秋号（No.11）：食べる場、つくる場。
2005年	●冬号（No.12）：古くて、新しいもの。　●春号（No.13）：繕う家、繕う人。 ●夏号（No.14）：この町に暮らす　●秋号（No.15）：田園の小さな家。
2006年	●冬号（No.16）：「もったいない」の愉しみ方　●春号（No.17）：いい家ってなんだろう。 ●夏号（No.18）：それぞれの、改修物語。　●秋号（No.19）：小屋の贅沢。
2007年	●冬号（No.20）：賢い「日本の家」　●春号（No.21）：働く台所 ●夏号（No.22）：自分でつくる家。　●秋号（No.23）：「農」ある暮らし。
2008年	●冬号（No.24）：直して住む。　●春号（No.25）：自在に考える、収納。 ●夏号（No.26）：小さな平屋。　●秋号（No.27）：集合住宅に住む。
2009年	●冬号（No.28）：土間の効用、火のある場。　●春号（No.29）：日常茶飯が、だいじ。 ●夏号（No.30）：あえて、小さな家。　●秋号（No.31）：庭と畑と家と。
2010年	●冬号（No.32）：改修の楽しみ、修理の技。　●春号（No.33）：つくる、育てる、簡素な家。 ●夏号（No.34）：内と外のあいだに。　●秋号（No.35）：小さな「農」に向かう。

vesta（味の素食の文化センター発行・農文協発売、季刊、B5判72頁、定価750円）

2000年	●冬号（No.37）：食の匠―過去・未来　●春号（No.38）：乗りものと食　●夏号（No.39）：国境を越えた日本食 ●秋号（No.40）：食をコーディネートする
2001年	●冬号（No.41）：食事マナーの変遷と比較　●春号（No.42）：栄養（いみ）を食べる ●夏号（No.43）：食をめぐるタブーの運命　●秋号（No.44）："食と人生"作品コンクール
2002年	●冬号（No.45）：食器の文化　●夏号（No.46）：香りと匂い　●食生活指針に寄せて ●夏号（No.47）：おとなのための　ひとりだけの食卓のすすめ　●秋号（No.48）：食の安全・安心
2003年	●冬号（No.49）：食の名言・名句―伝承と創造　●春号（No.50）：食でまちおこし ●夏号（No.51）：岐路に立つ日本のお茶　●秋号（No.52）：学校のお昼ごはん
2004年	●冬号（No.53）：食の色彩学　●春号（No.54）：文化としてのレストラン ●夏号（No.55）：オリンピックと食―アテネからアテネへ　●秋号（No.56）：おやつ―お茶うけからスナックまで
2005年	●冬号（No.57）：災害と食　●春号（No.58）：食の文化最前線―研究のあゆみと展望 ●夏号（No.59）：旅する料理文化　●秋号（No.60）：箸の文化
2006年	●冬号（No.61）：スープの世界―わが家の味・民族の知恵　●春号（No.62）：お弁当―小さくて大きな玉手箱 ●夏号（No.63）：食のコスチューム―食と衣の関係をさぐる　●秋号（No.64）：世界に広まったパン文化
2007年	●冬号（No.65）：食のことば　●春号（No.66）：毒のある食べもの―私たちはどうつきあってきたか ●夏号（No.67）：栄養信仰　●秋号（No.68）：恋の食卓
2008年	●冬号（No.69）：ダイエット―「健康な食」につなぐ　●春号（No.70）：ニューヨークの日本料理 ●夏号（No.71）：結婚式の食　●秋号（No.72）：「洋食」150年―幕末から現代まで

2009年	●冬号(No.73):新「酒飯論」 ●春号(No.74):変わりつづける「世界の食文化」 ●夏号(No.75):家庭の食卓は、今 ●秋号(No.76):世界のクリスマス・正月
2010年	●冬号(No.77):世界の食を言語する ●春号(No.78):郷土食の読み方 ●夏号(No.79):虫を食べる文化 ●秋号(No.80):デザート文化

生物科学(日本生物科学者協会編、B5判128頁、定価1,400円)

2000年	●Vol.51, No.4:生物分類学は何を目指すのか?(Ⅱ) ●Vol.52, No.1:特定生物による生態影響 ●Vol.52, No.2:博物館の21世紀─ナチュラルヒストリーの未来
2001年	●Vol.52, No.3:鳥獣保護法改正問題 ●Vol.52, No.4:大学の生物学教育とシラバス ●Vol.53, No.1:人間への生物学的アプローチと社会・倫理 ●Vol.53, No.2:三宅島の自然と噴火 ●Vol.53, No.3:新生代軟体動物古生物学の最近の進展と課題
2002年	●Vol.53, No.4:生物多様性をめぐって ●Vol.54, No.1:霊長類研究と人間研究の橋渡し ●Vol.54, No.2:ゲノムサイエンスをめぐって ●Vol.54, No.3:樹木の形作りと生き方─「枝葉末節」から本質へ ●Vol.54, No.4:生物地理学の次元 ●Vol.55, No.1:科学論は科学の敵なのか?─科学をめぐる言説のゆくえを見据える
2004年	●Vol.55, No.2:日本の生物はどこまでわかっているか─既知の生物と未知の生物 ●Vol.55, No.3:アカデミズムと動物園 ●Vol.55, No.4:追悼・太田邦昌 ●Vol.56, No.1:進化と創造主義
2005年	●Vol.56, No.2:移入種による生物多様性の攪乱 ●Vol.56, No.3:生命圏倫理学─"農"の視点に立って ●Vol.56, No.4:生命圏倫理学─"農"の視点に立って(Ⅱ) ●Vol.57, No.1:新昆虫目はどこまでわかったか?─発見から3年、カカトアルキの生物学
2006年	●Vol.57, No.2:自然体験から生物学教育へ ●Vol.57, No.3:今西錦司の遺産─清算の試み ●Vol.57, No.4:種内系統地理学の新展開 ●Vol.58, No.1:遺伝子組換え植物と生態的リスク評価
2007年	●Vol.58, No.2:人類社会と社会性の進化 ●Vol.58, No.3:イヌの生物科学 ●Vol.58, No.4:外来種の生物地理学 ●Vol.59, No.1:60年目の霊長類学 ●Vol.59, No.2:鳥のさえずり
2008年	●Vol.59, No.3:希少樹種の現状と保全 ●Vol.59, No.4:種についての終わりなき論争 ●Vol.60, No.1:女性研究者が語る これからの生物学と生物学者
2009年	●Vol.60, No.2:野生動物との共生─イノシシ被害を考える ●Vol.60, No.3:送粉生態学の最前線─花と昆虫の関係をさぐる ●Vol.60, No.4:生物哲学から見た進化と系統 ●Vol.61, No.1:においの生物学
2010年	●Vol.61, No.2:カニの求愛行動と配偶者選択 ●Vol.61, No.3:生物がつくる構造物─延長された表現型 ●Vol.61, No.4:好蟻性昆虫の隠れた多様性 ●Vol.62, No.1:色と模様の生物学

農村文化運動(農文協編、年4回発行、A5判96頁、定価600円)

2000年	●No.155:「自分の本」をつくる情報革命がはじまった─情報による新しい産業・教育・福祉の創造 ●No.156:農村文化運動の先駆者・安藤昌益 ●No.157:JA甘楽富岡のIT革命─IT革命で地域を起こす甘楽富岡農協のまちづくり戦略 ●No.158:農都両棲の時代を拓く
2001年	●No.159:地域自給をめざす東アジアの環境保全型稲作─第2回日韓中環境保全型稲作技術交流会の記録 ●No.160:アジアの奇蹟 大豆発酵食品─伝播と多様な土着化の姿 ●No.161:JA甘楽富岡に学ぶIT時代の農協改革 ●No.162:「総合的な学習の時間」の理論と思想
2002年	●No.163:「JA-IT研究会」第1回研究会の記録 ●No.164:食農教育で農都両棲の地域づくり ●No.165:「JA-IT研究会」第2回・第3回研究会の記録 ●No.166:1世紀の教育を地域から問う「非文字文化の再興」をキーワードに
2003年	●No.167:JA越後さんとうの「営農復権」 ●No.168:脱「大量生産・大量消費」の社会像 ●No.169:すすむJAの自己革新─トップリーダーの提言 ●No.170:「校区コミュニティー」の形成と子どもの教育

2004年	●No.171:「JAの直販」と「農家の直売」で営農復権　●No.172:「国連・持続可能な開発のための教育(ESD)の10年　●No.173:「地域づくり」と「ほんもの体験」　●No.174:地域からの教育変革
2005年	●No.175:〈むらづくり〉と地域農業の組織革新　●No.176:激変する青果物流通とマーケティングの実際　●No.177:持続可能な地域づくりと子どもの教育―「地域に根ざした食農教育ネットワーク」の設立にあたって　●No.178:農業と食品産業の連携
2006年	●No.179:食農教育で地域の未来を切り拓く　●No.180:「地域に根ざした食育」の提案　●No.181:農協共販を抜本的に見直す　●No.182:持続可能な「地域づくり」「人づくり」に向けて
2007年	●No.183:「小さな加工」の時代がはじまった　●No.184:「持続可能な地域づくり」―12のキーワード　●No.185:地元学・地域学の現在　●No.186:「むらの思想」と地域自治
2008年	●No.187:農地・水・環境の保全向上に女性の力を！　●No.188:ローカリゼーションの胎動　●No.189:場の教育―地域とむきあう教師たち　●No.190:世界食料危機と地域コミュニティの再生―どう生きる？　危機の時代
2009年	●No.191:タイに於ける地域再生運動に学ぶ―「アグロ・フォレストリー」への転換と「次世代への継承」に着目して　●No.192:都市が〈村の暮らし〉に学ぶ時代―世界経済危機と「ローカリゼーション」への転換　●No.193:日本の「むら」から未来を想像する　●No.194:「女性の力」で地域をつくる―山口県の「生活改善」の現場から
2010年	●No.195:地域の再生へ―『農村文化運動』誌の50年をふりかえる

21世紀の日本を考える（「21世紀の日本と食料・農業・農村を考えるための行動」事務局編、年4回発行、A5判96頁、定価600円）

2000年	●No.8:21世紀の人材を育む農業・農村　●No.9:農業の六次産業化は女性の出番　●No.10:環境を保全する循環型のまちづくり　●No.11:中山間地域に人を呼びこむには
2001年	●No.12:都市に農業的文化をつくる　●No.13:新規就農を成功させた役場・JA・普及センター　●No.14:直接支払制度をどう活かすか―地域の創意工夫を引き出して　●No.15:「地産地消」を推進する
2002年	●No.16:自治体の支援ですすめる都市と農村の交流　●No.17:農を基本とした"農工商連携"の地域づくり　●No.18:高齢農業者の"生涯現役"を支援する　●No.19:直接支払制度をどう活かすか　第2弾―高齢化集落を元気づけるために
2003年	●No.20:「食農教育」を地域で支援する　●No.21:地域に根ざした「バイオマス利活用」を推進する　●No.22:「女性起業」を地域で支援する　●No.23:「地域水田農業ビジョン」づくり
2004年	●No.24:グリーン・ツーリズム地域戦略　●No.25:地域に根ざした「IT活用」を支援する　●No.26:環境と調和した農業農村整備　●No.27:新たな「食料・農業・農村基本計画」への提案
2005年	●No.28:農業法人設立への提言と先行事例集　●No.29:直接支払制度をどう活かすか　第3弾　●No.30:「地産地消」の新しい展開―提言と実践　●No.31:地域食料産業クラスターを推進する
2006年	●No.32:森・山の資源活用で人を呼び込む―魅力ある山村づくりへの提言と実践　●No.33:農地・水・環境保全向上対策―提言と先行事例集　●No.34:集落営農の育成・確保をどう支援するか　●No.35:需要を伸ばすお米の売り方
2007年	●No.36:地域の特色を活かした水田農業の展開　●No.37:国産バイオ燃料の実現を!　●No.38:集落営農の法人化をサポートする　●No.39:女性が主役の農村コミュニティ・ビジネスの展開
2008年	●No.40:これならやれる！　耕作放棄地の解消対策　●No.41:都市農業・農地を、新たな地域交流の場に　●No.42:子ども農山漁村交流プロジェクト　●No.43:農村に学ぶ「健康現役社会」実現の道―「生涯現役」地域形成の先行事例と提言
2009年	●No.44:むらに元気を取り戻す獣害防止対策―成功させるための"受け皿"づくり〈提言と先行事例集〉　●No.45:子どもは「農家泊体験」で大きく成長する　●No.46:農商工連携で"地域の六次産業化"―「水田フル活用」の連携ビジネス・提言と事例集　●No.47:あなたも地域再生の仕掛け人―地域力を高める実践的提案

食文化活動(農文協編、年2回発行、A5判96頁、定価600円)・食育活動(農文協編、年4回発行、A5判96頁、定価600円)

2000年	●No.29：地域型食生活が町を変えた　●No.30：ここまできた！　学校栄養職員の「総合的な学習の時間」づくり
2001年	●No.31：みんなで考えよう！　子どもの食と健康—地域で始める親と子の健康食習慣づくり ●No.32：学校栄養職員の授業実践に地域の力を借りよう！—栄養教諭の実現に向けて
2002年	●No.33：地域に根ざした食生活推進コンクール2001　●No.34：「地産地消」の学校給食実践事例集
2003年	●No.35：地域に根ざした食生活推進コンクール2002—新しい「食育」「地産地消」の取り組み受賞事例集 ●No.36：文部科学省「食生活学習教材」活用実践集—食生活を考えよう(体も心も元気な毎日のために)
2004年	●No.37：地域に根ざした食育コンクール2003—食育実践活動　受賞事例集 ●No.38：食育の新しい実践手法—「食育推進手法の実証的研究助成2003」成果報告集
2005年	●No.39：地域に根ざした食育コンクール2004—食育実践活動　受賞事例集 ●No.40：効果的な「食育」の実践手法—「食育推進手法の実証的研究助成2004」成果報告集

2006年より「食育活動」に改題

2006年	●No.1：食育バランスガイド—考え方から活用法まで　●No.2：地方発！「食育推進計画」をこう立てたい—妊産婦と子育て期の食育　●No.3：学童期の食育5つの視点と3つの手法—地域に根ざした食育の最前線から ●No.4：〈若者への食育〉7つの実践—「食育空白の世代」へのアプローチ
2007年	●No.5：いま〈働き盛り世代〉の食育を問う　●No.6：地域の食卓を創る〈高齢者〉の食育力—食文化を継承する6つの実践から　●No.7：食で学ぶ〈いのち〉の絆—「いただきます」の深い意味を考える ●No.8：磨け！食べものを選ぶ力—食・栄養の俗説に惑わされないために
2008年	●No.9：特集 継承したいニッポンの〈味覚〉—保育所で、学校で、地域で　●No.10：特集 地域で育てる食の技 ●No.11：どうする 食料高騰時代の学校給食　●No.12：生産者からの「食育出前授業」
2009年	●No.13：楽しく自然に「食事バランス」—「食の自立」のためのツールと手法　●No.14：「地場産学校給食」先進地に学ぶ—みんなが喜ぶ「食材供給体制」つくり　●No.15：地元食品企業は食育の応援団—たべもの加工体験で学校・家庭・地域を結ぶ　●No.16：食育から「食農教育」へ—農林漁業体験で育む地域の絆

Ⅱ）書籍発行年表

《2000年》

単行本

ジャンル名・書名	著者・編者	判型	頁数	定価
【農業技術】				
○新特産シリーズ　ヤギ	萬田正治著	B6	152	1,500
○米ヌカを使いこなす	農文協編	A5	184	1,700
○農学基礎セミナー　作物の生育と環境	西尾道徳他著	B5	244	1,800
○農学基礎セミナー　農業の経営と生活	七戸長生著	B5	216	1,700
○新特産シリーズ　ソバ	本田裕著	B6	146	1,500
○マイペース酪農	三友盛行著	B6	232	1,800
○農業情報化年鑑　2000	農業情報利用研究会編	A4変	258	5,000
○農学基礎セミナー　野菜栽培の基礎	鈴木芳夫著	A5	338	1,700
○農学基礎セミナー　草花栽培の基礎	樋口春三著	A5	358	1,700
○農学基礎セミナー　農業機械の構造と利用	藍房和他編	B5	252	1,800
○野菜・花卉の養液土耕	六本木和夫・加藤俊博著	A5	216	2,400
○新特産シリーズ　ユズ	音井格著	B6	176	1,700
○農学基礎セミナー　果樹栽培の基礎	熊代克巳著	A5	372	1,700
○農学基礎セミナー　作物栽培の基礎	栗原浩也著	A5	356	1,800
○農学基礎セミナー　農業の基礎	鈴木芳夫編	B5	226	1,700
○農学基礎セミナー　病害虫・雑草防除の基礎	大串龍一他著	A5	204	1,500
○作業便利帳シリーズ　西洋ナシの作業便利帳	大沼・野口・佐藤・佐々木著	A5	156	1,800
○農学基礎セミナー　家畜飼育の基礎	並河・大森・米倉・吉本著	A5	394	1,800
○農学基礎セミナー　農産加工の基礎	佐多正行編著	A5	252	1,700
○クッキングトマトの栽培と利用	佐藤百合香・小沢聖著	A5	110	1,700
○新特産シリーズ　赤米・紫黒米・香り米	猪谷富雄著	B6	166	1,600
○新特産シリーズ　ハタケシメジ	菅野昭・西井孝文編著	B6	154	1,500
○花壇苗生産の技術と経営	池田幸弘著	A5	232	2,500
○和牛のノシバ放牧	上田孝道著	A5	168	1,800
○新特産シリーズ　日本ミツバチ	日本在来種みつばちの会編	B6	178	1,600
○ダイズ　安定多収の革新技術	有原丈二著	B6	266	1,950
○生産獣医療システム4　生産獣医療システム　養豚編	(社)全国家畜畜産物衛生指導協会編((社)全国家畜畜産物衛生指導協会発行　農文協発売)	A4	250	3,900
○発酵利用の自然養鶏	笹村出著	A5	168	1,800
【農家経営】				
○知らなきゃ損する　新　農家の税金　第2版	鈴木武著	B6	184	1,400
○食品加工シリーズ4　豆腐	仁藤齋著	A5	114	1,600
○知らなきゃ損する　農家の年金	福島邦子・福島公夫著	B6	184	1,600
○農家日記　2001年版	農文協編	B6	452	1,100

 ＊定価は税込み価格(円)。以下同じ

【自然と科学技術シリーズ】				
○アレロパシー	藤井義晴著	B6	232	1,800
○環境ストレスと生殖戦略	武岡洋治著	B6	204	1,700
○地下水の硝酸汚染と農法転換	小川吉雄著	B6	202	1,800
○農学の野外科学的方法	菊池卓郎著	B6	176	1,600
【園芸】				
○寒地の自給菜園12カ月	細井千重子著	A5	176	1,800
○週末の手植え稲つくり	横田不二子著	A5	160	1,500
○いのちが集まる・いのちが育む「田んぼの学校」入学編	宇根豊著／貝原浩絵	A5	192	1,800
○図解　盆栽テクニック101条	木原進著	B6	184	1,400
○四季の野山を楽しむ　図解　落葉樹の庭つくり	岡田文夫著	A5	148	1,700
○家庭園芸　草花の病気と害虫	米山伸吾・木村裕著	A5	278	2,800
○中国盆景の世界1　盆景	丸島秀夫・胡運驊編	菊	160	2,500
○中国盆景の世界2　花盆	丸島秀夫・胡運驊編	菊	160	2,500
○中国盆景の世界3　奇石	丸島秀夫・胡運驊編	菊	160	2,500
○図解　コンテナ園芸テクニック101条	上村遙著	B6	168	1,400
○ぼかし肥と緩効性被覆肥料で　30坪(1アール)の自給菜園	中島康甫著	A5	196	1,500
【生活】				
○沖縄家庭料理入門	渡慶次富子・吉本ナナ子著	A5	160	1,750
○草を編む	谷川栄子著	B5	108	2,700
○ネイチャーズクラフト　田園クラフト	遠藤凌子著	B5	108	2,800
○樹皮を編む	谷川栄子著	B5	108	2,700
○野山の旬を味わう　四季の田舎料理　秋冬編	松永モモ江著	A5	136	1,600
○わが家でつくる合鴨料理	全国合鴨水稲会編	A5	128	1,500
○近くの山の木で家をつくる運動　宣言	緑の列島ネットワーク編（緑の列島ネットワーク発行　農文協発売）	A5	180	1,000
【健康・健康双書】				
○新版　万病を治す冷えとり健康法	進藤義晴著	B6	192	1,300
○無意識の不健康	島田彰夫著	B6	210	1,300
○化学物質過敏症　家族の記録	小峰奈智子著	B6	252	1,300
○「総合」だからできる「生と性の学習」	全国養護教諭サークル協議会企画	B6	240	1,575
○お産選びマニュアル	河合蘭著	A5	198	1,600
【人間選書】				
○水辺遊びの生態学（人間選書231）	嘉田由紀子・遊磨正秀著	B6	216	1,800
○中国史のなかの日本像（人間選書232）	王　勇著	B6	280	1,950
○日本農法の天道（人間選書233）	徳永光俊著	B6	258	1,850
【農政・農業教養】				
○郷村建設理論	梁漱溟著／池田・長谷部訳	A5	470	5,000
○農政研究センター国際部会リポート20　Affects upon Japan's Food Market by Increased Agricultural Imports	食料・農業政策研究センター編（食料・農業政策研究センター発行　農文協発売）	B5変	156	4,200
○EUの農業交渉力	篠原孝著	A5	380	4,500
○地域づくりと農協改革	三国英実編著	A5	240	2,500
○農政研究センター国際部会リポート45　詳解　WTOと農政改革	食料・農業政策研究センター編（食料・農業政策研究センター発行　農文協発売）	A5	392	6,400

【一般教養】				
○食料白書　2000（平成12年）年版　農産物の輸入と市場の変貌	食料・農業政策研究センター編（食料・農業政策研究センター発行　農文協発売）	A5	136	1,950
○緊急提言　食料主権―暮らしの安全と安心のために	山崎農業研究所編（山崎農業研究所発行　農文協発売）	A5	200	1,500
○環境教育と学校の変革	北村和夫著	四六	356	2,900
○LCA手法による　飽食経済のエネルギー分析	久守藤男著	B6	210	2,000
○近代日本農業技術年表	（社）農林水産技術情報協会監修	A4	534	15,000
○東西文化とその哲学	梁漱溟著／長谷部茂訳	A5	452	5,000
○晏陽初―その平民教育と郷村建設	梁漱溟著／鎌田文彦訳	A5	322	6,000
○農文協六十年略史	近藤康男編著	A5	704	4,600
○新しい水環境の創出	（社）日本農業集落排水協会企画（（社）日本農業集落排水協会発行　農文協発売）	A5	376	4,200
○循環型社会の先進空間	総合開発研究機構・植田和弘編	A5	312	3,500
○栽培植物の進化	G．ラディジンスキー著／藤巻宏訳	A5	300	3,500
○社会を見る眼・歴史を見る眼	古島敏雄著／岩本純明編	四六	328	3,500
○江戸・明治期の日中文化交流	浙江大学日本文化研究所編	A5	264	4,200
【セット他】				
○地域からの教育改革	佐藤幸也編著（アグリフォーラム2000実行委員会発行　農文協発売）	B5	195	2,000
○木炭・竹炭大百貨	岸本定吉監修／池嶋庸元著（チャコール・コミュニティ発行　農文協発売）	B5	152	2,000

全書・百科・事典

シリーズ名・書名	著者・編者	判型	頁数	定価
■果樹園芸大百科				
○1　カンキツ	農文協編	B5	1212	15,000
○2　リンゴ	農文協編	B5	1214	15,000
○3　ブドウ	農文協編	B5	1074	13,000
○4　ナシ	農文協編	B5	772	12,000
○5　モモ	農文協編	B5	690	9,000
○6　カキ	農文協編	B5	602	10,000
○7　クリ	農文協編	B5	304	6,000
○8　ウメ	農文協編	B5	266	5,000
○9　西洋ナシ	農文協編	B5	294	6,000
○10 オウトウ	農文協編	B5	326	6,000
○11 ビワ	農文協編	B5	322	6,000
○12 キウイ	農文協編	B5	244	5,000
○13 イチジク	農文協編	B5	278	5,000
○14 スモモ・アンズ	農文協編	B5	300	5,000
○15 常緑特産果樹	農文協編	B5	500	7,000
○16 落葉特産果樹	農文協編	B5	420	7,000
○17 熱帯特産果樹	農文協編	B5	248	5,000
○18 果樹共通技術	農文協編	B5	948	13,000

全集

シリーズ名・書名	著者・編者	判型	頁数	定価
■江戸時代　人づくり風土記				
○27、49 見る・読む・調べる　大阪の歴史力	藤本篤・大石慎三郎・会田雄二監修	B5	650	10,000
○50 総索引付き　近世日本の地域づくり200のテーマ	会田雄次・大石慎三郎・林英夫監修	B5	542	5,000

絵本

シリーズ名・書名	著者・編者	判型	頁数	定価
■そだててあそぼう第5集				
○21 ダイコンの絵本	佐々木寿編／土橋とし子絵	AB	36	1,890
○22 ヘチマの絵本	堀保男編／野村俊夫絵	AB	36	1,890
○23 コンニャクの絵本	内田秀司編／櫻井砂冬美絵	AB	36	1,890
○24 サトウキビの絵本	杉本明編／スズキコージ絵	AB	36	1,890
○25 ヤギの絵本	萬田正治編／飯野和好絵	AB	36	1,890
■ふるさとを見直す絵本				
○1 夜田打―むかしの「麦作り」	みなみ信州農業協同組合文／肥後耕寿絵	B5	20	1,500
○2 おさなぶり―むかしの「米作り」	みなみ信州農業協同組合文／肥後耕寿絵	B5	24	1,500
○3 おかいこさま―むかしの「蚕飼い」	みなみ信州農業協同組合文／肥後耕寿絵	B5	28	1,500
○4 虫封じ―みんなの健康	みなみ信州農業協同組合文／肥後耕寿絵	B5	28	1,500
○5 石の語り部―むらの歴史	みなみ信州農業協同組合文／熊谷元一絵	B5	28	1,500
○6 むらの碑―協同組合の歴史	みなみ信州農業協同組合文／熊谷元一絵	B5	28	1,500
○7 いろり―農家の暮らし(1)	みなみ信州農業協同組合文／熊谷元一絵	B5	28	1,500
○8 もらい風呂―農家のくらし(2)	みなみ信州農業協同組合文／熊谷元一絵	B5	28	1,500
○9 こばし休み―むらのしきたり(1)	みなみ信州農業協同組合文／熊谷元一絵	B5	28	1,500
○10 むら祭り―むらのしきたり(2)	みなみ信州農業協同組合文／熊谷元一絵	B5	28	1,500
■自然の中の人間シリーズ　農業と人間編				
○3 農業は風土とともに―伝統農業のしくみ	岡三徳著／倉品吉克絵	A4変	32	2,100
○4 地形が育む農業―景観の誕生	片山秀策著	A4変	32	2,100
○5 生きものたちの楽園―田畑の生物	守山弘著	A4変	32	2,100
○7 生きものとつくるハーモニー②―家畜	古川良平著	A4変	32	2,100
○9 農業のおくりもの―広がる利用	斉尾恭子著	A4変	32	2,100

《2001年》

単行本

ジャンル名・書名	著者・編者	判型	頁数	定価
【農業技術】				
○新特産シリーズ　ダチョウ	日本オーストリッチ協議会編	B6	196	1,850
○新特産シリーズ　エリンギ	澤章三著	B6	158	1,700
○原色　ランのウイルス病	井上成信著	A5	198	2,900
○草生栽培で生かす　ブドウの早仕立て新短梢栽培	小川孝郎著	A5	162	1,950
○トマト　ダイレクトセル苗でつくりこなす	若梅健司著	B6	210	1,850
○花壇苗・鉢物　宿根草の開花調節	GREENHOUSE GROWER編	A5	312	3,000
○就農準備副読本1　Q&A　農業一般	（社）全国農村青少年教育振興会編集	B5	122	1,200
○就農準備副読本2　Q&A　野菜	全国農村青少年教育振興会企画編集	B5	138	1,200
○就農準備副読本3　Q&A　花き	全国農村青少年教育振興会企画編集	B5	122	1,200
○新　野菜つくりの実際　果菜類Ⅰ（ナス科・マメ類）	川城英夫編	A5	288	2,500
○新特産シリーズ　ギョウジャニンニク	井芹靖彦著	B6	178	1,800
○新特産シリーズ　ジネンジョ	飯田孝則著	B6	138	1,500
○作業便利帳シリーズ　モモの作業便利帳	阿部薫・井上重雄・志村浩雄他著	A5	196	2,300
○民間農法シリーズ　酵素の力で有機物を活かす 新版　島本微生物農法	島本邦彦著	B6	294	2,000
○生産獣医療システム5 生産獣医療システム　乳牛編3	全国家畜畜産物衛生指導協会企画	A4	336	4,200
○新　野菜つくりの実際　軟化・芽物	川城英夫編	A5	224	2,100
○増補版　自然卵養鶏法	中島正著	B6	274	1,600
○新　野菜つくりの実際　根茎菜	川城英夫編	A5	304	2,500
○チョットためになる大豆のおはなし‼	ノーサイ富山企画	A4	48	800
○新　野菜つくりの実際　果菜Ⅱ（ウリ科　イチゴ オクラ）	川城英夫編	A5	304	2,500
○キノコ栽培全科	大森清寿・小出博志編著	A5	260	2,700
○新　野菜つくりの実際　葉菜	川城英夫編	A5	320	2,650
○知らなきゃ損する　農家のインターネット産直	冨田きよむ著	B6	232	1,650
○大潟村の新しい水田農法	庄子貞雄監修	A5	282	1,800
○新特産シリーズ　ワラビ	赤池一彦著	B6	152	1,500
【農家経営】				
○知らなきゃ損する　続　農家の税金　実例集　第2版	鈴木武著	B6	232	1,500
○クリ果実	真部孝明著	A5	121	1,950
○農産物直売所（ファーマーズマーケット）運営のてびき	都市農山漁村交流活性化機構企画編集	A5	136	1,400
○農家日記 2002年版	農文協編	B6	448	1,100
【園芸】				
○庭木の自然風剪定	峰岸正樹著	A5	152	1,400
○ふやして楽しむ野生ラン	東京山草会ラン・ユリ部会編	A5	228	2,000
○庭木の病気と害虫	米山伸吾・木村裕著	A5	220	2,400
○田んぼの学校　「田んぼの学校」あそび編	湊秋作著／トミタ・イチロー絵	A5	214	1,800
○自分でつくろう　ナチュラルガーデン	もりもとちはる著	A5	154	1,800
【生活】				
○木の家に住むことを勉強する本	「木の家」プロジェクト編（泰文館発行　農文協発売）	A4変	216	1,980
○石窯のつくり方楽しみ方	須藤章・岡佳子著	A5	158	1,700

○野山の旬を味わう　四季の田舎料理　春夏編	松永モモ江著	A5	144	1,600
○ダイエットの秘訣は「日本の食生活全集」から学んだ　ごはんと汁もの編	農文協編／和田はつ子著	A5	96	1,300
○あけびと木の枝を編む	谷川栄子著	B5	112	2,700
○ネイチャーズクラフト 自然を楽しむワイルドクラフト	岩澤亮著	B5	104	2,700
○ムリなく住めるエコ住宅	OMソーラー協会編	AB変	160	1,800
○あなたにもできる　住まいのエコ・リフォーム	浅生忠克著	A5	248	1,400
○誰でもできる手打ちそば	服部隆著	A5	138	1,300
【健康・健康双書】				
○入れ歯の悩みさようなら　インプラントで安心	丸橋賢・青木浩之・辻本仁志著	B6	264	1,600
○小学生の心がわかる本	原田正文著	B6	252	1,450
○自分でできる中国家庭医学	猪越恭也著	B6	228	1,500
○「エッチなこと」から「大切なこと」へ	全国養護教諭サークル協議会企画	B6	212	1,300
○改正JAS法で変わった　食品表示の見方・生かし方	増尾清著	A5	208	1,750
○食品被害を防ぐ事典	藤原邦達著	B6	324	1,600
【人間選書】				
○市場経済廃絶への途（人間選書234）	千原靖雄著	B6	260	1,950
○越後三面山人記（人間選書235）	田口洋美著	B6	326	1,950
○農家と語る農業論（人間選書236）	守田志郎著／玉真之介解説	B6	308	1,800
○山のある暮らし 私のログハウス一代記（人間選書237）	木山英明著	B6	256	1,700
【農政・農業教養】				
○アグリビジネスの国際開発	豊田隆著	A5	286	2,600
○農政研究センター国際部会リポート21　Japan's Livestock Industry（畜産物の需給動向）	食料・農業政策研究センター編	A5	176	5,000
○農政研究センター国際部会リポート46 持続可能な農業と環境	食料・農業政策研究センター編（食料・農業政策研究センター国際部会発行　農文協発売）	A5	412	7,200
○農協改革の逆流と大道	三輪昌男著	四六	220	1,950
○農政研究センター国際部会リポート47 OECDリポート　農業の多面的機能	OECD編著／農政研究センター発行	A5	204	4,600
○農業IT革命	塩光輝著	四六	218	1,700
【一般教養】				
○食料白書　2001（平成13）年版　畜産物の需給動向と畜産業の課題	食料・農業政策研究センター編（食料・農業政策研究センター発行　農文協発売）	A5	142	1,950
○歴史ロマンあふれるむらづくり事例集　こんなまち、こんなむらなら行ってみたい	国土庁地方振興局農村整備課企画	B5	120	1,700
○集団営農の日本的展開	酒井富夫編著（朝日新聞社発行　農文協発売）	A5	362	6,000
○近藤康男　三世紀を生きて	近藤康男著	A5	316	2,800
○食文化の形成と農業	戸田博愛著	A5	428	4,200
○生きる力をはぐくむ保健の授業とからだの学習	数見隆生著	B6	240	1,950
○日本農業への提言	渡部忠世編著	四六	344	2,900
○奈良・平安期の日中文化交流	王　勇・久保木秀夫編	A5	436	4,800
○中国茶文化大全（CD＋解説書）	熊倉功夫・松下智・高橋忠彦他著	A5	136	9,800
○食と人生　81の物語り	味の素食の文化センター編（（財）味の素食の文化センター発行　農文協発売）	B6	276	1,500
○食料白書　2002（平成14）年版 イオテクノロジーへの期待と不安	農政研究センター編集発行	A5	134	1,850
○現代に生きる江渡狄嶺の思想	斎藤知正・中島常雄・木村博編	A5	292	3,700

【児童書】				
○カブトエビの寒い夏	谷本雄治文／岡本順絵	A5	164	1,400
○放し飼い昆虫記	渡辺実穂著	A5	168	1,400

全書・百科・事典

シリーズ名・書名	著者・編者	判型	頁数	定価
■転作全書				
○1 ムギ	農文協編	B5	790	12,000
○2 ダイズ・アズキ	農文協編	B5	1022	12,000
○3 雑穀	農文協編	B5	1016	12,000
○4 水田の多面的利用	農文協編	B5	554	8,000
■花卉園芸大百科				
○2 土・施肥・水管理	農文協編	B5	698	12,000
○15 ラン	農文協編	B5	556	10,000

全集

シリーズ名・書名	著者・編者	判型	頁数	定価
■日本農書全集（第II期）				
○別巻 収録農書一覧／分類索引	日本農書全集編集室編	B5	940	24,000

絵本

シリーズ名・書名	著者・編者	判型	頁数	定価
■そだててあそぼう第6集				
○26 キクの絵本	上村遙編／高部晴市絵	AB	36	1,890
○27 スイカの絵本	高橋英生編／沢田としき絵	AB	36	1,890
○28 ヒツジの絵本	武藤浩史編／スズキコージ絵	AB	36	1,890
○29 ヒョウタンの絵本	大槻義昭編／山福アケミ絵	AB	36	1,890
○30 カキの絵本	松村博行編／菊池日出夫絵	AB	36	1,890
■そだててあそぼう第7集				
○31 ブルーベリーの絵本	玉田孝人編／ささめやゆき絵	AB	36	1,890
○32 キャベツの絵本	塚田元尚編／前田マリ絵	AB	36	1,890
○33 ナタネの絵本	石田正彦編／本くに子絵	AB	36	1,890
○34 アサガオの絵本	渡辺好孝編／上田みゆき絵	AB	36	1,890
○35 シイタケの絵本	大森清壽編／飯野和好絵	AB	36	1,890

■自然の中の人間シリーズ　農業と人間編				
○1　農業は生きている―三つの本質	西尾敏彦編	A4変	32	2,100
○2　農業が歩んできた道―持続する農業	陽捷行・西尾敏彦著	A4変	32	2,100
○6　生きものとつくるハーモニー①―作物	大澤勝次著	A4変	32	2,100
○8　生きものと人間をつなぐ―農具の智恵	高木清繼著	A4変	32	2,100
○10 日本列島の自然の中で―環境との調和	陽捷行著	A4変	32	2,100
■写真でわかる　ぼくらのイネつくり				
○1　プランターで苗つくり	農文協編／赤松富仁写真	AB	40	1,890

《2002年》

単行本

ジャンル名・書名	著者・編者	判型	頁数	定価
【農業技術】				
○山の畑をサルから守る	井上雅央著	A5	120	1,500
○原色　果樹のウイルス・ウイロイド病	家城洋之編	A5	114	2,450
○CD-ROM付　農薬便覧　第9版	米山伸吾編	B5	1264	16,000
○作業便利帳シリーズ　メロンの作業便利帳	瀬古龍雄著	A5	160	2,000
○新特産シリーズ　カラーピーマン	三村裕著	B6	168	1,700
○高糖度・連産のミカンつくり	川田建次著	A5	120	1,700
○新しい土壌診断と施肥設計	武田健著	A5	168	2,100
○カラー版　野菜の病害虫　作型別防除ごよみ	長井雄治著	B5変	228	4,500
○ランの病害虫と生理障害	長井雄治著	B5	152	2,600
○チューリップ・鬱金香	木村敬助著(チューリップ文庫発行　農文協発売)	B5	332	3,900
○原色　野菜の要素欠乏・過剰症	渡辺和彦著	B5	132	2,200
【農家経営】				
○知らなきゃ損する　新 農家の税金　第3版	鈴木武著	B6	216	1,600
○やらなきゃ損する　新　農家の青色申告	小沢禎一郎著	B6	256	1,600
○食品加工シリーズ5　納豆	渡辺杉夫著	A5	124	1,700
○食品加工シリーズ7　パン	片岡芙佐子著	A5	160	2,000
○食品加工シリーズ6　味噌	今井誠一著	A5	152	1,850
○地域ぐるみグリーン・ツーリズム運営のてびき	(財)都市農山漁村交流活性化機構編	A5	140	1,400
○農家日記　2003年版	農文協編	B6	448	1,100
【園芸】				
○庭先果樹の病気と害虫	米山伸吾・木村裕著	A5	206	2,500
○荒廃した里山を蘇らせる　自然生態修復工学入門	養父志乃夫著	B5	168	2,800
○楽しさいっぱい菊ガーデン	上村遙著	A5	132	1,800
○設計から楽しむ　ガーデンデザイン入門	(財)日本花普及センター企画編集	B5	268	2,850
○田んぼの学校　まなび編	湊秋作編著／トミタ・イチロー絵	A5	252	1,800
○図解　樹木の診断と手当て	堀大才・岩谷美苗著	A5	172	1,500
○都道府県別　地方野菜大全	タキイ種苗(株)編／芦澤正和監修	A4	360	6,300

【生活】				
○図解　漬け物お国めぐり　春夏編	農文協編	A5	248	1,500
○図解　漬け物お国めぐり　秋冬編	農文協編	A5	248	1,500
○国産小麦がふんわりやわらか 白神こだま酵母でパンを焼く	大塚せつ子著	A5	96	1,500
○みうたさんの野菜たっぷりおやつ	江島雅歌著	A5	152	1,400
○誰でも打てる十割そば	大久保裕弘著	A5	100	1,100
○梅﨑和子の　陰陽重ね煮クッキング	梅﨑和子著	A5	96	1,500
【健康・健康双書】				
○音声指導CD付　自力整体法の実際	矢上裕著	A5	164	1,650
○からだづくり・心づくり	正木健雄著	B6	300	1,500
○だれでもできる総合環境学習　子どもたちから地球への発信	上石しょう子著／全養サ企画	B6	224	1,450
【人間選書】				
○小農はなぜ強いか（人間選書238）	守田志郎著	B6	216	1,400
○対話学習　日本の農耕（人間選書239）	守田志郎著／原田津解説	B6	352	1,850
○復刻　昭和二十年八月 食生活指針（人間選書240）	静岡県著／豊川裕之他解題	B6	240	1,600
○多文明共存時代の農業（人間選書241）	高谷好一著	B6	272	1,800
○昭和農業技術史への証言　第一集（人間選書242）	西尾敏彦監修／昭和農業技術研究会編	B6	264	1,750
○西田哲学の「行為的直観」（人間選書243）	竹内良知著	B6	260	1,800
○ハワードの有機農業（上）（人間選書244）	アルバート・ハワード著（日本有機農業研究会発行　農文協発売）	B6	304	1,850
○ハワードの有機農業（下）（人間選書245）	アルバート・ハワード著（日本有機農業研究会発行　農文協発売）	B6	192	1,700
○江戸時代 田園漢詩選（人間選書246）	池澤一郎著	B6	284	2,100
【農政・農業教養】				
○農政研究センター国際部会リポート48　自由市場と社会正義	農政研究センター編（食料・農業政策研究センター発行　農文協発売）	A5	604	8,800
○Report of Study Group on International Issues (SGII)（英文・農政研究センター国際部会リポート）22　1990s: A Decade for Agricultural Policy Reform in Japan	食料農業政策研究センター編	B5変	128	3,400
○杜潤生 中国農村改革論集	杜潤生著／白石和良・菅沼圭輔他訳	A5	764	12,000
○世界の食料不安の現状　2001	国際連合食糧農業機関（FAO）編（（社）国際食糧農業協会（FAO協会）発行　農文協発売）	A4	66	1,500
○世界食料農業白書　2002年版（2001年報告）	国際食糧農業協会（FAO協会）（（社）国際食糧農業協会（FAO協会）発行　農文協発売）	A5	352	4,200
【一般教養】				
○なにわ大阪の伝統野菜	なにわ特産物食文化研究会編著	B6	272	2,750
○正木健雄選集　希望の体育学	正木健雄著／正木健雄選集編集委員会	A5	510	7,200
○戦後日本病人史	川上武著	A5	844	12,000
○新石油文明論	槌田敦著	A5	172	2,500
○江戸・東京農業名所めぐり	JA東京中央会企画編集（JA東京中央会（東京都農業協同組合中央会）発行　農文協発売）	A5	228	2,550
○「自然」概念の形成史	寺尾五郎著	四六	348	2,200
○江戸時代にみる　日本型環境保全の源流	農山漁村文化協会編	B6	284	1,700
○世界森林白書　2002年版（2001年報告）	国際連合食料農業機関（FAO）編（（社）国際食糧農業協会（FAO協会）発行　農文協発売）	A5	332	4,200

○食料白書 2003（平成15）年版 ライフスタイルの変化と食品産業	食料・農業政策研究センター編（食料・農業政策研究センター発行 農文協発売）	A5	136	1,950
【児童書】				
○タナゴもどった きすみ野ビオトープものがたり	市川憲平文／市川涼子絵	A5	152	1,400

全書・百科・事典

シリーズ名・書名	著者・編者	判型	頁数	定価
■花卉園芸大百科				
○1 生長・開花とその調節	農文協編	B5	678	12,000
○3 環境要素とその制御	農文協編	B5	696	12,000
○4 経営戦略／品質	農文協編	B5	536	10,000
○5 緑化と緑化植物	農文協編	B5	304	8,000
○6 ガーデニング／ハーブ／園芸療法	農文協編	B5	380	8,000
○7 育種／苗生産／バイテク活用	農文協編	B5	828	15,000
○8 キク	農文協編	B5	736	13,000
○9 カーネーション（ダイアンサス）	農文協編	B5	300	8,000
○10 バラ	農文協編	B5	410	10,000
○11 1．2年草	農文協編	B5	854	15,000
○12 宿根草	農文協編	B5	954	15,000
○13 シクラメン／球根類	農文協編	B5	828	15,000
○14 花木	農文協編	B5	668	12,000
○16 観葉植物／サボテン／多肉植物	農文協編	B5	550	10,000

全集

シリーズ名・書名	著者・編者	判型	頁数	定価
■聞き書 ふるさとの家庭料理				
○1 すし なれずし	農文協編／奥村彪生解説	A5	262	2,500
○5 もち 雑煮	農文協編／奥村彪生解説	A5	260	2,500
○10 鍋もの 汁もの	農文協編／奥村彪生解説	A5	264	2,500
■図説 中国文化百華				
○2 天翔るシンボルたち―幻想動物の文化誌	張 競著	A5	208	3,200
○3 おん目の雫ぬぐはばや―鑑真和上新伝	王 勇著	A5	208	3,200

絵本

シリーズ名・書名	著者・編者	判型	頁数	定価
■そだてててあそぼう第8集				
○36 土の絵本① 土とあそぼう	日本土壌肥料学会編	AB	36	1,890
○37 土の絵本② 土のなかの生きものたち	日本土壌肥料学会編	AB	36	1,890
○38 土の絵本③ 作物をそだてる土	日本土壌肥料学会編	AB	36	1,890
○39 土の絵本④ 土がつくる風景	日本土壌肥料学会編	AB	36	1,890
○40 土の絵本⑤ 環境をまもる土	日本土壌肥料学会編	AB	36	1,890
■そだてててあそぼう第9集				
○41 ニンジンの絵本	川城英夫編／石倉ヒロユキ絵	AB	36	1,890
○42 ミツバチの絵本	吉田忠晴編／高部晴市絵	AB	36	1,890
○43 ベニバナの絵本	渡部俊三・小野惠二編／上田みゆき絵	AB	36	1,890
○44 チャの絵本	渕之上弘子編／飯野和好絵	AB	36	1,890
○45 ブドウの絵本	高橋国昭編／沢田としき絵	AB	36	1,890
■写真でわかる ぼくらのイネつくり				
○2 田植えと育ち	農文協編／赤松富仁写真	AB	40	1,890
○3 稔りと穫り入れ	農文協編／赤松富仁写真	AB	40	1,890
○4 料理とワラ加工	農文協編／赤松富仁写真	AB	40	1,890
○5 学校田んぼのおもしろ授業	農文協編／尾上伸一・菅谷泰尚執筆	AB	40	1,890

《2003年》

単行本

ジャンル名・書名	著者・編者	判型	頁数	定価
【農業技術】				
○新特産シリーズ ヤマブドウ	永田勝也著	B6	208	1,800
○おもしろ生態とかしこい防ぎ方 イノシシから田畑を守る	江口祐輔著	A5	152	1,850
○作業便利帳シリーズ キュウリの作業便利帳	白木己歳著	A5	164	1,950
○新特産シリーズ ニンニク	大場貞信著	A5	176	1,650
○新特産シリーズ クサソテツ（コゴミ）	阿部清著	B6	160	1,650
○農学基礎セミナー 新版 農業の基礎	生井兵治・相馬暁・上松信義編著	B5	244	1,850
○農学基礎セミナー 環境と農業	西尾道徳・守山弘・松本重男編著	B5	196	1,700
○農学基礎セミナー 植物バイテクの実際	大澤勝次・久保田旺編著	B5	244	1,850
○農学基礎セミナー 植物・微生物バイテク入門	大澤勝次・久保田旺編著	B5	238	1,800
○農学基礎セミナー 新版 農業情報処理	高倉直・伊藤稔・山中守編著	B5	180	1,750
○おもしろ生態とかしこい防ぎ方 果樹カメムシ	堤隆文著	A5	128	1,600
○天敵利用で農薬半減	根本久編著	A5	204	2,650
○新しい酪農技術の基礎と実際（実技編）	中央畜産会・酪農ヘルパー全国協会編（酪農ヘルパー全国協会発行 農文協発売）	A4	182	2,000
○新しい酪農技術の基礎と実際（基礎編）	中央畜産会・酪農ヘルパー全国協会編（酪農ヘルパー全国協会発行 農文協発売）	A4	310	3,000

○作業便利帳シリーズ　アスパラガスの作業便利帳	元木悟著	A5	160	1,950
○新特産シリーズ　黒ダイズ	松山善之助他著	B6	192	1,650
○野菜の生態と作型	山川邦夫著	A5	420	4,500
○新特産シリーズ　プルーン	宮澤孝幸・田尻勝博著	B6	164	1,600
○新特産シリーズ　雑穀	及川一也著	B6	272	2,100
○土壌学の基礎	松中照夫著	A5	412	3,950
【農家経営】				
○農家日記　2004年版	農文協編	B6	448	1,200
○図解　これならできる山づくり	鋸谷茂・大内正伸著	A5	160	1,950
○産直農家のデジタル写真入門	冨田きよむ著	A5	120	2,000
【自然と科学技術シリーズ】				
○植物の生長と環境	高倉直著	B6	196	1,750
【園芸】				
○家庭菜園レベルアップ教室　果菜1	森俊人・山田貴義著	B5	168	1,850
○堆肥のつくり方・使い方	藤原俊六郎著	A5	156	1,500
○苔園芸コツのコツ	農文協編	A5	96	1,600
○生きものをわが家に招く　ホームビオトープ入門	養父志乃夫著	A5	200	1,700
【生活】				
○伝統の素材を生かす　日出山みなみの新野菜料理　京都	日出山みなみ著(料理新聞社発行　農文協発売)	B5変	98	1,800
○伝統の素材を生かす　日出山みなみの新海菜料理　沖縄	日出山みなみ著(料理新聞社発行　農文協発売)	B5変	88	1,800
○山菜・木の芽・木の実・薬草　山の幸　利用百科	大沢章著	A6	224	1,850
○まるごとあじわう　ゴーヤーの本「にがい」がうまい	中山美鈴・藤清光・坂本守章著	A5	96	1,400
○伝統の素材を生かす日出山みなみの新野菜料理　山形	日出山みなみ著(料理新聞社発行　農文協発売)	B5	96	1,800
○趣味の焼酎つくり	高千穂辰太郎著	A5	84	1,050
○蘇先生の家庭薬膳　生姜と葱の本	蘇　川博著	A5	96	1,500
○国産米粉でクッキング	坂本廣子・坂本佳奈著	A5	96	1,500
【健康・健康双書】				
○うんこのふしぎ　排便のだいじ	千葉保夫著・全国養護教諭サークル協議会企画	B6	256	1,400
○食の安全システムをつくる事典	藤原邦達著	B6	320	1,800
○新版　あなたこそあなたの主治医	橋本行生著	B6	330	1,800
○ぼくのこともっとわかって！　アスペルガー症候群	全国養護教諭サークル協議会企画	B6	256	1,400
○ソフト断食と玄米植物食	藤城博・藤城寿美子著	B6	236	1,400
○ワイド版　食と健康の古典4　原本　西式健康読本	西勝造著／早乙女勝元解題	A5	280	1,400
○ワイド版　食と健康の古典2　医薬にたよらない健康法	渡辺正著	A5	248	1,400
○ワイド版　食と健康の古典1　病いは食から	沼田勇著	A5	264	1,400
○ワイド版　食と健康の古典3　健康食入門	柳沢文正著	A5	228	1,400
○ワイド版　食と健康の古典5　民間療法　誰にもできる	農文協編	A5	252	1,400
○大地の免疫力キトサン	船瀬俊介著	B6	236	1,400
【人間選書】				
○二宮尊徳(人間選書247)	守田志郎著／大藤修解説	B6	306	1,850
○日本の村(人間選書248)	守田志郎著	B6	264	1,800
○文化の転回(人間選書249)	守田志郎著	B6	312	1,850
○カマキリは大雪を知っていた(人間選書250)	酒井與喜夫著	B6	176	1,650
○昭和農業技術史への証言　第二集(人間選書251)	昭和農業技術研究会・西尾敏彦編	B6	284	1,800
○増補　村の遊び日(人間選書252)	古川貞雄著	B6	332	1,800

【農政・農業教養】				
○FAO世界食料農業白書　2002年版	FAO編著／FAO協会訳（（社）国際食糧農業協会（FAO協会）発行　農文協発売）	A4	282	5,250
○FAO農産物貿易年報　2002年版	FAO編／FAO協会訳（（社）国際食糧農業協会（FAO協会）発行　農文協発売）	A4	360	5,250
○米政策の転換と農協・生産者	吉田俊幸編	A5	330	5,400
○農政研究センター国際部会リポート49　世界を養う	バーツラフ・スミル著／逸見・柳澤訳（食料・農業政策研究センター発行　農文協発売）	A5	430	8,300
○農政研究センター国際部会リポート50　現代農業政策論	L. P. マーエ他著／塩飽・是永訳（食料・農業政策研究センター発行　農文協発売）	A5	230	5,500
○世界食料農業白書　2003年版（2002年報告）	FAO編著／FAO協会訳（（社）国際食糧農業協会（FAO協会）発行　農文協発売）	A5	270	4,200
○Report of Study Group on International Issues (SGII)（英文・農政研究センター国際部会リポート）23 Growing Importance of Food Business in Japan	食料農業政策研究センター編（食料・農業政策研究センター発行　農文協発売）	A4変	160	4,600
○今村奈良臣著作選集　上　農業構造改革の展開論理	今村奈良臣著	A5	448	6,800
○今村奈良臣著作選集　下　農政改革と補助金	今村奈良臣著	A5	436	6,800
【一般教養】				
○21世紀水危機	山崎農業研究所編（山崎農業研究所発行　農文協発売）	A5	364	3,900
○写真で綴る　昭和30年代　農山村の暮らし	武藤盈写真／須藤功聞き書き	AB	336	6,500
○環境・人口問題と食料生産	渡部忠世・海田能宏編著	A6	233	2,350
○中国博物学の世界	小林清市著	A5	444	6,800
○食料白書　2004（平成16）年版　食品安全性の確保	食料・農業政策研究センター編（食料・農業政策研究センター発行　農文協発売）	A5	140	1,950

全集

シリーズ名・書名	著者・編者	判型	頁数	定価
■聞き書　ふるさとの家庭料理				
○2　混ぜごはん　かてめし	農文協編／奥村彪生解説	A5	242	2,500
○3　雑炊　おこわ　変わりごはん	農文協編／奥村彪生解説	A5	266	2,500
○4　そば　うどん	農文協編／奥村彪生解説	A5	228	2,500
○6　だんご　ちまき	農文協編／奥村彪生解説	A5	250	2,500
○7　まんじゅう　おやき　おはぎ	農文協編／奥村彪生解説	A5	256	2,500
○8　漬けもの	農文協編／奥村彪生監修	A5	270	2,500
○9　あえもの	農文協編／奥村彪生監修	A5	222	2,500
○11　春のおかず	農文協編／奥村彪生監修	A5	260	2,500
○12　夏のおかず	農文協編／奥村彪生解説	A5	256	2,500
○13　秋のおかず	農文協編／奥村彪生解説	A5	256	2,500
○14　冬のおかず	農文協編／奥村彪生解説	A5	272	2,500
○15　乾物のおかず	農文協編／奥村彪生監修	A5	260	2,500
○16　味噌　豆腐　納豆	農文協編／奥村彪生解説	A5	252	2,500
○17　魚の漬込み　干もの　佃煮　塩辛	農文協編／奥村彪生解説	A5	234	2,500
○18　日本の朝ごはん	農文協編／奥村彪生解説	A5	314	2,500
○19　日本のお弁当	農文協編／奥村彪生解説	A5	256	2,500
○20　日本の正月料理	農文協編／奥村彪生解説	A5	284	2,500

■百の知恵双書				
○1 棚田の謎―千枚田はどうしてできたのか	田村善次郎・TEM研究所著	B5変	176	2,800
○2 住宅は骨と皮とマシンからできている―考えてつくるたくさんの仕掛け	野沢正光著	B5変	160	2,800
○3 目からウロコの日常物観察―無用物から転用物まで	野外活動研究会著	B5変	168	2,800
○4 時が刻むかたち―樹木から集落まで	奥村昭雄著	B5変	176	2,800
○5 参加するまちづくり―ワークショップがわかる本	伊藤雅春・大久手計画工房著	B5変	164	2,800
■世界の食文化				
○2 中国	周達生著	A5	296	3,200
○5 タイ	山田均著	A5	296	3,200
○9 トルコ	鈴木董著	A5	304	3,200
○15 イタリア	池上俊一著	A5	280	3,200
○18 ドイツ	南直人著	A5	264	3,200
■図説 中国文化百華				
○4 イネが語る日本と中国―交流の大河五〇〇〇年	佐藤洋一郎著	A5	208	3,200
○5 しじまに生きる野生動物たち―東アジアの自然の中で	今泉忠明著	A5	208	3,200
○6 神と人との交響楽―中国・仮面の世界	稲畑耕一郎著	A5	208	3,200
○14 真髄は調和にあり―呉清源 碁の宇宙	水口藤雄著	A5	208	3,200

絵本

シリーズ名・書名	著者・編者	判型	頁数	定価
■そだててあそぼう第10集				
○46 ピーマンの絵本	高橋英生編／竹内通雅絵	AB	36	1,890
○47 ホウレンソウの絵本	香川彰編／石倉ヒロユキ絵	AB	36	1,890
○48 アスパラガスの絵本	元木悟編／山福アケミ絵	AB	36	1,890
○49 ブタの絵本	吉本正編／水上みのり絵	AB	36	1,890
○50 チューリップの絵本	今西英雄編／やまもとちかひと絵	AB	36	1,890
■そだててあそぼう第11集				
○51 ニガウリ(ゴーヤー)の絵本	藤枝國光・中山美鈴編／土橋とし子絵	AB	36	1,890
○52 オクラの絵本	村上次男編／杉田比呂美絵	AB	36	1,890
○53 アワ・ヒエ・キビの絵本	古澤典夫・及川一也編／沢田としき絵	AB	36	1,890
○54 リンゴの絵本	小池洋男編／川上和生絵	AB	36	1,890
○55 ミカンの絵本	河瀬憲次編／石丸千里絵	AB	36	1,890
■絵本 おもしろふしぎ食べもの加工				
○1 ぷるぷるかたまるふしぎ	生活環境教育研究会編	AB	36	2,100
○2 ふっくらふくらむふしぎ	生活環境教育研究会編	AB	36	2,100
○3 おやおや 色・味・香りのふしぎ	生活環境教育研究会編	AB	36	2,100
○4 いろいろ 長もちのふしぎ	生活環境教育研究会編	AB	36	2,100
○5 ぶくぶく 発酵するふしぎ	生活環境教育研究会編	AB	36	2,100
■たのしくたべようたべもの絵本				
○1 ごはんのはなし	農文協編	AB	36	1,890

《2004年》

単行本

ジャンル名・書名	著者・編者	判型	頁数	定価
【農業技術】				
○実際家が語る　発酵利用の減農薬・有機栽培	松沼憲治著	A5	136	1,750
○新ルーメンの世界	小野寺良次監修／板橋久雄編	A5	634	8,250
○畜産環境対策大事典　第2版	農文協編	B5	944	15,000
○新特産シリーズ　野ブキ・フキノトウ	阿部清著	B6	192	1,750
○イチゴの高設栽培	伏原肇著	A5	120	1,600
○新特産シリーズ　サンショウ	内藤一夫著	B6	196	1,750
○おもしろ生態とかしこい防ぎ方　カラス	杉田昭栄著	A5	156	1,650
○農学基礎セミナー　新版　果樹栽培の基礎	杉浦明編著	B5	268	1,950
○農学基礎セミナー　新版　草花栽培の基礎	樋口春三編著	B5	258	1,950
○農学基礎セミナー　新版　作物栽培の基礎	堀江武編著	B5	256	1,950
○デルフィニウムをつくりこなす	勝谷範敏編著	A5	252	2,700
○新特産シリーズ　ヤーコン	(社)農林水産技術情報協会編	B5	192	1,650
○CD-ROM付　農薬便覧　第10版	米山伸吾・安東和彦・都築司幸編	B5	2232	23,000
○おもしろ生態とかしこい防ぎ方　チャノキイロアザミウマ	多々良明夫著	A5	124	1,650
○民間農法シリーズ　玄米黒酢農法	池田武・吉田陽介・養田武郎著	B6	164	1,550
○作業便利帳シリーズ　クリの作業便利帳	荒木斉著	A5	132	1,650
○イネゲノム配列解読で何ができるのか	矢野昌裕・松岡信編((独)農業生物資源研究所発行　農文協発売)	A5	244	2,800
【農家経営】				
○やらなきゃ損する　農家のマーケティング入門	冨田きよむ著	B6	192	1,400
○食品加工シリーズ8　ジャム	小清水正美著	A5	182	2,000
○農家日記　2005年版	農文協編	B6	452	1,200
○だれでもできる　エクセルで農業青色申告	塩光輝著	B5変	232	2,800
【園芸】				
○種から育てる　花図鑑わたし流	渡辺とも子著	B6	272	1,950
○タネから楽しむ山野草	東京山草会編	A5	264	2,250
○家庭菜園レベルアップ教室　根菜1	川城英夫著	B5	156	1,850
【生活】				
○働く家。	OMソーラー協会編著(OM出版株式会社発行　農文協発売)	B5変	200	1,600
○誰でもできる手打ちうどん	大久保裕弘著	A5	100	1,100
○日出山みなみの新野菜料理　群馬	日出山みなみ著	B5	96	1,800
○梅ぢから	藤清光・中山美鈴著	A5	84	1,200
○新版　図解　四季の薬草利用	小林正夫著	A5	184	1,500
○ネイチャーズクラフト　草木で染める[軽装版]	林泣童著	B5	104	1,600
○ネイチャーズクラフト　自然木で木工[軽装版]	安藤光典著	B5	104	1,600
○四季おりおり　自家製酵母でパンを焼く	相田百合子著	A5	96	1,500
○ル・ベスベ　ダイアリー　2005	Le Vesuve著(ELEPHAS発行　農文協発売)	A5	160	2,000

【健康・健康双書】				
○ワイド版　食と健康の古典　6　食医　石塚左玄の食べもの健康法	石塚左玄著／橋本政憲訳／丸山博解題	A5	252	1,500
○病気を直す心意氣	橋本行生著	四六	336	2,350
○噛める幸せ　インプラントの実際	辻本仁志著	B6	240	1,400
○決定版　真向法	社団法人真向法協会編	A5	128	1,200
【人間選書】				
○ローカルな思想を創る①　技術にも自治がある（人間選書253）	大熊孝著	B6	296	2,300
○アジアの復権（人間選書256）	中屋敷宏著	B6	240	1,850
○昭和農業技術史への証言　第三集（人間選書257）	昭和農業技術研究会・西尾敏彦編	B6	304	2,100
【農政・農業教養】				
○作物遺伝資源の農民参加型管理	西川芳昭著	A5	212	2,800
○日本の有機農業	本城昇著	A5	292	6,400
○農協総代会の手引き	阿部四郎著	B6	160	1,400
○日本畜産再生のために	増井和夫著（山崎農業研究所発行　農文協発売）	B6	240	2,100
○世界食料農業白書　2004-05年版（2003-04年報告）	FAO編／国際食糧農業協会訳（（社）国際食糧農業協会（FAO協会）発行　農文協発売）	A5	338	4,200
○中国近郊農村の発展戦略	今村奈良臣・張安明・小田切徳美著	A5	284	4,800
○戦後化学肥料産業の展開と日本農業	綱島不二雄	A5	176	2,800
【一般教養】				
○小国マタギ　共生の民俗知	佐藤裕之編	A5	288	2,800
○日本とEUの有機畜産	松木洋一・永松美希編著	B6	308	2,200
○わくわく食育授業プラン	桑畑美沙子編／家庭科サークル著	A5	224	1,800
○自給と産直で地域をつくる	小松光一著	B6	240	2,000
○日本農業のグランドデザイン	蔦谷栄一	四六	268	2,800
【児童書】				
○真綿　蚕からのおくりもの	財団法人日本真綿協会編／阿部隆夫絵（日本真綿協会発行　農文協発売）	AB	32	1,890
○「いただきます」が言えた日	農林水産省大臣官房情報課企画制作	A5	44	100

全書・百科・事典

シリーズ名・書名	著者・編者	判型	頁数	定価
■野菜園芸大百科　第2版				
○1　キュウリ	農文協編	B5	676	12,000
○2　トマト	農文協編	B5	800	13,000
○3　イチゴ	農文協編	B5	752	12,500
○4　メロン	農文協編	B5	570	10,500
○5　スイカ・カボチャ	農文協編	B5	494	9,500
○6　ナス	農文協編	B5	370	8,500
○7　ピーマン・生食用トウモロコシ・オクラ	農文協編	B5	374	8,000
○8　エンドウ・インゲン・ソラマメ・エダマメ・その他マメ	農文協編	B5	544	10,000
○9　アスパラガス	農文協編	B5	322	7,500

○10 ダイコン・カブ	農文協編	B5	364	8,000
○11 ニンジン・ゴボウ・ショウガ	農文協編	B5	346	7,500
○12 サツマイモ・ジャガイモ	農文協編	B5	554	10,500
○13 サトイモ・ナガイモ・レンコン・ウド・フキ・ミョウガ	農文協編	B5	354	8,000
○14 レタス・ミツバ・シソ・パセリ	農文協編	B5	452	9,000
○15 ホウレンソウ・シュンギク・セルリー	農文協編	B5	496	10,000
○16 キャベツ・ハナヤサイ・ブロッコリー	農文協編	B5	496	9,500
○17 ハクサイ・ツケナ類・チンゲンサイ・タアサイ	農文協編	B5	384	8,000
○18 ネギ・ニラ・ワケギ・リーキ・やぐら性ネギ	農文協編	B5	482	9,500
○19 タマネギ・ニンニク・ラッキョウ・アサツキ・シャロット	農文協編	B5	392	8,500
○20 特産野菜70種	農文協編	B5	456	9,500
○21 品質・鮮度保持	農文協編	B5	436	9,500
○22 養液栽培・養液土耕	農文協編	B5	530	10,500
○23 施設・資材・産地形成事例	農文協編	B5	382	8,500
■稲作大百科 第2版				
○ 1 総説／形態／品種／土壌管理	農文協編	B5	658	12,000
○ 2 栽培の基礎／品質・食味／気象災害	農文協編	B5	664	12,000
○ 3 栽培の実際／施肥技術	農文協編	B5	660	12,000
○ 4 各種栽培法／直播栽培／生育診断	農文協編	B5	690	12,000
○ 5 農家・地域の栽培事例	農文協編	B5	684	12,000
■天敵大事典—生態と利用	農文協編	A5	1152	15,000
■畜産環境対策大事典 第2版—家畜糞尿の処理と利用	農文協編	B5	944	15,000

全集

シリーズ名・書名	著者・編者	判型	頁数	定価
■聞き書 ふるさとの家庭料理				
○別巻 祭りと行事のごちそう	農文協編	A5	320	3,000
■百の知恵双書				
○ 6 洋裁の時代—日本人の衣服革命	小泉和子著	B5変	188	2,800
○ 8 まちに森をつくって住む—昭和の家庭看護	甲斐徹郎・チームネット著	B5変	176	2,800
○18 樹から生まれる家具—人が支え、人が触れるかたち	奥村昭雄著	B5変	168	2,800
■世界の食文化				
○ 7 オーストラリア・ニュージーランド	小山修三責任編集／五島淑子他著	A5	280	3,200
○11 アフリカ	小川了著	A5	288	3,200
○12 アメリカ	本間千枝子・有賀夏紀著	A5	272	3,200
■図説 中国文化百華				
○16 歴史の海を走る—中国造船技術の航跡	山形欣哉著	A5	208	3,200
○18「元の染付」海を渡る—世界に拡がる焼物文化	三杉隆敏著	A5	208	3,200
■写真ものがたり 昭和の暮らし 第1期				
○ 1 農村	須藤功著	AB	240	5,250
○ 2 山村	須藤功著	AB	240	5,250
○ 3 漁村と島	須藤功著	AB	240	5,250

■大石貞男著作集				
○1 日本茶業発達史	大石貞男著	A5	490	4,800
○2 静岡県茶産地史	大石貞男著	A5	496	4,800
○3 茶の栽培と製造Ⅰ	大石貞男著	A5	448	3,950
○4 茶の栽培と製造Ⅱ	大石貞男著	A5	500	3,950
○5 茶随想集成	大石貞男著	A5	528	4,800
■安藤昌益全集 増補篇				
○1 資料篇四 医学関係資料3—良中子神医天真 良中先生自然真営道方 電子版安藤昌益事典	東 均・新谷正道編著	A5	414	15,000
○2 資料篇五上 医学関係資料4－1—真斎讒筆 天・地・人（訓釈注解篇・上）／電子版 安藤昌益全集〈全文テキスト篇〉	東 均・中村篤彦編著	A5	512	15,000
○3 資料篇五下 医学関係資料4－2—真斎讒筆 天・地・人（訓釈注解篇・下）／昌益医学ハンドブック／電子版安藤昌益全集〈章句検索篇〉	東 均・中村篤彦編著	A5	512	15,000

絵本

シリーズ名・書名	著者・編者	判型	頁数	定価
■そだててあそぼう第12集				
○56 カブの絵本	飛騨健一編／竹内通雅絵	AB	36	1,890
○57 ネギの絵本	小島昭夫・安藤利夫編／峰岸達絵	AB	36	1,890
○58 ゴマの絵本	福田靖子・勝田眞澄編／田沢千草絵	AB	36	1,890
○59 ウメの絵本	吉田雅夫編／水上みのり絵	AB	36	1,890
○60 乳牛の絵本	三友盛行編／スズキコージ絵	AB	36	1,890
■たのしくたべようたべもの絵本				
○2 やさいのはなし	農文協編	AB	36	1,890
○3 おいものはなし	農文協編	AB	36	1,890
○4 おまめのはなし	農文協編	AB	36	1,890
○5 さかなのはなし	農文協編	AB	36	1,890
○6 かいそうのはなし	農文協編	AB	36	1,890
■つくってあそぼう第1集				
○1 とうふの絵本	仁藤齊編／高部晴市絵	AB	36	1,890
○2 なっとうの絵本	渡辺杉夫編／沢田としき絵	AB	36	1,890
○3 みその絵本	今井誠一編／水上みのり絵	AB	36	1,890
○4 もちの絵本	江川和徳編／竹内通雅絵	AB	36	1,890
○5 そばの絵本	服部隆編／上田みゆき絵	AB	36	1,890
■自然の中の人間シリーズ 花と人間編				
○1 暮らしのなかの花—花の民俗学	並河治著／農林水産技術情報協会監修	A4変	36	2,100
○2 植物はなぜ花を咲かすのか—花の科学	鈴木正彦著／樋口春三編	A4変	36	2,100
○3 四季に花を咲かせる—品種改良と栽培技術	今西英雄著／技術会議事務局監修	A4変	36	2,100
○4 花をつくる、花をとどける—花の流通	長岡求著／農林水産技術会議事務局監修	A4変	36	2,100
○5 花と人間の新しい関係を求めて—花の未来	今西弘子著	A4変	36	2,100
○8 花を生ける—花と芸術	安達とう子著／樋口春三編	A4変	36	2,100

《2005年》

単行本

ジャンル名・書名	著者・編者	判型	頁数	定価
【農業技術】				
○絵で見る　おいしい野菜の見分け方・育て方	武田健著	A5	164	1,850
○新版　図集　植物バイテクの基礎知識	大澤勝次・江面浩著	A5	258	2,700
○〈大判〉図解　最新果樹のせん定	農文協編	B5	200	2,200
○農学基礎セミナー　新版　野菜栽培の基礎	池田英男・川城英夫編著	B5	256	1,950
○作業便利帳シリーズ　増補改訂　イチゴの作業便利帳	伏原肇著	A5	160	1,750
○球根類の開花調節	今西英雄編	A5	328	3,500
○有機栽培の基礎と実際	小祝政明著	A5	272	2,700
○トウモロコシ	戸澤英男著	A5	416	5,000
○新版　せん定を科学する	菊池卓郎・塩崎雄之輔著	A5	176	1,750
○農業と環境汚染	西尾道徳著	A5	464	4,500
○農学基礎セミナー　グリーンライフ入門	佐藤誠・篠原徹・山崎光博編著	B5	224	1,750
○図説　野菜の病気と害虫　伝染環・生活環と防除法	米山伸吾・根本久・上田康郎・都築司幸著	B5	378	6,200
○新装版　図説　野菜の生育	藤井平司著	A5	196	1,500
○Q&A　絵でみる野菜の育ち方	藤目幸擴著	A5	144	1,700
○あなたにもできる　野菜の輪作栽培	窪吉永著	A5	192	1,800
○フェロモン利用の害虫防除	小川欽也・ピーター・ウィツガル共著	A5	164	1,800
【農家経営】				
○農産物直売所　発展のてびき	都市農山漁村交流活性化機構編	A5	168	1,500
○日本の宝＝水田を生かして新しい産地づくり	JA全中企画／農文協編	B5	96	700
○農家日記　2006年版	農文協編	B6	452	1,200
【自然と科学技術シリーズ】				
○冷害はなぜ繰り返し起きるのか？	ト藏建治著	B6	176	1,700
【園芸】				
○家庭菜園レベルアップ教室　根菜2	吉田稔・大場貞信他著	B5	180	1,950
○田んぼビオトープ入門	養父志乃夫著	B5	160	1,950
○新装版　本物の野菜つくり	藤井平司著	A5	292	1,600
○家庭菜園レベルアップ教室　葉菜1	小寺孝治編著／澁澤・沼尻・田邊著	B5	188	1,950
○図解　草もの盆栽入門	西山伊三郎著	A5	132	1,300
○バラの病気と害虫	長井雄治著	A5	196	1,700
○かんたん！　プランター菜園　コツのコツ	上岡誉富著	A5	160	1,600
○三橋理恵子の　基本からよーくわかる　ガーデニングワーク	三橋理恵子著	A5	180	1,450
【生活】				
○相馬博士の旬野菜読本　朝取りホウレンソウは新鮮か？	相馬暁著	B6	216	1,200
○二十一世紀の民家をつくる　シラス物語	袖山研一監修／松岡伸吾編	A5	192	1,800
○金日麗の　キムチ入門	金日麗(清水麗子)著	A5	96	1,500
○わが家でつくるこだわり麹(こうじ)	永田十蔵著	A5	108	1,300
○ふんわり自然派、からだにやさしい　白神こだま酵母パン	大塚せつ子著	A5	96	1,500

○伝統の素材を生かす　日出山みなみの新野菜料理　和歌山	日出山みなみ著(料理新聞社発行　農文協発売)	B5	96	1,800
○おいしく続ける　玄米食養クッキング	藤城寿美子著	A5	96	1,500
○ル・ベスベ　ダイアリー　2006	高橋郁代著(ELEPHAS発行　農文協発売)	A5	128	2,000
【健康・健康双書】				
○新版　タイミング妊娠法	市川茂孝著	B6	208	1,280
○図解　タイミング妊娠法	市川茂孝著	A5	112	1,200
○日本人の正しい食事	沼田勇著	B6	232	1,400
○東洋医学で自己診断　読体術	仙頭正四郎著	B6	240	1,300
○ワイド版　リハビリに生かす操体法【愛蔵版】	須永隆夫編著	A5	224	1,600
○東洋医学で病気に克つ　読体術	仙頭正四郎著	B5	276	1,500
○あなたにもできる　がんの基礎療法	橋本行生著	B6	276	1,500
○ワイド版　万病を治せる妙療法—操体法【愛蔵版】	橋本敬三著	A5	228	1,850
○ワイド版　写真図解　操体法の実際【愛蔵版】	橋本敬三監修／茂貫雅高編著	A5	240	1,700
○ワイド版　ひとりで操体法【愛蔵版】	橋本敬三監修／小崎順子著	A5	216	1,600
○ワイド版　写真でわかる　腰痛を治す操体法【愛蔵版】	金井聖徳著	A5	204	1,600
○ワイド版　誰にもわかる　操体法の医学【愛蔵版】	橋本敬三著	A5	194	1,550
○ほんとうは治る防げる　目の病気	山口康三著	A5	204	1,600
○地域ネットワークでつくる　子どもの健康	全国養護教諭サークル協議会企画	B6	224	1,450
○保健委員会は私の教室	全国養護教諭サークル協議会企画	B6	244	1,450
○虐待　気づくべきこと、できること	全国養護教諭サークル協議会企画	B6	232	1,400
○少年犯罪　からだの声を聴かなくなった脳	瀬口豊廣著／小原秀雄解説	B6	226	1,300
○かみ合わせを正して全身健康	丸山剛郎著	B6	212	1,300
○抗がん剤は転移促進剤	臼田篤伸著	B6	248	1,400
○未病息災	三浦於菟・福生吉裕・波平恵美子著	B6	194	1,300
○漢方なからだ	宮原桂・小菅孝明著	B6	232	1,350
【人間選書】				
○戦後精神の探訪(人間選書258)	鈴木正著	B5	244	1,950
○健康の輪(人間選書259)	レンチ著／山田勝巳訳／島田彰夫解説(日本有機農業研究会発行　農文協発売)	B6	244	1,800
○田んぼの虫の言い分(人間選書260)	NPO法人むさしの里山研究会編	B6	208	1,600
○木材革命(人間選書261)	村尾行一著	B6	260	1,700
○昭和農業技術史への証言　第四集(人間選書262)	昭和農業技術研究会・西尾敏彦編	B6	264	2,500
【農政・農業教養】				
○世界の食料不安の現状　2005	FAO編著／FAO協会訳((社)国際食糧農業協会(FAO協会)発行　農文協発売)	A4	40	1,200
○山村環境社会学序説	大野晃著	A5	300	4,800
【一般教養】				
○食料白書　2005(平成17)年版　食生活の現状と食育の推進	食料・農業政策研究センター編(食料・農業政策研究センター発行　農文協発売)	A5	138	1,950
○絶対無の哲学	根井康之著	四六	324	3,200
○メダカはどのように危機を乗りこえるか	端　憲二著	A5	156	2,100
○保健室登校で育つ子どもたち	数見隆生・藤田和也編	B6	276	1,600
○社会園芸学のすすめ	松尾英輔著	A5	284	2,500
○地域に生きる	東北地域農政懇談会編著	B6	256	1,700

○信州いいやま　食の風土記	飯山市「食の風土記」編纂委員会編（飯山市「食の風土記」編纂委員会発行　農文協発売）	A5	192	1,600
○食育のすすめ方	農文協編	B5	160	1,200
○写真集　山古志村	須藤功著	B5	160	3,500
【児童書】				
○一年生のとき戦争が始まった	智里東国民学校同級会文／熊谷元一絵	A5	192	1,400

全書・百科・事典

シリーズ名・書名	著者・編者	判型	頁数	定価
■原色　野菜病害虫百科　第2版				
○1　トマト・ナス・ピーマン他	農文協編	A5	872	14,000
○2　キュウリ・スイカ・メロン他	農文協編	A5	654	12,000
○3　イチゴ・マメ類・スイートコーン他	農文協編	A5	600	11,000
○4　キャベツ・ハクサイ・シュンギク他	農文協編	A5	504	10,500
○5　レタス・ホウレンソウ・セルリー他	農文協編	A5	574	10,500
○6　ネギ類・アスパラガス・ミツバ他	農文協編	A5	558	10,000
○7　ダイコン・ニンジン・イモ類他	農文協編	A5	796	13,500
■原色　作物病害虫百科　第2版				
○1　イネ	農文協編	B5	618	13,500
○2　ムギ・ダイズ・アズキ・飼料作物他	農文協編	B5	760	15,500
○3　チャ・コンニャク・タバコ他	農文協編	B5	626	13,000
■原色　果樹病害虫百科　第2版				
○1　カンキツ・キウイフルーツ	農文協編	A5	700	12,000
○2　リンゴ・オウトウ・西洋ナシ・クルミ	農文協編	A5	702	12,500
○3　ブドウ・カキ	農文協編	A5	630	11,500
○4　モモ・ウメ・スモモ・アンズ・クリ	農文協編	A5	716	13,000
○5　ナシ・ビワ・イチジク・マンゴー	農文協編	A5	624	11,500
■環境保全型農業大事典				
○1　環境保全型農業大事典　①施肥と土壌管理	農文協編	B5	870	15,000
○2　環境保全型農業大事典　②総合防除・土壌病害対策	農文協編	B5	856	15,000

全集

シリーズ名・書名	著者・編者	判型	頁数	定価
■世界の食文化				
○1　韓国	朝倉敏夫著／石毛直道監修	A5	280	3,200
○3　モンゴル	小長谷有紀著／石毛直道監修	A5	288	3,200
○4　ベトナム・カンボジア・ラオス・ミャンマー	森枝卓士著	A5	296	3,200
○20　極北	岸上伸啓責任編集／佐々木史郎他著	A5	264	3,200

■百の知恵双書				
○9 昆虫—大きくなれない擬態者たち	大谷剛著	B5変	176	2,800
○10 椅子づくり 百年物語—床屋の椅子からデザイナーズチェアーまで	宮本茂紀著	B5変	152	2,800
■図説 中国文化百華				
○10 火の料理 水の料理—食に見る日本と中国	木村春子著	A5	208	3,200
■写真ものがたり 昭和の暮らし 第1期				
○4 都市と町	須藤功著	AB	240	5,250
○5 川と湖沼	須藤功著	AB	240	5,250

絵本

シリーズ名・書名	著者・編者	判型	頁数	定価
■そだててあそぼう第13集				
○61 タマネギの絵本	川崎重治編／田沢千草絵	AB	36	1,890
○62 レタスの絵本	塚田元尚編／塚本やすし絵	AB	36	1,890
○63 イチジクの絵本	株本暉久編／ささめやゆき絵	AB	36	1,890
○64 肉牛の絵本	上田孝道編／笹尾俊一絵	AB	36	1,890
○65 アイガモの絵本	古野隆雄編／竹内通雅絵	AB	36	1,890
■つくってあそぼう第2集				
○6 アイスクリームの絵本	宮地寛仁編／石井聖岳絵	AB	36	1,890
○7 チーズの絵本	河口理編／早川純子絵	AB	36	1,890
○8 ソーセージの絵本	伊賀の里モクモク編／山口マオ絵	AB	36	1,890
○9 ジャムの絵本	小清水正美編／下和田サチヨ絵	AB	36	1,890
○10 パンの絵本	片岡芙佐子編／山福朱実絵	AB	36	1,890
■自然の中の人間シリーズ 花と人間編				
○6 花と人間とのかかわり—花の文化史	田中宏著／樋口春三編	A4変	36	2,100
○7 花に魅せられた人々—発見と分類	大場秀章著	A4変	36	2,100
○9 日本の庭・世界の庭—暮らしと庭	鈴木誠著／樋口春三編	A4変	36	2,100
○10 環境をつくる花—都市環境と花	輿水肇著／樋口春三編	A4変	36	2,100
■かこさとしの たべものえほん				
○1 ごはんですよ おもちですよ	かこさとし文／絵	B5変	24	1,890
○2 せかいのパン ちきゅうのパン	かこさとし文／栗原徹絵	B5変	24	1,890
○3 うどんのはなはどんないろ	かこさとし文／高松良己絵	B5変	24	1,890
○4 スープづくり あじくらべ	かこさとし文／谷俊彦絵	B5変	24	1,890
○5 にくはちから げんきのもと	かこさとし文／森英樹絵	B5変	24	1,890
○6 カツオがはねる マグロがおどる	かこさとし文／渡辺可久絵	B5変	24	1,890
○7 つみれのまほう とうふのにんじゃ	かこさとし文／大工原章絵	B5変	24	1,890
○8 やさしいやさいのオイシンピック	かこさとし文／中村信絵	B5変	24	1,890
○9 りんごのぼうけん バナナのねがい	かこさとし文／村松ガイチ絵	B5変	24	1,890
○10 ケーキつくりのおかしなはなし	かこさとし文／絵	B5変	24	1,890

■かこさとしの　自然のしくみ　地球のちから　えほん				
○1 やまをつくったもの　やまをこわしたもの	かこさとし文／絵	A4変	24	1,890
○2 かわはながれる　かわははこぶ	かこさとし文／絵	A4変	24	1,890
○3 うみはおおきい　うみはすごい	かこさとし文／絵	A4変	24	1,890
○4 あめ、ゆき、あられ　くものいろいろ	かこさとし文／絵	A4変	24	1,890
○5 ささやくかぜ　うずまくかぜ	かこさとし文／絵	A4変	24	1,890
○6 じめんがふるえる　だいちがゆれる	かこさとし文／絵	A4変	24	1,890
○7 ひをふくやま　マグマのばくはつ	かこさとし文／絵	A4変	24	1,890
○8 よあけ　ゆうやけ　にじやオーロラ	かこさとし文／絵	A4変	24	1,890
○9 せかいあちこち　ちきゅうたんけん	かこさとし文／絵	A4変	24	1,890
○10 あさよる、なつふゆ　ちきゅうはまわる	かこさとし文／絵	A4変	24	1,890

《2006年》

単行本

ジャンル名・書名	著者・編者	判型	頁数	定価
【農業技術】				
○新特産シリーズ　コンニャク	群馬県特作技術研究会編	B6	204	1,850
○作業便利帳シリーズ　ブルーベリーの作業便利帳	石川駿二・小池洋男著	A5	176	1,800
○おもしろ生態とかしこい防ぎ方　山と田畑をシカから守る	井上雅央・金森弘樹著	A5	136	1,750
○発酵の力を暮らしに　土に　米ぬか　とことん活用読本	農文協編	B5	192	1,200
○だれでもできる　イネのプール育苗	農文協編	A5	108	1,500
○最新　農業技術事典	独立行政法人農研機構編著	B5	2012	38,000
○新特産シリーズ　ヤマウド	小泉丈晴著	B6	164	1,500
○野菜の施肥と栽培　根茎菜・芽物編	農文協編	A5	192	2,100
○民間農法シリーズ　愛華農法	川崎重治著	B6	208	1,700
○作業便利帳シリーズ　改訂　ウメの作業便利帳	谷口充著	A5	176	1,650
○野菜の発育と栽培	藤目幸擴編著／西尾敏彦・奥田延幸著	A5	264	2,980
○おもしろ生態とかしこい防ぎ方　根こぶ病	後藤逸男・村上圭一著	A5	120	1,700
○野菜の施肥と栽培　果菜編	農文協編	A5	216	2,250
○野菜の施肥と栽培　葉菜・マメ類編	農文協編	A5	200	2,200
○除草剤便覧　第2版	野口勝可・森田弘彦・竹下孝史著	A5	500	4,700
○仕組みを知って上手に防除　病気・害虫の出方と農薬選び	米山伸吾編著／安東和彦・都築司幸著	B5	152	1,750
○写真・図解　果菜の苗つくり	白木己歳著	B5	128	1,890
○おもしろ生態とかしこい防ぎ方　カイガラムシ	伊澤宏毅著	A5	124	1,650
○野菜つくり入門	戸澤英男著	A5	160	1,600
○だれでもできる　養分バランス施肥	武田健著	A5	120	1,600
○ルミノロジーの基礎と応用	小原嘉昭編	A5	304	4,500
○茶園管理12ヵ月	木村政美著	A5	192	1,890
○機械製茶の理論と実際	柴田雄七著	A5	136	2,300
○きのこの安全安心生産管理マニュアル	清田卓也著	B5	180	2,400
○作物の栄養生理最前線	渡辺和彦著	B5	72	1,600
○ユリをつくりこなす	今西英雄編著	A5	272	2,700

○作物別　適用農薬便覧 1	都築司幸編著	B5	864	5,500
○作物別　適用農薬便覧 2	都築司幸編著	B5	882	5,600
○作物別　適用農薬便覧 3	都築司幸編著	B5	956	6,000
【農家経営】				
○小池芳子の　手づくり加工食品コツのコツ①	小池芳子著	A5	168	1,700
○小池芳子の　手づくり食品加工コツのコツ②	小池芳子著	A5	132	1,500
○農家日記　2007年版	農文協編	B6	452	1,200
○小池芳子の　手づくり食品加工コツのコツ③	小池芳子著	A5	152	1,600
【自然と科学技術シリーズ】				
○硝酸塩は本当に危険か	J・リロンデル他著／越野正義訳	B6	268	2,000
【園芸】				
○テクニック101条　あっ咲いた！洋ラン　コツのコツ	岡田弘著	A5	148	1,800
○群 境介のマンガ　ミニ盆栽365日	群境介文／絵	A5	224	1,500
○川口豊の　コンテナガーデン　スタイル60	川口豊著	AB	168	2,980
○ビオトープ再生技術入門	養父志乃夫著	B5	204	2,200
○かんたん　ずっと楽しむ　芝庭つくりコツのコツ	京阪園芸著	A5	96	1,500
○田んぼの生きもの　おもしろ図鑑	（社）農村環境整備センター企画	B6	400	4,800
○かんたん　かわいい　ミニ&ベビー野菜ガーデニングノート	淡野一郎著	A5	112	1,500
○三橋理恵子の　基本からよーくわかる　コンテナガーデニング	三橋理恵子著	A5	144	1,600
○菊つくり　なんでも相談室	上村遙著	A5	148	1,350
○今日からはじめる　ハンギングバスケット	上田奈美著	A5	96	1,500
○現代用語復刻新版　家庭菜園の実際	大井上康著／日本巨峰会編	A5	224	2,500
【生活】				
○誰でもできる手づくりワイン	永田十蔵著	A5	120	1,350
○四季のみそ汁	千葉道子著	A5	96	1,300
○おくむらあやおの　ごはん道楽！	奥村彪生著	A5	192	1,750
○日出山みなみの新野菜料理　岐阜	日出山みなみ著（料理新聞社発行　農文協発売）	B5変	96	1,800
○生で 煮て 揚げて 炒めて　らっきょう三昧	藤清光・中山美鈴著	A5	80	1,200
○料理をおいしくする仕掛け	奥村彪生著	A5	232	1,500
○漁師直伝！　魚のたべ方400種	奥本光魚著	A5	200	1,600
○公開！　こだわりパン屋さんのパンづくり	いとうまりこ絵／文	A5	116	1,300
○蘇先生の家庭薬膳　トマトときゅうりの本	蘇　川博・下川憲子著	A5	96	1,500
○わが家でできるこだわり清酒	永田十蔵著	A5	128	1,400
○絶品 手づくりこんにゃく	永田勝也著	A5	96	1,400
○お母さん これつくって！　わくわく野菜料理〈秋冬編〉	構実千代・小出弥生著	A5	112	1,400
○ル・ベスベ　ダイアリー　2007	泰文館編／発行（泰文館発行　農文協発売）	A5	128	2,000
○品種いろいろ　国産小麦のパンづくりテキスト	伊藤幹雄・伊藤けい子著	A5	112	1,600
○岩手に残したい食材　30選	岩手食文化研究会編	A4	78	1,300
【健康・健康双書】				
○妊娠・出産 どうしよう？	竹内正人・やなか事務所著	B6	192	1,200
○カビによる病気が増えている	宮治誠著	B6	236	1,400
○おなかの赤ちゃんを守って！	宮村多樫著	B6	200	1,250
○操体　食　漢方　現代医学　家庭医療事典	橋本行生著	B6	328	1,800
○図解　よもぎ健康法	大城築著	A5	112	1,280
○図解　よくわかる陰陽調和料理	梅﨑和子著	A5	112	1,300

○学校事故から子どもを守る	日野一男監修／児玉・鈴木著	B6	192	1,400
○私の居場所はどこ？　小学生編	五十嵐由紀著／全養サ企画	B6	200	1,250
○私の居場所はどこ？　中学生編	山咲さくら・澤地妙著／全養サ企画	B6	240	1,350
【人間選書】				
○「創造的である」ということ（上）農の営みから（人間選書254）	内山節著	B6	220	1,700
○「創造的である」ということ（下）地域の作法から（人間選書255）	内山節著	B6	248	1,700
○一流の田舎町（人間選書263）	森澤茂著	B6	248	1,700
○子どもたちの建築デザイン（人間選書264）	鈴木賢一著	B6	264	1,950
○いま「食べること」を問う（人間選書265）	サントリー次世代研究所企画編集	B6	268	1,800
○昭和農業技術史への証言　第五集（人間選書266）	昭和農業技術研究会・西尾敏彦編	B6	240	2,500
【農政・農業教養】				
○世界食料農業白書　2006年版　農産物貿易と貧困：貿易は貧困者を助けうるか？	FAO編／FAO協会訳（（社）国際食糧農業協会（FAO協会）発行　農文協発売）	A5	338	4,200
○地域の多様な条件を生かす　集落営農	楠本雅弘著	A5	188	1,800
○食品の安全と品質確保	高橋梯二・池戸重信著	A5	256	2,980
○世界の食料不安の現状　2005年報告　世界の飢餓人口を半減するために　まず食料を	FAO編／FAO協会訳（（社）国際食糧農業協会（FAO協会）発行　農文協発売）	A4	36	1,200
○新 ここがポイント！　集落営農	森本秀樹著	A5	152	1,650
○JA（農協）出資農業生産法人	谷口信和・李侖美著	A5	370	3,800
【一般教養】				
○農林水産業の技術者倫理	祖田修・太田猛彦編著	A5	296	3,200
○バケツ稲　12ヵ月のカリキュラム	農文協編	B5	152	1,200
○給食を生かす授業づくり12ヵ月	農文協編	B5	160	1,200
○北斎　宇宙をデザインす	西澤裕子著	A5	208	2,800
○民俗芸能の伝承活動と地域生活	澁谷美紀著	A5	212	3,500
○ルーラルブックス　農家再訪　他二篇	原田津著	A5	140	1,050
○訪ねる　ふれあう　日本の里山　日本の里海1　体験できる里	中川重年監修	AB	176	2,980
○訪ねる　ふれあう　日本の里山　日本の里海2　伝統を受け継ぐ里	中川重年監修	AB	176	2,980
○訪ねる　ふれあう　日本の里山　日本の里海3　百名山を仰ぐ里	中川重年監修	AB	176	2,980
○食料白書　2006（平成18）年版「地産地消」の現状と展望	食料白書編集委員会編	A5	138	2,000
○伝承写真館　日本の食文化1　北海道・東北1	農文協編	A5	172	1,500
○伝承写真館　日本の食文化2　東北2	農文協編	A5	126	1,300
○伝承写真館　日本の食文化3　北関東	農文協編	A5	126	1,300
○伝承写真館　日本の食文化4　首都圏	農文協編	A5	178	1,400
○伝承写真館　日本の食文化5　甲信越	農文協編	A5	128	1,300
○伝承写真館　日本の食文化6　北陸	農文協編	A5	128	1,300
○伝承写真館　日本の食文化7　東海	農文協編	A5	186	1,500
○伝承写真館　日本の食文化8　近畿	農文協編	A5	256	1,800
○伝承写真館　日本の食文化9　中国	農文協編	A5	200	1,600
○伝承写真館　日本の食文化10　四国	農文協編	A5	164	1,300
○伝承写真館　日本の食文化11　九州1	農文協編	A5	152	1,300
○伝承写真館　日本の食文化12　九州2・沖縄	農文協編	A5	198	1,600
○ルーラルブックス　大雪山のふもとから	白滝村林産協同組合編	B6	156	1,200
○食農保育―たべる たがやす そだてる はぐくむ	小林・大木・倉田・野村編著	A5	176	1,700
○“林業再生”最後の挑戦	天野礼子著	四六	224	1,890
○舟と港のある風景	森本孝著	四六	400	2,900

全書・百科・事典

シリーズ名・書名	著者・編者	判型	頁数	定価
■最新農業技術事典―NAROPEDIA	独立行政法人農研機構編著	B5	2030	38,000

全集

シリーズ名・書名	著者・編者	判型	頁数	定価
■世界の食文化				
○8 インド	小磯千尋・小磯学著	A5	280	3,200
○17 イギリス	川北稔著	A5	284	3,200
○19 ロシア	沼野充義・沼野恭子著	A5	308	3,200
■百の知恵双書				
○11 台所の一万年―食べる営みの歴史と未来	山口昌伴著	B5変	152	2,800
○12 湖上の家、土中の家―世界の住まい環境を測る	益子義弘・東京芸術大学益子研究室著	B5変	160	2,800
■図説 中国文化百華				
○7 王朝の都 豊饒の街―中国 都市のパノラマ	伊原弘著	A5	208	3,200
○9 癒す力をさぐる―東の医学と西の医学	遠藤次郎・中村輝子・サキム著	A5	208	3,200
○17 君 当に酔人を恕すべし―中国の酒文化	蔡 毅著	A5	208	3,200
■写真ものがたり 昭和の暮らし 第2期				
○6 子どもたち	須藤功著	AB	240	5,250
○7 人生儀礼	須藤功著	AB	240	5,250
○8 年中行事	須藤功著	AB	240	5,250
■病家須知				
○病家須知 翻刻訳注篇上・下 研究資料篇	平野重誠原著／看護史研究会編著訳注	B5	1044	29,000

絵本

シリーズ名・書名	著者・編者	判型	頁数	定価
■そだててあそぼう第14集				
○66 アズキの絵本	十勝農業試験場編／早川純子絵	AB	36	1,890
○67 ハクサイの絵本	渡邉穎悦編／峰岸達絵	AB	36	1,890
○68 ナシの絵本	澤村豊・梶浦一郎編／青山友美絵	AB	36	1,890
○69 タケの絵本	内村悦三編／石井聖岳絵	AB	36	1,890
○70 バラの絵本	林勇編／宇野亜喜良絵	AB	36	1,890

■つくってあそぼう第3集				
○11 砂糖の絵本	杉本明編／笹尾俊一絵	AB	36	1,890
○12 塩の絵本	高梨浩樹編／沢田としき絵	AB	36	1,890
○13 しょうゆの絵本	舘博編／高部晴市絵	AB	36	1,890
○14 酢の絵本	柳田藤治編／山福朱実絵	AB	36	1,890
○15 油の絵本	鈴木修武編／宮崎秀人絵	AB	36	1,890
■つくってあそぼう第4集				
○16 わら加工の絵本	宮崎清編／水上みのり絵	AB	36	1,890
○17 竹細工の絵本	内村悦三・近藤幸男編／土橋とし子絵	AB	36	1,890
○18 草木染の絵本	山崎和樹編／川上和生絵	AB	36	1,890
○19 火と炭の絵本　火おこし編	杉浦銀治編／竹内通雅絵	AB	36	1,890
○20 火と炭の絵本　炭焼き編	杉浦銀治編／竹内通雅絵	AB	36	1,890
■おくむらあやお　ふるさとの伝承料理				
○1 パクパクいろいろごはん	奥村彪生文／塚本やすし絵	AB	32	1,890
○2 打ったり練ったり　そばとうどん	奥村彪生文／上田みゆき絵	AB	32	1,890
○3 ヘンシン大豆はえらい—みそ・とうふ・納豆・きな粉	奥村彪生文／上野直大絵	AB	32	1,890
○4 コトコト煮物　まぜまぜ和え物	奥村彪生文／中川学絵	AB	32	1,890
○5 ふうふう鍋もの・汁もの	奥村彪生文／上田みゆき絵	AB	32	1,890
○6 じっくり漬ける　野菜と魚	奥村彪生文／野村俊夫絵	AB	32	1,890
○7 お日さまサンサン　乾物・干もの	奥村彪生文／仁科幸子絵	AB	32	1,890
○8 春夏秋冬　季節のおかず	奥村彪生文／めぐろみよ絵	AB	32	1,890
○9 ウキウキ　甘辛おやつ	奥村彪生文／野村俊夫絵	AB	32	1,890
○10 ワイワイ　みんなでおべんとう	奥村彪生文／水上みのり絵	AB	32	1,890
○11 わくわく　お正月とおもち	奥村彪生文／中川学絵	AB	32	1,890
○12 わっしょい　祭りとすし	奥村彪生文／上田みゆき絵	AB	32	1,890
○13 受け継ぎ創る　食べごとの文化	奥村彪生文／上野直大絵	AB	32	1,890
■絵本　世界の食事第1集				
○1 フランスのごはん	銀城康子文／マルタン・フェノ絵	AB	32	1,890

《2007年》

単行本

ジャンル名・書名	著者・編者	判型	頁数	定価
【農業技術】				
○あなたにもできる　無農薬・有機のイネつくり	民間稲作研究所責任監修／稲葉光國著	A5	196	1,700
○新特産シリーズ　ウコン	金城鉄男著	B6	144	1,500
○スイートピーをつくりこなす	井上知昭著	A5	256	2,700
○新しい水田農法へのチャレンジ	庄子貞雄監修 （新しい水田農法編集委員会発行　農文協発売）	A5	266	2,000
○新特産シリーズ　アボカド	米本仁巳著	B6	172	1,500
○農学基礎セミナー　新版　農業機械の構造と利用	藍房和他著	B5	240	1,800
○新特産シリーズ　キンカン	河瀬憲次著	B6	208	1,850

○野菜・花・果樹　リアルタイム診断と施肥管理	六本木和夫著	A5	144	1,700
○だれでもできる果樹の接ぎ木・さし木・とり木	小池洋男編著／玉井浩他著	A5	124	1,500
○新特産シリーズ　ヤマユリ	小俣虎雄編著	B6	184	1,750
○売れる・おいしい・つくりやすい　野菜品種の選び方	鈴木光一著	A5	152	1,550
○堆肥・有機質肥料の基礎知識	西尾道徳著	A5	216	2,200
○だれでもできる　果樹の病害虫防除	田代暢哉著	A5	140	1,600
○民間農法シリーズ　有機と微生物の総合技術　新版　Mリン農法	Mリン農法研究会著	B6	200	1,600
○新版　緑肥を使いこなす	橋爪健著	A5	164	1,850
○小祝政明の実践講座1　有機栽培の肥料と堆肥	小祝政明著	A5	160	1,800
【農家経営】				
○知らなきゃ損する　新　農家の税金（第4版）	鈴木武・林田雅夫・須飼剛朗著	B6	200	1,400
○福祉のための農園芸活動	豊原憲子・石神洋一・宮上佳江著	B5	192	2,600
○農村の生きものを大切にする　水田生態工学入門	水谷正一編著	B5	204	2,900
○任意の組合から法人まで　かんたん 農業会計ソフト	森本秀樹監修／林田雅夫著	B5	176	2,800
○小池芳子の　手づくり食品加工コツのコツ④	小池芳子著	A5	136	1,600
○農家が教える　自給農業のはじめ方	中島正著	A5	112	1,500
○農家日記　2008年版	農文協編	B6	452	1,200
【自然と科学技術シリーズ】				
○作物にとってケイ酸とは何か	高橋英一著	B6	192	1,700
【園芸】				
○楽々ズボラ菜園　コツのコツ	南　洋著	A5	148	1,500
○自然派ライフ　四季のハーブガーデン	北川やちよ著	A5	112	1,500
○家庭菜園全科1　葉もの・茎もの類①	戸澤英男著	A5	156	1,400
○家庭菜園全科2　葉もの・茎もの類②	戸澤英男著	A5	168	1,400
○コツのコツ シリーズ　家庭でできるキノコつくり	大貫敬二著	A5	176	1,400
○コツのコツ シリーズ　コニファーガーデン	花工房編著／高橋護執筆	A5	152	1,600
○コツのコツ シリーズ　家庭菜園の不耕起栽培	水口文夫著	A5	188	1,600
【生活】				
○お母さん　これつくって！　わくわく野菜料理　春夏編	構実千代・小出弥生著	A5	112	1,400
○しょうゆが香る郷土料理	日本醤油協会編	B5	152	1,650
○火のある暮らしのはじめ方	薪炭利用キャンペーン実行委員会編	B5	96	1,500
○日出山みなみの新野菜料理　熊本	日出山みなみ著（料理新聞社発行　農文協発売）	B5	96	1,800
○食べて健康！　よもぎパワー	大城築著	A5	96	1,300
○温故知新の家づくり	可喜庵の会著（（株）鈴木工務店発行　農文協発売）	A5変	128	1,000
○挑戦する酒蔵	酒蔵環境研究会編／中島秀雄写真	四六	240	1,400
○ル・ベスベダイアリー　2008	高橋郁代著（ELEPHAS発行　農文協発売）	A5	120	2,000
○農家が教える　どぶろくのつくり方	農文協編	B5	192	1,200
【健康・健康双書】				
○家庭でできる漢方　①冷え症	仙頭正四郎・土方康世著	B6	208	1,200
○アレルギーっ子の入園・入学安心マニュアル	佐守友仁著	A5	184	1,300
○アトピーの薬を減らす本	道端正孝監修／田中貴子著	B6	208	1,300
○図解　脱ステロイドのアトピー治療	松田三千雄著	A5	112	1,300
○小学生の心が見える本 不登校・キレ・いじめ・学級崩壊はなぜ	原田正文著	A5	128	1,300

○らくらくかんたん 楽しく続く 介護予防のための五感健康法	岩田弘敏著	B6	184	1,200
○なんとかなるよ 先輩ママのアレルギーっ子育児	佐藤のり子著	B6	280	1,470
○生きているってどんなこと？	全国養護教諭サークル協議会企画	B6	232	1,350
○家庭でできる漢方 ②子どものアトピー	仙頭正四郎著	B6	224	1,200
○図解 不登校をプラス思考でのりこえる	原田正文著	A5	128	1,300
○家庭でできる漢方 ③花粉症	仙頭正四郎編著	B6	248	1,350
【人間選書】				
○聞き書き 紀州備長炭に生きる（人間選書267）	阪本保喜語り／かくまつとむ聞き書き	B6	200	1,850
○生態学の「大きな」話（人間選書268）	川那部浩哉著	B6	224	1,600
【農政・農業教養】				
○食料産業クラスターと地域ブランド	斎藤修著	A5	320	3,400
○有機農産物の流通とマーケティング	小川孔輔・酒井理編	A5	324	2,700
○らくらく自動作成 家族経営の農業簿記ソフト	林田雅夫著	B5	196	2,800
○基礎講座 有機農業の技術	日本有機農業研究会編（日本有機農業研究会発行 農文協発売）	A5	168	1,750
○農は永遠	甕 滋著	四六	412	2,100
○食品安全性をめぐるWTO通商紛争	藤岡典夫著	A5	258	4,800
【一般教養】				
○食農で教育再生	鈴木善次監修／朝岡幸彦他編著	B6	248	1,800
○食育活動実践の手引き 食で育む生きるちから 実践編	（社）佐賀県栄養士会編（社団法人 佐賀県栄養士会発行 農文協発売）	A4	80	1,400
○草の牛乳	野原由香利著	四六	208	1,600
○食の検定食農3級 公式テキストブック	食の検定協会編（食の検定協会発行 農文協発売）	A5	220	2,625
○むらの社会を研究する	鳥越皓之責任編集	四六	272	2,200
○訪ねる ふれあう 日本の里山 日本の里海4 郷土自慢にふれる里	中川重年監修	AB	176	2,980
○訪ねる ふれあう 日本の里山 日本の里海5 文化の息づく里	中川重年監修	AB	176	2,980
○訪ねる ふれあう 日本の里山 日本の里海6 発見の里	中川重年監修	AB	176	2,980
○ウッドマイルズ 地元の木を使うこれだけの理由	ウッドマイルズ研究会編	四六	224	1,750
○むらの資源を研究する	池上甲一責任編集	四六	264	2,200
○ゼミナール 現代社会と食料・環境・農業	大隈満・中道仁美・村田武編著	A5	192	1,700
○アジアと日本	李彩華・鈴木正著	四六	300	1,800
○ふるさと山古志に生きる	山古志村写真集制作委員会編	B5	160	2,800
○食料白書 2007（平成19）年版 日本人と大豆	食料白書編集委員会編	A5	136	1,950
○創造的生命の形而上学	根井康之著	四六	416	4,900
○自然から学ぶ 生き方暮らし方	天野紀宜著	B6	128	1,400
○心と体をはぐくむ 学年別・観点別 食教育の指導実践集〈小学1，2，3年生〉	ヨコハマ食教育研究グループ編著	B5	120	1,600
○心と体をはぐくむ 学年別・観点別 食教育の指導実践集〈小学4，5，6年生〉	ヨコハマ食教育研究グループ編著	B5	144	1,600
○ムラは問う	中国新聞「ムラは問う」取材班著	B6	232	1,600
【児童書】				
○マタギ犬ゴンとイノシシ槍王の闘い	桑原崇寿著	A5	168	1,400
○中国の故事民話1 漢民族編①	沢山晴三郎訳／沢山生也編	A5	108	1,500
○中国の故事民話2 漢民族編②	沢山晴三郎訳／沢山生也編	A5	108	1,500
○中国の故事民話3 漢民族編③	沢山晴三郎訳／沢山生也編	A5	112	1,500

○中国の故事民話4　少数民族編①	沢山晴三郎訳／沢山生也編	A5	108	1,500
○中国の故事民話5　少数民族編②	沢山晴三郎訳／沢山生也編	A5	112	1,500
○中国の故事民話6　少数民族編③	沢山晴三郎訳／沢山生也編	A5	104	1,500
○調べてみよう　ふるさとの産業・文化・自然1　日本列島の農業と漁業	中川重年監修	AB	160	3,150
○調べてみよう　ふるさとの産業・文化・自然2　地域の伝統行事	中川重年監修	AB	160	3,150
○調べてみよう　ふるさとの産業・文化・自然3　地場産業と名産品1	中川重年監修	AB	160	3,150
○調べてみよう　ふるさとの産業・文化・自然4　地場産業と名産品2	中川重年監修	AB	160	3,150
○調べてみよう　ふるさとの産業・文化・自然5　特色ある歴史と風土のまち	中川重年監修	AB	160	3,150
○調べてみよう　ふるさとの産業・文化・自然6　恵まれた自然と環境を守る	中川重年監修	AB	160	3,150
○ルーラルブックス　美作の国　鷹巣城物語	安藤由貴子文／花房徳夫絵	A4	44	1,200

全書・百科・事典

シリーズ名・書名	著者・編者	判型	頁数	定価
■肥料・土つくり資材大事典	農文協編	B5	1320	20,000

全集

シリーズ名・書名	著者・編者	判型	頁数	定価
■世界の食文化				
○10 アラブ	大塚和夫責任編集／黒木英充他著	A5	308	3,200
○13 中南米	山本紀夫責任編集／青山和夫他著	A5	308	3,200
○14 スペイン	立石博高著	A5	296	3,200
■百の知恵双書				
○13 日本人の住まい―生きる場のかたちとその変遷	宮本常一著／田村善次郎編	B5変	172	2,800
○14 仕舞える住まいの収納学―ゴタゴタ病根本治療の処方箋	山口昌伴著	B5変	160	2,800
■図説　中国文化百華				
○13「天下」を目指して―中国　多民族国家の歩み	王　柯著	A5	208	3,200
○15 風水という名の環境学―気の流れる大地	上田信著	A5	208	3,200
■写真ものがたり　昭和の暮らし　第2期				
○9　技と知恵	須藤功著	AB	240	5,250
○10 くつろぎ	須藤功著	AB	264	5,250
■合理的農業の原理				
○合理的農業の原理　上巻　―第1編 基礎編　第2編 経営・農法編	アルブレヒト・テーア著／相川哲夫訳	A5	524	12,000

絵本

シリーズ名・書名	著者・編者	判型	頁数	定価
■そだててあそぼう第15集				
○71 ソラマメの絵本	木暮秩編／かとうまふみ絵	AB	36	1,890
○72 サトイモの絵本	吉野熙道編／城芽ハヤト絵	AB	36	1,890
○73 クリの絵本	荒木斉編／川上和生絵	AB	36	1,890
○74 カーネーションの絵本	細谷宗令編／中谷靖彦絵	AB	36	1,890
○75 ブロッコリー・カリフラワーの絵本	藤目幸擴編／杉田比呂美絵	AB	36	1,890
■つくってあそぼう第5集				
○21 すしの絵本	日比野光敏編／森英二郎絵	AB	36	1,890
○22 かまぼこの絵本	野村明編／フジモトマサル絵	AB	36	1,890
○23 うどんの絵本	小田聞多編／青山友美絵	AB	36	1,890
○24 こんにゃくの絵本	高畑浩之編／山崎克己絵	AB	36	1,890
○25 茶の絵本	増澤武雄編／山福朱実絵	AB	36	1,890
■絵本　世界の食事第1集				
○ 2 インドのごはん	銀城康子文／高松良己絵	AB	32	1,890
○ 4 イタリアのごはん	銀城康子文／マルタン・フェノ絵	AB	32	1,890
○ 3 韓国のごはん	銀城康子文／いずみなほ・星桂介絵	AB	32	1,890
○ 5 メキシコのごはん	銀城康子文／高松良己絵	AB	32	1,890
○ 8 中国のごはん	銀城康子文／神谷京絵	AB	32	1,890
■わくわくたべもの おはなしえほん第1集				
○ 1 トコロウとテンジロウ	天野碧海さく／山口マオえ	B5横変	28	1,400
○ 2 ぬ〜くぬく	飯野和好さく／山本孝え	B5横変	28	1,400
○ 3 おたねさん	竹内通雅さく／え	B5横変	28	1,400
○ 4 ぼくのひよこ	高部晴市さく／え	B5横変	28	1,400
○ 5 いもほりきょうだいホーリーとホーレ	石井聖岳さく／え	B5横変	28	1,400
○ 6 うしおくんとはすひめちゃん	伊藤秀男さく／え	B5横変	28	1,400

《2008年》

単行本

ジャンル名・書名	著者・編者	判型	頁数	定価
【農業技術】				
○新特産シリーズ　マンゴー	米本仁巳著	B6	192	1,600
○写真でとらえた　野菜と花のビックリ栽培	赤松富仁著	A5	176	1,800
○新特産シリーズ　ダダチャマメ	阿部利徳著	B6	114	1,500
○野菜の生理・生態	斎藤隆著	A5	560	4,500
○新版　系統牛を飼いこなす	太田垣進著	A5	140	1,950
○農学基礎セミナー　新版　家畜飼育の基礎	阿部亮他編	B5	240	1,800
○肥料便覧　第6版	塩崎尚郎編	A5	388	4,500
○だれでもできる　肥料の上手な効かせ方	藤原俊六郎著	A5	124	1,500

○アスパラガスの高品質多収技術	元木悟・井上勝広・前田智雄編著	A5	216	2,520
○作業便利帳シリーズ　キウイフルーツの作業便利帳	末澤克彦・福田哲生著	A5	152	1,785
○小祝政明の実践講座2　有機栽培のイネつくり	小祝政明著	A5	184	1,995
○土・作物を変える不思議パワー　炭　とことん活用読本	農文協編	B5	192	1,200
○減農薬の宝物　木酢・竹酢・モミ酢　とことん活用読本	農文協編	B5	200	1,200
○水路の簡易補修マニュアル	農文協企画制作／農工研監修	A4	16	420
○イノシシ　シカ　サル　これならできる獣害対策	井上雅央著	B6	184	1,575
【農家経営】				
○これならできる　図解　山を育てる道づくり	大内正伸著／田邊由喜男監修	A5	160	1,950
○新版『GAP入門』	田上隆一・田上隆多・石谷孝佑著 （GAP普及センター発行　農文協発売）	A5	234	1,995
○月と農業	J. R. リベラ著／福岡・小寺監修	AB横変	176	2,400
○緑茶のマーケティング	岩崎邦彦著	A5	140	1,890
○業務・加工用野菜	藤島廣二・小林茂典著	B6	164	1,575
○農家日記　2009年版	農文協編	A5	452	1,400
【園芸】				
○コツのコツ シリーズ　根力(ねぢから)で咲かせるバラつくり	高原通寿著	A5	160	1,500
○家庭菜園全科3　根もの・いも類	戸澤英男著	A5	184	1,500
○きんや先生の園芸教室　はじめての寄せ植え	多田欣也著	A5	112	1,300
○農家と市民でつくる　新しい市民農園	廻谷義治著	A5	168	1,700
○家庭菜園レベルアップ教室　葉菜2	塚田元尚監修／芹澤啓明他著	B5	164	1,890
○小さい家で楽しむ　わたしのバラ庭づくり	後藤みどり著	B5	144	1,680
○家庭菜園全科4　果菜・莢(さや)もの類	戸澤英男著	A5	236	1,785
【生活】				
○誰でもできる手づくり酢	永田十蔵著	A5	148	1,470
○みうたさんの　からだにやさしい雑穀レシピ	江島雅歌著	A5	96	1,500
○つくって食べたい　ふるさとおやつ	藤清光・中山美鈴著	A5	88	1,300
○寒天・ところてん読本	松橋鐵治郎著	四六	216	1,943
○これなら誰でもできる　日本の杉で小さなお家(うち)	後藤雅浩著	B5	136	1,943
○ノングルテンでふんわりやわらか　白神こだま酵母のお米パン	大塚せつ子著	A5	96	1,470
○ル・ベスベダイアリー　2009	高橋郁代著(ELEPHAS発行　農文協発売)	A5	120	2,000
○誰でもできる手づくり味噌	永田十蔵著	A5	148	1,470
○もっとひろがる　国産米粉クッキング	坂本佳奈・坂本廣子著	A5	96	1,470
【健康・健康双書】				
○だれでもわかる　だれでも使える　食事バランスガイド	早渕仁美著	A5	128	1,500
○図解　アトピー　食と薬でスキンケア	田中貴子著	A5	112	1,300
○食養で治す　メタボリックシンドローム	藤城博著	A5	132	1,300
○図解　まんが付き　ゼロから学ぶ「介護保険」と「介護生活」	伊藤周平・岡田稔子・東村直美著	A5	228	1,500
○子どもの近見視力不良	高橋ひとみ著／衛藤隆推薦	A5	172	1,200
○産むブック	戸田りつ子著	A5	84	1,200
○虫歯から始まる全身の病気	ジョージ・E・マイニー著／恒志会訳 ((特)恒志会発行　農文協発売)	B5	258	1,800
○ぼく困った子？　わたしダメな子？ ADHDのある子どもの学校生活	全国養護教諭サークル協議会企画	B6	224	1,365
○家庭でできる漢方　④不眠症	仙頭正四郎編著	B6	204	1,365

○油の正しい選び方・摂り方	奥山治美著	A5	196	1,995
○肩こり・頭痛から不定愁訴まで　咬み合わせ不良の予防と治療	亀井琢正著	B6	200	1,365
○医者に頼らず生きる術　二人ヨーガ　楽健法	山内宥厳著 （楽健法研究会本部発行　農文協発売）	B5	184	2,000
【人間選書】				
○昭和農業技術史への証言　第六集（人間選書269）	昭和農業技術研究会・西尾敏彦編	B6	304	2,500
○伝統技法で茅葺き小屋を建ててみた（人間選書270）	原田紀子著	B6	192	1,680
【農政・農業教養】				
○知らなきゃ損する　新　農家の税金　第5版	鈴木武・林田雅夫・須飼剛朗著	B6	216	1,400
○任意の組合から法人まで　農業経営組織の実務と会計	林田雅夫・須飼剛朗著	B5	248	2,300
○カナダ農村3農場200年の軌跡	坪井伸広・立川雅司・アペダイレ他著	A5	272	4,800
○地域ブランドの戦略と管理	斎藤修編著	A5	304	3,360
○農業政策の終焉と地方自治体の役割	石原健二著	A5	248	2,100
○アフリカ「貧困と飢餓」克服のシナリオ	二木光著	A5	248	2,100
○知らなきゃ損する　新　農家の税金　第6版	鈴木武・林田雅夫・須飼剛朗著	B6	216	1,470
【一般教養】				
○写真で綴る　萱野茂の生涯	萱野れい子著／須藤功編	B5	168	2,900
○食料白書　2008（平成20）年版 食料とエネルギー　地域からの自給戦略	食料白書編集委員会編	A5	156	1,950
○養護教諭が担う「教育」とは何か	藤田和也著／全養サ企画	四六	240	1,600
○北の大地に　らかんさん遊ぶ	堀敏一彫る／須藤功撮る （らかん洞発行　農文協発売）	B5	126	2,900
○食の検定食農2級　公式テキストブック	食の検定協会編／発行 （食の検定協会発行　農文協発売）	A5	320	3,150
○ニホンザル保全学	和田一雄著	四六	276	2,310
○写真物語　ナカノマタン	中ノ俣たき火会・かみえちご山里ファン倶楽部著	A4変	106	2,153
○日本茶のすべてがわかる本	日本茶検定委員会編（NPO法人日本茶インストラクター協会発行　農文協発売）	A5	224	2,300
○自給再考	山崎農業研究所編 （山崎農業研究所発行　農文協発売）	四六	176	1,575
【ルーラルブックス】				
○本物の牛乳は日本人に合う	小寺とき著	A5	180	1,470
○百姓馬吉	山岸豊吉著	四六	420	1,890
【児童書】				
○とっこべとら子	宮沢賢治著／高橋伸樹絵	AB	32	1,470
○大きな手　大きな愛	川嶋康男著	A5	148	1,418
【専門】				
○実践の民俗学	山下裕作著	A5	324	3,990

全集・百科・事典

シリーズ名・書名	著者・編者	判型	頁数	定価
■原色　花卉病害虫百科				
○1 草花①（ア～キ） —カーネーション、ガーベラ、キクほか23種	農文協編	A5	966	14,000
○2 草花②（ク～テ） —スターチス、デルフィニウムほか26種	農文協編	A5	934	14,000
○3 草花③（ト～ワ） —トルコギキョウ、ベゴニア、リンドウほか31種	農文協編	A5	932	14,000
○4 シクラメン・球根類 —アルストロメリア、ユリほか21種	農文協編	A5	804	13,000
○5 ラン・観葉・サボテン・多肉植物・シバ—ラン16種、観葉植物17種ほか	農文協編	A5	1070	15,000
○6 花木・庭木・緑化樹①（ア～ツ） —アジサイ、サクラ、ツツジほか41種	農文協編	A5	1086	15,000
○7 花木・庭木・緑化樹②（ツ～ワ） —ツバキ、バラ、マツほか48種	農文協編	A5	808	13,000
■茶大百科				
○Ⅰ 歴史・文化／品質・機能性／品種／製茶	農文協編	B5	972	24,500
○Ⅱ 栽培の基礎／栽培技術／生産者事例	農文協編	B5	992	24,500
■年版農業技術				
○年版 農業技術　作物 2008	農文協編	B5	374	6,000
○年版 農業技術　畜産 2008	農文協編	B5	360	6,000
■最新農業技術				
○野菜　vol.1　国産野菜は頑張る！	農文協編	B5	376	6,000
○果樹　vol.1　楽して稼げる！　施設・低樹高栽培ほか	農文協編	B5	384	6,000
○畜産　vol.1　飼料高騰時代を乗り切る！ 飼料イネ、放牧、残渣活用	農文協編	B5	352	6,000

全集

シリーズ名・書名	著者・編者	判型	頁数	定価
■世界の食文化				
○6 インドネシア	阿良田麻里子著	A5	268	3,200
○16 フランス	北山晴一著	A5	360	3,200
■百の知恵双書				
○15 家で病気を治した時代—昭和の家庭看護	小泉和子著	B5変	176	2,800
○16「木組」でつくる日本の家—むかしといまを未来につなぐ家づくり	松井郁夫著	B5変	160	2,800
○17「日本の住宅」という実験—風土をデザインした藤井厚二	小泉和子著	B5変	168	2,800
○18 窓を開けなくなった日本人—住まい方の変化六〇年	渡辺光雄著	B5変	168	2,800

■図説　中国文化百華				
○1 漢字の文明 仮名の文化—文字からみた東アジア	石川九楊著	A5	208	3,200
■合理的農業の原理				
○合理的農業の原理　中巻 —第3編 土壌論 第4編 施肥論、耕作・土地改良論	アルブレヒト・テーア著／相川哲夫訳	A5	636	12,000
○合理的農業の原理　下巻 —第5編 作物生産 第6編 畜産	アルブレヒト・テーア著／相川哲夫訳	A5	568	12,000
■三澤勝衛著作集　風土の発見と創造				
○3 風土産業	三澤勝衛著	A5	342	6,825

絵本

シリーズ名・書名	著者・編者	判型	頁数	定価
■そだててあそぼう第16集				
○76 ハーブの絵本	広田せい子編／岡田里絵	AB	36	1,890
○77 ニンニクの絵本	大場貞信編／宇田川新聞絵	AB	36	1,890
○78 レンコン（ハス）の絵本	尾崎行生編／ささめやゆき絵	AB	36	1,890
○79 オリーブの絵本	高木眞人編／やまもとちかひと絵	AB	36	1,890
○80 サクランボの絵本	西村幸一・野口協一編／川端理絵 絵	AB	36	1,890
■つくってあそぼう第6集				
○26 藍染の絵本	山崎和樹編／城芽ハヤト絵	AB	36	1,890
○27 和紙の絵本	冨樫朗編／森英二郎絵	AB	36	1,890
○28 麦わらの絵本	金子皓彦編／吉田稔美絵	AB	36	1,890
○29 やきものの絵本	吉田明編／山ざき克己絵	AB	36	1,890
○30 箸の絵本	兵左衛門編／土橋とし子絵	AB	36	1,890
■絵本　世界の食事第2集				
○6 ドイツのごはん	銀城康子文／マルタンフェノ絵	AB	32	1,890
○7 ブラジルのごはん	銀城康子文／萩原亜紀子絵	AB	32	1,890
○9 タイのごはん	銀城康子文／いずみなほ・星桂介絵	AB	32	1,890
○10 トルコのごはん	銀城康子文／高松良己絵	AB	32	1,890
■絵本　世界の食事第3集				
○12 フィンランドのごはん	銀城康子文／萩原亜紀子絵	AB	32	1,890
○13 ベトナムのごはん	銀城康子文／バンジャマン・レイス絵	AB	32	1,890
○15 ペルーのごはん	銀城康子文／加藤タカ絵	AB	32	1,890
■わくわくたべもの おはなしえほん第2集				
○7 そらのおっぱい	スズキコージさく／大畑いくのえ	B5横変	28	1,400
○8 ひょろのっぽくん	かとうまふみさく／え	B5横変	28	1,400
○9 ほな　また	こしだミカさく／え	B5横変	28	1,400
○10 ビッグ　パーン！	中谷靖彦さく／え	B5横変	28	1,400
■わくわくたべもの おはなしえほん第3集				
○12 あずきまる	早川純子さく／え	B5横変	28	1,400

■おもしろふしぎ 日本の伝統食材 第1集				
○1 なす―おいしく食べる知恵	奥村彪生作／中川学絵／萩原一写真	AB	32	1,890
○2 さといも―おいしく食べる知恵	奥村彪生作／中川学絵／萩原一写真	AB	32	1,890
○3 だいこん―おいしく食べる知恵	奥村彪生作／中川学絵／萩原一写真	AB	32	1,890
○4 にんじん・ごぼう―おいしく食べる知恵	奥村彪生作／中川学絵／萩原一写真	AB	32	1,890
○5 だいず―おいしく食べる知恵	奥村彪生作／中川学絵／萩原一写真	AB	32	1,890
○6 いわし―おいしく食べる知恵	奥村彪生作／中川学絵／萩原一写真	AB	32	1,890
■日本人 いのちと健康の歴史				
○1 病とのたたかいがはじまる［古代］	加藤文三・上坂良子編／江口準次絵	A4変	48	2,500
○2 はじめての病院ができる［中世］	加藤文三・渡部喜美子編／中西立太絵	A4変	48	2,500
○3 西洋医学がやってきた［近世］	加藤文三・平尾真智子編／石井勉絵	A4変	48	2,500
○4 戦争と人のいのち［明治・大正］	加藤文三・渡部喜美子編／吉井爽子絵	A4変	48	2,500
○5 食・環境、新たなたたかい［昭和から平成へ］	加藤文三・名原壽子編／石井勉絵	A4変	48	2,500

《2009年》

単行本

ジャンル名・書名	著者・編者	判型	頁数	定価
【農業技術】				
○熱帯果樹の栽培	米本仁巳著	B5変	186	3,360
○自然力を生かす 農家の技術 早わかり事典	農文協編	B5	192	1,575
○大玉・高糖度のサクランボつくり	黒田実著	A5	104	1,680
○改良・改造 手づくり農機傑作集 第2集	トミタ・イチロー著	A5	128	1,523
○おもしろ生態とかしこい防ぎ方 ハクビシン・アライグマ	古谷益朗著	A5	108	1,575
○新特産シリーズ エゴマ	農文協編	B6	128	1,470
○サトちゃんの イネつくり 作業名人になる	佐藤次幸著	A5	136	1,680
○改訂 新しい酪農技術の基礎と実際 基礎編	酪農ヘルパー全国協会編 （酪農ヘルパー全国協会発行 農文協発売）	A4	298	3,150
○改訂 新しい酪農技術の基礎と実際 実技編	酪農ヘルパー全国協会編 （酪農ヘルパー全国協会発行 農文協発売）	A4	180	2,100
○鳥獣害対策支援テキスト 暮らしを守る獣害対策マニュアル	井上雅央・江口祐輔・小寺祐二監修	A4	16	420
○水産総合研究センター叢書 守る・増やす 渓流魚	中村智幸・飯田遥編著	A5	136	1,680
○養液栽培の病害と対策	草刈眞一著	A5	160	2,415
○生きている土壌	エアハルト・ヘニッヒ著／中村英司訳 （日本有機農業研究会発行 農文協発売）	四六	340	1,995
○青木流 野菜のシンプル栽培	青木恒男著	A5	140	1,575
○自給養鶏Q&A	中島正著	A5	104	1,470
○おもしろ生態とかしこい防ぎ方 タバココナジラミ	行徳裕著	A5	124	1,785
○民間農法シリーズ 竹肥料農法	橋本清文・高木康之著	B6	128	1,470
○ミネラルの働きと作物の健康	渡辺和彦著	A5	236	2,415
○小祝政明の実践講座3 有機栽培の野菜つくり	小祝政明著	A5	300	2,835
○身近な素材でつくる ボカシ肥・発酵肥料	農文協編	B5	192	1,200
○農家が教える 混植・混作・輪作の知恵	農文協編	B5	192	1,200

【農家経営】				
○集落営農と家族経営を活かす　法人化塾	森剛一著／JA全中企画編集	B5	160	1,680
○ステップアップ　集落営農	森本秀樹著	A5	148	1,680
○農家が教える　加工・保存・貯蔵の知恵	農文協編	B5	192	1,200
○集落営農と家族経営を活かす　新版　法人化塾	森剛一著／JA全中企画編集	B5	224	1,890
○農家日記　2010年版	農文協編	A5	452	1,400
○まだまだ伸びる　農産物直売所	田中満著	A5	164	1,680
【自然と科学技術シリーズ】				
○活性炭の農業利用	西原英治・元木悟著	B6	244	2,205
【園芸】				
○図解　おもしろ子ども菜園	竹村久生著／橋本洋子絵	B5	160	1,838
○コツのコツ シリーズ　生命力の強いタネを育てる　自家採種入門	中川原敏雄・石綿薫著	A5	184	1,680
○コツのコツ シリーズ　自然農薬のつくり方と使い方	農文協編	A5	144	1,470
○農家が教える　家庭菜園　春夏編	農文協編	B5	192	1,200
○野山・里山・竹林　楽しむ、活かす	農文協編	B5	192	1,200
【生活】				
○地元の米でつくる　福盛式シトギ　米粉パンの教科書	福盛幸一著	A5	112	1,995
○蘇先生の家庭薬膳　にんにくと玉葱の本	蘇　川博・下川憲子著	A5	96	1,470
○山で暮らす 愉しみと基本の技術	大内正伸著	AB	144	2,730
○酵母でつくる焼き菓子レシピ	林弘子著	A5	80	1,365
○都会でできる　雨、太陽、緑を活かす小さな家	中臣昌広著	A5	160	1,785
○10種のお芋でつくる　みうたさんのお芋の菓子箱	江島雅歌著	A5横	80	1,365
【健康・健康双書】				
○食育と食の指導に活かす　食事バランスガイド　Q&A	早渕仁美著	A5	148	1,680
【人間選書】				
○昭和農業技術史への証言　第七集（人間選書271）	昭和農業技術研究会・西尾敏彦編	B6	280	2,520
【農政・農業教養】				
○農家の法律相談	馬奈木昭雄著	B5変	480	3,780
○暗夜に種を播く如く	（財）協同組合経営研究所編（（財）協同組合経営研究所発行　農文協発売）	A5	438	2,000
○現代のむら	坪井伸広・大内雅利・小田切徳美編著	A5	296	2,940
○知らなきゃ損する　新　農家の税金　第7版	鈴木武・林田雅夫・須飼剛朗著	B6	236	1,470
【一般教養】				
○野山の名人秘伝帳	かくまつとむ著	四六	204	1,995
○景観形成と地域コミュニティ	鳥越皓之・家中茂・藤村美穂著	四六	312	2,730
○橋本紘二写真集　農仕事 四季のかがやき	橋本紘二著	AB変	80	2,940
○百万石と一百姓	清水隆久著	A5	616	14,700
○実証　食農体験という場の力	野田知子著	A5	236	3,675
○［復刊］自然の観察	文部省著／日置・露木・一寸木・村山編	A5	548	4,935
○徳山村に生きる	大西暢夫著	B5変	46	1,995
○学校林の研究	竹本太郎著	A5	448	4,725
○九条と一条	鈴木正著	四六	248	1,890

○水土を拓く	農業農村工学会編	B5	360	4,500
○工夫がいっぱい！ 実践事例付き からだといのちを感じる保健教材・教具集	全養サ企画	B5	200	2,625
○未来についての想像力	内山節著	A5	48	600
○里地里山文化論 上 循環型社会の基層と形成	養父志乃夫著	A5	224	2,625
○日本めん食文化の一三〇〇年	奥村彪生著	A5	552	3,990
○里地里山文化論 上 循環型社会の基層と形成	養父志乃夫著	A5	224	2,625
○里地里山文化論 下 循環型社会の暮らしと生態系	養父志乃夫著	A5	232	2,625
○里山っ子が行く！	斉藤道子文／岡本央写真	四六	228	1,470
○江戸東京野菜 図鑑篇	大竹道茂監修	A5	160	2,940
○江戸東京野菜 物語篇	大竹道茂著	A5	208	1,680
○実践ガイド 田園自然再生	農村環境整備センター企画／進士五十八監修	B5	256	2,940
【ルーラルブックス】				
○「未熟もの」としての教師	松本健嗣著	四六	184	1,680
○美作まんぷ	安藤由貴子著	A4	56	1,365
○ユーモア痛快ガイド 定年後の海外農業ボランティア	藤家梓著	四六	172	1,365
○沖縄 甘藷ものがたり	金城鉄男著	四六	128	1,260

全書・百科・事典

シリーズ名・書名	著者・編者	判型	頁数	定価
■最新農業技術				
○作物 vol.1 低コスト省力で拓く水田活用新時代―省耕起・直播・緑肥、ナタネ・雑穀ほか	農文協編	B5	352	6,000
○花卉 vol.1 脱不況、省エネの新技術と品目・品種選び	農文協編	B5	384	6,000
○土壌施肥 vol.1 農薬に頼らない土壌病害対策／畜糞・生ゴミ活用	農文協編	B5	352	6,000
○果樹 vol.2 新たな需要を開拓！ 期待の新品種―経営転換、樹の若返り、温暖化対応など	農文協編	B5	354	6,000
○畜産 vol.2 飼料イネで自給力アップ	農文協編	B5	352	6,000
○野菜 vol.2 ニンニク・サトイモ・アスパラガス・ニガウリ…元気な野菜の高品質・安定技術	農文協編	B5	358	6,000
■土壌診断・生育診断大事典―簡易診断からリアルタイム診断、生理障害、品質の診断まで	農文協編	B5	1220	20,000

全集

シリーズ名・書名	著者・編者	判型	頁数	定価
■世界の食文化				
○別巻 世界の食文化 分野別ことがら索引	「世界の食文化」編集委員会編	A5	218	3,000
■百の知恵双書				
○19 パッシブハウスはゼロエネルギー住宅—竪穴住居に学ぶ住宅の未来	野沢正光著	B5変	160	2,800
○20 集まって住む「終の住処」—自分の意思で暮らし続ける知恵と工夫	齊藤祐子著	B5変	168	2,800
■図説 中国文化百華				
○8 日中を結んだ仏教僧—波濤を超えて決死の渡海	頼富本宏著	A5	216	3,200
○11 東アジア四千年の永続農業—中国・朝鮮・日本（上）	F. H. キング著／杉本俊朗訳	A5	280	3,200
○12 東アジア四千年の永続農業—中国・朝鮮・日本（下）	F. H. キング著／杉本俊朗訳	A5	232	3,200
■三澤勝衛著作集 風土の発見と創造				
○1 地域個性と地域力の探求	三澤勝衛著	A5	384	6,825
○2 地域からの教育創造	三澤勝衛著	A5	448	8,400
○4 暮らしと景観／三澤「風土学」私はこう読む	三澤勝衛著	A5	412	7,350
■大絵馬ものがたり				
○1 稲作の四季	須藤功著	AB	176	5,250
○2 諸職の技	須藤功著	AB	176	5,250
○3 祈りの心	須藤功著	AB	176	5,250
■シリーズ 地域の再生				
○1 地元学からの出発—この土地を生きた人びとの声に耳を傾ける	結城登美雄著	四六	312	2,730

絵本

シリーズ名・書名	著者・編者	判型	頁数	定価
■そだててあそぼう第17集				
○81 インゲンマメの絵本	十勝農業試験場編／バンチハル絵	AB	36	1,890
○82 ユリの絵本	今西英雄編／深津真也絵	AB	36	1,890
○83 キウイフルーツの絵本	末澤克彦・福田哲生編／星野イクミ絵	AB	36	1,890
○84 マンゴーの絵本	米本仁巳編／くまあやこ絵	AB	36	1,890
○85 ウマの絵本	近藤誠司編／森雅之絵	AB	36	1,890
■そだててあそぼう第18集				
○86 ホウセンカの絵本	森源治郎編／市川智子絵	AB	36	1,890

■つくってあそぼう第7集				
○31 漬けものの絵本① 塩・みそ・しょうゆ漬け	宮尾茂雄編／おくはらゆめ絵	AB	36	1,890
○32 漬けものの絵本② ぬかみそ・たくあん・こうじ漬け	北村英三・石川健一編／高部晴市絵	AB	36	1,890
○33 梅干しの絵本	小清水正美編／小山友子絵	AB	36	1,890
○34 キムチの絵本	鄭大聲編／加藤休ミ絵	AB	36	1,890
○35 ピクルスの絵本	宮尾茂雄編／かわむらふゆみ絵	AB	36	1,890
■絵本 世界の食事第3集				
○11 モンゴルのごはん	銀城康子文／高松良己絵	AB	32	1,890
○14 スペインのごはん	銀城康子文／マルタン・フェノ絵	AB	32	1,890
■絵本 世界の食事第4集				
○17 インドネシアのごはん	銀城康子文／加藤タカ絵	AB	32	1,890
○18 ロシアのごはん	銀城康子文／山本正子絵	AB	32	1,890
○20 イギリスのごはん	銀城康子文／萩原亜紀子絵	AB	32	1,890
■おもしろふしぎ 日本の伝統食材 第2集				
○7 さば―おいしく食べる知恵	奥村彪生作／中川学絵／萩原一写真	AB	32	1,890
○8 さけ―おいしく食べる知恵	奥村彪生作／中川学絵／萩原一写真	AB	32	1,890
○9 いか―おいしく食べる知恵	奥村彪生作／中川学絵／萩原一写真	AB	32	1,890
○10 海そう―おいしく食べる知恵	奥村彪生作／中川学絵／萩原一写真	AB	32	1,890
■わくわくたべもの おはなしえほん第3集				
○13 ぐるうん ぐるん	山福朱実さく／え	B5横変	28	1,400
○14 どっから たべよう	井上洋介さく／え	B5横変	28	1,400
○15 おいしい みず	片山健さく／え	B5横変	28	1,400
■写真絵本 ぼくの庭にきた虫たち				
○1 テントウムシ観察記	佐藤信治著	AB	32	1,890
○2 アゲハチョウ観察記	佐藤信治著	AB	32	1,890
○3 セミ観察記	佐藤信治著	AB	32	1,890
○4 カタツムリ観察記	佐藤信治著	AB	32	1,890
○5 カマキリ観察記	佐藤信治著	AB	32	1,890
■田んぼの生きものたち				
○タガメ	市川憲平文・写真／北添伸夫写真	AB	56	2,625
○赤とんぼ	新井裕文／写真	AB	56	2,625

《2010年》

単行本

ジャンル名・書名	著者・編者	判型	頁数	定価
【農業技術】				
○だれにもできる　土壌診断の読み方と肥料計算	JA全農肥料農薬部著	A4	104	1,890
○身近な素材―なんでもリサイクル　堆肥　とことん活用読本	農文協編	B5	192	1,200
○新特産シリーズ　タケノコ	野中重之著	B6	160	1,680
○今、引き継ぐ　農家の技術・暮らしの知恵	農文協編	B5	522	1,500
○作業便利帳シリーズ　新版　イネの作業便利帳	高島忠行著	A5	180	1,680
○新特産シリーズ　レンコン	沢田英司著	B6	176	1,680
○農家が教える　果樹62種　育て方 楽しみ方	農文協編	B5	192	1,200
○新版　土壌肥料用語事典　第2版	藤原俊六郎・安西徹郎他編	B6	324	2,940
○カーネーションをつくりこなす	宇田明編著	A5	248	2,940
○おもしろ生態とかしこい防ぎ方　ナメクジ	田中寛・宇高寛子著	A5	124	1,785
○図解　ナシをつくりこなす	田村文男・吉田亮・池田隆政著	B5	120	1,995
○カキの多収栽培	小ノ上喜三著	A5	136	1,890
○作業便利帳シリーズ　ブロッコリー・カリフラワーの作業便利帳	藤目幸擴著	A5	140	1,995
○中晩柑をつくりこなす	農文協編	A5	228	2,625
【農家経営】				
○農家が教える　発酵食の知恵	農文協編	B5	192	1,200
○だれでもできる　新　エクセルで農業青色申告	塩光輝著	B5変	240	2,835
○農家が教える　生きもの田んぼづくり	農文協編	B5	192	1,200
○農家が教える 便利な農具・道具たち	農文協編	B5	192	1,200
○小池芳子の手づくり食品加工コツのコツ⑤	小池芳子著	A5	148	1,680
○農業をしたい女性に贈る初めての就農ガイド　ヒメ、農民になる	農山漁村女性・生活活動支援協会編（(社)農山漁村女性・生活活動支援協会発行　農文協発売）	A5	160	1,575
○農家日記　2011年版	農文協編	A5	452	1,400
【自然と科学技術シリーズ】				
○土壌団粒	青山正和著	B6	176	1,680
【園芸】				
○病害虫を防いで楽しいバラづくり	長井雄治著	B5変	96	1,470
○大判　プロの手ほどき　家庭菜園コツのコツ	水口文夫著	AB	160	1,680
○大判　図解家庭園芸　用土と肥料の選び方・使い方	加藤哲郎著	AB	160	1,680
○コツのコツ シリーズ　図解 学校園の運営 コツのコツ	毛利澄夫著／中村章伯絵	B5	152	1,995
○家庭菜園全科5　雑穀・マメ類	戸澤英男著	A5	176	1,680
○学校園 おもしろ栽培ハンドブック	農文協編	B5	160	1,575
○だれでも飼える　日本ミツバチ	藤原誠太著	A5	144	1,785
○アジサイの魅力	高橋章著	B5変	80	1,470
○おもしろ生態とかしこい防ぎ方　モグラ	井上雅央・秋山雅世著	A5	104	1,260
○農家が教える　農薬に頼らない病害虫防除ハンドブック	農文協編	B5	192	1,200
○農家が教える　家庭菜園　秋冬編	農文協編	B5	192	1,200
○コツのコツ シリーズ　カラー図解　庭木の手入れコツのコツ	船越亮二著	B5変	184	1,575

【生活】				
○大地の薬箱　食べる薬草事典	村上光太郎著	A5	120	1,680
○元気が出る えごま料理	(株)オーサン企画／田中敦子著	A5	80	1,050
○男前ぼうろとシンデレラビスコッティ	按田優子著	A5変	192	1,260
○楽健寺酵母でパンを焼く	山内宥厳著	A5	80	1,260
○農家が教える　季節の食卓レシピ	農文協編	B5	96	1,000
○農家が教える　わが家の農産加工	農文協編	B5	192	1,200
○農家直伝　豆をトコトン楽しむ	農文協編	B5	198	1,200
○農家が教える　自由自在のパンづくり	農文協編	B5	192	1,200
○米粉ランチ	サカイ優佳子・田平恵美著	A5横	80	1,365
【健康・健康双書】				
○農家が教える　健康の知恵	農文協編	B6	232	1,260
【人間選書】				
○昭和農業技術史への証言　第八集(人間選書272)	昭和農業技術研究会・西尾敏彦編	B6	288	2,520
【農政・農業教養】				
○新　家族経営の農業簿記ソフト	村田雅夫著	B5	232	2,940
○新　農家の税金　第8版	鈴木武・林田雅夫・須飼剛朗著	B6	228	1,470
○TPP反対の大義(農文協ブックレット)	農文協編	A5	142	840
【一般教養】				
○基礎から学ぶ　森と木と人の暮らし	鈴木京子・赤堀楠雄・浜田久美子著	A5	144	1,365
○信州いいづな　食の風土記	だんどりの会編／飯綱町編協力 (飯綱町発行　農文協発売)	A5	200	1,680
○尊徳仕法と農村振興	稲葉守著	四六	384	3,990
○どこにもない学校　緑のふるさと協力隊	農山村再生・若者白書2010編集委員会編	B5	212	1,995
○信州いいやま　暮らしの風土記	飯山市社会福祉協議会編 (飯山市社会福祉協議会発行　農文協発売)	A5	168	1,680
○〈図説〉生物多様性と現代社会	小島望著	A5	248	1,995
○里海探偵団が行く！	寺本潔・佐々木剛・角田美枝子編著	A5	168	1,890
○食生活と身体の退化	W. A.　プライス著／片山恒夫訳 ((特)恒志会発行　農文協発売)	B5	506	4,200
【ルーラルブックス】				
○美作の歴史　出雲街道　土居宿物語	安藤由貴子文／花房徳夫絵	A4	56	1,365
【児童書】				
○いのちのしずく	川嶋康男著	A5	148	1,380
【専門】				
○農文協創立70周年・亜農交創立50周年記念シンポジウム　中国農業の現在を知る、学ぶ	農文協・亜細亜農業技術交流協会編	A4	80	1,000

全書・百科・事典

シリーズ名・書名	著者・編者	判型	頁数	定価
■地域食材大百科				
○１ 穀類、いも、豆類、種実	農文協編	B5	440	11,550
○２ 野菜	農文協編	B5	576	13,650
○３ 果実・木の実、ハーブ	農文協編	B5	508	13,650
○４ 乳・肉・卵、昆虫、山菜・野草、きのこ	農文協編	B5	524	11,550
■最新農業技術				
○畜産 vol.3 乳牛を健全・健康に飼う―生産獣医療、カウコンフォート、削蹄ほか	農文協編	B5	304	6,000
○野菜 vol.3 トマト オランダ70t・日本50tの超多収技術／ナス 授粉作業不要の単為結果性品種	農文協編	B5	330	6,000
○花卉 vol.2 花の魅力を高めて新しい需要をつくる―香り、日持ち保証、和の素材など	農文協編	B5	336	6,000
○作物 vol.2 省力イネづくり最前線―疎植、直播、抑草	農文協編	B5	354	6,000
○土壌施肥 vol.2 特集 堆肥を活かす	農文協編	B5	352	6,000
○果樹 vol.3 消費低迷を打ち破るトップ生産者16人の技術と経営	農文協編	B5	296	6,000
○畜産 vol.3 乳牛を健全・健康に飼う	農文協編	B5	304	6,000
■作物学用語事典	日本作物学会編	B5	416	15,750

全集

シリーズ名・書名	著者・編者	判型	頁数	定価
■大絵馬ものがたり				
○４ 祭日の情景	須藤功著	AB	176	5,250
○５ 昔話と伝説の人びと	須藤功著	AB	192	5,250
■シリーズ 地域の再生				
○２ 共同体の基礎理論―自然と人間の基層から	内山節著	四六	268	2,730
○７ 進化する集落営農―新しい「社会的協同経営体」と農協の役割	楠本雅弘著	四六	288	2,730
○12 場の教育―「土地に根ざす学び」の水脈	岩崎正弥・高野孝子著	四六	288	2,730
○16 水田活用新時代―減反・転作対応から地域産業興しの拠点へ	谷口信和・梅本雅・千田雅之・李侖美著	四六	352	2,730
■あるく みる きく 双書				
○10 宮本常一とあるいた昭和の日本 東海北陸2	田村善次郎・宮本千晴監修	B5変	224	2,940
○11 宮本常一とあるいた昭和の日本 関東甲信越1	田村善次郎・宮本千晴監修	B5変	224	2,940
○14 宮本常一とあるいた昭和の日本 東北1	田村善次郎・宮本千晴監修	B5変	224	2,940
○８ 宮本常一とあるいた昭和の日本 近畿2	田村善次郎・宮本千晴監修	B5変	224	2,940

絵本

シリーズ名・書名	著者・編者	判型	頁数	定価
■そだててあそぼう第18集				
○87 ミニトマトの絵本	萱原眞治編／陣崎草子絵	AB	36	1,890
○88 ビワの絵本	中井滋郎編／赤池佳江子絵	AB	36	1,890
○89 モモの絵本	山口正己編／南椌椌絵	AB	36	1,890
○90 菜っぱの絵本	野呂孝史編／岡田慶隆絵	AB	36	1,890
■そだててあそぼう第19集				
○91 赤米・黒米の絵本	猪谷富雄編／スギワカユウコ絵	AB	36	1,890
○92 山菜の絵本	藤嶋勇編／アヤ井アキコ絵	AB	36	1,890
○93 きのこの絵本	小出博志編／高岡洋介絵	AB	36	1,890
○94 ウサギの絵本	武田琉璃子編／やまぐちめぐみ絵	AB	36	1,890
○95 コイ・フナの絵本	高見澤今朝雄編／菊池日出夫絵	AB	36	1,890
■そだててあそぼう第20集				
○96 農作業の絵本① 栽培計画と畑の準備	川城英夫編／陣崎草子絵	AB	36	1,890
○97 農作業の絵本② タネまき・育苗・植えつけ	川城英夫編／陣崎草子絵	AB	36	1,890
■絵本 世界の食事第3集				
○15 ペルーのごはん	銀城康子文	AB	32	1,890
■絵本 世界の食事第4集				
○16 ポルトガルのごはん	銀城康子文／マルタン・フェノ絵	AB	32	1,890
○19 モロッコのごはん	銀城康子文／高松良己絵	AB	32	1,890
■写真絵本 ぼくの庭にきた虫たち				
○6 クモ観察記	佐藤信治著	AB	32	1,890
○7 クサカゲロウ観察記	佐藤信治著	AB	32	1,890
○8 アリジゴクほか観察記	佐藤信治著	AB	32	1,890
■田んぼの生きものたち				
○ゲンゴロウ	市川憲平文／写真	AB	56	2,625
○ホタル	大場信義文／写真	AB	56	2,625
■鳥獣害を考えるシリーズ1				
○1 人はなぜカラスとともだちになれないの？	杉田昭栄監修／こどもくらぶ編	A4変	40	2,625

Ⅲ)全書・百科・事典、全集、絵本 発行年表

1. 全書・百科・事典

シリーズ名・タイトル	巻数	発行年
■全書		
○野菜全書(第1版)	全10巻	1976
○稲作全書(第1版)	全3巻	1981
○畑作全書	全4巻	1981
○野菜全書(第2版)	全10巻	1983
○畜産全書	全7巻	1983
○稲作全書(第2版)	全3巻	1984
○果樹全書(第1版)	全10巻	1985
■百科		
○原色　野菜の病害虫百科	全5巻	1987
○原色　果樹の病害虫百科	全5巻	1987
○原色　作物の病害虫百科	全3巻	1987～1988
○野菜園芸大百科	全15巻	1988～1989
○稲学大成	全3巻	1990
○英文　稲学大成	全3巻　別巻1	1991
○果樹園芸大百科	全18巻	2000
○転作全書	全4巻	2001
○花卉園芸大百科	全16巻	2002
○野菜園芸大百科　第2版	全23巻	2004
○稲作大百科　第2版	全5巻	2004
○原色　作物病害虫百科　第2版	全3巻	2005
○原色　野菜病害虫百科　第2版	全7巻	2005
○原色　果樹病害虫百科　第2版	全5巻	2005
○原色　花卉病害虫百科	全7巻	2008
○茶大百科	全2巻	2008
○地域食材大百科	全5巻	2010～2011
■事典		
○有機廃棄物資源化大事典		1997
○地域生物資源活用大事典		1998
○天敵大事典		2004
○畜産環境対策大事典　第2版		2004
○環境保全型農業大事典1　施肥		2005
○環境保全型農業大事典2　防除		2005
○最新　農業技術事典		2006
○肥料・土つくり資材大事典		2006
○土壌診断・生育診断大事典		2009
○作物学用語事典		2010
○酪農大事典		2011
○草地・飼料作物大事典		2011

2. 全集

シリーズ名	巻数	監修・編・著者	発行年月
○近藤康男著作集	全13巻 別巻1	近藤康男著	1974.6～1976.6
○明治大正農政経済名著集	全24巻	近藤康男・坂本楠彦・村上保男・梶井功編	1975.11～1977.11
○日本農書全集(第Ⅰ期)	全35巻	山田龍雄・飯沼二郎・守田志郎・岡光夫編	1977.4～1983.6
○昭和前期農政経済名著集	全22巻	近藤康男・坂本楠彦・村上保男・梶井功編	1978.9～1981.9
○小倉武一著作集	全14巻	小倉武一著	1981.5～1982.1
○昭和後期農業問題論集	全24巻	近藤康男他編	1982.1～1986.3
○安藤昌益全集	全21巻 別巻1	安藤昌益研究会編	1982.10～1987.3
○明治農書全集	全13巻	古島敏雄・川田信一郎・熊澤喜久雄・須田黎吉編	1983.3～1986.1
○日本の食生活全集	全50巻	各県編集委員会編	1984.9～1993.2
○食品産業シリーズ 食品産業欧米編	全3巻	小倉武一監修	1986.4
○食糧・農業問題全集	全20巻22分冊	永田恵十郎・今村奈良臣編	1986.9～1991.1
○食品産業シリーズ 21世紀を迎える日本の食品産業	全3巻4分冊	渡辺篤二・並木正吉・小倉武一著	1987.7～1987.9
○江戸時代 人づくり風土記	全50巻	大石慎三郎・会田雄次・牧野昇監修	1987.11～2000.10
○丸山博著作集	全3巻	丸山博著	1989.11～1990.1
○全集 世界の食料・世界の農村	全27巻	今村奈良臣他企画	1993.6～1999.10
○日本農書全集(第Ⅱ期)	全37巻 別巻1	佐藤常雄・徳永光俊・江藤彰彦編	1993.10～2001.5
○昭和農業技術発達史	全7巻	農水省農林水産技術会議事務局編	1993.11～1998.1
○地域農業活力図鑑	全10巻 別巻1	(財)農林水産長期金融協会編	1996.3
○叢書 日本漢方の古典	全3巻	永富獨嘯庵・丹波康頼・吉益東洞著／粟島行春訳注	1997.2～1996.3
○講座 食の文化	全7巻	石毛直道監修／味の素食の文化センター発行／熊倉功夫編(農文協発売)	1998.10～1999.10
○聞き書き ふるさとの家庭料理	全21巻	農文協編／奥村彪生解説	2002.12～2004.4
○図説 中国文化百華	全18巻	石川九陽他著	2002.12～2009.3
○百の知恵双書	全20巻	田村善次郎他著	2003.3～2009.3
○世界の食文化	全20巻 別巻1	石毛直道監修／「世界の食文化」編集委員会編	2003.10～2009.2
○写真ものがたり 昭和の暮らし	全10巻	須藤功著	2004.3～2007.9
○大石貞男著作集	全5巻	大石貞男著	2004.3
○安藤昌益全集 増補篇	全3巻	東 均・新谷正道・中村篤彦編著	2004.12
○病家須知	全3冊	平野重誠原著／小曾戸洋監修／中村篤彦監訳／看護史研究会編著	2006.9
○合理的農業の原理	全3巻	アルブレヒト・テーア著／相川哲夫訳	2007.11～2008.3
○三澤勝衛著作集 風土の発見と創造	全4巻	三澤勝衛著／三澤勝衛先生記念文庫協力	2008.12～2009.3
○大絵馬ものがたり	全5巻	須藤功著	2009.9～2010.5
○シリーズ 地域の再生	全21巻	結城登美雄他著	2009.11～
○あるくみるきく双書 宮本常一とあるいた昭和の日本	全25巻	田村善次郎・宮本千晴監修	2010.9～

3. 絵本

シリーズ名	巻数	監修・編・著者	発行年月
○ふるさとを見直す絵本	全10巻	長野県飯田中央農業協同組合編	1986. 1
○自然とあそぼう 植物編	全10巻	中嶋博和構成	1987. 3
○かこさとしのたべものえほん	全10巻	かこさとし文／中沢正人他絵	1987. 1
○自然とあそぼう 動物編	全10巻	中嶋博和構成	1988. 2
○人と食べものの話	全５巻	田村真八郎他編	1988. 3
○岩手の食と農を見直す絵本	全４巻	岩手県農協中央会企画／駒井健監修	1988. 3
○アフリカの動物たち	全５巻	黒田弘行文・写真	1988. 4
○かこさとしのからだとこころのえほん	全10巻	かこさとし編	1988.12
○自然の中の人間シリーズ 川と人間編	全10巻	農業土木学会企画	1989. 1
○自然の中の人間シリーズ 森と人間編	全10巻	かこさとし・松井光瑶編	1989. 3
○自然の中の人間シリーズ 海と人間編	全10巻	かこさとし・山川健重構成	1989. 5
○ものがたり絵本 だれも知らない動物園	全10巻	中川志郎監修	1989. 1
○おちのりこのすてきな地球	全10巻	おちのりこ文	1990. 2
○ニラムおじさんのくらべてみよう「あれ」と「これ」	全10巻	本田睨編	1990. 2
○かこさとしのあそびの大宇宙	全10巻	かこさとし絵・文	1990. 6
○自然の中の人間シリーズ 土と人間編	全10巻	川井一之・かこさとし構成	1991. 4
○かこさとしのあそびの大惑星	全10巻	かこさとし絵・文	1991. 6
○かこさとしのあそびの大星雲	全10巻	かこさとし絵・文	1992. 6
○かこさとしの食べごと大発見	全10巻	加古里子文・絵	1993.11
○きみのからだが進化論	全５巻	黒田弘行文・図／下谷二助絵	1994. 5
○きみのからだが地球環境	全５巻	小原秀雄編／下谷二助絵	1995. 5
○校庭の自然とあそぼう	全10巻	山田卓三編	1996. 3
○そだててあそぼう	全100巻	森俊人他編	1997. 3 ～2010.12
○自然の中の人間シリーズ 微生物と人間編	全10巻	西尾道徳他著	1997. 3
○自然の中の人間シリーズ 昆虫と人間編	全10巻	梅谷献二編	1998. 3 ～7
○新装版 ふるさとを見直す絵本	全10巻	JAみなみ信州編	2000. 2
○自然の中の人間シリーズ 農業と人間編	全10巻	西尾敏彦編	2000. 3 ～2001.3
○写真でわかる ぼくらのイネつくり	全５巻	農文協編／赤松富仁写真	2001.11～2002.3
○絵本 おもしろふしぎ食べもの加工	全５巻	生活環境教育研究会編	2003. 3 ～ 4
○たのしくたべよう たべもの絵本	全６巻	農文協編	2004. 2 ～ 3
○つくってあそぼう	既刊35巻	仁藤齋他編	2004. 3 ～2009.9
○自然の中の人間シリーズ 花と人間編	全10巻	並河治他編	2004. 3 ～2005.3
○かこさとしの自然のしくみ地球のちから	全10巻	かこさとし絵・文	2005. 3 ～ 8
○普及版 かこさとしのたべものえほん	全10巻	かこさとし絵・文	2005. 3
○おくみらあやお ふるさとの伝承料理	全13巻	奥村彪生文	2006. 2 ～ 9
○おもしろふしぎ 日本の伝統食材	全10巻	奥村彪生著／中川学絵／萩原一写真	2008. 2 ～2009.3
○絵本 世界の食事	全20巻	銀城康子文	2006.12～2010.1
○わくわくたべもの おはなしえほん	全15巻	天野碧海他作	2007. 3 ～2009.2
○日本人 いのちと健康の歴史	全５巻	加藤文三他編	2008. 1
○写真絵本 ぼくの庭にきた虫たち	全８巻	佐藤信治著	2009. 2 ～2010.2
○田んぼの生きものたち	既刊5巻	市川憲平他著	2009. 3 ～2011.2
○五感をみがくあそびシリーズ	全５巻	山田卓三監修／奥山英治絵	2011. 2
○鳥獣害を考えるシリーズ	全５巻	杉田昭栄他監修	2011. 2

Ⅳ）農業総覧・農業技術大系・最新農業技術 発行年表

農業総覧・農業技術大系

シリーズ名	巻数	台本発行開始～完結年月	追録（2011年3月現在）
○農業総覧（資材・品種・農業経営編）	全６巻	1962.７～1964.12	20号で休止
○農業総覧　病害虫診断防除編	全９巻11分冊	1967.２～1968.３	41号
○農業総覧　病害虫防除・資材編	全11巻	1988.11～1992.６	16号（台本追録1）
○農業総覧　花卉病害虫診断防除編	全７巻	1997.12～1999.12	９号
○農業技術大系　作物編	全８巻９分冊	1975.７～1977.５	32号（台本追録1）
○農業技術大系　野菜編	全12巻13分冊	1972.２～1975.２	35号（台本追録2）
○農業技術大系　果樹編	全８巻９分冊	1981.10～1985.２	25号
○農業技術大系　花卉編	全12巻	1993.３～1997.３	13号
○農業技術大系　畜産編	全８巻９分冊	1977.10～1980.７	29号（台本追録1）
○農業技術大系　土壌施肥編	全８巻11分冊	1984.12～1987.12	22号
○地域資源活用　食品加工総覧	全12巻	1999.３～2003.９	７号

最新農業技術（年1回発行　vol.3まで）

シリーズ名	発行開始年月
○最新農業技術　作物	2009.３
○最新農業技術　野菜	2008.12
○最新農業技術　果樹	2008.12
○最新農業技術　花卉	2009.３
○最新農業技術　畜産	2008.10
○最新農業技術　土壌施肥	2009.３

V）農業高校用教科書・指導書 発行年表

発行年	作品名
1963～1968	●土・肥料　●野菜園芸　●畜産乙　●農業機械　●草花園芸　●農業土木　●作物甲　●畜産甲　●果樹園芸
1974～1977	●土・肥料　●作物甲　●農業経営　●果樹園芸　●野菜園芸　●農畜産加工　●畜産甲　●作物保護
1981～1983	●作物　●野菜　●農業基礎　●畜産　●栽培環境　●草花　●農業機械　●農業経営　●果樹
1984	●新版・複式農業簿記演習長　●農業基礎・改訂版
1988	●新版・農業基礎　●新版・農業機械
1993～1995	●農業基礎　●農業情報処理　●生物工学基礎　●作物　●畜産　●農業会計　●農業経営　●野菜　●栽培環境　●農業機械　●草花　●果樹
2002～2005	●農業科学基礎　●環境科学基礎　●農業情報処理　●草花　●植物バイオテクノロジー　●作物　●野菜　●生物活用　●果樹　●農業経営　●畜産　●農業機械　●グリーンライフ

Ⅵ）映像（DVD、VHS）作品年表

シリーズ名	巻数	企画／制作	発行年
○環境保全型農業シリーズ　減農薬害虫防除編	全4巻	農文協	2000
○転作ダイズ省力多収シリーズ	全3巻	農文協	2000
○みんなで考えよう！　子どもの食と健康	全2巻	農文協	2000
○新規就農シリーズ	全5巻	シス協	2000
○未利用資源活用シリーズ	全3巻	シス協	2000
○産直・直売所シリーズ	全4巻	シス協	2000
○安全快適農作業シリーズ	全4巻	シス協	2000
○リマ・クッキングスクールの自然食	全6巻	テレビマンユニオン	2001
○安全安心な食を考えるシリーズ	全5巻	農文協	2001～2003
○地域から調べる環境シリーズ	全4巻	農文協	2001
○森と木の話シリーズ	全2巻	木青連	2001～2002
○「営農の復権」で元気な地域づくり　JA甘楽富岡の営農事業改革に学ぶ	全2巻	農文協	2001
○営農改革シリーズ　水田営農復権への地域戦略づくり　JA越後さんとうの実践に学ぶ	全2巻	農文協	2002
○ビデオ版　そだててあそぼうシリーズ	全5巻	農文協	2002
○CD-ROM版ビデオクリップ　食生活を考えよう	全1巻	農文協	2003
○農家のインターネット産直シリーズ	全3巻	農文協	2003
○相馬博士の旬野菜教室	全4巻	NHKソフトウェア	2004
○食育シリーズ第1集　子ども料理教室のすすめ方	全3巻	農文協	2004
○ビジョンに魂を　JAいわて中央の集落ビジョンづくりの実践から	全1巻	JA全中／農文協	2004
○つくる・うる・こだわりへの挑戦	全1巻	JAいわて中央／農文協	2005
○農耕の歴史―農業・農機具の発達	全1巻	農文協	2005
○21世紀型地域営農挑戦シリーズ　第1集	全3巻	JA全中／農文協	2005
○こうして進める地域の環境調査	全1巻	農文協	2005
○食育シリーズ第2集　食・からだ・くらしの探検	全3巻	農文協	2005
○環境保全型農業シリーズ2　堆肥活用施肥改善編	全3巻	農文協	2005
○21世紀型地域営農挑戦シリーズ　第2集	全3巻	JA全中／農文協	2006
○新しい水田活用産地づくりシリーズ	全3巻	JA全中／農文協	2006
○食育シリーズ第3集　食事バランスガイドで健やかに	全3巻	農文協	2006
○DVD版　イネの機械作業コツのコツシリーズ	全2巻	農文協	2006
○DVD版　日本の味・伝統食品	全4巻	味の素食の文化センター	2006
○「農地・水・環境保全向上対策」支援シリーズ〈共同活動編〉1～4	全4巻	農文協	2006～2007
○集落営農支援シリーズ　事例編	全4巻	JA全中／農文協	2007
○本作ダイズの技術と経営	全2巻	農文協	2007
○都市農業の応援団を育てよう	全1巻	農文協	2007
○集落営農支援シリーズ　法人化編	全3巻	JA全中／農文協	2008
○食育シリーズ第4集　私たちの食生活と農業の未来	全2巻	農文協	2008
○イナ作作業名人になる！　春作業編　秋作業編	全2巻	農文協	2008
○「農地・水・環境保全向上対策」支援シリーズ〈共同活動編〉5～6　水路の簡易補修	全2巻	農文協	2008
○暮らしを守る獣害対策シリーズ	全3巻	農文協	2009
○集落営農支援シリーズ　地域再生編	全3巻	JA全中／農文協	2009
○赤木さんの菜の花緑肥稲作	全1巻	農文協	2010
○イナ作作業名人になる!　現場の悩み解決編	全1巻	農文協	2010
○現代農業特選シリーズ　DVDでもっとわかる　モミガラを使いこなす	全1巻	農文協	2010
○現代農業特選シリーズ　DVDでもっとわかる　えひめAIの作り方・使い方	全1巻	農文協	2010

Ⅶ）電子出版年表

1. CD-ROM関連

1996年 『現代農業記事検索CD-ROM』（以降、年版として毎年発行）／『CD-ROM版　農薬データ1996』
1997年 『CD-ROM版　日本の食生活全集』／『農業技術大系記事検索CD-ROM』（以降、年版として毎年発行）
1998年 『CD-ROM版 病害虫の診断と防除』（以降、年版として毎年発行）
2000年 『CD-ROM版 花卉病害虫の診断と防除』（以降、年版として毎年発行）
2001年 『CD-ROM版 総合的な学習の時間』（2002年、2004年、2006年に作成）
2004年 『CD-ROM版 食品加工総覧』（以降、年版として毎年発行）

2.『ルーラル電子図書館』関連

1996年 ルーラル電子図書館稼働（4月）／電脳工房『あすなろ』（農文協富士通アシストIBC）稼働
1999年 現代農業フルテキスト化完成
2000年 農業技術大系フルテキスト化完成
2003年 全面リニューアル（5月）
2005年 農業入門コーナー開設、CMS機能搭載
2006年 「4つの図書館」へ全面リニューアル
2009年 農薬データベースリニューアル
2010年 ビデオライブラリ本格稼働
2011年 トップページリニューアル

3.『団体版 農業電子図書館』関連

1998年 農業高校教室内でのLAN対応版の提供開始
1999年 インターネット経由の広域ネットワーク対応版（WEB版）の提供開始
2003年 『さっぽろしらべるネット』完成（＝小学生版）／『ルーラル電子図書館　キャンパスプラン』提供開始
2004年 『ルーラル電子図書館　ライブラリープラン』提供開始
2005年 『さっぽろしらべるネット』バージョンアップ（＝中学生版追加）
2006年 『JA版農業電子図書館』の提供開始
2007年 『高校版 ルーラル電子図書館』提供開始
2010年 『ルーラル電子図書館　農大チャレンジ』提供開始

Ⅷ）逐次刊行物発行年表

【年報】村落社会研究（日本村落研究学会企画　年1回）

発行年月（号）	テーマ	判型	頁数	定価
2000年11月（36号）	日本農村の「20世紀システム」	A5	320	5,800
2001年11月（37号）	日本農業・農村の史的展開と農政	A5	328	5,800
2002年10月（38号）	日本農村の構造転換を問う	A5	292	5,300
2004年６月（39号）	21世紀村落研究の視点	A5	324	5,800
2004年11月（40号）	東アジア農村の兼業化	A5	336	5,800
2005年11月（41号）	消費される農村	A5	292	5,300
2006年10月（42号）	地域における教育と農	A5	332	5,800
2008年４月（43号）	グリーン・ツーリズムの新展開	A5	324	5,800
2009年１月（44号）	近世村落社会の共同性を再考する	A5	312	5,880
2009年10月（45号）	集落再生―農山村・離島の実情と対策	A5	280	5,250
2010年11月（46号）	鳥獣被害―〈むらの文化〉からのアプローチ	A5	276	5,250

村落社会研究ジャーナル（日本村落研究学会編・発行　農文協発売　年2回）

No.12～No.33

農業法研究（日本農業法学会編・発行　農文協発売　年1回）

発行年月（号）	テーマ	判型	頁数	定価
2000年6月（35号）	中山間地域の維持と再構成	A5	212	4,200
2001年6月（36号）	WTO体制と日本農政改革のゆくえ	A5	244	5,000
2002年5月（37号）	食の安全と環境、農業	A5	210	4,200
2003年5月（38号）	農地・農村整備の今日的課題	A5	210	4,200
2004年6月（39号）	農業・農村の担い手像と地域自治	A5	208	4,200
2005年6月（40号）	農業・農村の担い手像と家族農業経営の展望	A5	216	4,200
2006年6月（41号）	農業・農村の現状と集落営農への期待	A5	192	4,200
2007年6月（42号）	直接支払制度の国際比較研究	A5	172	4,200
2008年6月（43号）	現場からみた「戦後農政の大転換」	A5	194	4,200
2009年6月（44号）	いま農地制度に問われるもの	A5	196	4,200
2010年6月（45号）	改正農地法の地域的運用―「地域における農地管理」の事例分析と展望	A5	196	4,200

農林水産政策研究叢書（農林水産省農林水産政策研究所編　不定期）

発行年月（号）	テーマ	判型	頁数	定価
2002年３月（１号）	フランス農政における地域と環境	A5	252	3,200
2003年３月（２号）	日本農業の構造変化と展開方向	A5	428	3,700
2003年10月（３号）	CIS農業改革研究序説	A5	378	3,800
2003年12月（４号）	遺伝子組換え作物と穀物フードシステムの新展開	A5	300	3,450
2004年３月（５号）	EU条件不利地域における農政展開	A5	234	2,700
2005年３月（６号）	野菜作農業の展開課程	A5	296	3,500
2006年３月（７号）	GMO　グローバル化する生産とその規制	A5	312	3,800
2008年９月（8号）	現代農業経営者の経営者能力	A5	208	2,500
2009年３月（９号）	中国農村合作社制度の分析	A5	572	4,200
2010年９月（10号）	貿易交渉の多層化と農産物貿易問題	A5	352	3,780

農業経済学会論文集（日本農業経済学会編・発行　農文協発売　年1回）

2000年度～2010年度

JA総研研究叢書（不定期）

発行年月（号）	テーマ	判型	頁数	定価
2010年2月	2つの「油」が世界を変える	A5	216	2,730
2010年2月	エコフィードの活用促進	A5	184	2,625
2010年9月	食料消費の変動分析	A5	192	2,730

I）雑誌記事索引

[農政研究・農村文化]

○農政研究……2
○農村文化……2

[月刊 現代農業]

○1955年11月号（農村文化）＝村の実態調査をキソとした新しい村づくり―長野県大田村連合青年団の活動記録……4
○1960年1月号＝暮らしを明るくする若妻グループ―富山県礪波市 新進クラブの活動……5
○1964年7月号＝イネつくりの泣きどころはここにある―片倉権次郎さんとそのお弟子さんを訪ねて 1……8
○1970年4月号＝〈主張〉新しい自給生活を創り出そう……143
○1971年7月号＝〈特集〉これが日本の農業経営だ…125
○1972年2月号＝〈連載〉かあちゃんからの養豚だより……123
○1972年2月号＝〈連載〉わたしの和牛……123
○1972年3月号＝思いきった粗植で大増収―坪36株で11俵確実……19
○1973年1月号＝複合経営を築く 1 親子三代・生活と経営の年輪……11
○1973年1月号＝〈連載〉酪農エサ講座……120
○1975年1月号＝〈連載〉健康を自分で守る……289
○1975年3月号＝〈主張〉ドブロクをつくりがなぜわるい！……14
○1978年4月号＝〈連載〉効かない“珪カル”の秘密……39、43
○1978年6月号＝まっとうな農業養鶏の復興を！……125
○1979年4月号＝いいことか？ 和牛市場の統廃合……371
○1979年10月号＝いまの肥料は半分に減らせる……40
○1980年3月号＝肥料ムダなく品質向上シリーズ 1 高度化成に重大な欠陥あり！……39
○1980年9月号＝平均年齢48歳の“4Hクラブ”……27
○1981年1月号＝〈連載〉多肥栽培からの脱出をさぐる……44
○1981年10月号＝〈特集〉施肥改善の基礎知識 まちがっている施肥の常識……40
○1981年10月号＝〈レポート〉動き出した施肥改善・全国有名産地より……41
○1981年11月号＝〈連載〉暖地イネ五石取りへの道……25
○1982年8月号＝〈連載〉和牛かあちゃんがんばって……123
○1984年8月号＝〈緊急特集〉主食の危機―何が起こっているか……21
○1984年9月号＝〈連載〉野に育つ子どもたち……218
○1985年1月号＝〈グラビア〉抗議の稲は稔った……363
○1985年8月号＝畑に出ない嫁っこたちから、畑大好きの嫁っこたちへ―共同畑の大きな波紋……144
○1985年10月号＝民間農法が教える 今の施肥、土つくりの盲点……48
○1986年1月号＝〈連載〉減農薬で楽しみ稲つくり……64
○1986年7月号＝〈特集〉楽しみが増す 手づくりパン……256
○1986年8月号＝〈連載〉追跡 国産小麦パン……257
○1986年9月号＝〈特集〉山の楽しみ山とのつきあい……117
○1986年11月号＝〈主張〉都会の子に餅つきは必要か……219
○1987年1月号＝〈連載〉いま風土技術の時代 風土学のすすめ……115
○1987年6月号＝虫見板があればウンカを恐れることはない……66

［別冊 現代農業］

［増刊 現代農業・季刊地域］

［うかたま］

［食農教育］

［その他の教育雑誌］

［その他の雑誌］

索引

Ⅱ）書籍索引

（掲載はジャンル別・発行順）

［単行本］

〈農業技術 —— イネ〉

〈農業技術 —— 作物〉

〈農業技術 —— 野菜〉

〈農業技術 —— 果樹〉

索引

〈園芸 ―― 盆栽〉

〈園芸 ―― 共通・土肥〉

〈園芸 ―― 園芸教育〉

〈生活書〉

〈健康・健康双書〉

〈教養書〉

〈教育書〉

〈児童書〉

〈農政・経済書〉

〈人間選書〉

［総覧・農業技術大系］

［全書・百科・事典］

［全集］

［絵本］

［教科書］

Ⅲ）映像・電子出版索引

（掲載はジャンル別・発行順）

［映像］

〈農業・農村〉

〈生活・健康〉

［電子出版］